W0393436

Arnold Toynbee

MENSCHHEIT UND MUTTER ERDE

Arnold Toynbee

MENSCHHEIT UND MUTTER ERDE

Die Geschichte der großen Zivilisationen

claassen

Der Titel der bei Oxford University Press, London, erschienenen Originalausgabe lautet:
Mankind And Mother Earth – A Narrative History Of The World
© 1976 Oxford University Press
Deutsch von Karl Berisch

1. Auflage 1979
Copyright © 1979 by claassen Verlag GmbH, Düsseldorf

Alle Rechte der Verbreitung in deutscher Sprache, auch durch Film, Funk, Fernsehen, fotomechanische Wiedergabe, Tonträger jeder Art, auszugsweisen Nachdruck oder Einspeicherung und Rückgewinnung in Datenverarbeitungsanlagen aller Art, sind vorbehalten.

Gesetzt aus der Times der Linotype GmbH
Satz: Zobrist & Hof AG, Pratteln (Schweiz)
Papier: Papierfabrik Schleipen GmbH, Bad Dürkheim
Druck und Bindearbeiten: Richterdruck, Würzburg
Printed in Germany
ISBN 3 546 49113 0

INHALT

EINLEITUNG

Als man im Jahre 1897 das diamantene Regierungsjubiläum der Königin Victoria feierte, wurde der Welt die Geschichte der vorangegangenen sechzig Jahre vor Augen geführt, und von dieser Rückschau aus erschien auch die ganze Weltgeschichte klar und einfach. Zwischen 1837 und 1897 hatte das Abendland seine Vorherrschaft über die übrige Welt abgeschlossen und damit eine Entwicklung vollendet, die vierhundert Jahre vorher begonnen hatte – mit der Überquerung des Atlantiks durch Kolumbus und der Entdekkung des Seeweges nach Indien um das Kap der Guten Hoffnung durch Vasco da Gama. Im Laufe dieser vier Jahrhunderte sind alle nichtwestlichen Länder mit Ausnahme von zweien – Afghanistan und Abessinien (Äthiopien) – entweder unter die Herrschaft des Abendlandes gefallen, oder sie haben ihre Unabhängigkeit bewahrt, indem sie die siegreiche westliche Zivilisation mehr oder weniger übernahmen. Peter der Große hatte 1694 Rußland dem Westen geöffnet; Japan begab sich 1868 in der Meijirevolution auf den gleichen Kurs. Und 1897 waren sechs der sieben damaligen Großmächte westliche Staaten; die siebente, Rußland, war dadurch eine Großmacht geworden, daß sie sich in den vorangegangenen zwei Jahrhunderten die abendländische Lebensweise in einem beträchtlichen Ausmaß zu eigen gemacht hatte. Japan stieg erst nach der siegreichen Beendigung des Krieges gegen Rußland 1904/05 in die Reihe der Großmächte auf.

Die Führungsrolle des Westens war zwar jungen Datums, doch es sah ganz so aus, als solle sie unwiderruflich sein und als habe die übrige Welt sich damit abgefunden. Das Jahr 1897 konnte als ein Markstein gelten, von dem der Betrachter, selber dem wechselvollen Fluß der Geschichte entrückt, die Vergangenheit als eine einheitliche Entwicklung betrachten durfte, die in seiner Gegenwart gipfelte. Die Geschichte, so hatte es jedenfalls den Anschein, bestand aus einer Kette von Ereignissen der Vergangenheit, die zur gegenwärtigen Vorherrschaft des Abendlandes geführt hatten; andere Geschehnisse waren unwichtig und konnten außer acht gelassen werden. Die ganze Welt war nun in den abendländischen Gesichtskreis gerückt und damit zum Bestandteil seiner Geschichte geworden, doch diese »Verwestlichung« des Erdballs war jungen Datums, und die betroffenen Länder waren untergeordnet oder lagen am Rande des Weltgeschehens. Indien zum Beispiel trat erst in den Gesichtskreis des Westens, als es im achtzehnten Jahrhundert Gegenstand des Konkurrenzkampfes zweier europäischer Großmächte wurde, Frankreichs und Großbritanniens, und 1897 hatte es seinen Platz in der Welt als ein Bestandteil des britischen Imperiums. Rußland war dank der Voraussicht Peters des Großen zu einer Großmacht geworden; doch es galt trotz seiner allseits anerkannten Stärke nicht als voll zivilisiert und kulturell nicht als zur Ersten Klasse der westlichen Staatengemeinschaft gehörig. Und die »Verwestlichung« Japans war bemerkenswert, wurde jedoch als Kuriosität betrachtet.

Die Geschichte als eine Reihe von Geschehnissen, die zur Vorherrschaft des Westens führten, konnte jetzt mit ziemlicher Genauigkeit abgegrenzt werden. Die Israeliten und ihre Nachfahren, die Juden, rechnen zweifellos zu ihren aktiven Teilnehmern, zumindest bis 70 n.Chr.; denn ihre Geschichte war das Vorspiel zur Geschichte des katholischen und protestantischen Christentums, und dies war die Religion des Abendlandes. Die Mitwirkung der Griechen des hellenischen Zeitalters wurde ebensowenig in Frage gestellt; man zog die klassische griechische Philosophie zur Formulierung der christlichen Theologie heran; und nicht nur die Philosophie, sondern auch Literatur, bildende Kunst und Architektur der Antike inspirierten spätestens seit der Renaissance die Kultur des Westens.

Das Judentum und die klassische Antike waren die zwei Hauptquellen der abendländischen Kultur; sie entstand aus der Begegnung mit jenen beiden, und in einer historischen Rückschau brauchte der Geschichtsschreiber nicht unbedingt den Strom der Zeit weiter zurückzuverfolgen. Während der sechzigjährigen Regierungszeit der Königin Victoria hatten jedoch Archäologen aus westlichen Ländern einige vergessene präisraelitische und prähellenische Kulturen ans Licht gebracht: zum Beispiel die Zeit der ägyptischen Pharaonen , die assyrische und die mykenische Epoche. Die Rekonstruktion dieser älteren Kulturen war fragmentarisch und unklar, doch sie beanspruchte ihren Platz in der Geschichte, als sich herausstellte, daß sie neben den jüdischen und antiken Quellen wichtige Beiträge zur Entwicklung der abendländischen Kultur geleistet hatten.

Der Weg vom Judentum und der klassischen Antike bis zur abendländischen Welt von 1897 schien leicht zu verfolgen. Beide, Juden und Griechen, waren im Römischen Reich aufgegangen, und dieses war der Mutterboden des Christentums. Das Römische Reich hatte sich zum Christentum bekehrt, ehe es in seinen westlichen Provinzen zusammenbrach. Die Bekehrung der barbarischen Eroberer dieses ehemals römischen Westterritoriums hatte schließlich zu der fortschreitenden weltweiten Expansion des abendländischen Christentums geführt, die gegen Ende des fünfzehnten Jahrhunderts unserer Zeitrechnung begann; und seitdem war die übrige Welt in den Kreis der Geschichte einbezogen.

Eine solche Geschichtsauffassung war 1897 einleuchtend, weil es damals schien, als solle die Vorherrschaft des Westens über die Welt endgültig und unabänderlich sein. Doch ein dreiviertel Jahrhundert später, 1973, sah es ganz so aus, als sei sie ebenso vorübergehend wie die früheren weniger weltumfassenden Machtbereiche der Mongolen, Araber, Hunnen, Römer,

Griechen, Perser, Assyrer oder Akkader. Wenn aber die Überlegenheit der westlichen Zivilisation sich gleichfalls als kurzlebig erweisen sollte, dann konnte sie nicht länger als das Ziel und die Vollendung der geschichtlichen Entwicklung gelten, und der Bereich der Geschichte konnte nicht auf die abendländische Kultur und ihre klassischen Vorläufer beschränkt bleiben. Die Aufhebung dieser willkürlichen Grenzen legte den Blick frei für den gewaltigen Umfang des historischen Materials, das man 1897 bei der Formung des Geschichtsbildes außer acht gelassen hatte.

In diesem Bilde fehlte die Geschichte Japans vor 1868, Chinas vor 1839, Indiens vor 1746, Rußlands vor 1794. In ihm war die ganze Geschichte des Buddhismus, des Hinduismus und des Islams ausgelassen, obwohl diese bereits 1897 – wie im Jahre 1973 – drei der vier Weltreligionen mit den meisten Anhängern waren und überdies der Buddhismus und der Islam sich als zwei der drei wichtigsten missionarischen Religionen erwiesen hatten; ihre Reichweite war nicht weniger groß als die des Christentums. Und in dem Bild fehlten sogar drei der vier Hauptrichtungen des Christentums selber, nämlich die Nestorianer, die Monophysiten und die orthodoxe Ostkirche, obwohl die ostkirchlichen Gemeinden 1897 über mehr Gotteshäuser verfügten als Katholiken und Protestanten zusammen.

Andere Züge des Bildes wollen uns heute noch sonderbarer erscheinen. In dieser Geschichte wurden die Juden seit 70 n.Ch., dem Jahr der Zerstörung Jerusalems durch die Römer, nicht mehr erwähnt; die Griechen nicht mehr seit 451 n.Chr., als der kalchedonensische Lehrsatz von der unvermischten und unzertrennlichen Vereinigung der göttlichen Natur in der Person Christi verkündet wurde (die Griechen traten erst 1821 wieder in Erscheinung, als sie sich gegen das Osmanische Reich auflehnten und Anschluß an die westliche Gemeinschaft suchten).

Am seltsamsten jedoch war die Behandlung der Geschichte des Römischen Reiches seit dem fünften Jahrhundert n.Chr. Zwar war es in seinen verhältnismäßig rückständigen westlichen Provinzen zusammengebrochen, aber es blieb im Osten bestehen, wo schon immer sein wirtschafts- und sozialpolitischer Schwerpunkt gewesen war. Doch ab 476 n.Chr., als der letzte der machtlosen römischen Kaiser im Westen gestürzt wurde, verschwindet das Römische Reich gänzlich aus dem Geschichtsbild von 1897, obgleich es im Leben des Ostens bis zum Ende des zwölften Jahrhunderts eine wichtige Rolle spielte. Tatsächlich ist in diesem Bild die ganze zivilisierte Welt der Zeit um 476 n.Chr. ausgelassen, von Griechenland bis China und weiter bis Mittelamerika und Peru. Diese wunderliche Weltkarte beschränkte die Aufmerksamkeit von 476 n.Chr. an auf die barbarischen Nachfolgestaaten des Römischen Reiches in den verlassenen Westprovinzen des Imperiums.

Um 1973 war es offenbar geworden, daß man keinen der bisher vernachlässigten großen historischen Abschnitte im Buch der Geschichte länger als unwichtig überschlagen konnte. Zum Beispiel tauchten jetzt in Mexiko und

Guatemala unter der dünnen Schicht europäischer Zivilisation neue Spuren der mittelamerikanischen Kultur auf, die durch Cortez und seine Soldaten ausgelöscht schien. Und was die Geschichte Ostasiens angeht, so konnte im Jahr 1973 bei der Betrachtung Japans und Chinas keiner mehr leugnen, daß die Vorgänger dieser beiden Nationen, bis zurück in die ostasiatische Jungsteinzeit, nicht weniger wichtig waren als die Ahnen des zeitgenössischen Westens. Kein Historiker konnte es sich 1973 mehr leisten, den weitaus größeren Teil der Geschichte zu übersehen, wie es noch 1897 möglich gewesen war. Eine vollständige Geschichte der Welt war unumgänglich geworden; aber diese Aufgabe barg gewaltige Schwierigkeiten sowohl in der Auswahl als auch in der Darstellung.

Jeder Bericht, jede Beschreibung muß auswählen; der menschliche Geist ist nicht fähig, die Totalität der Dinge und Ereignisse in einem einzigen umfassenden Überblick zu begreifen. Aber die Auswahl ist nicht nur unerläßlich, sondern auch unvermeidbar willkürlich; und je größer die Menge der Informationen ist, aus denen die Auslese zu treffen ist, desto umstrittener wird die Wahl des Historikers sein. Was noch 1897 glaubhaft schien, kam uns schon 1973 fragwürdig vor. In meiner Darstellung habe ich vermieden, der abendländischen Kultur und ihren Vorläufern die übermäßige Wichtigkeit beizumessen, die ihnen in den herkömmlichen Geschichtsbüchern zuteil wurde; doch habe ich mich ebenso gehütet, in den gegenteiligen Fehler zu verfallen und dem Westen weniger Aufmerksamkeit zu widmen, als ihm gebührt. Chinesische Leser könnten sogar behaupten, daß ich dem Abendland noch immer zu viel Platz eingeräumt habe, während westliche Leser finden mögen, ich hätte mir alle erdenkliche Mühe gegeben, ihre und meine Ahnen in Schranken zu halten.

In einer 1973 geschriebenen Menschheitsgeschichte waren die Anfangs- und Schlußphasen weniger schwierig darzustellen als die dazwischenliegenden. Im Altpaläolithikum (der älteren Altsteinzeit, die etwa fünfzehn Sechzehntel der gesamten menschlichen Geschichte umfaßt) war das Leben eintönig, denn die Veränderung ging langsam vonstatten, und die Verbindung der Menschen untereinander war schwierig. In den letzten fünf Jahrhunderten wurde der Lebensraum der Menschheit zu einer Einheit auf technologischer und wirtschaftlicher, wenn auch noch nicht auf politischer Ebene, weil sich die Verkehrsmittel schneller entwickelten als der historische Ablauf im ganzen. In der dazwischenliegenden Phase und besonders während der viereinhalb Jahrtausende von etwa 3000 v.Chr. bis 1500 n.Chr. schritt die Veränderung in einem schnelleren Tempo voran als die Entwicklung der Verkehrsmittel; infolgedessen waren in dieser Periode die Unterschiede zwischen den Lebensweisen in den verschiedenen Regionen erheblich.

Es gab jedoch auch in jener Periode Zeiträume, in denen große Teile der bewohnten Welt miteinander in Verbindung standen, und ich habe versucht, diese Zeiten in einem gleichsam panoramischen Überblick zu erfassen.

Beispiele solcher Ausdehnung der Horizonte in der Alten Welt sind der Neubeginn des geistigen Lebens im sechsten vorchristlichen Jahrhundert, die Ausbreitung der hellenischen Kultur als Folge der Feldzüge Alexanders des Großen und die politische Einigung fast der ganzen Alten Welt durch die mongolischen Eroberungen im dritten Jahrhundert der christlichen Zeitrechnung. Doch während des größten Teils der Zeit von 3000 v.Chr. bis 1500 n.Chr. ging jede Region der bewohnten Welt ihren eigenen Weg. Isolierung und Differenzierung waren stärker als Meinungsaustausch und Angleichung. Zwischen den regionalen Kulturen gab es Koexistenz ohne Verschmelzung.

Dies ist eine historische Tatsache, die in einem historischen Buch widergespiegelt werden muß, und der Autor sieht sich vor die Aufgabe gestellt, über ein halbes Dutzend paralleler Entwicklungsreihen zu berichten. Ich habe mich dazu des Tricks der Artisten bedient, die mit mehreren Bällen gleichzeitig jonglieren, und abwechselnd die eine und die andere Region aufsteigen und niedergehen lassen. So war ich unter Verzicht auf den zeitlichen Ablauf in der Behandlung einzelner Regionen in der Lage, die Geschichte der Welt als ein Ganzes in annähernd chronologischer Folge zu erzählen.

Die erzählende Form der Darstellung und die analytische und vergleichende haben ihre eigenen unterschiedlichen Vorzüge und Nachteile. In diesem Buch war es meine Absicht, einen umfassenden Überblick über die Geschichte der Menschheit aus der Vogelschau in erzählender Form zu geben.

A.J.T., 1974

1

RÄTSEL DER ERSCHEINUNGSWELT

Wenn ein Menschenkind empfangen und geboren ist, kann es sterben, bevor es zum Bewußtsein erwacht. Bis zum zwanzigsten Jahrhundert war die Säuglingssterblichkeit erschreckend hoch, sogar in Gemeinschaften, die verhältnismäßig wohlhabend und medizinisch gut versorgt waren. Heute ist die Lebenserwartung in einem geradezu sensationellen Maße gestiegen, und das bewußte Leben des Menschen kann siebzig oder achtzig Jahre währen, ehe der Tod es auslöscht. In diesen siebzig bis achtzig Jahren des Bewußtseins nimmt der Mensch die Erscheinungen der Dinge wahr, und diese Phänomene konfrontieren ihn mit zahlreichen Rätseln, deren letzte und endgültige kein menschlicher Verstand und kein menschliches Wissen zu lösen vermögen – trotz der schnellen und weitreichenden Fortschritte der Neuzeit.

Die Naturwissenschaft hat kürzlich die chemische Zusammensetzung und die Struktur der Materie entdeckt, welche die physischen Voraussetzungen bilden für die Belebung der Materie und die Erweckung eines lebenden Organismus zum Bewußtsein. Sie ist zugleich zu einer negativen Erkenntnis gelangt, die wahrscheinlich Bestand haben dürfte, wenngleich sie bei den Anhängern der theistischen Religionen auf starken Widerstand stößt, da sie einer tiefeingewurzelten, wenn auch unbewiesenen und unbeweisbaren Überzeugung entgegensteht. Es ist heute kaum mehr möglich zu glauben, daß die Phänomene, deren sich ein menschliches Wesen bewußt ist, durch das Wort eines menschenähnlichen Schöpfergottes ins Leben gerufen worden sind. Diese traditionelle Erklärung der Erscheinungswelt beruhte auf einer ungerechtfertigten Analogie zur menschlichen Tätigkeit.

Die Zunahme unseres Wissens von den physischen Bedingungen für die Entstehung des Lebens und des menschlichen Bewußtseins war nicht mit der Erkenntnis der Beschaffenheit und des Zweckes des Lebens (wenn es einen solchen Zweck gibt) und des Bewußtseins verbunden.

Warum sind einige Bestandteile der materiellen Erscheinungswelt zeitweilig mit Leben verknüpft (wie bei den Lebewesen aller Arten) und darüber hinaus (wie bei den Menschen) mit Bewußtsein, während andere (offenbar der weitaus größere Teil der Materie im Kosmos) ständig unbewußt und unbelebt sind? Wie sind, in dem Strom von Raum und Zeit, in einem ganz besonderen Augenblick, in der dünnen Atmosphäre, die zur Zeit unseren vergänglichen Planeten umgibt – wie sind Leben und Bewußtsein dazu gekommen, sich mit der Materie zu verbinden? Warum strebt das Leben, eingeschlossen in organisch strukturierte Materie, danach, sich selbst zu verlängern oder, in geschlechtlichen und sterblichen Organismen, sich selber seiner Art gemäß zu vermehren? Die Erhaltung jeder Spezies von Lebewesen kostet offenkundig große Anstrengung. Liegt diese Anstrengung in der Natur der Spezies und ihrer Individuen? Und wenn dem so ist, warum liegt sie nicht auch in der Natur der Bestandteile der organischen Materie in den vor- und nachorganischen Stadien dieser Bestandteile, deren organische Konfiguration nur eine so kurze Episode in ihrer Geschichte ist? Und wenn die Anstrengung nicht latent, sondern eingegeben ist – welche wirkende Kraft gebietet ihr, wenn wir die Tätigkeit eines Schöpfergottes ausschließen?

Zunächst wollen wir es als erwiesen betrachten, daß es Veränderungen in der Struktur und den Funktionen lebender Organismen gibt, und weiterhin, daß die Darwinsche These gültig ist, wonach solche Mutationen, durch natürliche Zuchtwahl über eine genügend lange Zeitstrecke hervorgerufen, eine ausreichende Begründung sind für die Differenzierung des Lebens in verschiedene Arten und für das Überleben einiger Arten und das Zugrundegehen anderer. Auch wenn wir dies alles einräumen, bleiben die Mutationen selber ungeklärt. Sind sie zufällig oder beabsichtigt, sind sie Abweichungen von einem Plan, oder sind solche Fragen unangebracht, wenn sie angesichts von Erscheinungen gestellt werden, die kein Bewußtsein haben und keine Fähigkeit, Pläne zu machen? Selbst vorausgesetzt, daß wir nichtmenschliche Arten auf solche anthropomorphische Weise betrachten dürften, sehen wir uns neuen Fragen gegenüber. Die Bereitschaft einer Spezies zu Mutationen ist eine Tendenz, die im Widerspruch steht zu ihrer Bestrebung, die Art zu erhalten und sich ihrer Art gemäß zu vermehren. Ist demnach die Arterhaltung das eigentliche Ziel der Spezies, und sind Mutationen Fehlschläge in dieser Bemühung? Oder ist es der Spezies bestimmt, zu mutieren, und ist die Arterhaltung eine durch das Beharrungsvermögen verursachte Hemmung auf diesem Wege?

Die Differenzierung des Lebens in verschiedene Arten hat sowohl einen Existenzkampf zwischen einigen Spezies als auch Zusammenarbeit zwischen anderen mit sich gebracht. Welche – wenn überhaupt eine – dieser zwei gegensätzlichen Konstellationen ist das dominierende Gesetz der Natur? In den Beziehungen nichtbewußter Arten untereinander ist weder die Zusammenarbeit noch der Kampf ein Akt freier Wahl; doch den Menschen steht die Entscheidung frei, und sie ist bei diesen an die menschliche Erkenntnis des Unterschiedes zwischen Recht und Unrecht, zwischen Gut und Böse gebunden. Was ist die Quelle dieser ethischen Urteile, die offenbar zur menschlichen Natur gehören und der Natur der nichtmenschlichen Arten fremd sind?

Wie verhält es sich schließlich mit der Situation und der Bedeutung eines bewußten, zielstrebigen menschlichen Wesens im Weltall, eines Wesens, das mit dem Gefühl für die Unterscheidung von Recht und Unrecht erfüllt ist und dazu getrieben wird (auch wenn es sich diesem ethischen Impuls widersetzt), zu tun, was ihm recht scheint? Der Mensch empfindet, als sei er der Mittelpunkt des Weltalls, denn sein eigenes Bewußtsein ist für ihn der Punkt, von dem aus er das kosmische geistige und stoffliche Panorama überblickt. Seine Ichbezogenheit macht es ihm zum natürlichen Impuls, das übrige Universum seinen Zwecken zu unterwerfen. Zur gleichen Zeit ist er sich bewußt, daß er selber, weit entfernt von dem wahren Mittelpunkt des Universums, nichtig und kurzlebig ist; und sein Gewissen sagt ihm, daß er moralisch sowohl wie geistig einen falschen Weg geht, wenn er seiner Ichbezogenheit nachgibt.

Dies sind einige der Rätsel, die dem Menschen von der Erscheinungswelt, deren er sich bewußt ist, aufgegeben werden. Dies ist unabhängig davon, ob die Wissenschaft weiter fortschreitet oder nicht. Ihr Fortschritt oder ihre Stagnation ist keine Frage des intellektuellen Fassungsvermögens. Der Fähigkeit des Menschen, sein Wissen zu vergrößern und es dem Fortschritt dienstbar zu machen, scheint keine Grenze gesetzt zu sein. Die Zukunft von Wissenschaft und Technik wird zum Teil davon abhängen, ob die Gesellschaft auch künftig diese Aktivitäten so hoch bewerten und so großzügig bezahlen wird, wie es bisher der Fall war; zum anderen Teil jedoch auch davon, ob unsere größten Köpfe sich nach wie vor mit Wissenschaft und Technik befassen werden, was keineswegs selbstverständlich ist. Es ist durchaus denkbar, daß Religion oder Kunst wieder das Hauptinteresse der führenden Geister beanspruchen werden wie zu verschiedenen Zeiten und an verschiedenen Orten in der Vergangenheit. Aber auch wenn die Wissenschaft sich im gegenwärtigen Tempo weiterentwickeln sollte, werden ihre künftigen Errungenschaften sie wahrscheinlich nicht über ihre vergangenen und gegenwärtigen Grenzen hinausführen. Unser Wissen vom Wirken des sichtbaren Universums mag zunehmen; doch wird uns die Wissenschaft kaum, ebensowenig wie bisher, dazu befähigen, zu verstehen, welche Kräfte das Weltall bewegen und warum es überhaupt existiert.

Der Mensch muß indessen während seines psychosomatischen Lebens in der Biosphäre leben und tätig sein, und die Anforderungen des Lebens und seines Handelns zwingen ihn, sich mit vorläufigen Antworten auf die Rätsel der Erscheinungswelt zu begnügen, auch wenn er glaubt, die wissenschaftliche Erkenntnis sei die einzig wahre. Diese Meinung ist nicht unerschütterlich; doch ist es nicht zu leugnen, daß die Antworten, die außerhalb der exakten Wissenschaft gefunden werden, unbeweisbare Glaubenssätze sind; sie beruhen nicht auf der Leistung des Verstandes, sondern auf religiöser Intuition. Oberflächlich betrachtet scheinen die nachwissenschaftlichen und die vorwissenschaftlichen Äußerungen der Religion einander polar entgegengesetzt zu sein. Jede Äußerung der Religion in der Vergangenheit hat sich der geistigen Auffassung von Zeit und Ort angepaßt; doch die darunterliegende Substanz der Religion ist zweifellos so unveränderlich wie die Substanz der menschlichen Natur selbst. Die Religion ist in der Tat ein wesentlicher und entscheidender Zug der menschlichen Natur; sie ist die notwendige Antwort des Menschen auf die Rätsel der Phänomene, die seine einmalige Fähigkeit des Bewußtseins herausfordern.

2

DIE BIOSPHÄRE

Das Wort »Biosphäre« wurde von Teilhard de Chardin geprägt; es ist ein neues Wort und bezeichnet die unseren Planeten umfassende Schicht von Erdkruste, Wasser und Luft. Es ist die einzige gegenwärtige – und, soweit wir es heute voraussehen können, einzig mögliche – Wohnstätte für alle uns bekannten Lebewesen, die Menschen einbegriffen.

Die Biosphäre ist in ihrer Ausdehnung eng begrenzt und enthält daher nur einen beschränkten Vorrat der Hilfsquellen, welche die verschiedenen Arten von Lebewesen zu ihrer Erhaltung benötigen. Einige dieser Erzeugnisse können erneuert werden, andere sind unersetzlich. Jede Spezies, die ihre erneuerbaren Mittel überzieht oder ihre unersetzlichen erschöpft, ist zum Aussterben verdammt. Die Zahl der ausgestorbenen Arten, die in geologischen Zeugnissen Spuren hinterlassen haben, ist erschreckend hoch, verglichen mit der Zahl der noch existierenden Arten.

Die geringe Stärke der Biosphäre und die Spärlichkeit ihrer Hilfsquellen sind ihre bezeichnendsten Eigenschaften. Ihre obere Grenze ist etwa mit der maximalen Höhe gleichzusetzen, in der ein Flugzeug die Erde umfliegen kann; ihre untere Grenze ist die Tiefe, bis zu der Bergwerksingenieure Bohrungen machen können. Die Stärke der Biosphäre zwischen diesen beiden Begrenzungen ist hauchdünn, verglichen mit dem Durchmesser des Erdballs, den sie wie eine zarte Haut umgibt. Bekanntlich ist dieser Erdball durchaus nicht der größte der Planeten, die die Sonne »umkreisen« – nicht kreisförmig, sondern elliptisch –, und »unsere« Sonne ist nur eine von unvorstellbar vielen Sonnen, aus denen sich »unsere« Milchstraße zusammensetzt, und diese Milchstraße ist wiederum nur eine in einem unübersehbaren Schwarm von Milchstraßen (die Zahl der Milchstraßen, die wir kennen, wächst mit der zunehmenden Reichweite unserer Fernrohre). Vergleicht man also unsere Biosphäre mit den Dimensionen des bekannten Teils des Weltalls, so ist sie unendlich klein.

Die Biosphäre ist nicht so alt wie der Planet, den sie jetzt umhüllt. Sie ist ein Auswuchs – ob man sie nun mit einem Heiligenschein oder einer Rostschicht vergleicht –, der sich erst gebildet hat, lange nachdem die Erdkruste genügend abgekühlt war, um ihre ursprünglich gasförmigen Bestandteile zu verfestigen und zu verflüssigen. Es ist nahezu gewiß, daß sie die einzige zur Zeit vorhandene Biosphäre in unserem Sonnensystem ist, und möglicherweise gab es in diesem System nie eine andere noch wird es je eine zweite geben. Doch da unser Sonnensystem auch nur ein winziger Teil des uns bekannten Ausschnittes des Weltalls ist, so ist es denkbar, daß außer der unsrigen noch andere, vielleicht zahllose Sonnen Planeten haben und daß unter diesen einige sind, die wie die unsrigen in einer Entfernung um ihre Sonne kreisen, welche die Bildung von Biosphären begünstigt. Aber selbst wenn es solche anderen Biosphären gibt, so ist nicht gesagt, daß sie tatsächlich auch von Lebewesen bewohnt sind.

Man ist jetzt in der Lage, organisch strukturierte Materie nachzubilden; doch, wie wir bereits festgestellt haben, ist die physische Hülle des Lebens, des Bewußtseins und der Zielbewußtheit nicht das gleiche wie diese Erscheinungen selbst. Wir wissen nicht, wie oder warum sie auf unserem Planeten in Erscheinung getreten sind. Was wir wissen ist, daß die stofflichen Bestandteile unserer Biosphäre räumlich neu verteilt und chemisch neu zusammengesetzt worden sind als Folge der Wechselwirkung zwischen lebenden Organismen und anorganischer Materie. Wir wissen ferner, daß eine der Lebensbedingungen »primitiver« lebender Organismen darin bestand, daß die Atmosphäre einen Filter schuf, durch den die Strahlung der Sonne und anderer außerirdischer Quellen, denen unsere Biosphäre dauernd ausgesetzt ist, nun in einer Stärke zu uns gelangt, die nicht nur erträglich, sondern auch für die »höheren« Lebensformen zuträglich ist (wobei mit »höher« die Lebensform gemeint ist, die der des *homo sapiens* näherkommt – ein bedingter und subjektiver Gebrauch des Wortes »höher«).

Und schließlich wissen wir, daß die in unserer Biosphäre enthaltene Materie einem ständigen »Recycling« unterliegt, einem Erneuerungskreislauf zwischen den Teilen dieser Materie, die in einem gegebenen Moment unbelebt oder belebt sind, und daß in dem jeweils belebten Teil einige Abschnitte pflanzlich und andere tierisch sind und in dem tierischen Abschnitt einige Arten nichtmenschlich und andere menschlich. Die Biosphäre besteht und erhält sich vermittels eines feinen, sich selbst regelnden und selbst erhaltenden Gleichgewichts der Kräfte; ihre Bestandteile sind voneinander abhängig, und der Mensch ist ebenso wie alles andere von seiner Beziehung zu der übrigen Biosphäre abhängig. Wir haben keine Anzeichen dafür, daß einzelne menschliche Wesen oder die Menschheit als solche außerhalb der Biosphäre existieren könnten. Wenn die Biosphäre aufhörte, Heimat des Lebens zu sein, würde die Menschheit, soviel wir wissen, ausgelöscht werden und mit ihr jede andere Form des Lebens.

Vielleicht ist die nächste denkbare Biosphäre Hunderte von Millionen Lichtjahren von unserem Planeten entfernt. In unseren Tagen ist es einigen menschlichen Wesen gelungen, auf dem Mond zu landen und nach einem kurzen Aufenthalt in fast allen Fällen heil zur Erde zurückzukehren. Es war ein prachtvolles Bravourstück von Wissenschaft und Technik. Diese Leistung war auch in sozialer Hinsicht bemerkenswert, wenn man bedenkt, daß es den Menschen bis jetzt viel seltener gelungen ist, ihre Beziehungen miteinander zu regeln als den nichtmenschlichen Teil der Natur zu beherrschen. Die Mondlandungen haben uns einiges gelehrt, das auch für die

Einschätzung unserer Aussichten und die Wahl unserer Politik auf Erden von praktischer Bedeutung sein dürfte.

Der Mond ist der Erde viel näher als jeder andere Himmelskörper; er ist der Satellit unseres Planeten. Doch um eine Handvoll Menschen für wenige Stunden auf den Mond zu bringen, war die präzis geplante Zusammenarbeit von mehreren hunderttausend Menschen erforderlich, dazu ein ungeheurer materieller Aufwand und ein beträchtliches Aufgebot an Mut, Fleiß und Können, der Menschheit kostbarste Gaben. Selbst wenn sich der Mond so reich an Bodenschätzen, die der Menschheit dienstbar gemacht werden könnten, erweisen sollte wie Nord- und Südamerika zusammen, würde deren Ausbeutung unwirtschaftlich sein. Die dauernde Ansiedlung von Erdbewohnern auf dem Mond wäre nicht durchführbar, denn die Anlage des menschlichen Körpers beschränkt ihn darauf, in der besonderen Anziehungskraft der Erde und dem besonderen Druck der Erdatmosphäre zu leben. Er braucht Nahrung in Form organischer, pflanzlicher oder tierischer Substanzen.

Der Mond ist für keine Form des Lebens bewohnbar. Die einzige Mondmaterie, die dem Menschen nutzen könnte, ist unbelebt und anorganisch; und um sie verwendbar zu machen, müßte sie zur Erde befördert werden, und dazu müßten Menschen unter äußerst schwierigen Bedingungen auf dem Mond kampieren und arbeiten. Das würde sich voraussichtlich nicht lohnen.

Wenn weder der Mond noch die Schwesterplaneten der Erde, die viel weiter von uns entfernt sind, von Erdenkindern bewohnt werden können, so wäre es doch denkbar, daß ein Planet irgendeiner anderen Sonne, vielleicht in einer anderen Milchstraße, die Voraussetzungen für menschliches Leben böte. Aber selbst wenn wir einen solchen Planeten ausfindig machten und es uns gelänge, ihn mit einem Raumschiff anzusteuern, ohne unterwegs in den glühenden Hochofen einer der zahllosen Sonnen zu geraten – keiner von uns würde ihn je erreichen, denn die Reise würde mehr als hundert Jahre dauern. Wir müßten schon ein Raumschiff erfinden, in dem die Passagiere Kinder zeugen und gebären könnten, die ihrerseits Kinder und Kindeskinder zeugten, und alle müßten an Bord leben, bis es vielleicht der Besatzung in der dritten oder vierten Generation möglich wäre, auf dem fremden Planeten zu landen. Und auch wenn diese künftige Generation an ihrem Ziel atembare Luft, trinkbares Wasser und eßbare Nahrung vorfände, dazu erträgliche Luftdruck- und Schwerkraftverhältnisse – unsere moderne Arche Noah müßte ungeheure Mengen von Sauerstoff und Lebensmitteln mit sich führen, um mehrere Generationen ein Jahrhundert hindurch zu versorgen. Es erscheint höchst unwahrscheinlich, daß eine solche Reise je stattfinden wird.

Unsere gegenwärtigen Kenntnisse und Erfahrungen zwingen uns also zu dem Schluß, daß das Leben, so wie wir es kennen, auf unsere Biosphäre beschränkt bleibt. Alles andere ist utopisch. Und dieser Schluß sollte uns ermahnen, unsere Gedanken und Bemühungen auf diese unsere Biosphäre zu richten, ihre Geschichte zu überschauen, ihre Aussichten abzuschätzen und alles zu tun, was der Mensch vermag, damit sie auch in Zukunft bewohnbar und wirtlich bleibt, bis sie eines Tages vielleicht ohne unser Zutun durch kosmische Kräfte zerstört wird.

Die materielle Macht, die uns zu Gebote steht, hat sich heute derart vergrößert, daß die Menschheit durchaus in der Lage wäre, die Biosphäre unbewohnbar zu machen, und sie wird in der Tat dieses selbstmörderische Ende innerhalb einer voraussehbaren Frist erreichen, wenn nicht unverzüglich, tatkräftig und gemeinschaftlich etwas unternommen wird, um der Verunreinigung und Zerstörung der Biosphäre Einhalt zu gebieten. Andererseits wird auch die materielle Macht der Menschheit nicht ausreichen – selbst wenn wir uns hüten, sie zu zerstören –, die Biosphäre lebensfähig zu erhalten; denn sie ist nicht autark. Die Mutter Erde hat das Leben nicht durch Parthenogenesis geschaffen; das Leben in der Biosphäre begann mit der Befruchtung durch einen Vater, den Aton des Pharaos Echnaton, den »Unbesiegbaren Sonnengott«, den »Sol Invictus« der oströmischen Kaiser von Aurelian bis zu Konstantin dem Großen.

Der Vorrat der Biosphäre an physischer Energie – die materielle Quelle des Lebens und zugleich die Quelle der physischen Kraft in der unbelebten Natur, die der Mensch sich nutzbar gemacht hat – stammt nicht aus ihr selber. Die physische Energie wird von der Sonne und anderen kosmischen Quellen in die Biosphäre gestrahlt, und deren Rolle ist nur selektiv. Es wurde schon erwähnt, daß sie die auf sie eindringenden Strahlen filtert; sie nimmt die lebenspendenden Strahlen auf und stößt die tödlichen ab. Aber dieses komplizierte Wechselspiel kann nur so lange sinnvoll wirken, wie der Filter funktioniert und die Quellen der Strahlung beständig bleiben; doch unsere Sonne unterliegt wie jede andere im Kosmos einem stetigen Wechsel. Es ist daher vorstellbar, daß in irgendeiner Zukunft einige dieser kosmischen Veränderungen in unserer Sonne oder in anderen Sternen die Wirkung der Strahlen auf die Biosphäre derart ändern, daß die Erde unbewohnbar wird, und wenn sie von dieser Katastrophe bedroht würde, wäre die materielle Kraft der Menschheit wahrscheinlich nicht groß genug, um dieser Gefahr entgegenzuwirken.

Wir wollen nun die Bestandteile der Biosphäre und die Art ihrer Beziehungen zueinander betrachten. Sie besteht aus drei Elementen: Materie, die nie durch die Annahme einer organischen Struktur lebendig wurde, lebende organische Materie und, drittens, unbelebte Materie, die einst lebend und organisch war und noch einige organische Eigenschaften und Kräfte behalten hat. Die Biosphäre ist, wir erwähnten es schon, jünger als der Planet, den sie umhüllt; wir wissen außerdem, daß Leben und Bewußtsein in der Biosphäre nicht so lange existieren wie die Materie, mit der sie sich verbunden haben. Die Schicht von Materie, die jetzt die Biosphäre bildet, war einst völlig unbelebt, so wie der größere Teil des Erdballs noch immer. Wir wissen nicht, wie und warum sich ein Teil der materiellen Substanz der Biosphäre schließlich belebte, noch, wie und warum zu einem noch späteren Zeitpunkt ein Teil dieser lebenden Materie Bewußtsein erlangte. Wir können die gleiche Frage umgekehrt stellen: Wie und warum sind Leben und Bewußtsein Fleisch geworden? Doch auch in dieser umgekehrten Form finden wir keine Antwort auf unsere Frage.

Der ehemals organische Bestandteil der Biosphäre ist überraschend groß und hat die Menschheit mit einigen der wichtigsten Mittel zur Aufrechterhaltung des Lebens versorgt. Es ist allgemein bekannt, daß Korallenriffe und Koralleninseln von Myriaden mikroskopisch kleiner Tierchen gebildet worden sind, und diese winzigen Lebewesen haben mehr bewohnbare Inseln geschaffen als die gewaltige, unbelebte Kraft der Vulkane, die mit ihnen wetteiferten, feste Materie unter Wasser anzuhäufen, bis Inseln aus dem Wasser auftauchten.

Ebenso weiß heute fast jedermann, daß die Kohle aus Pflanzen und Bäumen entstanden ist und der Ackerboden seine Fruchtbarkeit zum Teil der Tatsache verdankt, daß er durch die Leiber von Würmern gegangen ist und von Bakterien aller Art wimmelt. Doch der Laie schüttelt ungläubig den Kopf, wenn ihm ein Geologe erklärt, daß der Kalkfelsen, dessen schroffe Konturen er im Gebirge bewundert, ein Erzeugnis von in Jahrmillionen aufgetürmten Muschel- und Knochenablagerungen von Seetieren in verschwundenen Meeren ist und daß diese ursprünglich horizontalen Sedimente organischen Lebens sich durch eine Zusammenziehung der Erdkruste – nach der Terminologie der Geologen in »jüngster« Zeit – aufgeworfen haben, bis sie ihre jetzige vertikale Form erlangten. Auch die großen unterirdischen Mineralölvorkommen bestehen vermutlich aus ehemals organischer Substanz und sind damit der Kohle verwandt, nicht dem Eisenerz oder dem Granit, die in dem Aufbau ihrer Moleküle nie ein organisches Stadium durchlaufen haben.

Die erstaunliche Menge ehemals organischer Materie in der Biosphäre lenkt unsere Aufmerksamkeit auf einige bestürzende Aspekte der Geschichte des Lebens (fälschlich »Evolution« genannt, ein Wort, das nicht Veränderung bedeutet, sondern nur die »Entfaltung« von etwas, das schon immer latent vorhanden war). Das Leben hat sich in eine große Zahl von unterschiedlichen Gattungen und Arten differenziert, und jede Art stellt sich in vielen Individuen dar. Die Mannigfaltigkeit von Arten und Individuen war die Voraussetzung für das Voranschreiten des Lebens von einfachen und schwachen zu zusammengesetzten und kräftigen Organismen; aber der Preis dieses Fortschrittes durch Teilung und Differenzierung war Wettstreit und Kampf. Jede Art und jeder Vertreter dieser Art rivalisierten mit anderen im Kampf um jene Bestandteile der Biosphäre, die sie zur Erhaltung ihres Lebens brauchten. In manchen Fällen wurde der Wettstreit indirekt geführt, und eine Spezies hat die andere nicht dadurch ausgelöscht, daß sie sie aufgefressen oder anderweitig umgebracht hat, sondern weil sie sich den Löwenanteil an den für beide lebensnotwendigen Hilfsquellen sichern konnte. Wenn die Angehörigen einer Tierart um Nahrung, Wasser oder Weibchen kämpfen, dann, so heißt es, bittet der Verlierer um Gnade, und sie wird ihm als Erwiderung auf die Kapitulation vom Sieger gewährt. Die Menschen sollen die einzigen Lebewesen sein, die einander bis auf den Tod bekämpfen und nicht nur die kämpfenden Männer, sondern auch Frauen, Kinder und Greise niedermetzeln. Diese ausgesprochen menschliche Art von Grausamkeit wurde gerade in Vietnam verübt, als ich in London diese Zeilen schrieb, und sie wurde in den vergangenen fünftausend Jahren in berühmten Kunstwerken gefeiert, zum Beispiel auf der Geierstele des sumerischen Königs Eannatum, der Siegesstele des Naramsin und den Monumenten seiner assyrischen Nachfolger; aber auch in den homerischen Gesängen und auf der Trajanssäule.

Die Entwicklung des Lebens war also bestenfalls parasitär, schlimmstenfalls raubtierhaft. Das Tierreich hat sich vom Pflanzenreich ernährt; die Tiere (zumindest die auf dem festen Lande) hätten nicht existieren können, wenn es nicht schon eine Vegetation gegeben hätte; einige Tierarten leben davon, daß sie andere Tierarten töten und verschlingen; und der Mensch wurde einer dieser Fleischfresser, als er von den Bäumen stieg, sich auf den Boden wagte und damit das Schicksal auf sich nahm, zu erschlagen oder erschlagen zu werden. Die Opfer dieser Entwicklung sind jene Arten, die ausgelöscht worden sind, und die Vertreter jener überlebenden Arten, die ständig hingeschlachtet werden.

Der Mensch wurde zur Beute des Menschen; Kannibalismus und Sklaverei sind noch in hochentwickelten Gesellschaftsformen praktiziert worden – beide Abscheulichkeiten zum Beispiel im vorkolumbischen Mittelamerika und die Sklaverei in der Antike, im Islam und im neuzeitlichen Amerika. Selbst die formale Aufhebung der Sklaverei hat der Sklaverei ähnliche Zustände nicht völlig beseitigen können.

Der Mord unter Menschen wird weitgehend verdammt, wenn er aus Habgier oder persönlichem Haß geschieht. Auch der Mord als Strafe für Mord wird mehr und mehr abgelehnt; nicht nur private Blutfehden, sondern auch offizielle Hinrichtungen sind in zahlreichen modernen Staaten abgeschafft. Verboten sind auch Ritualmorde – Menschenopfer zu Ehren eines Gottes oder der Vergöttlichung einer der Naturkräfte, die der Mensch zur Erhaltung seines Lebens braucht. Seit den Tagen, da der Mensch die nichtmenschliche Natur unter seine Herrschaft brachte, waren die Götter, die am inbrünstigsten und grausamsten verehrt wurden, Verkörperungen der organisierten kollektiven menschlichen Gewalt, mit der die Natur unterjocht wurde.

In den vergangenen fünftausend Jahren waren die souveränen Staaten der Gegenstand der höchsten Verehrung – Gottheiten, die Hekatomben von Menschenopfern gefordert und empfangen haben. Souveräne Staaten führen Krieg miteinander, und im Kriege verlangen sie von ihren jungen männlichen Untertanen, die Untertanen des »Feindstaates« zu töten, auf die Gefahr hin, selbst getötet zu werden. Bis in die jüngste Vergangenheit haben alle Menschen mit wenigen Ausnahmen – wie die Quäker – das Morden und

Ermordetwerden im Kriege nicht nur als legitim, sondern auch als verdienstvoll und ruhmreich betrachtet.

Darf man sich fragen, ob der Fortschritt des Lebens in der Biosphäre seinen Preis an Schmerz und Qual rechtfertigt? Ist ein menschliches Wesen wertvoller als ein Baum, ein Baum wertvoller als eine Amöbe? Die Entwicklung hat eine aufsteigende Reihe von Arten nur dann hervorgebracht, wenn wir den Aufstieg im Sinne der Macht bewerten. Die Menschheit ist bis jetzt die mächtigste Spezies, aber sie allein wäre kaum lebensfähig. Nur menschliche Wesen können böse sein, denn sie sind die einzigen, die sich ihrer Taten bewußt sind und in der Freiheit der Wahl leben. Der Dichter William Blake, der die lebende Kreatur in überlieferter Weise als Werk eines menschenähnlichen Schöpfergottes sah, war über die Erschaffung des Tigers geradezu entsetzt. Doch ein Tiger – im Gegensatz zum Menschen und zu einem angenommenen Schöpfergott – ist unschuldig. Wenn er seinen Hunger stillt, indem er sein Opfer tötet und verzehrt, empfindet er keine Gewissensbisse. Andererseits wäre es ein sinnloses und bösartiges Unterfangen gewesen, wenn ein Gott den Tiger nur geschaffen hätte, damit er das Lamm reißt, den Menschen, damit er den Tiger erschlägt, und den Bazillus und den Virus, damit sie ihre Art erhalten, indem sie die Menschen massenweise töten. Andererseits hat das Zusammenspiel der verschiedenen Arten des Lebens nicht nur die Form des Kampfes und Wettstreites. Während die Beziehung zwischen dem Pflanzenreich und dem Tierreich in einer Hinsicht dem Verhältnis des ausgebeuteten Gastgebers zu einem räuberischen Parasiten zu gleichen scheint, arbeiten andererseits Pflanzen- und Tierreich als Partner zusammen in dem gemeinsamen Interesse, die Biosphäre für Pflanzen und Tiere gleichermaßen bewohnbar zu erhalten. Diese Kooperation sichert zum Beispiel die Zuteilung und Zirkulierung von Sauerstoff und Kohlenstoff in einer rhythmischen Bewegung, die das Leben ermöglicht.

Die Entwicklung des Lebens in der Biosphäre zeigt also zwei Tendenzen, die uns widersprüchlich und gegensätzlich erscheinen. Wenn der Mensch die Geschichte der Biosphäre bis zur Gegenwart überblickt, so findet er, daß sie sowohl Gutes wie Böses hervorgebracht hat. Das ist natürlich ein rein menschlicher Standpunkt.

Bedeutet dies nun, daß die ethischen Maßstäbe willkürlich durch ein menschliches »So sei es« gesetzt worden sind und daß dieser Machtspruch für die Wirklichkeit des Lebens belanglos ist? Wir könnten genötigt sein, diesen Schluß zu ziehen, wenn der Mensch nur ein Zuschauer und Schiedsrichter wäre, der die Biosphäre von außen betrachtet und beurteilt. Er spielt aber eine doppelte Rolle: einerseits ist er sich seiner Umgebung und seiner selbst bewußt und besitzt daher die Fähigkeit, ethische Entscheidungen zu treffen und ethische Urteile zu fällen. Andererseits ist die Menschheit ein Zweig des Lebensbaumes, ein Ergebnis des Lebensfortschrittes; und das bedeutet, daß die ethischen Maßstäbe und Urteile des Menschen wiederum untrennbar zur Biosphäre gehören und zur totalen Realität, deren Teil die Biosphäre ist.

Infolgedessen sind Leben und Bewußtsein und Gut und Böse nicht weniger real als die Materie, mit der sie in der Biosphäre auf geheimnisvolle Weise verbunden sind. Und wenn wir meinen, die Materie sei ein elementarer Bestandteil der Realität, dann haben wir keinen Grund zu der Annahme, daß jene nichtmateriellen Manifestationen der Realität nicht gleichermaßen elementar seien.

In der Entwicklung des Lebens der Biosphäre jedoch ist das Bewußtsein erst zu einem verhältnismäßig späten Zeitpunkt erwacht, nämlich mit dem Auftreten des Menschen; und erst in unserer Zeit haben wir, spät und plötzlich, erkannt, daß die Gegenwart des Menschen sich heute als eine Bedrohung der Bewohnbarkeit der Biosphäre für alle Lebensformen erweist. Schon hat der Kampf um das Überleben – der eine Aspekt der Entwicklung des Lebens – viele Arten von Lebewesen beseitigt und zahllose Individuen aller Arten vernichtet. Die Menschheit hat sich selber einen Tribut von Menschenopfern abverlangt; sie hat den mit ihr rivalisierenden Raubtieren den Tod gebracht und viele Pflanzenarten ausgerottet. Allerdings scheint die Vernichtung bestimmter Arten und Individuen keine Bedrohung für den Fortbestand des Lebens an sich zur Folge zu haben; offenbar schafft die Ausrottung einiger Arten neuen Lebensraum für andere.

Der Mensch war von allen Arten am erfolgreichsten in der Beherrschung der anderen, der belebten wie der unbelebten, Bestandteile der Materie. In der Morgendämmerung seines Bewußtseins war er der Gnade der nichtmenschlichen Natur ausgeliefert; er machte sich daran, sie zu unterwerfen, und er hat sich schrittweise diesem Ziel genähert. In den jüngsten zehntausend Jahren hat er die natürliche Zuchtwahl durch künstliche Auslese ersetzt, soweit er dazu die Macht hatte. Er hat das Überleben von Pflanzen und Tieren gefördert und sie für seine eigenen Bedürfnisse kultiviert und domestiziert; er hat andere Arten, die er für schädlich hielt, vernichtet, hat sie als »Unkraut« und »Ungeziefer« bezeichnet und damit seine Absicht verkündet, alles zu tun, um sie auszurotten. Mit dieser Verdrängung der natürlichen Zuchtwahl durch eine dem Menschen dienende ist es ihm gelungen, die Zahl der überlebenden Arten drastisch zu dezimieren.

In der ersten, bis jetzt längsten Epoche seiner Geschichte hat der Mensch in der Biosphäre noch keine so markanten Spuren hinterlassen wie einige seiner Zeitgenossen anderer Arten. Die Pyramiden von Gizeh und Teotihuacán und die von Menschen geschaffenen Berge von Cholula und Sakai stellen zwar die Tempel und Kathedralen und Wolkenkratzer späterer Zeiten in den Schatten; doch des Menschen gewaltigste Monumente sind winzig im Vergleich zu dem Werk der mikroskopisch kleinen Tiere, welche die Koralleninseln bauten. Beim Beginn der Zivilisation, vor rund fünftausend Jahren, war der Mensch sich der überragenden Macht bewußt geworden, die er in der Biosphäre erlangt hatte; vor dem Anfang des christlichen Zeitalters hatte er entdeckt, daß die Biosphäre eine begrenzte Hülle um die Oberfläche eines kugelförmigen Sterns ist; und seit dem fünfzehnten Jahrhundert n.Chr.

haben Europäer sich die einst dünnbevölkerten Teile der Erde zu eigen gemacht und besiedelt. Doch bis zur heutigen Generation tut die Menschheit weiterhin so, als sei der Vorrat der Biosphäre an unersetzbaren Schätzen unerschöpflich und als seien das Meer und die Luft gefeit gegen Verschmutzung.

In der Tat schienen diese Teile der Biosphäre bis vor kurzem praktisch unbegrenzt, gemessen an der Fähigkeit des Menschen, sie zu nutzen oder zu zerstören. In meiner Kindheit um die Jahrhundertwende hätte man den Gedanken, der Mensch könne jemals die Macht haben, die gesamte Erdatmosphäre zu verunreinigen, in das Reich der Phantasie verwiesen.

Bis heran an das dritte Viertel des zwanzigsten Jahrhunderts hat die Menschheit ihre wachsende Fähigkeit, die Biosphäre zu beeinflussen, unterschätzt. Die enorme Beschleunigung dieser Entwicklung wurde von zwei neuen Errungenschaften verursacht: erstens der systematisch betriebenen naturwissenschaftlichen Forschung und ihrer praktischen Anwendung auf die Technik; zweitens der Nutzbarmachung der offenen und versteckten physikalischen Energien in den unbelebten Bestandteilen der Biosphäre.

Das Uran, der jüngste Brennstoff, dient zur Erzeugung von Atomenergie, doch als der Mensch seit 1945 es wagte, diese gigantische Kraft zu handhaben, begab er sich in ein Abenteuer, das der Geschichte des mythischen Halbgotts Phaethon ähnelt. Der maßte sich an, den Wagen seines Vaters, des Sonnengottes, zu lenken, verlor die Herrschaft über die Rosse und steckte beinahe die Biosphäre in Brand. Die Phaethonsage ist eine Allegorie des Risikos , das der Mensch einging, als er begann, mit der Atomenergie zu spielen. Es bleibt abzuwarten, ob die Menschheit fähig sein wird, sich dieses ungeheuren Materials ungestraft zu bedienen. Die Kraft der Atomenergie ist beispielslos, doch nicht weniger sind es die giftigen Nachwirkungen des radioaktiven Atommülls. Der Mensch hat in den Prozeß eingegriffen, der die Strahlung in der Biosphäre – der Mutter unseres irdischen Lebens – im Gleichgewicht hält. Dieser unheilvolle Zug der wissenschaftlichen Technologie droht nun, zusammen mit den vorangegangenen Veränderungen des Wasserhaushalts durch die industrielle Revolution, die Biosphäre unbewohnbar zu machen.

Und so stehen wir heute an einem Wendepunkt in der langen Geschichte der Biosphäre und in der kürzeren eines ihrer Bewohner, des Menschen. Der Mensch war das erste Kind der Mutter Erde, das sich unterfing, die Mutter des Lebens zu unterjochen und dem Vater des Lebens, dem Sonnengott, die schreckliche Kraft der Strahlung aus den Händen zu reißen. Er hat diese Kraft in die Biosphäre entlassen, nackt und ungemindert, zum erstenmal, seit die Biosphäre für das Leben zur Heimat wurde. Heute wissen wir nicht, ob der Mensch imstande sein wird, das Schicksal Phaethons von sich und den anderen Lebewesen abzuwenden.

Der Mensch ist das erste Lebewesen in unserer Biosphäre, das die Macht erlangt hat, sie zu zerstören und dabei sich selbst zu vernichten. Als psychosomatischer Organismus ist der Mensch wie jede andere Form des Lebens einem unerbittlichen Gesetz der Natur unterworfen: Er ist wie die Angehörigen anderer Arten ein wesentlicher Bestandteil der Biosphäre; und wenn diese unbewohnbar wird, ist der Mensch mit allen anderen Arten gemeinsam zum Aussterben verurteilt.

Die Biosphäre wurde zur Heimstatt des Lebens, weil die einen selbstregelnden Verbund sich wechselseitig ergänzender Komponenten bildet und weil, bevor der Mensch in Erscheinung trat, keine einzige dieser Komponenten – organisch, ehemals organisch oder anorganisch – die Macht erlangte, das fein ausgewogene Kräftespiel in der Biosphäre zu stören. Vormenschliche Lebewesen, die zu unfähig oder zu aggressiv waren, sich diesem Rhythmus anzupassen, wurden ausgemerzt, ehe ihre Unfähigkeit oder Aggressivität zu einer Gefahr werden konnte.

Der Mensch ist der Bewohner der Biosphäre, der mächtiger ist als diese selbst. Sein Bewußtsein hat ihm die Fähigkeit gegeben, Entscheidungen zu treffen und Pläne zu schmieden und auszuführen, mit der er die Natur hindern kann, ihn zu beseitigen, wie sie andere Arten beseitigt hat, welche die Biosphäre als Ganzheit bedrohten oder störten. Dennoch kann er seiner Nemesis nicht entrinnen; zerstört er die Biosphäre, wird er sich selbst auslöschen und zugleich alle anderen Formen des psychosomatischen Lebens auf dem Antlitz der Mutter Erde.

Von diesem Punkt aus können wir auf die Geschichte zurückschauen, auf die Begegnungen zwischen der Mutter Erde und dem Menschen, dem mächtigsten und rätselhaftesten aller ihrer Kinder. Das Rätsel liegt in der geheimnisvollen Tatsache, daß allein der Mensch von allen Bewohnern der Biosphäre auch in einem anderen Reich zu Hause ist – dem Reich des Geistes, das immateriell und unsichtbar ist. In der Biosphäre ist der Mensch ein psychosomatisches Wesen, das in einer materiellen und endlichen Welt tätig ist. Auf dieser Ebene seiner Aktivität ist es seit seiner Bewußtwerdung sein Ziel gewesen, sich zum Herrn seiner nichtmenschlichen Umwelt zu machen; und in unseren Tagen ist er seinem Ziel sehr nahe gekommen – möglicherweise zu seinem Unheil. Aber des Menschen andere Heimat, die Welt des Geistes, ist nicht minder ein wesentlicher Bestandteil der gesamten Realität; sie unterscheidet sich dadurch von der Biosphäre, daß sie immateriell und unendlich ist. Und in seinem Leben in der Welt des Geistes sieht der Mensch seine Aufgabe nicht in der materiellen Herrschaft über seine Umwelt, sondern in der geistigen Herrschaft über sich selbst.

Diese beiden gegensätzlichen Ziele und die beiden verschiedenen Ideale, von denen sie getragen werden, sind in berühmten Texten ausgelegt worden. Die klassische Weisung an den Menschen, sich zum Herrn der Biosphäre zu machen, steht in Vers 28 des ersten Kapitels der Genesis:

> »Seid fruchtbar und mehret euch und füllet die Erde und macht sie euch untertan und herrschet über Fische im Meer und über Vögel unter dem Himmel und über alles Tier, das auf Erden kreucht.«

Dieser Auftrag ist klar und eindringlich; aber die Ablehnung ist es nicht weniger. »Führe uns nicht in Versuchung, sondern erlöse uns von dem Übel« klingt wie eine direkte Antwort auf das Gebot der Genesis; und vor dem Neuen Testament erklärte schon der Tao-te-king, daß die technischen und organisatorischen Errungenschaften des Menschen eine Falle darstellten:

»Je mehr scharfe Waffen es gibt,
Desto unwissender wird das Land heranwachsen.
Je mehr geschickte Handwerker es gibt,
Desto mehr verderbenbringende Geräte werden sie erfinden.
Je mehr Gesetze verkündet werden,
Desto mehr Diebe und Räuber wird es geben.«

»Spanne den Bogen, so weit du kannst,
Und du wirst wünschen, du hättest rechtzeitig eingehalten.«

Diese Abschnitte aus dem Tao-te-king finden ihr Gegenstück im Matthäusevangelium:

»Schauet die Lilien auf dem Felde, wie sie wachsen; sie arbeiten nicht, auch spinnen sie nicht. Ich sage euch, daß auch Salomo in aller seiner Herrlichkeit nicht bekleidet gewesen ist als derselbigen eins« (Matth.6,28-29).

Dies sind deutliche Ablehnungen der Aufforderung, daß wir Macht und Reichtum erwerben sollen. Sie bereiten den Weg für den Ruf, das gegenteilige Ideal anzustreben:

»Wer mir will nachfolgen, der verleugne sich selbst und nehme sein Kreuz auf sich und folge mir nach. Denn wer sein Leben will behalten, der wird's verlieren; und wer sein Leben verlieret um meinet- und des Evangeliums willen, der wird's behalten. Was hülfe es den Menschen, wenn er die ganze Welt gewönne und nähme an seiner Seele Schaden? Oder was kann der Mensch geben, damit er seine Seele löse?« (Mark. 8,34-37).

Wenn ein Mensch seine Seele verlöre, würde er aufhören, Mensch zu sein; denn das Wesen des Menschseins ist die Erkenntnis des Geistigen hinter der Erscheinung; und die Seele, nicht der psychosomatische Organismus des Menschen kommt der Existenz des Geistigen nahe bis hin zur Identität, wie uns die Erfahrung der Mystiker lehrt.

Auf diese Weise in der Biosphäre und in der Welt des Geistes zugleich beheimatet, ist der Mensch wahrhaft ein Amphibium, wie ihn Sir Thomas Browne treffend genannt hat; und in jedem der beiden Elemente hat er ein Ziel. Aber er kann nicht jedes der beiden Ziele ernstlich anstreben, nicht zwei Herren dienen. Einem seiner beiden Ziele, einer seiner beiden Verpflichtungen muß er den Vorrang geben oder ausschließlich dienen, wenn sich die zwei als unvereinbar oder unüberbrückbar erweisen. Welche der beiden Alternativen soll er wählen?

Heute droht die fast perfekte Herrschaft des Menschen über die ganze Biosphäre, seine guten Absichten zu vereiteln, denn sie führt dazu, die Biosphäre zu vernichten und das Leben, einschließlich des menschlichen Lebens, auszulöschen. Seit dem dreizehnten Jahrhundert ehrt die westliche Welt Francesco Bernardone, den heiligen Franz, der das Erbe eines einträglichen Familiengeschäftes zurückwies und mit den Stigmata Christi belohnt wurde, weil er sich der Dame Armut vermählte. Aber die westliche Welt folgte nicht dem Beispiel des Heiligen, sondern seines Vaters, des erfolgreichen Tuchhändlers Pietro Bernardone. Und seit dem Beginn der industriellen Revolution hat sich der moderne Mensch noch hartnäckiger als seine Vorfahren der Verfolgung des Zieles hingegeben, das ihm in der Genesis gesetzt wurde.

Es sieht ganz so aus, als werde der Mensch sich nicht vor der Nemesis seiner dämonischen materiellen Macht und Habgier bewahren können, wenn er seine Haltung zur Biosphäre nicht grundlegend wandelt . Seine jetzige selbstverschuldete Misere stellt ihn vor die entscheidende Frage: Kann er sich dazu bringen, jene von seinen großen Sehern gepredigten und praktizierten Gebote der Bescheidung, die bisher als utopisch und unverbindlich betrachtet wurden, als notwendige praktische Lebensregeln für Menschen durchschnittlichen moralischen Formats zu akzeptieren? Die sich über Jahrhunderte hinziehende Auseinandersetzung um dieses Problem, die heute ihren Höhepunkt zu erreichen scheint, ist das Thema der vorliegenden Chronik von der Begegnung des Menschen mit der Mutter Erde.

3

DIE HERKUNFT DES MENSCHEN

Das Wort »Herkunft« kann auf mindestens dreierlei Weise zu dem Wort »Mensch« in Beziehung gesetzt werden. Im physischen Sinne war es der Abstieg unserer Ahnen vom Leben in den Wipfeln der Bäume zum Leben auf dem festen Boden; genetisch die Entwicklung aus vormenschlichen Lebensformen.

In diesem Bereich ist das auffallendste und zugleich rätselhafteste Charakteristikum der menschlichen Natur das Ausmaß der ethischen Skala. Der Spielraum der Möglichkeiten zwischen den Polen Teufel und Heiliger ist ein ebenso bemerkenswerter Zug des menschlichen Lebens wie die ethische Dimension selbst. Beide Züge sind nur dem Menschen unter allen Bewohnern der Biosphäre eigentümlich. Heute, da der Mensch die Macht besitzt, die Biosphäre zu vernichten, ist durchaus nicht gewiß, daß er dieses selbstmörderische Verbrechen nicht begehen wird; wir wissen jedoch ebensowenig, ob er nicht eines Tages die Biosphäre aus dem Zustand erlösen wird, in dem bis jetzt Liebe und Kampf ergebnislos miteinander wetteifern. Es ist vorstellbar, daß der Mensch, statt sie zu vernichten, seine Macht über die Biosphäre dazu gebrauchen wird, den Naturzustand durch einen Zustand zu ersetzen, in dem die Liebe herrschen wird. Dies würde das Leben von einem Pandämonium in eine Gemeinschaft von Heiligen verwandeln.

Wenn wir das Wort Herkunft oder Abstammung in seiner entwicklungsgeschichtlichen Bedeutung nehmen, erhebt sich die Frage nach dem Alter des *Genus homo*. Die Auffassung von der Gleichzeitigkeit des Menschen mit allen anderen überlebenden Arten der Lebewesen, ja mit dem Leben selbst hat etwas für sich; denn wenn auch die Evolution durch Differenzierung vonstatten ging, sind doch die verschiedenen Arten, die sie hervorgebracht hat, miteinander verwandt wie die Zweige eines Baumes; sie stammen alle aus einer gemeinsamen Wurzel. Wenn wir die Genesis des Menschen genauer datieren wollen, dann müssen wir den Zeitpunkt festhalten, wo die Familie der Hominiden sich von anderen Familien innerhalb der Ordnung der Primaten unter den Säugetieren abzweigte. Diese Gabelung der genetischen Wege markiert einen Punkt, von dem es keine Rückkehr gab, und den Hominiden war fortan die Möglichkeit verschlossen, *Hylobatidae* (z.B. Gibbons) oder *Pongidae* (Orang-Utans, Schimpansen oder Gorillas) zu werden. Als die Vorfahren der Hominiden diesen Punkt überschritten und den Hominidenweg eingeschlagen hatten, blieben ihnen nur zwei Möglichkeiten: Menschen zu werden oder unterzugehen. Tatsächlich ist die einzige Gattung der Hominidenfamilie, die überlebt hat, die des *Homo* und innerhalb dieser Gattung die einzige Art, die noch besteht, der *Homo sapiens* (eine unverdient schmeichelhafte Bezeichnung, die er sich in naiver Überheblichkeit selbst verliehen hat). Wenn wir das Alter des Menschen von dem Zeitpunkt an rechnen, an dem ihm, wollte er überleben, kein anderer Weg blieb, als »menschlich« zu werden, dann muß der Mensch als eine ausgeprägte Form des Lebens in der Mitte des Tertiärs, im Miozän oder schon in der letzten Phase des Oligozäns entstanden sein. Und nach dieser Rechnung wäre er jetzt etwa zwanzig bis fünfundzwanzig Millionen Jahre auf dieser Erde.

Können wir das Alter der Menschheit noch genauer datieren, indem wir es an diesen oder jenen bestimmten anatomischen Eigenheiten oder bestimmten Gewohnheiten und Fertigkeiten messen? Können wir sagen, daß unsere Ahnen Menschen wurden, als sie von den Bäumen auf den Boden hinabstiegen? Oder als sie die Fähigkeiten erwarben, sich nur mit einem Paar ihrer Glieder fortzubewegen, so daß sie mit dem anderen Paar Werkzeuge handhaben konnten? Oder als sie ein Gehirn entwickelten, das nicht nur beträchtlich größer war als das aller anderen Hominiden, sondern auch viel feiner organisiert, so daß sich die Zahl der möglichen Wechselwirkungen zwischen den Gehirnzellen erheblich vermehrte? Oder können wir die Genesis der menschlichen Natur an den Zeitpunkt setzen, da sie solche Fertigkeiten erlangte wie die Bildung von Gemeinschaften oder die Sprache (d.h. einen Kode von Tönen zur Übermittlung von Aussagen, die allen Mitgliedern einer Gemeinschaft verständlich sind, im Gegensatz zu einer Reihe von Ausrufen, die lediglich Emotionen ausdrücken)? Oder machte Prometheus unsere Vorfahren zu Menschen, als er sie lehrte, Feuer zu entzünden und zu unterhalten, ohne sich die Finger zu verbrennen, und es zum Kochen und zum Wärmen zu gebrauchen, statt vor dieser nützlichen, aber auch gefährlichen und zerstörerischen Macht zu erschrecken?

Die Antwort hierauf ist sicher die, daß weder die Entwicklung eines anatomischen Merkmals noch die Erwerbung einer Fertigkeit das erste Auftreten der menschlichen Natur in der Biosphäre bestimmt, sondern daß dieses historische Ereignis das Erwachen des Menschen zum Bewußtsein ist. Der Zeitpunkt kann nur aus den materiellen Spuren erschlossen werden, die unsere Ahnen hinterließen (z.B. Knochen oder Werkzeuge). Deshalb können wir den Zeitpunkt des Erwachens des Menschen zum Bewußtsein nur erraten anhand seiner anatomischen Entwicklung und der Entwicklung gesellschaftlicher und technologischer Fertigkeiten.

Wir können also aus der Tatsache, daß unsere Ahnen überlebten, nachdem sie aus dem Schutz der Baumwipfel auf den gefährlicheren Boden hinabgestiegen waren, den Schluß ziehen, daß sie zu diesem Zeitpunkt bereits gesellige Tiere waren oder zumindest wurden, indem sie ihren Lebensraum veränderten. Auf dem festen Boden wären einzelgängerische Hominiden eine leichte Beute für nichthominide Raubtiere geworden, hätten sie sich nicht zusammengeschlossen. Ohne Zweifel muß der Mensch schon ein geselliges Tier gewesen sein, ehe er zu sprechen lernte; doch seine Erfindung der Sprache mag später erfolgt sein als der Zusammenschluß zu Gemeinschaften; denn es gibt andere gesellige Tiere (wie die staatenbildenden Insekten), die sich zum Zwecke der Zusammenarbeit miteinander verständigen, ohne eine Wortsprache zu besitzen. Bienen zum Beispiel scheinen sich Nachrichten und Anweisungen durch eine Bewegungssprache zu übermitteln, die wir, wären sie Menschen, mit Tanz bezeichnen würden.

Was die Verfeinerung des Gehirns betrifft und das Freiwerden der Hände für andere Tätigkeiten als die Fortbewegung, so können wir vermuten, daß die Entwicklung von Hand und Hirn gleichzeitig vor sich ging und auf jeder Stufe ein Wechselspiel stattfand, das die weitere Evolution des einen wie des anderen förderte. Die volle Entwicklung dieser beiden aufeinander wirkenden Organe ergab, wie wir gleichfalls vermuten dürfen, die anatomische Voraussetzung für das Erwachen des Menschen zum Bewußtsein. Der Mensch muß sicher schon Bewußtsein gehabt haben, als er die Angst vor dem Feuer überwand, die noch immer von vielen Arten der undomestizierten, nichtmenschlichen Lebewesen empfunden wird. Und der Mensch kann sich nicht mehr vor dem Feuer gefürchtet haben, sobald er entdeckt hatte, wie er es unterhalten, nutzbar machen und schließlich auch selber entfachen konnte.

Ist es möglich, das Erwachen des Bewußtseins zu datieren, sei es in der erdgeschichtlichen Terminologie oder, noch kühner, nach Jahren der vorchristlichen Zeitrechnung? Der Versuch ist um so schwieriger, wenn wir bedenken – und das ist vernünftigerweise anzunehmen –, daß es ein allmählicher Prozeß war, nach geologischen Maßstäben vielleicht ein schneller, doch nach der Zeitrechnung der überlieferten Menschheitsgeschichte (und sie geht bis jetzt nicht weiter als rund fünftausend Jahre zurück) ein Prozeß, der sich über Äonen erstreckte. Wir können sicher sein, daß die einzige noch überlebende Spezies des *Genus homo*, der sich selber so nennende *Homo sapiens*, nicht die einzige Spielart des Hominiden gewesen ist, die Bewußtsein besessen hat. Man vermutet zum Beispiel, daß der Neandertaler seine Toten zeremoniell beisetzte, statt sich ihrer wie Abfall zu entledigen, und wenn dem so ist, können wir daraus schließen, daß der Neandertaler mit dem *Homo sapiens* die Auffassung teilte, daß die menschliche Natur eine Würde hat, die anderen Lebensformen mangelt.

Der Neandertaler scheint in der Zeit des Überganges von der Altsteinzeit zur Jungsteinzeit, vor etwa siebzigtausend oder vierzigtausend Jahren, gelebt zu haben. Es gibt sogar Anzeichen dafür, daß Neandertaler und »Sapientes« in gemischten Gemeinschaften gelebt haben, und danach scheint es wahrscheinlich, daß diese beiden Arten physisch nahe genug verwandt waren, um sich zu kreuzen, so wie es alle Rassen des *Homo sapiens* können. Wenn dem so ist, könnte man *Homo sapiens* und *Homo neandertalensis* als zwei Unterarten einer einzigen Spezies klassifizieren. Der Peking-Mensch (Sinanthropus) hingegen, dessen Lebenszeit man vor rund einer halben Million Jahren vermutet, ist zu einer anderen Spezies zu rechnen; und wenn er tatsächlich schon das Feuer gemeistert hat, muß sein Bewußtsein gut entwickelt gewesen sein. Es gehört auch mindestens ein Schimmer von Bewußtsein dazu, um darauf zu kommen, Steine zu bearbeiten, um ihre Wirkung als Werkzeuge zu erhöhen, statt sich damit zu begnügen, die Steine so zu verwenden, wie man sie findet . Diese Fähigkeit wird dem *Australopithecus* zugeschrieben, der vor zwei oder drei Millionen Jahren gelebt hat. Der *Australopithecus* wird den Hominiden zugerechnet, nicht der Spezies Homo, und man ist nicht sicher, ob er dessen Vorfahr ist. Im Herbst 1972 wurde unter einer Schicht vulkanischer Asche ein Schädel ausgegraben, der dem des *Homo sapiens* sehr ähnelt und dessen Alter auf etwa zweieinhalb Millionen Jahre geschätzt wird.

Sogar die vermuteten Daten dieses *Homo-sapiens*-ähnlichen Schädels und des *Australopithecus* sind jung, verglichen mit dem Zeitpunkt, da unsere gemeinsamen Ahnen sich unwiderruflich von den Ahnen unserer Affenvettern, den *Hylobatidae* und *Pongidae,* differenziert haben. Wenn andererseits das erste Erscheinen des *Australopithecus* in der Altsteinzeit lag, umfaßt diese vielleicht achtundneunzig Prozent der Lebenszeit der *Hominidae* und vielleicht zweiundneunzig Prozent der Lebenszeit des *Homo,* einschließlich Sinanthropus, Neandertaler und *Homo sapiens.* Unbeabsichtigte Zeugnisse in Gestalt geformter Werkzeuge sind so alt wie der *Australopithecus.* Die frühesten behauenen Steine, die in der Absicht geschaffen wurden, als Werkzeuge zu dienen, sind nur zwanzig- oder dreißigtausend Jahre alt. Das fällt zeitlich mit den Wandmalereien der jüngeren Altsteinzeit in den Höhlen Frankreichs und Spaniens zusammen.

Zeugnisse in Form von Bilderschriften (Piktographen) als Vorläufer abstrakter Schriftzeichen gibt es, soviel wir wissen, nicht vor dem fünften Jahrtausend v. Chr. und da, soweit uns bekannt, nur in Sumer. Hingegen vermitteln uns Altertümer ausgestorbener menschlicher Gemeinschaften, die keine geschriebenen Dokumente enthalten, die man entziffert und übersetzt hat, nur eine fragmentarische Auskunft über das Leben des Volkes, das uns solche Spuren seiner Existenz hinterließ. Vordokumentarische archäologische Zeugnisse informieren uns über technische Dinge; die Technik ist jedoch nur die Vorbedingung für die wesentlichen immateriellen Bestandteile der Lebensweise des Menschen: seine Gedanken und Gefühle, seine Ideen, Ideale und Sitten. Dies sind wichtigere Manifestationen der menschlichen Natur als die bloße Technik; denn daß der Mensch nicht vom Brot allein lebt, ist eins der weiteren Merkmale, durch die er sich von anderen Lebewesen unterscheidet; und wenn die materiellen Altertümer auch einiges Licht auf die immateriellen Seiten des Menschenlebens werfen, so ist es ein nur trübes Licht.

Darum ist unser Wissen von den letzten fünftausend Jahren der Geschichte – den dokumentierten fünftausend Jahren – weitaus reicher und erhellender als von der ersten Million oder Halbmillion nach dem mutmaßlichen Erwachen des Bewußtseins. Entspricht die Bedeutung der späteren und kürzeren dieser beiden Perioden dem Ausmaß unseres Wissens von ihr? Wir müssen uns davor hüten, es als selbstverständlich zu betrachten. Was uns am nächsten und klarsten ist, erscheint uns unvermeidlich auch am bedeutendsten; doch dieser Anschein braucht nicht der Wirklichkeit zu entsprechen. Die Spanne des sogenannten »prähistorischen« Zeitalters – also des Zeitalters vor der Anfertigung geschriebener Dokumente, die erhalten und auch entziffert und übersetzt sind – war nicht nur ungeheuer lang, sondern auch (soweit wir es erkennen können) sehr monoton, verglichen mit dem Ablauf des darauffolgenden dokumentierten Zeitalters. Vor dem Hintergrund der Prähistorie ist alle dokumentierte Geschichte tatsächlich zeitgenössische Geschichte im wörtlichen wie auch in dem subjektiven Sinne, in dem für Benedetto Croce alle Geschichte zeitgenössische Geschichte war.

Sollen wir nun daraus folgern, daß diese »zeitgenössischen« letzten fünf Jahrtausende den einzigen Abschnitt der Geschichte darstellen, der zählt? Dieser Schluß wäre widersinnig, und er wird zweifellos durch die Tatsache hinfällig, daß das »prähistorische« Zeitalter mit dem bedeutsamsten Ereignis der Menschheitsgeschichte begann, dem Erwachen des Bewußtseins in der Biosphäre. Diese Leistung war so gewaltig und muß so schwere Anstrengungen gekostet haben, daß es nicht überrascht, wenn ihr eine oder eine halbe Million Jahre der Erstarrung und Lähmung folgte, ehe der Mensch begann, die geistige und materielle Macht wirklich auszuüben, die er durch sein Erwachen zum Bewußtsein erlangt hatte. Wenn wir nun aus unserer gegenwärtigen Zeit zu dieser Morgendämmerung zurückblicken und die ganze Menschheitsgeschichte seit jenem Ereignis als eine einzige Epoche betrachten, dann finden wir vielleicht den normalen Rhythmus dieser Epoche in der »Erstarrung« der älteren Altsteinzeit. Und die wachsende Schnelligkeit und Vehemenz und Vielfalt der darauffolgenden siebzig- oder vierzigtausend Jahre vom Ausbruch der frühesten »industriellen Revolution« in der jüngeren Altsteinzeit bis zur Nutzbarmachung der Atomenergie werden uns dann nicht so sehr als das Alleinige erscheinen, was zählt, sondern wie ein großes Finale, das seinem Höhepunkt zueilt.

Dieser Höhepunkt mag die Annullierung des Lebens durch die Vernichtung der Biosphäre infolge menschlicher Dummheit sein, nachdem nunmehr der im Menschen inkarnierte Teufel sich hinreichend mit technischer Macht bewaffnet hat. Andererseits könnte sich der Höhepunkt als ein Übergang erweisen von der ersten Epoche der Menschheitsgeschichte zu einer zweiten oder, was wahrscheinlicher ist, zu einer langen Reihe aufeinanderfolgender Epochen; denn die zwei Millionen Jahre, die vergangen sind, seit der *Australopithecus* zum erstenmal einen Stein zuspitzte, sind nur ein Augenzwinkern, verglichen mit den weiteren zweitausend Millionen Jahren, während derer, so hat man es errechnet, die Biosphäre bewohnbar bleiben wird, sofern der Mensch es zuläßt. Wir können die Zukunft nicht voraussehen, aber vielleicht können wir prophezeien, daß wir uns einem ethischen Scheideweg nähern, der ebenso bestimmend sein wird wie der biologische Scheideweg vor zwanzig oder fünfundzwanzig Millionen Jahren, als sich der Weg zur Menschwerdung von dem Weg abzweigte, der zu den Menschenaffen führte. Wieder werden die Alternativen gegensätzlich sein. Wir werden auf den Seiten dieses Buches versuchen, uns der Lösung dieses immer noch dunklen Rätsels zu nähern.

4

DIE ÖKUMENE

Das Wort »Ökumene« wurde von den Griechen geprägt, nachdem sich das klassische Hellas über seinen ursprünglichen Bereich zu beiden Ufern des Ägäischen Meeres hinaus zuerst nach Westen und dann nach Osten ausgedehnt hatte. Die westliche Expansion reichte bis zu den Atlantikküsten Europas und Nordwestafrikas und bis zu Europas größter Insel Britannien; die darauf folgende östliche Ausbreitung erstreckte sich bis Mittelasien und Indien, ermöglicht durch Alexanders Eroberung und Unterwerfung des ersten persischen Kaiserreiches. In dem Alexandrinischen Zeitalter der griechischen Geschichte wurde der Ausdruck »Ökumene« geläufig und bedeutete wörtlich »die bewohnte Welt«, doch beschränkte sich die Anwendung auf den Teil, den die sogenannten »zivilisierten« Völker besetzt hielten. Die Mitglieder derartiger Gemeinschaften haben sich bis in unsere Tage als »zivilisiert« bezeichnet, selbst dann noch, als das erschreckende und demütigende Erlebnis der Unmenschlichkeiten, die wir begangen haben, uns längst hätte lehren sollen, daß die Zivilisation nie ein vollendetes Faktum gewesen ist, sondern lediglich ein Verlangen oder Bestreben, das bis jetzt sein ehrgeiziges Ziel nicht erreicht hat.

Auch in der ursprünglichen beschränkten Bedeutung, bei der die »Barbaren« in den Randgebieten der Zivilisationen unberücksichtigt blieben, umfaßte die alexandrinische griechische Ökumene nur jene Bereiche der Zivilisationen, mit denen sich die Griechen vertraut gemacht hatten. Doch mindestens schon zur Zeit Herodots im fünften Jahrhundert v.Chr. hatten die Griechen vage Vorstellungen von einer »hyperboreischen« Kultur, die in Verbindung mit den griechischen kolonialen Stadtstaaten längs der Nordküste des Schwarzen Meeres stand, über eine Route, die durch die eurasische Steppe verlief, die das kontinentale Hinterland dieser griechischen Küstenkolonien bildete. Wir können vermuten, daß die Heimat dieser »Hyperboreer« trotz ihres Namens nicht »hinter dem Nordwind« lag, sondern östlich der Steppe, und daß es sich um die Chinesen handelte, die den alexandrinischen Griechen und den Römern als »Seres« oder »Sinae« bekannt waren.

Zu jener Zeit, als der größte Teil der griechisch-römischen Welt politisch im Römischen Imperium zusammengeschlossen war, wurde bereits chinesische Seide sowohl auf dem Land- als auch auf dem Seewege importiert; doch die sogenannten »zivilisierten« Völker an den östlichen und westlichen Enden der Alten Welt hatten voneinander nur eine sehr schwache Ahnung. Die chinesische Entsprechung des griechischen »Ökumene« ist »Alles Land unter dem Himmel«; aber für die Chinesen war der große Gegenspieler des Chinesischen Reiches im äußersten Westen des Kontinents ebenso nebelhaft wie die »Sinae« oder »Seres« oder »Hyperboreer« für die Römer und Griechen. Erst sehr viel später kamen die beiden Außenflügel des Kontinents in unmittelbaren Kontakt miteinander – zuerst vorübergehend im dreizehnten Jahrhundert, als auch alle Randgebiete der eurasischen Steppe in dem gewaltigen, doch kurzlebigen Mongolischen Reich aufgingen, und dann auf Dauer, als gegen Ende des fünfzehnten Jahrhunderts die Westeuropäer begannen, die Ozeane zu erobern. Die Kulturen Mittelamerikas und der Andengebiete Südamerikas waren den Bewohnern der Alten Welt völlig unbekannt, bis Kolumbus auf der anderen Seite des Atlantiks landete. Doch die mittelamerikanische und die peruanische Zivilisation waren schon zu Beginn des christlichen Zeitalters voll entfaltet, während ihre Ursprünge wahrscheinlich – jedenfalls in Mittelamerika – so weit zurückliegen wie die Anfänge der Zivilisation der Alten Welt mit Ausnahme der sumero-akkadischen und der ägyptischen unter den Pharaonen.

Wenn wir die Bezeichnung Ökumene in ihrer wörtlichen Bedeutung als Wohnstatt der Menschheit gebrauchen, dann sehen wir, daß ihre tatsächliche Ausdehnung viel weiter ist als das Gebiet der »zivilisierten« Welt, das den Griechen und Römern bekannt war, doch auch viel geringer als die Biosphäre.

Denn die Ökumene deckt sich keineswegs mit der Landfläche der Biosphäre; ihre Grenzen sind fließend, wie das Beispiel des Savannengürtels in Afrika zwischen dem früheren Südrand der Sahara und dem Nordrand des tropischen Regenwaldes zeigt. Diese Schwankungen sind teils durch physikalische und klimatische Veränderungen, über die der Mensch keine Macht hatte, verursacht worden, teils durch menschliche beabsichtigte oder unbeabsichtigte Tätigkeiten. Die nichtmenschlichen Kräfte, welche die Ökumene geformt haben, sind bis in die letzten zwölf- bis zehntausend Jahre stärker gewesen als die menschlichen.

Im Verlauf seiner Geschichte waren die physikalischen und klimatischen Veränderungen der Struktur des Planeten ungeheuerlich. Wahrscheinlich waren sie am radikalsten in der ersten Epoche der Erde, bevor die Biosphäre auf der Erdoberfläche entstand. Aus fossilen Resten von Pflanzen und Tieren aus den Zeiten vor den ersten Menschen geht hervor, daß Zonen, die heute gemäßigt oder subarktisch sind, früher ein tropisches Klima hatten. Für die regionalen Veränderungen des Klimas sind verschiedene Erklärungen möglich: die Erdachse kann ihre Stellung verändert haben, so daß Nord- und Südpol einst in Äquatornähe waren – doch wenn dem so ist, dann ist es schwer begreiflich, wie die Erde ihre regelmäßige Rotation und ihren elliptischen Umlauf beibehalten konnte und nicht aus der Bahn geschleudert wurde. Oder die Kontinente können sich über die Erdoberfläche geschoben haben wie Treibholz über ein Gewässer. Die Theorie der Kontinentverschiebungen ist ebenso wie die Theorie der Polverlagerung diskutierbar, obwohl vielleicht unbeweisbar, doch in der einen oder anderen Form nicht unwahrscheinlich, wenn auch mit der Einschränkung, daß nicht eine Umformung des ganzen Globus, sondern nur der Struktur der Erdkruste stattgefunden hat.

Wie auch immer – die rätselhaften Funde von tropischen Fossilien in jetzt nichttropischen Zonen sind das Rätsel eines Erdzeitalters, das den ersten Hominiden um viele Millionen Jahre vorausging. Das klimatische Phänomen, das gleichzeitig mit dem Auftreten der Hominiden in Erscheinung trat, bildet die Reihe von Eiszeiten, die mit Tauperioden wechselten, im Pleistozän (Diluvium) – das heißt in den letzten zwei Millionen Jahren. Die letztmalige Vereisung (man kann nicht sagen, ob es die letzte überhaupt war) wurde vor etwa zwölf- bis zehntausend Jahren von der Tauperiode abgelöst, in der wir uns noch immer befinden.

Während der Eiszeiten haben die Gletscher offenbar immer nur einen geringen Teil der Landoberfläche der Biosphäre bedeckt. Die vereisten Regionen waren vorwiegend in den beiden Polarzonen und in vereinzelten dem Äquator näher gelegenen Gebieten ständigen Eises. Diese partielle Vereisung schloß jedoch auf längere Zeit auch fruchtbare Ackerländer (zum Beispiel in Schottland, Dänemark und Schweden) aus der Ökumene aus, Landstriche, die sich als höchst ergiebig erwiesen hatten, nachdem sie kultiviert worden waren. Darüber hinaus veränderten örtlich begrenzte Vereisungen das Verhältnis zwischen dem Meer und dem Festland zugunsten des letzteren – es wurden so große Wassermengen in den Gletschern festgehalten und gestapelt, daß der Meeresspiegel auf der ganzen Erde beträchtlich sank. Flache Seen trockneten aus, und Meerengen wurden durch auftauchende Landengen überbrückt. Hinsichtlich der durchschnittlichen Meerestiefe und des Gesamtverhältnisses von Wasser zu Land auf unserem Planeten bedeutete dies nicht viel; doch dem Menschen boten sich in beträchtlichem Maße Gelegenheiten zur Ausdehnung seiner Ökumene; und das war wichtig in einer Zeit, in der des Menschen einziges Fortbewegungsmittel seine eigenen Füße waren und Schiffbau und Navigation sich noch in ihren Anfängen befanden.

Wir haben in den letzten anderthalb Jahrhunderten das Dampfschiff und die Eisenbahn, das Automobil und das Flugzeug erfunden und staunen, mit welcher Kühnheit und Meisterschaft die frühen Hominiden es ohne unsere technischen Mittel bewerkstelligt haben, ihre Ökumene zu erweitern. Doch unsere Verwunderung wird eingeschränkt, wenn wir uns ähnlicher Leistungen von nichthominiden Primaten erinnern. Diese haben sowohl Nord- und Südamerika als auch Asien mit seinen Halbinseln und Inseln besiedelt; andererseits hat keine Gattung der Hominidenfamilie außer dem *Genus homo* und keine Spezies des *Genus homo* außer dem *Homo sapiens* jemals Amerika über das Meer vom äquatorialen und südlichen Ostafrika aus erreicht, der Region, in der offenbar die Hominiden sich zuerst von ihren Vettern, den großen Affen, abzweigten. Alle vorkolumbischen menschlichen

Bewohner Amerikas stammen von Vertretern des *Homo sapiens* ab,die in der letzten Eiszeit auf dem Landwege aus dem alten Kontinent in den neuen gelangten. Die vorkolumbischen Amerikaner kamen aus der Nordostecke Asiens über eine Landbrücke, die später in der jetzigen Beringstraße versank; erst die nachkolumbischen Amerikaner und ihre Vorläufer aus dem Nordwesten Europas überquerten den Atlantik.

Wenn der *Homo sapiens* wie seine nunmehr ausgestorbenen Verwandten zuerst im tropischen Ostafrika gelebt hat, war seine Fußreise von dort bis nach Guatemala gewiß lang, und sie wird eine beträchtliche Zeitspanne beansprucht haben. Der Steinzeitmensch hat Mittelamerika und ebenfalls Australien schon um 6000 v.Chr. betreten; und auch wenn man annimmt, daß der Meeresspiegel zu der Zeit seinen niedrigsten Punkt erreichte, hatte er auf dem Landwege von Asien nach Australien mindestens einen fünfundvierzig Kilometer breiten Wassergraben zwischen Borneo und Celebes zu überwinden. Die erstaunlichste Leistung des Steinzeitmenschen war die Besiedlung von Polynesien einschließlich der Osterinseln. In den letzten fünfhundert Jahren haben die Westeuropäer und ihre Kolonisten in Übersee die ganze Erdoberfläche erforscht; doch haben sie mit Ausnahme der beiden Polarregionen nur wenige Landstriche entdeckt, die nicht schon von voreuropäischen Menschen bewohnt waren.

Der Mensch unterscheidet sich von den anderen Primaten dadurch, daß er seinen natürlichen Pelz verloren hat, bis auf spärliche Reste, die seinen Körper nur zu einem geringen Teil bedecken. Sowohl in tropischen Zonen, der Sonne ohne den Schutz von Blättern unmittelbar ausgesetzt, als auch in den kälteren gemäßigten und subarktischen Zonen brauchte er einen künstlichen Pelz. Erst nachdem er gelernt hatte, das Feuer zu meistern, konnte er seine Ökumene noch weiter ausdehnen. In unseren Tagen erstrecken sich dank der modernen Technik die Gebiete, in denen Menschen siedeln oder zumindest Naturschätze ausbeuten können, bis in den hohen Norden Kanadas und der Sowjetunion.

Noch sind die Gletscher, die das Innere Grönlands und des weitaus größeren antarktischen Festlandes bedecken, ebenso wie einige Enklaven der tropischen Regenwälder, in ewigem Schnee liegender Hochgebirge und trockener Wüsten außerhalb der menschlichen Ökumene. Aber der Mensch scheint mehr als alle anderen Primaten in den unterschiedlichsten Klimazonen leben zu können. Wenn man einen der Cañons überquert, die sich tief in den vulkanischen Boden Äthiopiens eingeschnitten haben, steigt man von der mäßig warmen Höhe des Plateaus hinab in eine mittlere Region, in der Affen leben; doch sobald man die Talsohle erreicht, läßt man die Affen zurück, denn in dieser Tiefe ist es ihnen zu heiß. Hingegen gibt es in Äthiopien keine Höhenlage, weder die kühle Hochebene noch das tropische Flußbett, die nicht für den Menschen bewohnbar ist.

Ausmaß und Struktur der Ökumene haben sich seit dem Rückgang der letzten Vereisung vor etwa zwölf- oder zehntausend Jahren nicht wesentlich verändert. Der bewohnbare trockene Landteil der Biosphäre besteht im Grunde nur aus einem Kontinent – Asien mit seinen Halbinseln und vorgelagerten Inseln. Die wichtigsten Halbinseln sind Europa, Arabien, Indien und Indochina; und die letztere wäre die größte der vier geworden, wenn sie sich kontinuierlich von Malaya nach Australien und Neuseeland ausgedehnt hätte. Aber der Mittelabschnitt hat sich gesenkt und ist zum Teil versunken; und nunmehr ist Australien vom Mutterland Asien durch die Meere, Inseln und Meeresstraßen Indonesiens getrennt. Die drei größten zu Asien gehörenden Inseln sind Afrika und die beiden Amerika; die am weitesten entfernte ist die Antarktis. Afrika ist mit Asien durch den Isthmus von Suez verbunden; Nordamerika mit Südamerika durch den Isthmus von Panama.

Die besten Verkehrswege für Fracht und Menschen von einem Teil der Ökumene zu einem anderen sind die Luft und das Wasser.

Im Zeitalter des Wassertransportes wurden die Hauptstrecken des Verkehrs von der Formung der Wasserfläche der Biosphäre bestimmt. Die wertvollsten Wasserwege waren die Meerengen (zum Beispiel neben der Straße von Malakka, die den Indischen mit dem Pazifischen Ozean verbindet, die schmalen Meeresstreifen, der Bosporus und die Dardanellen, die das Schwarze Meer mit dem Ägäischen Meer verbinden; die Straße von Gibraltar, der Ärmelkanal und die Gewässer zwischen Nord- und Ostsee). Die besten Wasserwege auf dem Festland waren langsam fließende, schiffbare Flüße. Das klassische Beispiel hierfür ist der Nil unterhalb des ersten Kataraktes; auf dieser Strecke konnte ein Segelboot mit der Strömung abwärts und mit vollen Segeln stromaufwärts fahren, da der Nordwind in Ägypten vorherrschend ist. Und da kein Ort, kein Feld und kein Steinbruch weit entfernt von dem schiffbaren Wasserweg lag, hatte Ägypten vor der Erfindung der Eisenbahn bessere Verkehrsmittel als irgendein anderes Land dieser Größe.

Schlüsselpositionen zur Zeit des Wassertransportes waren solche Abschnitte der Landoberfläche der Ökumene, die einen bequemen und kurzen Überlandtransport (Portage) von einem Meer oder einem schiffbaren Fluß zu einem anderen gestatteten. Ägypten selber war ein Portageland, da der Nil ins Mittelmeer fließt, und vom Nil zur Küste des Roten Meeres, vom östlichsten Arm des Nildeltas nach Suez, ist es nur ein kurzer Landweg (ein zweiter führt in Oberägypten von Coptos nach Quseir). Darüber hinaus ist die Portage über den Isthmus von Suez zwischen dem Roten Meer und dem Mittelmeer der Teil eines weiteren Portagegebietes, das Ägypten im Westen und den Irak im Osten einschließt. Hier sind das Mittelmeer, ein Binnenmeer des Atlantischen Ozeans, und das Rote Meer und der Persische Golf, beides Binnenmeere des Indischen Ozeans, voneinander durch die schmalste Landbrücke getrennt; und dem Nil als Durchgangsweg vom Mittelmeer zum Roten Meer entspricht der Euphrat als Durchgang zum Persischen Golf.

Diese einzigartigen Verkehrsmöglichkeiten machten Ägypten und Südwestasien zum geopolitischen Angelpunkt der Alten Welt. Es ist sicher kein

Zufall, wenn diese Region der Geburtsort sowohl der jungsteinzeitlichen Kultur als auch später der beiden frühesten Zivilisationen war. Zwei andere Portagen sind noch von großer historischer Bedeutung gewesen: die zwischen den Flüssen, die in die Ostsee, und denen, die in das Kaspische Meer und das Schwarze Meer münden, und die Portage durch die nordchinesische Ebene zwischen den Unterläufen des Jangtsekiang, des Hwai, des Gelben Flußes und des Peiho – eine Portage, die durch den Bau des Großen Kanals in einen Wasserweg verwandelt wurde. Diese russischen und chinesischen Portagen befinden sich jedoch am Rande der Alten Welt; sie werden an historischer Bedeutung weit von der zentral gelegenen Portage zwischen Mittelmeer und Indischem Ozean übertroffen.

In dieser konzentrierte sich der Verkehr auf einen zweifachen »Kreisverkehr«, einen im nördlichen Syrien, zwischen dem Westbogen des Oberlaufs des Euphrat und der Nordostecke des Mittelmeeres; den anderen im heutigen Afghanistan zu beiden Seiten des Hindukusch-Gebirges, dessen Pässe das obere Becken des Oxus (Amu-darja) und Jaxartes (Syr-darja) mit dem oberen Becken des Indus verbinden. Nordsyrien ist auf dem Land- wie auf dem Seewege mit Ägypten verbunden; auf dem Wasser mit allen Küsten des Mittelmeeres und seiner Nebenmeere und durch die Straße von Gibraltar mit dem Atlantischen Ozean; auf dem Lande durch das Tor von Kilikien und über die Dardanellen und den Bosporus mit Europa sowie mit dem kaspischen und dem Oxus-Jaxartes-Becken und Indien; ferner durch den Lauf des Euphrat mit dem Persischen Golf und dem Indischen Ozean und durch die Straße von Malakka mit dem Stillen Ozean. Afghanistan ist über die kaspischen Pässe mit Mesopotamien und Nordsyrien verbunden; mit dem Wolgabecken den Jaxartes hinunter und über die eurasische Steppe; mit China über Sinkiang; mit Indien über die Pässe des Suleimangebirges.

Bevor es Eisenbahnen und Flugzeuge gab, bediente man sich zum Transport von Menschen und Waren auf diesem zweifachen »Kreisverkehr« der Wasserwege, soweit es anging. Mußte der Landweg gewählt werden, so war man von der Gunst des Terrains abhängig. Berge konnten überschritten oder umgangen werden, Wälder waren besonders hinderlich, Steppen und Wüsten jedoch förderlich. In der Tat wurden die drei größten zusammenhängenden Steppen- und Wüstengebiete – das eurasische, das arabische und das nordafrikanische – kaum weniger als Verkehrswege benutzt als das Meer, sobald der Mensch begonnen hatte, sich Reit-, Last- und Zugtiere zu zähmen: Esel, Pferde und Kamele. Mit deren Hilfe konnte man Steppen und Wüsten fast so schnell durchqueren wie das Meer. Die Herrschaft über beide Elemente erforderte Organisation und Disziplin; eine Karawane mußte wie ein Schiff einen Kapitän haben, dessen Anordnungen Folge zu leisten war.

Auch als man sich die Steppen, Meere und schiffbaren Flüsse zur Verbindung der verschiedenen Teile der Ökumene dienstbar gemacht hatte, genügten diese aus unserer Sicht unzulänglichen Verkehrswege, um Reiche zusammenzufügen und zusammenzuhalten und Religionen zu verbreiten, deren

Missionare auf der ganzen Erde – über den Umfang der größten weltlichen Reiche hinaus – Anhänger gewannen. Das erste persische Reich, das Chinesische Reich, das Römische Imperium, das arabische Kalifat und die drei großen missionarischen Religionen – Buddhismus, Christentum und Islam – sind Zeugnisse des Triumphes der menschlichen Willenskraft über physische Schranken und natürliche Hindernisse.

Eine dieser Schranken war die Unzulänglichkeit der Kommunikation, die Vielzahl der Sprachen, die ohne erkennbare Beziehung zueinander in den verschiedenen Teilen der Ökumene gesprochen wurden. Die Sprache ist eine universelle menschliche Fähigkeit; man hat von keiner menschlichen Gemeinschaft gehört, die nicht sprechen konnte. Diese beiden Fakten zusammen legen den Schluß nahe, daß vor der Ausbreitung des *Homo sapiens* über die Erdoberfläche aus dem östlichen Äquatorialafrika (wenn dies die Region war, in der diese Spezies des *Genus homo* zuerst in Erscheinung trat) die Menschheit als Ganzes schon auf dem Wege war, sich zu artikulieren, aber diese Möglichkeit noch nicht voll entwickelt hatte. Eine solche Hypothese würde erklären, wie es kam, daß zwar jede menschliche Gemeinschaft eine Sprache hat, diese Sprachen jedoch anders als die Menschen, die sie sprechen, offenkundig einander nicht gleichen. Natürlich gehören die einzigen menschlichen Wesen, die wir durch andere Zeugnisse als nur durch Knochen und Werkzeuge kennen, durchweg der alleinigen überlebenden Spezies an. Wir wissen nicht und wir haben keine Möglichkeit, herauszufinden, ob irgendeine andere Spezies des *Genus homo* oder irgendwelche anderen Genera der Hominidenfamilie je zu sprechen gelernt haben oder ob diese Fertigkeit dem *Homo sapiens* vorbehalten war.

Die uns bekannten Sprachen der vielen Gemeinschaften unserer Spezies haben sehr unterschiedliche Reichweiten gehabt. In den tropischen Wäldern Westafrikas wurden, ehe Eindringlinge aus der Außenwelt sie betreten haben, dicht beieinander zahlreiche Sprachen gesprochen, die offenbar völlig verschieden waren. Das Verbreitungsgebiet jeder dieser Sprachen war winzig; die Einwohner zweier Dörfer, die nur durch wenige Kilometer Wald getrennt waren, konnten nicht miteinander sprechen – die Verständigung erfolgte durch Zeichensprache. Die Lautsprachen, die jetzt über Westafrika verbreitet sind, kamen von draußen: die Haussasprache aus der nordafrikanischen Wüste, Englisch und Französisch von der Küste.

Im Gegensatz dazu trug das Meer die malaiischen Sprachen nordostwärts zu den Philippinen und südwestwärts bis Madagaskar und die polynesische Sprache zu allen ozeanischen Inseln, auch zu so weit vom Festland entfernten wie Neuseeland und die Osterinsel. Das Mittelmeer hat einst die punische, die griechische und die lateinische Sprache rund um seine Küsten verbreitet; der Atlantische Ozean brachte das Spanische, Portugiesische, Französische und Englische von Westeuropa nach Amerika. Wüsten und Steppen übermittelten Sprachen fast über so große Entfernungen wie das Meer. Die indoeuropäischen und danach die türkischen Sprachen überquerten die eurasische Steppe, die arabische Sprache wanderte von der Halbinsel Arabien über die nordafrikanische Wüste bis an die Atlantikküste.

Die geographische Expansion von Sprachen wurde verstärkt durch gezielte menschliche Aktionen in Form von religiöser Missionstätigkeit, militärischer Eroberung, politischer Organisation und durch den Handel. Die aramäischen Stämme und Fürstentümer waren politisch machtlos; sie wurden von den Assyrern unterworfen, doch die aramäische Sprache drang nach Südwestasien, das aramäische Alphabet bis in die Mongolei und die Mandschurei, denn sie war die Verwaltungssprache in den assyrischen und den ersten persischen Reichen und die Sprache der Liturgie bei den nestorianischen Christen und den Manichäern geworden. Andererseits war der Sieg des Griechischen über das Aramäische als »lingua franca« Südwestasiens und Ägyptens die Folge der Eroberung des ersten persischen Reiches durch Alexander den Großen. Ebenso war es die militärische Macht Roms, welche die romanischen Sprachen von ihrem winzigen Ursprungsgebiet an den Ufern des Tibers ostwärts bis Rumänien und südwestwärts bis Chile verpflanzte.

In der Geschichte der Ökumene entwickelten sich die mannigfaltigsten Herrschaftssysteme und Kulturen. Wenn das äquatoriale und südliche Afrika tatsächlich die Wiege der Hominiden war und unter diesen der Spezies *sapiens* des *Genus homo*, so waren Ostafrika und die Ökumene ursprünglich identisch. Vor dem Ende des Jungpalöolithikums (der jüngeren Altseinzeit) hatte sich die Ökumene von Ostafrika über den größeren Teil des Kontinents verbreitet, und menschliche Wesen siedelten in Amerika. Zu dieser Zeit scheint die Führungsrolle sich an den Südrand der nordeuropäischen Eisdecke verschoben zu haben, wo die Jäger des Jungpaläolithikums Großwild in Fülle fanden, ehe die gegenwärtig noch andauernde Tauperiode einsetzte. Die augenscheinliche Vormacht Europas in diesem Zeitalter mag jedoch eine Illusion sein, die auf unserer unzulänglichen Information beruht. Wenn die Spuren des jungpaläolithischen Menschen in der ganzen Welt so gründlich erforscht sein werden wie bereits in Europa, wird das Bild vielleicht anders aussehen.

Mit größerer Sicherheit können wir annehmen, daß im Jungsteinzeitalter (Neolithikum) Südwestasien bis zum nördlichsten Teil des Niltales die Führung hatte und daß Sumer – das Schwemmland im unteren Euphrat- und Tigrisbecken – der Geburtsort der ältesten aller Zivilisationen war, obwohl dieses Gebiet in der vorangegangenen Altsteinzeit unbewohnbar gewesen war. Im dreizehnten Jahrhundert n.Chr., in dem sich diese alluviale Fülle erschöpfte, ging die Führungsrolle in der Ökumene für die kurze Zeitspanne von zwei Generationen an die Mongolei über, dank der Offenheit und Weite der eurasischen Steppe und dank der Kühnheit und Beweglichkeit der eurasischen Nomaden. Diese, zeitweilig unter mongolischer Herrschaft vereinigt, unterwarfen das ganze Herzland des Kontinents, nur die Halbinseln und Inseln blieben verschont. Dann übernahm im fünfzehnten Jahrhundert n.Chr. Westeuropa die Führung, nachdem seine Seeleute den Ozean bezwungen hatten – einen noch weiteren Verkehrsraum als die eurasische Steppe.

Als im zwanzigsten Jahrhundert Westeuropa seine wirtschaftliche Hegemonie verspielte, indem es sich in zwei brudermörderische Kriege stürzte, setzten sich die Vereinigten Staaten von Amerika an die Spitze. Während diese Zeilen geschrieben werden, sieht es ganz so aus, als sei Amerikas Vorherrschaft in der Ökumene ebenso kurzlebig, wie es die mongolische gewesen war. Die Zukunft ist dunkel, doch ist es denkbar, daß im nächsten Kapitel der Ökumene die Führung von Amerika nach Ostasien hinüberwechseln könnte.

5

TECHNISCHE REVOLUTIONEN VON 70 000/40 000 BIS 3 000 V.CHR.

Jede Spezies der Lebewesen und jedes Individuum jeder Spezies beeinflussen und verändern die Biosphäre durch ihre Bemühungen, sich während ihrer kurzen Daseinsfrist am Leben zu erhalten. Doch keine prähominide Spezies hat je die Macht gehabt, die Biosphäre zu beherrschen oder zu zerstören. Wenn andererseits ein Hominide einen Stein anspitzte, um ihn zu einem brauchbareren Werkzeug zu machen, so war dies – vor vielleicht zwei Millionen Jahren – ein historischer Akt und der erste Schritt zu einer Entwicklung, an deren Ende eine Spezies eines Genus der Hominidenfamilie der Primaten die Biosphäre nicht nur beeinflussen und verändern, sondern sich untertan machen würde. Dies ist in unserem Zeitalter durch den *Homo sapiens* geschehen.

Von diesen ganzen zwei Millionen Jahren der Werkzeugherstellung sind erst in den letzten siebzig- oder vierzigtausend Jahren Ansätze erkennbar, die der Hominidenfamilie innewohnenden Möglichkeiten, die Biosphäre zu beherrschen, zu verwirklichen. Es gab natürlich im Altpaläolithikum einige technische Fortschritte, doch zu jener Zeit war der Fortschritt noch langsam und schwach; und jede Neuerung verbreitete sich unverändert in der Ökumene, zu der damals Nord- und Südamerika noch nicht gehörten. Auch dies ging nur allmählich vor sich; denn neue Werkzeuge konnten nur durch Fußwanderer von einer Gemeinschaft in die andere getragen werden, und diese lagen weit auseinander, da jede Gemeinschaft einen sehr umfangreichen Lebensraum benötigte.

Wir können darüber hinaus annehmen, daß die Hominiden des Altpaläolithikums – die erfolgreichste Spezies *Homo sapiens* nicht ausgenommen – konservativ gesonnen waren und daß sie zögerten, sich eine Neuerung zu eigen zu machen, selbst wenn sie dazu imstande waren. Der Grund dafür, daß sich neue Werkzeuge dennoch gleichmäßig, wenn auch langsam, über die Ökumene verbreiteten, liegt gerade darin, daß es selten Neuerungen gab. Die Intervalle zwischen ihnen waren so lang, daß jede Erfindung ihren Weg durch die ganze Ökumene finden konnte, ehe abermals eine neue folgte.

In der Geschichte der Technik war die Revolution bahnbrechend, die vor etwa siebzig- bis vierzigtausend Jahren im Jungpaläolithikun stattgefunden haben muß. Von diesem Zeitpunkt bis zum heutigen Tag hat sich das Tempo gesteigert, mit dem Werkzeuge aller Art verbessert wurden; und obwohl es immer wieder zuzeiten und an diesem oder jenem Ort zum Stillstand kam, ist diese Beschleunigung die vorherrschende Tendenz in der Geschichte der Technik in diesem letzten Erdzeitalter gewesen.

Während der Zeitspanne von etwa 3000 v.Chr. bis 1500 n.Chr. kehrte sich das Verhältnis von Neuerung und Verbreitung um: Es wurden neue Werkzeuge erfunden, bevor die vorangegangenen ihren Weg durch die ganze Ökumene gefunden hatten. Infolgedessen wurde die technische und wirtschaftliche Gleichförmigkeit, die für das Altpaläolithikum kennzeichnend war, in den folgenden Jahrtausenden von einer größeren Differenzierung und Spezialisierung abgelöst. Erst nach dem fünfzehnten Jahrhundert n.Chr. hielt die Verbreitung wieder mit der Neuerung Schritt, als in Westeuropa ein neuer Segelschifftyp erfunden wurde, der monatelang auf See bleiben und infolgedessen jede Küste ansteuern und die ganze Erde umsegeln konnte.

In den letzten fünfhundert Jahren hat sich das Tempo sowohl der Verbreitung als auch der Erfindung von Werkzeugen ungeheuer gesteigert. Aber die Gegenwart und das Altpaläolithikum haben ein Merkmal gemeinsam: In beiden Zeitaltern hat die Schnelligkeit der Erfindung nicht mit der Schnelligkeit der Verbreitung Schritt gehalten, und so ist heute wie damals ein hoher Grad von technischer und wirtschaftlicher Gleichförmigkeit die Folge.

Im Jungpaläolithikum wanderte der *Homo sapiens* von Nordostasien zum nordwestlichen Nordamerika und von dort bis zur Südspitze Südamerikas. Die Einwanderer verloren die Verbindung mit Asien, die Bewohner der Pazifikküste im heutigen Oregon, Washington und British Columbia vielleicht ausgenommen. Zwischen dieser ersten Besiedlung Amerikas und der zweiten, die von Europa aus, der bedeutendsten Halbinsel Asiens, erfolgte, lag ein Zeitraum von schätzungsweise zwanzigtausend Jahren, in dem sich Kultur und Gesellschaft in Amerika unabhängig entwickelten, und die Stufen dieser Entwicklung entsprechen nicht denen der gleichzeitigen Geschichte Asiens und seines Anhängsels Europa; die herkömmlichen Daten und Benennungen der geschichtlichen Etappen der Alten Welt seit dem Ende des Altpaläolithikums sind auf Amerika nicht übertragbar.

Für das Jungpaläolithikum ist nicht nur der Fortschritt in der Technik der Formung von Steinwerkzeugen charakteristisch. Es brachte auch mindestens drei neue grundlegende Erfindungen hervor: die Zähmung von Hunden, das Bogenschießen und gemalte und geformte Abbilder von Tieren und Menschen. Die Leistung, welche die Jäger jener Zeit vollbrachten, als sie die Hunde aus feindlich gesinnten Konkurrenten im Daseinskampf in gehorsame Diener verwandelten, war der erste Erfolg des Menschen in einer Reihe von Bemühungen, Tiere in seine Dienste zu stellen. Mit der Erfindung des Bogens machte er sich eine unbelebte physische Kraft zunutze, die Elastizität des Holzes, um seine eigene Muskelkraft zu ergänzen und ein Geschoß weiter zu schießen, als es zuvor der menschliche Arm allein hätte schleudern können. Was die Gemälde und Skulpturen betrifft, so sind es die ersten bekannten Werke der bildenden Kunst. Die Höhlenmaler in Nordfrankreich und Südspanien benutzten die Unebenheiten der Felswände, um einigen ihrer Tierbilder die Form von Flachreliefs zu geben. Bei Lepenski Vir auf dem rechten Donauufer am Eisernen Tor gingen die Künstler jener Zeit einen Schritt weiter, indem sie Figuren in voller Dreidimensionalität formten. Die Höhlenbilder können religiösen oder zumindest magischen Zwekken gedient haben. In Lepenski Vir befand sich zweifellos so etwas wie ein Heiligtum; der Ort war der natürliche Endpunkt für die Pfade der Jäger und Sammler. Wenn auch vor der Erfindung der Landwirtschaft die Menschheit dauernd »unterwegs« sein mußte, um sich Nahrung zu beschaffen, so können wir doch annehmen, daß einige Gemeinschaften des Jungpaläolithikums schon Treffpunkte hatten, die sie mehr oder weniger regelmäßig aufsuchten, um dort gemeinsame Riten zu begehen. Es sieht ganz so aus, als ob solche Feier- oder Kultstätten die Vorläufer von ständigen Wohnsitzen waren.

Die früheste technische Erfindung der Jungsteinzeit war das Schleifen von Werkzeugen in die gewünschte Form. Statt wie bisher den Stein zurechtzuschlagen, wurde er nun geschliffen, wodurch man nicht nur den Werkzeugen eine exaktere Form geben, sondern sich auch mehr Material als bisher dienstbar machen konnte. Die bahnbrechende Neuerung des Neolithikums lag jedoch auf einem anderen Gebiet: Es war die Kultivierung und Zähmung zahlreicher Pflanzen- und Tierarten. Darüber hinaus erfand man die Künste des Spinnens und Webens und der Töpferei; und diese Fertigkeiten veränderten das menschliche Leben kaum weniger, als es Ackerbau und Viehzucht taten.

Ackerbau und Viehzucht sind zweifellos die bis heute wichtigsten Erfindungen der Menschheit gewesen. Noch immer bilden sie die wirtschaftlichen Grundlagen unseres Lebens, auch zu Zeiten und an Orten, wo sie von Industrie und Handel überschattet werden. Rückblickend sehen wir sie als glückliche Einrichtungen, die die Entwicklung der technischen Macht des Menschen mit der Erhaltung der Biosphäre versöhnten – eine Versöhnung, welche die Voraussetzung für die Erhaltung aller Arten des Lebens ist, des menschlichen eingeschlossen. Mit der Domestizierung von Pflanzen und Tieren hat der Mensch in der Tat die natürliche Auslese durch die Zuchtwahl ersetzt; und indem er diese seinen besonderen Zwecken unterwarf, hat er die Biosphäre einerseits ärmer gemacht, um sich selber zu bereichern. Die Felder und Gärten und Herden des Menschen haben viele Tier- und Pflanzenarten verdrängt oder ausgerottet, die ihm nutzlos oder feindlich erschienen. Andererseits jedoch sicherte der Mensch den Fortbestand jener Pflanzen und Tiere, die er sich zu eigen gemacht hatte; er lernte, einen Teil seiner jährlichen Ernte aufzubewahren, um ihn im nächsten Jahr als Saatgut zu verwenden, und Lämmer und Kälber aufzuziehen, um seine Herden zu vermehren. Darüber hinaus verwandelte er durch systematische Züchtung einige der domestizierten Arten schneller und einschneidender, als es die Natur getan hätte, wäre sie sich selber überlassen geblieben.

Die Erfindung der Töpferei hat eine sichtbare Dokumentation der Differenzierung zwischen den Kulturen ermöglicht. Bei den Tongefäßen wechseln die Moden in Form und Ausschmückung fast so schnell wie in der Kleidung; und Tonscherben sind weniger vergänglich als alte Gewänder, es sei denn, diese wurden in trockenem Sand oder in luftabgeschlossenem Torfmoor aufbewahrt. Auf diese Weise ist für alle Zeitalter vor der Erfindung der Schrift die Schichtung von Tonscherben an Orten früherer menschlicher Behausungen der sicherste Zeitmesser und ebenso das sicherste Mittel, die Bereiche bestimmter Kulturen und ihre Vermischung oder Verschmelzung mit anderen durch Wanderungen und Eroberungen zu erkennen. Sowohl in der Alten wie in der Neuen Welt ist die Verschiedenheit der Stile in den Töpferarbeiten der Schlüssel zur Geschichte der Entwicklung und Differenzierung regionaler Kulturen im vorzivilisatorischen Zeitalter – und auch noch danach, soweit es noch keine schriftlichen Aufzeichnungen gab oder wo es noch nicht möglich war, sie zu entziffern.

Regionale neolithische Kulturen verdrängten die jungpaläolithische Kultur im größten Teil der Alten Welt. (In Amerika ging die jungpaläolithische Kultur der Einwanderer aus Nordostasien ihren eigenen Weg.) Die neolithische Kultur Südwestasiens entwickelte sich allmählich zu einer Kupferzeit. Dazwischen lag eine Übergangsphase , das Chalkolithikum, womit man den letzten Abschnitt des Neolithikums bezeichnet, als neben Stein auch schon Kupfer als Rohmaterial zur Werkzeugherstellung benutzt wurde. Tatsächlich aber blieb der Stein weiterhin das Material für die wichtigsten Werkzeuge, noch lange, nachdem man schon Kupfer, Bronze und Eisen zur Anfertigung von Waffen und Schmuckstücken verwandte. So haben die Zeitalter, die man nach ihren wichtigsten Rohstoffen benannte, einander chronologisch überlagert. Das Neolithikum dauerte faktisch an, in verschiedenen Regionen verschieden lange, bis das Eisen den Stein endgültig als Material für landwirtschaftliche Geräte und nichtkeramische Haushaltutensilien verdrängte.

Die Fähigkeit, Metalle zu bearbeiten, ist das Endprodukt einer Reihe aufeinanderfolgender Entdeckungen, deren Verbindung keineswegs selbstverständlich war. Jedes Glied dieser Kette war ein geistiges Meisterstück. Zuerst fand der Mensch des Neolithikums Klumpen mehr oder weniger reinen Metalls auf der Erdoberfläche, die er anfangs wie gewöhnliche Steine behandelte. Dann merkte er, daß sie durch Hämmern formbar waren, daß man sie durch Erwärmen biegsam machen konnte und daß sie bei noch größerer Hitze schmolzen. So war der Mensch auf ein Rohmaterial gestoßen, das wie Ton geschmeidiger und gefügiger war als der spröde Stein. Die nächste Entdeckung war, daß man Metalle nicht nur in mehr oder weniger reinem Zustand verarbeiten konnte, sondern auch als Bestandteil von Erzen und daß man durch Erhitzen das Metall aus dem Gestein lösen konnte. Und als letzten Schritt erkundete man, daß die reichsten Erzvorkommen unter der Erde lagen, woraus sich der Bergbau entwickelte.

Von diesem historischen Zeitpunkt an wird die Metallgewinnung und -verarbeitung in der Alten Welt fast sechzigtausend Jahre und in Peru etwa zweitausendachthundert Jahre ausgeübt, mit umwälzenden Wirkungen sowohl für das Material als auch für das menschliche Leben und das Wechselspiel zwischen dem Menschen und der Biosphäre. Die Metallurgie hat die Menschheit auf eine neue Stufe gehoben, aber der Preis war einerseits die Arbeitsteilung und andererseits der allmähliche Verbrauch eines Rohmaterials, das knapp und unersetzlich ist.

Der Schmied und der Bergmann waren die ersten Spezialisten. Jeder mußte seine ganze Arbeitszeit seinem Beruf widmen, statt wie bisher ein Alleskönner zu sein wie der paläolithische Jäger und der neolithische Ackerbauer und Züchter. Die Arbeitsteilung war eine technologische Zwangsläufigkeit und deren soziale Konsequenz der Austausch von Erzeugnissen der unterschiedlichen Arbeiten. Daraus ergab sich ein bis heute nicht gelöstes und vielleicht unlösbares ethisches Problem: Nach welchem Prinzip soll das Gesamtprodukt der Gesellschaft unter die einzelnen Klassen der Erzeuger verteilt werden? Das Gesamtprodukt ist das Ergebnis der Zusammenarbeit aller Teilnehmer in der Gesellschaft, aber ihre jeweiligen Beiträge sind unterschiedlich nach Wirksamkeit und Wert. Diese Ungleichheit liegt klar zutage. Aber kann sie ihren Niederschlag finden in einer Zuweisung der Anteile, die von allen als gerecht empfunden wird? Wie war eine gerechte Güterverteilung möglich? Oder ist es recht und billig oder unvermeidlich, daß der Löwenanteil denen zukommt, die die größte Macht besitzen?

Die Erfindung der Metallverarbeitung legte die Saat der Klassenunterschiede und der Klassenkämpfe. Der Zuname »Schmidt« (Schmied) bezeugt, daß der Schmied als Dorfbewohner besonderer Art innerhalb der noch unspezialisierten Mehrheit der Bauern empfunden wurde. Wahrscheinlich hat es Ansätze technischer Spezialisierung schon im Paläolithikum gegeben, als der Altsteinzeitmensch die Erfahrung machte, daß verschiedene Arten von Feuersteinen von unterschiedlichem Wert für ihn waren. Doch ist es unwahrscheinlich, daß es vor der Erfindung der Metallbearbeitung schon ganztägige Spezialarbeiter gab, die allein von dem Tausch ihrer Erzeugnisse lebten, ohne an der grundlegenden Arbeit der Gemeinschaft, der Nahrungsversorgung, teilzunehmen.

Die zweite der beiden schicksalvollen Veränderungen, welche die Metallbearbeitung mit sich brachte, war die Verarbeitung eines seltenen und unersetzbaren Rohmaterials. Getreide und Vieh sind organische Produkte, und das Leben erhält sich auf natürliche Weise, wenn die Natur nicht vergewaltigt wird. Um den Fortbestand domestizierter Pflanzen und Tiere zu sichern, wird vom Menschen weiter nichts verlangt als Umsicht und Selbstbescheidung. Der Pflanzer und Viehzüchter muß von seiner Ernte und von seinen Kälbern und Lämmern so viel zurückstellen, daß er im nächsten Jahr genügend Saatgut hat und seine Herden nicht abnehmen; er muß sich hüten, Mutter Erde übermäßig auszubeuten, und der Versuchung widerstehen, sie durch Raubbau und Überweidung zu erschöpfen.

Unter diesen Voraussetzungen wird die Natur ständig zum Nutzen des Landmannes fruchtbar bleiben; und es spricht nichts dagegen, daß Ackerbau und Viehzucht fortgesetzt werden können, bis die Biosphäre eines Tages aus irgendeinem Grunde nicht mehr bewohnbar sein wird. Im Gegensatz dazu ist die Geschichte der Metallbearbeitung die Geschichte eines unaufhörlichen Schürfens nach jungfräulichen Erzvorkommen, um neue Quellen für die zu finden, die schon erschlossen und erschöpft sind. Das unbelebte Metall ist wie Kohle und Öl nicht zu ersetzen. In unserer Zeit hat sich die Ausbeutung unwiederbringlicher Bodenschätze in einem so beängstigenden Maße vermehrt, daß wir bald alle verfügbaren Reserven aufgebraucht haben werden.

Bei Ackerbau und Viehzucht sind die technischen Fähigkeiten des Menschen und die Produktivität der Natur im Gleichgewicht. Mit der Erfindung der Metallbearbeitung hat die menschliche Technologie begonnen, an die Natur eine Forderung zu stellen, der sie in der Zeitspanne, in der die Biosphäre bewohnbar bleiben wird, nicht entsprechen kann. Wenn wir die letzten zehntausend Jahre der Menschheitsgeschichte im Verhältnis zu den zwei Millionen Jahren betrachten, die der Menschheit vielleicht noch auf dieser Erde bleiben, könnten wir zu dem Schluß kommen, daß es mit Hinblick auf unsere Nachkommen besser gewesen wäre, wenn man die Metallbearbeitung nicht erfunden und der Mensch sich mit den technischen Errungenschaften des Neolithikums begnügt hätte. Wäre die technische Entwicklung vor der Nutzbarmachung des Metalls stehengeblieben, dann wäre der Fortbestand der Menschheit weitaus gesicherter; denn wir liefen nicht Gefahr, unsere unersetzbaren Hilfsquellen aufzubrauchen. Zwar ist auch der Stein unbelebt und erneuert sich nicht von selber; doch es gibt ihn, verglichen mit den Metallen, in solcher Fülle, daß er praktisch unerschöpflich ist. Für unsere neolithischen Ahnen wäre es weniger schwierig und schmerzlich gewesen, in ihrer Steinzeitkultur zu verharren, als es unseren Nachkommen sein würde, zu ihr zurückzukehren, falls sich dies als die einzige Alternative zum Untergang der Menschheit herausstellen sollte.

Wo, an welchem Ort der Ökumene, wurden Ackerbau und Viehzucht und Metallbearbeitung zuerst erfunden? Das Wort »zuerst« ist wesentlich; denn wir können nie mit Bestimmtheit sagen, irgendeine Erfindung sei an einem einzigen Ort und Zeitpunkt gemacht worden. Und wenn dies der Fall ist, kann sie natürlich später andernorts übernommen werden. Daneben gibt es die indirekte Form der Verbreitung, die man »Stimulusdiffusion« nennt – das heißt, die Kenntnis einer Erfindung kann jemanden anregen, sie nicht einfach zu übernehmen, sondern ein Gegenstück dazu auf eigene Weise zu schaffen. Drittens kann auch die gleiche Erfindung mehrfach und unabhängig voneinander gemacht werden; denn Erfindungen sind Erzeugnisse der menschlichen Natur, und diese besitzt überall bestimmte geistige, psychische und physische Eigenschaften, die allen Vertretern der Spezies gemein sind, wenn auch jedes Individuum die gemeinsamen Eigenschaften auf eigene Weise entfaltet.

Unter solchen Vorbehalten dürfen wir mit einiger Zuversicht annehmen, daß sowohl Ackerbau und Viehzucht als auch die Metallbearbeitung und dazu die Technik, große und schwere Steinblöcke zu brechen und zu transportieren, samt und sonders zum erstenmal in Südwestasien erfunden wurden, dem zentral gelegenen Durchgangsgebiet des Teiles der Ökumene, den wir die Alte Welt nennen. Wir können sogar den Umfang dieser Region genauer bestimmen. Sie umfaßte nicht die arabische Halbinsel mit Ausnahme der Südecke, denn zu jener Zeit war der größte Teil Arabiens einschließlich seines nördlichen Randes, der heutigen Syrischen Wüste, zu trocken für eine erfolgreiche Domestizierung von Tieren und Pflanzen. Nur die Südecke wurde durch die Monsunregen fruchtbar gehalten, und dieser Teil des Jemen blieb durch die Dürre des übrigen Arabien solange isoliert, bis man seetüchtige Schiffe bauen und das arabische Kamel zähmen konnte .

Zu dem südwestasiatischen Mutterland der Landwirtschaft und der Metallbearbeitung gehörte auch nicht das Schwemmland am Unterlauf von Euphrat und Tigris. Bevor es kanalisiert und kultiviert wurde, war es unwirtlich für Mensch und Vieh, ein Labyrinth von Wasserläufen, die sich durch Schilf und Morast schlängelten – ein Sumpfland, zu dem das Gebiet am Unterlauf des Euphrat heute wieder geworden ist. Als Ursprungsgebiete von Landwirtschaft und Metallbearbeitung sind neben Mesopotamien, Syrien und Palästina Teile des südlichen Kleinasiens, des westlichen Iran und Turkmenistans anzusehen. Die Getreidepflanzen und Tiere, die im Neolithikum in diesen Ländern domestiziert wurden, scheinen dort schon in ihrem ursprünglichen Zustand vorhanden gewesen zu sein. Andernorts wurden die gleichen domestizierten Pflanzen und Tiere aus Südwestasien offenbar teils von Siedlern aus dieser Region eingeführt oder von den Ureinwohnern, die die Erfindungen aus Südwestasien übernahmen und damit ihrerseits den Schritt von der paläolithischen zur neolithischen Kultur und schließlich zur Kultur des Kupfer- und des Bronzezeitalters machten.

Während dieses Buch geschrieben wird (1973), sind die neolithischen Schichten erst an wenigen Stellen in Südwestasien und Ägypten freigelegt worden, und wenn die Ausgrabungen andauern, wird sich möglicherweise unser Bild des jungsteinzeitlichen Lebens in dieser seiner Ursprungsregion weiter verändern, so wie es sich schon im Lichte früher Ausgrabungen und Entdeckungen nach und nach gewandelt hat. Einige Erkenntnisse scheinen aber bereits gesichert. Die Anfänge der bisher erforschten Siedlungen liegen zwischen 10 000 v.Chr. (dem mutmaßlichen Zeitraum der Siedlung von Jericho) und dem fünften Jahrtausend v.Chr. An anderen Orten wurde im siebenten oder frühen sechsten Jahrtausend v.Chr. gesiedelt. Wir wissen außerdem, daß der Übergang von der rein aneignenden Wirtschaftsweise des Menschen als Sammler und Jäger zur produzierenden als Ackerbauer und Viehzüchter in Oasen stattfand, wo fruchtbarer Boden von Flüssen oder Bächen am Fuße von Bergen herangetragen wurde. Alle diese Orte natürlicher Bewässerung sind sehr unterschiedlich nach Klima und Höhenlage: Jericho liegt in einem Tal unter dem Meeresspiegel mit tropischem Klima; Catal Hüyük auf der Hochebene von Kleinasien und Tepe Sialk auf dem Iranischen Plateau sind einen Teil des Jahres von Schnee bedeckt.

In Überschwemmungsgebieten und in Oasen mit Quellen wird die Ausbeutung des Bodens durch Kultivierung von der Natur aufgefangen. Sie erneuert die Ergiebigkeit der Felder durch Schlammablagerungen. So werden die Oase von Jericho und der Oasengürtel um Damaskus durch diesen natürlichen Prozeß ständig fruchtbar erhalten. Solche Gaben der Natur sind jedoch selten. Der größte Teil Südwestasiens war und ist vom Regen abhängig. Regen trägt keinen Schlamm heran, und der Ertrag eines nur vom Regen gespeisten Ackerbaus vermindert sich schnell. Der Weg des geringsten Widerstandes ist dann, den zeitweilig erschöpften Boden so zu behandeln wie ein endgültig abgebautes Bergwerk und nach neuem, jungfräulichem Boden zu suchen. Noch in der Neuzeit wanderten die aus Europa gekommenen Siedler Nordamerikas westwärts und die russischen Bauern ostwärts, obwohl ihre Vorfahren und auch sie selbst längst wußten, wie man die Fruchtbarkeit der Erde auch ohne Hilfe von Naturkräften erneuert.

Diese Technik hat sich nur langsam entwickelt. In Waldregionen bestand der erste Schritt zu einer ständigen Landbebauung durch künstliche Fruchtbarmachung darin, die Bäume zu verbrennen, die man gefällt hatte, um die domestizierten Getreidearten anzubauen. Die Asche diente als Düngung und brachte dem Landwirt ein bis zwei Ernten, und der Prozeß konnte wiederholt werden, wenn man den Bäumen genug Zeit ließ, in der Lichtung nachzuwachsen. Aber bei dieser Methode des Bäumefällens und -verbrennens konnte derselbe Fleck vielleicht einmal in zehn Jahren neu bebaut werden; und wenn der Landwirt zehn solcher Äcker zur Verfügung hatte, konnte er sich innerhalb eines begrenzten Umkreises bewegen. Das Problem, sich vom Ackerbau ohne Felderwechsel zu ernähren, wurde schließlich dadurch gelöst, daß man darauf verfiel, Brachland mit Rindermist zu düngen.

Die Landwirtschaft verbreitete sich teils durch Wanderung, teils durch Neukultivierung von ihrer ältesten Heimat in Südwestasien über fast die ganze Alte Welt, begleitet von den Künsten des Spinnens und Webens und der Töpferei, auf welche die Metallbearbeitung folgte und die Fähigkeit, Megalithe aus dem Felsen zu hauen und zu transportieren. Auf dieser gemeinsamen neolithischen Grundlage entwickelten sich zu verschiedenen Zeitpunkten zahlreiche Zivilisationen der Alten Welt. Doch die Expansion dieser letzten Form der vorzivilisatorischen Kultur war weder vollständig noch gleichförmig.

Australien zum Beispiel blieb das Reservat einer von der übrigen Welt getrennten Sondergruppe des *Homo sapiens,* die vorneolithische Sammler geblieben waren. Sie hatten die geographische Trennungslinie zwischen den Bereichen der kontinentalen und der australischen Flora und Fauna überschritten. Die ersten menschlichen Siedler und ihre Hunde waren die ersten nicht zu den Beuteltieren gehörenden Säuger, die dort eintrafen. Kein anderes neolithisches Volk folgte ihrem Beispiel; und so blieben sie in unangefochtener Abgeschiedenheit, bis Australien im achtzehnten Jahrhundert n.Chr. von Westeuropäern »entdeckt« wurde. Neolithischen Seefahrern gelang es, den polynesischen Archipel zu besetzen; doch in Neuseeland, dem größten Territorium der Südsee, faßten sie Fuß nur ungefähr sechs Jahrhunderte, bevor sie selber der umfassenden Eroberung der Welt durch die Westeuropäer anheimfielen.

Die Differenzierung der neolithischen Lebensweise während ihrer Ausbreitungszeit von ihrem Ursprung in Südwestasien wird deutlich durch den Kontrast zwischen der regionalen Vielfalt von Formen und Ornamenten auf neolithischen Gefäßen einerseits und der Einförmigkeit der paläolithischen Werkzeuge andererseits. Die Vielfalt der ersteren scheint größtenteils auf lokalen Initiativen zu beruhen. Ungewiß ist es, ob die megalithischen Monumente an den westlichen Mittelmeer- und den europäischen Atlantikküsten und auf ihren vorgelagerten Inseln von Südspanien und Portugal bis Dänemark und von Malta bis Stonehenge in Britannien auf Einflüsse aus Vorderasien zurückzuführen sind.

Wie die Pyramiden der ägyptischen Pharaonen scheinen die Megalithe in Europa jedes spätere Menschenwerk zu überdauern. Ihre Entstehungszeiten fallen in die zwei Jahrtausende von etwa 2500 bis 1500 v.Chr., als Westeuropa die Entwicklung vom Neolithikum durch das Chalkolithikum zur Kupfer- und Bronzezeit durchlief. Obwohl ihre Erbauer sich nicht schriftlich äußern konnten, verraten diese Bauwerke zusammen mit den damit in Verbindung stehenden Kunstwerken, daß sie dem Kult der Ahnen und einer Muttergottheit dienen sollten, für die es in der Levante Entsprechungen gab. Aber die Beziehung der westeuropäischen Megalithe zu Vorderasien ist zweifach rätselhaft. Erstens war die Region, von der sich die megalithische Religion und Technik über die Mittelmeer- und die europäische Atlantikküste ausbreitete, das südliche Spanien und Portugal – das heißt der Teil Europas, der von Ägypten und dem Ägäischen Meer am weitesten entfernt ist. Zweitens sind einige der vorderasiatischen Anlagen, denen die westeuropäischen megalithischen Monumente ähneln, nicht älter, sondern jünger als diese. Die Bienenkorbgräber in Los Millares an der Mittelmeerküste Südspaniens sind offenbar über zweitausend Jahre älter als ihre Gegenstücke in Mykenä; und obwohl Stonehenge fast tausend Jahre jünger ist als die Pyramiden der vierten Dynastie in Ägypten, können die weniger massiven Steinarbeiten von Los Millares etliche Jahrhunderte älter sein als der vergleichbare Bau der Pyramide des Pharaos Zoser bei Sakkara in der dritten Dynastie.

Die Differenzierung der letzten Phasen der vorzivilisatorischen Kultur führte schließlich zu eigenständigen Leistungen auf dem Gebiet der Domestizierung. Wein, Olive, Feige, Pflaume, Kirsche, Pfirisch, Apfel und Birne, ebenfalls Rinder, Ziegen und Schafe scheinen in Südwestasien beheimatet gewesen und dort im Neolithikum domestiziert worden zu sein. Aber Reis und Wurzelgemüse, Zitrusfrüchte tragende Bäume und Bananen sowie Höckervieh, Elefanten und arabische wie auch zentralasiatische Kamele wurden in anderen Regionen domestiziert. Diese Leistungen können völlig selbständig vollbracht worden sein, vielleicht sogar ohne »Stimulusdiffusion« aus Südwestasien. Die Domestizierung der Dattelpalme dürfte erst erfolgt sein, nachdem das heiße Sumer und Ägypten erschlossen worden waren. Die früheste Zeit, aus der wir ein Dokument über gezähmte arabische Kamele haben, ist gegen Ende des zweiten Jahrtausends v.Chr.; der erste Nachweis der Zähmung des zentralasiatischen Kamels datiert nicht früher als von etwa 600 v.Chr., wenn »mit goldenen Kamelen« die korrekte Übersetzung des Namens des Propheten Zarathustra ist.

Was Amerika betrifft, so war der Hund das einzige gezähmte Tier, das die Siedler aus Asien mitbrachten; und die einzigen einheimischen Tiere, die von ihnen gezüchtet wurden, waren Lama, Alpaka, das Meerschweinchen und die Biene. Andererseits war die Zahl der dort domestizierten Pflanzen nicht geringer als die der Alten Welt. Aber es waren andere. Vor der »Entdekkung« Amerikas durch Westeuropäer hatten die Alte und die Neue Welt kaum domestizierte Pflanzen gemeinsam.

Das scheint darauf hinzudeuten, daß der Ackerbau in Amerika unabhängig erfunden wurde; und wenn wir zu diesem Schluß kommen, können wir auch annehmen, daß die Erfindung der Bronze (eine Legierung von Kupfer und Zinn) in Peru ohne Beeinflussung aus der Alten Welt gemacht wurde. Über die Frage, ob die vorkolumbischen Zivilisationen Amerikas eigenständige Entwicklungen waren oder nicht, wird noch immer heftig gestritten. Wenn sich auch nicht leugnen läßt, daß einige Bestandteile der amerikanischen Zivilisationen aus der Alten Welt stammen, geht heute offenbar die vorherrschende Meinung dahin, daß diese Elemente von geringerer Bedeutung sind und daß die vorkolumbischen amerikanischen Zivilisationen dort unabhängig von Nachkommen der Einwanderer aus dem Jungpaläolithikum geschaffen wurden.

Die Anfänge der frühesten Zivilisationen in der Alten Welt werden auf 3000 v.Chr. datiert, und zu diesem Zeitpunkt begannen die vorkolumbischen Kulturen in Amerika, die sich schließlich zu Zivilisationen entwickelten, die denen der Alten Welt nicht nachstanden, möglicherweise schon mit den ersten Versuchen zur Kultivierung von Mais, der ihre wichtigste Nährpflanze werden sollte. In der Coxcatlánhöhle bei Puebla im mexikanischen Hochland hat man in einer auf etwa 4000 v.Chr. geschätzten Ablagerung Maiskolben gefunden, die von einer wilden Maispflanze stammen können, aber auch von einer Pflanze, die schon, als erster Schritt zu ihrer Domestizierung, von Menschenhand verändert worden war. In der Bathöhle in Neu-Mexiko fand man in einer auf etwa 2500 v.Chr. zu datierenden Ablagerung Maiskolben, bei denen die Zeichen der Domestizierung schon deutlicher sind. Daraus geht hervor, daß in Mittelamerika mit dem Ackerbau offenbar zu einem Zeitpunkt begonnen wurde, in den die Anfänge der Zivilisation in der Alten Welt fielen, mithin mindestens viertausend Jahre später als in Südwestasien.

Schon die ersten Kulturen der Alten Welt und des vorkolumbischen Amerika entwickelten dich unabhängig voneinander, und rund 4500 Jahre vergingen, bis die Eroberung des Ozeans durch die Westeuropäer diese Tendenz aufhob und eine neue Uniformität brachte.

Während diese Zeilen geschrieben werden, kämpfen die diversiven Kräfte, die in den dazwischenliegenden Zeitaltern vorherrschten, ein hartnäckiges Rückzugsgefecht, und es kann noch nicht vorhergesagt werden, ob die Tendenz zur Einheit den Sieg davontragen wird. Man kann jedoch schon erkennen, daß die unabdingbare Voraussetzung für das Überleben der Menschheit jetzt die Einheit der gesamten Ökumene ist, und dies nicht nur in der Technologie, sondern in allen Breichen des Lebens.

6

DIE ERSCHLIESSUNG DES SCHWEMMLANDES AN EUPHRAT UND TIGRIS UND DIE ENTSTEHUNG DER SUMERISCHEN ZIVILISATION

Im vorigen Kapitel haben wir festgestellt, daß die Erfindung des Ackerbaus das Problem aufwarf, den Boden zu kultivieren und dabei seßhaft zu bleiben, nachdem die Bodenbebauung der Jungsteinzeit über ihre Ursprünge, die kleinen und spärlich über Südwestasien verstreuten Oasen mit ihrer natürlichen Bewässerung, hinausgewachsen war.

In den ausgedehnten Flächen der Alten Welt, in denen sich der Landwirt auf den Regen als die einzige Bewässerung seiner Anbauten verlassen mußte, ist, wie wir sahen, die Entwicklung langsam und stufenweise vorangeschritten: von der »Wanderwirtschaft«, bei der ein erschöpftes Feld aufgegeben wurde, über die »Kreiswirtschaft«, bei der ein Feld durch die Asche gefällter Bäume gedüngt wurde, was nur über einen längeren Zeitraum möglich war und wenn genügend Felder zum Wechsel zur Verfügung standen.

Einige – vielleicht die meisten – Wanderer aus den Oasen Südwestasiens wurden lang und weit über die Regenzone der Ökumene getrieben, ehe sie lernten, ohne Hilfe natürlicher Bewässerung seßhaft zu werden. Es gab jedoch eine Region, nicht weit von jenen Ursprüngen des Ackerbaus entfernt, die dem Pionier größere Erträge versprach als seine heimatliche Oase. Dieses Land der Verheißung war das Sumpfdickicht im unteren Euphrat-Tigris-Becken, eine vorerst noch chaotische Mischung von möglicherweise fruchtbarem Schwemmland und möglicherweise fruchtbringendem Wasser.

Die Unterwerfung dieses Sumpfdickichts war nicht nur eine technische, sondern mehr noch eine soziale Leistung. Natürlich sind alle technischen Leistungen der Menschheit gleichzeitig auch soziale. Der Mensch ist ein Gesellschaftswesen; und auch unsere vormenschlichen Ahnen hätten kaum überleben können, um schließlich Menschen zu werden, wenn sie nicht bereits gesellige Tiere gewesen wären. Andererseits hat die begrenzte Gesellschaftsfähigkeit sich stets hemmend auf die anscheinend unbegrenzten technischen Fähigkeiten des Menschen ausgewirkt. Zusammenarbeit ist die unabdingbare Voraussetzung für die Herstellung und Benutzung auch nur der primitivsten Werkzeuge. Die Landwirte der kleinen südwestasiatischen Oasen hatten wahrscheinlich schon herausgefunden, wie man die natürliche Bewässerung künstlich verbessern kann; doch um das Schwemmgebiet des Doppelstromlandes zu kultivieren, mußte diese Technik in einem Ausmaß angewandt werden, welche die Zusammenarbeit einer weitaus größeren Menschenzahl erforderte, als es je zuvor bei einer gemeinsamen Tätigkeit der Fall gewesen war. Das war ein grundsätzlicher, kein gradueller Unterschied, und es war eine soziale, keine technische Revolution.

Die Eroberung des Schwemmlandes muß von Menschen geplant worden sein, die Phantasie, Voraussicht und Selbstbeherrschung gehabt haben, um für Erträge zu arbeiten, die sich nicht unmittelbar, sondern erst in späterer Zukunft einstellen würden. Ihre Pläne wären weiter nichts als unerfüllte Träume geblieben, hätten sie nicht die Fähigkeit besessen, eine große Zahl ihrer Mitmenschen dahin zu bringen, ein Ziel zu verfolgen, das diesen wahrscheinlich zunächst unbegreiflich war. Die Massen müssen Vertrauen zu ihren Anführern gehabt haben, und dieses Vertrauen muß auf dem Glauben an Götter begründet gewesen sein, deren Kraft und Weisheit sowohl für die Anführer als auch für die Gefolgschaft eine Realität war. Um jedoch Menschen zu organisieren, damit sie Wasser und Boden bearbeiten – in solchen Größen und Mengen, daß man ihrer durch nur mündliche Anordnungen und Mitteilungen nicht mehr Herr werden konnte –, war ein völlig neues Medium erforderlich – die Schrift. Die Erfindung der sumerischen Schrift war ein Meisterstück des schöpferischen Menschengeistes, wenn auch dieses erste uns bekannte System des Schreibens schwerfällig und kompliziert und daher nur wenigen Auserwählten zugänglich war. Dennoch diente es den Bedürfnissen einer Gemeinschaft im ganzen; und es bestätigte die Überlegenheit einer gebildeten kleinen Gruppe über die ungebildete Mehrheit.

Durch die Kultivierung des Schwemmlandes im Euphrat-Tigris-Becken wurde zum erstenmal eine neue Art der menschlichen Gesellschaft geschaffen: die einer regionalen Zivilisation. Diese Leistung muß man den Sumerern zuschreiben; denn es ist ihre Sprache, in der diese frühen schriftlichen Zeugnisse abgefaßt sind. Aber wir sind nicht sicher, ob die Sumerer auch die Erfinder der Anfänge ihrer Schrift waren oder überhaupt die ersten in dem Dschungelsumpf, der schließlich das Land Sumer wurde. Sie können nicht dessen Ureinwohner gewesen sein, denn diese Wildnis war für Menschen unbewohnbar, bevor sie kultiviert wurde. Einige frühe sumerische Siedlungen – Ur, Uruk, Eridu – befanden sich am Südwestrand des großen, an Arabien grenzenden Sumpfgebietes, doch ist es unwahrscheinlich, daß die Sumerer aus Arabien kamen; ihre Sprache hat keine Verwandtschaft mit denen der semitischen Gruppe, und die Wanderer, die nach und nach aus Arabien in die angrenzenden Regionen Asiens und Afrikas strömten, sprachen alle eine semitische Sprache.

Die sumerische ist die älteste regionale zivilisierte Gemeinschaft, von der wir Aufzeichnungen besitzen. Sie ist auch die einzige, die mit Gewißheit von einer vorzivilisatorischen Gemeinschaft (oder mehreren solcher Gemeinschaften) abstammt und nicht die Nachahmung einer bereits vorhandenen Zivilisation ist oder von dieser inspiriert wurde. Die moderne Archäologie hat die allmähliche Entwicklung von zumindest zwei ausgeprägten Zügen der sumerischen Zivilisation ans Licht gebracht: ihre Schrift und ihre Tempelarchitektur.

Wir können die Entstehung der Schrift aus Piktographen (Darstellungen von Menschen, Gegenständen, Ereignissen und Handlungen) verfolgen. Der schöpferische Akt bestand in der Erfindung von Ideogrammen (allgemeingültigen Zeichen, die nicht notwendigerweise etwas Gegenständliches wiedergaben oder andeuteten, jedoch für alle des Lesens kundigen Sumerer die gleiche Bedeutung hatten). Die letzte Stufe ist die Erfindung von Lautzeichen (allgemeingültigen Zeichen für die in der gesprochenen Sprache verwandten Laute). Die Sumerer allerdings sind nicht zum ausschließlichen Gebrauch von Lautzeichen gekommen; ihre Schrift war eine doppeldeutige und willkürliche Kombination von Lautzeichen und Ideogrammen. Der Nachteil der Ideogramme besteht darin, daß ihre Zahl unbegrenzt ist; ihr Vorzug gegenüber den Lautzeichen ist der, daß an ein bestimmtes Zeichen für alle Zeiten eine bestimmte Vorstellung geknüpft ist, während ein Laut und ein Zeichen ihre ursprüngliche allgemeingültige Verbindung verlieren, wenn sich die Laute der gesprochenen Sprache im Laufe der Zeit verändern. Hingegen haben die Lautzeichen den Vorteil, daß ihre Zahl begrenzt ist, es gibt nur eine beschränkte Menge von artikulierten Lauten, welche die menschliche Stimme hervorbringen kann, und jede Sprache der Menschheit verwendet wiederum nur eine Auswahl aus diesem potentiellen Vorrat.

Durch die Kultivierung des Schwemmlandes waren die Sumerer die erste Gemeinschaft der Alten Welt, die einen Mehrertrag über das jährliche Existenzminimum hinaus erwirtschaftete. Dieser Überschuß kam nicht gleichmäßig allen Mitgliedern der Gemeinschaft zugute. Hätte man ihn zu gleichen Teilen auf alle umgelegt, dann wäre auf den einzelnen nicht viel gekommen; denn verglichen mit der Höhe des Produktionsanteils, den man zum Unterhalt brauchte, war der Überschuß gering, wenn auch die Hervorbringung eines solchen an sich schon etwas Neues und Revolutionäres war. Tatsächlich blieb der Nutzen aus dem Mehrertrag einer privilegierten Minderheit vorbehalten, die auf diese Weise ihre Zeit und Kraft schonte; denn sie war von der Teilnahme an der Nahrungsmittelproduktion befreit, die immer noch das ganze Arbeitsleben der Mehrheit beanspruchte. Das war die ökonomische Basis der Klassendifferenzierung; doch das Privileg der Oberschicht wäre von der Masse nicht geduldet worden, hätte diese nicht geglaubt, daß jener gewisse Vorrechte gebührten, da sie auf ihre Weise der Gemeinschaft als Ganzes diente. Diese Dienstleistungen waren in der Tat unerläßlich, wenn die Gemeinschaft unter den einträglichen, doch künstlichen Bedingungen, die mit der Unterwerfung des Schwemmlandes geschaffen worden waren, weiterbestehen sollte. Jedenfalls eignete sich eine bevorzugte Minderheit den Überschuß an, der mit der Bewirtschaftung dieses Landes erzielt wurde, und sie verbrachte die so erworbene Muße nicht nur mit der Arbeit am öffentlichen Wohle, sondern auch im Genusse eines luxuriösen Privatlebens.

Die erste Aufgabe der herrschenden Klasse war die Verwaltung einer Gemeinschaft mit einem städtischen Kern, der die vorherigen Dorfgemeinschaften des Neolithikums an Größe weit übertraf und in seiner Komplexität mit diesen nicht zu vergleichen war. Im Gegensatz zum jungsteinzeitlichen Ackerbauer organisierte der sumerische Landmann seine Arbeit nicht selber. Die Wartung des Bewässerungssystems war die Grundbedingung für das Leben der ganzen Gemeinschaft. Die Fronarbeit, die Kanäle und Uferanlagen in Ordnung zu halten, gehörte ebenso zu den Pflichten des Landmannes wie die Bebauung seiner eigenen Felder; alle diese Arbeiten wurden unter der Leitung der Autoritäten ausgeführt, denn die Zuteilung der lebenswichtigen Bewässerung erforderte eine Zentralbehörde, die mit unbedingter Machtbefugnis ausgestattet war.

Die weltliche Macht der Herrschenden wurde durch ihre religiöse Funktion gestützt. Sie dienten der Gemeinschaft zugleich als Mittler zu den Göttern; und der allgemeine Glaube an die Gewalt und Weisheit der Götter war die geistige Kraft, welche die Bewohner eines sumerischen Stadtstaates bewegte, gemeinsam zu handeln, trotz ihrer Vielzahl und ihrer Aufspaltung in verschiedene Klassen. Die Herrschenden wendeten einen Teil ihres Reichtums für privaten Luxus auf; so tauchten neben den Werkzeugen zum erstenmal Kunstwerke auf.

Ein anderes neuartiges Merkmal der sumerischen Zivilisation waren die Städte, in denen die Minderheit der Bevölkerung wohnte, die von dem landwirtschaftlichen Überschuß der Mehrheit lebte. Diese Städte mögen ihren Ursprung in Kultstätten gehabt haben, wo sich die Gemeinschaft zu bestimmten Zeiten traf, um religiöse Riten auszuüben, und wo gleichzeitig die öffentlichen Arbeiten zum Nutzen aller verteilt wurden. Zuerst noch mit wenigen ständigen Bewohnern, können sie sich zu Städten entwickelt haben. Sie wuchsen in dem Maße, in dem sich die nichtbäuerliche Bevölkerung vermehrte und ihre Aufgaben unter Priester und weltliche Beamte (anfangs nicht unterschieden) aufgeteilt wurden. Hinzu kamen ihre Schreiber, Diener und Kunsthandwerker.

Die Klassenunterschiede, unterstrichen von einer örtlichen Trennung der Klassen zwischen Land und Stadt, waren das erste der sozialen Übel, die der Preis für die Geburt der Zivilisation in Sumer waren. Das zweite war der Krieg; und die wirtschaftliche Voraussetzung für beide Übel war der Mehrertrag, der den neuen, nichtagrarischen Stand zur Folge hatte. In einer Gesellschaftsordnung, in der die Arbeitszeit eines jeden damit ausgefüllt ist, die notwendige Nahrung zu produzieren, ist kein Platz für Beamte, Priester, Handwerker oder Soldaten.

Der Mehrertrag, die Klassenunterschiede, die Schrift, die Monumentalarchitektur, städtische Siedlungen und der Krieg – dies alles waren bestimmende Züge der neuen Zivilisation. Doch die entscheidende Veränderung lag im Wandel des Charakters und der Funktion der Götter.

Die Religion ausgestorbener Gemeinschaften ohne schriftliche Überlieferung muß aus ihren bildenden Künsten erschlossen werden: aus den jungpaläolithischen Höhlenmalereien, den dreidimensionalen Figuren von

Lepenski Vir, den neolithischen Statuetten der fruchtbaren Mutter. Wir können die entsprechenden Riten und Mythen nur erschließen; aber die ältesten entzifferbaren Dokumente in der sumerischen Schrift und Sprache werfen ein Licht sowohl auf die Religion der Sumerer als auch auf andere Aspekte ihres Lebens. In diesen Zeugnissen begegnen wir einem Pantheon sumerischer Götter; und wir erkennen zugleich, daß diese Götter schon in das zweite Stadium ihrer Geschichte getreten sind.

Nachdem die sumerische Zivilisation entstanden war, verkörperten ihre Götter teilweise noch immer Naturkräfte; und wir können sehen , daß dies ursprünglich ihre alleinige Funktion gewesen sein muß. Nun aber spielen einige dieser Götter eine zweifache Rolle, und jeder Gott repräsentiert zusätzlich die gesammelte menschliche Kraft eines besonderen Stadtstaates. Diese Verdoppelung spiegelt eine Umwälzung in den Beziehungen zwischen Mensch und Natur. Als die sumerischen Götter zuerst in der menschlichen Vorstellung Gestalt annahmen, war der Mensch noch ganz der Gnade der Natur ausgeliefert; die Unterwerfung und Besiedlung des Schwemmlandes durch eine gemeinschaftliche menschliche Aktion verschob jedoch das Gleichgewicht der Kräfte zwischen Mensch und Natur zugunsten des ersteren. Der Mensch als geselliges Lebewesen hatte sich nun fähig gezeigt, einem bis dahin unzugänglichen und feindlichen Teil des Naturreiches seinen Willen aufzuzwingen; und in Erkenntnis dieses Triumphes ging er dazu über, seine eigene Kraft zu verehren neben den nichtmenschlichen Kräften, die er vorher für allmächtig gehalten hatte. Die Sumerer gaben diesem schicksalhaften Wandel dadurch religiösen Ausdruck, daß sie ihre angestammten Naturgötter zu göttlichen Schutzherren – oder göttlichen Dienern – menschlicher souveräner Staaten machten.

Als Verkörperungen von Naturkräften blieben die sumerischen Götter ein Teil des gemeinsamen Kulturerbes der sumerischen Gesellschaft im ganzen; als Repräsentanten von Stadtstaaten jedoch vertraten sie getrennt einzelne sumerische Gemeinschaften, deren Interessen gegensätzlich sein konnten – in ihrer politischen Rolle wirkten nun die Götter zum Teil entzweiend, nicht mehr einigend. Diese neue Rolle, welche die Gottheiten schon zum Zeitpunkt der frühesten erhaltenen sumerischen Schriftstücke angenommen hatten, erwies sich als verhängnisvoll für die Zukunft der sumerischen Zivilisation. Die Früchte des Sieges der menschlichen Gesellschaft über die Natur können verscherzt werden, wenn der Mensch seine gewaltige kollektive Macht nicht nur zur Beherrschung und Ausbeutung der nichtmenschlichen Natur gebraucht, sondern auch zum Bruderkrieg zwischen wohlorganisierten und wohlbewaffneten menschlichen »Mächten«.

7

DIE ERSCHLIESSUNG DES NILSCHWEMMLANDES UND DIE ENTSTEHUNG DER ÄGYPTISCHEN PHARAONENZIVILISATION

Wenn wir im vorigen Kapitel den Sumerern die Schöpfung der ersten regionalen Zivilisation zugeschrieben haben, so können wir die Ägypter der Pharaonenzeit als die Begründer der zweitältesten regionalen Zivilisation betrachten. Wie die Sumerer das Schwemmland des Euphrat und Tigris, so haben die Ägypter das Sumpfgebiet am Unterlauf und Delta des Nils erschlossen.

Sie erwirtschafteten wie die Sumerer einen Mehrertrag über das Existenzminimum hinaus, und auch bei ihnen hatte dies die gleichen Folgen: Klassendifferenzierung, Schriftsprache, Monumentalarchitektur, städtische Siedlungen, Kriege und eine grundlegende Veränderung der Religion. Doch anders als bei den Sumerern ging der Neubeginn bei den Ägyptern nicht ohne Hilfe von außen vonstatten. Wenn auch ihre Zivilisation sich auf den Kulturen ihrer neolithischen und chalkolithischen Ahnen aufbaute, so empfingen sie doch darüber hinaus Anregungen von einer schon bestehenden Gemeinschaft. Die heutigen Ägyptologen sind sich einig, daß bei der Geburt der Pharaonenzivilisation die Sumerer Pate gestanden haben. Man erkennt ihren Einfluß beispielsweise an den Siegelzylindern, an den mit Nischen versehenen Ziegelbauten, an der Bauart der Schiffe, an zahlreichen künstlerischen Motiven und an einer Schrift, in der Lautzeichen die Ideogramme ergänzen, ohne sie ganz zu verdrängen.

Da diese Art der Schrift etwas Besonderes ist, scheint es nicht wahrscheinlich, daß ein gleiches System zum zweitenmal selbständig erarbeitet wurde, während auf anderen Gebieten der sumerische Einfluß in Ägypten unverkennbar ist. Überdies ist archäologisch nachgewiesen, daß die ägyptische Schrift innerhalb eines kurzen Zeitraumes entstanden ist und sich nicht wie die sumerische schrittweise aus einer Bilderschrift entwickelte. Diese beiden Punkte – die formale Übereinstimmung und das plötzliche Auftreten – bilden das stärkste Beweisstück für den sumerischen Anteil an der Entstehung der ägyptischen Zivilisation.

Wir wissen nicht, auf welchem Wege der sumerische Einfluß in das untere Niltal gelangte. Die Beweisstücke wurden in Oberägypten gefunden; aber auch fast alles andere, was wir über die weitere Geschichte der Pharaonenzivilisation wissen, stammt aus Oberägypten, nicht aus dem Nildelta, da das trockene oberägyptische Klima die Erhaltung von Artefakten ermöglichte, während die Bodenbeschaffenheit und die Feuchtigkeit der Deltaregion hierfür wesentlich ungünstiger waren. Außerdem sind dort die stofflichen

Reste der Pharaonenzeit unter einer Schicht von Schwemmland in nicht bekannter Tiefe begraben, und darüber hat man in der Neuzeit Städte gebaut. Aus diesen Gründen ist das Delta archäologisch nicht so erschlossen wie Oberägypten.

Diese Lücke in unserem Wissen von der Vorgeschichte Ägyptens beginnt an dem Zeitpunkt, da die Bewohner der höher gelegenen Ufer des oberägyptischen Niltales sich in das Schwemmland hinunter wagten, um es zu erschließen; der Mangel an archäologischen Informationen erschwert jeden Versuch, die Kulturen vor der Geburt der ägyptischen Pharaonenzivilisation zu rekonstruieren. Was man in Oberägypten gefunden hat, gibt den Eindruck, daß dessen Entstehung, verglichen mit der allmählichen Entwicklung in Sumer, ein plötzliches Ereignis war. Vielleicht ist dies eine Illusion, die sich verflüchtigen würde, wenn wir mehr über die Vorgeschichte des Deltas erfahren könnten; oder es könnte sich bei einer erfolgreichen Ausgrabung ergeben, daß sich das Delta im Gegensatz zu Oberägypten noch in seinem ursprünglichen Zustand eines Sumpfdschungels befand, als es schon mit Oberägypten politisch vereinigt wurde .

Wenn diese zweite Möglichkeit zutrifft, dürfte das Delta eine unpassierbare Barriere für die Landverbindung zwischen Sumer und Ägypten gebildet haben, so daß der sumerische Einfluß auf dem Seewege gekommen sein muß. Dann haben entweder sumerische Schiffe oberägyptische Häfen am Roten Meer angelaufen, oder ägyptische und sumerische Seeleute sind sich an dazwischenliegenden Küsten begegnet: vielleicht an der Küste Somalias oder des Jemen, wo Weihrauch verschifft wurde, oder an der kupferreichen Küste jener uns unbekannt gebliebenen Region, welche die Sumerer Magan nannten.

Es läßt sich aber auch vorstellen, daß bei der Entstehung der pharaonischen Zivilisation nicht Oberägypten, sondern das Deltagebiet die führende Rolle spielte. Wir könnten annehmen, daß bereits vor dem Ende des vierten Jahrtausends v.Chr. das Delta die gleiche Entwicklungsstufe wie das zeitgenössische Sumer erreicht hatte, eine Stufe, bei der das Schwemmland schon teilweise vom Menschen kultiviert worden war und schon Städte entstanden. Nach dieser Hypothese hätte sich der sumerische Einfluß, ehe er nach Oberägypten gelangte, im Delta geltend gemacht; und er wäre wahrscheinlich nicht auf dem Seewege um die arabische Halbinsel herum, sondern auf dem Landwege über Syrien gekommen.

In jedem Falle war der sumerische Einfluß nur kurz – er endete fast unmittelbar nach der politischen Einigung Ägyptens –, und es war nicht mehr als ein Einfluß, denn er führte nicht zu einer unmodifizierten Übernahme der sumerischen Zivilisation durch die Ägypter. Ihre Schrift zum Beispiel ist zwar sumerisch in der Struktur, doch unverkennbar ägyptisch im Stil; die Hieroglyphen sind Originalschöpfungen, keine Nachahmungen sumerischer Vorbilder. In den bildenden Künsten verschwinden die sumerischen Motive, und in der Architektur gehen die Ägypter vom Ziegelstein der Sumerer zum gehauenen Stein über. Ihre klassischen Denkmäler sind Steinbauten aus massiven Blöcken, und ihre Monumentalarchitektur ist eine eigenständige Leistung. Schon im Format lassen sich die sumerischen Stufentürme aus Ziegeln nicht mit den ägyptischen Pyramiden vergleichen; diese sind unübertroffen sowohl in ihrem meisterhaften Entwurf als auch in der sorgfältigen Ausführung.

Wenn der Vergleich der Architektur der beiden Zivilisationen zuungunsten der Sumerer ausfällt, so war die Verwandlung des Sumpfgebietes am Euphrat und Tigris in der Wiege der Zivilisation zweifellos nicht nur eine frühere, sondern auch eine größere Leistung als die spätere ähnliche Kultivierung der Nilsümpfe, die unter wesentlich einfacheren Bedingungen stattfand. Hier war nur ein Fluß zu bezwingen, und das Tal war schmal, zu beiden Seiten von den Hängen eingefaßt, die den neolithischen und chalkolithischen Vorgängern der pharaonischen Ägypter als Wohnstätten gedient hatten. Nur das Nildelta ist dem Schwemmgebiet des Euphrat-Tigris-Beckens vergleichbar, und es scheint nur allmählich erschlossen worden zu sein.

Überdies besaß Ägypten im ganzen, das Delta inbegriffen, in unmittelbarer Nähe und in reichem Maße die zur Schaffung und Aufrechterhaltung einer Zivilisation unerläßlichen Rohstoffe. Es hatte Stein der besten Qualität im Überfluß für die Arbeiten der Baumeister und Bildhauer; der Weg vom Steinbruch zum Flußufer war kurz, und sogar ein ganzer Obelisk war auf dem Wasser leicht zu transportieren. Die Minen an der Ostküste des Golfs von Suez – wenn es tatsächlich Kupferminen waren – lagen in der Reichweite Oberägyptens auf dem Seewege mit einem nur kurzen Landtransport durch das Wadi Hammamat; und wenn die Halbinsel Sinai Ägypten nicht mit all dem Kupfer versorgen konnte, das es brauchte, dann tat es die Insel Zypern, und sowohl Zypern als auch Syrien waren für die Herrscher Oberägyptens erreichbar geworden, nachdem sie sich das Delta mit seinen Mittelmeerhäfen angeeignet hatten. Ägypten importierte Bauholz aus dem Libanon über den phönizischen Hafen Byblos; und diese Handelsbeziehung könnte gleichzeitig mit der Gründung des vereinigten ägyptischen Königreiches entstanden sein. So kamen auf dem Seewege Bauholz und Kupfer vor die Tore Ägyptens, und der Nil bildete stromaufwärts bis zum ersten Katarakt die Verbindung von einem Ende des Landes zum anderen.

Mit Oberägypten verglichen war Sumer sowohl hinsichtlich der Verkehrswege als auch der Rohstoffversorgung im Nachteil; und es ist eigentlich verwunderlich, daß die erste Zivilisation, die auf der Urbarmachung von Sumpfland basierte, nicht in Oberägypten, sondern im unteren Euphrat-Tigris-Becken entstand. Die Sumerer jedoch gingen nicht nur den Ägyptern voran, sondern sie übertrafen sie auch an Wagemut; denn sie vertrauten ihre Zukunft einem einzigen Rohmaterial an, dem Schlamm des Schwemmlandes. In dem neuen Land, das sie besetzt und urbar gemacht hatten, war der fruchtbare Boden der einzige Aktivposten; aber den erfindungsreichen Sumerern gelang ein technologisches Meisterstück, und sie entdeckten, wie man aus Lehm sogar landwirtschaftliche Geräte formen und in einer fast metallischen Härte und Schärfe brennen kann. Ganz ohne Kupfer ging es allerdings nicht; es mußte aus dem oberen Euphrat-Tigris-Becken geholt werden, vielleicht auch aus den Minen südlich des Schwarzen Meeres. Das Bauholz kam vom Berg Amanus im östlichen Taurusgebirge. Die Architekten mußten sich mit Ziegeln begnügen; Massivstein wurde nur als Material für Monumentalskulpturen eingeführt und war beinahe so kostbar wie Gold und Silber.

Diese Importe wurden mit eigenen Erzeugnissen bezahlt, zum Beispiel mit Korn und Textilien, deren frühestes Material Wolle war. Der sumerische Handel war notwendigerweise aktiver und weitreichender als der ägyptische; er erfolgte über Außenstationen wie Assur am oberen Tigris und Tall Brak in Mesopotamien. Diese ältesten städtischen Siedlungen scheinen sumerischen, nicht semitischen Ursprungs zu sein. Der Handelsweg stromaufwärts wurde durch den Seeweg den Persischen Golf hinunter (vielleicht bis zum Indusdelta und sogar bis zur Roten-Meer-Küste Oberägyptens) ergänzt; aber die größte Transportleistung der Sumerer bestand in ihrem Landhandel in nordwestlicher Richtung.

Wenn das am Berg Amanus gefällte Holz zum Westufer des Euphrat geschleppt worden war und das Kupfer von Arghana Maden zum Ufer des Tigris, mußten diese schweren und sperrigen Lasten auf Flößen stromabwärts geschifft werden, während die Reisenden in Booten aus Weidengeflecht, das mit Häuten überzogen war, befördert wurden. Stromabwärts ging es leicht und schnell, denn Euphrat und Tigris hatten eines stärkere Strömung als der Nil; doch aus dem gleichen Grunde war der Lastentransport in umgekehrter Richtung nicht möglich – dort gab es keinen Wind aus Südost entsprechend dem Nordwind in Ägypten, der die Nilschiffahrt stromaufwärts ermöglichte. Wenn die Sumerer Holz schlagen oder Kupfer schürfen wollten, mußten sie den mühevollen Landweg nordwestwärts wählen; und ebenso wurden die Waren transportiert, mit denen sie Kupfer und Holz bezahlten.

Ihr einziges Lasttier war damals der Esel, der domestizierte Onager (Wildesel), und diese wildeste und scheueste Abart der Gattung *Equus* zu zähmen war ein ebenso großes Meisterstück wie die Herstellung landwirtschaftlicher Geräte aus Lehm. Die Sumerer besaßen keine Pferde oder Kamele; diese wurden erst später von Steppenvölkern domestiziert.

Auf dem wirtschaftlichen Sektor waren also die Sumerer ihren ägyptischen Schülern in der Kunst voraus, eine Zivilisation zu schaffen; in der Politik jedoch wurden sie von den Ägyptern übertroffen. Wenn sich der Vorhang zum ersten Akt der Tragödie von der sumerischen Geschichte hebt, finden wir ihren Staat in eine Anzahl von souveränen Stadtstaaten zerfallen, eine politische Zersplitterung, die gar nicht zu ihrer kulturellen, wirtschaftlichen und physiographischen Einheit paßt. Für die sumerische Zivilisation war die Beherrschung und Verwaltung der Gewässer des unteren Euphrat-Tigris-

Beckens lebensnotwendig und eine wirksame Kontrolle nur unter einer einheitlichen Führung möglich; doch in der sumerischen Geschichte wurde die politische Einheit zu spät erreicht. Sie schafften es erst nach einer langen Zeit der Zerstörung und des Leidens, und auch dann wurde ihnen der Zusammenschluß von ihren akkadischen Nachbarn aufgezwungen.

Oberägypten und das Nildelta hingegen wurden schon in den Anfängen der pharaonischen Zivilisation verbunden. Die Schrecken des Krieges, in dem das Delta von Oberägypten bezwungen wurde, in naiver Relieftechnik auf der Palette des Narmer dargestellt, waren der Preis für die politische Einheit Ägyptens und für eine mehr als dreitausend Jahre anhaltende Epoche des Friedens und der Ordnung, nur gelegentlich von kurzen Perioden unterbrochen, in denen der normale Zustand des inneren Friedens erschüttert war.

Der politische Zusammenschluß von Ober- und Unterägypten scheint ein plötzliches dramatisches Ereignis gewesen zu sein; aber wir wissen nicht, was voranging. In den folgenden Jahrhunderten, von denen wir schriftliche Dokumente besitzen, war das vereinigte Königreich in mehrere Provinzen oder Bezirke eingeteilt, deren Bewohner einen gewissen föderalistischen Patriotismus pflegten. Es ist nicht nachgewiesen, daß diese Provinzen schon vorher als souveräne Staaten existierten. Vielleicht waren sie künstliche Verwaltungseinheiten, zu dem Zweck geschaffen, die Erinnerung an frühere selbständige Einheiten auszulöschen, die den Bestand der größeren politischen Einheit Großägyptens hätte gefährden können.

In Ägypten wie in Sumer spiegelt sich die wirtschaftliche und politische Geschichte in der Religionsgeschichte; und ein Vergleich beider Religionen weist die ägyptische Gesellschaftsordnung der Pharaonenzeit als eine »Unterart« der sumerischen aus, während er zugleich zeigt, daß sich die ägyptische Zivilisation eigenständig entwickelte.

In beiden Ländern verkörperten die Götter Naturkräfte, von deren Gnade der Mensch abhängig war, doch wurde in Ägypten diese Naturverehrung durch die Verehrung der menschlichen Macht ergänzt. Ansätze dazu finden sich auch schon in Sumer, deren kultische Formen die Ägypter zum Teil übernahmen. Hier wie dort wurden einige Naturgötter dazu ausersehen, nicht nur die Kraft der Natur, sondern zugleich die des Menschen zu repräsentieren; und diese Erweiterung ihrer Funktionen war um so leichter, als die Naturgötter wie die Natur selber zwar der ganzen Gemeinschaft angehörten, zugleich aber auch Ortsgottheiten waren, mit bestimmten Plätzen verbunden, wo ihr Heiligtum allgemeine Verehrung genoß. Sogar der Sonnengott Rê – ein kosmischer Gott im wahrsten Sinne des Wortes – hatte seinen Sitz in Heliopolis am Ostufer des Nils in der Nähe der Deltaspitze.

Horus, der Falkengott, Sohn des Fruchtbarkeitsgottes Osiris, wurde von den Herrschern der Zwillingsstädte Nechen-Necheb (der spätere griechische Name Hierakonpolis bedeutet Falkenstadt) im tiefen Süden Oberägyptens in Anspruch genommen. Diese waren es, die Ägypten am Beginn der

Geschichte der pharaonischen Zivilisation um das Jahr 3100 v.Chr. politisch einten. Die Eroberung des Deltas gelang ihnen unter den Auspizien des Horus; und dieses gewaltige politische Ereignis gab dem Mythos des Sieges des Horus über den unholden Seth, den Gott der Wüste und der Dürre, eine zusätzliche Bedeutung. Ursprünglich hatte dieser Mythos das immer wiederkehrende Geschehen in der Natur symbolisiert: das jährliche Sterben und Auferstehen der Natur, deren sichtbarer Ausdruck die Kornfrüchte waren, die der jungsteinzeitliche Mensch kultiviert hatte. Das Einbringen der jährlichen Ernste war zur Lebensbedingung des Menschen geworden, nachdem er von der aneignenden Wirtschaftsweise zur produzierenden übergegangen, vom Sammler zum Ackerbauer geworden war. Osiris, der Gott der Vegetation und der Fruchtbarkeit, wird von seinem bösen Bruder Seth ermordet und zerstückelt; doch seine Schwestergattin Isis sammelt die Teile und fügt sie wieder aneinander; der auferstandene Osiris übergibt das Reich seinem Sohn Horus, der inzwischen die Ermordung seines Vaters an Seth gerächt hat. Nach der Eroberung des Deltas durch Oberägypten mußte dieser Naturmythos zur Verherrlichung des historischen Ereignisses herhalten. Das Zentrum der Sethverehrung lag in der Nordostecke des Deltas, und so wurde der Sieg des Horus über Seth zum Gleichnis für den Sieg Oberägyptens über Unterägypten und die darauffolgende Vereinigung beider Kronen.

Die Einheit Ägyptens und die damit einsetzende Pharaonenzivilisation dauerten dreitausend Jahre; eine einmalige Manifestation menschlicher Macht. Die Religion nahm eine neue Form an: Die Einiger Ägyptens und ihre Nachfolger wurden als Verkörperung der Macht verehrt, die sich in den beiden nunmehr auf dem Haupte Pharaos vereinten Kronen konzentrierte. Er war ein lebender Menschengott – neben den älteren Göttern, die nur noch eine Scheinexistenz in ihren gemalten und gemeißelten Abbildern führten.

Der Zusammenschluß Ägyptens durch Narmer fand im Euphrat-Tigris-Becken sein Gegenstück in der Vereinigung von Sumer und Akkad durch Lugalzagesi; aber diese erfolgte erst, nachdem die sumerische Zivilisation über siebenhundert Jahre alt geworden war, und sie wurde ohne Begeisterung als das kleinere Übel gegenüber der Fortdauer eines quälenden Dahinsterbens akzeptiert. Aber weder Lugalzagesi noch Sargon, der jenem, der es zusammengefügt hatte, das Reich entriß, wurden dadurch belohnt, daß man sie zu Göttern erhob. Einige ihrer Nachfolger, wie Naramsin (um 2290 bis 2255 v.Chr.) und Schulgi (um 2095 bis 2048 v.Chr.), erhoben Anspruch auf göttliche Verehrung; doch es blieb ohne Wirkung. In Sumer und Akkad waren lebende Götter die Ausnahme, nicht die Regel.

8

SUMER UND AKKAD
UM 3000 BIS 2230 V.CHR.

Man kann von der sumerischen Kultur sprechen, weil die Erschließung und Besitzergreifung des Schwemmlandes des unteren Euphrat-Tigris-Beckens das Werk eines einzigen Volkes war, das eine einheitliche Sprache, Religion und Kunst hatte. Politisch jedoch war es anfangs noch nicht in einem Staat vereint; die Pionierarbeiten wurden von mehreren sumerischen Gemeinschaften vollbracht, die voneinander unabhängig waren und das Schwemmland von verschiedenen Punkten aus in Angriff nahmen. Die frühesten uns erhaltenen entziffer- und übersetzbaren Dokumente in sumerischer Schrift lassen ein Mosaik von souveränen Stadtstaaten zu Beginn der sumerischen Kultur erkennen. Die kulturelle Einheit der sumerischen Welt ging der politischen voran.

In den ersten fünf oder sechs Jahrhunderten der sumerischen Geschichte (von 3100 bis 2500 v.Chr.) scheinen die Stadtstaaten eine friedliche Existenz nebeneinander geführt zu haben. Man kann sich vorstellen, daß das Schwemmland nur allmählich erschlossen wurde; und lange Zeit waren die berieselten Felder und Weiden der ersten Städtegründer weiter nichts als Oasen, von den Bereichen anderer Städte durch weite Strecken jungfräulichen Sumpflandes getrennt, das in diesem ersten Abschnitt der sumerischen Kultur noch den größten Teil des Landes bedeckte. So konnte jede Gemeinschaft ihre eigene Wasserwirtschaft betreiben, ohne mit den anderen in Konflikt zu geraten.

Politische und gesellschaftliche Probleme tauchten erst auf, als mit der Erweiterung der städtischen Bereiche die Sumpfgebiete verschwanden und die einzelnen Gemeinschaften zu Nachbarn wurden. Doch anders als in Ägypten, das sich zu einer radikalen Einigung entschloß, als sich ihm die gleichen Fragen stellten, wurden die einzelnen Steine des politischen Mosaiks von Sumer nicht sofort zu einem einheitlichen Reich zusammengefügt. Die Stadtstaaten behielten, auch als sie bereits aneinander grenzten, ihre Selbständigkeit.

Zu diesem Zeitpunkt war das Euphrat-Tigris-Schwemmland so fruchtbar, daß in jedem Stadtstaat die Mitglieder der privilegierten Klasse in Luxus leben – und sterben konnten. Die Ausgrabung der Königsgräber in Ur hat gezeigt, daß der Herrscher Kunsthandwerker zur Verfügung hatte, die erlesenen Schmuck für seine Königin schufen, und daß er bei seinem Tode nicht nur die Zugochsen des königlichen Wagens mit sich nahm, sondern auch einen Hofstaat von Männern und Frauen, die beim Höhepunkt der

königlichen Trauerfeier entweder umgebracht wurden oder sich freiwillig das Leben nahmen, um ihren Herrn ins Jenseits zu begleiten. Dieses Höchstmaß der Klassendifferenzierung, das uns schon in dem Frühstadium der sumerischen Geschichte in Ur begegnet, scheint typisch für die sozialen Verhältnisse der gesamten damaligen sumerischen Welt zu sein .
Für die nächste Phase der Geschichte Sumers, die etwa in der Mitte des dritten Jahrtausends v.Chr. begann, sind die Fehden der einzelnen Stadtstaaten miteinander charakteristisch. Das Flachrelief der sogenannten Geierstele, auf der König Eannatum von Lagasch seinen Sieg über die Nachbarstadt Umma feiern ließ, zeigt eine organisierte und grausame Kriegführung. Eannatums Soldaten waren nicht nur mit Helmen (vielleicht aus Metall) und großen Schilden wohlgerüstet, sondern offensichtlich für den Kampf in der Phalanxordnung ausgebildet. Der Bildhauer läßt sie Schulter an Schulter reihenweise aufmarschieren; die Leichen der erschlagenen Feinde liegen hingestreckt vor den Füßen der Sieger. Damals mögen die Könige der Stadtstaaten auf Menschenopfer bei ihrer Bestattung verzichtet haben; desto größer waren die Opfer, die die Stadtfehden von beiden Seiten forderten.

Der Zankapfel zwischen Lagasch und Umma war ein Kanal zwischen den beiden Staaten, von dem die Fruchtbarkeit der anliegenden Ländereien abhing. In diesem Streit behauptete Eannatum, Sieger geblieben zu sein, doch der Sieg kam ihn vermutlich teuer zu stehen. Das prekäre Gleichgewicht der gesellschaftlichen Macht scheint in Lagasch in jenen Tagen ins Wanken geraten zu sein. Die Privilegien der Oberschicht wurden von den Bauern unter der Voraussetzung geduldet, daß jene der Gemeinschaft Dienste leisteten, zu denen sie selber nicht imstande waren und die der Gemeinschaft als Ganzes zugute kamen. Dieser Glaube muß erschüttert worden sein, als König Urakagina (2378-2371 v.Chr.) die Macht der Priester herausforderte.

Sollte er einen sozialen Umsturz beabsichtigt haben, so erlitt er eine Niederlage. Er wurde von König Lugalzagesi gestürzt, dem Herrscher der Nachbarstaaten Umma und Uruk, der nicht nur Lagasch, sondern auch alle anderen sumerischen Stadtstaaten eroberte und sein Reich über die Grenzen Sumers ausdehnte, bis es sich schließlich »von Meer zu Meer« erstreckte – das heißt, vom Persischen Golf bis zum Mittelmeer.

Lugalzagesi (2371-2347 v.Chr.) gewann sein Reich mit Waffengewalt; doch seine Eroberungskriege waren das kleinere Übel gegenüber den ständigen sinnlosen Fehden zwischen den einzelnen sumerischen Stadtstaaten. In der Tat scheint der gewaltsame politische Zusammenschluß das einzige Mittel gegen die zunehmende Selbstzerstörung gewesen zu sein. In dem unteren Euphrat-Tigris-Becken bildete das Netz von natürlichen und künstlichen Wasserwegen eine unteilbare Einheit; und es konnte seine Wirksamkeit zum Nutzen aller nur entfalten, wenn es von einer zentralen Autorität kontrolliert wurde, welche die Befugnisse besaß, das lebenswichtige Wasser zu regulieren und zu verteilen. So war die Wasserzuweisung ein ständiger

Casus belli zwischen den einzelnen Stadtstaaten, da jeder sich den Löwenanteil sichern wollte, bis Lugalzagesi durch die Einigung Sumers zum ersten Male eine einheitliche Kontrolle durchsetzte und darüber hinaus durch seine nordwestliche Expansion neue Rohstoffquellen für Sumer erschloß: das Bauholz vom Berg Amanus und vermutlich auch die noch weiter entfernten Kupferminen.

Weder Lugalzagesi noch einem anderen sumerischen Herrscher war es indessen gegönnt, die Früchte seines Werkes zu ernten. Das Reich , das er zusammengefügt hatte, wurde ihm von Sargon von Akkad entrissen, einem semitisch sprechenden Feldherrn, der seine Laufbahn mit der Eroberung von Kisch begonnen zu haben scheint und danach eine eigene Stadt namens Agade gründete. Man hat sie noch nicht indentifizieren können, doch offenbar lag sie in der Nähe des späteren Babylon im Nordwesten des Schwemmlandes, wo sich Euphrat und Tigris am nächsten kommen; ein günstiger Standort, denn von dort konnte man das Schwemmland bis zur Mündung der beiden Flüsse kontrollieren.

Sargons Griff nach Lugalzagesis Reich war möglicherweise nicht das erste Auftreten eines Semiten in der überlieferten Geschichte. Die Bevölkerung von Byblos mag bereits semitisch gesprochen haben, als sie – sechs- bis siebenhundert Jahre vor Sargon – mit dem pharaonischen Ägypten in Kultur- und Handelsbeziehungen trat. Sargons Reich von Sumer und Akkad war jedoch die erste Großmacht, deren Herrscher semitisch sprachen. Akkad lag zu beiden Seiten des Euphrat und Tigris stromaufwärts von Sumer und erstreckte sich nach Nordwesten bis zu dem Punkt, wo das Schwemmland begann. Wir wissen nicht, ob die Besiedlung dieser strategisch wichtigen Position mit einer semitisch sprechenden Bevölkerung von Sargon veranlaßt wurde oder ob schon früher Akkader in diesen Teil des Euphrat-Tigris-Beckens eingewandert waren. Auf jeden Fall können wir annehmen, daß die Akkader wie die Kanaaniten, die frühesten bekannten semitisch sprechenden Bewohner Palästinas und Syriens, aus Arabien gekommen waren; denn dies ist die Region, aus der in der Folgezeit die Wellen semitisch sprechender Stämme – die amoritische Welle, die hebräisch-aramäisch-chaldäische Welle und die arabische Welle – über den Nordrand der arabischen Wüste hinaus in das fruchtbare Mesopotamien, Syrien und Palästina brandeten.

Die einzelnen semitischen Sprachen sind eng verwandt, und die semitische Sprachenfamilie selber ist entfernt verwandt mit nordafrikanischen Sprachgruppen – dem Altägyptischen (heute durch das Koptische vertreten), den kuschitischen Sprachen von Nordostafrika (Beja, Danakil, Galla, Somali) und den Berberdialekten von Nordwestafrika. Dank der Leitfähigkeit der Wüste haben sich die semitischen Sprachen weiter verbreitet als alle anderen, außer den indoeuropäischen und den Türksprachen. Arabisch, die letzte semitische Sprache, die in einer Völkerwanderung aus Arabien weitergetragen wurde, wird heute in ganz Südwestasien und Nordafrika gesprochen, vom Persischen Golf bis zum Atlantischen Ozean. Syrisch, die moderne

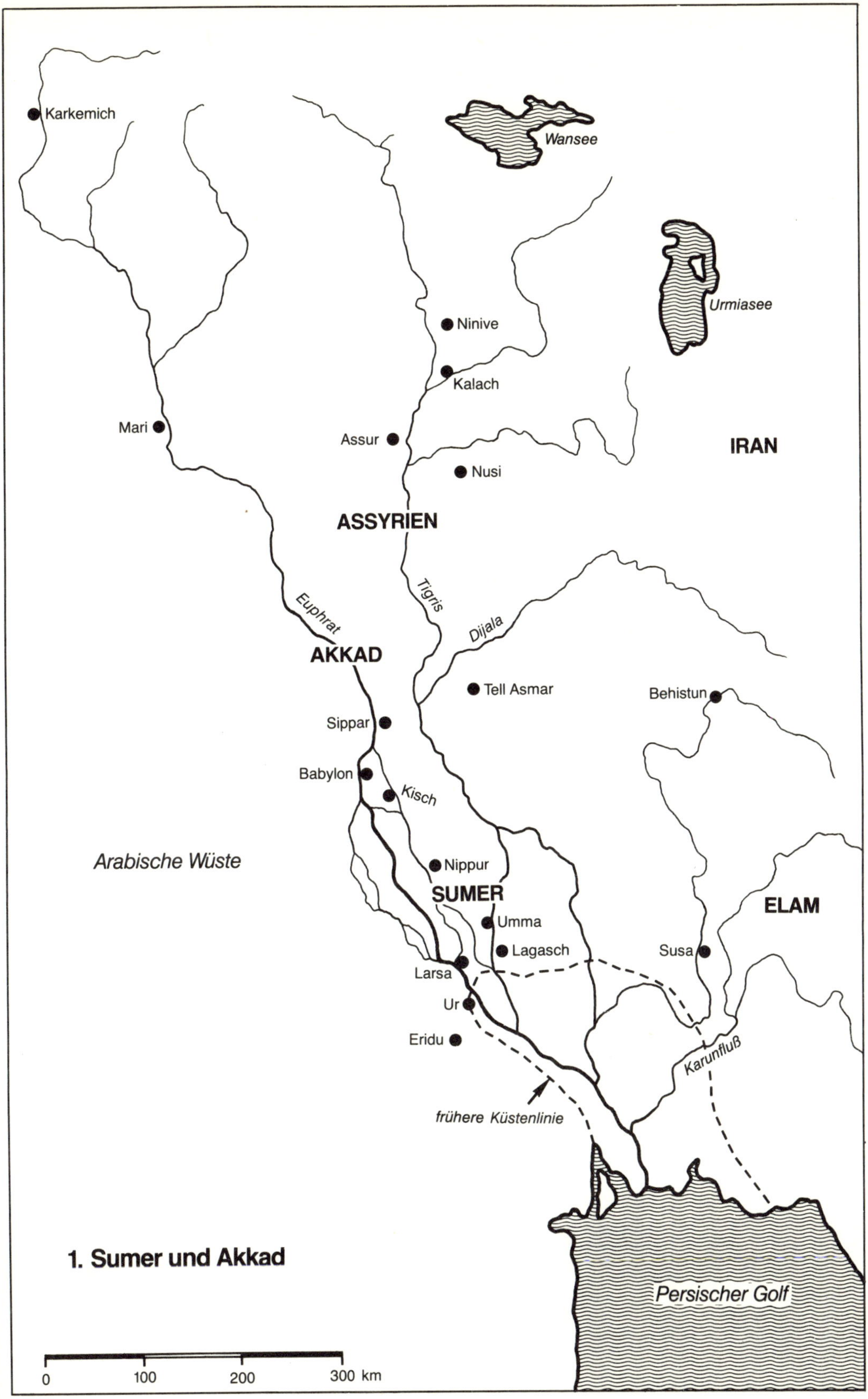

1. Sumer und Akkad

Form des Aramäischen, hat sich noch in einigen Orten des Antilibanon und an der Westküste des Urmiasees in Nordwestiran erhalten, während das Hebräische wieder die Sprache Israels geworden ist.

Sargon von Agade regierte von 2371 bis 2316 v.Chr., und die von ihm gegründete Dynastie herrschte bis 2230 v.Chr. Das Reich, das er Lugalzagesi entrissen hatte und seinen Nachfolgern übergab, war in der sumerisch-akkadischen Geschichte das Gegenstück zum Alten Reich in der Geschichte des pharaonischen Ägypten. Doch das Alte Reich war Sumer-Akkad in doppelter Hinsicht überlegen: es entstand beim Anbruch der pharaonisch-ägyptischen Kultur – und das war ein verheißungsvoller Zeitpunkt –, und seine Gründer waren keine Fremden. Der Ursprungsort, die Zwillingsstädte Nechen-Necheb, lag im Süden Ägyptens; ihre Herrscher hatten sich als die Grenzhüter die kriegerischen Fähigkeiten angeeignet, mit denen sie in einem Bruderkrieg Nordägypten die politische Einheit aufzwingen konnten. Im Gegensatz dazu lag Akkad mit seiner Hauptstadt Agade außerhalb der Nordwestgrenze Sumers. Die Akkader waren halbbarbarische Eindringlinge, und Sargon und seine Nachfolger wie schon sein Vorgänger Lugalzagesi waren und blieben Krieger, während die Pharaonen dem vereinigten Königreich Ägypten einen fast tausend Jahre währenden Frieden bescherten.

Von Sargon wird berichtet, er habe eine Expeditionsstreitkraft ins östliche Kleinasien geführt, um dort ansässigen, vermutlich akkadischen Händlern zu Hilfe zu kommen, die von den Eingeborenen schlecht behandelt wurden. Das kann eine Legende sein, eine Vordatierung der authentischen Niederlassung assyrischer Händler vom zwanzigsten bis Ende des neunzehnten Jahrhunderts v.Chr. in einem Vorort der Stadt Kanesch, wo man ihre Archive gefunden hat. Hingegen unterliegt der Feldzug von Sargons Nachfolger Naramsin (2270-2233 v.Chr.) in das Hochland von Sagros keinem Zweifel; es wird von dem Flachrelief auf Naramsins Siegesstele bezeugt – an kriegerischer Grausamkeit ein Gegenstück zu Eannatums Geierstele und der Palette des Narmer.

Naramsins Feldzug scheint indessen nicht nur offensiv, sondern auch defensiv gewesen zu sein: er verteidigte mit Akkad auch Sumer und die sumerische Kultur, die ihre Eroberer absorbiert hatte. Diese hatten sie als Ganzes übernommen einschließlich der Religion und der Schrift. Die meisten akkadischen Götter waren sumerisch, nur spärlich hinter semitischen Namen verborgen, und die akkadische Sprache wurde mit sumerischen Schriftzeichen geschrieben, wenn sich diese auch als ein etwas schwerfälliges Instrument zur Übertragung einer semitischen Sprache erwies, da die Grundform eines semitischen Wortes nicht aus Silben besteht, sondern aus drei aneinandergereihten Konsonanten.

Die sumerische Kultur hatte schon ihre zwei wesentlichen Grundzüge entwickelt, als die Akkader sie übernahmen. Der eine war die Gottesfurcht; der andere die Geschäftstüchtigkeit. Der religiöse Eifer kommt lebendig zum

Ausdruck in den Figuren der Andächtigen, die ein Hauptthema der sumerisch-akkadischen bildenden Kunst sind, in den demütig gefalteten Händen und den ergriffen blickenden Augen der Betenden. Zeugnisse des sumerisch-akkadischen kaufmännischen Geschicks sind Hunderte von beschrifteten Tontäfelchen, auf denen Handelsgeschäfte aller Art vermerkt sind. Die Götter waren die größten Grundbesitzer und Kapitaleigner, und die Verwalter ihrer Tempel waren vielleicht die ersten, die Geschäfte in großem Maßstab betrieben. Der öffentliche Sektor der sumerischen Wirtschaft wurde durch den privaten ergänzt. In Geschäften scheinen die Sumerer ebenso mit ganzem Herzen bei der Sache gewesen zu sein wie in der Verehrung der Götter, und auf beiden Gebieten haben die Akkader von ihnen gelernt und ihren Geist weitergetragen.

Um 2230 v.Chr. wurde die Dynastie der Sargoniden von dem Bergvolk der Gutäer aus dem Nordosten gestürzt, die bis etwa 2100 v.Chr. Sumer und Akkad beherrschten. In dieser Periode sickerten semitisch sprechende Amoriten von Südwesten nach Akkad ein und gründeten Babylon. Die bei Akkadern und Sumerern gleichermaßen verhaßten Gutäer wurden schließlich ausgerottet oder vertrieben. Die amoritischen Einwanderer dagegen sollten eine führende Rolle in der Spätphase der sumerisch-akkadischen Geschichte spielen.

9

DAS PHARAONISCHE ÄGYPTEN VON ETWA 3000 BIS 2181 V.CHR.

Seit den Anfängen der ersten regionalen Kultur in Sumer gegen Ende des vierten Jahrtausends v.Chr. sind zahlreiche ähnliche Gemeinschaften entstanden und erloschen. Andere bestehen noch, wenn auch die älteste überlebende Gemeinschaft, die der Chinesen, mindestens anderthalb Jahrtausende jünger ist als ihre sumerischen und ägyptischen Vorläufer. Unter all diesen regionalen Kulturen hebt sich die des pharaonischen Ägypten in ihrer ersten Phase, dem sogenannten Alten Reich (um 3000 bis 2181 v.Chr.), durch ihre Beständigkeit hervor. In einem Zeitraum von fast tausend Jahren hat sich das Alte Reich als stabiler erwiesen als jede nachfolgende Gesellschaftsform in Ägypten oder in einer anderen Region, und mehrere seiner Leistungen überdauerten das Ende des Alten Reiches: Der hochentwickelte, charakteristische Stil der bildenden Kunst und des Schriftsystems und die Religion blieben in der gleichen Form bis in das dritte nachchristliche Jahrhundert lebendig und verschwanden erst im fünften gänzlich. Natürlich gab es im Laufe dieser dreieinhalbtausend Jahre Veränderungen, doch keinen Bruch in der kulturellen Tradition Ägyptens. Und was die Regulierung des Nils unterhalb des ersten Katarakts betrifft, mit der die Ägypter ein vorher unzugängliches Sumpfdickicht in fruchtbares Land verwandelten, so hat sie ihre Bedeutung bis zum heutigen Tag behalten.

In dem früheren Lande Sumer konnte das Gebiet am unteren Euphrat nicht vor dem Rückfall in seinen ursprünglichen Zustand bewahrt werden; und in dem südöstlichen Schwemmland des heutigen Iraks muß man die Wasserregulierung, das Meisterstück der Sumerer vor fünf- bis sechstausend Jahren, von neuem in Angriff nehmen. Die Nachkommen der Pharaonen hingegen haben sich niemals erlaubt, in irgendeinem Teil Ägyptens das lebenswichtige Werk ihrer Vorfahren zu vernachlässigen. Im fünften Jahrhundert v.Chr. hob der griechische Geschichtsschreiber Herodot hervor, daß Ägypten »das Geschenk des Nils« sei. Er dachte an den fruchtbaren Schlamm, den der Fluß abgelagert hatte und jährlich erneuerte; es käme jedoch der Wahrheit näher zu sagen, daß Ägypten das Geschenk der Ägypter zur Zeit der Entstehung der ersten Dynastie war. Der Nil hatte nur das Rohmaterial zur Verwandlung eines alluvialen Sumpfdschungels in einen fruchtbaren Garten geliefert; die Verwandlung der Wildnis in das kultivierte Land wurde durch den Fleiß, die Geschicklichkeit und den Gemeinschaftsgeist der Ägypter ermöglicht.

Ihre Hauptleistung war die Organisation einer wirksamen Zentralregierung für das ganze Reich vom ersten Katarakt bis zum Meer. Sie war zu Beginn der ägyptischen Kultur die politische und verwaltungstechnische Voraussetzung für das Gedeihen der auf Bewässerung beruhenden Landwirtschaft; und sie ist wie diese bis heute beibehalten worden mit nur kurzen Rückfällen in politische Uneinigkeit in der Pharaonenzeit. Die Ägyptologen nennen diese Rückfälle »Zwischenzeiten«, weil sie mit Recht ausführen, daß die Einheit seit den Tagen des Zusammenschlusses der normale Zustand in Ägypten war. Diese politische Beständigkeit, im Hinblick auf ihre frühe Entstehung einzigartig in der Weltgeschichte, wurde durch ein vortreffliches inneres Verkehrssystem ermöglicht, das ebenfalls einmalig blieb bis zur Erfindung der Eisenbahn vor anderthalb Jahrhunderten.

Die in den Händen eines tüchtigen Herrschers auf die systematische und geschickte Ausbeutung des kultivierten Schwemmlandes konzentrierten Kräfte eines ganzen Volkes ergaben einen zuvor nicht bekannten Mehrertrag an Lebensmitteln über das Existenzminimum hinaus. Dieser Mehrertrag ließ den Menschen Zeit, sich Dingen zuzuwenden, die nicht der unmittelbaren Produktion dienten – zum Beispiel einer Monumentalarchitektur, die es zumindest dem König und seinem engeren Hofstaat ermöglichte, ein Verlangen zu befriedigen, das für die Ägypter des pharaonischen Zeitalters zentral war.

Die Ägypter waren darauf bedacht, sich ein Fortleben nach dem Tode zu sichern, und sie verfolgten dieses Ziel eifriger als irgendeines, das zu Lebzeiten erreicht werden konnte. Aber sie waren materialistisch gesinnt; sie erfreuten sich materieller Güter wie Besitz und Essen und Trinken, und sie betrachteten die Unsterblichkeit als einen nicht endenden Genuß von Annehmlichkeiten der gleichen Art. Und da das irdische Leben kurz ist, das Leben nach dem Tode aber vermutlich ewig währt, verwandten sie mehr Fleiß und Geld auf den Bau eines Grabes und die Mumifizierung des Leibes als auf ein Haus und den Schmuck des lebenden Körpers. Weit davon entfernt, den Tod zu fürchten, bereitete es ihnen Freude, ihn geistig vorwegzunehmen und Vorkehrungen zu treffen für die weitaus längere und wichtigere Phase des Lebens, die der Tod ihnen, wie sie glaubten, eröffnen würde.

Die Anschauungen der Ägypter über das Leben nach dem Tode waren allerdings weder einheitlich noch widerspruchsfrei. Die physische Erhaltung des Leibes durch Mumifizierung in einem Monumentalgrab entsprach dem Glauben, dies würde es einem Teil der Seele ermöglichen, dem Leibe Gesellschaft zu leisten. Sie glaubten aber auch, Pharao würde sich mit einem anderen Teil seiner Seele den anderen Göttern zugesellen; und sie hingen sogar einem primitiven Glauben an, daß Pharao seine Mitgötter verschlingen und sich dadurch ihre Kräfte einverleiben würde. Eine dritte Glaubensrichtung besagte, daß Osiris, der Gott des Fruchtbarkeit spendenden Wassers, der gestorben und auferstanden war, seinen Verehrern die gleiche Kraft der Metamorphose verleihen könne und daß er sie in einem grünen Paradies im Westen empfangen würde, damit sie dort in alle Ewigkeit selig mit ihm wohnten. Der ägyptische Osirismythos hat auffallende Ähnlichkeit mit dem kanaanitischen Adonismythos und dem Attismythos Kleinasiens; doch wenn er von außerhalb in das Land des Nils kam, so hat er sich schon früh einen Platz im Denken der Ägypter erobert. In der langen Geschichte des Landes wurde die Osirisverehrung immer volkstümlicher, und sie erhielt schließlich auch eine ethische Note. Dem Tode, so kam man überein, würde ein Totengericht folgen, und nur den Seelen, deren gute Taten schwerer wögen als die schlechten, würde Einlaß in das Paradies des Osiris gewährt .

Der Glaube, daß man Unsterblichkeit erlangen könne, wenn man sich in einem Monumentalgrab beisetzen ließe, führte zur Erfindung steinerner Massivbauten. Die erste Steinpyramide wurde in Sakkara für König Zoser (2668-2647 v.Chr.) von seinem Minister und Baumeister Imhotep errichtet. Es war eine Stufenpyramide, und die Steine wurden in die Form von Ziegelsteinen geschlagen.

Imhotep wurde als Vater der ägyptischen Steinarchitektur berühmt; er genoß sogar jahrhundertelang göttliche Verehrung. Kaum ein halbes Jahrhundert später ließ König Snofru (2613-2590 v.Chr.), der Begründer der vierten Dynastie, eine Pyramide (vielleicht auch zwei) in Dahschur bauen; und dann entstanden bei Gizeh in rascher Folge die große Pyramide des Cheops (2589-2567 v.Chr.), die Pyramide des Chephren (2558-2534 v.Chr.) und die Pyramide des Mykerinos.

Der Meisterschaft des Baumeisters in dieser Epoche stand die Kunst des Bildhauers nicht nach. In ihren prachtvollen Bildnisstatuen leben Cheops und Chephren fünfundvierzig Jahrhunderte nach ihrem fleischlichen Tode in ihrer ganzen Majestät. Diese Pharaonen blicken uns an, als übten sie ihre gewaltige Macht mühelos aus, ganz die Götter, die zu sein sie beanspruchten. Doch ein Pharao des Alten Reiches konnte auch von einer gewinnenden Menschlichkeit sein. Mykerinos (2523-2496 v.Chr.) ließ sich zusammen mit seiner Gattin, die ihre Arme um ihn legt, in Stein meißeln – ein Zeichen ehelicher Zuneigung, das in vielen Doppelstatuen nichtköniglicher Ehepaare noch stärker zum Ausdruck kommt.

Diese plastischen Darstellungen von Ehepaaren, ein häufiges Motiv in der Kunst des Alten Reiches, läßt vermuten, daß die Ehe in jener Zeit eine Institution war, die den emotionellen Bedürfnissen beider Partner entsprach, und ihre Stabilität mag sogar eine der Grundlagen der Beständigkeit des Alten Reiches selber gewesen sein.

Doch auch das ägyptische Alte Reich war im Verlauf seiner langen Existenz Spannungen und Belastungen ausgesetzt. Während der ersten Hälfte seiner tausend Jahre entwickelten sich eine wachsende Zentralisierung der Verwaltung und eine Konzentration der Macht in den Händen des Königs. Nechen-Necheb, die Heimat derer, die Ägypten vereint hatten, lag zu nahe an der Südgrenze Oberägyptens; deshalb wurde die Hauptstadt stromabwärts verlegt, zuerst nach Thinis (etwas unterhalb von Abydos) und dann nach Memphis, einer neuerbauten Stadt an der Spitze des Deltas, eine

Lage, die für die Hauptstadt des vereinigten Königreiches besonders geeignet schien. Der Absolutismus der Pharaonen erreichte seinen Höhepunkt in der Zeit der vierten Dynastie (2613-2495 v.Chr.); doch des Cheops Miene müheloser Allmacht ist trügerisch, denn seine göttergleiche Alleinherrschaft war nicht unangefochten. Die Vergöttlichung des Trägers der Doppelkrone war nicht die einzige Form, in der die politische Vereinigung Ägyptens ihren religiösen Ausdruck fand. Pharao hatte mit einer Schar von nichtmenschlichen Göttern zu rechnen, die in Ägypten verehrt worden waren, ehe der erste König zum Gott erhoben wurde.

Die Einigung Ägyptens hatte zur Folge, daß man sich über die Funktionen der alten Götter, die ursprünglich allgegenwärtige Naturkräfte repräsentiert hatten, Gedanken machte. Nun, da alle Heiligtümer dieser Götter von einem einzigen politischen Reich umschlossen wurden, waren die Götter selbst Mitglieder einer einzigen göttlichen Gesellschaft geworden. Welcher Art waren ihre genealogischen und hierarchischen Beziehungen zueinander? Eine Theologie, die diese Fragen beantworten sollte, wurde in Heliopolis, der heiligen Stadt des Sonnengottes Rê, ausgearbeitet; und die Darstellung des Göttlichen als ein Pantheon von neun nichtmenschlichen Gottheiten unter dem »Vorsitz« des Rê scheint mit der Doktrin der vierten Dynastie, daß sich die Gottheit im König verkörpere, in Widerspruch geraten zu sein.

Der Übergang von der vierten zur fünften Dynastie (2494-2346 v.Chr.) brachte einen Umschwung des pharaonischen Gottesbegriffes, der politisch nichts anderes war als eine Kapitulation der Regierung in Memphis vor der Priesterschaft in Heliopolis. Von nun an ist der König der »Sohn der Sonne«, Sohn des Rê, von seiner menschlichen Mutter geboren, doch nicht von seinem menschlichen Vater gezeugt, sondern durch einen geistigen Akt von dem Sonnengott. Dieser zugleich religiöse und politische Wandel zeigt sich in der veränderten Architektur. Statt ihren Vorgängern im Bau von kolossalen Grabmonumenten nachzueifern, errichteten die Könige der fünften und sechsten Dynastie Tempel zu Ehren des Höchsten des Pantheons von Heliopolis, des Sonnengottes Rê.

Die vierte Dynastie hatte die ägyptische Pharaonenkultur zu ihrem Höhepunkt auf allen Gebieten menschlicher Leistungen geführt, die fünfte Dynastie hatte einen Umsturz in den religiösen Anschauungen gebracht; und in der sechsten Dynastie (2345-2181 v.Chr.) begann ein Abstieg, der mit dem Zusammenbruch endete. Phiops II., der letzte König nicht nur der sechsten Dynastie, sondern des Alten Reiches überhaupt, hatte die längste Regierungszeit, die je von einem Monarchen überliefert wurde: er soll vierundneunzig Jahre (2278-2184 v.Chr.) regiert haben. Schon als Kind kam er auf den Thron, regierte, ohne zu herrschen, und mußte den immer rascheren Verfall des Reiches erleben, das der erste König der ersten Dynastie zusammengeschweißt hatte.

Es lassen sich drei Ursachen für den Niedergang des Alten Reiches erkennen. Der erste Grund, ein politischer, war die Entwicklung des Beamtenstaates zu einem Feudalstaat. Die Verwalter der Provinzen (mit steuerfreiem Grundbesitz) machten sich zu Gaufürsten, deren Amt nicht mehr einer widerruflichen Bestellung durch die Krone unterlag, sondern *de facto* erblich wurde. Sie eigneten sich auch die Kontrolle über die ägyptische Armee an; und der Versuch des Königs, mit nubischen Söldnern seine Macht zu behaupten, schlug fehl.

Der zweite Grund des Niedergangs war die zunehmende wirtschaftliche Belastung des Landes durch den Tempelbau und den Gräberkult der Pharaonen. Es war nicht die Bautätigkeit an sich; das Land war reich und fruchtbar und konnte sich diesen Luxus leisten, zumal während der jährlichen Nilüberschwemmungen auf den Feldern monatelang nicht gearbeitet werden konnte, wodurch Arbeitskräfte frei wurden. Es waren vielmehr die immer mehr um sich greifenden Zeremonien und Totenfeiern, mit denen der Pharao seine Unsterblichkeit zu sichern glaubte. Das bedeutete die wirtschaftlich ruinöse Unterhaltung einer Heerschar von Priestern, die nicht wie die Saisonarbeiter an den Baudenkmälern produktive Arbeit leisteten, sondern Parasiten der ägyptischen Wirtschaft waren.

Der dritte Grund war eine zunehmende Skepsis des Volkes der Religion und dem Pharao gegenüber. Im pharaonischen Ägypten waren die Klassenunterschiede zwischen der Masse des Volkes und der privilegierten Oberschicht noch größer, als sie in Sumer gewesen waren. Die Verpflichtung von Arbeitskräften für die Prachtbauten des Pharaos wäre kaum durchführbar gewesen, wenn sie ausschließlich auf Zwang beruht hätte; wir können vermuten, daß die Arbeiter glaubten, für eine Sache von größerer sozialer und religiöser Bedeutung tätig zu sein als nur für die Verherrlichung des Pharaos, und daß die Enttäuschung, als dieser Glaube verlorenging, nicht kleiner war als die Berge, welche dieser Glaube einst versetzt hatte.

Unsere Informationen über den Zerfall der pharaonischen Gesellschaftsordnung stammen aus literarischen Quellen, die vermutlich in der Zeit des Mittleren Reiches (etwa 2040 bis 1730 v.Chr.) entstanden sind. Das wären zwar keine zeitgenössischen Zeugnisse, doch geben sie uns auch als retrospektive Darstellungen den Eindruck der Authentizität. In dieser ersten »Zwischenzeit« der ägyptischen Geschichte, welche die siebente bis elfte Dynastie umfaßt, brach eine soziale Revolution aus, die nicht im Keime erstickt werden konnte, wie Urukaginas Umsturzversuch in Lagasch. Das Bild der Revolution, wie es sich der Erinnerung des ägyptischen Volkes einprägte, ist der eines wilden und radikalen Aufruhrs. Die Armen plünderten die Reichen; die früheren Herren wurden zu Dienern. Die Bestattungszeremonien der alten Pharaonen wurden aufgegeben, der ganze drückende Apparat des Totenkultes mit seinen Tempeln und Pyramiden wurde angezweifelt, verachtet und gebrandmarkt. Dies war die erste durchgreifende Revolution, von der wir wissen.

Einiges deutet darauf hin, daß die sechste Dynastie endgültig nicht von innen, sondern von außen durch eine Barbareninvasion aus dem Nordosten zerstört wurde wie die Sargonidendynastie in Sumer-Akkad von den Gutäern ein halbes Jahrhundert zuvor; doch sind die Beweise nicht schlüssig. Es besteht indessen kein Zweifel, daß sich die bis dahin vom König ernannten Provinzgouverneure (Nomarchen) in selbständige Gaufürsten verwandelten. Nach der Wiedervereinigung Ägyptens zu Beginn des Mittleren Reiches mußten die Könige der zwölften Dynastie (1991-1786 v.Chr.) sehr langsam und behutsam vorgehen, um sich die Nomarchen wieder gefügig zu machen, nachdem diese mindestens zweihundert Jahre so gut wie unabhängig gewesen waren.

10

DIE GRENZEN DER ÖKUMENE UM 2500 BIS 2000 V.CHR.

Der Niedergang des Sargonidenreiches von Sumer und Akkad und des Alten Reiches in Ägypten ist weniger überraschend als die Wiedererrichtung der zwei unitaristischen Staaten nach einem Interregnum, das in Sumer über ein Jahrhundert (2230-2120 v.Chr.) und in Ägypten fast anderthalb Jahrhunderte (2181-2040 v.Chr.) dauerte. Diese Regenerationen sind bemerkenswert, da in beiden Fällen dem Zusammenbruch der Zentralregierung auch der kulturelle Verfall folgte. Doch es zeigte sich, daß die beiden regionalen Kulturen widerstandsfähiger und elastischer waren, als es den Anschein hatte. Nach ihrer Restauration hatte die sumerisch-akkadische Kultur weitere 2200 Jahre Bestand, die ägyptische noch länger. Doch es waren nicht mehr die einzigen zwei Kulturen der Ökumene; neben ihnen hatten sich andere gebildet. Schon um 2500 v.Chr. hatte die wirtschaftliche Expansion von Sumer-Akkad nach Nordwesten neue regionale Kulturen in Kleinasien und Zypern ins Leben gerufen; während die gleichzeitig entstehende neue Kultur in Kreta ihre Impulse nicht nur von Sumer-Akkad, sondern auch von Ägypten empfangen haben kann.

Die neue Kultur in Kleinasien war ein Ableger der sumerisch-akkadischen insofern, als sie ihr wichtige Elemente entlehnte, darunter die Schrift und einige ihrer Götter. Aber die übernommene Schrift wurde zum Schreiben nicht nur der akkadischen Sprache, sondern auch der eigenen Landessprache benutzt; und das heimische Pantheon hielt sich Seite an Seite mit den eingeführten akkadischen Gottheiten.

Die Inseln des Mittelmeeres waren wie sein Festlandsrand schon in der Jungsteinzeit besiedelt worden, wenn auch natürlich später als dieser. Doch als man die Kunst der Navigation erlernt hatte, erwiesen sich die levantinischen Inseln als günstige Stätten für das Wachstum von Kulturen. Die Kupferminen von Zypern zum Beispiel wurden für die Wirtschaft Ägyptens und Sumers ebenso wichtig wie die Wälder des Libanon und des Berges Amanus, als im unteren Euphrat-Tigris-Becken und im unteren Niltal das Neolithikum in das Chalkolithikum und dann in die Kupfer- und Bronzezeit überging. Auf Zypern und Kreta und auf den Kykladen waren die Kulturen, die dort entstanden, zweifellos von Sumer und Ägypten inspiriert; aber die Ursprünglichkeit der Inselkulturen entsprach ihrer Entfernung von den älteren Regionen, von denen der Anstoß gekommen war. Während die kulturelle Abhängigkeit des festländischen Kleinasiens von Sumer und Akkad deutlich erkennbar ist, erscheinen die Beziehungen der kretischen

Kultur zu Sumer-Akkad und Ägypten weniger evident als ihre eigenständigen Züge . Die kretische Kultur, von den Archäologen, die sie ans Licht gebracht haben, nach dem legendären kretischen König Minos auch als »minoisch« bezeichnet, brachte eine naturalistische Kunst hervor, die keine zeitgenössische Entsprechung hatte, ausgenommen die Kunst der geographisch weit entfernten Induskultur. Auch im Schiffsbau und in der Navigation, der sie die Entstehung ihrer Kultur verdankten, zeichneten sich die Kreter aus.

Im vormetallischen Zeitalter war ein hochgeschätzter Rohstoff für Messer und Schwerter der Obsidian gewesen, ein natürliches Gesteinglas vulkanischen Ursprungs, ebenso selten wie das für die Verwandlung von Kupfer in Bronze unentbehrliche Zinn. Es gab Obsidianvorkommen auf der Insel Melos, die von Kreta und den Kykladen bequem zu erreichen war, und auf den vulkanischen Liparischen Inseln im Tyrrhenischen Meer nördlich von Sizilien. Seeleute von den Kykladen – vielleicht von kretischen Konkurrenten aus Melos verdrängt – scheinen den liparischen Obsidian entdeckt und als erste ausgebeutet zu haben. Später folgten ihnen die Kreter und trieben dort Handel im größeren Umfang und mit einem reicheren Warenangebot. So waren gegen Ende des dritten Jahrtausends v.Chr. nicht nur die Küsten des griechischen Festlandes, sondern auch Südostitaliens und Siziliens in den Kreis der damaligen Kulturen einbezogen, wenn auch Kreta vorerst der am weitesten im Westen gelegene Punkt blieb, an dem sich eine voll entwickelte Kultur entfaltete.

Östlich von Sumer schließt sich dem Euphrat-Tigris-Schwemmland ein kleineres an, das von den Flüssen Karcheh, Dez und Karun gebildet wird; und hier, im Lande Elam, war eine Kultur entstanden, die man ebenfalls als einen Ableger der sumerisch-akkadischen bezeichnen kann. Wie die Ägypter hatten die Elamiten eine eigene Schrift geschaffen, die der sumerischen strukturell ähnelte, jedoch selbständig erfundene Buchstaben in einem besonderen Stil aufwies. Doch wie die Akkader von Anfang an, gingen in der zweiten Hälfte des dritten Jahrtausends v.Chr. die Elamiten dazu über, ihre Sprache in der sumerischen Schrift zu schreiben; und als nach der Wiederherstellung des Reiches von Sumer und Akkad durch die dritte Dynastie von Ur (2113 v. Chr.) auch Elam diesem einverleibt wurde, übernahmen die Elamiten sogar zeitweise die akkadische Sprache sowohl bei wirtschaftlichen als auch bei politischen Transaktionen. Im dreizehnten Jahrhundert v.Chr. erlangten die Elamiten wieder ihre sprachliche Unabhängigkeit; aber sie kehrten niemals mehr zum Gebrauch ihrer ursprünglichen nichtsumerischen Schrift zurück.

Die elamitische Kultur – oder der elamitische Ableger der sumerisch-akkadischen – umfaßt nur eine kleine Gemeinschaft; aber sie war nicht ohne politische Wirkung auf die sumerisch-akkadische Welt im zweiten Jahrtausend v.Chr. und behielt lange ihre Besonderheit, so daß im letzten Jahrtausend v.Chr. sogar ihre noch immer in der sumerischen Schrift geschriebene Sprache eine der amtlichen Sprachen des ersten persischen Reiches wurde.

Für die Existenz einer Kultur in der Region zwischen Elam und dem Indusbecken im dritten Jahrtausend v.Chr. gab es bis vor kurzem noch keinen archäologischen Nachweis. Jetzt jedoch wird in Schar-i-Sochta im heutigen iranischen Sistan an der afghanischen Grenze eine Stadt freigelegt, die man in das Jahrtausend zwischen 2900 und 1900 v.Chr. datiert und deren Bewohner Ackerbau und Viehzucht trieben und sich mit Metallbearbeitung (Kupfer), Töpferei, Weberei und Färberei befaßten. Die Kultur dieser Stadt soll unabhängig von der sumerisch-akkadischen gewesen sein; doch wurde festgestellt, daß sie mit Sumer Handel trieb und außerdem mit den Regionen, die jetzt zu Afghanistan und dem sowjetischen Turkmenistan gehören. Weitere Ausgrabungsergebnisse und Berichte sind abzuwarten; bis jetzt wissen wir noch nichts von den Ursprüngen der Kultur von Schar-i-Sochta oder von ähnlichen Stätten, falls es solche gegeben hat.

Möglicherweise werfen diese Arbeiten auch Licht auf eine größere neue Kultur im Indusbecken, die in der zweiten Hälfte des dritten Jahrtausends in Erscheinung trat, als sich die elamitische Kultur nach dem Muster der sumerisch-akkadischen entwickelte und ein Ableger der sumerisch-akkadischen Kultur in Kleinasien entstand.

Die Region, in der man die materiellen Reste der Induskultur ans Licht gebracht hat, ist auf dem Landwege etwa doppelt so weit von Sumer entfernt wie Ägypten oder Kleinasien; und es verwundert daher nicht weiter, daß man bis heute noch keine Anzeichen dafür gefunden hat, daß die Schöpfer der Induskultur Einflüssen aus Sumer ausgesetzt waren. Ihr Ursprung wird dunkel bleiben, bis wir ihre Schrift entziffern und deuten können; und wir wissen noch nicht einmal, ob sie wie die ägyptische der sumerischen Schrift strukturell ähnlich ist.

Wie auch immer – im Indusbecken scheint die regionale Kultur wie im unteren Niltal eines Tages in voller Entfaltung dagewesen zu sein; und wenn die sumerische Kultur auf dem Seewege auch nach Südosten ausstrahlte, so wie sie es in nordwestlicher Richtung auf dem Landwege tat, dann ist die Möglichkeit, daß die Induskultur ihre Entstehung dem Einfluß Sumers verdankt, nicht auszuschließen – zumal wenn man bedenkt, daß von der Spitze des Persischen Golfs der Seeweg zum Indusdelta nicht halb so lang ist wie der Weg zur Roten-Meer-Küste Oberägyptens. Auf jeden Fall hatte die Induskultur mit der sumerischen Berührung, auch wenn sie nicht unmittelbar auf ihren Einfluß zurückgeht; denn man hat in Sumer in einer archäologischen Schicht, die älter ist als die Sargonidendynastie, Siegel mit Inschriften in der Indusschrift gefunden. Damit ist nachgewiesen, daß die Induskultur mindestens schon um 2500 v.Chr. entwickelt gewesen sein muß.

Dieses Datum sagt uns auch, daß die Sprache, die uns in der bisher unentzifferten Schrift entgegentritt, nicht das altindische Sanskrit gewesen sein kann; denn die Einwanderer, welche diese indogermanische Sprache mitbrachten, kamen erst rund tausend Jahre später nach Indien. Aber wir wissen auch nicht, ob es sich um eine Drawidasprache handelt, die dem

Sanskrit in Indien vorausging, oder um eine Sprache der australo-asiatischen Gruppe, die zu einem noch früheren Zeitpunkt in den Subkontinent gelangte.

Die Schrift der Induskultur war nicht ihr einziger spezifischer Zug. Ihre bildende Kunst war, verglichen mit dem konventionelleren Stil Sumer-Akkads und Ägyptens, naturalistisch, wie aus den Kleinplastiken hervorgeht, die man gefunden hat. Die Architektur sowohl der öffentlichen wie der Privatbauten erweckt den Eindruck einer utilitaristischen Gesellschaft. Die Wasserversorgung und die Kanalisation, die Bäder und die Kaianlagen stehen denen im kaiserlichen Rom nicht nach und muten fast modern an. Die Bewässerung der Felder als Grundlage der Wirtschaft hatte die Induskultur mit anderen Kulturen gemeinsam wie auch die Techniken des Spinnens, Webens und Färbens und den Gebrauch der Töpferscheibe. Der Baumwollstrauch hingegen, der das Volk mit leichten Stoffen versorgte, könnte dort selbständig kultiviert worden sein.

Ein anderer Unterschied zwischen der Induskultur und ihren Gegenstükken im Euphrat-Tigris-Becken und im unteren Niltal ist das geographische Ausmaß. Die beiden bedeutendsten bisher entdeckten Städte, Mohendscho Daro in Sind und Harappa im Pandschab, liegen sechshundert Kilometer auseinander, kaum weniger, als die Entfernung zwischen Assuan und Kairo beträgt; und der Bereich der Induskultur war keineswegs auf das Indusbekken beschränkt. Er erstreckte sich im Westen bis Ostbelutschistan, ostwärts tief nach Gudscharat hinein und im Norden mindestens bis zum oberen Dschamna-Ganges-Becken. In östlicher Richtung hat die archäologische Forschung mehr und mehr Denkmäler der Induskultur ans Licht gebracht, deren Grenzen nach Osten noch nicht abzusehen sind.

Während die Zahl der Regionalkulturen sich auf diese Weise vergrößerte, gelangten Ackerbau und Viehzucht in der Ökumene der Alten Welt von ihrem Ursprungsort in Südwestasien in Gebiete, die weit außerhalb der Grenzen der Kulturen lagen, die es um 2500 v.Chr. gab. Zumindest Ackerbau dürfte um diese Zeit auch schon in Mittelamerika betrieben worden sein, wenn auch höchstwahrscheinlich nicht aus der Alten Welt hinübergebracht, sondern selbständig entwickelt. Die Schätzungen des Alters der frühesten Arten von kultiviertem Mais, die man dort fand, bewegen sich zwischen der ersten Hälfte des vierten Jahrtausends und 2500 v.Chr. Auch die Wildpflanze, aus der man den Mais gezüchtet hat, ist entdeckt, wenn es sich bei den Maiskolben, die man in einer auf etwa 4000 v.Chr. datierten Ablagerung zutage förderte, tatsächlich um eine wilde und nicht schon eine kultivierte Sorte handelt. Hingegen gab es um 2000 v.Chr. nirgends in Amerika Dorfgemeinschaften, die sich vom Ackerbau ernährten. Inzwischen hatte sich in der Alten Welt die Jungsteinzeitkultur mit ihren domestizierten Pflanzen und Tieren von Südwestasien westwärts über die Küsten und Inseln des Mittelmeeres bis in dessen afrikanische und europäische Randgebiete ausgedehnt; und schon um 2500 v.Chr. kannte man den Seeweg am Ostrande des Atlantischen Ozeans bis zu den britischen Inseln und nach Südschweden.

Die Nordatlantikküste, wo die Ökumene der Alten Welt einstweilen endete, war von Südostasien fast doppelt so weit wie das Indusbecken entfernt; aber noch weiter war es zu den mittleren und unteren Abschnitten des Gelben Flußes, des Huangho, in China. Die älteste Jungsteinzeitkultur, von der man dort Reste gefunden hat, ist die Jangschaokultur, so genannt nach einem Dorf in der heutigen Provinz Honan; doch sie scheint früher begonnen und länger angedauert zu haben in dem heutigen Kansu, der nordwestlichsten Provinz Chinas. Die bemalten Tongefäße ähneln mit ihren charakteristischen Merkmalen denen der Tripoljekultur in der Westukraine gegen Ende des dritten Jahrtausends v.Chr. Die Übereinstimmung braucht nicht zufällig zu sein, sondern könnte auf einem historischen Zusammenhang beruhen: Kansu und Ukraine liegen an den entgegengesetzten Enden der eurasischen Steppe; und die Steppe ist wie das Meer ein verbindendes Element. Vielleicht haben wagemutige Jungsteinzeitler den Südrand der eurasischen Steppe in Transkaspien erreicht und sind sowohl nordwestwärts in die Ukraine als auch in nordöstlicher Richtung nach Kansu weitergezogen. Daraus könnte in der zweiten Hälfte des dritten Jahrtausends v.Chr. im Nordwesten von China die Jangschaokultur entstanden sein.

So mag die eurasische Steppe als Brücke gedient und in der Jungsteinzeit Ackerbau und Viehzucht von Südwesten nach China vermittelt haben. Zweifellos hat sie im folgenden Chalkolithikum die Expansion der indogermanischen (besser: indoeuropäischen) Sprachen begünstigt. Diese, irgendwo in Osteuropa am Rande der eurasischen Steppe entstanden, haben sich noch weiter verbreitet als die semitischen Sprachen. Heute werden sie von Bengalen und Ostsibirien bis zur pazifischen Küste Nord- und Südamerikas, in Australien und Neuseeland wie in Südafrika gesprochen (wenn hier auch nur von einer kleinen Minderheit). Es ist kein Zufall, daß die Träger sowohl der indoeuropäischen als auch der semitischen Sprachen im ersten Stadium ihrer Wanderung aus der Steppe oder über die Steppe kamen.

Die ersten Zeugnisse einer indoeuropäischen Sprache sind hethitische Dokumente. Das Reich der Hethiter, Chatti genannt, bestand im östlichen Kleinasien gegen Ende des siebzehnten Jahrhunderts v.Chr.; und aus dieser Zeit stammen die in der indoeuropäischen Sprache der herrschenden Klasse abgefaßten Dokumente, wiedergegeben in einer Abwandlung der sumerischen Schrift. Man nimmt an, daß nicht nur die indoeuropäische Sprache von Chatti, sondern auch die nahe verwandte Sprache der im westlichen Kleinasien siedelnden Luvier schon um 2300 v.Chr. von Einwanderern mitgebracht worden war.

Eine weitere indoeuropäische Sprache, das Griechische, ist vermutlich um 1900 v.Chr. in das griechische Festland eingeführt worden. Zu dieser Zeit erscheint dort und im Land um Troja ein ausgeprägt neuer Töpfereityp (mißverständlich »minyanisch« genannt nach dem vorgeschichtlichen griechischen Volksstamm der Minyer), und gleichzeitig gibt es in Griechenland Anzeichen eines Zusammenbruchs, der für die regionale Kultur einen schweren Rückfall bedeutet haben muß. Fügt man diese Zeugnisse zusammen, so scheinen sie das Eindringen fremder Barbaren zu bekunden; und diese dürften die griechische Sprache mitgebracht haben, da die Entzifferung ausgegrabener Dokumente aus dieser Zeit gezeigt hat, daß die griechische Sprache in Griechenland bereits vor der nächsten Welle der Barbareninvasionen, die nicht vor 1200 v.Chr. begann, geläufig war.

Das Griechische wie das Luvianisch-Hethitische sind indoeuropäische Sprachen der sogenannten »Kentumgruppe«, in welcher der ursprüngliche K-Laut erhalten blieb statt in einen S-Laut verwandelt zu werden wie bei den Sprachen der »Satemgruppe«. Die Kentumsprachen werden außerdem an den beiden äußersten Enden der indoeuropäisch sprechenden Welt gefunden: In Westeuropa waren es das Italische, Keltische und Germanische; und eine Kentumsprache wurde auch von den Tocharern (von den Chinesen Yüetschi genannt) gesprochen, einem Volk, das bis in das zweite Jahrhundert v.Chr. im Osten lebte, in dem Teil der eurasischen Steppe, der später von dem westlichen Ausläufer der Großen Mauer begrenzt wurde.

Wir wissen nicht, von wo die Invasoren, welche die hethitische und die luvianische Sprache mitbrachten, nach Kleinasien kamen. Sie können aus der westlichen Steppe über Südosteuropa und die Meerengen zwischen dem Schwarzen und dem Ägäischen Meer gekommen sein. Diese Westroute ist die wahrscheinlichste, und auf die gleiche Weise, am Nord- und Westufer des Schwarzen Meeres entlang, kam wohl auch die griechische Sprache aus der Steppe nach Südosteuropa.

Was mag die indoeuropäischen Völker bewogen haben, aus der eurasischen Steppe in mehreren aufeinanderfolgenden Wanderungen auszubrechen, die schließlich die Sprachen dieser Sprachfamilie über den ganzen Erdball verbreiteten? Es ist bezeichnend, daß Kleinasien die Region ist, aus der wir den frühesten Nachweis des Gebrauchs einer indoeuropäischen Sprache haben; denn Kleinasien war für die eurasische Steppe die nächstgelegene Region, in der sich vor dem Ende des dritten Jahrtausends v.Chr. eine Kultur entfaltet hatte, zu dem Zeitpunkt also, an dem die indoeuropäischen Völker anfingen, sich in Bewegung zu setzen. Offenbar wurden sie von dem Reichtum einer verhältnismäßig leicht zugänglichen Kultur angezogen und zu Plünderungen verführt, von ihrem Glanz geblendet wie die Motte vom Kerzenlicht.

Das Schicksal der Motte, die in der Flamme verbrennt, ist ein treffendes Gleichnis für die Nemesis, die die Invasoren trifft, wenn sie reichere Gemeinschaften überfallen, die nicht die militärische Stärke haben, Widerstand zu leisten. Die Gier der Eindringlinge ist selbstmörderisch. Wenn sie nicht durch einen Gegenschlag vernichtet werden wie die gutäischen Eroberer von Sumer und Akkad, so sind sie gezwungen, mit ihren Opfern das Elend zu teilen, das sie ihnen auferlegt haben. Das war die ironische Folge der Eroberung Griechenlands durch die Barbaren, die um 1900 v.Chr. die griechische Sprache dort einführten.

11

DIE ÖKUMENE DER ALTEN WELT VON 2140 BIS 1730 V.CHR.

Die Gutäer, die barbarischen Invasoren Sumers und Akkads, hatten die akkadischen Sargoniden verdrängt, und man hätte erwarten können , daß die Revolte, in der man die Gutäer nach einer wenig mehr als hundert Jahre dauernden Herrschaft ausrottete oder verbrannte, von ihren akkadischen Opfern geführt wurde. Der Befreier Akkads – wie auch Sumers – war jedoch kein Akkader, sondern ein Sumerer, Utukegal von Uruk (2120-2113 v.Chr.). Doch weder er noch sein Stadtstaat ernteten die Früchte seines Sieges. Das Szepter ging an den Herrscher von Ur, eines anderen sumerischen Stadtstaates. So wurde das Reich von Sumer und Akkad, ursprünglich von einem sumerischen Eroberer, von Lugalzagesi, gegründet und ihm dann von dem Akkader Sargon von Agade entrissen, von einem anderen Sumerer, von Ur-Nammu (2113-2096 v.Chr.), wiederhergestellt.

Da Sumer, nicht Akkad, die Wiege der gemeinsamen Kultur gewesen war, hätte ein sumerisch-akkasisches Reich mit einem sumerischen Stadtstaat als Mittelpunkt auf festerem Boden stehen müssen als das halbbarbarische akkadische Regime der Sargoniden. Das von Ur-Nammu erneuerte Reich und die von ihm begründete dritte Dynastie bestand jedoch wenig mehr als ein Jahrhundert (2113-2006 v.Chr.); und in dieser Zeit verdrängte die akkadische die sumerische Sprache. Zuerst war Sumer zweisprachig, dann sprach man nur noch Akkadisch, und das Sumerische blieb bis zum Ende Assyriens um 612-609 v. Chr. nur als »klassische« Sprache erhalten, als Träger der kulturellen Überlieferung von Sumer und Akkad.

Die dritte Dynastie von Ur wurde von ihren elamitischen Untertanen gestürzt, die Stadt Ur geplündert – eine Katastrophe, von der sie sich nicht wieder erholte – und das Reich unter mehrere miteinander zerstrittene Stadtstaaten aufgeteilt. Elam erhielt nicht nur seine Unabhängigkeit zurück, sondern es errichtete auch eine elamitische Dynastie in dem sumerischen Larsa. Ein anderer Stadtstaat, Isin, nannte sich Reich von Sumer und Akkad, ohne indessen das Reich *de facto* erneuern zu können. Die anderen Nachfolgestaaten waren Eschunna (nordwestlich von Elam am Ostufer des Tigris), Assur (nordwestlich von Eschunna an beiden Tigrisufern), Babylon (in Akkad, beiderseits des Euphrat), Karkemisch (an der Westschleife des Euphrat), Jamchad (Aleppo) und Qatna (im Orontestal südlich von Aleppo). Alle diese Nachfolger des Reiches der dritten Dynastie von Ur, mit Ausnahme von Qatna, Jamchad und Elam, wurden von Hammurabi von Babylon (1792-1750 v.Chr.) in neun Feldzügen wiedervereint, die er jährlich von seinem dreißigsten bis zu seinem achtunddreißigsten Regierungsjahr führte; doch diese zweite Erneuerung des Reiches von Sumer-Akkad durch einen amoritischen Staatengründer hatte noch weniger Bestand als die erste durch den Sumerer Ur-Nammu.

Hammurabis Reich wurde wie das Reich des Naramsin ein halbes Jahrtausend zuvor von einem Bergvolk in Gutium bedroht; und wie Naramsin versuchte Hammurabi die Gefahr abzuwenden, indem er die Offensive ergriff, doch auch ihm blieb der Erfolg versagt. Nur zehn Jahre nach der Beendigung seiner Feldzüge, im achten Regierungsjahr seines unmittelbaren Nachfolgers Samsuiluna (1743 v.Chr.), griffen die Kassiten zum erstenmal Babylonien an und rissen die Herrschaft an sich. Während Samsuilunas Regierung hatten sich Assur, Mari, Karkemisch und das »Seeland« in den Sümpfen an der Spitze des Persischen Golfes von Babylonien getrennt. 1595 v.Chr. erlitt die Stadt Babylon das Schicksal von Ur; sie wurde von Plünderern gebrandschatzt – diesmal nicht von Elamiten, sondern von Hethitern, angeführt von ihrem König Murschili I. Die Hethiter kamen und gingen, nachdem sie die erste babylonische Dynastie ausgelöscht hatten, und die Kassiten ernteten die Früchte: Sie besetzten Babylon und vereinigten ganz Sumer und Akkad, mit Ausnahme des Seelandes, unter einer Barbarenherrschaft, die bis 1169 v.Chr. bestand.

Die politische Einigung von Sumer und Akkad durch die Sargoniden war nicht gelungen; in einer Zeitspanne von dreihundertsiebzig Jahren (2113-1743 v.Chr.) hatte es nur etwa einhundertdreißig Jahre wirklicher Einheit gegeben, doch etwa zweihundertvierzig Jahre der Zwietracht, der Kämpfe und des politischen Chaos. Aber in dieser Zeit waren zwei nichtpolitische Entwicklungen stetig fortgeschritten. Die eine war die Ausbreitung der akkadischen Sprache; sie wurde nicht nur von den Sumerern gesprochen, sondern auch von den Amoriten, die ungefähr zur gleichen Zeit wie die Gutäer in Akkad eingedrungen waren und 1894 v.Chr. die erste Dynastie von Babylon gegründet hatten.

Die zweite Entwicklung bestand in der nordwestlichen Ausdehnung von Assyriens Handelswegen. Die Berichte von assyrischen Siedlungen in Ostkleinasien bekunden, wie rührig diese Handelstätigkeit im zwanzigsten und neunzehnten Jahrhundert v.Chr. war. Gegen Ende dieses Zeitabschnittes kamen assyrische Kaufleute bis Chattusa (Bogazköy), der Hauptstadt der Hethiter.

In Ägypten verlief die Entwicklung nach dem Untergang des Alten Reiches anders. Dort hatte es keine Überfälle durch Barbaren, keine Fremdherrschaft gegeben, sondern eine soziale Umwälzung im Innern, und das vereinigte Königreich war in eine Unzahl von Gaufürstentümern zerfallen. Diese Anarchie machte die einheitliche Nilregulierung zum Wohle des Landes unmöglich; und da die Existenz des ganzen Volkes von der Bewässerung durch den Strom und von seinen Schlammablagerungen abhing, stritten sich die einzelnen Gaue um die Herrschaft über das lebenspendende Wasser, so wie es in Sumer der Fall gewesen war, ehe Lugalzagesi und seine sargonidischen Nachfolger Sumer und Akkad politisch einten.

Dieser Zustand in Ägypten war unerträglich, so wie er es in Sumer gewesen war, und schon 2160 v.Chr. versuchte eine neue Dynastie, die in Herakleopolis residierte, einer Stadt im nördlichen Oberägypten südlich der alten Hauptstadt Memphis, das pharaonische vereinigte Königreich wiederherzustellen. Die Einigung vollbrachte jedoch erst ein Fürstengeschlecht aus Theben im südlichen Oberägypten in der elften Dynastie (2113-1991 v.Chr.). Im Hinblick auf die Herrschaft über den Nil war eine Machtposition am Oberlauf des Stromes gegenüber Rivalen am Unterlauf im Vorteil; und so nimmt es nicht wunder, daß die Thebaner über die Männer von Herakleopolis obsiegten. Es war Mentuhotep II., dem 2040 v.Chr. die Wiedervereinigung Ägyptens gelang. Das von ihm gegründete Mittlere Reich bestand drei Jahrhunderte.

Die Könige des Mittleren Reiches mußten sich die Gaufürsten gefügig machen, und das war offenbar eine mühevolle Aufgabe. Trotzdem gelang es ihnen, ihr Reich zu erweitern, nilaufwärts über den ersten Katarakt hinweg nach Nubien hinein und in nordöstlicher Richtung nach Palästina und vielleicht bis nach Damaskus. Es gibt archäologische Beweise für ägyptische Einflüsse aus der Zeit des Mittleren Reiches sogar in Nordsyrien, in Ugarit (Ras Schamra) an der Küste und in Alalach im Landesinnern. Wir wissen nicht, ob die Expansion nach Asien kriegerischer Art war; die nach Nubien war es bestimmt. Die charakteristischen Monumente der zwölften Dynastie sind nicht Grab- oder Tempelbauten, sondern Festungen. Wie die Pyramiden der vierten Dynastie sind die acht Grenzfestungen, die Sesostris III. (1878-1843 v.Chr.) zwischen Wadi Halfa, unterhalb des zweiten Kataraktes, und Samnah, darüber gelegen, errichten ließ, architektonische Meisterwerke, aber sie dienen einem anderen Zweck: nicht, um einem Pharao das ewige Leben nach seinem Tode zu ermöglichen, sondern um den Besitz eines mühevoll errungenen neuen Territoriums zu sichern.

Es ist lehrreich, die Bildnisstatuen von Sesostris III. mit denen der Könige Cheops und Chephren aus dem Alten Reich zu vergleichen. Diese Pyramidenbauer zeigen heitere Mienen; der Ausdruck des Sesostris ist grimmig und zerfurcht, das Gesicht eines Mannes, der einen hohen persönlichen Preis für seine öffentlichen Erfolge gezahlt hat. Die Beute, um die Sesostris in Nubien gekämpft hatte, war die Herrschaft über die Goldminen des Landes oder zumindest über die Zufahrtswege dorthin.

Die Regierungszeit von Mentuhotep II., des Wiedervereinigers Ägyptens, fiel zeitlich zusammen mit der zweiten Hälfte der dritten Dynastie von Ur (2113-2006 v.Chr.). Die in Mari am Euphrat ausgegrabenen Archive umfassen die zweiundfünfzig Jahre von 1817 bis 1765 v.Chr.; und in dieser Zeit stand Mari mit allen Staaten der sumerisch-akkadischen Welt in Verbindung, auch mit denen westlich des Euphrat. Aber es findet sich kein Bericht über die Anwesenheit von Ägyptern in Syrien; und umgekehrt gibt es in den ägyptischen Urkunden des Mittleren Reiches keine Erwähnung der Erneuerung des Reiches von Sumer und Akkad durch Ur-Nammu oder Hammurabi.

Wenn auch die zwölfte Dynastie, mit der das Mittlere Reich in Ägypten seinen Höhepunkt erreichte, erst fünfzehn Jahre nach dem Fall von Ur zur Herrschaft kam und schon vier Jahre nach der Thronbesteigung Hammurabis endete – fünfundzwanzig Jahre vor dem ersten der neun jährlichen Feldzüge, mit denen Hammurabi Ur-Nammus Reich wieder zusammenfügte –, so bleibt es doch sonderbar, daß diese beiden Welten einander völlig ignoriert haben sollten, nachdem sie sich räumlich so nahe gekommen waren.

Inzwischen, während der drei Jahrhunderte von 2140 bis 1730 v.Chr., bestand vermutlich die Induskultur noch; und es wurde schon bemerkt, daß bis jetzt unser einziger Schlüssel zu ihrer Chronologie die Auffindung von Siegeln mit Inschriften in der Indusschrift in datierbaren Ablagerungen von Resten der sumerisch-akkadischen Kultur ist. Die früheste dieser Schichten stammt aus der vorsargonidischen Zeit, aber das Datum der spätesten Siegel ist ungewiß. Die archäologischen Funde aus dem Bereich der Induskultur selber scheinen darauf hinzudeuten, daß diese ein plötzliches und gewaltsames Ende fand.

Wenn dem so ist, dann könnten die Zerstörer der Induskultur jene Barbaren gewesen sein, die die indoeuropäische Sprache nach Indien brachten, jene Sprache, in der die wedische Literatur geschrieben ist und die man rückblickend Sanskrit nannte, nachdem man sie wiederbelebt und ihr Regeln gegeben hatte, um sie als klassische Sprache zu verwenden. Vorher müssen drawidische und australo-asiatische Sprachen im Subkontinent gesprochen worden sein; und wahrscheinlich ist sowohl die Drawidasprache als auch das Ursanskrit aus dem Nordwesten gekommen. Eine drawidische Sprache, das Brahui, war noch in diesem Jahrhundert in Teilen von Belutschistan im Gebrauch. Was das Altindische, das Ursanskrit, betrifft, so wissen wir den Zeitpunkt, an dem es nach Indien kam, ebensowenig wie den des Zerfalls der Induskultur. Unter den Kassiten, die im achtzehnten Jahrhundert v.Chr. von der iranischen Hochebene nach Babylonien hinunterstiegen, scheint es Männer gegeben zu haben, die das Ursanskrit sprachen, denn zu den kassitischen Göttern gehörte der wedische Sonnengott Surja. Auch im Götterhimmel des Reiches Mitanni in Mesopotamien thronten wedische Gottheiten; aber diese Spuren verraten uns nichts über den Untergang der Induskultur.

Im ersten Viertel des zweiten Jahrtausends v.Chr. stand auch die minoische Kultur in Kreta in voller Blüte. Aus der Zeit von etwa 2000 bis 1700 v.Chr. stammen die ersten Paläste von Knossos, Phaistos, Hagia Triada, Mallia und Palaikastro. Diese Paläste waren unbefestigt, woraus geschlossen werden kann, daß sie nicht in den Hauptstädten der zahlreichen unabhängigen Fürstentümer standen oder daß die Kreter damals nicht fürchteten, von der See aus angegriffen zu werden. Dennoch wurden diese ersten minoischen Paläste um 1750 bis 1700 v.Chr. vernichtet – vielleicht durch ein Erdbeben, denn wir haben keine Belege für eine Zerstörung durch Menschenhand. Aber da fast gleichzeitig die Kassiten Babylonien und die Hethiter Ägypten überfielen, liegt die Vermutung nahe, daß auch die Zerstörung der kretischen Paläste das Werk feindlicher Eindringlinge war.

In China wurde im Huanghobecken im ersten Viertel des zweiten Jahrtausends v.Chr. die Jangschaophase der Jungsteinzeitkultur von der Lungschanphase abgelöst. Das war nicht nur ein Stilwechsel in der Töpferei von bemalten zu schwarzen Gefäßen; die Menschen von Lungschan hatten auch eine größere Vielfalt von Haustieren, und zumindest eine ihrer Siedlungen muß eine Stadt gewesen sein, von Mauern aus gestampftem Lehm umgeben. Doch auch diese spätere neolithische Kultur läßt sich noch nicht mit den hochentwickelten Kulturen im Westen, vom Indusbecken bis zum Ägäischen Meer, vergleichen.

12

DIE DOMISTIZIERUNG DES PFERDES UND DIE ENTSTEHUNG DER HIRTENVÖLKER AUF DER EURASISCHEN STEPPE

Die kassitischen Barbaren vom Westrande des iranischen Plateaus fielen 1743 v.Chr. zum erstenmal über Babylonien her, und sie erweiterten allmählich ihre Angriffe, bis sie die Stadt Babylon selber besetzten, nachdem diese 1595 v.Chr. von den Hethitern geplündert worden war. Das ägyptische Mittlere Reich scheint durch ähnliche wiederholte Überfälle von Barbaren zugrunde gegangen zu sein; es waren die sogenannten Hyksos, die um 1730 oder 1720 v.Chr . in die Nordostecke des Nildeltas eindrangen, schließlich Memphis eroberten und 1674 v.Chr. die schwache dreizehnte Dynastie auslöschten. Nach dem Namen zu schließen, haben die Hyksos vermutlich semitisch gesprochen, und wenn ein westsemitischer Dialekt ihre Muttersprache war, sind sie nicht mit den Kassiten verwandt gewesen. Aber die Gleichzeitigkeit der Hyksosinvasion in Ägypten, des Ansturms der Kassiten auf Babylonien und der Zerstörung der ersten Paläste in Kreta deutet darauf hin, daß alle diese Aktionen durch einen massiven Druck aus Vorderasien ausgelöst worden sind.

Die nach Ägypten einströmenden Hyksos wurden mit Sicherheit von Churritern gedrängt, die von den Hochebenen der jetzigen Osttürkei nach Mesopotamien und Syrien zogen; aber wir erwähnten schon, daß sich auch Angehörige eines altindisch sprechenden Volksstammes sowohl unter den Invasoren befanden, die im achtzehnten Jahrhundert v.Chr. das Königreich Mitanni in Mesopotamien gründeten, als auch unter denen, die Babylonien die kassitische Herrschaft aufzwangen. Diese sprachliche Evidenz läßt vermuten, daß hinter der churritischen Bewegung eine ursprünglichere treibende Kraft stand, und zwar der Ausbruch jenes altindisch sprechenden Volkes aus dem nördlichen Hinterland Südwestasiens.

Dieses Hinterland ist die eurasische Steppe. Sie ist zugänglich von dem vermutlichen Ursprungsort der indoeuropäischen Sprachen irgendwo in Osteuropa, und ihr südlicher Rand grenzt in Turkmenistan an Südwestasien. Wenn es einen Ausfall aus der Steppe gegeben hat, so wurde er durch die Zähmung des Pferdes möglich, die einem oder mehreren Hirtenvölkern gelungen war. In Troja hat man in der sechsten, um 1800 v.Chr. datierten Schicht Pferdeknochen gefunden; und da weder die Sumerer noch Akkader zur Zeit der ersten babylonischen Dynastie noch die Ägypter im Mittleren Reich das Pferd gekannt haben, muß es in der eurasischen Steppe kurz vor 1800 v.Chr. domestiziert worden sein. Die darauffolgende Erfindung und Verbreitung eines neuen Kampfmittels – des von Pferden gezogenen

Wagens – erklärt die Dynamik und den Erfolg der barbarischen Überfälle auf Sumer und Akkad und auf Ägypten.

Das Nomadentum, die Lebensweise der Hirtenvölker, ist wie die städtische Lebensweise eine Wirtschaftsform ohne Ackerbau, die jedoch von diesem zehrt und ohne ihn nicht entstanden wäre. Beide brauchen die Verbindung mit Ackerbauern, die schon einen Mehrertrag über das eigene Existenzminimum hinaus erzielt haben. Die Städter erwerben von den Ackerbauern Lebensmittel im Austausch gegen ihre eigenen Erzeugnisse und Dienste; die Nomaden ihrerseits tauschen lebendes Vieh und dessen Häute und Felle gegen die Erzeugnisse der seßhaften Gemeinschaften. Obwohl die Wanderhirten den Ackerbau aufgegeben oder ihn nie betrieben haben, ist ihre Lebensweise nur durchführbar in einer Symbiose mit Nachbarn, die den Boden bebauen. Es ist die produktivste Art, trockenes Grasland zu nutzen, ohne es zu zerstören. Die Kultivierung solchen Landes mag kurzfristig größere Erträge bringen; aber die Ernte jedes Jahres ist unsicher, und die Strafe für das Umpflügen der Graswurzeln kann die Verwandlung eines Graslandes in eine Wüste sein. Eine andere Möglichkeit für die Nutzung von Grasland auf lange Sicht ist die Verwendung als Jagdgebiet, wie es die eingeborene Bevölkerung auf den Prärien Nordamerikas tat, bis im neunzehnten Jahrhundert Siedler aus Europa die Bisonherden, das Jagdwild der Eingeborenen, ausrotteten und durch ein kurzlebiges »Rinderreich« ersetzten. Auf einem Grasland ist das Wanderhirtentum die ergiebigste Wirtschaftsweise, denn es nutzt die Natur, ohne sie unfruchtbar zu machen.

Damit das trockene Grasland eine möglichst große Herde ernähren kann, muß der Nomade seine Schafe und Rinder ständig in einem regelmäßigen, jahreszeitlich bedingten Turnus von einem Weidegrund zu einem anderen treiben. Das kann er nicht ohne die Hilfe von Pferden oder Kamelen; und da der Treck einer ganzen Nomadengemeinschaft gründlich geplant und sorgfältig durchgeführt werden muß, ist seine Logistik nicht weniger kompliziert als die eines militärischen Feldzuges. Infolgedessen waren die Hirtenvölker für eine bewegliche Kriegführung gut vorgebildet, wenn sie auch im allgemeinen auf ihren jährlichen Wanderungen nicht mit anderen Nomaden oder mit ihren seßhaften Nachbarn und Handelspartnern in Konflikt gerieten.

Die Domestizierung des Pferdes gab dem Menschen die Hilfskraft, die das Wanderhirtentum ermöglichte; aber das Wildpferd war klein und schwach. Es hielt das Gewicht eines Mannes nicht aus, und erst ein Gespann von vier Pferden war imstande, einen zweiräderigen Wagen der leichtesten Bauart zu ziehen. Tausend Jahre Pferdezucht waren nötig, um ein Pferd für einen leicht gerüsteten Reiter hervorzubringen, und noch mehrere Jahrhunderte, bis es das große Streitroß gab, das selber gewappnet war und einen von Kopf bis Fuß gewappneten Krieger tragen konnte. Doch von Anfang an war der Nomade, sooft er aus seiner heimatlichen Steppe hervorbrach, ein gefürchteter militärischer Gegner. Die Überfälle, die Babylonien und Ägypten und vielleicht auch Kreta in der zweiten Hälfte des achtzehnten Jahrhunderts über sich ergehen lassen mußten, mögen die mittelbare Wirkung einer Reihe von Ausbrüchen von Nomadenvölkern gewesen sein, die noch bis ins achtzehnte nachchristliche Jahrhundert in der eurasischen Steppe und bis nach dem Ersten Weltkrieg in der nordarabischen Wüstensteppe lebten.

Die ersten eurasischen Wanderhirten mögen wohl jene altindisch sprechenden Volksstämme gewesen sein, die über den Südrand ihrer Steppe hinaus Spuren in Babylonien und Mesopotamien hinterließen und Indien ihren Stempel aufdrückten. Doch das Nomadentum als Lebensform blieb nicht das Monopol eines einzigen Volkes. Die eurasische Steppe war zu verschiedenen Zeiten der Lebensraum von Völkern, die altindisch, iranisch, türkisch, tungusisch, mongolisch und finnisch sprachen. Mit der Züchtung des einhöckerigen Kamels in der arabischen Wüstensteppe vor dem Ende des zweiten Jahrtausends v.Chr. und der Akklimatisierung des Pferdes in Arabien vor dem Beginn des christlichen Zeitalters breitete sich das Nomadentum über Arabien nach Nordafrika aus. Die Hirtenvölker haben vom achtzehnten Jahrhundert v.Chr. bis zu einem Zeitpunkt, der noch in lebender Erinnerung ist, Geschichte gemacht.

13

BEZIEHUNGEN ZWISCHEN REGIONALEN ZIVILISATIONEN VON 1730 BIS 1250 V.CHR.

Der Einbruch der eurasischen Nomaden in Südwestasien war kurz und hinterließ keine nachhaltigen Spuren; aber die indirekte Wirkung dieser Völkerbewegung, welche die Churriten nach Mesopotamien und Syrien, die Hyksos nach Ägypten drängte, war gewaltig, denn sie zwang die regionalen Zivilisationen Vorderasiens, in enge und aktive Beziehungen miteinander zu treten, was zuvor in dieser Weise nicht der Fall gewesen war.

Die früheste regionale Zivilisation, die sumerische, war nicht lange die einzige geblieben. Um die Wende des vierten Jahrtausends war in Ägypten die pharaonische Zivilisation entstanden; und in der zweiten Hälfte des dritten Jahrtausends v.Chr. hatten sich weitere regionale Zivilisationen in Kleinasien, Kreta und dem Indusbecken gebildet. Bis zum achtzehnten Jahrhundert v.Chr. war der einzige Fall einer engeren Beziehung der Einfluß von Sumer-Akkad auf die kleinasiatische Zivilisation gewesen; doch dieser Grad von Abhängigkeit – man kann die kleinasiatische Zivilisation als einen Ableger der sumerisch-akkadischen ansehen – blieb eine Ausnahme. Sumerischer Einfluß hatte Ägypten Antriebe gegeben, denen die pharaonische Kultur wohl zum Teil ihre plötzliche Existenz verdankt; aber er war kurzlebig, und in den ersten zwölf bis dreizehn Jahrhunderten ihrer Geschichte ging die pharaonische Zivilisation ihren eigenen Weg und entwickelte eigene, unverwechselbare Züge.

Wir vermerkten schon, daß die ägyptische Zivilisation und die sumerisch-akkadische offenbar voneinander keine Kenntnis genommen haben, auch noch im ersten Viertel des zweiten Jahrtausends v.Chr. nicht, als sich ihre Bereiche berührten und möglicherweise sogar überschnitten. Die Beziehungen der sumerisch-akkadischen mit der Induskultur waren noch dürftiger. Die vom Indus stammenden Siegel, die man bei Ausgrabungen in Sumer gefunden hat, bezeugen, daß die beiden Gemeinschaften schon um 2500 v.Chr. Handel miteinander trieben; aber im Indusgebiet ist man bisher, anders als in Ägypten, noch auf keine entsprechenden Spuren sumerischen Einflusses gestoßen. Diese geringen Kontakte zwischen den regionalen Kulturen in Vorderasien bis ins achtzehnte Jahrhundert v.Chr. stehen in auffallendem Gegensatz zu ihren vielfältigen und engen Beziehungen in der Zeit vom achtzehnten bis zum dreizehnten Jahrhundert v.Chr.

In diesen fünf Jahrhunderten war es die ägyptische Zivilisation, welche die führende militärische und politische Rolle in der Levante spielte, und es ist auch hauptsächlich Ägypten zu danken, daß die ursprüngliche Isolierung ein

Ende nahm. Das scheint verwunderlich; denn zuerst war Ägypten weniger nach außen gerichtet und expansiv gewesen als Sumer-Akkad. Die traditionelle Introversion äußerte sich als militanter Fremdenhaß, als zum ersten Male Barbaren sich im Lande festsetzten, die von den Ägyptern anfangs vertrieben und dann in einem Gegenangriff bis zu ihren Operationsbasen in Palästina und Mesopotamien verfolgt wurden. Diese Region gehörte jedoch längst zur Einflußsphäre von Sumer und Akkad; und paradoxerweise kamen die Ägypter nun gerade durch ihren Fremdenhaß und ihre eifrige politische und militärische Reaktion auf die Eindringlinge in Berührung mit der fremden Zivilisation, gegen die sie zu Felde gezogen waren.

In den späteren Jahrzehnten des achtzehnten Jahrhunderts v.Chr. unterwarfen sich die Babylonier der Herrschaft der kassitischen Barbaren; und die Assyrer, die bei der ersten sich bietenden Gelegenheit das babylonische Regime abgeschüttelt hatten, schienen sich mit der Oberhoheit der barbarischen Mitanni abgefunden zu haben. Die Fremdherrschaft wurde in Babylonien fast sechs Jahrhunderte, in Assyrien ungefähr dreieinhalb Jahrhunderte ertragen, bevor sie durch einen Aufstand des unterjochten Volkes ein Ende fand. Das Eindringen der Hyksos nach Ägypten begann um 1730 oder 1720 v.Chr. und erreichte seinen Höhepunkt 1674 v.Chr., als sie Memphis besetzten. Nun war Ägypten zum zweitenmal seit der Einigung wieder in zwei Teile zerfallen; und diesmal stand der nördliche Teil unter fremder Herrschaft. Die Hyksos nahmen zwar bereitwillig die höhere Kultur ihrer Untertanen an; doch dies vermochte die Ägypter nicht zu beschwichtigen. Im sechzehnten Jahrhundert v.Chr. wurde Ägypten, wie schon im zwanzigsten Jahrhundert v.Chr., mit der Rückeroberung des Nordens durch das südliche Reich mit der Hauptstadt Theben wiedervereinigt.

Die Hyksos wurden 1567 v.Chr. vertrieben. Der Befreier und Einiger war Amosis I. (1575-1500 v.Chr.). Die von ihm begründete achtzehnte Dynastie hatte bis 1308 v.Chr. Bestand; das gesamte Neue Reich, von der achtzehnten bis zur zwanzigsten Dynastie, umfaßte einen Zeitraum von nahezu fünf Jahrhunderten (bis 1087 v.Chr.); nur halb so lang wie das Alte Reich, doch fast doppelt so lang wie das Mittlere. Darüber hinaus war das Neue Reich kosmopolitisch. Während schon im Mittleren Reich Sesostris III. die Südgrenzen bis über den zweiten Katarakt hinaus nach Süden erweitert hatte, eroberte Thutmosis I. (1528-1510 v.Chr.), Amosis' zweiter Nachfolger, neue Gebiete im Süden, so daß nunmehr das ganze Niltal vom ersten bis zum vierten Katarakt unter der Herrschaft der Pharaonen stand. Und in einer Inschrift aus dem zweiten Jahr seiner Regierung rühmte sich Thutmosis, daß sich seine Macht bis zum Euphrat erstreckte.

Die Bewohner des Niltals über dem ersten Katarakt waren Barbaren , und unter der ägyptischen Regierung waren ihre kulturellen Beziehungen zur Oberschicht einseitig. Die dort ansässigen Kuschiten übernahmen die ägyptische Kultur ohne nennenswerte Gegenleistungen. Die politische Herrschaft im Süden, im heutigen Nubien und dem nördlichen Sudan, währte bis zum

Untergang des Neuen Reiches. Im Gegensatz dazu waren Umfang und Stärke des ägyptischen politischen Herrschaftsbereiches in Palästina und Syrien zur gleichen Zeit schwankend; doch die kulturellen Beziehungen der Ägypter zu ihren asiatischen Untertanen waren wechselseitig; die Wirkung war kumulativ, wobei letzten Endes die Ägypter in kultureller Hinsicht von den Asiaten mehr empfingen, als sie ihnen gaben.

Es ist nicht bekannt, ob das Reich der Hyksos im Nildelta das asiatische Territorium einschloß, aus dem sie gekommen waren; doch wir wissen, daß die Ägypter, als sie nach dem Sturz der Hyksosherrschaft in Palästina und Syrien eindrangen, diese Region in eine große Zahl von kleinen Fürstentümern aufgespalten vorfanden. Die neuen Herren errichteten an einigen strategischen Punkten militärische Stützpunkte und setzten ägyptische Statthalter ein, deren Kontrolle über die Regierungen der Satellitenstaaten wirksam war, soweit sie von der Zentralregierung in Theben unterstützt wurde; aber diese scheint keine direkte Herrschaft über irgendeinen Teil ihrer asiatischen Besitzungen ausgeübt zu haben, so wie sie es im Niltal oberhalb des ersten Kataraktes tat. Der kulturelle Einfluß Asiens auf das Leben Ägyptens wurde zum Teil durch Einwanderer aus den asiatischen Kolonien des Neuen Reiches verstärkt. Einige davon waren Kriegsgefangene; andere kamen freiwillig auf der Suche nach vorteilhafteren wirtschaftlichen Verhältnissen. Beide Gruppen brachten ihre Kulte, Sitten und Gebräuche mit, welche die Einheimischen attraktiv fanden. Diese friedliche Durchdringung Ägyptens durch Asiaten erregte keinen Fremdenhaß wie seinerzeit die kriegerische Invasion.

Die ägyptische Herrschaft über Palästina und Syrien begann unter Thutmosis I. Während der Regierung der Königin Hatschepsut (1490-1469 v.Chr.) scheint diese Herrschaft gefährdet gewesen zu sein; denn deren Mitherrscher Thutmosis III., den sie zu ihren Lebzeiten an der Machtausübung gehindert hatte, begann sofort nach ihrem Tode, als er Alleinherrscher geworden war, eine Reihe von zwölf Feldzügen vom zweiundzwanzigsten zum dreiunddreißigsten Jahr seiner Regierung (1469-1458 v.Chr.). In der letzten Kampagne erreichte er den Euphrat, wo er neben dem Denkmal von Thutmosis I., das er dort fand, seine eigene Siegesstele errichten ließ. Er überschritt den Strom und zwang das mesopotamische Reich der Mitanni unter seine Gewalt. Die große Zeit der ägyptischen Vorherrschaft über Palästina und Syrien währte von diesem Jahr 1458 bis zur Thronbesteigung Amenophis' IV., der sich Echnaton nannte. In dessen Regierungszeit (1357-1350 v.Chr.) zerfiel die Herrschaft Ägyptens in jener Region und wurde nie wieder ganz hergestellt.

Echnaton war ein Revolutionär; doch seine Revolution war nicht die erste in der ägyptischen Geschichte. In der Zwischenzeit nach der Auflösung des Alten und vor der Errichtung des Mittleren Reiches hatte ein doppelter Umsturz stattgefunden. Während der sechsten Dynastie hatten sich die Nomarchen zu faktisch unabhängigen, erblichen Gaufürsten gemacht und konnten erst in der zwölften Dynastie nach und nach wieder der neuen Zentralregierung unterstellt werden. Inzwischen, in einem zwanzigjährigen Interregnum (2181 bis 2160 v. Chr.) unmittelbar nach dem Erlöschen der zwölften Dynastie, hatte es einen heftigen sozialen Umsturz gegeben. Dies waren zwei Revolutionen ganz verschiedener Art gewesen. In der einen hatte das föderalistische »Establishment« Pharaos Joch abgeschüttelt; in der anderen hatten sich die Massen gegen das Establishment selber erhoben, doch diesen beiden Revolutionen des Zwischenreiches war eins gemeinsam: beide waren, auf verschiedenen Ebenen und in unterschiedlicher Stärke, Bewegungen von unten nach oben. Echnatons Revolution hingegen war eine Reform von oben.

Er begann einen Kampf mit der Priesterschaft, die einen Staat im Staate bildete. Wie bei Cheops, seinem Vorgänger in der vierten Dynastie, ging es um die Frage der Gottesverehrung; doch die Priesterschaft war inzwischen noch mächtiger geworden. Cheops' geistliche Gegner waren die Priester von Heliopolis gewesen, der heiligen Stadt des Rê; doch seit Theben die Hauptstadt des geeinigten Reiches war, wurde Rê mit Amun, dem ursprünglichen Lokalgott Thebens, gleichgesetzt und zum Reichsgott erhoben, und der Oberpriester Amun-Rês war der Anführer einer panägyptischen Priesterschaft.

Echnaton stellte die nach außen noch immer unbestrittene Autorität des Pharaos auf die Probe, indem er die neben ihm größte Macht Ägyptens herausforderte. Er hätte sich die Priesterschaft gefügig machen können, wenn er die Unterstützung des Volkes gehabt hätte, und diese wäre ihm sicher gewesen, hätte er die Oberpriester des Amun-Rê im Namen des Gottes Osiris befehdet, des Spenders der Unsterblichkeit, nach der jedermann in Ägypten strebte. Aber es ging Echnaton nicht um die Unsterblichkeit, sondern um einen alleinigen Gott; und eine solche Idee ließ das Volk kalt, abgesehen davon, daß der Monotheismus die rechtmäßigen Interessen der Priester gefährdete. Echnatons alleiniger Gott, Aton, die Sonnenscheibe, war nur eines einzigen Mannes Gott; und wenn auch dieser Mann Pharao war, so reichte dessen Macht nicht aus, eine kirchliche Körperschaft zu unterwerfen, die einem durch Tradition geheiligten Pantheon diente.

Echnatons Mißerfolg verwundert nicht, aber seine Reform hatte dennoch eine bleibende Wirkung. Amun-Rê wurde nicht verdrängt; sein Bild verwandelte sich jedoch in das des einen Gottes, den Echnaton vergeblich an seine Stelle zu setzen versucht hatte; und die von ihm komponierte Hymne an Aton als den Spender jeglichen Lebens im All wurde zum Muster für spätere Hymnen an Amun-Rê, die somit den alten Gott in der neuen Form priesen.

Wie schon mehrere seiner Vorgänger baute sich Echnaton eine neue Hauptstadt, El Amarna in Mittelägypten zwischen Theben und Memphis; sie wurde indessen von seinem Nachfolger Tut-ench-Amun zugunsten Thebens wieder aufgegeben. Auch dieses blieb nicht lange Hauptstadt; die Bedrohungen aus dem Nordosten, die schon unter Echnaton spürbar gewesen waren, veranlaßten Haremhab (1349-1319 v.Chr.), den »Soldatenkönig« und Begründer der neunzehnten Dynastie, abermals von Memphis aus zu regieren, um das Reich besser verteidigen zu können. Und bevor das Neue Reich endgültig erlosch, scheint die Hauptstadt noch einmel verlegt worden zu sein, nach Tanis in der nordöstlichen Ecke des Deltas, wo die Hauptstadt der Hyksos, Avaris, gestanden hatte.

Echnaton war wie in der Religion und Politik auch ein Revolutionär in der Literatur und den bildenden Künsten. Er schrieb in der lebenden Sprache seiner Zeit, nicht wie üblich in einer veralteten Literatursprache; und diese Neuerung überdauerte ihn, bis im Laufe der Zeit die lebende Sprache des vierzehnten Jahrhunderts v. Chr. ihrerseits zu einer toten Sprache wurde. In der Kunst trat er für Lebensähnlichkeit ein – auch in den ungeschmeichelten und naturgetreuen Bildnissen, die er von sich anfertigen ließ.

Dieser Naturalismus könnte von den Kretern übernommen worden sein. In den Wandmalereien ägyptischer Gräber aus dem Neuen Reich sind Kreter abgebildet, die offensichtlich mykenische, nicht minoische Gegenstände tragen; und dies bezeugt kulturelle und Handelsbeziehungen zwischen Ägypten und der ägäischen Welt. Echnaton ließ sich also nicht nur von seinem eigenen Genius beflügeln, sondern er nahm auch die Kultur jener Zeit und Welt in sich auf. Das Reich, dessen Thron er geerbt hatte, war ökumenisch – natürlich nicht in dem Sinne, daß es sich geographisch mit der damaligen Ökumene gedeckt hätte, sondern als ein Kompendium der Vielfalt der damaligen Weltkultur. In dieser Hinsicht war es das erste ökumenische Reich; und es ist kein bloßer Zufall, daß einer seiner Herrscher Monotheist war, denn Echnatons Monotheismus drückte sich in einem weltweiten religiösen Symbolismus aus. Er begriff Aton nicht als Lokalgottheit, sondern als Herrn des gesamten Universums, und er hob diese Allgegenwart durch Tempelbauten nicht nur in Ägypten, sondern auch in Syrien und Nubien hervor.

Babylonien war in diesem Zeitraum unter der kassitischen Herrschaft politisch ohnmächtig, doch kulturell stand es in hoher Blüte. Es war die Zeit, in der die von den Sumerern überlieferten epischen Themen ihre klassische Form in der akkadischen Sprache fanden: Gilgamesch auf der Suche nach dem Baum des Lebens; der Gang der Göttin Ischtar (Inanna) in die Unterwelt; die Überwindung des nächtlichen Chaos durch Marduk, den Gott der Frühsonne, und sein Aufstieg zur Spitze des sumerisch-akkadischen Pantheons als Belohnung dafür, daß er Ordnung im All geschaffen hatte. Diese Dichtungen waren verbreitet, wo immer das Akkadische verstanden wurde, das zu einer übernationalen Sprache in Vorderasien, Ägypten eingeschlossen, geworden war. Eins der unerläßlichen Organe der ägyptischen Regierung in jener Zeit war eine Kanzlei, in der man Akkadisch in sumerischer Schrift auf Tontäfelchen schrieb, das Medium, mit dem die Zentralregierung mit den Monarchen der Satellitenstaaten in Syrien und Palästina korrespondierte. Ägyptens militärischer und politischer Überlegenheit war die kulturelle Vormachtstellung der akkadischen Sprache ebenbürtig.

Aber die Macht des ägyptischen Reiches blieb nicht unangefochten. Die Hethiter, die sich seit Murschilis I. Überfall auf Babylon im Jahre 1595 v.Chr. ruhig verhalten hatten, verbreiteten in Echnatons Zeit wieder Unruhe und begannen einen Krieg mit Ägypten, der in ihrem Sieg bei Kadesch in Nordsyrien (1286 oder 1285 v.Chr.) gipfelte. Doch damit war nichts entschieden, und die Gegner erkannten schließlich, daß sie es sich nicht leisten konnten, einander zu bekriegen, da sie beide von mächtiger werdenden Feinden bedroht wurden. So schlossen sie 1270 v.Chr. einen Kompromißfrieden und teilten Syrien untereinander auf. Aber es war bereits zu spät. Im Osten war Assyrien der lachende Dritte, und im Westen wuchs die Macht der Mykener und anderer seefahrender Völker.

Im zwanzigsten und neunzehnten Jahrhundert v.Chr. waren die Assyrer unternehmungslustige und weit reisende Händler gewesen, ehe sie in der Flut der mitannischen Völkerwanderung versanken.In der Mitte des vierzehnten Jahrhunderts als streitbare Militärmacht neu erstanden, unternahm Assyrien unter Adad-Nirari I. (1307-1275 v.Chr.) und Salmanassar I. (1274-1245 v.Chr.) Kriegszüge nach Westen durch Mesopotamien bis Karkemisch. Tukulti-Ninurta I. (1234-1198 v.Chr.) besetzte zeitweilig Babylon. Doch die Assyrer hatten noch nicht den Westarm des Euphrat überschritten, als sie von der neuen Völkerwanderung, die vor dem Ende des dreizehnten Jahrhunderts v.Chr. begann, überrollt und zurückgeworfen wurden.

In der Ägäis hatte sich die minoische Kultur nicht nur von dem Desaster erholt, dem die kretischen Paläste zwischen 1750 und 1700 v.Chr. zum Opfer gefallen waren; sie erreichte in dem folgenden Vierteljahrtausend von der letzten mittelminoischen zur ersten spätminoischen Periode ihren Höhepunkt. Auf dem griechischen Festland hatte das Eindringen der Barbaren in der sogenannten dorischen Wanderung die Entstehung einer regionalen Kultur verzögert. Kreta, von dieser Invasion nicht berührt, war im Laufe der folgenden drei Jahrhunderte dem Festland so weit voraus, daß man dort Ende des siebzehnten oder Anfang des sechzehnten Jahrhunderts v.Chr. Kunst und Kunsthandwerk der minoischen Kultur in einem solchen Ausmaß übernahm, daß das Festland dazu bestimmt schien, von der minoischen Welt kulturell ebenso gründlich assimiliert zu werden wie im dritten Jahrtausend v.Chr. Akkad von Sumer. Das Festland bewahrte sich jedoch eine ausgeprägte kulturelle Eigenständigkeit, die festländische mykenische Kultur – so genannt, weil Mykene die bedeutendste Fundstätte war – entwickelte sich Seite an Seite mit der minoischen, um sie schließlich, etwa 1480 bis 1450 v.Chr., zu übertreffen.

Bald nach 1400 v.Chr. wurde der Palast von Knossos vernichtet – wahrscheinlich von einer zweiten Welle mykenischer Invasoren. Ungefähr zur selben Zeit oder etwas später fiel der mykenische Palast in Theben in Böotien der Zerstörung zum Opfer – in einem Bruderkrieg mit Mykene, wenn die Legende, die man im hellenischen Zeitalter der griechischen Geschichte erzählte, ein Körnchen Wahrheit enthält. Trotzdem blühte die mykenische Kultur im vierzehnten Jahrhundert v.Chr. Vielleicht als eine Folge der Besetzung von Knossos wurde eine phonetische Silbenschrift – die sogenannte Linearschrift B – erfunden, um die mykenische Form des Griechischen zu übertragen, eine Weiterentwicklung der Linearschrift A, die früher von den Kretern verwandt worden war, um ihre eigene, bis jetzt noch nicht entschlüsselte Sprache auszudrücken. Die mykenischen Handwerker taten es ihren kretischen Lehrmeistern nicht nach; in ihren Kuppelgräbern wetteiferten sie mit ihren ägyptischen Kollegen in der Geschicklichkeit und Präzision der Steinbearbeitung. Im vierzehnten und dreizehnten Jahrhundert dehnten die Mykener ihre Handelsbeziehungen ostwärts bis Ugarit (Ras Schamra) im Norden der syrischen Mittelmeerküste aus, südwärts nach Ägypten und westwärts nach Sizilien.

Im dreizehnten Jahrhundert v.Chr. wurde der mykenische Militarismus ausgeprägter. Die mykenischen Burgen an der Ostküste Griechenlands – zum Beispiel Mykene selber, Tirnys in der Argolis und die Akropolis in Athen – wurden massiv befestigt und mit Wasserleitungen versehen, um einer Belagerung standhalten zu können. Im gleichen Jahrhundert ereigneten sich auch an der Ostküste von Menschenhand verschuldete Katastrophen; die Burg von Troja (Schicht VII A) wurde um 1260 v.Chr. von Aggressoren zerstört; und weiter südlich war das Reich der Hethiter in Schwierigkeiten. Sie hatten es leichter gefunden, das mit ihnen rivalisierende Reich von Arsawa zu vernichten, statt es unter ihre Herrschaft zu bringen. Nun war ihre Vormachtstellung im westlichen Kleinasien durch örtliche Rebellionen und mykenische Raubzüge bedroht. Sowohl das hethitische Reich wie auch die mykenischen Fürstentümer auf dem griechischen Kontinent und in Kreta waren mit dem kunstvollen Verwaltungsapparat im sumerisch-akkadischen und ägyptischen Stil versehen, den die Kunst des Schreibens und Lesens ermöglicht hatte. Doch es war nur eine kleine Minderheit, die mit solchen Fähigkeiten ausgestattet war; und es scheint, daß die übermäßig aufgeblähte Bürokratie eine zu schwere Last für diese Völker war.

Im dreizehnten Jahrhundert v.Chr. gab es Unruhen im Westen Ägyptens und der sumerisch-akkadischen Welt. Die gleichzeitige Situation in Indien liegt im Dunkel. Es fehlen die archäologischen Nachweise, um die Vernichtung der Induskultur durch die altindisch sprechenden Invasoren zu datieren. Wenn sie im achtzehnten Jahrhundert v.Chr. aus der eurasischen Steppe eindrangen, können sie Indien so schnell erreicht haben, wie sie nach Babylonien und Mesopotamien gelangt waren; doch ist es auch möglich, daß sie mehrere Jahrhunderte länger brauchten, um ihren Weg vom Oxus-Jaxartes-Becken über den Hindukusch ins Indusbecken zu finden.

In China trat um 1500 v.Chr. in der Schang- (später Yin-) Dynastie eine Regionalzivilisation in Erscheinung. Einige ihrer Elemente stammten aus der letzten Phase des Neolithikums (z.B. die schwarze Keramik von Lungschan); und die Entstehung dieser Zivilisation war nicht mit einem Ortswechsel verbunden, wie es in Südwestasien und Ägypten der Fall gewesen war. In China stützte sich die Jungsteinzeitkultur nicht auf Schwemmland, sondern auf einen Gürtel verhältnismäßig hoch liegenden Lößbodens, den der Wind herangeweht und in Kansu und dem Becken des Wei, eines Nebenflusses des Gelben Flusses, abgelagert hatte sowie weiter östlich entlang der Wasserscheide zwischen dem Gelben Fluß und den Flüssen Han und Wei; und dies war auch der Ort, an dem die Nachfolgerin der neolithischen Kultur von Lungschan, die Schangkultur, entstand. Ihre Schöpfer erschlossen nicht das Schwemmland der Talböden für die Kultivierung und Besiedlung; eine Wasserregulierung in der Art der Sumerer und Ägypter wurde erst rund tausend Jahre später ein wesentliches Merkmal der chinesischen Wirtschaft.

In dieser Hinsicht war der Unterschied zwischen dieser neuen Zivilisation und der vorangegangenen neolithischen weniger radikal als in Sumer. Es gab allerdings eine gemeinsame und vergleichbare Veränderung: die scharfe Differenzierung zwischen Herrschern und Untertanen. Die Königsgräber in Anyang, der letzten Hauptstadt der Schangdynastie, ähneln denen der ersten Dynastie von Ur, obwohl diese über tausend Jahre älter sind. Auch die Schanggräber sind prunkvoll und mit reichen Totengaben einschließlich Menschenopfern versehen. In Sumer hatte der wachsende Reichtum infolge der Kultivierung des Schwemmlandes einer kleinen Oberschicht ermöglicht, in Luxus zu leben und zu sterben; in China gab es den gleichen Unterschied zwischen Armen und Reichen ohne eine ähnliche Quelle des Wohlstandes.

Beim Anbruch der Zivilisation in China gab es auch Neuerungen, die an jene erinnern, die das anscheinend schlagartige Entstehen der Zivilisation im Indusbecken und in Ägypten begleiteten; und in China scheint diese Plötzlichkeit darauf hinzudeuten, daß auch dort die Zivilisation durch einen Anstoß von außen zustande kam, im Gegensatz zu der offensichtlich autonomen Entwicklung der sumerischen Zivilisation.

Eine dieser plötzlichen Neuerungen war die Verwendung des Pferdewagens, der in oder nach dem achtzehnten Jahrhundert v.Chr. aus der eurasischen Steppe in das China der Schangzeit gekommen sein muß; eine zweite der Gebrauch der Schrift. Die Schrift der Schangdynastie ist zweifellos ebenso wie die ägyptischen Hieroglyphen von der sumerischen Keilschrift inspiriert, ein Einfluß, der sehr weitläufig und indirekt gewesen sein kann. Die chinesischen Buchstaben zeigen wie die ägyptischen Hieroglyphen einen ausgeprägten eigenen Stil; aber die Struktur der Schrift ist sumerisch, und diese Struktur – ein unlogisches und schwerfälliges Nebeneinander von Bild- und Lautzeichen – ist zu eigentümlich, als daß sie unabhängig voneinander an drei verschiedenen Orten hätte erfunden werden können. Eine dritte Neuerung war die Verwendung von Bronze zum Gießen von Werkzeugen, Waffen und Opfergefäßen; und auch diese Kunst dürfte aus dem Westen nach China eingeführt worden sein. Der Stil der Schangbronzen wie der Schangschrift ist schon unverkennbar chinesisch, die Bronzegefäße sind kunstvoll, und ihre Technik ist hochentwickelt. Es ist denkbar, daß sie auf neolithische hölzerne Vorbilder zurückgehen, die keine Spuren hinterlassen haben; doch diese Hypothese (mehr ist es nicht) würde nur den künstlerischen Stil erklären, nicht aber die plötzliche Übernahme von Material und Technik.

Die Schangbronze hat einen hohen Anteil von Zinn – siebzehn Prozent –, und die dem Becken des Huangho nächsten Zinn- und Kupferquellen liegen in Malaya und Jünnan. Aber die Techniken der Legierung von Kupfer und Zinn und des Gießens können nicht vom Süden her eingeführt worden sein. Die früheste südostasiatische Bronzekultur – nach dem Fundort in Nordvietnam »Dong Son« genannt – ist nicht älter als die zweite Hälfte des letzten Jahrtausends v.Chr. Indessen können die beiden Metalle, auch wenn die Technik ihrer Bearbeitung anderswoher gekommen ist, aus dem Süden in das Huanghobecken importiert worden sein; denn die Schangkultur hatte auch Komponenten tropischen Ursprungs neben den Elementen der Jungsteinzeitkultur Nordchinas und denen, die über die eurasische Steppe von Westen nach Nordchina gelangten. Dazu gehörte der Anbau von Reis, Weizen und Hirse, der Wasserbüffel neben dem gewöhnlichen Rind und eine der zwei Schweinerassen.

Der Wasserbüffel und die Reispflanze müssen zuerst in einer tropischen Sumpfregion von einer Gemeinschaft kultiviert worden sein, die kulturell auf gleicher Höhe mit den neolithischen Vorläufern der Schangkultur in Nordchina gestanden hat. Doch es gibt keine Spuren einer neolithischen Vorschangkultur in der tropischen Zone Asiens südlich des Beckens des Gelben Flusses. Die dem Huangho am nächsten gelegene Regionalzivilisation war die des Indusbeckens; aber das Indusbecken und das des Huangho liegen nicht nur geographisch weit auseinander, sondern sind auch durch eine Reihe von Gebirgsketten getrennt, und es spricht auch nichts dafür, daß sich die Induszivilisation nach Osten und Süden in die Teile Indiens verbreitet hatte, in denen heute Reis, nicht Weizen das Hauptgetreide ist.

So bleibt die Quelle der tropischen Elemente der Schangzivilisation ein Rätsel. Der chinesischen Tradition zufolge verdankt das ganze jetzige China südlich des Huangho und erst recht das heutige Vietnam seine Kultur ausschließlich der »Sinifizierung«, teils durch Assimilierung der einheimischen Bevölkerung, teils durch Einwanderung von chinesischen Siedlern aus dem Norden. Diese Überlieferung kann nicht ohne weiteres als chauvinistisches Vorurteil abgetan werden; sie wird vielmehr dadurch bestätigt, daß es noch bis in das vorige Jahrhundert Enklaven einer kulturell rückständigen, nichtassimilierten Ureinwohnerschaft in einigen schwer zugänglichen Hochlandgebieten im südlichen Teil des Jangtsebeckens gab. Andere überlebende Urvölker leben auch jetzt noch an der Grenze des heutigen China zu seinen südöstlichen Nachbarn. Die Region, in der Reis und Wasserbüffel zum erstenmal domestiziert wurden, muß noch gefunden werden.

Während die Schangzivilisation entstand, begann in Mittelamerika die erste »formative« Kulturphase. Wir können diese mit der Jungsteinzeit der

Alten Welt vergleichen, wenn wir uns vor Augen halten, daß die entscheidende Leistung des Neolithikums nicht die Erfindung der Schleiftechnik, sondern die des Ackerbaus war. Um 1500 v.Chr. wurde das archaische Zeitalter, in dem die Bewohner Mittelamerikas Sammler und Jäger waren, von einem neuen, »formativ« genannten abgelöst, in dem sie begannen, sich vom Ackerbau zu ernähren. Die Züchtung von Mais ist mit hoher Sicherheit eine Erfindung des vorkolumbischen amerikanischen *Homo sapiens*. Es scheint jedoch in Mittelamerika eine Periode des Stillstandes gegeben zu haben, die in der Wirtschaftsgeschichte der Alten Welt kein Gegenstück hat, nämlich zwischen der Kultivierung einer Getreidepflanze und der Einführung eines Wirtschaftssystems, in dem diese Pflanze als Hauptnahrungsmittel diente. In der Alten Welt erfolgte der Übergang von der aneignenden zur produzierenden Wirtschaftsweise offenbar sofort, nachdem die Kultivierung von Getreidepflanzen gelungen war. Der rätselhafte Entwicklungsstillstand in Mittelamerika muß eine Dauer von mindestens tausend, vielleicht sogar zweieinhalbtausend Jahren gehabt haben. Diese unterschiedliche Entwicklung, die Ursache für die relative technische und wirtschaftliche Rückständigkeit der vorkolumbischen amerikanischen Kulturen, bleibt ohne Erklärung.

14

DIE VÖLKERWANDERUNG IN DER ALTEN WELT UM 1250 BIS 950 V.CHR.

Im Verlauf der drei Jahrhunderte von 1250 bis 950 v.Chr. wurden alle Regionalkulturen der Alten Welt, von der minoischen und der mykenischen in der Ägäis bis zur Schangkultur im Huanghobecken in China, von barbarischen Völkerstämmen angegriffen; und diese Angriffswellen führten zu großen Veränderungen. Auch Aggressoren, die zurückgeschlagen worden waren, gewannen schließlich durch »friedliche Durchdringung« den Boden, den sie mit Waffengewalt nicht hatten erobern können. Eine umfassende Umwandlung der Karte der Alten Welt war die Folge. Die ältesten Kulturen waren entkräftet, einige der jüngeren zerstört, und zahlreiche neue Kulturen bildeten sich neben den Trümmern der alten. Diese Völkerwanderung hatte eine umwälzendere Wirkung als die vorangegangene im achtzehnten Jahrhundert v.Chr.; und die zeitgenössischen dokumentarischen Nachweise, die wir dafür in Ägypten haben, sind einzigartig, denn sie werfen Licht auch auf den Verlauf und das Ergebnis der Völkerwanderung in anderen Regionen. Die gleichzeitige Dokumentation aus der Ägäis stimmt mit der ägyptischen überein – doch sie ist stumm. Die ägyptische nämlich verrät Daten und Namen, die man den keramischen Funden und den Spuren der Zerstörungen in der Ägäis nicht entnehmen kann. Für den weiteren Osten ist die ägyptische Dokumentation der Geschichte der Völkerwanderung ebenfalls aufschlußreich, doch nicht so klar.

Um 1220 v.Chr. griffen die Libyer (Libu), unterstützt von den Maschwesch und anderen Berberstämmen und verstärkt von fünf »Seevölkern«, Ägypten von Westen her an und erreichten die Nordwestecke des Nildeltas, ehe sie von König Merenptah (1224-1214 v.Chr.) zurückgeschlagen wurden. Das war nicht einfach ein Raubzug, auch keine militärische Invasion, sondern der Versuch einer Einwanderung, denn die Eindringlinge brachten ihre Frauen und Kinder, ihr Vieh und ihre bewegliche Habe mit. Eins der fünf abgewehrten Seevölker waren die Luka, die sicherlich aus dem südwestlichen Kleinasien kamen; ein anderes die Achäer, entweder vom griechischen Festland oder von Kreta, wo sich zu diesem Zeitpunkt mindestens einer ihrer Stämme festgesetzt hatte. Die übrigen drei Seevölker waren die Scheklesch, Scherden und Turscha, die ungefähr fünf Jahrhunderte später als Sikuler, Sarden und Tyrrhenoi (Etrusker) wieder erscheinen; aber die westlichen Siedlungsgebiete dieser Völker waren möglicherweise nicht ihre Heimatländer, aus denen sie um 1200 v.Chr. gewandert waren; sie könnten dort Zuflucht gesucht und gefunden haben, nachdem es ihnen mißlungen war, sich in Ägypten niederzulassen.

In einer retrospektiven Inschrift, in der Merenptah seine militärischen Leistungen aufzählt, erwähnt er nicht nur seinen überwältigenden Sieg über die Libyer, sondern hebt auch hervor, daß »Chatti befriedet« ist, Kanaan geplündert und teilbesetzt und Israel vernichtet. Daraus ist zu entnehmen, daß damals das Reich der Hethiter noch nicht unterworfen war und daß diese auch noch nicht versucht hatten, die Grenze zwischen der hethitischen und der ägyptischen »Besatzungszone« in Syrien zu überschreiten, die 1270 v.Chr. vereinbart worden war. Die Erwähnung Israels besagt, daß die Wanderung von Arabien nordwärts schon begonnen hatte, eine Wanderung, die nicht nur die Stämme Israel und Juda nach Kanaan brachte, sondern auch die gleichfalls semitisch sprechenden Chaldäer in den Südwesten von Sumer und ein weiteres semitisch sprechendes Volk, die Aramäer, weit nach Norden bis zum Nordende des großen Rifttales in der heutigen Türkei, nach Osten bis zur Westgrenze von Assyrien und südöstlich bis zum Ostufer des Tigris und zum Westhang der iranischen Hochebene.

Im Jahre 1194 und abermals 1188 v.Chr. wehrte König Ramses III. (1198-1167 v.Chr.) neue Einbrüche aus dem Westen ab. Bei diesen Gelegenheiten wurden die Berber offenbar nicht von den Seevölkern unterstützt; diese griffen vielmehr Ägypten unabhängig von Nordosten an; und wieder scheint es sich nicht um einen Raubzug, sondern um den Versuch einer Einwanderung gehandelt zu haben. Von einer Operationsbasis in der Ägäis näherten sie sich gleichzeitig zu Lande und zu Wasser, durch Kleinasien und Syrien und entlang ihren Küsten. Sie vernichteten das hethitische Reich und verwüsteten sein Kernland Chatti. Dann errichteten sie einen neuen Stützpunkt im Amor, einem nach den um 2000 v.Chr. aus Arabien vorgestoßenen Amoritern benannten Landstrich, der wahrscheinlich am Südende der ehemaligen syrischen Besitzungen der Hethiter lag.

Ramses III. verteidigte nur zum Schein die ägyptischen Besitzungen in Südsyrien und in Palästina, wo sich damals vermutlich schon die Israeliten und Aramäer festgesetzt hatten; er konzentrierte sich auf die Abwehr zur See und rettete im achten Jahr seiner Regierung Ägypten durch einen Seesieg vor der Nordostecke des Nildeltas. Aber diese Niederlage auf dem Wasser hielt die Seevölker nicht davon ab, zu Lande von Amor gen Süden zu ziehen und sich an den Küsten der ehemaligen asiatischen Besitzungen Ägyptens niederzulassen.

In ägyptischen Berichten sind die libyschen Anführer der Wandervölker vermerkt, die 1220 v.Chr. von Merenptah und 1188 v.Chr. von Ramses III. abgewehrt wurden. Ihre Namen sind vergessen, nicht aber der des Moses, der nach der jüdischen Überlieferung die Israeliten aus Ägypten nach Transjordanien führte, ein Zug, der die Eroberung und Besiedlung der syrischen Landstriche durch die Israeliten einleitete. Die Historizität des biblischen Moses ist durch die ägyptischen Berichte nicht erwiesen; es erscheinen darin mindestens zwei Ägypter namens Mose. In dieser Form scheint der Name die abgekürzte Form eines zusammengesetzten theophonischen Namens gewesen zu sein mit den Endsilben »mose« oder »messe«, während der Wortstamm einen Gott bezeichnet – die bekanntesten Beispiele sind Ah-mose (Amosis), Thutmosis (Thothmes) und Ramesse (Ramses). Nach der Bibel war Moses in Ägypten aufgewachsen und Monotheist; und wenn an dieser Überlieferung etwas Wahres ist, dann wäre die wahrscheinlichste vollständige Form seines Namens Aton-Mose, denn die Atonverehrung war der einzige monotheistische Kult im pharaonischen Ägypten, von dem wir wissen.

Nach der nachträglichen Verdammung Echnatons durch die Priesterschaft konnte man nicht ungestraft einem Ägypter einen Namen geben, der mit »Aton«, dem Namen der Sonnenscheibe, verbunden war. Die Überlieferung erzählt jedoch, daß Moses vor dem Auszug der Israeliten eine Zeitlang außerhalb Ägyptens gelebt hatte; und wenn überhaupt irgendwo, dann könnte die Religion Echnatons in einem solchen Lande außerhalb der ägyptischen Gesetzgebung fortgelebt haben. Und weiter berichtet die Überlieferung, Moses habe nach dem Exodus mit einem Gotte namens Jahwe verhandelt, ein Name, der vorher den Israeliten unbekannt gewesen sein soll. Man hat versucht, ihn mit »Leben« oder »lebenspendend« zu übersetzen, und dies waren Attribute des Aton.

Die Überlegungen lassen vermuten, daß Moses eine wirkliche Person war. Selbst wenn er nicht die Israeliten aus Ägypten geführt hat, könnte er einen ägyptischen kulturellen Hintergrund gehabt haben. Die Geschichtlichkeit des Moses wird durch einige offensichtlich legendäre Züge nicht in Frage gestellt: Es gibt genug unbestritten historische Figuren, die man mit legendären Sagenhelden gleichgesetzt hat. Es besteht zum Beispiel kein Zweifel über die Geschichtlichkeit von Kyros II., dem Gründer des perischen Achämenidenreiches, doch die Legende von der wundersamen Bewahrung des Helden vor einer höchst gefährlichen Bedrohung in seiner Kindheit kommt in den Berichten über die Jugend sowohl des Kyros als auch des Moses vor.

Die Ägypter hatten ihr Land vor der Eroberung durch eindringende Barbaren bewahrt, aber diese Abwehrkämpfe hatten viel Kraft gekostet. Das Land war erschöpft. Im Jahre 1087 v.Chr. zerfiel das Reich wieder in zwei Staaten (ein sicheres Zeichen der Schwäche Ägyptens), von denen der eine von Theben regiert wurde, der andere von Tanis in der Nordostecke des Deltas.

Die bemerkenswerteste Folge von Ägyptens Schwächung durch Kampf gegen die Seevölker war die Herrschaft, die die Libyer schließlich in einem allmählichen Prozeß »friedlicher Durchdringung« in Ägypten errichteten. 945 v.Chr. ging die Doppelkrone an Pharaonen einer neuen, der zweiundzwanzigsten Dynastie, die sich selbst »Fürsten der Maschwesch« nannten. Wir wissen nicht, ob es die Nachkommen von Gefangenen der Kriege von 1220, 1194 und 1188 v.Chr. waren oder von libyschen Zivilisten, die mit Zustimmung der Behörden Einlaß gefunden hatten. Jedenfalls scheint die Übernahme der Pharaonenregierung durch die Maschwesch friedlich und durch eine Übereinkunft zwischen libyschen Söldnern und der ägyptischen Priesterschaft vonstatten gegangen zu sein. Die Libyer respektierten die Autonomie von vier Tempelstaaten – nicht nur von Theben, das seit 1087 v.Chr. dem Oberpriester des Amun-Rê unterstand, sondern auch von Heliopolis, Memphis und Letopolis, das von Priestern der Götter Rê, Ptah und Horus beherrscht wurde.

So erlag Ägypten schließlich der barbarischen Völkerwanderung. Die Libyer, von den Ägyptern mindestens dreimal nachdrücklich geschlagen, sooft sie in Waffen erschienen waren, etablierten sich in Ägypten als Kriegerkaste in Partnerschaft mit den einheimischen Priestern.

Die Auswirkungen der Völkerwanderung auf die anderen Länder müssen wir, soweit sich nicht die ägyptischen Dokumente auch auf diese erstrecken, aus archäologischen Funden erschließen, denn dort gibt es nur eine retrospektive literarische Dokumentation, die auf Grund mündlicher Überlieferung niedergeschrieben wurde. In der ägäischen Region steht diese Form des historischen Berichts in zahlreichen Punkten mit den archäologischen Zeugnissen in Widerspruch, was die Überlieferung in Frage stellt, ohne daß wir aber der Wahrheit näher kommen. Die Geschichte der Völkerwanderung in der Ägäis von 1250 bis 950 v.Chr. gibt uns noch viele Rätsel auf, die von der archäologischen Forschung bis jetzt nicht gelöst werden konnten.

Sie hat nachgewiesen, daß die Stadt Mykene, außerhalb der befestigten Burg gelegen, vor dem Ende des dreizehnten Jahrhunderts v.Chr. geplündert wurde. Um 1200 v.Chr. wurden alle mykenischen Burgen mit Ausnahme der Akropolis in Athen gebrandschatzt und die Stadt Mykene ein zweites Mal um 1150 v.Chr. Andererseits haben wir keine archäologischen Nachweise für ähnliche Zerstörungen in Kreta oder Thessalien. Das östliche Attika und die Ägäischen Inseln scheinen unversehrt geblieben zu sein, ebenfalls die Ionischen Inseln und die angrenzende Nordwestecke des Peloponnes, wo Flüchtlinge, die ihre angestammte mykenische Kultur mitbrachten, Zuflucht fanden. Ausgrabungen bekunden ferner, daß im Laufe des zwölften Jahrhunderts v.Chr. Flüchtlinge in aufeinanderfolgenden Wellen Zypern besetzten. Zwischen diesen archäologischen und den gleichzeitigen ägyptischen schriftlichen Zeugnissen besteht kein Widerspruch, denn Ramses III., der uns berichtet, daß die Wanderung der Seevölker, der er Halt geboten hatte, von den Ägäischen Inseln ausging, sagt nicht, daß die Inseln selber zerstört worden seien, aber daß Zypern eins der Länder war, das die Wanderer auf ihrem Wege nach Ägypten verwüstet hatten.

Die Mykener hatten die minoische Kultur zerschlagen, und nun fiel ihre eigene Kultur der Vernichtung anheim. Nach der Völkerwanderungskatastrophe von 1200 v.Chr. hört das Schrifttum in der Ägäis auf. Eine Silbenschrift, durch eine der ägäischen Linearschriften angeregt oder sogar von ihr übernommen, wird in Zypern zur Übermittlung der griechischen Sprache verwendet, die vermutlich im zwölften Jahrhundert von mykenischen Einwanderern mitgebracht wurde. Und hier überlebte diese Schrift die Einführung des phönizischen Alphabets und blieb neben diesem bis zum dritten Jahrhundert v.Chr. im Gebrauch. In Kreta und auf dem griechischen Festland gerieten die ägäischen Schriften in Vergessenheit, bis man sie in unserem zwanzigsten Jahrhundert ausgrub und die Linear-B-Texte entzifferte. Die Schrift war nicht die einzige Errungenschaft, die in Griechenland mit dem Untergang der mykenischen Kultur verlorenging; auch Baumeister und Steinmetzen übten ihr Handwerk nicht mehr aus; es wurden keine Lampen mehr hergestellt, und es herrschte eine allgemeine Verarmung. Das Gold verschwand, und man gab den kunstvollen Kleiderstil auf, den die Mykener den Minoern nachgemacht hatten. Nach der Zahl der Wohnstätten des dreizehnten und zwölften Jahrhunderts v.Chr. zu schließen, muß auch die Bevölkerung des ehemaligen mykenischen Kulturkreises jäh abgenommen haben mit Ausnahme einiger Gebiete, die von Flüchtlingen bewohnt wurden.

Wir haben keine schlüssigen Beweise, daß die zerstörten Gebiete, aus denen die Bewohner geflohen waren, von den Zerstörern besetzt wurden. Wenn es die Seevölker waren, so sind sie weitergezogen, um in anderen Regionen weiter östlich und südlich nach Beute zu suchen, so wie es uns die ägyptischen Dokumente berichten. Während des zwölften und des elften Jahrhunderts v.Chr. scheint der Süden des Peloponnes (Messenien und Lakonien) so gut wie verlassen gewesen zu sein; doch bis um 1050 v.Chr. behielten die wenigen überlebenden Bewohner der zerstörten Gebiete die mykenische Kultur in einer degenerierten Form bei. Zu diesem Zeitpunkt machte sich eine neue Kultur mit deutlichen eigenen Zügen im Bereich der erloschenen mykenischen Kultur bemerkbar.

Wir wissen, daß die Kolonisierung Ioniens (des Mittelteils der kleinasiatischen Westküste) durch Siedler aus Griechenland im zehnten Jahrhundert v.Chr. begann; aber es gibt keinen archäologischen Nachweis für die Ankunft des einen nordwestlichen Dialekt des Griechischen sprechenden Volkes, das man nachträglich die Dorer nannte. Ihre Wanderung ist aus der Dialektkarte der griechisch sprechenden Welt im letzten Jahrtausend v.Chr. ersichtlich. Demnach erstreckt sich die Zone des nordwestgriechisch sprechenden Volkes diagonal vom Epirus im Nordwesten in südöstlicher Richtung zum Dodekanes und der Südwestecke Kleinasiens.

Der Zug des nordwestgriechisch sprechenden Volkes gen Südosten kann kaum später als im zehnten Jahrhundert v.Chr. stattgefunden haben; und die archäologischen Beweise für das Nachleben des mykenischen Stils in dem Gebiet, das um 1200 v.Chr. zerstört wurde, schließt nicht die Möglichkeit aus, daß die sogenannte dorische Wanderung schon im zwölften Jahrhundert erfolgte. Barbarische Eindringlinge können ihre Spuren verwischen, indem sie die materielle Kultur ihrer höherstehenden Opfer übernehmen.

In der Ägäis ging die Zerstörung durch die Völkerwanderung von 1250 bis 950 v.Chr. bis zum Äußersten. Es gibt zahlreiche Beispiele dafür, daß ein Volk eine Schrift gegen eine andere getauscht hat; aber der totale Verlust des

Schrifttums in der Ägäis um 1200 v.Chr. ist einmalig und läßt uns die Katastrophe ermessen, die ihn verursachte. Der Kultur Kleinasiens ging es besser. Obwohl das hethitische Reich wie die mykenischen Fürstentümer vernichtet wurde, blieben Nachfolgestaaten in Nordsyrien bestehen. Deren Bewohner gebrauchten weiterhin eine luvische Hieroglyphenschrift, die vor der Völkerwanderung in Kleinasien erfunden worden war.

Der Untergang des hethitischen Reiches hatte eine bleibende Folge von weltweiter Bedeutung: Er beendete die hethitische Sperre gegen die Verbreitung der Schmiedeeisentechnik, der Herstellung eines neuen Metalls, das so hart wie Bronze war. Diese Technik scheint in Kleinasien erfunden worden zu sein. Als die Griechen ins Schwarze Meer vorstießen, schrieben sie die Erfindung einem legendären Volk zu, den Chalybern an der Nordküste Kleinasiens. Dieses Land hatte nie zum hethitischen Reich gehört; aber die Hethiter brachten es fertig, die Erfindung zu monopolisieren und als Staatsgeheimnis für sich zu behalten. Die hethitischen Könige schenkten manchmal ausländischen Herrschern Gegenstände aus Eisen als kostbare Gaben, und außerhalb ihres Reiches galt Eisen als Edelmetall.

An sich ist die Herstellung von Waffen und Werkzeugen aus gehärtetem Schmiedeeisen umständlicher und schwieriger als die von Bronzegeräten von gleicher Härte. Der Grund für den Übergang von der Bronze zum Eisen bestand darin, daß man Eisenerz fast überall finden konnte (mit solchen bemerkenswerten Ausnahmen wie das Schwemmland des unteren Euphrat-Tigris-Beckens); wohingegen Kupfererz selten, Zinnerz sehr selten war. Da Bronze eine Legierung von Kupfer und Zinn ist, beruht ihre Herstellung auf der Möglichkeit, Metallbarren über längere Strecken zu transportieren; und in Zeiten und an Orten, wo die Verkehrswege darniederlagen, wurde infolgedessen dem Eisen der Vorzug gegeben.

Dies geschah in der Ägäis nach der Katastrophenserie im zwölften Jahrhundert v.Chr.; und da Kleinasien vor der Tür lag, überrascht es nicht, daß man, zuerst in Athen um 1050 v.Chr., Eisen zur Anfertigung von Waffen und Werkzeugen zu verwenden begann. Hier blieb es in den nächsten zwei Jahrhunderten das bevorzugte Material; doch als sich die Verkehrsverbindungen wieder besserten, kam Bronze für besondere Zwecke neben dem Eisen erneut in Gebrauch. In Ägypten hingegen verdrängte das Eisen das Kupfer als Material für Werkzeuge erst im siebenten Jahrhundert v.Chr. Die Ägypter hatten die Seevölker abgewehrt; ihre Lebensweise war nicht durcheinandergeraten, und sie waren seit der Reaktion auf den Umsturz nach dem Untergang des Alten Reiches konservativ geblieben. Im pharaonischen Ägypten wurde mehr Stein gehauen als irgendwo anders und zu jeder anderen Zeit; aber die Steinbearbeitung wurde größtenteils mit Werkzeugen aus unvermischtem Kupfer vorgenommen, und die Ägypter konnten sich nicht einmal mit der Bronze so recht befreunden.

Das Huanghobecken lag weit entfernt von den frühesten Kulturstätten Vorderasiens; doch die Chinesen waren schon im fünfzehnten Jahrhundert v.Chr. Meister der Bronzebearbeitung, denn sowohl Kupfer- als auch Zinnvorkommen lagen in erreichbarer Nähe. Dies erklärt vielleicht zum Teil, weshalb in China das Eisen die Bronze als Grundmaterial für Waffen und Werkzeuge erst im vierten Jahrhundert v. Chr. ersetzte.

Die Wanderungen der Chaldäer, Israeliten und Aramäer aus Arabien in den fruchtbaren Norden scheinen sich über einen langen Zeitraum hingezogen zu haben. Die Israeliten waren schon vor dem Ende der Regierung König Merenptahs, d.h. vor 1214 v.Chr., in Palästina. Assyrien war von der Völkerwanderung von 1250 bis 950 v.Chr. nicht so stark betroffen wie von der vorangegangenen im achtzehnten Jahrhundert v.Chr., als es unter die Oberhoheit der Mitanni fiel. Zur Zeit der zweiten Völkerwanderung konnte es seine Unabhängigkeit bewahren. Die Seevölker überquerten in ihrer verheerenden Wanderung, die 1291 v.Chr. endete, nicht den Euphrat, der auch zusammen mit dem Taurus und dem Antitaurus ein Hindernis für die Phryger in ihrem Vormarsch auf Assyrien war.

Indiens Geschichte in der Zeit von 1250 bis 950 v.Chr. ist nicht bekannt. Die das Ursanskrit sprechenden Invasoren können schon ein Vierteljahrtausend früher das Indusbecken betreten und die Induskultur zerstört haben; möglicherweise aber auch erst um 1250 v.Chr., bedrängt und nach Indien getrieben von Wanderern aus der eurasischen Steppe.

Im Huanghobecken wurde die Schangdynastie von ihren früheren Vasallen, den Tschou, gestürzt und ersetzt – nach der kanonischen Chronologie 1122 v.Chr., nach einer anderen Rechnung, die dem wirklichen Zeitpunkt näherzukommen scheint, im Jahre 1027 v.Chr. Die Tschou fielen in die nordchinesische Ebene ein aus dem Wei-Talbecken, einem Nebenfluß des Huangho – das heißt aus der Richtung, aus der in früheren Zeiten China kulturelle Elemente über die eurasische Steppe aus westlichen Regionen empfangen haben könnte. Aber es ist nicht nachgewiesen, daß die Tschou weitere kulturelle Neuerungen mitbrachten. Der politische Übergang von der Schang- zur Tschoudynastie bewirkte keinen Bruch der kulturellen Kontinuität, wie es in Griechenland beim Sturz der mykenischen Fürstentümer der Fall gewesen war. Die Tschou waren offenbar Chinesen oder wurden jedenfalls vollständig assimiliert, bevor sie die Schang verdrängten; und die Künste des Schreibens und des Bronzegusses überdauerten nicht nur den Herrschaftswechsel, sondern entwickelten sich weiter.

Überdies scheint der Einbruch der Tschou auch keine unmittelbare Veränderung in der politischen Struktur der chinesischen Gesellschaft herbeigeführt zu haben. Das archäologische Material über die Schangdynastie enthält nicht nur Altertümer, sondern auch Dokumente, nämlich die Inschriften auf den »Orakelknochen«. Die Ausgrabungen von Anyang, der letzten der fünf Hauptstädte, bezeugen, daß diese Dynastie die herrschende Macht im Huanghobecken in der Anyangzeit war; man hat bis jetzt noch keine Stätte gefunden, die der Sitz einer rivalisierenden Macht der gleichen Größenordnung hätte sein können. Bei Tschengtschou, ungefähr einhundertfünfzig

Kilometer südwärts, soll eine frühere Hauptstadt existiert haben. Die Inschriften auf den »Orakelknochen« bekunden jedoch, daß die Schang in der Furcht vor Feinden gelebt haben – eine Furcht, die durch die Ereignisse gerechtfertigt wurde.

Wir kennen den Umfang des Schangreiches oder seiner politischen Einflußsphäre nicht, aber offensichtlich war seine Verfassung nicht die eines Reiches mit einer von einer Zentralregierung kontrollierten Provinzialverwaltung wie beim Chinesischen Reich nach der politischen Einigung im Jahre 221 v.Chr. Die Tschou hatten immer nur ein kleines Territorium direkt beherrscht; zum größten Teil war ihr Reich eine Hegemonie über siebzig bis neunzig autonome Vasallenstaaten. Es war sogar in seiner Blütezeit schwach, gemessen an dem zentralistischen Regime späterer Zeiten in China. Andererseits kann es, mit seinem Schangvorgänger verglichen, wahrscheinlich stark genannt werden, denn die Tschou regierten, wenn auch indirekt, die chinesische Welt ihrer Tage. Die Schang hatten vermutlich ihre Nachbarn nur durch Raubzüge beherrscht, die zu keiner institutionellen Verbindung zwischen der Herrschermacht und den halb unabhängigen Gemeinschaften führte, die sie terrorisierte, aber auch fürchtete.

15

DIE ENTSTEHUNG DER OLMEKENZIVILISATION IN MITTELAMERIKA

Die Völkerwanderung, die von 1250 bis 950 v.Chr. über die Alte Welt vom Mittelmeer bis zum Huangho hereinbrach, berührte Amerika nicht; doch zur gleichen Zeit trat in mindestens einem Abschnitt Mittelamerikas ein historisches Ereignis ein. Um 1250 v.Chr. entwickelte sich aus der »formativen« Kulturphase – in ihrem frühen und mittleren Stadium das Gegenstück der Neuen Welt zur Jungsteinzeit der Alten Welt – eine Zivilisation auf einer dschungelbewachsenen Hochebene namens San Lorenzo über dem Tal des Coatzacoalcos, des Flusses, der den nördlichen Teil des Isthmus von Tehuantepec in den Golf von Mexiko entwässert. Das ist der unseres Wissens älteste Sitz der ältesten bekannten Zivilisation in Amerika, von ihren Entdeckern nach einem Indianerstamm Olmekenzivilisation genannt.

In San Lorenzo hatte diese Zivilisation noch kein Schrifttum hervorgebracht, doch eindrucksvolle Werke der Baukunst und Bildhauerei. Die Olmeken erweiterten ihre Kultstätte durch Umgestaltung der Landschaft in großem Maßstabe. Ihre charakteristischen Bildwerke in San Lorenzo und auch an späteren Stätten sind gewaltige, rundplastische Menschenköpfe aus Basalt, der über fünfundsiebzig Kilometer weit herangeschleppt werden mußte. Diese Denkmäler sind die sichtbaren Zeichen einer Autorität, die imstande gewesen sein muß, in hohem Maße menschliche Kunstfertigkeit und Arbeitskraft religiösen Zwecken dienstbar zu machen. Der oberste Gott der Olmeken wird als eine Kreuzung von Mensch und Jaguar dargestellt; die Verehrung dieses Gottes war offenbar die treibende geistige Kraft, die solche Leistungen ermöglichte, und wir dürfen annehmen, daß diese zum Teil auf freiwilliger Arbeit von Gläubigen beruhten. Zum anderen Teil müssen aber auch ungläubige Kriegsgefangene zu diesen Arbeiten herangezogen worden sein, denn das olmekische San Lorenzo wurde mit einer Gewaltsamkeit zerstört, die von dem Haß der Zerstörer Zeugnis ablegt.

In San Lorenzo dauerte die Blütezeit der Olmekenzivilisation von 1150 bis 900 v.Chr., bevor sie dort gewaltsam vernichtet wurde, während sie an anderen, dem Golf von Mexiko näher gelegenen Orten ungefähr von 800 bis 400 v.Chr. ihren Höhepunkt hatte und nicht erlosch, ohne ihren Einfluß auf die Kultur zahlreicher anderer Teile Mittelamerikas ausgeübt zu haben.

Die späteren Phasen der Olmekenzivilisation werden zusammen mit ihrem Gegenstück in den Anden, der Chavinzivilisation, im 21. Kapitel behandelt. Wir können jedoch schon hier einige überraschende Ereignisse der Funde von San Lorenzo festhalten. Zunächst ist die Entstehung einer großen Kultur nur zweihundertfünfzig Jahre nach einer örtlich begrenzten Kultur in ihrer formativen Phase ebenso verblüffend wie die Zeitspanne von mindestens tausend und möglicherweise sogar zweitausendfünfhundert Jahren zwischen dem Zeitpunkt der Maiskultivierung in Mittelamerika und dem Zeitpunkt um 1500 v. Chr., an welchem dieses Getreide in Mittelamerika zum Grundnahrungsmittel wurde und der Übergang vom Sammeln und Jagen zum Ackerbau erfolgte. Zweitens scheint San Lorenzo – im Gegensatz zu späteren Stätten der Olmekenkultur an anderen Orten – nicht nur ein Kultplatz gewesen zu sein, sondern eine ständige Siedlung mit vielleicht tausend Bewohnern. Drittens hatte die Kultur der Olmeken in San Lorenzo schon 1150 bis 900 v.Chr. die künstlerische und technische Höhe erreicht, die sie an ihren späteren Stätten beibehielt.

Inzwischen breitete sich die formative Kultur, die in Mittelamerika um 1500 v.Chr. entstanden war, besonders nach Süden aus. Um 800 v.Chr., als die Olmekenzivilisation im Tiefland am Golf von Mexiko in Erscheinung trat und die Chavinzivilisation in Mexiko , war die formative mittelamerikanische Kultur – einschließlich der Maiskultivierung und der Kunst der Töpferei – schon von Mittelamerika bis Peru vorgedrungen. Der Anbau von Mais in Peru sowie im heutigen Kolumbien und Ecuador war zweifellos von Mittelamerika her beeinflußt, denn dort wurde er erstmalig kultiviert. Doch wann immer er nach Peru kam, sicher ist, daß die Peruaner damals schon den Ackerbau für sich entdeckt hatten, unabhängig von Mittelamerika und von der Alten Welt. Zwei der von ihnen kultivierten Pflanzen – die Kartoffel und die Quinoa – konnten auf den peruanischen Hochebenen angebaut werden und auf den künstlich terrassierten Hängen der sie überragenden Berge. An keinem anderen Ort der Ökumene ist je Ackerbau in solchen Höhenlagen betrieben worden.

16

DIE SUMERISCH-AKKADISCHE WELT UND ÄGYPTEN VON 950 BIS 745 V.CHR.

Die Kulturen von Sumer-Akkad und von Ägypten hatten die meisten ihrer großen schöpferischen Leistungen auf allen Gebieten menschlicher Tätigkeit vor dem Ablauf des dritten Jahrtausends v.Chr. vollbracht. Um das Jahr 2000 v.Chr. verloren sie ihren Vorrang als die beiden einzigen Kulturen der Ökumene. Andere regionale Kulturen waren neben ihnen entstanden, und jene zwei ältesten waren von Katastrophen heimgesucht worden. Beide jedoch hatten sich vor dem Beginn des dritten Jahrtausends wieder erholt und bewiesen eine Zähigkeit und Standfestigkeit, kraft derer die sumerisch-akkadische Kultur bis über den Beginn des christlichen Zeitalters hinaus, die ägyptische bis in das fünfte Jahrhundert n.Chr. bestehen konnte.

Im 13. Kapitel ist von der Rolle die Rede gewesen, welche die beiden Hochkulturen in der Förderung von Beziehungen zwischen den regionalen Kulturen Vorderasiens gespielt haben. In der Zeit des Neuen Reiches hielt die pharaonische Kultur ein kosmopolitisches Imperium zusammen, das als kultureller Schmelztiegel wirkte. Zur gleichen Zeit war die akkadische Sprache in der sumerischen Schrift das Medium, das den literarischen Werken sumerischen Ursprungs die klassische Form gab, in der diese Werke zu einem Bestandteil des Kulturerbes von Regionen jenseits der sumerisch-akkadischen Welt wurden. Das Akkadische war auch die Diplomatensprache der Zeit, nicht nur zwischen den Großmächten der Levante einschließlich Ägyptens, sondern auch zwischen der ägyptischen Regierung und ihren Vasallenstaaten in Palästina und Syrien.

Politisch waren Sumer und Akkad geschwächt von dem raschen Ende von Hammurabis Wiedererrichtung eines sumerisch-akkadischen Großreiches (1761-1753 v.Chr.), das auch Assyrien, Mari und Karkemisch umfaßt hatte. Auch Ägypten verfiel schließlich der politischen Ohnmacht, als es versuchte, die Angriffe der Libyer und der Seevölker in den Jahren von 1220 bis 1188 v.Chr. abzuweisen. In beiden dieser alternden Kulturen war es eine außerhalb gelegene Provinz, die ihre Lebenskraft bewahrte. Es wurde schon bemerkt, daß Assyrien, im achtzehnten Jahrhundert v.Chr. von den Mitanni unterjocht, im vierzehnten Jahrhundert v.Chr. als Militärmacht wiedererstand und daß es während der Völkerwanderung von 1250 bis 950 v.Chr., obwohl in die Defensive gedrängt, seine politsche Indentität und Unabhängigkeit behaupten konnte. Von 932 bis 745 v.Chr. führte Assyrien wieder Krieg gegen seine Nachbarn, wenn auch noch nicht mit der einseitigen Konzentration auf das Militärische, durch die es sich selber in seiner letzten

Phase, die mit der Thronbesteigung Tiglatpilesers III. im Jahre 745 v.Chr. begann, zum Untergang verdammte.

In der Zeit von 932 bis 745 v.Chr. war weder Sumer-Akkad noch Ägypten eine Hauptquelle kultureller Schöpferkraft oder auch nur ein wichtiger Umschlagplatz des Kulturaustausches. Diese Rollen wurden von den neuen regionalen Kulturen übernommen, die aus der letzten Völkerwanderung emporgestiegen waren – der syrischen, der hellenisch-griechischen, der wedisch-indischen und der chinesischen (obwohl es in China zwischen der Tschoudynastie und der vorangegangenen Schangdynastie eine stärkere Kontinuität gegeben hat als im Westen zwischen den neuen und alten Kulturen).

Sumer-Akkad, selbst politisch schon schwach, besaß noch genug kulturelle Ausstrahlung, um eine neue Provinz hinzuzugewinnen. Dies war Urartu (Armenien), die Region, aus der in der Völkerwanderung des achtzehnten Jahrhunderts v.Chr. sich die Churriter nach Mesopotamien und Syrien vorgewagt hatten. Die Urartäer (auch Chalder genannt) des letzten Jahrtausends v. Chr. stammten von Churritern ab, die daheim geblieben waren. Zu Beginn des neunten Jahrhunderts v.Chr. vereinten sich die einzelnen urartäisch-churritischen Gaue zu einem Königreich mit der Hauptstadt Tuschpa, an der Ostküste des Wansees gelegen. Vermutlich war Furcht vor der assyrischen Aggression der Grund für die Einigung gewesen. Tatsächlich drang Salmanassar III. im ersten Jahr seiner Regierung (858-824 v.Chr.) nach Urartu vor. Obwohl militärisch besser organisiert und gerüstet, gelang es Assyrien nie, Urartu zu erobern, denn es war, geschützt von Bergketten und dem Wansee, wie eine natürliche Festung und so gut wie uneinnehmbar. Noch 612 v.Chr., als Ninive von den Medern zerstört wurde, behauptete sich Urartu auf der politischen Karte Südwestasiens.

Militärisch war Urartu also der hartnäckigste Gegner Assyriens im letzten Jahrtausend v.Chr. Zugleich jedoch übernahmen die Urartäer im neunten Jahrhundert v.Chr. freiwillig die assyrische Kultur. Sie meißelten Inschriften in ihrer eigenen Churrisprache, doch in der assyrischen Version der akkadischen Form der sumerischen Schrift. Assyrien war der kulturelle Erbe von Sumer und Akkad, und dieses reiche und ehrwürdige Vermächtnis machte es kulturell wieder lebendig. Die Urartäer begnügten sich indessen nicht mit der passiven Übernahme einer fremden Kultur; in mindestens einer der Hauptkünste – der Baukunst – übertrafen ihre Baumeister und Steinmetzen die assyrischen Lehrer und erreichten fast das ägyptische Niveau, nicht an Mächtigkeit, aber an Präzision.

Für die assyrischen Aggressionen war die Richtung des geringsten Widerstandes nicht gen Norden oder Osten, sondern westwärts über Mesopotamien nach Syrien oder südwärts nach Babylonien hinein. Das Verhältnis der Kriegsstärke zwischen Babylonien und Assyrien hatte sich umgekehrt seit dem achtzehnten Jahrhundert v.Chr., als Hammurabi Assyrien unterwarf. Vom vierzehnten Jahrhundert v.Chr. an war Babylonien kein gleichwertiger

Gegner mehr für Assyrien, aber obwohl dieses wiederholt mit Babylonien Krieg führte und es zeitweilig besetzt hielt (wie zum Beispiel unter seinem König Tukulti-Ninurta), behandelten die Assyrer das Mutterland der gemeinsamen Kultur der beiden Länder mit Rücksicht und Respekt, bis Tiglatpileser III. 745 v.Chr. den Thron bestieg und der assyrische Militarismus gewalttätiger wurde als je zuvor.

In den Jahren von 932 bis 745 v.Chr. war das Hauptbetätigungsfeld der assyrischen Aggression der Westen. Zwischen 932 und 859 v.Chr. eroberte es die Niederlassungen der Aramäer östlich des Euphrat unmittelbar vor den westlichen Toren des assyrischen Kernlandes. Von 858 bis 856 v.Chr. sicherte Salmanassar III. seinem Reich den Zugang nach Syrien, indem er Bit Adini besetzte, ein aramäisches Fürstentum beiderseits des westlichen Euphratbogens; aber die gemeinsame Gefahr, die nunmehr die syrischen Kleinstaaten bedrohte, veranlaßte sie, ihre gegenseitigen Streitigkeiten hintanzustellen. 853 v.Chr. wurde Salmanassar von einer syrischen Koalition bei Qarqar am Fluß Orontes nördlich von Hamath besiegt. Er fiel erneut 849, 848 und 845 v.Chr. in Syrien ein; und der Zusammenbruch der antiassyrischen Koalition ermöglichte es ihm 841 v.Chr., Damaskus schwer zu schlagen und dessen ehemalige Verbündete zu zwingen, die assyrische Oberhoheit anzuerkennen. 831 v.Chr. jedoch stieß Salmanassar in Urartu auf Widerstand, und 827 v.Chr. wurde er in seinem Lande von einer Rebellion überrascht, die ihn und seinen Nachfolger Schamschi-Adad V. bis 822 v.Chr. im Innern des Landes festhielt. Die nunmehr zu einem machtvollen Staat vereinten Urartäer kämpften während der Regierungszeit ihres König Argisti I. (785-753 v.Chr.) erfolgreich mit Assyrien um die Herrschaft über Nordsyrien und Ostkilikien. 745 v.Chr. standen diese strategisch wichtigen Regionen nicht mehr unter assyrischer, sondern unter urartäischer Kontrolle.

Wenn auch der von Salmanassar III. unternommene Versuch scheiterte, Assyrien zur beherrschenden Macht in Vorderasien zu machen, so ist doch die militärische Stärke eindrucksvoll, die es von 943 bis 853 v.Chr. bewies. Seine wirtschaftliche Grundlage war ein Gürtel reichen Ackerlandes zwischen dem linken Tigrisufer und dem südwestlichen Fuß des Zagrosgebirges. Dieses fruchtbare Herz Assyriens war größer als das Ackerland um Napata, der Ernährungsgrundlage der Militärmacht Kusch, aber weitaus kleiner als der kultivierte Boden in Babylonien. Zudem hatte Assyrien nicht wie Babylonien und Kusch eine künstliche Bewässerung, sondern war auf Regenfälle angewiesen, wenn die Ernten gedeihen sollten. In Assyrien gab es noch Landstriche, in denen der in der Jungsteinzeit erfundene, von Regenfällen gespeiste Ackerbau betrieben wurde wie vor der Erschließung des Schwemmlandes des unteren Euphrat-Tigris-Beckens. Dieser Umstand wirft die Frage auf, ob nicht die Machtverlagerung stromaufwärts, erst von Sumer nach Akkad und dann weiter nach Assyrien, wenigstens teilweise in einem Verfall des Bewässerungssystems begründet war, das einst aus Sümpfen und Einöden die fruchtbaren Felder von Sumer und Akkad geschaffen hatte.

Bewässerungsanlagen können von Menschenhand beschädigt werden, durch Kämpfe innerhalb des Staates oder durch Angriffe von außen; aber auch die Natur kann sie durch Salzablagerungen unfruchtbar machen, die das Berieselungswasser mit sich trägt oder die aus dem Untergrund kommen. Diese Tücke der Natur hat auch einige moderne Bewässerungsanlagen getroffen, so im Pandschab und in Mexiko. Und was die zerstörerischen menschlichen Aktionen betrifft, so gab es sie in der sumerisch-akkadischen Geschichte von Anfang an in Hülle und Fülle.

Im Niltal war die Natur fürsorglicher. Bis zum Bau des ersten Staudamms von Assuan im Jahre 1906 n.Chr. lagerte der Nil in jedem Jahr eine frische Schicht fruchtbaren Schlamms ab; und weder die Natur noch der Mensch hatte die Macht, diese Gabe zu zerstören. War die Künstlichkeit und die daraus folgende Anfälligkeit des Bewässerungssystems an Euphrat und Tigris der Grund für Sumers und Akkads Fall und Assyriens Aufstieg? Wir wissen nicht genug, um darauf eine direkte Antwort geben zu können; aber die Frage wird sicher indirekt durch die Tatsache beantwortet, daß nach dem Niedergang Assyriens das Nachbarland Babylonien weiterhin ertragreich genug war, die wirtschaftliche Grundlage für eine lange Reihe von Reichen zu liefern, angefangen von Assyriens chaldäischem Nachfolgestaat bis zu dem abbassidischen Kalifat von 750 bis 1258 n.Chr., zu denen neben Babylonien auch weniger fruchtbare Länder gehörten.

17

DIE SYRISCHE ZIVILISATION VON 1191 BIS 745 V.CHR.

Jede menschliche Kultur, die es einmal gab, hat auf den Lauf der menschlichen Geschichte eingewirkt. Auch der Einfluß erloschener Kulturen kann noch stark sein. Die fortdauernde Wirkung der sumerisch-akkadischen und der ägyptischen Hochkulturen sind Beispiele; erloschene Kulturen wirken jedoch indirekt nach. Unter den noch lebenden Kulturen trat eine, die chinesische, etwa in der Mitte des sechsten Jahrtausends v.Chr. in Erscheinung; eine andere, die indische, könnte ungefähr zur gleichen Zeit die vorhergehende Induskultur zerstört und verdrängt haben. Von den neuen Kulturen, die aus den von der Völkerwanderung von 1250 bis 950 v. Chr. hinterlassenen Trümmern hervorgingen, ist eine, die hellenische, jetzt ausgelöscht, doch die Kultur, die gleichzeitig in Syrien (im weitesten geographischen Sinne) entstand, wird noch heute durch die jüdische Kultur repräsentiert.

Die Juden haben nicht nur überlebt; sie haben auch wie die Chinesen und Inder ein Schrifttum hervorgebracht und bewahrt, dessen älteste Zeugnisse vermutlich aus dem zehnten Jahrhuntert v.Chr. stammen. Der Korpus der jüdischen Literatur ist bei weitem die größte und berühmteste Quelle für die religiöse, politische und soziale Geschichte nicht nur von Juda und Israel, sondern auch des syrischen Kulturkreises im ganzen. Andere, von den jüdischen heiligen Schriften (dem »Alten Testament« in christlicher Terminologie) unabhängige Zeugnisse sind erst kürzlich von der Archäologie ans Licht gebracht worden; sie sind zwar aufschlußreich im einzelnen, doch spärlich und bruchstückhaft. Die jüdischen heiligen Schriften hingegen sind ausführlich und umfassend; und ohne sie würde man beim Studium der syrischen Kulturgeschichte im dunkeln tappen. Aber diese unentbehrliche Quelle würde in die Irre führen, nähme man sie als direktes historisches Dokument, und zwar aus zwei Gründen: die heiligen Schriften erzählen die Geschichte vom Standpunkt von nur zwei Gemeinschaften des syrischen Kulturkreises, und sie geben diese naturgemäß tendenziöse Version nicht in ihrer ursprünglichen Form wieder. Seit den Tagen, da die ältesten Bücher des Alten Testaments geschrieben wurden , hat die jüdische Religion einschneidende Veränderungen erfahren. Die Texte sind immer wieder revidiert worden, um sie der These anzupassen, daß Veränderungen keine Neuerungen waren, sondern die Rückkehr zum ursprünglichen Glauben.

So geben die heiligen Schriften in der Form, wie sie uns jetzt vorliegen, ein Selbstbildnis von Juda und Israel und ein Bildnis ihrer Nachbarn, die beide nicht wahrheitsgetreu sind. Das Bild kann nur teilweise richtiggestellt werden, indem man die »innere Wahrheit« der Schriften kritisch prüft und mit dem nur kleinen, wenn auch wachsenden Vorrat von Dokumenten vergleicht, die von der archäologischen Forschung zutage gefördert werden. Eine Gemeinschaft, die überlebt und die Erzählung einer umstrittenen Geschichte monopolisiert hat, ist in einem unschlagbaren Vorteil gegenüber anderen Gemeinschaften, die ausgestorben sind und keine anderslautenden Versionen derselben Geschichte hinterlassen haben. Gäbe es entsprechende Schriften der Phönizier oder Philister, würden sie zweifellos in verblüffendem Maße von den jüdischen abweichen.

Diese Schriften, so wie wir sie jetzt besitzen, verfechten mehrere Leitsätze, die von den Zeitgenossen Israels und Judas in Syrien während und nach der Zeit, in der sich diese beiden Gemeinschaften dort niederließen, nicht akzeptiert worden wären. Heute sind diese haltbar nur noch für orthodoxe Anhänger des jüdischen Glaubens oder einer seiner beiden Tochterreligionen, des Christentums oder des Islams. Die erste These lautet, daß es Jahwe gibt, den Gott der Juden, und daß er der alleinige wahre Gott ist, der allmächtige Schöpfer und Herr des Universums. Die zweite These postuliert, daß Jahwe die Israeliten in einem besonderen Sinn zu seinem Volk erwählte und diese Erwählung durch einen Vertrag oder eine Reihe von Verträgen mit den Israeliten bekräftigte. Sie ihrerseits und ihre Vorväter waren monotheistische Anbeter Jahwes seit Abrahams Zeit (vielleicht das achtzehnte Jahrhundert v.Chr.), obwohl er ihnen seinen Namen bis zu Moses' Zeit (vielleicht das dreizehnte Jahrhundert v.Chr.) nicht enthüllte.

Weder die Kulturgeschichte Syriens noch die Geschichte der Menschheit kann von einem Historiker in der Terminologie dieser Thesen interpretiert werden. Doch auch der Historiker muß das Alte Testament als seine Hauptquelle für die syrische Kulturgeschichte benutzen – ein unglückseliger Zustand, da dieses Kapitel der syrischen Geschichte eine nachhaltige Wirkung auf die spätere Geschichte fast der halben Menschheit hatte.

In der Völkerwanderung von 1250 bis 950 v.Chr. hatte Syrien ebenso schwer wie Kleinasien und die Ägäis zu leiden. Die materielle Zerstörung und die Veränderung in dem Gefüge der Völker waren gleicherweise katastrophal. Schneller jedoch als die beiden anderen Regionen erholte sich Syrien von den Schlägen der Invasoren. Fast zweitausend Jahre lang nahm Syrien Einflüsse der sumerisch-akkadischen wie der ägyptischen Kultur auf, so daß es nicht dazu kam, eine eigene Kultur zu entwickeln. Erst als Ägypten und Babylonien einen großen Teil ihrer Vitalität verloren hatten, aber noch vor dem Beginn der großen Umwälzung in Vorderasien um 1250 v.Chr. regten sich in Syrien die heimischen Schöpferkräfte. Die Phönizier schufen die Ansätze eines eigenen Alphabets, das so erfolgreich war, daß es in verschiedenen Abwandlungen zur Schrift der ganzen Welt mit der Ausnahme Ostasiens werden sollte.

Um 1500 v.Chr. oder sogar früher wurden Inschriften in der sogenannten

Sinaischrift in die Felswände der ägyptischen Bergwerke im Westen der Halbinsel Sinai gekratzt, und ähnliche Schriftzüge hat man in Südsyrien gefunden. Von den Versuchen, diese Texte zu entziffern – in der Annahme, man habe es mit einer Buchstabenschrift in einer semitischen Sprache zu tun –, ist noch keiner allgemein anerkannt; aber wenn es eine Buchstabenschrift ist, dann könnte sie auch der gemeinsame Ahne des phönizischen wie des südsemitischen Alphabets im südwestlichen Arabien (Jemen) sein.

Einige Buchstaben der Sinaischrift sehen aus, als seien sie von ägyptischen Hieroglyphen inspiriert. Im letzten Drittel des vierzehnten Jahrhunderts v.Chr. schrieben die Phönizier in Ugarit (heute Ras Schamra) am Nordende der syrischen Küste literarische Werke in ihrer Sprache und in einem Alphabet, das aus einigen Typen des umfangreichen sumerisch-akkadischen Repertoires von Bild- und Lautzeichen zusammengesetzt ist. Dieser erste phönizische Versuch einer Lautschrift überdauerte die Völkerwanderung von 1250 bis 950 v.Chr. nicht. Die früheste bekannte Inschrift in dem danach erfundenen phönizischen Alphabet, von dem alle gegenwärtigen Formen der alphabetischen Schriften abstammen, ist wahrscheinlich nicht älter als aus dem elften Jahrhundert v.Chr. Dieses erfolgreiche phönizische Alphabet war von den ägyptischen Hieroglyphen angeregt worden, was man aus den Namen und aus der ursprünglichen Form einiger Buchstaben ableiten kann. In ihrem historisch gewordenen (wie schon in dem früheren, verkümmerten) Alphabet nahmen die Phönizier die Buchstaben aus einer Schrift, die eine Mischung von Bildzeichen und Silbenlautzeichen war; doch jedesmal bedeutete die entlehnte Buchstabengruppe eine Lautgruppe, die alle Konsonanten der eigenen kanaanitisch-semitischen Sprache der Phönizier enthielt.

Die Geschichte des Alphabets zeigt, daß es semitisch sprechende Völker waren, die diese große Kulturleistung erbrachten. Das erste dieser schriftkundigen Völker waren die Akkader, und ihre geographische Lage führte unvermeidlich dazu, daß sie die sumerische Schrift übernahmen. Doch eine Schrift, die aus einer Mischung von Bild- und Lautzeichen besteht, paßt nicht zur Struktur einer semitischen Sprache. Die Wurzel eines semitischen Wortes besteht aus drei aufeinanderfolgenden Konsonanten, und dieser Stamm bleibt der gleiche in allen Modifikationen durch Hinzufügung von Vor- oder Nachsilben oder durch das Einsetzen oder Weglassen von Vokalen. Demzufolge verlangt eine semitische Sprache eine Schrift, in der die Buchstaben alle Konsonanten wiedergeben und das Alphabet auf wenige Buchstaben beschränkt ist, die diesen begrenzten Lautvorrat bezeichnen.

Wir wissen nicht, welche Sprache von den paläolithischen Höhlenbewohnern des Karmelgebirges oder von den neolithischen Gründern Jerichos gesprochen wurde. Aber keine nichtsemitische Sprache hat in Syrien Spuren hinterlassen; und Einflüsse nichtsemitisch sprechender Völker – Churriten im achtzehnten, Philister und flüchtende Hethiter im zwölften Jahrhundert v.Chr. – wurden durch den Zustrom neuer Schwärme von semitisch sprechenden aufgewogen – zum Beispiel von Amoriten gegen Ende des dritten

Jahrtausends oder von Hebräern und Aramäern im dreizehnten Jahrhundert v.Chr. Das Kanaanitische, die älteste semitische Sprache in Syrien, war weit verbreitet; es wurde sowohl von Einwanderern übernommen, deren Muttersprache eine nichtsemitische war – wie den Philistern –, als auch von Völkern, die eine nichtkanaanitische semitische Sprache mitbrachten. Die Amoriten und nach ihnen die Hebräer (aus Moab, Ammon, Israel, Juda und Edom) übernahmen alle das Kanaanitische, obwohl vermutlich die Hebräer ursprünglich eine andere semitische Sprache besaßen, der Sprache der Aramäer verwandt, die in derselben Völkerwanderung nach Syrien kamen. Nur die Aramäer, die in Mittel- und Nordsyrien und in Mesopotamien siedelten, erwiesen sich als resistent gegen das Kanaanitische. Sie eigneten sich zwar rasch das Alphabet an (die frühesten aramäischen Inschriften werden auf 850 v.Chr. geschätzt), doch sie benutzten es nicht, um kanaanitisch zu schreiben – wofür es doch erfunden war –, sondern um ihre eigene Sprache auszudrücken.

Ein gemeinsamer Zug der Kultur, die in Syrien nach der Völkerwanderung von 1250 bis 950 v.Chr. entstand, war also der Gebrauch des Alphabets zur Übermittlung der einzelnen semitischen Sprachen; und unter diesen blieb die der Kanaaniter bis etwa 750 v.Chr. vorherrschend. Ein weiteres Merkmal des syrischen Kulturkreises war seine Religion. Schon früh im zweiten Jahrtausend v. Chr. war Syrien ein Ackerbauland geworden, und einwandernde Hirtennomaden verwandelten sich bald in Bauern, wenn sie sich dort niederließen. Die Festtage des jüdischen liturgischen Jahres gelten heute als Gedenkfeiern für – authentische oder legendäre – Ereignisse der israelitischen Geschichte; es ist ihnen jedoch deutlich anzumerken, daß sie ursprünglich Feiern der jährlich wiederkehrenden Phasen des Arbeitslebens einer bäuerlichen Gemeinschaft waren.

In den meisten bäuerlichen Gemeinschaften auf der ganzen Erde herrschte der Brauch, die Fruchtbarkeit durch sexuellen Sympathiezauber zu stimulieren, und dies war auch in Syrien noch im letzten Jahrtausend v.Chr. der Fall. Ein weiterer Ausdruck der bäuerlichen Religion, die Syrien mit andern Ländern gemeinsam hatte, waren der Mythos und der Kult des Gottes, der bei der Ernte stirbt und wieder lebendig wird, wenn im nächsten Jahr die Saat aufgeht. Der sterbende und auferstehende Gott wurde Tammuz (»echter Sohn«) in Sumer und Akkad, Attis in Kleinasien, Osiris in Ägypten und Adonai (»mein Herr«) in Syrien genannt (letzterer ist identisch mit dem Baal von Ugarit im vierzehnten Jahrhundert v.Chr.). Dieser Glaube muß einen gemeinsamen Ursprung gehabt haben, denn die Ähnlichkeiten zwischen den verschiedenen regionalen Versionen sind zu groß, als daß sie zufällig sein könnten.

In allen Zivilisationen bis zum heutigen Tag sind Menschenopfer in Form von Kriegen gebracht worden. Aber viele der Leute, die den Krieg glorifizieren, sind unlogischerweise schockiert von den Menschenopfern in Friedenszeiten, ob es sich nun um die Dienerschaft eines Königs handelt, die ihn in die Unterwelt begleiten sollte, oder um den Erstgeborenen eines Frommen, der durch dieses höchste Opfer seinen Gott günstig zu stimmen hoffte. Im pharaonischen Ägypten scheint es keine dieser nichtmilitärischen Formen des Menschenopfers gegeben zu haben; und in Sumer ist offenbar die Sitte der Tötung der Diener eines verstorbenen Königs nach der ersten Dynastie von Ur aufgegeben worden. Im letzten Jahrtausend v.Chr. war es in Syrien Brauch, Kinder lebendig zu verbrennen. König Mescha von Moab opferte einen Sohn, als um 850 v.Chr. seine Hauptstadt von einer feindlichen Koalition belagert wurde; König Ahab von Juda brachte unter ähnlichen Umständen Jahwe seinen Sohn dar, indem er ihn lebend verbrennen ließ; dasselbe tat sein Nachfolger Manasse (687-642 v.Chr.).

Ein religiöses Phänomen, das Syrien in diesem Jahrtausend mit anderen morgenländischen Regionen teilte, war auch die Figur des Propheten. (Das griechische Wort, eine Übersetzung des kanaanitischen Wortes »Nabi«, bedeutet »Verkünder«, nicht »Wahrsager«, wenn auch die Botschaft des Propheten ebenso eine Voraussage wie eine Anleitung sein kann.) Ursprünglich sprach und handelte ein »Nabi« im Zustand der Verzückung oder des »rasenden Mundes«. Das früheste Beispiel, das man aus Syrien berichtete, wurde von Wen Amun, dem ägyptischen Gesandten in Byblos, im Jahre 1060 v.Chr. bezeugt. Ein Höfling des Königs von Byblos bekam einen epileptischen Anfall, als der König ein Opfer darbrachte, und äußerte in diesem Zustand eine Wen Amun betreffende Anweisung, die dessen Auftrag eine neue Wendung gab. Am ersten Tage seiner Regierung gegen Ende des elften Jahrhunderts v.Chr. wand sich der israelitische König Saul mit einer Schar von Propheten in Krämpfen; und solche Anfälle ekstatischer Raserei wiederholten sich sein ganzes Leben lang.

Dieses syrische Phänomen hatte Entsprechungen in der hellenischen Welt. Der Prophet am Hofe des Königs von Byblos ist ein Gegenstück zu der Pythia, die in Delphi Orakel verkündete, und der Sibyllen, die in anderen hellenischen Stadtstaaten ähnliche Funktionen ausübten. Die Propheten, die mit Musik einhertobten und Saul mitrissen, ähneln einer hellenischen Bacchantenschar. Die gemeinsame Quelle dieses psychischen Phänomens in Syrien und der Ägäis mag in der Mitte von Kleinasien liegen. Hier wurden im vorchristlichen Zeitalter religiöse Zusammenkünfte der Anhänger der Göttin Kybele, Mutter und Gattin des Attis, mit ekstatischen Prophezeiungen zu den Klängen von Flöten und Zimbeln abgehalten; im zweiten Jahrhundert n.Chr. taten dies die Montanisten, und die tanzenden Mewlewijederwische in Konya führten die Tradition vom dreizehnten Jahrhundert n.Chr. bis zum Jahre 1925 fort, als die Türken sie vertrieben.

Politisch war Syrien in zahlreiche kleine Fürstentümer unterteilt, als es im fünfzehnten Jahrhundert v.Chr. dem ägyptischen Reich einverleibt wurde. Die erste Wirkung der Völkerwanderung von 1250 bis 950 v.Chr. war die Auflösung des lockeren syrischen Staatenbundes unter der Herrschaft einer ausländischen Macht. Die Kontrolle der Ägypter im Süden und die Kontrolle der Hethiter im Norden, die dort die ägyptische abgelöst hatte, brachen zusammen, und Syrien verfiel einer politischen Uneinigkeit, die noch weiter ging als die Zersplitterung in der Zeit vor dem ägyptischen Eroberer Thutmosis III. Die Invasoren, die sich während der Völkerwanderung in Syrien festsetzten, waren auch zu schwach, um zentralistische Nationalstaaten zu schaffen. Die Philister zum Beispiel errichteten fünf selbständige Stadtstaaten im Süden der Ebene an der Küste; die Israeliten, die das Hochland besetzt hielten, bestanden aus einzelnen Stämmen, die miteinander nur in der Verehrung ihres Nationalgottes Jahwe verbunden waren, jedoch geographisch getrennt durch uneroberte Enklaven, in denen die Kanaaniten ihre Unabhängigkeit bewahrten. Im Mittelabschnitt der Küste erhielten sich die alten phönizischen Stadtstaaten. Sie waren vor Eindringlingen durch das Libanongebirge geschützt, das damals noch nicht abgeholzt war. In Nordsyrien gründeten geflüchtete Hethiter mehrere kleine Fürstentümer. Auf diese Weise begann die syrische Kultur ihren Aufstieg in einem politischen Wirrwarr. Im elften und zehnten Jahrhundert v.Chr., als die Wandervölker allmählich zur Ruhe kamen, wurden nacheinander zwei Versuche unternommen, Syrien vom Süden her politisch zu einen, doch beide Versuche schlugen fehl.

Im elften Jahrhundert v.Chr. besiegten die Philister die israelitischen Stämme in ihrem Hinterland; doch obwohl sie gut gerüstet waren und ihre fünf Staaten gemeinsam vorgingen, gelang es ihnen nicht, die besiegten Israeliten ganz zu unterwerfen, weil sie nicht genug Truppen hatten. Sie raubten das Symbol der israelitischen Gottesverehrung, das zugleich die von ihrem Gott offenbarte Macht enthielt, die Bundeslade – sie war tragbar noch aus den Zeiten, da die Israeliten Nomaden gewesen waren –, und nahmen sie mit sich. Doch sie scheint in den Städten der Philister solche Panik ausgelöst zu haben, daß man sie bald wieder außer Landes schaffte. Materiell wurden die Israeliten dadurch geschwächt, daß man ihnen die Ausübung des Schmiedehandwerks verbot. Zwar durften sie ihre landwirtschaftlichen Geräte aus Metall behalten (hätte man sie der Möglichkeit beraubt, ihren steinigen Boden zu bearbeiten, wären sie nicht imstande gewesen, ihre Naturalsteuern zu entrichten); aber sie mußten sie in den Schmieden der Philister schärfen lassen, um zu verhindern, daß sie in Israel zu Waffen umgeschmiedet wurden. Daraufhin unterstellten sich die israelitischen Stämme dem Oberbefehl Sauls, eines Benjamiten; es war für sie eine umstrittene politische Neuerung und führte auch nicht unmittelbar zu ihrer Befreiung. Saul fiel in der Schlacht, und erst David vom Stamme Juda konnte die Philister endgültig schlagen und aus dem Lande treiben. Diese bewahrten ihre Unabhängigkeit bis 734 v.Chr., als der assyrische König Tiglatpileser III. über Philistia herfiel. Den Philistern war es nicht gelungen, Syrien unter ihrer Herrschaft politisch zusammenzuschließen.

Dies gelang den Judaiten unter Davids Führung teilweise und zeitweilig; sie einigten den Süden Syriens, Philistia ausgenommen, bis hin zum nördlichen Fuß des Antilibanon. Davids entscheidender Sieg über die Philister brachte ihm zugleich die Unterwerfung aller israelitischen Stämme, nachdem sie schon Saul als König anerkannt und damit ihr Einverständnis bekundet hatten, in einer Monarchie vereint zu werden. König David gewann die Freundschaft von Tyrus – die Phönizier hatten sich nie mit ihren südlichen eingewanderten Nachbarn, den Philistern, verbündet –; er gliederte die übrigen hebräischen Stämme, die Edomiter, Moabiter und Ammoniter, seiner Herrschaft ein und unterwarf die zwei aramäischen Fürstentümer Damaskus und Soba, was ihm wiederum die Freundschaft von Hamat eintrug, dem südlichsten hethitischen Fürstentum in Nordsyrien .

Es war David vergönnt, sein Reich seinem Sohn Salomo zu übergeben. Ihre Regierungszeit erstreckte sich insgesamt von 1000 bis 922 v.Chr. Aber das judäische Reich hatte wie das vorangegangene der Philister keinen Bestand. Israel und Juda waren zu klein, kulturell zu rückständig und zu ungünstig gelegen, um halten zu können, was David erobert hatte. Zu Salomos Lebzeiten revoltierten Damaskus und Edom erfolgreich, und nach seinem Tode fielen auch die nichtjudäischen Israeliten ab und gründeten ein eigenes Königreich. Israel war stärker als Juda, doch nicht stark genug, um zu verhindern, daß sich Ammon und Moab vom Reich lossagten. Das einzige, was von Davids und Salomos Reich außerhalb des Kernlandes übrigblieb, war der südlichste Landstreifen des Stammes Benjamin und die kanaanitische Stadt Jerusalem, die ehemalige Jebusiterfeste, die David erobert und zu seiner Hauptstadt gemacht hatte.

Eine bedeutsame dauernde Folge von Davids Reichsgründung war jedoch die politische und kulturelle Verschmelzung der bisher unabhängig gebliebenen kanaanitischen Enklaven inmitten der israelitischen Stammesterritorien. Die verbliebenen Kanaaniten hatten entweder an der Seite der Israeliten gegen die Philister gekämpft, oder sie waren von der militärischen Übermacht Davids überwältigt worden. Jedenfalls bildeten die Einverleibung der kanaanitischen Bevölkerung und das Bündnis mit den unabhängigen phönizisch-kanaanitischen Stadtstaaten den Schlußstein im Einigungsprozeß der Judaiten und Israeliten. Vom zehnten Jahrhundert v.Chr. an waren Juda und Israel vollständig in die neue Ordnung eingegliedert, die nach der Völkerwanderung in Syrien feste Gestalt annahm.

Während das Philister- und das judäische Reich kamen und gingen, erwiesen sich die gleichzeitigen kulturellen und wirtschaftlichen Leistungen der Kanaaniter als dauerhafter. Die Phönizier hatten das Alphabet erfunden und ein Kunstgewerbe entwickelt, das aus verschiedenen Stilelementen, hauptsächlich ägyptischen, bestand und zu einem wichtigen Exportartikel wurde. König Hiram von Tyrus ließ Salomo die künstlerische und technische Unterstützung zukommen, die er für seinen neuen Jahwetempel in Jerusalem brauchte. Die beiden Könige begannen auch gemeinsam im Indischen Ozean Seehandel zu treiben, der von Salomos Hafen an der Bucht von Akaba ausging. Zu dieser Zeit war das arabische Kamel schon domestiziert worden, ein historisches Ereignis, das die Nomaden der arabischen Wüstensteppen für ihre seßhaften Nachbarn noch bedrohlicher machte als zuvor; doch zugleich wurde die Wüste selber leichter durchquerbar, so daß sich die syrische Kultur über Arabien bis zum fruchtbaren Hochland in der Südecke der Halbinsel ausdehnen konnte.

Der kulturelle Einfluß Syriens reichte durch Salomos und Hirams gemeinsame Seeschiffahrt durch das Rote Meer in den Indischen Ozean bis in den Jemen. Wir wissen nicht, ob die Königin von Saba tatsächlich Salomo besucht hat; doch auch wenn die berühmte Geschichte nicht authentisch ist, können im zehnten Jahrhundert v.Chr. Handelsbeziehungen zwischen Syrien und dem Jemen angeknüpft worden sein. Das Rote Meer wurde jetzt ein syrisches Gewässer, nachdem es zweitausend Jahre lang ein ägyptisches Meer gewesen war.

Vor dem Ausgang des zehnten Jahrhunderts begannen Israeliten und Judaiten mit der Abfassung einer geschriebenen Literatur in der kanaanitischen Sprache, die in phönizischer Schrift niedergelegt wurde. Das jüdische Schrifttum umfaßt zahlreiche Gattungen: Mythos, Liturgie, weltliche Poesie, Gesetzgebung, sprichwörtliche Weisheit und die Äußerungen der Propheten. Die historischen Berichte über die Taten Davids und Salomos scheinen auf den offiziellen, mit den Ereignissen fast gleichzeitigen Verlautbarungen zu basieren. Die Weissagungen eines Propheten dürften von seinen Schülern, nicht von ihm selber aufgezeichnet worden sein; und ein Buch dieses Genres, das sich großen Ansehens erfreute wie das Buch Jesaja, kann von späteren anonymen Autoren, die des ursprünglichen Propheten Namen benutzten, erweitert worden sein. Die historischen Teile der Thora (Pentateuch) und die Bücher der Propheten sind literarische Originalwerke der Israeliten und Judäer.

Einige Mythen der Thora – die Geschichte der Sintflut zum Beispiel – sind sumerischen Ursprungs, von den Akkadern und Kanaaniten übermittelt. Die sogenannten mosaischen Gesetze sind die Abwandlung eines sumerisch-akkadischen Gesetzbuches, von denen neuerdings babylonische, assyrische und hethitische Versionen gefunden worden sind. (Die babylonische Fassung ist der Codex Hammurabi.) Die Entdeckung von phönizischen literarischen Texten in ugaritischer Schrift aus dem vierzehnten Jahrhundert v.Chr. hat gezeigt, daß die Psalmen im Stil einer älteren kanaanitischen Hymnensammlung gehalten und die Kapitel sieben bis elf des Buches der Sprüche Salomos kanaanitischen Ursprungs sind. Andere Sprüche in diesem Buch geben fast wörtlich Maximen aus der *Weisheitslehre des Amenemhet* wieder, einem ägyptischen Werk, das wahrscheinlich im vierzehnten Jahrhundert v.Chr. unter dem Einfluß früherer ägyptischer Bücher der gleichen Art abgefaßt wurde. Wir können vermuten, daß diese ägyptischen Sprüche über die Phönizier zu den Israeliten gelangten.

Es bestanden also sowohl Handels- als auch literarische Beziehungen zwischen den syrischen Staaten im nachsalomonischen Zeitalter. Ein guter

Teil des Schrifttums, das die politischen Grenzen passierte, war religiöser Art, und daraus erklärt sich vielleicht die Gleichförmigkeit der Liturgien, mit denen die örtlichen Gottheiten verehrt wurden. Jede Gemeinschaft hatte ihren eigenen Gott, dem die Bürger die höchste Verehrung zukommen ließen, was sie indessen nicht hinderte, auch an die Macht der Nachbargötter zu glauben.

Fremde Götter konnten Zutritt in die Domäne einer heimatlichen Gottheit erlangen, wenn der König sich mit einer ausländischen Prinzessin vermählte. Solche diplomatischen ehelichen Verbindungen stellten freundschaftliche Beziehungen zwischen den Staaten her. Salomo nahm sich zahlreiche fremdländische Frauen in der Hoffnung, dadurch sein Reich zu stützen, das dennoch zusammenbrach. Diese angeheirateten Frauen durften ihre eigenen Götter mitbringen mit allen dazugehörigen Priestern und Propheten. Das hat Salomo zwar Mißbilligung nach seinem Tode eingetragen, doch zu Lebzeiten keine Empörung der Jahwegläubigen seines Landes. König Ahab von Israel (869-850 v.Chr.) hingegen stieß, als er den Gott Baal (»der Herr«) seines sidonischen Weibes Jezabel mit dessen Priestern und Propheten nach Samaria einließ, auf den heftigen Widerstand des Propheten Elias, obwohl auch er nur der internationalen Sitte folgte. Des Elias Nachfolger Elisa führte einen Aufstand gegen Ahabs Sohn Jehoram bei der in Gilead an der Grenze zwischen Israel und Damaskus stationierten israelitischen Armee herbei und salbte den Kommandeur Jehu zum König, der daraufhin ein Blutbad anrichtete, dem Jehoram, die Königinmutter Jezabel, die Angehörigen der königlichen Familie und des Hofstaates, einige Besucher aus dem Hause David von Juda und alle israelitischen Anbeter des sidonischen Baal zum Opfer fielen.

Diese »Liquidation« der Familie Ahabs durch Jehu, von Elisa angestiftet, ist ein Beispiel für die Macht der syrischen Propheten, die sogar Könige fürchten mußten. Ihre Raserei wurde als Beweis dafür angesehen, daß sie göttlich inspiriert waren, so daß ein König, der einem Propheten Trotz bot, die öffentliche Meinung gegen sich aufbrachte, während sich die Propheten nicht scheuten, aktiv in die Politik einzugreifen. Elisa hatte bereits in Damaskus eine Revolte angezettelt, ehe er die in Israel inszenierte.

Es muß seit dem elften Jahrhundert v.Chr. auch in anderen syrischen Gemeinschaften außer Israel und Juda Propheten gegeben haben; sie konnten wie Händler, Königsbräute und deren Götter Staatsgrenzen überschreiten. Elias war in Phönizien tätig, Elisa hatte Zugang nach Damaskus; und Amos war ein Judäer, der in Israel wirkte.

Vorgeblich war der Streit zwischen Elias und Ahab ein religiöser. Jahwe sollte in Israel nicht nur Vorrang gegenüber fremden Göttern haben, er sollte ausschließlich verehrt werden. Aber die Schriften der Propheten aus dem achten Jahrhundert v.Chr. deuten auch an, daß sich hinter der religiösen Terminologie wirtschaftliche und soziale Konflikte verbargen. Die wachsenden Wechselbeziehungen zwischen den einzelnen Staaten der syrischen Welt auf den verschiedensten Ebenen menschlicher Tätigkeit hatten Spannungen und Unzufriedenheiten im Innern jener Staaten zur Folge, die wirtschaftlich und sozial rückständig waren. In diesen – zum Beispiel in Israel – eiferte die herrschende Klasse dem phönizischen Lebensstil nach, in dem der Handel wichtiger war als der Ackerbau und der Reichtum zum Maß aller Dinge wurde. Das Ergebnis war eine geradezu revolutionäre Veränderung in der Verteilung des Wohlstandes zum Nachteil der armen Mehrheit der Bevölkerung. Dies geht unmißverständlich aus den Schriften des Propheten Amos hervor, der in der ersten Hälfte des achten Jahrhunderts v.Chr. tätig war.

Zu Amos' Zeit wurde die soziale Krise in der syrischen Welt durch die zweite große Leistung der Phönizier noch unterstrichen. Im elften Jahrhundert v.Chr. hatten sie das Alphabet erfunden; nun, als die Spannungen mit ihren Nachbarstaaten zwischen 827 und 745 v.Chr. vorübergehend nachließen, begannen sie, mit Sardinien, Nordwestafrika und Südspanien Handel zu treiben und an den Südküsten des westlichen Mittelmeeres Kolonien zu gründen. Diese wirtschaftliche Entwicklung und der darauf gegründete Reichtum mögen in den phönizischen Staaten selber zu Verteilungsproblemen und Unruhen geführt haben. Amos' Schriften bezeugen die sozialen Rückschläge in Israel, die aus der Nachahmung der Phönizier durch die israelische Oberschicht entstanden.

So ist es wahrscheinlich, daß sich die Propheten von Israel und Juda, deren Äußerungen schriftlich niedergelegt sind, nicht nur mit Religion befaßten, sondern vor allem mit sozialer Gerechtigkeit . Schon in dieser frühen Kultur also waren Religion und Politik nur verschiedene Aspekte einer einzigen Sache.

18

DIE HELLENISCHE ZIVILISATION VON 1050 BIS 750 V.CHR.

In den drei Jahrhunderten bis 750 v.Chr. hatten die Syrer das Alphabet erfunden, die Küsten des westlichen Mittelmeeres entdeckt und kolonisiert und beachtliche Werke der Literatur hervorgebracht, darunter die erste Aufzeichnung der Weissagung eines Propheten. Waren die Hebräer und Aramäer noch Analphabeten gewesen, als sie sich in Syrien niederließen, so übernahmen sie schnell die neue Schrift ihres kanaanitischen Gastvolkes, und es gibt keinen Beweis dafür, daß die Kanaaniter die akkadische Sprache in der sumerischen Schrift aufgegeben hatten, bevor sie in ihrer eigenen Sprache mit einer neuen, selbsterfundenen Schrift zu schreiben begannen. Im Gegensatz dazu haben die Griechen offenbar nach der Katastrophe von 1200 v.Chr. aufgehört, in der Linearschrift B zu schreiben, und sich das Alphabet der Phönizier nicht vor etwa 750 v.Chr. zu eigen gemacht, ungefähr zwei Jahrhunderte später als die Hebräer und Aramäer. Sie waren also fast vierhundertfünfzig Jahre Analphabeten.

In der Geschichte der Ägäis sind diese viereinhalb Jahrhunderte dunkel in zweifacher Hinsicht: Es wurden keine schriftlichen Aufzeichnungen gemacht, und die materielle Kultur befand sich auf einem Tiefstand, verglichen mit der Blüte sowohl des vorangegangenen minoisch-mykenischen als auch des nachfolgenden hellenischen Zeitalters. Doch auch in diesen dunklen Jahrhunderten tasteten sich die Griechen auf dem Wege voran, der schließlich zu den großen Leistungen der hellenischen Kultur führte. Die Entwicklung des protogeometrischen und des geometrischen Stils in der Töpferkunst war das Vorspiel zu der hellenischen bildenden Kunst auf allen Gebieten; die mündlich vorgetragene epische Dichtung führte zu der gewaltigen griechischen und der von ihr inspirierten römischen Literatur. Zwar war die Ausbildung der Stadtstaaten als Regierungsform in der Ägäis in diesem Jahrhundert keine spezifisch griechische Leistung; es hatte sie schon zweitausend Jahre vorher in Sumer gegeben, und mindestens einer der phönizischen Stadtstaaten, nämlich Byblos, war fast so alt wie Nippur, Uruk oder Ur. Doch war es die besondere Form des Stadtstaates, von den Griechen in der Ägäis nach dem Untergang des mykenischen Zeitalters begründet, die schließlich zum Vorbild für das gesamte Mittelmeerbecken und auch für die Gebiete östlich des Euphrat wurde.

Die Entzifferung der in der Linearschrift B geschriebenen Dokumente aus der mykenischen Zeit hat den grundlegenden Unterschied zwischen dem Regierungssystem dieser Epoche und dem griechischen in der hellenischen

Epoche aufgezeigt. Die mykenisch-griechischen Fürstentümer waren Miniaturrepliken der Reiche von Sumer und Akkad und des pharaonischen Ägypten; sie wurden bürokratisch verwaltet von einem Berufsbeamtentum, das lesen und schreiben konnte. Doch waren sie weder groß noch reich genug, um ihren exotischen Verwaltungsüberbau zu tragen, und diese »Kopflastigkeit« war anscheinend eine der Ursachen ihres Untergangs. Die Stadtstaaten, die sich aus ihren Ruinen erhoben, waren den regionalen wirtschaftlichen Realitäten besser angepaßt. Der typische hellenische Stadtstaat war – und blieb es im ganzen Verlauf der griechisch-römischen Geschichte – eine kleine, auf der Landwirtschaft basierende Gemeinschaft, deren Radius man mühelos nach allen Seiten in einem etwa halbtägigen Spaziergang von dem Marktplatz und der Burg, die ihren Kern bildeten, abschreiten konnte. Wirtschaftlich waren diese Gemeinschaften fast vollständig Selbstversorger; der Außenhandel mit wenigen unentbehrlichen Gütern war minimal, und die Verwaltung war einfach. Ursprünglich wurde der Dienst an der Öffentlichkeit nicht bezahlt, und das hatte zur Folge, daß die politische Macht ausschließlich in den Händen der wohlhabenden Landbesitzer lag.

Der Unterschied zwischen einem mykenischen Fürstentum und einem frühhellenischen Stadtstaat ist auffallend, doch hat es auf der politischen Ebene offenbar keinen vorsätzlichen Bruch mit der Vergangenheit gegeben. Muten die Verwaltungen der mykenisch-griechischen Zeit wie bewußte Kopien der babylonischen, hethitischen und pharaonischen an, so erscheinen uns die Verwaltungen des hellenisch-griechischen Zeitalters wie unwillkürliche Anpassungen der Regierungsform an die wirtschaftlichen Verhältnisse der Region. Andererseits weist das Auftreten des protogeometrischen Stils in der Töpferkunst auf einen bewußten neuen Anfang hin. Die Einführung abstrakter Schmuckformen war ein radikaler Bruch mit der minoisch-mykenischen Tradition, in der Tiere und Pflanzen das Hauptmotiv bildeten. Der ungegenständliche protogeometrische Stil entstand unvermittelt um 1050 v.Chr. an einem einzigen Ort, in Athen, von wo aus er sich schnell ausbreitete, wenn sich auch in einigen Teilen Griechenlands lokale Varianten des protogeometrischen und des darauffolgenden geometrischen Stils anscheinend unabhängig entwickelten. In Athen wurde gleichzeitig mit diesem plötzlichen Stilwandel und ebenso schlagartig die bisherige Sitte der Beerdigung durch die Feuerbestattung ersetzt; und zur selben Zeit verdrängte das Eisen die Bronze als Grundmaterial für Waffen und Werkzeuge. Die Gleichzeitigkeit dieser sprunghaften technischen und künstlerischen Veränderungen ist verblüffend. Lassen sie auf eine Strukturveränderung der Bevölkerung schließen? Bis jetzt hat die archäologische Forschung noch keine schlüssige Antwort auf diese umstrittene Frage geben können.

Die Schöpfung des neuen Stils – des protogeometrischen – in der Töpferkunst wurde durch eine technische Neuerung möglich, die Verwendung von Zirkel und Lineal, die vielleicht die Athener nicht erfunden, sondern von den Zyprioten zu einem Zeitpunkt übernommen haben, als Zypern und die Ägäis wieder miteinander in Verbindung getreten waren. Der technische Aspekt dieser Stilrevolution ist indessen nicht der bezeichnendste, wichtiger ist der ästhetische. Die athenischen Töpfer und Vasenmaler schufen die Schmuckformen eines Gefäßes im Verhältnis zu seiner Gestalt; beim Entwurf des Musters war ihr Hauptanliegen die Harmonie, und sie erreichten die künstlerische Wirkung, indem sie einfachen Motiven einen vollkommen klaren Ausdruck gaben. Diese drei spezifischen Züge der protogeometrischen und geometrischen griechischen Kunst blieben auch in allen nachfolgenden Epochen der hellenischen Geschichte, mit Ausnahme der letzten, für ihre Kunst charakteristisch. Das Streben nach Harmonie beherrscht noch die Haltung des Künstlers, als in der letzten Phase dieses Stils Darstellungen von Menschen und Pferden hinzutreten. Damals wurde die Reinheit des abstrakten Stils, der drei Jahrhunderte die ägäische Kunst beherrscht hatte, von dem Einfluß syrischer Kunstwerke bedroht, die mit menschlichen und tierischen Figuren dekoriert waren. Die geometrischen Vasenmaler zögerten, das Gleichmaß ihrer Entwürfe durch die Übernahme lebender Figuren zu stören, und wenn sie es schließlich doch taten, stilisierten sie diese, damit sie mit ihrer geometrischen Grundkonzeption harmonierten. Diese scheinbare Starre und Leblosigkeit der Figuren zeugt also nicht von Unvermögen, sondern von dem Streben des Künstlers nach Harmonie.

In den »dunklen« Jahren, die in der Ägäis auf die mykenische Epoche folgten, gab es in der bildenden Kunst wie in der Politik einen Bruch mit der Vergangenheit. Auch der Sänger und Dichter dieser Zwischenzeit war sich der mykenischen Vergangenheit bewußt; doch trachtete er danach, nicht mit ihr zu brechen, sondern sie als *Mise en scène* seiner Dichtung zu bewahren. Er konnte aber auf die Vergangenheit nur zurückgreifen, soweit sie seinen Hörern noch verständlich zu machen war in einer Gesellschaftsordnung, die sich langsam, aber stetig von Generation zu Generation veränderte. Die zeitgenössischen Hörer verlangten sowohl Archaismus als auch Anschaulichkeit, und der Dichter mußte beiden Forderungen nachkommen. Die Welt, die er heraufbeschwor, war eine phantasievolle Vereinigung einer Reihe von authentischen Welten; der Dichter verschmolz alle aufeinanderfolgenden Phasen des mykenischen Lebens zu einem trügerisch einheitlichen Bilde und kombinierte diese zum Teil sehr irreführende Darstellung der mykenischen Vergangenheit mit Zügen aus dem Leben späterer Generationen des dunklen Zeitalters. Diese Darstellung war eine *Tour de force*, und der Vortragende mußte versuchen, aus dem heterogenen Material ein harmonisches Kunstwerk zu schaffen, das seine Hörer überzeugend und annehmbar fanden.

Diese Anforderungen an die künstlerischen und psychologischen Kräfte des Dichters waren gewaltig, und seine Aufgabe wurde durch die nicht weniger mühevolle technische Aufgabe erschwert, seine Dichtung in einem kunstvollen Versmaß vorzutragen. Der Dichter löste sie, indem er sich einen umfangreichen Vorrat von metrischen Formeln anlegte. Er hatte für den Namen eines jeden epischen Helden eine Formel, gekoppelt mit vielen Beiwörtern für jeden, in allen fünf Fällen des griechischen Hauptwortes. Dieser Kunstgriff befähigte den Dichter, seine »dramatis personae« in einer großen Mannigfaltigkeit von Situationen in korrekten Hexametern darzustellen. Die Verse selber wurden bei jedem Vortrag improvisiert; aber die meisten Formeln, aus denen sich die Verse zusammensetzten, waren »vorfabriziert«. Sicher wurde auch von Zeit zu Zeit während eines Vortrages eine neue Formel geschaffen, die dann den gemeinsamen Vorrat der Zunft der epischen Dichter bereicherte; doch die Improvisation von Formeln dürfte viel seltener gewesen sein als die aus überlieferten Formeln zusammengesetzten Gesänge, die der Dichter aneinanderreihte.

Die allmähliche Entwicklung der hellenischen Dichtung, der bildenden Kunst und der politischen Institutionen im Verlauf der drei Jahrhunderte von 1050 bis 750 v.Chr. erscheint unbedeutend, verglichen mit dem, was in denselben dreihundert Jahren von den Zeitgenossen der Hellenen, den Syrern, vollbracht wurde. Die Leistung der Griechen in jenem dunklen Zeitalter kann nur rückschauend gewürdigt werden, wenn man die kulturellen Folgen einbezieht. In der Mitte des achten Jahrhunderts gaben die Syrer, noch kurz bevor sie von dem letzten und unheilvollsten Ausbruch des assyrischen Militarismus überwältigt wurden, den Hellenen einen plötzlichen revolutionierenden Stimulus, indem sie das phönizische Alphabet an sie weitergaben. Diesem Geschenk folgte die Vermittlung der phönizischen Handelskunst – eines Rohmetalls, das die Hellenen und Etrusker in Gold verwandelten.

19

DIE INDISCHE (HINDU-) ZIVILISATION VON 1000 BIS 600 V.CHR.

Es wurde bereits gesagt, daß unsere Kenntnis der Induszivilisation, solange die Entzifferung ihrer Schrift noch nicht abgeschlossen ist, allein von »stummen« Artefakten herrührt und daß ihre Datierung sich auf Funde im Irak in datierbaren Trümmerschichten der sumerisch-akkadischen Kultur stützt. Der letzte Zeitpunkt, in dem auf diese Weise die Induszivilisation nachgewiesen wurde, ist etwa 1500 v. Chr., aber dieses Abschlußdatum ist unsicher, und wir besitzen keine Anhaltspunkte , die auf den Zeitpunkt des Beginns der indischen (alias Hindu-) Zivilisation hinweisen. Diese indische Zivilisation war die Nachfolgerin der Induszivilisation. Es gibt keine Aufzeichnungen über die politische Geschichte des Landes vor der zweiten Hälfte des sechsten Jahrhunderts v.Chr. Wir haben nur den Bericht aus der Lebenszeit des Siddhattha Gotama Buddha (mutmaßlich 567-487 v.Chr.), und der ist nur ein Anhängsel – zum Teil durch Legenden verdunkelt – der Lebensgeschichte des Buddhas selber. Der Abschnitt von rund tausend Jahren zwischen dem Untergang der Induszivilisation und der Erleuchtung Buddhas wird auch von »stummen« Artefakten nur dürftig illustriert; der archäologische Nachweis für dieses Jahrtausend weltlicher indischer Geschichte beschränkt sich in der Tat auf einige Handvoll Topfscherben.

Hingegen sind auf religiösem Gebiet die Quellen für die vorbuddhistische Epoche der Geschichte der indischen Zivilisation üppig und aufschlußreich; und die Religion ist die wichtigste aller menschlichen Erlebnisse und Aktivitäten. Die Schriften des Hinduismus können nicht datiert werden. Sie wurden in einer nicht feststellbaren Zeitspanne verfaßt und mündlich verbreitet, ehe sie aufgezeichnet wurden; doch ihre mündliche Überlieferung ist wahrscheinlich zuverlässig, da man an die Wirksamkeit einer Liturgie nur glaubte, wenn sie wortgetreu vorgetragen wurde. Darüber hinaus können wir die zeitliche Reihenfolge der verschiedenen Gattungen des hinduistischen religiösen Schrifttums erkennen, wenn wir auch nicht sicher sind, wie lange die Entwicklung dauerte, und infolgedessen auch nicht den Zeitpunkt bestimmen können, an dem sie begann.

Die älteste Textsammlung ist der Weda; er enthält Hymnen und Zaubersprüche, die in Liturgien vorgetragen wurden und die sowohl aus heiligen Handlungen als auch aus Rezitationen bestanden. Es folgen Texte in Prosa, die die Praxis der Liturgie beschreiben und erläutern, die Brahmanas. Diese ersten beiden Gattungen der Hinduliteratur sind nicht spezifisch; es gibt Parallelen zu ihnen in der mündlich überlieferten wie geschriebenen Literatur anderer archaischer Gemeinschaften.

In diesem Stadium waren die religiösen Bemühungen der Hindus darauf gerichtet, die Götter zu bestimmen oder zu zwingen, die Wünsche ihrer Anbeter zu erfüllen. Die Hindugötter – nicht anders als die hethitischen, griechischen oder nordischen – waren in einem Pantheon angeordnet. Diese Götterhimmel der indoeuropäisch sprechenden Völker stammen vielleicht letztlich von dem sumerischen Vorbild ab. Die Verehrung einer Schar von Göttern nach einem vorgeschriebenen Ritual war für viele Völker das Zentrum ihrer religiösen Geschichte. Doch in den Aranjakas und Upanischaden gingen die Hindus dazu über, der Rolle des Menschen im Universum nachzusinnen. Sie stellten die Frage nach dem Wesen der Wirklichkeit, nach der Beschaffenheit der menschlichen Seele und nach der Beziehung zwischen Seele und Wirklichkeit; und sie kamen zu dem Schluß, daß die Seele (»atman«) identisch sei mit der letzten Realität (»brahman«) in und hinter dem Weltall und daß die Erkenntnis dieser Identität durch Selbstbetrachtung erreicht werden könne. Diese Erkenntnis wird in den drei Sanskrit-Wörtern *Tat twam asi* ausgedrückt: »Das bist du« oder »Das Absolute ist mit dir wesenseins«.

Diese zweite Phase der hinduistischen Religion ist ein überraschender Schritt über die erste hinaus. In dieser hatten sich die Hindus mit der äußeren Seite der Religion befaßt; in der zweiten wandten sie sich vom Ritual zur Meditation und versuchten, die psychische Dimension des Universums zu ergründen.

Wir können die Entwicklung der Hindureligion in ihren aufeinanderfolgenden Stufen in dem Schrifttum verfolgen, das jede Periode hinterlassen hat. Die Entwicklung der hinduistischen Gesellschaftsstruktur hingegen muß aus nichtzeitgenössischen Dokumenten erschlossen werden. Charakteristisch für sie ist die Kaste. Das Sanskrit-Wort *Varna,* in den modernen westlichen Sprachen mit »Kaste« übersetzt, bedeutet ursprünglich »Farbe«. Dies zeigt, daß der Begriff der Kaste von dem Bemühen der das Ursanskrit sprechenden Einwanderer herrührt, sich rassisch von der eroberten einheimischen Bevölkerung getrennt zu halten, die sich von ihnen durch die Hautfarbe wie durch ihre Sitten und Gebräuche unterschieden haben muß. Die Einwanderer führten ein strenges Regiment der »Apartheid«; und der Grund dafür lag vermutlich darin, daß die »Eingeborenen« ihnen nicht nur zahlenmäßig, sondern auch kulturell überlegen waren. Diese waren die Erben der Induskultur; die arischen Invasoren waren Barbaren.

Der Versuch, eine strenge Rassentrennung zwischen den Eroberern und den Eroberten aufrechtzuerhalten, wirkte auf die innere Klassenstruktur der herrschenden Arier selber zurück. Sie waren in drei Klassen eingeteilt: die Krieger, die Priester und das gemeine Volk. Die Angehörigkeit zu einer dieser Klassen war bei den Ariern wie auch bei den anderen Völkern erblich; doch nachdem sie zur herrschenden Schicht in Indien geworden waren, wurde ihre eigene Klassendifferenzierung so überstreng wie der Unterschied zwischen Ariern und »Eingeborenen«. Allmählich entrissen auch die Priester

(Brahmanen) den Kriegern (Kschatrijas) den Status der höchsten Klasse – eine überraschende und bezeichnende Wendung, wenn man bedenkt, daß Reichtum und politische Macht in den Händen der Kriegerklasse blieben. Die Folge dieser Entwicklung war, daß die Hindus gesellschaftlich aus vier statt zwei Kasten bestanden mit den Priestern, nicht den Kriegern an der Spitze. Und jede dieser vier Kasten zerfiel in der Folgezeit in zahlreiche Unterkasten, als sich die Gemeinschaft der Hindus vermehrte, teils durch weitere Eroberungen, teils durch Eingliederung und Assimilierung von »Eingeborenen« in die eine oder andere der vier Grundkasten.

Da die Arier aus der eurasischen Steppe nach Indien eingedrungen waren, muß ihre erste Station das Indusbecken gewesen sein; und der Erscheinungsort des Weda scheint darauf hinzuweisen, daß dies zur Zeit seiner Entstehung das Wohngebiet der Arier war. Zu Buddhas Zeit war das geographische Herz der Hinduwelt der Mittelteil des Dschamna-Ganges-Beckens geworden. Bis zum zweiten Jahrhundert n.Chr. breitete sich die Hinduzivilisation südlich über die indische Halbinsel und südöstlich bis zum heutigen Südvietnam und Indonesien aus. Die Daten dieser fortschreitenden Ausdehnung sind nicht überliefert; doch eins steht fest: Je weiter die Expansion griff, desto größer war die Rolle, die dabei die Assimilation anstelle von Eroberung und Kolonisierung spielte. Während die Sanskritsprache der Arier als Umgangssprache sich nicht einmal über den ganzen indischen Subkontinent verbreitete, erstreckte sich die Hindukultur mit ihren spezifischen Institutionen wie dem Kastenwesen und dem Gebrauch des Sanskrit als religiöse und wissenschaftliche Sprache viel weiter. Als Buddha das Kastenwesen verwarf und den Glauben an die mit der letzten Wirklichkeit identische Seele postulierte, ging aus der Hindukultur eine missionarische Religion hervor, die ganz Ostasien eroberte.

20

DIE CHINESISCHE ZIVILISATION VON 1027 BIS 505 V.CHR.

Während des ersten Viertels des Jahrtausends der Tschoudynastie war die chinesische Welt wahrscheinlich stabiler, als sie es in dem vorausgegangenen Schangzeitalter gewesen war, und mit Gewißheit gefestigter als in den fünf Jahrhunderten, die 221 v.Chr. mit der Einigung Chinas durch König Tscheng, später Schi-huang-ti (»Erster, erlauchter Kaiser«) genannt, endeten. Die lockere Herrschaft der Tschou über ihre siebzig bis neunzig Lehnstaaten war sicher bis zu einem gewissen Grade erfolgreich. Etwa zwei Drittel der Vasallen gehörten der Herrscherfamilie an, und sie alle dürften zusammengehalten haben, um ihre Macht über die Schang und die anderen von den Tschou eroberten Stämme zu behaupten. Diese Loyalität muß im Laufe der Zeit schwächer geworden sein, und nach dem Zerfall von 771 v.Chr. war es mit der Einheit des Reiches vorbei.

Zu diesem Zeitpunkt war die Zahl der Lehnstaaten durch die Sitte der Unterbelehnung auf rund dreihundert angewachsen. Nach dem Macht- und Prestigeverlust der Tschou fühlten sich die jetzt nur noch nominellen Vasallen als unabhängige Landesfürsten und führten sogar Krieg miteinander. Diese innerchinesischen Fehden begannen gegen Ende des achten Jahrhunderts v.Chr. und dauerten rund fünfhundert Jahre – eine kriegerische Epoche der chinesischen Geschichte, die sich merklich von den verhälnismäßig friedlichen Zeitspannen unmittelbar vor- und nachher abhebt. Aber auch innerhalb jener Epoche bestehen deutliche Unterschiede zwischen der ersten und zweiten Hälfte.

In den beiden Jahrhunderten bis 506 v.Chr. wurde fast unaufhörlich Krieg geführt, und als Folge von Annektierungen eroberter Staaten durch die Sieger verminderte sich deren Zahl von rund dreihundert auf weniger als zwanzig einschließlich des Restterritoriums um Lojang, das unter der direkten Herrschaft der formal noch immer oberhoheitlichen Tschoudynastie stand. Doch für den weitaus größten Teil der Bevölkerung blieb das Leben trotz des anhaltenden Kriegszustandes unverändert. In jener Zeit waren die Krieger Aristokraten, die von ihren Streitwagen aus fochten; die Ritterlichkeit, mit der sie ihre Kriege führten, milderte die Gefährlichkeit ihres Berufes. Die Bauern, die einzige Klasse neben den Edelleuten, wurden noch nicht zum Kriegsdienst ausgehoben; und da sie kaum zu der sozialen Stufe aufstiegen, wo das Leben bedrohlich wurde, konnten sie auf ihrem Pachtland in einiger Ruhe wirtschaften und sich selbst und ihre kriegerischen Herren versorgen. Die Struktur der chinesischen Gesellschaft blieb statisch und undurchlässig, dadurch aber auch beständig. Der einzige Wettstreit, den es gab, war der militärische der Adelsklasse; man kannte noch keine wirtschaftliche Konkurrenz, der Ackerbau war noch nicht vermarktet.

Im Verlauf des fünften und vierten Jahrhunderts v.Chr. kam die chinesische Gesellschaft in Bewegung, und das Leben wurde unsicherer, nicht nur für den Adel, sondern für das ganze Volk. Konfuzius (551-479 v.Chr.) erlebte den Beginn dieses Wandels. Seine Philosophie und die Lehren, die er seinen Schülern vermittelte, waren die ersten Reaktionen auf die sozialen Veränderungen in China.

Der wichtigste Unterschied zwischen dem China der Schangzeit und dem der Generation des Konfuzius war geographischer Art. Während der Schangdynastie war die chinesische Welt auf das untere Becken des Huangho in der nordchinesischen Ebene und auf das Becken seines rechten Nebenflusses Wei im »Land hinter den Pässen« beschränkt gewesen. Um 500 v.Chr. hatte sich diese Welt nach Süden und Norden ausgedehnt. Im Süden schloß sie jetzt die Becken der Flüsse Hwai und Han ein und die Ebene am Unterlauf des Jangtsekiang. Die Bevölkerung dieses neuen südlichen Teiles war den Chinesen rassisch und sprachlich verwandt und hatte bereits deren Lebensweise angenommen, nachdem sie mehr und mehr in die chinesische Machtpolitik einbezogen worden war. Die gleichzeitige nördliche und nordwestliche Expansion jedoch brachte die Chinesen in direkten Kontakt mit den eurasischen Hirtenstämmen, und hier standen sie Fremden gegenüber, die sich nicht assimilieren ließen. Die Nomaden sprachen nicht nur nicht chinesisch; sie hatten eine ganz andere Lebensweise, und als die chinesischen Bauern und die eurasischen Hirten aufeinanderstießen, waren ihre jeweiligen Eigenheiten schon fest verwurzelt und unvereinbar geworden.

21

DIE MITTELAMERIKANISCHE UND DIE ANDENZIVILISATION VON 800 BIS 400 V.CHR.

Die Geschichte der Olmekenzivilisation in Mittelamerika wurde im 15. Kapitel bereits berührt. Als sie in San Lorenzo, ihrer ältesten bekannten Stätte, zerschlagen wurde, lebte sie an zwei anderen, näher am Golf von Mexiko gelegenen Orten weiter: in La Venta, einer Sumpfinsel, und in Tres Zapotes, einer Lichtung in einem tropischen Regenwald. In beiden erscheinen die Monumentalarchitektur und die Kunst von San Lorenzo aufs neue.

Auch La Venta wurde gewaltsam vernichtet – offenbar waren die Olmeken aggressive Eroberer, die entsprechende Gegenschläge provozierten. Dort wie in Tres Zapotes war, anders als in San Lorenzo, die Kultstätte nicht mit einer dauernd bewohnten städtischen Siedlung verbunden; doch hat man in Tres Zapotes, das länger bestand als La Venta, das früheste bekannte Beispiel der mittelamerikanischen Schrift gefunden. Es sind Hieroglyphen von der Art, wie sie später die Maya in Guatemala und Yucatán in Stein meißelten. Einige davon sind Datumsaufzeichnungen, und man konnte ihre Zahlenwerte entziffern; aber es ist nicht sicher, ob alle mittelamerikanischen Hieroglyphen kalendarischer Art sind. Vielleicht sind einige keine Zahlen, sondern Bild- oder Lautzeichen, die noch ihrer Deutung harren.

Die früheste bekannte Andenzivilisation fiel annähernd in die Zeit der in La Venta und Tres Zapotes dokumentierten Phase der Olmekenkultur. Sie erwuchs aus der formativen Phase der inneramerikanischen Zivilisation in Chavin am Nordwestende der Andenhochebenen, und ihre äußeren Zeichen sind eine monumentale Architektur und Skulptur, die offenbar wie ihre olmekischen Gegenstücke die materiellen Manifestationen einer Religion sind. Das charakteristische symbolische Motiv der Chavinkultur ist ein Ungeheuer, eine Kreuzung zwischen einem Jaguar (in Peru vielleicht einem Puma) und einer menschlichen Gestalt. Die zwei Kulturen haben dieses Katzenmotiv gemeinsam, und beide entwickelten sich, offenbar unabhängig voneinander, aus der formativen Phase Inneramerikas, die es in der gleichen Form in Peru, Mittelamerika und den dazwischenliegenden Regionen gab. Diese brachten jedoch keine eigenständigen Kulturen hervor. Die Olmeken- und die Chavinkultur waren nicht nur geographisch getrennt, auch ihre Stile und ihre Leistungen waren unterschiedlich.

Die Olmeken erfanden eine Schrift, die zweifellos Daten übermittelte und vielleicht auch Begriffe und Wörter. Wir haben außer dieser keine unbestrittenen Hinweise für die Erfindung einer Schrift irgendwo und irgendwann sonst in der Andenwelt vor Pizarro, nicht einmal Ansätze dazu. Hingegen besaßen in der Chavinzeit die Andenvölker schon großes Geschick in der Bearbeitung und Verwendung mindestens eines Metalles, nämlich des Goldes. Ansonsten scheinen die mittelamerikanischen Völker die Metallurgie nicht selbständig erfunden zu haben. Sie erlernten diese Kunst von den Andenvölkern in einem späten Stadium ihrer Geschichte.

Die olmekische und die Chavinzivilisation haben, soviel wir wissen, niemals in Berührung miteinander gestanden; doch breitete sich jede aus ihrer engeren Heimat in andere Teile ihrer »Welt« aus. Die olmekische Zivilisation entfaltete sich nach Westen über das mexikanische Plateau und nach Süden in die pazifische Küstenebene und in das Hochland des heutigen Guatemala. Die Chavinzivilisation drang von den Hochebenen der Anden südwestwärts in das Tiefland der Pazifikküste vor und von dort südostwärts von einem Flußtal zum anderen. Die Ausbreitung der Olmekenzivilisation geschah wenigstens zum Teil durch militärische Eroberungen; die gleichzeitige Verbreitung der Chavinzivilisation scheint auf friedlichem Wege erfolgt zu sein.

Sogar in diesen Grenzen stellt die Expansion jeder dieser Zivilisationen eine beachtliche Leistung dar, so wie es die frühere und weitere Ausbreitung der inneramerikanischen formativen Kultur gewesen war. Denn diese Ausbreitung hatte große geographische wie klimatische Hindernisse zu überwinden.

Das Klima Mittelamerikas ist an beiden Küsten, der atlantischen wie der pazifischen, tropisch und in den dazwischenliegenden Hochebenen gemäßigt. Auf der atlantischen Seite, um den Golf von Mexiko und in den Niederungen landeinwärts schließen sich an die dürre Halbinsel Yucatán südlich in Nordguatemala und westlich und nordwestlich in den heutigen mexikanischen Staaten Tabasco und Vera Cruz tropische Regenwälder an, und diese Region wird im Norden von einem Wüstenstreifen begrenzt, der sie von dem Grüngürtel an der texanischen Küste trennt. Die mittelamerikanische Wüste zieht sich über die Hochebenen von Küste zu Küste mit Ausnahme eines schmalen Gürtels kultivierbaren Landes unter dem Schutz der Osthänge des am weitesten westlich gelegenen Gebirgszuges. An den Hochlandteil dieser Wüste schließen sich die kultivierbaren Hochebenen an, die sich von Südmexiko südwärts nach Mittelamerika erstrecken.

In der Andenregion sind die Gegensätze noch extremer. Die Hochebene und die Berge, die sich darüber türmen, sind höher gelegen, die Hochlandsmulden stärker voneinander isoliert als ihre Gegenstücke in Mittelamerika. Die Küstenebene Perus hat infolge des kühlen, parallel zur Küste nordwärts fließenden Humboldtstroms ein gemäßigtes Klima, ist aber so gut wie regenlos; und so ist sie eine Sandwüste, nur hier und da von Vegetationsbändern an Flüssen unterbrochen, die – meist kurz und von geringer Strömung – von den Anden herunterkommen. Diese Flußtäler können durch Bewässerung fruchtbar gemacht werden; andererseits gewähren die nicht kultivierbaren Wüstenstrecken an der Küste Fischern und Muschelsammlern einen Lebensunterhalt.

Solche unterschiedlichen physikalischen Bedingungen in unmittelbarer Nachbarschaft veranlaßten die dort lebenden menschlichen Gemeinschaften, jeweils andere Wege zu finden, die Natur ihren Zwecken dienstbar zu machen; und so entstanden unterschiedliche Wirtschaftsformen und Lebensweisen. Dies führte zu Handelsbeziehungen, die auch kulturell stimulierend waren. Infolge der geographischen Schwierigkeiten gab es in der Geschichte der präkolumbischen Kulturen Mittelamerikas und der Andenwelt zwischen Perioden des wirtschaftlichen und kulturellen Austausches auch Zeiten, in denen die Bewohner jeder Region innerhalb ihrer natürlichen Grenzen isoliert lebten. Die olmekische und die Chavinzivilisation sind die frühesten bekannten Beispiele kultureller Ausdehnung. Daß diese Verbreitung in den Andengebieten weiter ging als in Mittelamerika, ist ein bemerkenswerter Umstand, wenn man bedenkt, daß die physikalischen Hindernisse für eine kulturelle Übereinstimmung und für eine politische Einheit in der Andenwelt weitaus größer waren.

22

DER LETZTE SCHLAG DES ASSYRISCHEN MILITARISMUS VON 745 BIS 605 V.CHR. UND DER AUSBRUCH DER STEPPENVÖLKER

Im vierzehnten Jahrhundert v.Chr. war Assyrien, nachdem es die Unterwerfung durch die Mitanni überwunden hatte, als Militärmacht neu erstanden; und in den nächsten vierhundert Jahren entlud sich seine Angriffslust in Raubzügen, die keine dauernden Eroberungen zur Folge hatten. In den späteren Stadien der Völkerwanderung von 1250 bis 950 v.Chr. geriet es an seiner Westgrenze unter den Druck aramäischer Siedler in der früheren Domäne der Mitanni in Mesopotamien. Assyriens kriegerische Expansionen begannen erst 932 v.Chr., und deren erste Opfer waren jene aramäischen Bewohner Mesopotamiens, die, wie schon vermerkt wurde, in den Jahren von 932 bis 859 v.Chr. unterjocht wurden. Unter Salmanassar III. (858-824 v.Chr.) faßte Assyrien am Westufer der Westschleife des Euphrat Fuß. Von dort aus eroberte und besetzte es Syrien. Diese zweite Etappe des assyrischen Imperialismus schlug letztlich fehl, und um 745 v.Chr. beschränkte sich die assyrische Expansion wieder auf Mesopotamien. Das nördliche Syrien, ein wichtiges Glied im Verkehrsnetz der Alten Welt, stand unter der Herrschaft von Assyriens Konkurrenten, dem Churriterreich von Urartu.

Die assyrische Methode, ein Reich aufzubauen, war brutaler und verheerender, als es die ägyptische gewesen war. Thutmosis III. und seine Nachfolger hatten sich damit begnügt, die eroberten Länder unter ihre Herrschaft zu bringen und ihnen im übrigen ihr Eigenleben zu lassen. Die Assyrer deportierten die Elite der unterworfenen Bevölkerung in die entferntesten Winkel ihres Reiches, und dazu gehörten neben den Angehörigen der gesellschaftlichen und politischen Oberschicht auch die geschicktesten Handwerker. Die ungebildete Bauernschaft blieb an Ort und Stelle; Deportierte aus anderen Ländern wurden neu angesiedelt, die früheren Grenzen aufgehoben und die annektierten Gebiete zu einem neuen Mosaik künstlich begrenzter Provinzen, von assyrischen Beamten verwaltet, neu zusammengefügt. Diese Kombination drastischer Maßnahmen sollte die eroberten Gemeinschaften zerstören und die Erinnerung an die Tage der Unabhängigkeit auslöschen, eine weitgehend erfolgreiche Politik: Zum Beispiel sind Damaskus, im Jahre 732 v.Chr., und Israel, 722 v.Chr. annektiert, nie wieder auferstanden, obwohl die Völker jeder dieser beiden syrischen Staaten von einem lebhaften Nationalbewußtsein erfüllt gewesen waren, ehe sie sich Assyrien unterwerfen mußten.

Aber nicht nur ihre fremden Untertanen, sondern auch die Assyrer selber fielen ihren eigenen imperialistsichen Aktivitäten zum Opfer. Das Kernland wurde durch die Verluste der Kriege und die Versetzung von Arbeitskräften in die zu Kolonien gewordenen okkupierten Gebiete entvölkert. Die dadurch entstandenen Lücken füllte man mit Ausländern aus, bis das eigentliche Assyrien halb aramäisch wurde. Dazu rief der dem Volk auferlegte Druck durch die ständige Mobilmachung für immer entferntere Kriegszüge Unzufriedenheit und Unruhen hervor.

Salmanassar III. starb während einer Rebellion, die von 827 bis 822 v. Chr. dauerte und in der die Städte Assur, Ninive und Arbela sich empörten. 746 v.Chr. erhob sich die damalige Hauptstadt Kalach, König Assurnirari V. wurde ermordet, und den Thron bestieg ein Mann unbekannter Herkunft, der sich Tiglatpileser III. nannte. Sein Nachfolger Salmanassar V. wurde 722 v.Chr. von einem König aus einem anderen Hause abgelöst, der den berühmten Namen Sargon trug oder sich zulegte – nach dem Gründer der Dynastie von Agade vor mehr als sechzehn Jahrhunderten. Es ist kein gewaltsamer Aufstand bei dieser Gelegenheit überliefert; doch wurde in Judäa berichtet, daß Sanherib (Sargons Sohn) von zweien seiner Söhne ermordet wurde und daß es einen anderen seiner Söhne, Asarhaddon, einen Bürgerkrieg kostete, um sich die Nachfolge zu sichern. Zwei Urenkel Sargons, Assurbanipal und Schamasch-schumukin, der zum König von Babylon eingesetzt worden war, fochten einen Bruderkrieg (654-652 v.Chr.) aus, in dem der letztere, obwohl ein Fürst königlich assyrischen Blutes, eine Schar aufsässiger Untertanen anführte. Nach Assurbanipals Tod (626 v.Chr.) gab es wiederholt innere Wirren und Kämpfe um die Nachfolge, bis 605 v.Chr. der Rest Assyriens durch die verbündeten Meder und Babylonier ausgelöscht wurde.

In dem letzten Ausfall des assyrischen Militarismus versuchten Tiglatpileser III. und seine Nachfolger bis zu Assurbanipal, soviel von der Ökumene zu erobern und ihrem Reich einzuverbleiben, wie ihnen greifbar war. Sie wurden durch den Widerstand von Urartu im Norden und der chaldäischen und aramäischen Stämme in Babylonien immer wieder aufgehalten, und obwohl sie diese Gegner wiederholt schlagen konnten, gelang es ihnen nicht, sie endgültig zu neutralisieren. Zusätzlich mußte sich Assyrien gegen die Einbrüche der Araber von ihrer Halbinsel aus und zweier (vielleicht iranisch sprechender) Nomadenvölker, der Kimmerier und der Skythen, aus der eurasischen Steppe zur Wehr setzen.

Tiglatpilesers III. erster Schritt zur Wiederherstellung und Erweiterung des assyrischen Reiches als Großmacht war ein Angriff auf Urartu. Er drang 744 v.Chr. in dessen östliche und 743 v.Chr. in die westlichen Dependenzen ein, und in der zweiten Kampagne besiegte er schließlich König Sarduris II. 740 v.Chr. ergab sich ihm Arpad (bei Aleppo); und der Fall dieses damals stärksten Staates im nördlichen Syrien führte zur Anerkennung der assyrischen Oberhoheit durch zahlreiche andere Staaten in Syrien und Ostkilikien. Im Jahre 735 v.Chr. belagerte Tiglatpileser III. Tuschpa, die Hauptstadt von

Urartu, ohne sie einzunehmen, so wie er nicht imstande war, einen Teil des urartäischen Stammlandes dauernd zu besetzen. Der assyrischen Eroberung Nordsyriens folgte – vielleicht unter Salmanassar V. (727-722 v.Chr.) – die Errichtung der assyrischen Oberhoheit über eine Reihe von Fürstentümern im östlichen Kleinasien, nördlich des Taurusgebirges und westlich des oberen Euphrat. Dies isolierte zwar Urartu von Kilikien und Syrien; doch war die Aufrechterhaltung der Kontrolle über so weit entfernte Außengebiete eine schwere Belastung für Assyrien. Sie führte zudem zu Feindseligkeiten mit den Phrygern an der neuen Nordwestgrenze und zu deren Annäherung an Urartu.

In der nordöstlichen Ecke marschierte 714 v.Chr. Sargon II., ohne auf Widerstand zu stoßen, über das Zagrosgebirge an die Ostküste des Urmiasees und die Nordküste des Wansees. Von diesem langen Rundmarsch kehrte er unversehrt über das obere Tigrisbecken heim; doch gelang es ihm ebensowenig wie Tiglatpileser III., in Urartu Fuß zu fassen, und er machte einen weiten Bogen um Tuschpa. Das Königreich Urartu bestand noch 605 v.Chr., als in der Schlacht von Karkemisch zwischen den Babyloniern und den Ägyptern, die es unterstützen wollten, Assyriens Untergang endgültig besiegelt wurde.

Im Jahre 734 v.Chr. hatte Tiglatpileser III. Syrien gegen Ägypten abgeriegelt, als er in das Land der Philister eindrang und Gaza nahm. Um 675 v. Chr. waren die einzigen noch unabhängigen Staaten in Syrien zwei phönizische Stadtstaaten, Arwad (Aradus) und Tyrus, und drei Fürstentümer: Byblos, Askalon und Judäa. Die Assyrer belagerten Tyrus 673 v.Chr. Ihre Feldzüge zielten auf Ägypten. Zwei Jahre zuvor war Äsarhaddon an den Nil marschiert.

Die Assyrer hatten es nicht schwer, ihre Wettbewerber um den Besitz Ägyptens, die Napataner (Kuschiten) aus Nubien, aus dem Felde zu schlagen. Diese hatten 830 v.Chr. von Ägypten Besitz ergriffen und beanspruchten seit 711 v.Chr. die Doppelkrone. Im Jahre 661 v.Chr. gaben sie den Kampf auf. Ihr Regime war in Ägypten unbeliebt gewesen, und als die Assyrer die Widerstandsbewegung der Lokalfürsten im Delta unterstützten, konnten es die Napataner mit dieser Koalition nicht aufnehmen. 663 v.Chr. trieben die Assyrer die Napataner südwärts und plünderten Theben; im gleichen Jahr setzte Assurbanipal einen der Deltafürsten, Psammetich I., zum Regenten von ganz Ägypten ein, soweit es unter assyrischer Herrschaft stand. Psammetich legte sich den Titel »Pharao« zu und hatte um 655 v.Chr. seine Herrschaft über Theben befestigt. Daraufhin vertrieb er zwischen 658 und 655 v.Chr. die assyrische Besatzung aus Ägypten, und Assurbanipal mußte tatenlos zusehen. Ägypten war von Ninive noch weiter entfernt als von Napata; und die Erfahrung lehrte die Assyrer wie zuvor die Kuschiten, daß eine dauernde Okkupation Ägyptens mit eigenem Militär ein zu schwieriges logistisches Problem darstellte. Die Nutznießer dieses Zusammenstoßes zweier weit entfernter ausländischer Mächte am Nil waren daher die Ägypter, und eineinviertel Jahrhunderte, bis 525 v.Chr., war Ägypten wieder einmal politisch unabhängig.

Die militärische Besetzung Ägyptens war für Assyrien ein unnötiger Kräfteverschleiß gewesen, und der Rückzug bedrohte weder seine Sicherheit, noch bedeutete er einen Prestigeverlust in Südwestasien. Hier wurde die assyrische Staatskunst durch die Beziehung Assyriens zu Babylonien auf eine harte Probe gestellt.

Seit der zeitweiligen Unterwerfung Assyriens durch den amoritischen Gründer des babylonischen Reiches, Hammurabi, mehr als tausend Jahre vor Tiglatpileser III. hatte sich das Kräfteverhältnis der beiden Großmächte der sumerisch-akkadischen Welt umgekehrt. Vom vierzehnten Jahrhundert v. Chr. an war Assyrien dem Nachbarn im Süden überlegen gewesen; doch im Verlauf der Völkerwanderung von 1250 bis 950 v. Chr. hatte sich die Lage in Babylonien durch die Niederlassung chaldäischer Stämme im Südwesten und aramäischer Stämme im Nordosten kompliziert. Diese Eindringlinge in Babyloniens Randzonen waren niemals vertrieben worden wie die Gutäer, noch hatte man sie assimiliert wie die Kassiten. Sie waren Fremde geblieben, von ihrem Stammesgefühl und einem kriegerischen Korpsgeist getragen.

Die Anwesenheit dieser ehemaligen Nomaden aus Arabien war der alteingesessenen bäuerlichen und städtischen Bevölkerung Babyloniens ein Dorn im Auge, und dies hätte eine Annäherung an die Assyrer erleichtern können – ein ebenfalls seßhaftes Volk, das mit dem Nachbarland eine aus der gleichen sumerisch-akkadischen Quelle stammende Kultur gemeinsam hatte und Babyloniens natürlicher Beschützer war, der Wächter der sumerisch-akkadischen Marken gegen die Hochländer in den Zagrosbergen. Für ein Bündnis zwischen den beiden Mächten war jedoch vor allem eine Bedingung zu erfüllen: Die fremden Stämme in Babylonien mußten unterworfen und kontrolliert werden. Wenn diese gar die Herrschaft über die babylonischen Städte an sich brächten – vor allem über Babylon selber –, würden die Assyrer in ein Dilemma geraten. Sie würden dann entweder sich darein schicken müssen, ihre eigene Herrschaft über Babylonien einzubüßen, oder diese Herrschaft gewaltsam verstärken müssen auf die Gefahr hin, Babylon materiell zu schädigen und das Selbstgefühl der Babylonier zu verletzen – woraufhin diese mit den störrischen Fremden gemeinsame Sache gegen die anmaßende Wiedereinsetzung von Recht und Ordnung durch die Assyrer machen könnten.

Als eine seiner ersten Regierungshandlungen nach seiner Eroberung Babyloniens unterstellte Tiglatpileser III. die Nomadenstämme der babylonischen Verwaltung. Aber diese stand auf unsicheren Füßen, und 734 v.Chr. bemächtigte sich der Häuptling des chaldäischen Stammes Bit-Amukani des Thrones. 731 v.Chr. – ein Jahr nach dem Fall von Damaskus – unternahm Tiglatpileser III. eine Strafexpedition gegen die Nomaden in Babylonien; doch das dortige politische Vakuum blieb unausgefüllt. Schließlich ergriff Tiglatpileser »die Hände Baals« und bestieg zweimal – 729 und 728 v.Chr. –

den babylonischen Thron. Doch schon 721 v.Chr. – ein Jahr nach dem Fall Samarias – folgte der Häuptling des chaldäischen Stammes Bit-Jakin, Merodach-Baladan, dem Beispiel Tiglatpilesers, nachdem er sich des Beistandes der aramäischen Stämme in Babylonien und der Elamiten versichert hatte. 720 v.Chr. mißglückte der Versuch Sargons II., des Nachfolgers Tiglatpilesers, diese Koalition zu bezwingen; Merodach-Baladan regierte in Babylon zwölf Jahre lang, bis es Sargon schließlich 710 v.Chr. gelang, ihn zu vertreiben und seinerseits im folgenden Jahr »die Hände Baals zu ergreifen«. Er beließ jedoch Merodach-Baladan im Besitz seines chaldäischen Stammesterritoriums.

Bisher waren die Babylonier antichaldäisch und proassyrisch gewesen, und sie waren es noch, als Merodach-Baladan 703 v.Chr. – wieder mit Unterstützung der Elamiten – Babylon erneut besetzte. Noch im gleichen Jahr wurde er von den Assyrern verjagt; diese konnten die Nomaden zwar abweisen, nicht aber unterdrücken. 694 v. Chr. ließ Sargons Sohn Sanherib phönizische Schiffe und Mannschaften über Land in die babylonischen Gewässer transportieren; doch mit Hilfe der Elamiter überstand der Stamm Bit-Jakin zwei Angriffe zu Lande und auf dem Wasser, und Babylon erhielt nunmehr einen prochaldäischen babylonischen Herrscher. 689 v. Chr. besetzte Sanherib Babylon abermals und ließ es plündern, und diese Grausamkeit bestärkte die Babylonier in ihrem Frontwechsel. Der Bürgerkrieg des assyrischen Königs von Babylon, Schamasch-schumukin, gegen seinen Bruder Assurbanipal, den König von Assyrien, wurde schon erwähnt. Die von dem ersteren geführte Koalition umfaßte nicht nur die in Babylonien ansässigen Chaldäer und die babylonischen Aramäer, sondern auch Elamiten, Araber, Ägypter und einige syrische Fürstentümer. Ein scheinbar vernichtender Sieg Assurbanipals über Elam im Jahr 655 v. Chr. hatte auf lange Sicht keine Entscheidung gebracht. Er zerstörte zwar zwischen 646 und 639 v. Chr. das Königreich Elam – doch nicht das elamitische Volk; und die Gewinner aus Elams Fall waren nicht die Assyrer, sondern die iranischen Völkerstämme im Hinterlande von Elam.

Gleich nach Assurbanipals Tod 626 v. Chr. bemächtigte sich der Chaldäer Nabopolassar Babylons. Die antiassyrische Bewegung konnte nicht mehr auf die Unterstützung Elams zählen – es lag am Boden –, doch fand Nabopolassar einen stärkeren und noch mehr zu fürchtenden östlichen Bundesgenossen in dem mächtig gewordenen Medien. Die assyrische Bedrohung hatte im siebenten Jahrhundert v. Chr. im Iran die gleiche konsolidierende Wirkung hervorgerufen wie im neunten Jahrhundert v. Chr. in Urartu: Die medischen Stämme waren zu einem vereinigten Königreich zusammengeschlossen – vielleicht hatte sie der Untergang Elams zu diesem Schritt veranlaßt. Als Nabopolassar 615 v. Chr. der Angriff auf die Stadt Assur mißlang, stellte sich ihm der König von Medien, Kyaxares II., zur Seite und eroberte und zerstörte Assur. Es folgte 612 v. Chr. die Vernichtung Ninives durch die vereinten Meder und Babylonier, denen sich die Skythen zugesellten. So wurden fast gleichzeitig die erste und die letzte Hauptstadt Assyriens ausgelöscht. Letzten Widerstand leisteten die Assyrer bei Harran – einem alten Außenposten der sumerisch-akkadischen Kultur in Mesopotamien. Pharao Necho II., der Sohn Psammetichs, den Assurbanipal zum Regenten Ägyptens eingesetzt hatte, um sich dann von ihm verdrängen zu lassen, kam Assyrien zu Hilfe; doch als 605 v. Chr. Nabopolassars Sohn Nebukadnezar den ägyptischen König in der Schlacht von Karkemisch entscheidend schlug, war es mit Assyrien zu Ende.

Das eigentliche und bleibende Vermächtnis des assyrischen Reiches waren nicht seine Nachfolgestaaten, sondern die aramäische Version des phönizischen Alphabets und die aramäische Sprache, für die jenes Alphabet der Mittler war. Es war einfacher und weniger zeitraubend, Aramäisch auf Papyrus zu schreiben, als die akkadische Version der sumerischen Schrift in eine Tontafel zu ritzen. Ein Flachrelief aus Sanheribs Palast in Ninive zeigt zwei nebeneinanderstehende assyrische Schreiber: Der eine beschriftet mit dem Griffel eine Tafel auf akkadisch; der andere schreibt Aramäisch mit einer Feder auf eine Papyrusrolle. Die Zukunft sollte nicht dem Griffel und der Tontafel gehören, sondern der Feder und dem Papier.

Schon vor dem Ausgang des achten Jahrhunderts v. Chr. hatten Hirtenvölker sowohl aus Arabien als auch aus der eurasischen Steppe in die Kriege Assyriens mit seinen Nachbarn eingegriffen. 732 v. Chr., als die Assyrer Damaskus einnahmen, kämpften sie gleichzeitig gegen die arabischen Nomaden. 710 v. Chr. gingen sie zur Offensive über und drangen – nach ihrem Bericht – so tief in die arabische Halbinsel ein, daß die in der Südwestecke ansässigen Sabäer ihnen Tribut zahlen mußten. Als Merodach-Baladan 703 v.Chr. Babylon besetzte, waren verbündete Araber in seiner Koalition. 767 v.Chr. unternahmen die Assyrer einen neuen Feldzug nach Arabien. Was die eurasischen Nomaden betrifft, so werden sie in assyrischen Berichten zum erstenmal 707 v. Chr. erwähnt, als die Kimmerier König Argisti II. von Urartu besiegten.

In ihren Ausbrüchen aus der eurasischen Steppe ergossen sich die Hirtenvölker in zwei Wellen und ebenfalls in zwei getrennten Strömen gen Westen. Die Kimmerier wurden von den nachschiebenden Skythen bedrängt, und beide Stämme wanderten westwärts, nördlich und südlich am Kaspischen und am Schwarzen Meer entlang. Im Süden erreichten die Kimmerier die Westküste Kleinasiens; im Norden gelangten die Odrysen in das ungarische Tiefland und das Flußbecken des Marica in Thrakien. Die Kimmerier waren in dem Bemühen, sich auf Dauer in Urartu niederzulassen, offenbar nicht erfolgreicher als die Assyrer; doch blieb ihr Name im östlichen Kleinasien erhalten – und auch im westlichen, wenn die Saparden, die später ihren Namen (Sparda) der dortigen persischen Satrapie gaben, die Begleiter der Kimmerier waren. Deren Feinde, die Skythen, verbündeten sich mit den Assyrern, und diesen Skythen ist vielleicht sowohl das Überleben des assyrischen Reiches bis in das siebente Jahrhundert v. Chr. als auch sein Untergang in den Jahren von 612 bis 505 v. Chr. zuzuschreiben. In dem erfolgreichen Angriff auf Ninive 612 v. Chr. machten die Skythen, wie schon erwähnt, gemeinsame Sache mit den Medern und den Babyloniern.

In der Völkerwanderung während des achten und siebenten Jahrhunderts v. Chr. waren die Nomaden aus Arabien Kamelreiter, wie sie es schon im elften Jahrhundert, in einer der letzten Wellen der Völkerwanderung von 1250 bis 950 v. Chr., gewesen waren. In der vorhergegangenen Völkerwanderung im achtzehnten Jahrhundert v. Chr. waren die eurasischen Hirtenvölker auf ihren Wanderungen keine Reiter, sondern Wagenlenker; denn ihr Transporttier war nicht das Kamel, sondern das Pferd, das in diesem Stadium der Züchtung noch nicht groß und stark genug war, einen Menschen zu tragen. Erst im Laufe der nächsten tausend Jahre entwickelte sich das Reitpferd. Die Assyrer benutzten bei ihren letzten militärischen Aggressionen (745 bis 605 v. Chr.) sowohl Reit- als auch Wagenpferde, und auch die Kimmerier und Skythen waren schon Reiter auf Pferden. Wann das mittelasiatische (baktrische) zweihöckerige Kamel (Trampeltier) gezüchtet wurde, wissen wir nicht; auf assyrischen Denkmälern ist nur das arabische Kamel abgebildet.

Die Invasion Südwestasiens durch eurasische Hirtenvölker ist in zeitgenössischen Quellen – judäischen, griechischen und auch assyrischen – belegt; ihre Wanderungen in andere Richtungen jedoch sind nur posthum bezeugt. Herodot berichtet im fünften Jahrhundert v. Chr, sie seien nördlich des Kaspischen und des Schwarzen Meeres gewesen; ihre Anwesenheit im Indusbecken geht aus den Inschriften und den Namen einiger Völkerstämme hervor, denen Alexander der Große dort in den Jahren von 327 bis 325 v. Chr. begegnete. Sind die Nomaden im achten Jahrhundert v. Chr. auch nach China gelangt?

Es wurde schon bemerkt, daß in China 771 v. Chr. die Tschoudynastie einer Katastrophe erlag. In diesem Jahr wurde sie von Barbaren angegriffen und so schwer geschlagen, daß sie ihre Hauptstadt aus dem Weibecken ostwärts nach Lojang verlegen mußte. Das Weibecken war Chinas nordwestliche Grenzmark gegen die Barbaren; solange die Tschou diesen Gau verteidigten, leisteten sie der ganzen chinesischen Welt einen wertvollen Dienst, und als sie ihre Verteidigungsfunktion aufgaben, mußten auch ihre Macht und ihr Ansehen zurückgehen. Ihr Nachfolger im Weibecken waren die Ts'in, und abermals zeigte sich, daß die Funktion eines Grenzwächters letztlich mit der Herrschaft über ganz China belohnt wurde. Wir haben allerdings keinen Nachweis, daß die Barbaren, denen die Tschou wichen, eurasische Nomaden waren, ein Zweig jener Reitervölker, die vor dem Ende des achten Jahrhunderts v. Chr. Südwestasien und Südosteuropa überfielen; es kann auch ein dort seßhaftes Barbarenvolk gewesen sein. Das früheste Zeugnis einer direkten Berührung zwischen China und eurasischen Nomaden ist offenbar der Bericht, daß im vierten Jahrhundert v. Chr. der Staat Yen, die nordöstlichste der damaligen Lokalmächte in China, eine Reitertruppe aufstellte, die in der Art der Nomaden ausgerüstet war.

Die überlieferten Beschreibungen der nomadischen Eindringlinge im achten und siebenten Jahrhundert v. Chr. schildern sie ausschließlich als wilde und verheerende Horden, und das ist nicht verwunderlich, da diese Berichte alle von den seßhaften Völkern stammen, die ihre Opfer waren. Es ist jedoch möglich, daß einige der von den Hirtenstämmen überfallenen Völker von ihnen auch eine Reihe religiöser Vorstellungen und Bräuche übernahmen, daß diese Nomaden also zum Teil auch Kulturvermittler waren. Eines dieser Kulturelemente kann religiöser Natur gewesen sein. Sowohl in der griechischen als auch in der indischen Welt des sechsten Jahrhunderts v. Chr. gab es Menschen, die glaubten, daß der Tod nicht das Ende der Existenz eines Lebewesens sei. Die Seele, so meinten sie, bleibt erhalten und wird in einem anderen Lebewesen reinkarniert, das von der gleichen Art, aber auch von einer niedrigeren oder höheren Art sein kann. Ob die nächste Seelenwanderung ein Aufstieg oder ein Abstieg sein wird, hängt von dem moralischen Verhalten der Seele in vorhergeganenen Inkarnationen ab. Die Zahl der möglichen Wiedergeburten ist unendlich – und dies war eine Aussicht, die als fürchterlicher empfunden wurde als jeder der dazwischenliegenden Tode. Daher strebte der Reinkarnationsgläubige danach, die Reihe der Wiedergeburten zu beenden; und er glaubte, dieses Ziel durch ein enthaltsames und tugendhaftes Leben zu erreichen.

Die Ähnlichkeit zwischen der indischen und der griechischen Form des Glaubens an die Seelenwanderung und ihre Folgen ist so stark, daß sie kaum zufällig sein dürfte. Mit größerer Wahrscheinlichkeit beruht sie auf einem historischen Zusammenhang. Der Glaube kann von Indien nach Griechenland gelangt oder den umgekehrten Weg gegangen sein; beide Länder können ihn aber auch von außen übernommen haben. Möglicherweise ging die Ausstrahlung in beiden Richtungen vom Perserreich aus, das im sechsten Jahrhundert v. Chr. geeint wurde und sowohl den Westrand Indiens wie auch den Ostrand der griechischen Welt berührte. Die Errichtung dieses Reiches wurde von einer Verbesserung der Verkehrswege in dem gewaltigen Raum unterstützt, den es umfaßte. Die Schöpfer und Herren des persischen Reiches glaubten jedoch nicht wie die Inder und Griechen an die Seelenwanderung; und wir müssen daher eine andere Möglichkeit in Betracht ziehen – nämlich die, daß die Inder wie Griechen diesen Glauben von den eurasischen Nomaden übernommen haben, die im siebenten Jahrhundert v. Chr. in beide Gebiete eindrangen.

Im nördlichen Asien hat sich bis zum heutigen Tag der Glaube erhalten, daß die Seele den Körper verlassen und wieder in ihn eingehen kann. Die Seele des Schamanen kehrt in den Körper zurück, von dem sie sich gelöst hat, sie geht nicht in einen anderen Leib über. Doch der Schamanismus ist ein wesentlicher Bestandteil des Glaubens an die Seelenwanderung. Daher ist es denkbar, wenn auch nicht nachweisbar, daß der übereinstimmende Glaube der griechischen Pythagoreer und Orphiker und ihrer indischen Zeitgenossen auf den gemeinsamen Ursprung bei den eurasischen Hirtenvölkern zurückgeht.

23

DIE NACHWIRKUNGEN DES ASSYRISCHEN MILITARISMUS VON 605 BIS 522 V.CHR.

Wäre das assyrische Reich von Dauer gewesen, so hätte es vielleicht Südwestasien und Ägypten zu einer politischen Einheit zusammenschweißen und damit auch eine soziale und religiöse Vereinigung herbeiführen können; und dann wäre, wenn auch zu einem furchtbaren Preis, mit der Errichtung dieses Großreiches auch der Friede in einer Region, die den Mittelpunkt der damaligen Ökumene bildete, gesichert gewesen. Aber die Brutalität seiner Kriegführung verurteilte Assyrien zu einem frühen Tod. Sie erschöpfte sein eigenes, begrenztes Menschenreservoir und rief heftige Widerstandsbewegungen hervor, denen Assyriens schwindende Kräfte auf die Dauer nicht gewachsen waren. Die Schäden, die durch den Umsturz des assyrischen Zwangsregimes entstanden, wurden durch die Verheerungen der Kimmerier und Skythen vergrößert; diese doppelte Heimsuchung ließ einige der Opfer ausgeblutet zurück, und sogar die Staaten, die erfolgreich Widerstand leisteten, waren mehr oder weniger geschwächt. Die unmittelbare Folge war ein schwankendes Gleichgewicht der Kräfte in den assyrischen Nachfolgestaaten. Verbündete entzweiten sich nach dem Sieg über den gemeinsamen Gegner; sie stritten über die Verteilung der Beute, und die schwächeren Überlebenden fürchteten, daß sie ihrerseits zum Raub der Stärkeren würden.

Die verödeten Gebiete waren Mesopotamien, ganz Syrien (mit Ausnahme von Tyrus und Judäa), Urartu und das östliche und mittlere Kleinasien. Die überlebenden Mächte waren Medien, Babylonien, Ägypten und Lydien.

Von diesen vier war das Reich der Meder das stärkste und selbstbewußteste; in den sechzig Jahren seit der Zerstörung von Ninive 612 v.Chr. waren die Meder die aggressivsten von Assyriens Erben. Verglichen mit den Babyloniern, Syrern und Ägyptern waren sie wirtschaftlich und kulturell rückständig, doch ihre Rückständigkeit machte sie zugleich weniger auffällig. Der Schaden, den ihnen die Assyrer zugefügt hatten, wurde mehr als wettgemacht durch die politische Einigung, zu der sich die medischen Stämme angesichts der assyrischen Bedrohung entschlossen.

Die erste große Leistung der Meder nach 612 v.Chr. war ein Dienst, den sie der ganzen seßhaften Welt leisteten. Sie vertrieben, vernichteten oder unterjochten die eurasischen Hirtenvölker in Südwestasien – zum Teil dadurch, daß sie die militärische Ausrüstung und Taktik der Invasoren übernahmen, was ihnen ermöglichte, Urartu und das östliche und mittlere Kleinasien zu besetzen. Urartu, erst von den Assyrern und dann von den

Kimmeriern heimgesucht, verlor nun ganz seine Unabhängigkeit. Mediens nordwestliche Expansion brachte es in Kollision mit Lydien, das in die verlassenen Teile Kleinasiens von Westen eindragng. Nach heftigen kriegerischen Auseinandersetzungen beschlossen die beiden Staaten 585 v.Chr., den Unterlauf des Flusses Halys (Kisil Irmak) zur Grenze zwischen ihren Territorien zu machen. Diese Vereinbarung kam zustande durch die Vermittlung Babyloniens und Kilikiens, des Nachfolgestaates Assyriens im südöstlichen Kleinasien.

Der Unterlauf des Halys floß durch das frühere Gebiet des Königreichs Phrygien, der stärksten Macht Kleinasiens, bevor es von den eindringenden Kimmeriern zu Fall gebracht wurde. Auch Lydien hatte gelitten. Um 663 v.Chr. hatte es mit assyrischer Unterstützung die Kimmerier geschlagen; doch 652 v.Chr. eroberten diese vorübergehend die lydische Hauptstadt Sardes, die 646 v.Chr. erneut besetzt wurde, diesmal von den Trerern, einem Volksstamm aus Thrakien, der in Kleinasien eingedrungen war – vielleicht unter dem Druck des anderen Stromes von Kimmeriern und Skythen, der sich nördlich des Kaspischen und des Schwarzen Meeres gen Westen ergossen hatte. Doch Lydien war im Gegensatz zu Phrygien wieder zu Kräften gekommen und spielte eine aktive Rolle im Kampf um die Anteile am früheren assyrischen Reichsgebiet. Bevor es im sechsten Jahrhundert mit Medien in Streit geriet, hatte es einmal – vor 622 v.Chr. – Truppen nach Ägypten geschickt, um König Psammetich I. bei der Vertreibung der assyrischen Besatzung zu unterstützen.

Die chaldäischen Herren von Babylonien waren in ihrem Widerstand gegen Assyrien unbezwingbar, und Ägypter wie Syrer fanden sie ebenso stark und rücksichtslos, als sie mit Waffengewalt ihren Anspruch auf den syrischen Teil der früheren assyrischen Besitzungen durchsetzten. Nach Westen gerichtet waren die Chaldäer rasende Löwen, nach Osten und Norden jedoch, den Medern gegenüber, zitternde Lämmer. Das ursprüngliche Kernland Assyriens war zwischen Medien und Babylonien mit dem Tigris als Grenze geteilt worden, während weiter südlich Babylonien nicht nur seine historischen Grenzen einschließlich des babylonischen Landes östlich des Tigris wiederherstellte, sondern sich auch die Tieflandgebiete von Elam mit der Stadt Susa einverleibte. Infolgedessen fiel Babylonien die Aufgabe zu, den letzten Rest des assyrischen Heeres in Harran in Nordmesopotamien zu vernichten, was es in den Jahren von 609 bis 605 v.Chr. tat, obwohl Ägypten dem letzten Stützpunkt Assyriens mit Waffen zu Hilfe kam. Schließlich jedoch wurde Harran von den Medern okkupiert, und sie behielten es, bis sie um 550 v.Chr. von den Persern unterworfen wurden.

Diese Besetzung Harrans war vermutlich ein Bruch einer zwischen Medern und Babyloniern getroffenen Vereinbarung über die Teilung der assyrischen Beute. Auf jeden Fall war sie für die letzteren ein Ärgernis und eine Bedrohung; aber da sie die Meder nicht aus Harran vertreiben konnten, mußten sie die Überlegenheit ihres ehemaligen Alliierten anerkennen und die Gefährdung ihrer Verbindungslinie entlang des Euphrat zu ihren Besitzungen in Syrien durch die medische Besatzung in Harran dulden.

Assyriens frühere Provinzen in Syrien waren der Einsatz, um den sich Babylonien und Ägypten in den Jahren von 609 bis 605 v.Chr. stritten. Die Niederlage der Ägypter bei Karkemisch 605 v.Chr. entschied das Schicksal Syriens. Der Vorstoß Nechos II. (610-595 v.Chr.) in den Norden war fehlgeschlagen; doch dies blieb eine glückliche Ausnahme in einer im ganzen erfolgreichen Periode, nachdem Ägypten seine Unabhängigkeit wiedererlangt hatte.

Die Kämpfe um die Nachfolge des assyrischen Reiches hatten kulturell eine bemerkenswerte Folge: die Berührung der ägyptischen und der griechischen Kulturen. Die Truppen, die König Gyges von Lydien zur Verfügung stellte, um Psammetich I. bei der Vertreibung der Assyrer zu helfen, waren vermutlich griechische und karische Söldner. Psammetich stationierte diese Truppen in zwei Abteilungen an den beiden Nordecken des Nildeltas. Den Soldaten folgten Händler, die eine griechische Faktorei in Naukratis in der Nähe der Hauptstadt Sais gründeten.

Zuerst ließ man die Griechen überall in Ägypten Handel treiben. Um 566/565 v.Chr. mußten sie sich dann auf Anordnung der ägyptischen Regierung auf Naukratis beschränken. Grund dieser Maßnahme scheint ein Ausbruch des Fremdenhasses in der ägyptischen Bevölkerung gewesen zu sein. Doch Ägypten holte weiterhin griechische Söldner ins Land, während griechische Händler ihr Olivenöl und ihren Wein gegen ägyptischen Weizen austauschten.

Necho II. entschädigte sich für seinen militärischen Rückschlag in Asien durch den Bau eines Kanals, den er von dem östlichen Nilarm durch das Wadi Tumilat zur Mündung des Golfs von Suez graben ließ; und von der Roten-Meer-Küste Ägyptens entsandte er ein Geschwader phönizischer Schiffe, denen es gelang, Afrika zu umsegeln.

Zwischen 651 v.Chr., als die letzte assyrische Besatzung aus dem Lande vertrieben, und 525 v.Chr., als es von dem persischen Kaiser Kambyses erobert wurde, blieb Ägypten von fremder militärischer Okkupation verschont. Psammetichs griechische Garnison am Delta wehrte die Skythen ab, und auf Nechos Niederlage bei Karkemisch und den Verlust Syriens folgte keine Eroberung seines Reiches durch die Babylonier.

Dennoch scheinen die militärischen Fehlschläge in Asien nicht ohne Wirkung geblieben zu sein. Unter der Dynastie von Sais (der 26. Dynastie) erinnerte man sich nostalgisch des Alten Reiches, und es kam ein archaistisches Wiederaufleben von dessen Stil in der bildenden Kunst und der höfischen Etikette in Mode. Es ist interessant, daß gleichzeitig in Babylonien der letzte während des kurzen Zeitraums der wiedererlangten Unabhängigkeit regierende König Nabonidus (556-539 v.Chr.) ebenfalls ein Archaist war. Archaismus ist ein Zeichen mangelnden Selbstgefühls. Das ehrwürdige Alter ihrer Kulturen erfüllte in der nachassyrischen Zeit Babylonier wie

Ägypter mit Stolz und irritierte sie zugleich. Um 600 v.Chr. hatte die ägyptische Kultur noch ein weiteres Jahrtausend vor sich, die sumerisch–akkadische Kultur noch sechs Jahrhunderte; doch beide spürten schon Anzeichen der Vergänglichkeit, und in der Tat lag die Zukunft bei anderen Kulturen, die rund zweitausend Jahre jünger waren.

Nebukadnezar (605-562 v.Chr.), der Sohn Nabopolassars, des Gründers des neubabylonischen Reiches, hat offenbar Ägypten nicht angegriffen. Er hat sich jedoch nicht nur aller früheren assyrischen Provinzen in Syrien bemächtigt, sondern auch die zwei syrischen Staaten unterjocht, die von der Eroberung durch die assyrischen Vorgänger der Chaldäer verschont geblieben waren: Er zwang Tyrus nach einer dreizehn Jahre (von 586 bis 573 v.Chr.) dauernden Belagerung zur Kapitulation und belagerte und nahm Jerusalem 597, 587 und 582 v.Chr., und jeder Einnahme folgten Deportationen im assyrischen Stil. Nach dem zeitgenössischen judäischen Propheten Jeremias hat Nebukadnezar im ganzen 4600 Menschen in die Verbannung geschickt. Diese Zahl scheint in einem angemessenen Verhältnis zu der Zahl der Menschen zu stehen, die 721 v.Chr. von den Assyrern aus dem größeren und volkreicheren Königreich Israel des Landes verwiesen worden waren. In späteren Quellen werden höhere, doch weniger überzeugende Zahlen genannt. Die 597 v.Chr. deportierten Judäer kehrten erst 539 v.Chr. nach Jerusalem zurück.

Die Deportierung der führenden Schichten eines Volkes zielte auf die Zerstörung seiner Identität, und in den meisten Fällen erfüllte diese Politik die in sie gesetzten Erwartungen. Zum Beispiel hatte die Exilierung von 27290 Menschen aus dem Königreich Israel im Jahre 721 v.Chr. eine solche Wirkung. Die Judäer hingegen hielten auch unter erschwerten Bedingungen in einzigartiger Hartnäckigkeit an ihrer Identität fest.

Die Jahre 597 bis 582 v.Chr. brachten das Ende des Königreichs Juda und den Beginn der Geschichte der Juden und des Judentums. Juda war wie Israel einer von den zahlreichen syrischen Staaten gewesen, die im letzten Jahrtausend v.Chr. einige Jahrhunderte lang eine gewisse Unabhängigkeit genossen. Die Juden, anders als ihre Vorgänger, die Judäer, waren in der Tat das besondere Volk, das sie zu sein beanspruchten. Um zu verstehen, wie sie dieses Ziel erreichten, müssen wir einen kurzen Rückblick auf die Geschichte des Königreichs Juda werfen, seit dem Zeitpunkt, 922 v.Chr., da die Herrschaft des judäischen Kriegsherrn David über das südliche Syrien auseinanderfiel. In späteren Kapiteln werden wir die Reaktion der Juden auf Deportation und Exilierung zu betrachten haben.

In der Geschichte des Königreichs Juda von 922 bis 587 v.Chr. können wir verschiedene ausgeprägte Züge erkennen. Zunächst war das Haus David ununterbrochen mehr als vier Jahrhunderte im Besitz des Thrones, nachdem David um 1000 v.Chr. gekrönt worden war. Diese andauernde Regierung einer einzigen Dynastie steht im Gegensatz zu der Unbeständigkeit der beiden benachbarten Königreiche Israel und Damaskus von 922 v.Chr. bis zu ihrem Erlöschen. In diesen beiden Staaten wurde wiederholt die Krone ihrem jeweiligen Träger mit Gewalt entrissen; und beide haben nie die zerstörerischen Elemente ihres revolutionären Ursprungs abschütteln können. David hatte die Krone durch eine erfolgreiche Meuterei gegen den vorherigen Träger gewonnen; doch seinen Nachfolgern in Juda blieben die Untertanen trotz des demütigenden Zusammenbruchs von Davids kurzlebigem Reich treu.

Was davon übriggeblieben war, bestand aus dem Stamme Juda, der ehemals kanaanitischen Stadt Jerusalem und der südlichen Randzone des Landes der Benjaminiten. Unter diesen Umständen ist es erstaunlich, daß sowohl die Dynastie David wie auch ihre Hauptstadt von den Judäern anerkannt wurde.

Nicht weniger überraschend ist es, daß das Königreich Juda der Eroberung durch die Assyrer entging, wenn man bedenkt, daß König Hesekiel (715 bis 687 v.Chr.) ein Bundesgenosse des Chaldäers Merodach-Baladan gegen Assyrien war. Das Königreich Juda überlebte Israel um 134, das Reich von Aram (Damaskus) um 145 Jahre; und unter König Josia (637-609 v.Chr.) konnte sich Juda sogar an dem Gerangel um die Reste des sich auflösenden assyrischen Reiches beteiligen. Vorübergehend erstand Davids Reich wieder, das drei Jahrhunderte zuvor durch den Staatsstreich Resons in Damaskus und den des Jerobeam in Israel zerbrochen war. Josia fiel bei Megiddo, als er sich dem Vormarsch König Nechos II., der aus Ägypten den Assyrern zu Hilfe zog, entgegenstellte, und damit war es auch mit seinem Reich zu Ende: Juda wurde erst der Vasall Ägyptens und dann, nach 605 v.Chr., Babylons. Doch die Dynastie Davids bestand bis 587 v.Chr.

In diesem langen Zeitraum trat im Königreich Juda eine Reihe von Propheten auf. Jesaja, der Ratgeber König Hesekiels, und Jeremias, der Widersacher König Jojakims, befaßten sich ausgiebig mit der judäischen Außenpolitik: Beide Propheten warnten davor, die Macht Assyriens und Babyloniens herauszufordern, und Jeremias, der den Untergang Judas überlebte, wurde durch die Ereignisse gerechtfertigt.

Propheten waren kein besonderes judäisches Phänomen. Wie wir schon feststellten, wirkten sie überall in Syrien; auch unterschied sich das, was vom religiösen Leben in Juda übriggeblieben war, nicht wesentlich von dem anderer syrischer Staaten. Es hatte wie Israel und die benachbarten Staaten einen eigenen Stammesgott, doch dessen Kult wurde neben anderen religiösen Bräuchen ausgeübt. Dafür finden sich Nachweise sogar in der redigierten Fassung der jüdischen Schriften. Die Beschreibung des Tempels von Jerusalem, so wie ihn Salomo ausgestattet hatte und wie ihn Hesekiel und Josia vorfanden, würde vermutlich auch auf Bethel in Israel und auf die Tempel des Milkom in Amman, des Tschemosch in Moab und des Rimmon in Damaskus passen. Als die Könige Ahas und Manasse von Juda ihre Söhne auf dem Scheiterhaufen opferten, um Jahwe zu bewegen, ihre Gebete zu erfüllen, folgten sie einem allgemeinen syrischen Brauch; und als Hesekiel und Josia die Vorrechte des Stammesgottes sicherten, wiederholten sie, was vorher in Israel die Propheten Elias und Elisa und König Jehu gefordert hatten. Was Josias Zerstörung von Jerobeams Altar in Bethel betrifft und das Blutbad, das er unter den Jahwepriestern in Bethel und an anderen Weihestätten im früheren Königreich Israel anrichtete, so war dies ein verspäteter Racheakt auf Jerobeams Abfall von Josias Ahnen Rehabeam aus Davids Geschlecht. Josias eigentliche Neuerung war das Verbot aller lokalen Weihestätten nicht nur in den wiedereroberten Gebieten, sondern auch innerhalb der alten Grenzen von Juda. Er verfügte, daß in seinem Reich nur Jahwe verehrt werden solle und nirgendwo anders als in der ehemals kanaanitischen Stadt Jerusalem. Außerdem machte er Juda zu einem Stadtstaat – seine griechischen Zeitgenossen hätten diesen Vorgang Synoikismos genannt, was nicht die Konzentration der ganzen Bevölkerung in einer Stadt bedeutet, sondern die Erhebung dieser Stadt zu dem einzig legitimen Ort für weltliche und geistliche Staatsakte. Josias Reform des Gottesdienstes wurde im achtzehnten Jahr seiner Regierung durch die Niederschrift eines Gesetzbuches unterstützt, das in einiger Beziehung zu der uns heute vorliegenden Fassung des Deuteronomiums (5. Buch Mosis) stand. Infolge der geistigen Konzentration auf einen Gott und eine Stadt und der Langlebigkeit des Königreichs Juda waren die in den Jahren 597, 587 und 582 v.Chr. verbannten Judäer psychologisch besser gerüstet, im Exil unter widrigen Umständen ihre gemeinsame Identität zu bewahren, als ihre Vorfahren, denen ein gleiches Schicksal zuteil geworden war.

Vor dem Ausgang des sechsten Jahrhunderts v.Chr. änderte sich das Schicksal der Nachfolgestaaten Assyriens durch den unerwartet schnellen Aufstieg eines neuen Reiches in einem anderen Teil der Ökumene, eines Reiches, das durch seine Ausmaße das erloschene assyrische als einen Zwergstaat erscheinen ließ. Es wurde schon bemerkt, daß die eigentlichen Gewinner der Zerstörung Elams durch Assurbanipal die iranischen Hochländer in Elams Hinterland waren. Die direkten Nutznießer waren die Perser in den heute Fars und Luristan genannten Distrikten. Kyros II., der Sproß der Achämeniden, die das erste persische Reich gegründet hatten, nannte sich »König von Anschan«, vermutlich einer Stadt oder Landschaft in dem Tal des Flusses Karkhah (Choaspes) über dem Punkt, wo dieser Fluß vom Hochland Luristan in die Ebene von Khusistan fließt.

Um 550 v.Chr. entthronte Kyros König Astyges von Medien und bemächtigte sich dessen Reiches, zweifellos mit der Unterstützung eines Teiles der medischen Oberschicht. Dann annektierte er das lydische und 539 v.Chr. das neubabylonische Reich mit seinen Besitzungen westlich des Euphrat. Wahrscheinlich danach eroberte er die Gebiete östlich und nordöstlich Mediens (das heutige Sowjetisch-Zentralasien und Afghanistan), die von einer seßhaften iranischen Bevölkerung bewohnt waren. Bei dem Versuch, die Massageten, einen iranischen Hirtenstamm östlich des Kaspischen Meeres, zu unterjochen, wurde er getötet; doch dieser Rückschlag bedeutete noch nicht das

Ende der ungeheuren persischen Expansion: 525 v.Chr. marschierte Kyros' Sohn und Nachfolger Kambyses nach Ägypten und besetzte es.

Kambyses starb unter rätselhaften Umständen. Sein Nachfolger wurde ein Mann, der behauptete, sein Bruder Smerdis (Brdija) zu sein. Dieser echte oder falsche Smerdis wurde von Darius I. aus einem anderen Zweig des Achämenidenhauses ermordet. Die Beseitigung des letzten Kaisers, des angeblichen Sohnes Kyros' II., war das Signal für eine weitverbreitete Revolte in den Ländern östlich des Euphrat (Ägypten und Lydien lagen darnieder). Die entschlossensten Aufrührer waren die Babylonier, die Meder, die Armenier (die neuen Bewohner des Westteils des früheren Urartu) und überraschenderweise auch die Stämme im äußersten Osten Persiens.

Darius berichtet selber darüber in der großen Inschrift am Felsen von Bisutun an der Straße von Babylon nach Nordosten, in der er den Anspruch erhebt, alle diese Aufstände in einem einzigen Jahr (522 v.Chr.) niedergeschlagen zu haben. Das ist authentisch, wenn es auch wahrscheinlich länger dauerte als diese zwölf Monate. Der beachtliche Erfolg des Darius ist nicht nur seiner und seiner Soldaten dämonischen Energie zuzuschreiben; er beruhte zum großen Teil auf einer fast universellen Friedenssehnsucht der Völker, die unter den Assyrern und den Nomaden gelitten hatten.

Darius I. war der zweite Gründer des ersten persischen Reiches, und er hat es auch beträchtlich vergrößert. Im Nordosten unterwarf er die Massageten, denen Kyros II. zum Opfer gefallen war; im Osten eroberte er das Indusbekken, und im Nordwesten besetzte er einen großen Brückenkopf auf der europäischen Seite der Dardanellen, der sich vom Südufer des Unterlaufs der Donau bis zum Südwesten des Olymposgebirges erstreckte.

Diese europäischen Erwerbungen waren eigentlich nur ein zufälliges Nebenerzeugnis eines Überraschungsfeldzuges gegen die skythischen Nomaden auf der Steppe nördlich des Schwarzen Meeres, wo Darius nur knapp dem Schicksal Kyros' II. entging. 490 v.Chr. erlitt eine Expeditionsstreitmacht, die er über das Meer zum griechischen Festland schickte, in der Schlacht bei Marathon eine empfindliche Niederlage. Im ganzen jedoch war Darius als Reichsgründer ebenso erfolgreich, wie es Kyros II. gewesen war. Bei seinem Tod im Jahre 486 v.Chr. erstreckte sich das erste persische Reich vom Indus im Osten bis zum griechischen Pindosgebirge im Westen und vom Südhang des Kaukasus im Norden bis zum ersten Nilkatarakt im Süden. Das war das größte und zugleich das am wenigsten tyrannische Reich, das die menschliche Geschichte bis dahin kannte.

24

DIE HELLENISCHE ZIVILISATION VON 750 BIS 507 V.CHR.

Von der Völkerwanderung von 1250 bis 950 v. Chr. wurde die Ägäis härter getroffen als alle anderen Regionen, die das gleiche Schicksal erlitten. Im zwölften Jahrhundert waren die minoische und die mykenische Zivilisation zugrunde gegangen; die Länder waren entvölkert, und der Aufstieg einer neuen Zivilisation, der hellenischen, vom elften Jahrhundert an brauchte vierhundert Jahre, bis sie um 700 v. Chr. in der ersten Blüte stand.

Die Griechen waren im achten und siebenten Jahrhundert v. Chr. so vom Glück begünstigt, wie sie im zwölften von Unheil heimgesucht worden waren. In diesen zwei Jahrhunderten befand sich die hellenische Welt mit Ausnahme der griechischen Siedlungen an der Westküste Kleinasiens gerade noch außerhalb der Reichweite assyrischer Erobererheere und plündernder eurasischer Nomadenhorden. Diese Geißeln schlugen Syrien und erstickten seine frühe Kultur im Keim in dem Augenblick, als die griechische Welt sich wieder vollständig erholt hatte. Im achten und siebenten Jahrhundert v. Chr. schöpfte die hellenische Zivilisation aus den Fortschritten, welche die syrische Zivilisation seit dem zwölften Jahrhundert v. Chr. gemacht hatte, während einer Zeit, da die griechische Welt allem Anschein nach im Schlafe lag.

Im achten Jahrhundert v. Chr. begann in der von verheerenden Angriffen glücklich verschont gebliebenen hellenischen Welt eine Bevölkerungsexplosion, die bis zum zweiten Jahrhundert v. Chr. andauerte. Um 750 v. Chr. entlehnten die Hellenen von den Syrern das phönizische Alphabet, eine Schrift, die zur Übermittlung der griechischen oder irgendeiner anderen Sprache besser geeignet war als das Silbenalphabet der Linearschrift B, die höchstwahrscheinlich im fünfzehnten Jahrhundert v. Chr. als Nachahmung der minoischen Linearschrift A erfunden worden war. Als die Griechen das Alphabet den Bedürfnissen ihrer eigenen Sprache anpaßten und einige der phönizischen Konsonantenzeichen benutzten, um Vokale auszudrücken, verfügten sie zum erstenmal über eine Schrift, die so einfach war, daß sie jeder schreiben und lesen konnte. Sie war darin der lang vergessenen Linearschrift B weit überlegen, die wie die Linearschrift A und die sumerisch-akkadischen, ägyptischen und chinesischen Schriften ein esoterisches, nur wenigen Fachleuten vorbehaltenes Instrument gewesen war.

Die Übernahme und Umarbeitung des phönizischen Alphabets hatte bedeutende Folgen für die hellenische Literatur und Denkweise. In den viereinhalb Jahrhunderten des Analphabetentums war jeder Vortrag eines epischen Gedichtes ein Schöpfungsakt gewesen, aus dem Stegreif dargeboten vermittels eines großen Vorrats an metrischen Formeln, die der fahrende Sänger im Gedächtnis hatte. Sind die *Ilias* und die *Odyssee* – die größten Dichtungen jener Epoche – Improvisationen der vorliterarischen Zeit, oder sind sie die Erstlinge der neuerworbenen Schrift? Es scheint unbestritten, daß nichtrituelle Texte von solchen Ausmaßen keine feste Form hätten finden können, wenn sie nicht bald nach ihrem ersten Vortrag schriftlich niedergelegt worden wären. Anders als die Liturgie ist die epische Dichtung eine Literaturgattung, die sich schwer wortgetreu mündlich überliefern läßt; denn die Wirkung beruht nicht auf der genauen Wiederholung eines Formelschatzes von Wörtern. Mündlich vorgetragene epische Dichtung spricht vielmehr ihre Zuhörer durch einen großen Vorrat von kurzen metrischen Formeln an, die immer aufs neue variiert werden.

Die schriftliche Wiedergabe eines epischen Gedichts hat sowohl seine Erhaltung als auch den Tod des Genres zur Folge. Nachdem die *Ilias* und die *Odyssee* niedergeschrieben worden waren, erfanden die griechischen Dichter neue Gattungen: elegische und lyrische Poesie, erzählende Prosa und den dramatischen Dialog; und diese Gattungen wurden nicht nur zur Unterhaltung verwendet, sondern auch zu Zwecken der Belehrung und Meinungsäußerung. Gegen Ende des sechsten Jahrhunderts v. Chr. waren griechische Autoren imstande, ihre persönlichen Empfindungen und Erfahrungen auszudrücken, religiöse und politische Propaganda zu betreiben, wissenschaftliche Betrachtungen zu übermitteln und Theaterstücke zu schreiben, bis der dramatische Dialog schließlich auch zum Träger philosophischer Diskussionen wurde.

Der Adoption und Adaption des phönizischen Alphabets mit ihren literarischen Konsequenzen folgte schnell die Übernahme fremdländischer Motive in der bildenden Kunst. Ende des achten Jahrhunderts v. Chr. wich der geometrische Stil in der Töpferkunst einem neuen aus der Levante kommenden Stil, bei dem statt der abstrakten Muster Lebewesen abgebildet wurden – zuerst Tiere, wirkliche oder Phantasiegeschöpfe und dann auchMenschen. Der neue Töpfereistil wurde von phönizischer Handelsware angeregt; die ersten griechischen Versuche der dreidimensionalen Darstellung des menschlichen Körpers gehen auf ägyptische Vorbilder zurück.

Die Aufnahme dieser künstlerischen Einflüsse aus der Levante im siebenten Jahrhundert v. Chr. wäre ebensowenig wie die des phönizischen Alphabets zuvor möglich gewesen, wenn die Griechen damals nicht die seit dem zwölften Jahrhundert v. Chr. abgerissene Verbindung mit der Levante wiederangeknüpft hätten. Es müssen Handelsbeziehungen auf dem Seewege gewesen sein; denn die Griechen hätten keine levantischen Waren ohne Gegenleistung importieren können. Eine Handelsstation euböischer Griechen in Al-Mina an der Mündung des Orontes in Nordsyrien bestand vielleicht schon seit dem neunten Jahrhundert v. Chr. Vom achten Jahrhundert v. Chr. an war das dringendste wirtschaftliche Bedürfnis der Griechen,

Lebensmittel für die rasch wachsende Bevölkerung heranzuschaffen, da die eigenen Ernten nicht ausreichten. Der eine Weg dazu war, im Austausch gegen griechische Waren Getreide von außerhalb zu importieren; aber der Weg des geringsten Widerstandes erschien ihnen weniger kompliziert: Er bestand darin, das Gebiet der hellenischen Welt durch Eroberung und Kolonisierung von Ländern zu erweitern, die zu schwach waren, um einer solchen Aggression Widerstand zu leisten.

In den späteren Dekaden des achten Jahrhunderts v. Chr. begannen die Griechen, sich über das Meer westwärts auszubreiten, über die Straße von Otranto hinaus entlang der Süd- und Westküste Italiens und der Ost- und Südküste Siziliens. Im siebenten Jahrhundert v. Chr. folgte die nördliche Expansion entlang den Küsten der schmalen Meerengen, die das Ägäische Meer mit dem Schwarzen Meer verbinden. Den Händlern mögen griechische Siedler vorangegangen sein, die sie zu den von ihnen in Besitz genommenen Plätzen führten; doch die ersten hellenisch-griechischen Kolonien waren Repliken der heimischen Gemeinschaften: Stadtstaaten, deren Existenzgrundlage die Landwirtschaft war, Getreideanbau für ihre eigene Ernährung, nicht für den Export. Auf dem Seeweg ins Schwarze Meer hatten die Griechen keine Konkurrenten; und wir hatten bereits festgestellt, daß die Gründung griechischer Stadtstaaten an der Westküste Kleinasiens und den davorliegenden Inseln die Ägäis zu einem griechischen Binnenmeer gemacht hatte. Im Westen des Mittelmeers jedoch stießen die Griechen auf Rivalen, die zu fürchten waren: auf die Phönizier und die Etrusker (ein Volk, das wie die Phönizier und Griechen wahrscheinlich – wenn auch bis jetzt nicht nachweisbar – aus dem Osten des Mittelmeerbereiches stammte).

In dem Wettstreit um die Herrschaft des westlichen Mittelmeers waren die Griechen an Zahl im Vorteil, während die Phönizier nicht nur demographisch benachteiligt waren, sondern auch durch die assyrische Bedrohung aus dem asiatischen Hinterland gelähmt wurden. Der letzte und heftigste Ausbruch des assyrischen Militarismus begann 745 v. Chr., nur wenige Jahre, nachdem die Griechen mit der Gründung der Kolonien im Westen begonnen hatten. Die Kolonialphönizier und die Etrusker waren den Griechen jedoch auf anderen Gebieten überlegen, und sie ergriffen wirksame Maßnahmen, um ihre Schwächen gegenüber den Griechen zu kompensieren.

Die Phönizier kamen den Griechen zuvor in der Besetzung strategisch wichtiger Stellungen, von denen aus sie deren westliche Expansion in Grenzen halten konnten. Sie behaupteten die Straße von Gibraltar, die den Durchgang vom Mittelmeer zum Atlantischen Ozean beherrschte; und ebenso setzten sie sich an beiden Küsten des relativ schmalen Meeresgürtels zwischen der Nordostecke von Nordwestafrika (im heutigen Tunesien) und dem Westen Siziliens und an der Südküste Sardiniens fest. Die Etrusker waren im Besitz der Mineralvorkommen auf der Insel Elba und dem nahen italienischen Festland, die zu den begehrenswertesten Fundstellen im westlichen Mittelmeer gehörten. Die Griechen kamen auf dem Wege dahin nur bis

Cumä an Italiens Westküste. Cumä war vielleicht die erste griechische Festlandskolonie im Westen, aber die Gründung erfolgte zu spät, um der Errichtung des etruskischen Verhüttungsplatzes Popluna (heute Populonia) zuvorzukommen; und vor dem Ende des sechsten Jahrhunderts v. Chr. hatten die Etrusker das kampanische Hinterland von Cumä besetzt.

Der zahlenmäßigen Überlegenheit der Griechen begegneten Kolonialphönizier und Etrusker durch die politische Konsolidation. Ende des sechsten Jahrhunderts v. Chr. schlossen sich alle phönizischen Kolonien im westlichen Mittelmeergebiet unter dem einheitlichen Kommando der mächtigsten von ihnen, Karthago, zusammen. Schon vorher hatten sich die phönizischen Kolonien und die etruskischen Stadtstaaten verbündet. So suchten die Griechen aus Kleinasien vergeblich im westlichen Mittelmeerraum Zuflucht, um der lydischen und danach der persischen Herrschaft zu entrinnen. Noch vor 500 v. Chr. kam die griechische Kolonisierung in dieser Region zum Stillstand; und zu diesem Zeitpunkt waren die einzigen Abschnitte der europäischen Küste des westlichen Mittelmeeres nordwestlich von Cumä, die die Griechen besetzen konnten, die heutige französische Riviera und die Costa brava in Spanien. Diese griechischen Niederlassungen standen unter dem Oberbefehl von Massilia (Marseille), dessen geographische Lage nahe dem Rhonedelta den Zugang in das Herz Mitteleuropas erlaubte und das sogar Handelsverbindungen zu den Zinnbergwerken Cornwalls unter Umgehung der Straße von Gibraltar hatte.

Der Handelsbereich der hellenischen Welt wurde im siebenten Jahrhundert beträchtlich ausgeweitet, und das war bedeutungsvoller als die Vergrößerung des hellenischen Lebensraumes durch die Gründung von überseeischen Stadtstaaten. Die meisten waren nach wie vor landwirtschaftliche Eigenversorger sowohl im Kernland als auch in Übersee; doch eine kleine Zahl ging dazu über, Spezialprodukte herzustellen und im Austausch gegen ausländische Getreideerzeugnisse zu exportieren. So bezogen sie lebenswichtige Waren von Völkern, deren Länder sie nicht erobern und kolonisieren konnten. Einer dieser »Exportartikel« waren griechische Söldner – ihre Entsendung nach Ägypten im siebenten Jahrhundert v. Chr. wurde schon erwähnt. Vor allem wirtschaftlich rückständige griechische Gemeinschaften schickten Söldner in andere Länder; eine kleinere Zahl wirtschaftlich weiter entwickelter exportierte Olivenöl und Wein in ansprechend verzierten Gefäßen, die selber schon wertvoll waren.

Im siebenten Jahrhundert v.Chr. machten sich die Griechen den Getreideüberschuß zweier Regionen nutzbar, Ägyptens und der Ukraine. Der griechische Handel mit Ägypten wurde bereits erwähnt; der Handel mit der Ukraine wurde möglich, als die Völkerwanderung des skythischen Hirtenvolkes in der Steppe nördlich des Schwarzen Meeres zum Stehen kam. Unter den eurasischen Nomaden hatten die Skythen als einzige soviel praktischen Verstand, von der ackerbauenden Bevölkerung der Ukraine eine Kornabgabe zu erheben, statt die Landwirtschaft zu zerstören und Sklaven zu

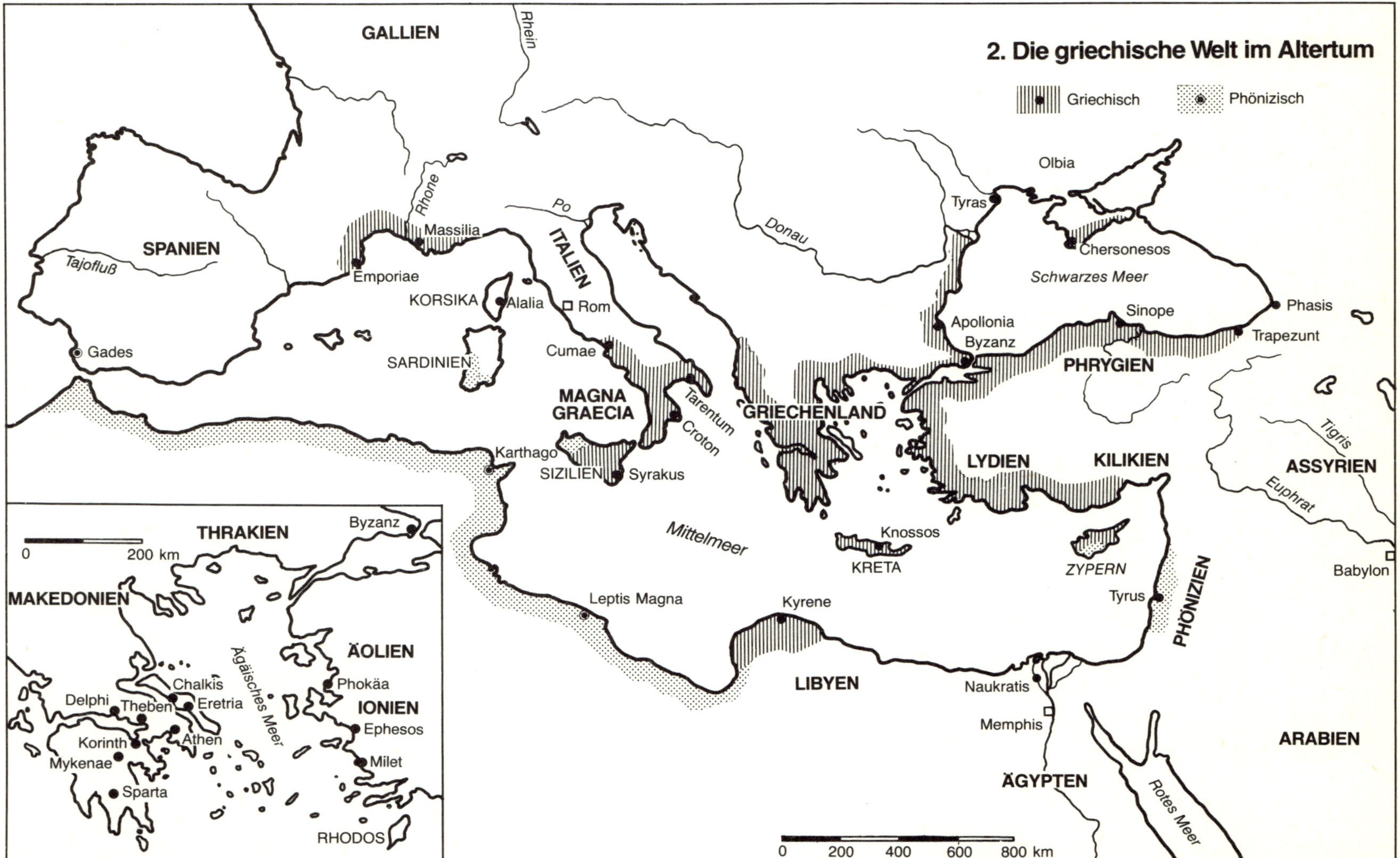
2. Die griechische Welt im Altertum
Griechisch
Phönizisch
GALLIEN
Rhein
Rhone
Po
Donau
SPANIEN
Tajofluß
Gades
Emporiae
Massilia
KORSIKA
Alalia
SARDINIEN
ITALIEN
Rom
Cumae
MAGNA GRAECIA
Tarentum
Croton
Karthago
SIZILIEN
Syrakus
GRIECHENLAND
Mittelmeer
Leptis Magna
Kyrene
LIBYEN
Knossos
KRETA
Olbia
Tyras
Chersonesos
Schwarzes Meer
Apollonia
Byzanz
Sinope
Phasis
Trapezunt
PHRYGIEN
LYDIEN
KILIKIEN
ZYPERN
Tyrus
PHÖNIZIEN
Tigris
ASSYRIEN
Euphrat
Babylon
Naukratis
Memphis
ÄGYPTEN
ARABIEN
Rotes Meer
0 200 400 600 800 km
THRAKIEN
Byzanz
0 200 km
MAKEDONIEN
ÄOLIEN
Phokäa
IONIEN
Ephesos
Milet
Ägäisches Meer
Chalkis
Delphi
Theben
Eretria
Athen
Korinth
Mykenae
Sparta
RHODOS

machen. Die zahlreichen griechischen Niederlassungen längs der West- und Nordküste des Schwarzen Meeres waren zumeist nicht mehr als kleine Handelsstationen, keine landwirtschaftlichen Kolonien wie die Siedlungen beiderseits der Meerengen und im Westen.

Die weitere Entwicklung des griechischen Handels muß von der Erfindung des gemünzten Geldes, die man König Alyattes von Lydien (608-558 v.Chr.) zuschreibt, vorangetrieben worden sein. Lange vorher – wahrscheinlich seit dem Beginn des städtischen Lebens in Sumer – waren schon Stangen oder Barren von Gold, Silber und Kupfer als Zahlungsmittel verwendet worden. Alyattes' Erfindung bestand also nicht in der Einführung einer Metallwährung, sondern in dem Prägen von Metallstücken mit einem Monogramm und ihrer Ausgabe durch den Staat. Solche Münzen waren nicht nur handlicher als Barren; sie konnten auch, wenn die ausgebende Behörde einen guten Ruf hatte, vertrauensvoll in Zahlung genommen werden, ohne daß man sie nachzuwiegen brauchte. Das gemünzte Geld verbreitete sich schnell; bald gab es Geldstücke in vielen griechischen Städten, und Darius I. und seine Nachfolger ließen Goldmünzen schlagen, die im ganzen persischen Reich in Umlauf waren. Dennoch darf nicht übersehen werden, daß sogar in der Levante die nicht geschäftetreibende Mehrheit des Volkes auf den lokalen Märkten beim herkömmlichen Tauschhandel blieb.

Die Erweiterung des griechischen Lebensraumes und danach die ihres Handelsbereiches, zusammen mit der Revolution der wirtschaftlichen Aktivität einer unternehmungslustigen Minderheit der griechischen Stadtstaaten, hatte verblüffende Veränderungen des politischen Gleichgewichts in der hellenischen Welt zufolge. In dem »dunklen« Zeitalter, als die hellenische Kultur geboren wurde, war Athen der schöpferische Stadtstaat gewesen – die einzige mykenische Burg, die im zwölften Jahrhundert v.Chr. nicht geplündert worden war. Es behielt seine Vormachtstellung im protogeometrischen und im geometrischen Zeitalter; doch von 750 v.Chr. bis nach dem Beginn des sechsten Jahrhunderts v.Chr. verlor es vorübergehend die Führung. Athen nahm weder an den Kolonisierungen noch an der darauf folgenden wirtschaftlichen Revolution in ihrem ersten Stadium teil.

Diese Revolution wurde betrieben von den Stadtstaaten an der Westküste Kleinasiens und auf den davorliegenden Inseln (wie Milet und Chios) und um den Isthmus von Korinth (wie Korinth selber, Sikyon und Megara). In diesen Städten standen die durch die neuen Wirtschaftsformen reich gewordenen Bürger gegen die politisch bevorrechtigte Aristokratie auf und entrissen ihr die Macht.

Ionien war die Region, in der die griechische epische Dichtung in der *Ilias* und der *Odyssee* ihren Höhepunkt erreichte. In dem folgenden Zeitalter war keiner der großen elegischen und lyrischen Dichter Griechenlands Athener; und die neuen Stilrichtungen in der Vasenmalerei, die den geometrischen Stil ersetzten, kamen nicht aus Athen, sondern aus Rhodos, Korinth und Sparta. Noch im sechsten Jahrhundert v.Chr., als Athen wieder in den Vordergrund trat – zuerst wirtschaftlich, dann politisch –, waren die Väter der griechischen Naturwissenschaft zwei Milesier (Thales und Anaximander) und der Epheser Heraklit. Diese kleinasiatischen Griechen im sechsten Jahrhundert v.Chr. vollbrachten die größten Leistungen des hellenischen Geistes. Ihre Vorgänger hatten sich die Entstehung der physischen Natur noch in den anthropomorphen Vorstellungen eines Schöpfungsaktes gedacht; jene ionischen Denker hingegen erklärten die Phänomene der Natur aus unpersönlichen Urelementen. Kein gebürtiger Athener spielte am Anfang oder im weiteren Verlauf eine entscheidende Rolle in der Entwicklung der hellenischen Wissenschaft.

Das Vierteljahrtausend, das 750 v.Chr. begann, brachte einen gewaltigen Ausbruch griechischer Tatkraft auf zahlreichen Gebieten, doch hatte er nicht nur glanzvolle, sondern auch düstere Aspekte. Ein großer Teil dieser Energie wurde in Bruderkriegen zwischen dem einen und dem anderen Stadtstaat vergeudet und innerhalb der Staaten zwischen sich befehdenden Klassen und Parteien. In dieser Epoche der griechischen Geschichte – bis die Römer den Bruderkriegen ein Ende machten – bekämpften die Griechen einander so rücksichtslos, wie sie es in der mykenischen Zeit getan hatten; und in den griechischen Staaten, wo im siebenten Jahrhundert v.Chr. wirtschaftliche Revolutionen stattgefunden hatten, wurde der innere Hader so bedrohlich, daß sie zeitweise unter eine Diktatur gestellt wurden. Es gelang den Stadtstaaten nicht, eine friedliche politische Übergangsform von einer monarchischen oder aristokratischen Machtausübung zu einem System zu finden, in dem der Reichtum, nicht mehr die Geburt die Qualifikation für die Ausübung politischer Macht war.

Der hervorstechendste Fall von Unterdrückung von Griechen durch Griechen in dieser Periode war die Besetzung der südlichen zwei Fünftel des Peloponnes durch Sparta von 750 bis 715 v.Chr. Sparta war ein landumschlossener Stadtstaat, und die Eroberung seiner Nachbarstaaten in Griechenland bildete das Gegenstück zu der Unterwerfung nichtgriechischer Völker in Italien und Sizilien durch seefahrende griechische Stadtstaaten wie Korinth und Chalkis.

Die Spartaner ließen einigen der unterworfenen Nachbarländer ihre Autonomie mit der Verpflichtung, im Kriegsfalle für Sparta Waffendienst zu leisten. In anderen eroberten Territorien machten sie die Bevölkerung zu Leibeigenen, die den Spartanern Abgaben von ihren Ernten entrichten mußten, damit diese von eigener landwirtschaftlicher Arbeit befreit waren und ihre ganze Zeit der militärischen Ausbildung und dem Kriege widmen konnten. Auf Grund dieser Ausbeutung einer griechischen Bevölkerung, die um ein Mehrfaches zahlreicher war als die Einwohnerschaft des herrschenden Staates, konnte Sparta seiner privilegierten Minderheit die demokratische Gleichheit der politischen Rechte geben, ohne seine Monarchie und seinen aristokratischen Ältestenrat aufzugeben und ohne unter eine Diktatur zu geraten. Spartas demokratische Verfassung, die erste in der hellenischen Welt, entstand in der zweiten Hälfte des siebenten Jahrhunderts v.Chr.

Die Konzentration auf soldatische Zucht und Ausbildung machte die Spartaner zu den gefürchtetsten Soldaten Griechenlands. Zuerst versuchten sie, ihre militärische Macht zur Eroberung noch mehr griechischen Gebiets einzusetzen, um noch mehr Leibeigene zu machen; doch um 550 v.Chr. merkten sie, daß ihre Streitkräfte, so gut gedrillt und tapfer sie auch sein mochten, nicht ausreichen würden, um zusätzliche Leibeigene niederzuhalten. Sie gaben daher die Eroberungspolitik auf und ersetzten sie durch eine Bündnispolitik; sie förderten den gewaltsamen Umsturz von Diktaturen in den wirtschaftlich fortgeschrittenen Staaten um den Isthmus von Korinth und verbündeten sich dann mit dem auf Reichtum gegründeten neuen Regime in diesen Staaten.

Etwa 511 v.Chr. versuchten die Spartaner, ihr Netz von Bündnissen auch auf Athen auszudehnen und die dortige Diktatur zu stürzen, und beim zweiten Anlauf gelang es ihnen; doch die Folgen in Athen waren nicht die gleichen wie in Megara, Korinth und Sikyon. Die Oligarchie, die in Athen die Regierungsgewalt übernommen hatte, konnte sich nicht gegen eine radikalere Gegenströmung halten; und als die Spartaner zum drittenmal in Athen intervernierten, um ihre Verbündeten innerhalb der Stadt zu stützen, wurden sie von einem Volksaufstand zurückgeschlagen.

So entzog sich Athen dem Einfluß Spartas, und die Athener gaben sich (507 v.Chr.) eine demokratische Verfassung. Darin folgten sie dem Beispiel Spartas; doch es gab einen grundlegenden Unterschied zwischen der athenischen und der spartanischen Gesellschaftsstruktur. Hier bestand der größte Teil des Volkes aus Leibeigenen. In Attika dagegen kannte man keine Leibeigenen; es gab einige Sklaven und auch eine wachsende Zahl von nicht freigelassenen Bürgern fremder Herkunft, doch die Mehrheit der Bevölkerung waren freie Bürger. 480 v.Chr., als sich Athen und Sparta gegen eine persische Invasion vorübergehend zusammenschlossen, hatte Athen ungefähr 30000 Bürger, Sparta nur etwa 8000. Zwar enthielten Spartas Besitzungen insgesamt eine größere Einwohnerzahl als Attika, doch bedeutete diese auch einen politischen und militärischen Unsicherheitsfaktor, denn sie setzte sich aus unversöhnten Leibeigenen zusammen.

Spartas Handelsbeziehungen zu Athen in den kritischen Jahren von 511 bis 507 v.Chr. hatten eine für die Spartaner unerwartete und bestürzende Wendung genommen, nachdem sich die Athener im Laufe des sechsten Jahrhunderts v.Chr. von dem zeitweiligen Verlust ihrer Führungsrolle wieder erholt hatten. Zu Beginn dieses Jahrhunderts waren die sozialen Spannungen in Attika so ausgeprägt, daß ein Bürgerkrieg fast unvermeidlich erschien. Von diesem Schicksal blieb Athen durch Gesetze verschont, die 590 v.Chr. der zum Archon, dem höchsten Staatsamt, gewählte Solon, ursprünglich ein Kaufmann, erließ. Doch seine Reformen, die allgemeinen Beifall fanden, waren nicht radikal genug, um Athen vor dem Tyrannen Peisistratos zu schützen. Nach der Machtergreifung des Peisistratos wurde Athen erst durch die Intervention Spartas wieder von der Tyrannis befreit.

Das Verdienst, Athen wieder zum Wohlstand verholfen zu haben, gebührt nicht Peisistratos, sondern Solon, der unter anderem die Ölproduktion für den Export und das Handwerk förderte. Er bot ausländischen Fachleuten die athenische Staatsbürgerschaft, wenn sie ihre Familien mitbrachten oder aus ihrer Heimat verbannt worden waren. Die Schlüsselindustrie, die auf diese Weise in Athen belebt wurde, war die Herstellung und Dekorierung von Gefäßen für Öl und Wein. Um 550 v.Chr. hatte Athen den internationalen Markt erobert und korinthische und spartanische Töpfereiwaren verdrängt.

Auch Ägina, mit Sparta verbündet, wurde von der athenischen Konkurrenz hart betroffen. Diese kleine Insel vor Attika lebte vom Handel, und Ägineten waren an der panhellenischen Handelsstation Naukratis in Ägypten führend beteiligt. Der Konflikt zwischen Ägina und Athen wurde so bitter, daß kurz vor dem Angriff Persiens auf das europäische Griechenland König Kleomenes I. von Sparta große Schwierigkeiten hatte, Ägina vor einem Krieg gegen Athen zurückzuhalten.

Trotz der heftigen inneren und äußeren Kämpfe in der Welt der hellenischen Stadtstaaten in der Zeit von 750 bis 500 v. Chr., trotz wachsender politischer und wirtschaftlicher Uneinigkeit waren sich die Griechen ihrer kulturellen Zusammengehörigkeit bewußt, und dieses Gemeinschaftsgefühl kam in zahlreichen panhellenischen Institutionen zum Ausdruck.

»Hellenen«, der neue gemeinsame Name, den sich die Griechen gaben, bedeutet »Bewohner von Hellas«, und Hellas war ein Distrikt in Mittelgriechenland, in dem der Altar der Artemis in Anthela an den Thermopylen und die Altäre der Erdmutter Gea und der Götter Apollo und Dionysos in Delphi standen. Delphi war auch der Sitz eines hochangesehenen und vielbefragten Orakels. Die beiden Götteraltäre wurden von zwölf umwohnenden (amphiktyonischen) Staaten verwaltet, und dieser Amphiktyonenrat hatte eine so bedeutende Stellung in der ganzen griechischen Welt erworben, daß prominente Staaten, die nicht ursprünglich Mitglieder des Rates waren, sich um eine Vertretung darin bemühten. Die daraus entstandene Vergrößerung der Amphiktyonie brachte eine erweiterte Anwendung der Begriffe »Hellas« und »Hellenen« mit sich, bis diese Namen schließlich das ganze Gebiet und alle Träger der neuen Kultur bezeichneten, die im elften Jahrhundert v. Chr. in der Ägäis entstanden war und sich seit dem achten Jahrhundert v. Chr. von dort ausgebreitet hatte.

Andere panhellenische Institutionen waren die vier periodisch stattfindenden Spiele in Delphi, Korinth, Nemea im korinthischen Hinterland des Peloponnes und – als älteste und angesehenste von allen – die Olympischen Spiele an der Westseite der Halbinsel. Olympia war wie die etwa gleichzeitigen olmekischen Orte La Venta und Tres Zapotes in Amerika eine Kultstätte ohne eine dauernde städtische Siedlung. Bei den Spielen wurden nicht nur sportliche Wettbewerbe ausgetragen, sondern auch solche der Dichtung und der Musik.

Das Gefühl der kulturellen Zusammengehörigkeit, das von diesen panhellenischen Veranstaltungen getragen wurde und in den Namen Hellas und Hellenen zum Ausdruck kam, war jedoch nicht institutionell verankert, sondern rein psychologisch. Die Grundlage des Hellenentums war eine gemeinsame Weltanschauung, waren gemeinsame Ziele und Ideale, gleiche Interessen und gleiche Sitten und Gebräuche. So wurde die Dichtung, die in einem hellenischen Staat im heimischen Dialekt geschrieben wurde, schnell zum Allgemeinbesitz aller Hellenen. Die beiden Homerischen Epen, die irgendwo in Ionien ihre endgültige Gestalt erhielten, trug man in der ganzen hellenischen Welt vor; und Dichter – wie der Böotier Hesiod –, deren Muttersprache ein ganz anderes griechisches Idiom war, verfaßten Gedichte im homerischen Dialekt und Versmaß. Die intellektuellen, emotionellen und spirituellen Grundlagen des Hellenentums wuchsen kaum merklich, aber es waren diese Grundlagen, welche die Hellenen zusammenhielten und ihnen halfen, ihren wirtschaftlichen und politischen Parteigeist zu überwinden.

25

UMBRÜCHE IM GEISTIGEN LEBEN ZWISCHEN 600 UND 480 V.CHR.

Innerhalb von nur hundertzwanzig Jahren – das heißt von vier, höchstens fünf Generationen – traten fünf große Propheten, Religionsstifter und Philosophen in der Ökumene der Alten Welt in Erscheinung.

Der älteste der fünf war der iranische Prophet Zarathustra (Zoroaster). Er ist nicht mit Sicherheit zu datieren und zu lokalisieren, doch ist anzunehmen, daß er Anfang des sechsten Jahrhunderts v. Chr. im Oxus-Jaxartes-Becken lebte, in einem Land, das von einer seßhaften Bevölkerung bewohnt wurde, doch den Angriffen der Reitervölker aus der eurasischen Steppe ausgesetzt war. Der zweite Prophet war der »Deutero-Jesaja«. Er oder der Herausgeber seiner Schriften verheimlichte seinen Namen dadurch, daß er seine Schriften dem Buch des judäischen Propheten Jesaja im achten Jahrhundert v. Chr. anfügte. Aber Deutero- (der zweite) Jesaja lebte fast zweihundert Jahre nach dem ursprünglichen Träger dieses Namens, und als gesalbten König Jahwes begrüßt er Kyros II., den ersten Gründer des ersten persischen Reiches, der das neubabylonische Reich eroberte und 539 v. Chr. den Juden die Rückkehr aus dem babylonischen Exil ermöglichte. In den Schriften des Deutero-Jesaja findet sich kein Hinweis, wo sie verfaßt wurden; Babylonien und Judäa kommen gleichermaßen in Betracht.

Die Lebensdaten des Buddha sind fast ebenso ungewiß wie die Zarathustras; er kann zwischen 567 und 487 v. Chr. gewirkt haben, es steht jedoch fest, daß Siddhattha Gotama, der Buddha (Erleuchtete) genannt, in Kapilawastu geboren wurde, einer kleinen Stadt im heutigen Nepal, und daß sein Wirkungsfeld im heutigen Staat Bihar lag. Konfuzius (Kung-fu-tse) war ein etwas jüngerer Zeitgenosse Buddhas, wenn die überlieferten Daten (551 bis 478 v. Chr.) annähernd richtig sind. Seine Heimat in China war das Land Lu, einer der kleineren und schwächeren Staaten, in die sich das Gebiet der Tschoudynastie damals aufgelöst hatte. Pythagoras lebte ungefähr gleichzeitig mit Buddha; er wurde auf der Insel Samos vor der ionischen Küste geboren; doch er wirkte in den griechischen Kolonien in Süditalien, und der Stadtstaat, in dem er sich niederließ, war Kroton.

Pythagoras vielleicht ausgenommen, bewegen diese Weisen des sechsten vorchristlichen Jahrhunderts noch in unseren Tagen direkt oder indirekt das Denken und den Glauben der Menschheit – mehr als irgendein derzeit lebendes Wesen. Der Buddhismus beeinflußt direkt über die Hälfte, der Konfuzianismus mehr als ein Drittel der heutigen Generation. Der direkte gegenwärtige Einfluß des Deutero-Jesaja erstreckt sich nicht nur auf Juden, sondern auch auf Christen; der des Zarathustra beschränkt sich auf die Parsen, eine nur noch kleine Gemeinschaft, wenn sie auch wie die Juden eine größere Rolle in der Welt spielt, als ihrer Zahl entspricht. Indirekt jedoch hat die Lehre Zarathustras nicht nur auf seine eigenen Anhänger, sondern auch auf Juden, Christen und Mohammedaner eingewirkt. Als Ergebnis der Verbindung zwischen Persern und Juden während des ersten persischen Reiches von der Annektion des neubabylonischen Reiches 539 v. Chr. bis zu dessen Erlöschen 330 v. Chr. fanden einige der wichtigsten Ideen Zarathustras – die Unsterblichkeit, das Jüngste Gericht, Gottes Wirken durch den Heiligen Geist – den Weg in das Judentum und von dort in dessen Tochterreligionen.

Es mag einige Jahre im sechsten Jahrhundert v. Chr. gegeben haben, in denen diese fünf Seher gleichzeitig wirkten; doch ist es unwahrscheinlich, daß einer von ihnen einen anderen gekannt oder von ihm gehört hat. Die Anschauungen, Ziele und Methoden von zweien indessen – Buddha und Pythagoras – ähneln einander derart, daß man mit Sicherheit annehmen möchte, ihre Inspirationen stammten aus einer gemeinsamen Quelle; aber nicht weniger gewiß scheint es, daß weder Buddha in Bihar noch Pythagoras in Italien ihr Wissen mit dem geographisch so weit entfernten *Confrère* ausgetauscht haben könnten.

Wegen der Gleichzeitigkeit der fünf Weisen spricht Karl Jaspers von der »Achsenzeit« um 500 v. Chr. und meint damit den Angelpunkt, um den sich die Geschichte der Menschheit gedreht hat. Das Erscheinen dieser Männer war tatsächlich ein Wendepunkt in dem Sinne, daß sie, wie schon festgestellt wurde, durch ihr Beispiel auf die Menschheit bis zum heutigen Tage eingewirkt haben und sie wahrscheinlich weiter beeinflussen werden, auch wenn ihre Richtlinien keine Gebote und ihre Lehren keine Glaubensartikel mehr sein werden. Wenn wir jedoch an eine Achsenzeit (und dies ist selber ein erleuchtender Gedanke) oder einen Wendepunkt der Menschheitsgeschichte denken sollen, müssen wir nach beiden Richtungen schauen.

Deutero-Jesaja war ein Prophet der syrischen Schule, und wir können ihn nicht verstehen, wenn wir uns nicht klarmachen, daß er bewußt in der syrischen Tradition stand. Er oder sein Herausgeber haben dem Rechnung getragen, als sie seine Schriften dem Buch des berühmtesten aller schriftkundigen judäischen Propheten anfügten. Auch Zarathustra ist unverkennbar ein Prophet des syrischen Typs, obwohl bei ihm nichts darauf deutet, daß er von einem syrischen oder iranischen Vorläufer beeinflußt war. Andererseits ist es gewiß, daß Jesus und Mohammed der syrischen Prophetentradition folgten; und es wäre irreführend, Jaspers' Achsenzeit so zu begrenzen, daß sie diese zwei gewaltigen Nachfahren Zarathustras und Deutero-Jesajas ausschlösse. So betrachtet, erstreckt sich die Achsenzeit nicht über eine Spanne von hundertzwanzig Jahren, sondern über siebzehn Jahrhunderte, von 1060 v. Chr. bis 632 n. Chr., dem Jahre von Mohammeds Tod, siebzehn Jahrhunderte, die ein Drittel der Zeit ausmachen, in der es Gesellschaftsformen gibt, die wir »Kulturen« nennen – und wiederum nur ein Augenblick, gemessen an dem Alter der Menschheit insgesamt oder gar der vormenschlichen Hominiden.

Obwohl die fünf Propheten, Religionsstifter und Philosophen unabhängig voneinander lebten und wirkten, können wir einige Züge erkennen, die allen gemeinsam, wenn auch nicht ausschließlich für diese charakteristisch sind.

Der bedeutungsvollste gemeinsame Zug ist die Fähigkeit eines menschlichen Individuums, eine unmittelbare persönliche Beziehung zu der letztgültigen geistigen Realität in und hinter dem Universum zu erlangen, in welchem der Mensch sich selber findet. Ursprünglich war diese Beziehung nicht individuell und persönlich, sondern von der Gruppe und deren Einrichtungen bestimmt. Vorzivilisatorische Gemeinschaften näherten sich der letztgültigen Realität oder der Gottheit durch das Medium nichtmenschlicher Naturkräfte, deren Gnade der Mensch ausgeliefert war. Nach dem Erreichen der Kulturstufe änderte sich diese Sicht: Der Mensch vergötterte nicht mehr die nichtmenschliche Natur, sondern die Kollektivmacht einer menschlichen Gemeinschaft. Die Errichtung einer menschlichen Kollektivmacht in großem Maßstabe hatte die Gewichte im Kampf mit der Natur zum Vorteil des Menschen verschoben. Nachdem er so den Gegenstand seiner Verehrung gewechselt hatte, blieb der Mensch bei der Anbetung der Macht, wo immer er sie am stärksten fand. Geistig jedoch war diese Veränderung ein Rückschritt. Der Mensch war seinem Ziele nicht nähergekommen, sondern hatte sich nur weiter von ihm entfernt.

Jeder dieser fünf Weisen befreite sich aus dem Erbe der geistigen Unterordnung unter die Gemeinschaft, in die er hineingeboren war. Entgegen der Tradition lehnte er sowohl die Naturverehrung als auch die Menschenverehrung ab und schob diese hemmenden und verdunkelnden Schleier beiseite, um eine unmittelbare Anschauung der letzten Dinge zu gewinnen. Dies ist die Haltung des Propheten. Ein Prophet glaubt und behauptet, daß seine Äußerungen von Gott unmittelbar inspiriert sind und nicht durch irgendein gesellschaftlich bedingtes Medium. Weniger emotional glaubte Konfuzius, den ethischen Kodex wiederherstellen zu müssen, den der »Himmel« für die Gründer und Väter der chinesischen Kultur verbindlich gemacht hatte. »Himmel« *(T'ien)* scheint ursprünglich als ein persönlicher – und das heißt menschenähnlicher – Gott verstanden worden sein; doch könnte zu Konfuzius' Zeiten das Wort diese Bedeutung verloren und man damit einen über- oder unpersönlichen Geist oder ein Gesetz bezeichnet haben. Buddha betrachtete mit Sicherheit die letzte geistige Wahrheit nicht als menschenähnlich; er identifizierte sie nicht mit allen oder mit einem der Götter des überlieferten Hindupantheons. Für ihn war die letzte Wahrheit, das Ziel menschlichen Strebens, der Zustand des »Ausgelöschtseins« (Nirwana), und man erstrebte und erreichte die Erleuchtung durch eigene geistige Bemühungen und ohne die Hilfe der unpersönlichen letzten Realität, die selbst das Ziel der Bemühung war.

Die zweite Gemeinsamkeit der fünf Weisen besteht darin, daß sie den Staat, an dem sie Anstoß nahmen, ablehnten, verurteilten und zu ändern suchten. Ihre jeweiligen geistigen Revolten waren in ihrer Intensität sehr verschieden. Buddha, der am meisten vergeistigte von allen, war auch der radikalste: Was er zu ändern sich vornahm, war das Leben selber, so wie er es vorfand. Er sah, daß jedes empfindende Wesen Schmerz leidet, und auch, daß jedes Lebewesen gierig war. Und er glaubte, daß die Befreiung von der Begierde gleichbedeutend war mit der Befreiung aus dem qualvollen Lebenszustand selbst.

Auch Pythagoras verdammte das Leben, so wie wir es erfahren, und auch er nahm sich vor, das Leben nach den gleichen Richtlinien wie Buddha zu verändern, wenn er auch in seinem Weg in die Veränderung nicht so radikal war wie dieser. Zarathustra wollte die überlieferte Form der Religion seiner Gemeinschaft umstoßen; Deutero-Jesaja wollte sie modifizieren. Konfuzius ging daran, die praktischen Normen der Lebensführung zu verändern, die zu seiner Zeit in China vorherrschten.

Jeder der fünf versuchte, seine Mitmenschen auf den neuen Weg zu bringen, den er gefunden hatte. Zarathustra und Deutero- Jesaja legten ihre Botschaften schriftlich nieder, nach ihrer Überzeugung Botschaften Gottes, der Menschheit durch den Propheten als Gottes menschlichem Sprecher übermittelt. Zarathustras Gathas (Hymnen) und Deutero-Jesajas Ergänzungen des Buches des ersten Jesaja scheinen authentische Werke der beiden Seher zu sein. Ferner gibt es Bücher, die den Anspruch erheben, Niederschriften von Reden Buddhas und Konfuzius' und von Gesprächen zwischen diesen und ihren Schülern zu sein; wir wissen jedoch nicht, wie getreu diese Berichte den ursprünglichen Worten der Meister folgen, ebensowenig wie wir der Authenzität der Aussprüche sicher sein können, die Pythagoras zugeschrieben werden.

Vier der fünf Weisen – Zarathustra, Buddha, Konfuzius und Pythagoras – hatten Schüler, und das führte zur Bildung neuer Gemeinschaften; denn Beziehungen zwischen Menschen müssen in Institutionen verwandelt werden, wenn sie eine Generation überdauern und über einen persönlichen Bekanntenkreis hinausgehen sollen. Buddha gründete einen Mönchsorden (Sangha); Konfuzius eine philosophische Schule; Pythagoras einen Bund, der mehr war als eine Schule, wenn auch der Form nach kein Mönchsorden. Deutero-Jesaja begnügte sich vermutlich damit, seine Botschaft der bereits vorhandenen jüdischen Gemeinschaft zu verkünden, während Zarathustra zum Schöpfer einer neuen Religion wurde. Auch Buddhas Erleuchtungen führten zu einer neuen Religion – eine bemerkenswerte Entwicklung, wenn man bedenkt, daß nach Buddhas Überzeugung jedermann die Erleuchtung durch eigene Bemühungen zu suchen hat.

Buddha hielt sich von der Politik und dem gesellschaftlichen Leben außerhalb seines Schülerkreises fern. Er war Fürstensohn und Gatte und Vater, doch er verzichtete auf den Thron und trennte sich von seiner Familie, um sich ganz seiner Aufgabe zu widmen. Als er nach seiner Erleuchtung Wanderprediger wurde, erkannten ihn die Gaufürsten als ihresgleichen an; er scheute ihre Gesellschaft nicht, ohne sie zu suchen, und ihm war nicht daran gelegen, das Wachstum seines Ordens durch fürstliche Protektion zu fördern. Den ersten fürstlichen Gönner fand der Buddhismus zweihundert Jahre nach dem Tode seines Gründers in König Aschoka (272-231 v. Chr.). Zarathustra hingegen fand einen Monarchen, der ihn förderte, während Konfuzius seine Stellung im Staatsdienst verlor und ein Wanderleben als Lehrer einer neuen Ethik begann. Deutero-Jesaja brauchte keine Unterstützung von oben – ihm genügte, daß seine Botschaft vom jüdischen Volk vernommen wurde.

Von den fünf bildete Buddha eine Ausnahme in seiner entschiedenen Absage an das Weltgeschehen. Konfuzius hätte eine politische Laufbahn begrüßt, wenn sich ihm eine solche eröffnet hätte. Seine Anhänger mußten nach seinem Tode fast dreihundertfünfzig Jahre warten, bis der Konfuzianismus zur Staatsreligion wurde. Zarathustra hielt offenbar das Patronat eines Herrschers für notwendig, um den Erfolg seiner Mission zu sichern. Auch für Pythagoras und seine Schüler war die Beschäftigung mit der Politik unerläßlich; in der hellenischen Welt des sechsten Jahrhunderts v. Chr. mußte eine Bruderschaft von Philosophen an der Spitze eines Stadtstaates stehen, wenn sie über lokale Grenzen hinaus wirken wollte. Die Pythagoreer strebten eine solche Herrschaft an und scheiterten. Was Deutero-Jesaja betrifft, so gefiel er sich in ausschweifenden politischen Erwartungen. Er begrüßte Kyros II. als Jahwes gesalbten König, weil dieser den Juden im babylonischen Exil die Rückkehr nach Judäa gestattete; doch dachte er an ein Weltreich, dessen Herrscher nicht Kyros, sondern Jahwe, und dessen Volk nicht das persische, sondern das jüdische sein würde.

Deutero-Jesajas neue schöpferische Ideen lagen auf der geistigen, nicht auf der politischen Ebene. Er war Monotheist und setzte sich mit dem Problem des Leidens auseinander, der erste unzweifelhafte jüdische Monotheist und der früheste in der Ökumene seit Echnatons fehlgeschlagenem monotheistischem Versuch acht Jahrhunderte zuvor. Er glaubte nicht mehr lediglich, daß Jahwe der einzige legitime Gott der Juden sei oder gerechter und mächtiger als die Götter anderer Völker; er glaubte, daß Jahwe der alleinige Gott sei und andere Götter nicht existierten. Die Einstellung Deutero-Jesajas zum Leiden war der des Buddha entgegengesetzt; er suchte nicht den Weg der Erlösung vom Leiden, sondern er nahm es als eine Erfahrung, die positive geistige Frucht tragen konnte. Wir wissen nicht, ob der Begriff »leidender Diener« eine ungenannte, aber historische Person bezeichnet oder ob er eine Personifikation der jüdischen Gemeinschaft ist. Die zweite der beiden möglichen Interpretationen dieser rätselhaften Figur ist die überzeugendere und paßt eher zu der prophetischen Tradition, an die Deutero-Jesaja anknüpfte.

Zarathustra sah die Welt als eine Kampfstätte zwischen Gut und Böse, auf der Gott schließlich den Sieg davontragen würde. Zu Lebzeiten sei es des Menschen Pflicht, an der Seite des »guten Geistes« ein aktiver Mitstreiter gegen den »bösen Geist« zu sein. Seine Vision und Lehre spiegeln die historische Situation, in der dieser Prophet lebte. In dem Grenzland zwischen den eurasischen Hirtenvölkern und ihren ackerbauenden Nachbarn gab es ständig Grenzkriege, in denen die seßhafte Partei einen endgültigen Sieg erhoffte, und Zarathustra war sicherlich ein streitbarer Gegner der Nomaden.

Konfuzius war ein Reformator, der sich selber – und zweifellos aufrichtig – als einen gewissenhaften Konservativen ansah. Er wurde in einer Gesellschaftsordnung geboren, die ihr überliefertes System verloren hatte und deren Stützen zerbrochen waren. Er hatte die Absicht, die kostbaren tradierten Institutionen, die gefährdet waren, wiederherzustellen; doch seine Heilmittel waren faktisch Neuerungen. Er interpretierte zum Beispiel das Wort *chün tzu,* das Edelmann bedeutet, einen Angehörigen der Adelsklasse, als »edler Mann«, einen Menschen, der sich edle Lebensgrundsätze zu eigen macht, eine Deutung, die nicht dem alten Wortsinn folgte, sondern ihm eine neue Auslegung gab.

Buddha schickte sich an, die Ichbezogenheit und die Begierde auszurotten, die jedem menschlichen Wesen eingeboren sind. Er spürte intuitiv, daß der menschliche Geist imstande sei, die Natur zu überwinden; er hatte den Mut, diese Eingebung in die Tat umzusetzen, und als er durch seine eigene Tätigkeit zur Erleuchtung gekommen war, bewog ihn sein Mitgefühl, seinen Mitmenschen diesen Weg zu weisen. Buddha erkannte zunächst, daß die Ausübung strengster physischer Askese nicht der Weg sei, zur Erleuchtung zu kommen. Er schlug vielmehr einen mittleren Weg ein, der gewöhnlichen Menschen streng erschien, aber ungezügelten Asketen jener Zeit gemildert vorkommen mußte. Buddhas Mittelweg wurde zur Grundlage für den umfassenden Siegeszug des Buddhismus in Asien.

Es wurde bereits gesagt, daß Buddha und Pythagoras einen gemeinsamen Glauben und ähnliche Ziele hatten. Sie glaubten, daß der Tod das Leben nicht beendet, sondern daß ihm normalerweise eine Wiedergeburt folgt und daß diese Reihe von Toden und Wiedergeburten sich endlos fortsetzt, wenn nicht energische Maßnahmen ergriffen werden, diesen unglücklichen Kreis zu durchbrechen. Das war das Ziel der beiden Weisen. Der Glaube an Reinkarnation oder Seelenwanderung ohne dieses Ziel ist weit verbreitet; die Vorstellung, daß die Wiederkehr der Grundrhythmus des Universums ist, geht von vertrauten physischen Phänomenen aus: dem Wechsel von Tag und Nacht, der jährlichen Erneuerung der gleichen Jahreszeiten, der zyklischen Ablösung einer Generation durch die nächste. Der Glaube an den Zusammenhang von Generationswechsel und Wiedergeburt kommt in dem Brauch, Kindern den Namen ihrer Großeltern zu geben, zum Ausdurck.

Die pythagoreische Form des Glaubens an die Wiedergeburt verbreitete sich allmählich in der hellenischen Welt. Pythagoras und seine Schüler trugen das Dogma der Wiederkehr weiter, konnten ihre Lehre aber nicht in die Tat umsetzen, da der Pythagoreische Bund politisch scheiterte. In Indien scheint der Glaube an die Wiedergeburt sowohl von Buddha als auch von seinen Gegnern als selbstverständlich betrachtet worden zu sein. Diesem gemeinsamen Glauben ging die Meinungsverschiedenheit über die Frage voraus, ob es so etwas wie eine Seele gibt. Die Buddhagegner argumentierten nicht nur, daß die Seele eine Realität, sondern daß diese auch mit der letzten Realität identisch sei *(Tat twam asi)*. Buddha hingegen vertrat die Ansicht, was wiedergeboren werde, sei keine Seele, sondern nur ein Gewebe von ungleichartigen Seelenzuständen, die von Wiedergeburt zu Wiedergeburt von nichts als der dynamischen Kraft der Begierde zusammengehalten werden. Wenn es möglich ist, die Begierde auszurotten, kann auch dieses psychische Wolkengebilde zerstreut werden, und der Weg wird frei zum Zustand des »Ausgelöschtseins« (Nirwana), in dem das Leiden ein Ende findet.

Das Vertrauen in die Fähigkeit des menschlichen Geistes, die Begierde zu überwinden; der Glaube an die schöpferische Kraft des mit Geduld ertragenen Leidens; die Aufforderung, in den Zustand des Ausgelöschtseins einzutreten; der Glaube, daß es nur einen Gott gibt; der Ruf, an der Seite des Guten das Böse zu bekämpfen – nachdem im sechsten Jahrhundert v. Chr. von fünf großen Weisen diese Bekenntnisse ausgesprochen und zu Richtlinien erhoben worden waren, haben sich das Bild der letztgültigen Wirklichkeit und die sittlichen Regeln menschlichen Verhaltens unwiderruflich verändert.

Die fünf Weisen lebten und wirkten in fünf verschiedenen Regionen. Es mag bezeichnend sein, daß keiner von ihnen einer der beiden ältesten Zivilisationen entstammte, der sumerisch-akkadischen und der pharaonisch-ägyptischen. Noch bestanden diese Zivilisationen im sechsten Jahrhundert v.Chr., aber die neuen Anschauungen und Richtlinien kamen aus Regionen, in denen die Zivilisationen weniger ehrwürdig, doch zu jenem Zeitpunkt dynamischer waren.

26

DAS ERSTE PERSISCHE REICH VON 550 BIS 330 V.CHR.

Der Zusammenbruch des assyrischen Reiches ließ eine politisch zerrissene und unsichere Levante zurück; und man kann das Verlangen dieser gequälten Region nach Frieden und Ordnung an der Leichtigkeit ermessen, mit der sie innerhalb eines Vierteljahrhunderts (von 550 bis 525 v.Chr.) von den Persern politisch geeint wurde. Die persischen Reichsgründer gaben der Levante die bitter notwendige Ruhe. Ihre Kriege waren weniger grausam als die der Assyrer, die Herrschaft über die ausgedehnten eroberten Länder war weniger bedrückend. Anders als die Assyrer begnügten sich die Perser damit, ihre Anwesenheit nur soweit fühlbar zu machen, wie es die Durchsetzung ihrer Souveränität erforderte. Sie gewährten den örtlichen Behörden Bewegungsfreiheit; und die Tätigkeit der persischen Statthalter bestand mehr darin, die bestehenden Einrichtungen zu beaufsichtigen als sie zu verdrängen. Vor allem achteten die neuen Herren darauf, die Religionen ihrer Vasallenstaaten zu respektieren und zu schützen – eine aufgeklärte Politik, die viel dazu beitrug, die Loyalität der neuen Untertanen zu gewinnen, außer in den seltenen, doch schwierigen Fällen, in denen eine der unterworfenen Gemeinschaften von religiöser Zwietracht zerrissen war – dann war es für die Perser schwierig, neutral zu bleiben.

Die Duldung der fremden Religionen durch die persische Regierung ist um so bemerkenswerter, als Darius I. und zumindest sein unmittelbarer Nachfolger Xerxes ihren eigenen Inschriften zufolge einer Religion anhingen, die der Lehre Zarathustras entsprach – und dessen Gesinnung war eine streitbare, keine tolerante. In diesem Geist hatte er die überlieferte Religion der iranisch sprechenden Völker verworfen und durch eine neue ersetzt. Zarathustra war überzeugt, er sei von dem alleinigen »Guten Gott« Ahura Mazdah, dem seine ungeteilte Ergebenheit galt, berufen worden, diesen Glauben zu verkünden. Es ist nicht bekannt, wieweit sich Darius oder Xerxes auch innerlich Zarathustras Religion verschrieben; sie nennen sich nicht Zarathustras Anhänger und erwähnen nicht einmal seinen Namen. Der Prophet selber muß etwa hundert Jahre vor Darius geboren und sein Missionsgebiet scheint der Nordosten der von iranisch sprechenden Völkern bewohnten Region gewesen zu sein, das heißt das heutige Chorassan, Turkmenistan und Usbekistan.

Diese Region war von Kyros II. wahrscheinlich bald nach 539 v.Chr. dem persischen Reich einverleibt worden; und Darius' Vater wurde 522 v.Chr., als Darius den falschen oder echten Smerdis ermorden ließ, um sich an seine

Stelle zu setzen, persischer Statthalter von Chorossan (Parthia). Der Dariuszweig des Achämenidenhauses dürfte sich nicht vor 539 v.Chr. der Religion Zarathustras zugeneigt haben; und wir wissen nicht, ob der neue Glaube damals schon in irgendeiner Form vom persischen oder medischen Volk wie von den Achämeniden aufgenommen worden war. Offenbar war Darius I. kein Freund der Magier – der erblichen Priesterschaft der Medier, die schließlich Zarathustras Religion in einer Form übernahmen, die dem Stifter nicht zugesagt hätte.

Die religiöse Toleranz und der politische Liberalismus der persischen Könige versöhnten die Völker von Syrien, die erst den assyrischen und dann den babylonischen Eroberern so tapfer standgehalten hatten; den Phöniziern, Samaritanern und Juden erschienen die Perser als Befreier.

Die Eingliederung der Phönizier in das persische Reich verschaffte den phönizischen Händlern ein gewaltiges Hinterland, während sie ihnen im Mittelmeer die persische Unterstützung in ihrem Wettstreit mit ihren Konkurrenten, den Griechen, sicherte. Die kleinasiatischen Griechen waren wie die Phönizier persische Untertanen geworden; aber sie waren störrisch und unbotmäßig, während die syrischen Phönizier sich die Sache der Perser zu eigen machten und ihre Gunst gewannen. Drei syro-phönizische Stadtstaaten – Tyrus, Sidon und Aradus – wurde die Autonomie gewährt. Die Phönizier waren nicht versucht, den Persern gegenüber illoyal zu sein, und die Perser brauchten nicht zu fürchten, daß die kolonialen phönizischen Stadtstaaten versuchen würden, sich in syrische Angelegenheiten einzumischen. Sie bemühten sich auch nicht, die libyschen Phönizier wie die Syro-Phönizier in ihr Reich einzugliedern; sie schlossen vielmehr mit Karthago eine antigriechische Entente, als sich gegen Ende des sechsten Jahrhunderts v.Chr. die kolonialphönizischen Stadtstaaten zu einer gemeinsamen Front unter dem Kommando Karthagos zusammenschlossen.

Auch die babylonische jüdische Gemeinschaft war der natürliche Verbündete der Perser, denn diese Exiljuden hatten den Babyloniern nicht verziehen, daß sie von ihnen in die Verbannung geschickt worden waren. Sie bildeten eine persienfreundliche Minderheit und waren als solche den Eroberern wertvoll in einem Babylonien, in dem die Mehrheit der einheimischen Bevölkerung unversöhnlich war, obwohl Kyros II. »die Hände Baals ergriffen« hatte, um durch diese taktvolle Geste zu verstehen zu geben, daß er die nationale Selbstliebe der Babylonier zu respektieren beabsichtige. Er gestattete allen jüdischen Verbannten, die es wünschten, nach Juda zurückzukehren und ihren Tempel in Jerusalem wiederaufzubauen. Sein Dekret wurde in den Archiven von Ekbatana (Hamadan) aufgefunden und von Darius I. bestätigt. Artaxerxes I. (im Jahre 445 v.Chr.) oder Artaxerxes II. (384 v.Chr.) ernannte seinen babylonisch-jüdischen Mundschenk Nehemia zum Statthalter von Jerusalem mit dem Auftrag, die Tore und Mauern der Stadt wiederaufzubauen. Darius wie Artaxerxes spendeten Geld und Baumaterial zur Vollendung dieses Werkes.

Auch die Aramäer hatten wie die Juden und die Phönizier Vorteile durch das neue Großreich. Die Ausbreitung der aramäischen Schrift, die unter dem assyrischen Regime begonnen hatte, machte unter dem persischen weitere Fortschritte. In Syrien wurde die kanaanitische Sprache allmählich durch die aramäische ersetzt und blieb lediglich als Sprache der Liturgie erhalten; als Umgangssprache wurde sie nur noch in Kolonialphönizien im westlichen Mittelmeergebiet benutzt. Im Osten drang die aramäische Sprache zusammen mit dem aramäischen Alphabet vor. Die Perser erfanden wie sieben oder acht Jahrhunderte früher die Phönizier in Ugarit ein Alphabet, das sich aus ausgewählten Zeichen des sumerisch-akkadischen Repertoires zusammensetzte. Darius I. ließ seinen dreisprachigen Bericht über seine Taten an der Felswand von Bisutun (Behistan) in der persischen Fassung in der neuen persischen Keilschrift eingravieren, während in den elamitischen und akkadischen Versionen die alte, schwerfällige sumerische Keilschrift verwandt wurde. Dem persischen Keilschriftalphabet widerfuhr jedoch das gleiche Schicksal wie dem ugaritischen; es konnte sich nicht gegen ein Alphabet halten, das aus jenem entwickelt wurde, das phönizische, das aus einfacheren und klareren Buchstaben bestand. Um 330 v.Chr. wurden die meisten Mitteilungen der persischen Regierung in der aramäischen Schrift und Sprache geschrieben, wenn auch wahrscheinlich persisch ausgesprochen.

So waren es die syrischen Völker zufrieden, persische Untertanen zu sein. Die Vettern der Perser hingegen, die Meder, waren weniger glücklich, wie sie durch ihren Aufstand 522 v.Chr. zeigten. Sie selber waren einst ein Herrschervolk und die Perser ihre Vasallen gewesen Doch trotz ihrer Revolte verschmolzen sie mit den Persern in einem medopersischen Reich, das weitaus größer und mächtiger war als das frühere medische. Und die Elamiten waren vermutlich geschmeichelt, daß ihre alte Hauptstadt Susa zur Reichshauptstadt erhoben wurde. Die nordöstlichen iranisch sprechenden Völker demonstrierten ihre Verbundenheit mit dem persischen Reich noch nach dessen Untergang, als sie sich drei Jahre lang gegen die makedonischen Eroberer behaupteten. Die nomadischen Skythen im Osten (die spitzhütigen Saken), die Kyros II. widerstanden hatten, scheinen nach der Unterwerfung durch Darius I. loyale persische Untertanen geworden zu sein, denn in Xerxes' griechischem Feldzug 480 v.Chr. erhielten sie Vertrauensposten, und von 330 bis 328 v.Chr. leisteten sie ihren seßhaften Nachbarn Beistand gegen Alexander den Großen.

Drei unterworfene Völker indessen blieben unversöhnliche Feinde: die Babylonier, die Ägypter und die kleinasiatischen Griechen. In dem kritischen Jahr 522 v.Chr. erhoben sich die Babylonier gleich zweimal und 484 v.Chr. abermals, doch da unterdrückten die Perser den Aufstand so vernichtend, daß die Babylonier sich nicht wieder erholten, bis Alexander sie befreite. Persien hätte es sich nicht leisten können, auf die Herrschaft über Babylonien zu verzichten; es war die Kornkammer und die Werkstatt des Reiches und sein Knotenpunkt im internationalen Landverkehr. Die Erobe-

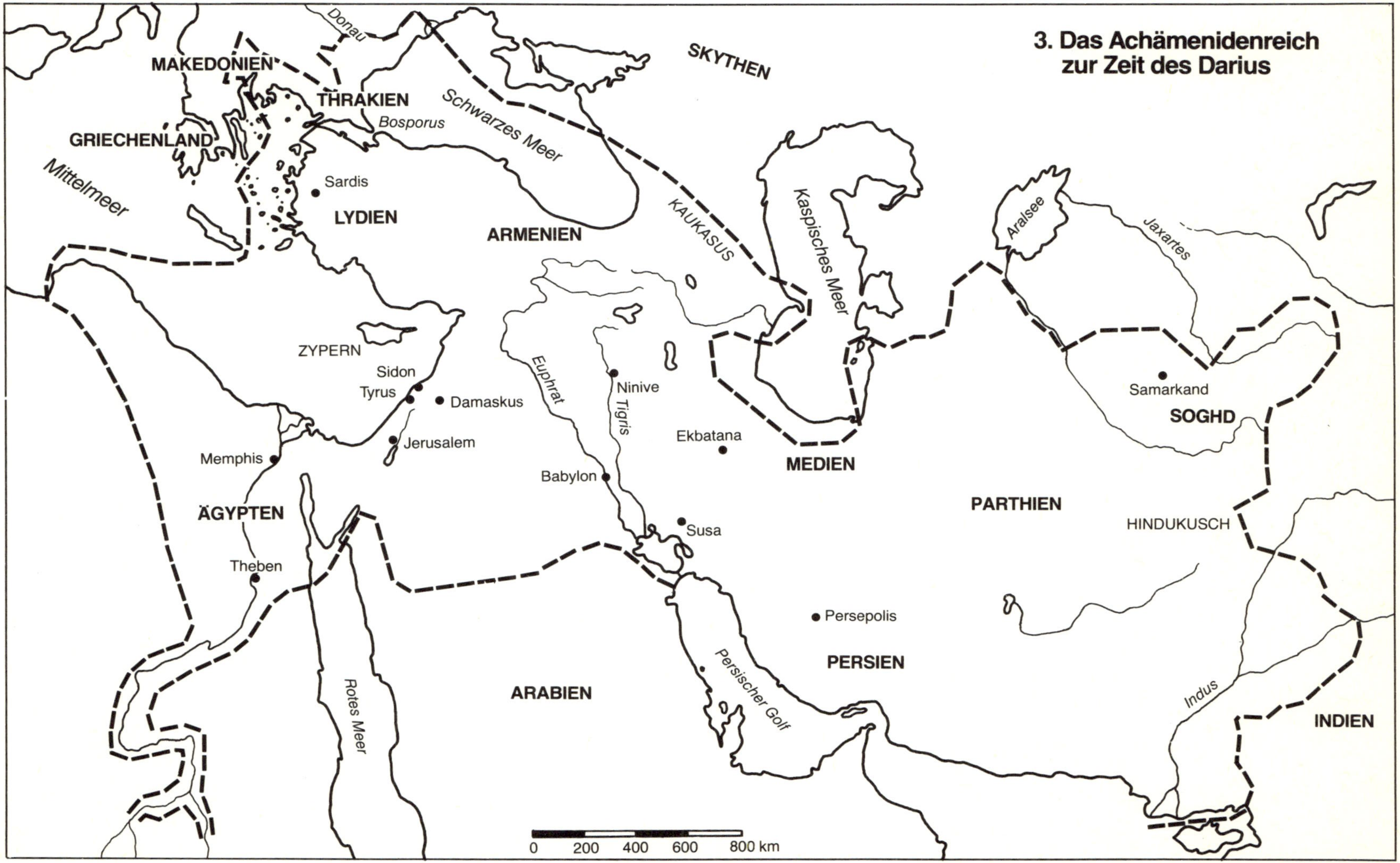
3. Das Achämenidenreich
zur Zeit des Darius
MAKEDONIEN
THRAKIEN
GRIECHENLAND
Mittelmeer
Donau
Bosporus
Schwarzes Meer
SKYTHEN
Sardis
LYDIEN
ARMENIEN
KAUKASUS
Kaspisches Meer
Aralsee
Jaxartes
ZYPERN
Sidon
Tyrus
Damaskus
Jerusalem
Euphrat
Ninive
Tigris
Ekbatana
MEDIEN
Samarkand
SOGHD
Memphis
Babylon
ÄGYPTEN
Susa
PARTHIEN
HINDUKUSCH
Theben
Persepolis
Rotes Meer
ARABIEN
Persischer Golf
PERSIEN
Indus
INDIEN
0
200
400
600
800 km

rung Ägyptens hingegen erwies sich für Persien als ebenso belastend wie für seinen assyrischen Vorgänger; Ägypten war von Fars noch weiter entfernt als von Assyrien, und wenn es gegen seinen asiatischen Eroberer revoltierte, konnte es auf die Unterstützung der Griechen zur See bauen. Obwohl es 522 v.Chr. darniederlag, erhob sich Ägypten noch vor dem Ende der Regierung Darius' I. und war von 464 bis 455 v.Chr. und dann wieder von 404 (oder 395) bis 343 v.Chr. unabhängig. Es wurde von den Persern nur ein Dutzend Jahre, bevor deren Reich selber unterging, noch einmal zurückerobert.

Doch auch wenn alle Untertanen des persischen Großreiches so loyal gewesen wären wie die Phönizier und Juden – allein durch seine Größe war es schwer zusammenzuhalten. Die Landverbindungen wurden durch den Bau von Straßen und die Einrichtung von festen Stationen für die Meldereiter der Regierung verbessert; doch Darius I. sah auch die Notwendigkeit, die Außenregionen seines Reiches durch Wasserwege zu verbinden. Er sandte den karischen Seefahrer Skylax zum Indusbecken mit dem Auftrag, die Route zum Roten Meer über den Indischen Ozean zu erforschen, und als Skylax seine Mission erfüllt hatte, annektierte Darius das Indusbecken und vollendete den Kanaldurchstich vom östlichsten Arm des Nildeltas zum Golf von Suez, den Necho II. begonnen hatte. Xerxes versuchte, die unter Necho unternommene Umsegelung Afrikas zu wiederholen, diesmal durch das Mittelmeer; doch sein Geschwader mußte umkehren, und die unter den beiden Perserkönigen begonnene Seefahrt wurde von ihren Nachfolgern nicht fortgesetzt.

Das erste persische Reich war kurzlebig, aber seine Politik der religiösen Toleranz hatte eine nachhaltige Wirkung. Sie verstärkte die Tendenz zum Synkretismus, der Verschmelzung verschiedener Religionen, die schon durch die assyrischen und babylonischen Exilierungen in die Wege geleitet worden war. Ein Eroberer konnte die Oberschicht einer unterworfenen Gemeinschaft in die Verbannung schicken, doch nicht ihre Götter; er mußte damit rechnen, daß die zurückbleibende Landbevölkerung sie weiterhin verehrte. Der Jahwekult in Bethel, der wichtigsten religiösen Stätte des erloschenen Königreichs Israel, wurde ostwärts nach Babylonien und südwärts bis Elephantine getragen, der Grenzfestung am ersten Nilkatarakt, wo sich im fünften Jahrhundert v.Chr. eine jüdische Garnison in persischen Diensten befand. Sie bestand aus Nachkommen von Judäern, die sich vor der ihnen drohenden Deportation nach Babylon unter Nebukadnezar nach Ägypten geflüchtet hatten. Dort verehrte man neben Jahwe auch die Götter Eschem Bethel und Anath Bethel.

Die Perser waren den babylonischen, elephantinischen und samaritanischen Jahweanhängern gleichermaßen wohlgesinnt; doch zu Nehemias und Esras Zeit verfolgten die babylonischen Juden einen Weg der religiösen und sozialen Absonderung von allen anderen Gemeinschaften, und es gelang ihnen, dieses Dogma dem jüdischen *am ha-aretz* (den »Leuten auf dem Land«, d.h. der nichtdeportierten Bauernschaft) aufzuerlegen. Mit der Vermischung von Völkern und Religionen waren Mischehen verbunden gewesen – besonders in den früheren Familien, deren gesellschaftliche Beziehungen weiter reichten als die der Bauern. Und diese Mischehen hatten eine zivilisierende Wirkung gehabt und soziale Schranken beseitigt zwischen den Gemeinschaften, die ihre traditionelle gegenseitige Feindschaft mit dem Verlust ihrer Unabhängigkeit bezahlt hatten. Nehemia und Esra verboten die Mischehen und exkommunizierten solche Mitglieder der judäischen jüdischen Gemeinschaft, die gegen das Verbot verstießen.

Auf diese Weise gelang es den Nachkommen der nach Babylon verbannten Juden, ihre Identität als Gemeinschaft mindestens hundertfünfzig Jahre oder sogar zweihundert Jahre zu bewahren, wenn ihr Schutzherr Artaxerxes der zweite, nicht der erste achämenidische König Persiens war, der diesen Namen trug. Das war eine staunenswerte Leistung. Wie konnten die babylonischen Juden ihre Eigenart unter den schwierigen Bedingungen des Exils erhalten? Grundbedingung dieses Erfolgs war die Schaffung einer einmaligen Institution, der Synagoge. Unter König Josia war es ein Glaubensartikel der Judäer gewesen, daß die gottesdienstliche Verehrung Jahwes nirgendwo anders als im Tempel von Jerusalem vorgenommen werden durfte. Die Zerstörung dieses Tempels und die Verbannung der judäischen Oberschicht nach Babylonien hatte die Erbpriesterschaft bis zum Wiederaufbau des Tempels und der Wiederaufnahme des Gottesdienstes darin ihrer Funktion beraubt. Die Synagoge war die neue Institution, die diese Lücke füllte, und wenn es sie nicht gegeben hätte, wären die 4600 Exilierten und ihre Nachkommen ihrer Einheit und Eigenheit so unwiederbringlich beraubt worden wie die Nachkommen der 27290 Israeliten, die nach Medien verbannt worden waren. Die Synagoge war ein wöchentlicher Treffpunkt, wo die Gesetzesbücher (die Thora) und die Bücher der Propheten gelesen und diskutiert wurden. Die Thora wurde gewissenhaft befolgt, und die Propheten kamen nachträglich zu Ehren. Die Regeln und Vorschriften, welche die Juden in Babylon zusammengehalten hatten, wurden nach dem Ende der Verbannung mit Billigung der persischen Regierung auf die jüdische Gemeinschaft in Judäa übertragen.

Nehemia und Esra betonten nun in Judäa die Eigenart der jüdischen Religion und der jüdischen Volksgemeinschaft. Dies wurde die Grundlage für die einzigartige historische Identität des Judentums.

Indem sie Nehemia und Esra gewähren ließen, verkehrten die persischen Herren unbewußt ihre eigene Politik der Toleranz ins Gegenteil. Es ist eine Ironie der Geschichte, daß dieses ungewöhnliche Entgegenkommen, dieser Bruch mit einer der wichtigsten Grundsätze der persischen Regierung sich als geschichtlich folgenschwerer erweisen sollte als irgendeine ihrer positiven Entscheidungen.

27

DER ZUSAMMENSTOSS ZWISCHEN DEM ERSTEN PERSISCHEN REICH UND DER HELLENISCHEN WELT VON 499 BIS 330 V.CHR.

Die Oberschicht des autokratischen ersten persischen Reiches und die Bürgerschaft der demokratischen griechischen Stadtstaaten hingen so verschiedenen politischen Systemen an, daß eine friedliche Koexistenz auf die Dauer nicht möglich war. Im Jahre 499 v.Chr., als die kleinasiatischen Griechen sich gegen die persischen Herren erhoben und von zwei Staaten des europäischen Griechenlands, Athen und Eretria, militärisch unterstützt wurden, sah es ganz so aus, als müsse und wolle Persien nun die ganze hellenische Welt erobern. Das persische Reich war das größte und volkreichste Gebilde, das es bis dahin in der Geschichte gegeben hatte; seine griechischen Gegner waren in Hunderte von souveränen Stadtstaaten zersplittert, von denen überdies viele ständig miteinander im Krieg lagen. Während der ganzen griechisch-persischen Konfrontation von 499 bis 330 v.Chr. gab es nur zwei kurze Zeitspannen – die zwei Jahre 480 und 479 v.Chr. und die acht Jahre von 337 bis 330 v.Chr. –, in denen mehrere griechische Staaten eine gemeinsame Front gegen die Perser bildeten. Beim erstenmal schlugen die Griechen eine gewaltige persische Invasion zurück; beim zweitenmal griffen sie das persische Reich an und eroberten es.

Im Jahre 546 v.Chr., als die griechischen Stadtstaaten in Kleinasien zuerst von den Persern erobert wurden, standen außer Milet alle unter lydischer Herrschaft. Das lydische Reich wurde von den Persern erobert. Die Lyder waren die vertrauten Nachbarn der Griechen gewesen und hatten einen Hauch ihrer Kultur angenommen, während die Perser für die Griechen barbarische Exoten waren. Auch die Erweiterung ihres Hinterlandes für ihren Handel durch die Eingliederung in das persische Reich konnte die Griechen nicht für den Wechsel ihrer Landesherren entschädigen.

Die Perser brauchten sechs Jahre (von 499 bis 494 v.Chr.), um den Aufstand der kleinasiatischen Griechen zu unterdrücken, und lernten daraus, daß ihre nordwestliche Grenze verwundbar war. Das Ägäische Meer war ein griechisches Binnengewässer, dessen Ostküste die Perser nicht auf die Dauer halten konnten, wenn sie sich nicht auch der Westküste bemächtigten – und das war nur über eine Annektierung der ganzen übrigen hellenischen Welt möglich. Es wurde schon erwähnt, daß vor der Revolte der kleinasiatischen Griechen 499 v.Chr. Darius I. einen europäischen Brückenkopf zwischen dem Unterlauf der Donau und dem Olymposgebirge erobert und befestigt hatte. Dieser Brückenkopf schloß ein griechisches Königreich, nämlich Makedonien, ein. Auch hatte Darius schon ein Flottengeschwader entsandt, um die griechischen Kolonien westlich der Straße von Otranto zu erkunden.

490 v.Chr. schickte Darius eine Strafexpedition gegen Eretria und Athen übers Meer. Die Eretrier wurden besiegt und deportiert; aber den Athenern gelang es, die Perser zurückzuschlagen. 480/479 v.Chr. drang Xerxes, der Sohn und Nachfolger des Darius, von Norden auf dem Landwege in Griechenland ein. Fast alle Stadtstaaten des griechischen Festlands hatten bereits die Oberhoheit des persischen Königs anerkannt, mit Ausnahme von Athen und Sparta mit seinen Verbündeten. Argos, Spartas Gegner und Rivale auf dem Peloponnes, blieb neutral. 480 v.Chr. wurde Attika besetzt und Athen geplündert; aber die Bevölkerung war evakuiert worden, und die Flotten der kriegführenden griechischen Staaten waren intakt geblieben. Noch im gleichen Jahr errangen sie bei Salamis einen entscheidenden Sieg über die persische Armada, dem im nächsten Jahr ein ebenso entscheidender griechischer Landsieg bei Platäa in Böotien und ein zweiter Seesieg bei Mykale an der kleinasiatischen Küste folgten. Als 449 v.Chr. Athen und Persien endlich Frieden schlossen, hatte das letztere sein Ziel, das griechische Kleinasien zurückzuerobern, nicht erreicht, während es Athen nicht gelungen war, dem persischen Reich Zypern und Ägypten zu entreißen. 386 v.Chr. jedoch konnte Persien im geheimen Einverständnis mit Sparta seine Herrschaft über die griechischen Staaten auf dem kleinasiatischen Festland neu errichten. Der wiederentflammte griechische Bruderkrieg hatte den Persern diesen Erfolg ermöglicht.

Die europäischen Griechen hatten aus den Jahren 480 und 479 v.Chr. nichts gelernt. In diesen zwei denkwürdigen Jahren konnte eine Streitmacht aus der noch nicht unterjochten Minorität der Griechen das persische Heer besiegen, weil einige Städte zusammengestanden hatten. 480 v.Chr. war es einer kleinen Schar vereinter Griechen in den westlichen Kolonien gelungen, alle Angriffe des karthagischen Reichs abzuschlagen. Diese beiden Großmächte hatten, weil sie in sich einig waren, die Unabhängigkeit der griechischen Staaten bedroht; die Griechen hatten sie geschlagen, weil sie sich in letzter Stunde – jedenfalls teilweise – vereinigt hatten. Hätten die Griechen aus den zeitweiligen Bündnissen eine dauernde panhellenische Union geschaffen, wäre diese zu einer Großmacht ihrer Epoche aufgestiegen. Die hellenische Welt war als Folge ihrer kommerziellen und industriellen Revolution im siebenten Jahrhundert v.Chr. schon eine wirtschaftliche Einheit; doch eine solche ist ohne politische Einheit nicht von Dauer. Sobald von Persien und Karthago keine unmittelbare Gefahr mehr drohte, entzweiten sich die Griechen aufs neue. Die sizilischen Griechen um Syrakus, die gemeinsam mit Akragas (Agrigent) 480 v.Chr. Karthago geschlagen hatten, fielen 466 v.Chr. ab. Schon 478 v.Chr. spaltete sich die kontinentaleuropäische griechische Liga, die gegen Persien siegreich gewesen war, in zwei rivalisierende Bündnisse: das alte, aus Sparta und seinen peloponnesischen Alliierten bestehende, und ein neues, den delischen oder Attischen Seebund, der Athen und die griechischen Stadtstaaten umfaßte, die sich gerade von der persischen Herrschaft befreit hatten.

459 v.Chr., noch während es sich im Krieg mit Persien befand, griff Athen die mit Sparta verbündeten Staaten in Griechenland an. Im Jahre zuvor hatte es sich noch tiefer und gefährlicher engagiert, als es eine Flotte entsandte, um einen ägyptischen Aufstand zu unterstützen. Die Geschwader wurden 454 v.Chr. vernichtet, nachdem sich die ägyptischen Rebellen dem persischen Gegenangriff ergeben hatten. Inzwischen, 457 v.Chr., konnte Athen allen Staaten in Zentralgriechenland außer Theben seine Oberhoheit auferlegen. Die Vormachtstellung Athens hatte jedoch nur zehn Jahre Bestand. Die Athener hatten ihre Stärke maßlos überschätzt; und nachdem sie 449 v.Chr. Frieden mit Persien geschlossen hatten, folgte 445 v.Chr. der Frieden mit Sparta und seinen Bundesgenossen.

Bald nach 478 v.Chr. machten die Athener aus dem Attischen Seebund ein athenisches Reich. Es war eine großangelegte Nachahmung des spartanischen Reiches im Süden des Peloponnes. Athens Leibeigene rekrutierten sich aus der Bevölkerung der unterworfenen Stadtstaaten, von denen es Tribut erhob. 461 v.Chr. hatte sich Athen eine Verfassung gegeben, die ebenso radikal demokratisch war wie die spartanische. Wie Sparta lebte Athen von den Tributzahlungen der unterworfenen griechischen Völker, die weitaus zahlreicher waren als die herrschende Oberschicht. Obwohl Athen eine größere Stadtbevölkerung hatte als irgendein anderer griechischer Stadtstaat in dieser Zeit, hatten die Friedensverhandlungen von 449 und 445 v.Chr. gezeigt, daß seine Schwäche das Mißverhältnis zwischen seiner Menschenkraft und seinen Ambitionen war. Trotzdem beschlossen die Athener 451 v.Chr., ihre eigene Zahl zu vermindern, indem sie jedem das Bürgerrecht absprachen, der auch nur einen nicht in Athen geborenen Elternteil hatte. Diese Maßnahme, die an die Anordnungen Esras in Judäa erinnert und das Verhängnis des athenischen Reiches bedeutete, wurde 445/444 v.Chr. durchgeführt und war die Umkehrung von Solons staatsmännischen Leistungen. Er hatte 590 v.Chr. Athens Einwohnerschaft vergrößert, indem er zahlungsunfähige Gläubiger, die in die Sklaverei verkauft worden waren, repatriierte und, wie schon erwähnt, einwandernden Handwerkern die athenische Staatsbürgerschaft gab.

431 v.Chr. stürzten sich Athen und Sparta in einen neuen, den sogenannten Peloponnesischen Krieg, der für beide verhängnisvoll wurde. Das athenische Reich wurde 405 v.Chr. vernichtet, ein spartanisches Reich, das an seine Stelle trat, 371 v.Chr. zerstört; und zwischen 359 und 338 v.Chr. besetzte König Philipp II. von Makedonien nach und nach alle Stadtstaaten des griechischen Festlandes und zwang sie zu einem neuen Bund unter seiner Führung, wenn auch der Hauptsitz offiziell Korinth war. Dieser Bund sollte mit seinen vereinten Kräften das persische Reich angreifen. Eine Vorhut des makedonischen Heeres stand schon in Asien, als Philipp 336 v.Chr. in der Blüte seines Lebens ermordet wurde.

Die Makedonier waren Griechen, doch waren sie keine Hellenen geworden – das heißt keine Bürger von Stadtstaaten, und damit waren sie der griechischen städtischen Lebensweise fremd geblieben. Aber das System und die Mentalität der Stadtstaaten hatten die internationalen Beziehungen zerstört, und dies war die historische Gelegenheit Philipps II.: Die Serie von Fehlschlägen der Stadtstaaten Athen, Sparta und Theben ermöglichte zusammen mit Philipps Genialität den Aufstieg Makedoniens.

28

DIE LEISTUNGEN DER HELLENISCHEN ZIVILISATION VON 478 BIS 338 V.CHR.

In den Jahren von 478 bis 338 v.Chr. erreichte die hellenische Welt ihren politischen Tiefstand und zugleich ihren kulturellen Höhepunkt. Mindestens drei berühmte Athener des fünften Jahrhunderts v.Chr., die zu dem kulturellen Glanz von Hellas beitrugen, wurden auch in seinen Niedergang hineingezogen: der dramatische Dichter Sophokles (495-406 v.Chr.), der Staatsmann Perikles (um 490 bis 429 v.Chr.) und der Philosoph Sokrates (469-399 v.Chr.).

Der Name des Perikles wird in Verbindung mit der Blüte der hellenischen Architektur und bildenden Kunst gefeiert, denn er hat seine Landsleute inspiriert, nach den Friedensschlüssen mit Persien 449 v.Chr. und mit Sparta 445 v.Chr. die Akropolis von Athen mit Kunstwerken zu schmücken. Aber es war auch Perikles, der die Athener veranlaßte, diese Werke zu finanzieren – womit er ihnen einträgliche Arbeit verschaffte –, indem sie dazu den jährlichen Tribut der unterworfenen nichtathenischen Griechen verwandten, deren ursprünglicher Zweck die gemeinsame Verteidigung, nicht die Verschönerung Athens gewesen war. Mit diesen Geldern sollten eigentlich die Schiffsmannschaften bezahlt werden, und als der Seekrieg beendet war, hätten sie zurückgezahlt werden müssen, statt den Athenern in ihren neuen Zivilbeschäftigungen als Steinhauer, Schlepper und Steinmetzen zugute zu kommen. Eine solche Zweckentfremdung entsprach nicht dem Gesetz.

Sophokles und Sokrates erhoben die Stimme des Gewissens gegen unmoralische Forderungen des Staates an den Bürger; der Dichter in einem Drama, der Philisoph, als er um dieses Gewissens willen das Todesurteil auf sich nahm. Sophokles soll für seine Dichtung dadurch belohnt worden sein, daß man ihn zu einem der Heerführer machte, die 440 v.Chr. einen Versuch des alliierten Samos, sich aus dem Bündnis mit Athen zu lösen, niederschlagen sollten. Es ist merkwürdig, daß der Dichter der *Antigone* einen solchen Auftrag annahm; noch sonderbarer erscheint, daß Sokrates 432 v.Chr. freiwillig in einer Armee Dienst tat, die gegen Poteidaia, einen anderen aufsässigen Bundesgenossen, zu Felde zog. Offensichtlich war in beider Augen der Staat, dessen Bürger sie waren, ein Gott, dem in einem Streit mit anderen Staaten – Recht oder Unrecht – gehorcht werden mußte, wenn sie auch in anderen Zusammenhängen fühlen mochten, daß ihr Gewissen den obersten Anspruch auf ihre Ergebenheit hatte.

In einem Appell an Sparta am Vorabend des zweiten Peloponnesischen Krieges schmähten die Korinther Athen als »Tyrannenstadt«, und im Verlauf des Krieges soll ein athenischer Staatsmann seine Landsleute aufgefordert haben, nicht vor Grausamkeiten zurückzuschrecken, wenn es darum ginge, das athenische Reich zu sichern. Nach Athens Fall rissen die siegreichen Gegner die »langen Wälle« ein, die die Stadt mit seinen Häfen verbunden und es gegen Landangriffe uneinnehmbar gemacht hatten, und diese Zerstörung wurde in der ganzen hellenischen Welt als Befreiungstat begrüßt. Doch ein zeitgenössischer Historiker – der verbannte Seeoffizier Thukydides – läßt einen anderen athenischen Staatsmann, nämlich Perikles, Athen als den »Erzieher von Hellas« bezeichnen. Beide Charakterisierungen Athens im fünften Jahrhundert v.Chr. sind verbürgt.

Es war in der Tat »das Hellas von Hellas« in dem gleichen Sinne, in dem Athen diese Rolle schon in der protogeometrischen und in der geometrischen Epoche der griechischen Geschichte gespielt hatte. Wieder einmal konzentrierte sich die kulturelle Aktivität der hellenischen Welt in diesem einen Punkt. Der attische Bildhauer Phidias erhielt nicht nur den Auftrag für das Standbild der Athena in ihrem neuen Tempel auf der Akropolis, sondern auch für die Zeusstatue in Olympia, eine bemerkenswerte Anerkennung des kulturellen Vorrangs von Athen; denn wenn auch Olypmia eine panhellenische Kultstätte war, lag es doch innerhalb des Bereiches des von Sparta geführten Peloponnesischen Bundes, und die Ausschmückung Olympias zur Feier des Sieges über die Perser 480/479 v.Chr. war bis zu einem gewissen Grade eine Antwort auf die neue Pracht Athens.

Natürlich hatte auch im fünften Jahrhundert Athen kein Monopol auf die hellenische Kultur. Dem Parthenon in Athen war nicht nur der Zeustempel von Olympia ebenbürtig; er wurde an Größe auch von früheren Bauten dieser Epoche übertroffen, von den Tempeln in Akragas (Agrigent) und Selinunt auf Sizilien. Der großartigste Dichter von Oden, die von den Siegern (auch einigen athenischen) für die panhellenischen Festspiele bestellt wurden, war der Thebaner Pindar (um 522 bis 442 v.Chr.). Das in Unteritalien gelegene Elea war der Sitz einer eindeutig monotheistischen griechischen Philosophenschule, deren Lehrer Parmenides (um 515 bis 445 v.Chr.) und Zeno (um 490 bis 420 v.Chr.) waren; und die Rückkehr zur Vielgötterei, mit einem pythagoreischen Glauben an die Seelenwanderung verbunden, war das Werk des Arztes und Philosophen Empedokles von Akragas (um 492 bis 432 v.Chr.).

Die ausgeprägtesten und bedeutendsten Beiträge Athens zur hellenischen Kultur des fünften Jahrhunderts v.Chr. liegen auf den Gebieten der dramatischen Dichtung, der Philosophie und der Vasenmalerei.

Das attische Schauspiel, die Tragödie wie die Komödie, unterschied sich sowohl von der homerischen epischen Dichtung als auch von der nachhomerischen elegischen und lyrischen Dichtung dadurch, daß es in religiösen Kulten wurzelte; doch im Gegensatz zur homerischen Dichtung war es ebenso persönlich wie die elegische und lyrische. Es war die erstaunliche Weiterentwicklung eines Rituals, das ursprünglich grob sexuell und ekstatisch gewesen war und nie ganz alle Spuren seines Ursprungs ablegte. Der Zweck dieses Kultes war die Beschwörung der Fruchtbarkeit von Menschen, Haustieren und Nutzpflanzen. Andere Emanationen dieses Rituals waren die Dionysoskulte der hellenischen Welt und die orgiastische Verehrung der Göttin Kybele in Kleinasien.

Die attischen Dramatiker vollzogen einen außerordentlichen Akt der Sublimierung, als sie aus diesem primitiven religiösen Material ein Drama schufen, in dem das Bild und die Probleme des menschlichen Lebens in einem Wechselspiel zwischen einem Chor und einem Ensemble von Schauspielern dargestellt wurden. Uns sind die Werke von vier athenischen Dramatikern des fünften Jahrhunderst v.Chr. erhalten. Es sind dies die Tragödiendichter Äschylos (525-456 v.Chr.), Sophokles (um 496 bis 406 v.Chr.) und Euripides (um 480 bis 407 v.Chr.) und der Komödienautor Aristophanes (um 449 bis 380 v.Chr.). Diese genialen Dichter machten aus ihrer Kunst ein dramatisches Instrument, mit dem sie die gegensätzlichsten politischen Themen kommentieren und die Tiefen der menschlichen Natur widerspiegeln konnten.

Das Athen des fünften Jahrhunderts v.Chr. war nicht die Mutter der hellenischen Philosophie – diese hatte im sechsten Jahrhundert in Ionien das Licht der Welt erblickt. Aber es war der Athener Sokrates, welcher der ionischen Naturphilosophie eine neue Wendung gab, als er sein Forschungsgebiet von der materiellen Welt in die menschliche Seele verlegte. Sein Leben und Sterben war das entscheidende Erlebnis seines Schülers Platon (427-347 v.Chr.). Platon war zugleich ein Jünger des Pythagoras, der aus Samos stammte und in Kroton in Unteritalien lebte. Bei dem dramatischen Dichter Epicharmos, der in Syrakus wirkte, fand Platon die Dialogform, in der er seine philosophischen Schriften abfaßte. Platons eigenständigster und umstrittenster Beitrag zur hellenischen Philosophie war eine Theorie des Wissens, die zugleich eine Theorie des Weltgebäudes war. Er verband die pythagoreische Zuversicht in die Möglichkeit, das Metaphysische mathematisch zu erfassen, mit einer dichterischen Einsicht in die Grenzen des logischen Denkens und mit der poetischen Gabe, sich in die Tiefen des Mythischen zu begeben.

Aristoteles (384-322 v.Chr.) von Stagira, einer kleinen griechischen Kolonie an der Ostküste von Chalkidike, war Platons Schüler und Kritiker und zeitweiliger Bürger von Athen, doch auch in Makedonien zu Hause, wo er eine Zeitlang die Erziehung des jungen Alexander leitete. Er war weder Dichter noch Mathematiker, und Platon hätte ihn wahrscheinlich nüchtern und schwunglos gefunden; doch stand er an geistiger Größe seinem Lehrer nicht nach, und in einem Leben, das achtzehn Jahre kürzer war als das Platons, leistete er eine logische, erkenntnistheoretische und metaphysische Pionierarbeit, die in jede hellenistische Philosophie Eingang fand und das abendländische Denken vom zwölften bis siebzehnten Jahrhundert der christlichen Zeitrechnung beherrschte. Aristoteles war zudem ein origineller empirischer Forscher auf den Gebieten der politischen und physikalischen Wissenschaften und ein geschickter Organisator der Arbeiten seiner Schüler. In der goldenen Kette der hellenischen Philosophen überstrahlen Sokrates, Platon und Aristoteles alle ihre Vorgänger und Nachfolger.

Im fünften Jahrhundert v.Chr. beherrschten die attischen Töpfer und Vasenmaler weiterhin den Handel einschließlich des einträglichen etruskischen Marktes, aus dem sie im sechsten Jahrhundert v.Chr. ihre korinthischen und spartanischen Rivalen verdrängt hatten. Erst im vierten Jahrhundert v.Chr. wurde die Vorherrschaft der attischen Töpferkunst in Italien durch die Massenware der apulischen Imitationen bedroht. Einige der besten attischen Vasenkünstler begannen nun, ihre Arbeiten zu signieren – ein Zeichen dafür, daß sie von ihnen selbst und von den Käufern als Kunstwerke betrachtet wurden.

29

DIE POLITISCHEN FOLGEN VON ALEXANDERS EROBERUNG DES ERSTEN PERSISCHEN REICHES VON 329 BIS 221 V.CHR.

Im Laufe der zweiundzwanzig Jahre von 359 bis 338 v.Chr. hatte König Philipp II. von Makedonien alle europäischen griechischen Staaten östlich der Straße von Otranto mit Ausnahme von Epirus, Sparta und Byzantium unter seine Herrschaft gebracht. Innerhalb der zehn Jahre von 334 bis 325 v.Chr. eroberte sein Sohn und Nachfolger Alexander das große persische Reich einschließlich dessen Territorien in Indien, ohne die Kontrolle über die Besitzungen zu verlieren, die er von seinem Vater geerbt hatte. Zwei Jahre lang, 324 und 323 v.Chr., unterstand ihm dieser ganze Mittelteil der Ökumene der Alten Welt. 324 v.Chr. bestätigte er seine Regierungsgewalt über Griechenland durch die Anordnung, daß alle Mitgliedstaaten des Korinthischen Bundes ihre exilierten Bürger wieder repatriieren sollten. Alexander plante, auch die übrige Ökumene zu erobern. Sein nächster Feldzug sollte sich gegen Arabien wenden. Doch 323 v.Chr. starb er vorzeitig und unerwartet, und seine politischen Errungenschaften, so immens sie waren, verkehrten sich in ihr Gegenteil. Er hatte lange genug gelebt, um das persische Reich zu vernichten, aber nicht lange genug, um das Weltreich zu errichten, von dem er träumte. Er hatte das Einflußgebiet der hellenischen Welt ungeheuer weit ausgedehnt; doch nach seinem Tode fiel dieses Großhellas in die Anarchie zurück, in der die kleinere hellenische Welt gelebt hatte, bevor Philipp den Korinthischen Bund gründete.

Alexanders Tod löste einen Kampf um die Teilung seines kurzlebigen Reiches aus. Die Staaten in Südgriechenland, Sparta eingeschlossen, erhoben sich gegen Makedonien; 322 v.Chr. mußten alle mit Ausnahme von Ätolien kapitulieren; doch 321 v.Chr. begannen die Feldherren der makedonischen Heere, einander selber zu bekriegen. Die Kämpfe um die Nachfolge Alexanders dauerten vierzig Jahre (von 321 bis 281 v.Chr.), und das Einigungswerk Philipps und Alexanders war bald zunichte gemacht. Die rivalisierenden Erben finanzierten ihre wechselseitigen Fehden mit den Goldbarren, die das persische Reich von seinen Untertanen eingetrieben und zwei Jahrhunderte gehortet hatte, und bezahlten damit großzügig die makedonischen Truppen, die durch griechische Söldner verstärkt waren.

Die Kriege zwischen Alexanders Nachfolgern, den Diadochen, waren weniger grausam als diejenigen, welche die hellenischen Stadtstaaten miteinander geführt hatten, bevor Philipp II. 338 v.Chr. den Frieden erzwang. Die Bürger der Stadtstaaten hatten einander mit fanatischem Haß bekämpft; auch die Diadochen fochten ihre Fehden unerbittlich aus, aber ihr Hauptziel war nicht mehr die Plünderei im üblichen Sinne. Die hellenischen Stadtstaaten, die ihre Souveränität verloren hatten, waren der Preis in diesem Kriegsspiel, und das wichtigste Kampfmittel war der Berufssoldat. Deshalb wurden die Truppen eines besiegten Gegners nicht niedergemetzelt, sondern aufgefordert, auf des Siegers Seite Dienst zu tun; und statt die Städte zu brandschatzen, befreite man sie – ein Euphemismus für den Brauch, sie einem Rivalen wegzunehmen. Keine griechische Stadt wurde von griechischen Händen zerstört zwischen 335 v.Chr., als Alexander Theben plündern ließ und die Bewohner in die Sklaverei verkaufte, und 223 v.Chr., als Mantinea mit der gleichen Barbarei von Antigonus Doson, dem Regenten von Makedonien, und seinen Verbündeten behandelt wurde. (Im gleichen Zeitraum wurden Agrigent und andere griechische Städte westlich der Straße von Otranto von Nichtgriechen geplündert und ihre Einwohner zu Sklaven gemacht.)

Aber auch so hielten die Diadochenkriege und die darauffolgenden Kriege zwischen ihren Nachfolgern die großhellenische Welt östlich der Straße von Otranto in Aufruhr; und für die meisten Bewohner des Territoriums des früheren persischen Reiches war der Wechsel von der persischen zur griechischen Herrschaft eine Veränderung zum Schlechteren. Das persische Regime hatte seinen Untertanen den Frieden gegeben, den sie nötig gehabt hatten, um sich von dem Aderlaß des assyrischen Militarismus zu erholen. Im Gegensatz zum assyrischen war das persische Reich locker zusammengefügt gewesen, das gab den Völkern Ruhe, machte aber auch das Reich weniger stabil: In seinen späteren Tagen war es baufällig und unordentlich geworden. Ägypten war abgefallen; Provinzgouverneure hatten rebelliert, Bergvölker sich der Kontrolle der kaiserlichen Regierung entzogen. Das persische Joch war leicht gewesen, verglichen mit dem griechischen, das es ablöste. Und in der nachalexandrischen hellenischen Welt hörten die Kriege nicht auf, weil sie zu nichts führten.

Das Land, das am schwersten unter den Folgen der maßlosen makedonischen Eroberungen litt, war Makedonien selber. Die Soldaten, mit denen Philipp Griechenland und anschließend Alexander das persische Reich erobert hatten, waren aus der makedonischen Bauernschaft rekrutiert. Dies war das Fußvolk. Die Reiterei bestand aus der Aristokratie Makedoniens. Sie war die Hauptwaffe des Heeres, aber ohne die Zusammenarbeit mit der Phalanx des Fußvolks hätte sie nicht ausgereicht, um zu siegen und ihre Eroberungen zu halten. Als Alexander in Persien eindrang, mußte er die Hälfte seines Heeres in Europa lassen, um die Südgriechen niederzuhalten und die Barbaren aus dem Norden abzuwehren. Makedonien wurde damals seiner letzten Menschenreserven beraubt, um Alexanders ständigen Forderungen nach Soldaten zu genügen. Später hielt sich jeder seiner Nachfolger zumindest eine Leibwache von makedonischen Soldaten als Kern der Privatarmee, mit der er sich seinen Anteil an dem Erbe Philipps und Alexanders sicherte. 280/279 v.Chr., unmittelbar nach Beendigung der Diadochenkriege, fielen Kelten aus dem Donaubecken in Makedonien ein; und nachdem es diese Barbaren abgewehrt hatte, war das Land genötigt, mit unzureichenden Kräften seine Grenzen nach Norden gegen die weiterhin drohenden Barbaren und nach Süden gegen die Griechen zu schützen, die sich der Herrschaft Makedoniens entzogen hatten und es nun angriffen.

Der gefährlichste Gegner im Süden war der Ätolische Bund, der einzige der aufsässigen griechischen Staaten, der 322 v.Chr. nicht kapituliert hatte. Um 300 v.Chr. errang er die Herrschaft über Delphi, das seine frühere Bedeutung als panhellenisches Heiligtum bewahrt hatte, und bemächtigte sich nach und nach der Landschaften nördlich und östlich davon. Um 225 v. Chr. erstreckte sich Ätolien über das griechische Festland von Küste zu Küste; und 226 v.Chr., auf dem kurzen Höhepunkt seiner Expansion, erreichte es die Südgrenze Makedoniens. Mit geradezu römischer politischer Großzügigkeit gaben die Ätoler den Völkern, die sich angliederten, die volle ätolische Staatsbürgerschaft.

An der peloponnesischen Küste des Meerbusens von Korinth hatte 251 v.Chr. der Achäische Bund begonnen, sich auf ähnliche Weise auszudehnen; doch waren seine Erwerbungen nicht so festgefügt wie die ätolischen, und er konnte sich mit Ätolien an militärischer Stärke nicht messen. Überdies hatte er einen starken Gegner in Sparta, das noch immer unbezwingbar war, obwohl ihm 369 v.Chr. die Thebaner und 338 v.Chr. die Makedonier unter Philipp II. schwere Niederlagen bereitet hatten.

Die beiden bedeutendsten griechischen Nachfolgestaaten des persischen Reiches wurden von zwei ehemaligen Feldherren Alexanders gegründet, Ptolomäus und Seleukos. Jener bemächtigte sich Ägyptens und der südlichen Hälfte Syriens; diesem fiel der größere Teil des persischen Erbes in Asien zu. Im nordwestlichen Kleinasien errang Bithynien unter einem einheimischen Herrscherhaus die Unabhängigkeit; das pontische und binnenländische Kappadokien und Nordmedien (Atropatene = Aserbeidschan) wurden unter iranischen Dynastien selbständig. 302 v.Chr. mußte Seleukos die östlichen Grenzgebiete Irans an Tschandragupta abgeben, den Begründer der indischen Maurjadynastie, dem es gelungen war, die makedonische Besatzung aus dem Indusbecken zu vertreiben und ein ebenso großes Reich wie das des Seleukos zu schaffen, indem er das Reich Magadha im Ganges-Dschamna-Becken eroberte.

Das Seleukidenreich war zu weiträumig, um über längere Zeit stabil zu bleiben. Aus dem letzten Diadochenkrieg von 281 v.Chr war Seleukos als Sieger hervorgegangen; er hatte schon die Dardanellen überquert, um nach Makedonien zu gelangen, als er ermordert wurde. Zu den Gewinnern der Kriegswirren gehörte der keltische Stamm der Galater, die sich auf ihrer Wanderung im Herzen Kleinasiens niedergelassen hatten und von dort im nächsten halben Jahrhundert ausgedehnte Raubzüge unternahmen, bis sie von Philetairos in Schach gehalten wurden, einem Soldaten und Glücksritter, der 281 v.Chr. mit Hilfe eines Teils der persischen Kriegsschätze, die auf der

Burg Pergamon verwahrt wurden, das kurzlebige pergamenische Reich gründete. Ungefähr in der Mitte des dritten Jahrhunderts v.Chr. wurden die seleukidischen Territorien drastisch reduziert durch den Abfall des griechischen Statthalters der Provinz im Oxus-Jaxartes-Becken und die gleichzeitige Besetzung der sich westlich anschließenden Provinz Parthia durch die Parni, ein Hirtenvolk, dessen Heimat das heutige Turkmenistan war.

Ihre Ergebnislosigkeit war das Verhängnisvollste an den Kriegen, die ein Jahrhundert lang, von 321 bis 221 v.Chr., Alexanders herrenlose Hinterlassenschaft heimsuchten. Makedonien war nicht imstande, das südliche Griechenland zurückzuerobern, aber die Griechen konnten auch nicht die makedonischen Besetzungen auf ihrem Boden abschütteln: Demetrias in Thessalien,Chalkis auf Euböa und Korinth. Erst 243 v.Chr. befreiten die Achäer Korinth, gaben jedoch 225 v.Chr. die Akropolis an Makedonien zurück als Lohn für dessen militärische Intervention gegen Sparta zugunsten des Achäischen Bundes. 222 v.Chr. kämpften Achäer und Makedonier gemeinsam gegen Sparta, und es wurde zum erstenmal in seiner Geschichte von einer fremden Macht besetzt; es erlangte jedoch sehr schnell seine Unabhängigkeit zurück und spielte weiterhin eine Rolle als Militärmacht. Inzwischen hatte Ptolomäus II. dem makedonischen König Demetrios Poliorketes die Herrschaft über die Ägäis entrissen, mußte sie jedoch nach dessen Seesiegen vor Kos 257 v.Chr. und vor Andros 246 v.Chr. wieder an Makedonien abtreten. Der vierte Krieg um den Besitz des südlichen Syriens im Jahre 221 v.Chr. zwischen dem ptolomäischen und dem seleukidischen Reich ließ dieses hart umkämpfte Gebiet in ptolomäischem Besitz.

Das wichtigste Ergebnis des Jahres 221 v.Chr. in der Ökumene der Alten Welt war indessen die Vollendung der politischen Einigung Chinas, als es der Ts'indynastie gelang, auch den letzten ihrer sechs Rivalenstaaten zu besetzen. Diese Einigung Chinas war entscheidend und endgültig; sie ist kaum wieder und dann nur partiell und vorübergehend erschüttert worden, und heute spielt das vereinigte China eine wichtige Rolle in der Weltpolitik. Doch in diesem Jahr 221 v.Chr. befand sich die übrige Ökumene der Alten Welt – von Indien westwärts bis zum Westrand des Mittelmeeres – am Vorabend eines Zeitalters der Agonie, von dem sich die Mittelmeerregion erst 31 v.Chr. und Indien erst 49 n.Chr. erholen sollte.

30

DIE ENTWICKLUNG UND VERBREITUNG DER HELLENISCHEN ZIVILISATION VON 334 BIS 221 V.CHR.

Im Jahre 334 v.Chr., als Alexander die Dardanellen überschritt, hatte die hellenische Zivilisation schon eine sich über mehr als vier Jahrhunderte erstreckende Entwicklung und Verbreitung hinter sich. Doch als die makedonischen Griechen das persische Reich eroberten, betrieben sie zum erstenmal Kulturpolitik bewußt und in großem Stil. Die Übertragung ihres Lebensstils auf andere Völker durch die gewaltigen Eroberungen Alexanders geschah in einem so kurzen Zeitraum, daß die Griechen eine neue Philosophie ausarbeiten mußten, um Schutz und Führung in einer sozialen und ethischen *Terra incognita* zu haben.

In den vier Jahrhunderten vor Alexanders Feldzug nach Osten hatten ihm frühere hellenische Generationen den Weg bereitet. Sie waren als Händler nach Syrien und Ägypten gereist, hatten als Söldner in Ägypten, Babylonien und im persischen Reich gedient und waren als Kriegsgefangene bis hinter den Fluß Oxus deportiert worden. Griechische Münzen waren auf persischen Märkten neben der Landeswährung in Umlauf. Im Osten und Süden hatten sich die Griechen auf zwei Handelsniederlassungen beschränkt, Al-Mina (Poseideion?) in Syrien und Naukratis im Nildelta; doch hatten sie im Westen die Küsten Südostitaliens, Siziliens und der Cyrenaika, im Norden die Ufer der ins Schwarze Meer führenden Wasserstraßen kolonisiert und am Schwarzen Meer Handelsposten gegründet. In Sizilien war die Bevölkerung, die im Innern der Insel überlebt hatte, dazu übergegangen, die griechische Sprache zu sprechen und in Stadtstaaten des hellenischen Typs zu wohnen, während in Italien die Etrusker, Apulier und andere italische Völker die hellenische Lebensweise in unterschiedlichem Maße übernommen hatten.

Nun, da sie das ungeheure persische Reich überrannt hatten, mußten sich die Eroberer entscheiden, ob sie sich der einheimischen Bevölkerung gegenüber als Herrenrasse aufführen oder sie als gleichberechtigte Mitbürger ansehen, mit ihnen leben und mit ihnen Ehen schließen wollten. Alexanders früherer Erzieher Aristoteles hatte die inhumane und unwissenschaftliche Rassenlehre verfochten, daß die Hellenen als Herren und die Nichthellenen als Sklaven geboren seien; Alexander jedoch und der Aristotelesschüler Theophrastus vertraten das Prinzip der Gleichheit; und jener hatte vor seinem frühen Tode begonnen, diese weitherzigere Politik in die Tat umzusetzen. Er hatte ein großes Fest der Versöhnung gefeiert und Mischehen zwischen Griechen und iranischen und anderen Asiaten gefördert und prämiiert. Doch auch er scheint es für selbstverständlich gehalten zu haben, daß der kulturelle Rahmen der geplanten rassischen Vereinigung hellenisch zu sein hatte; und auf dieser Grundlage wurde Alexanders Politik von Seleukos I. weitergeführt, dem Diadochen, der sich den größten Anteil an dem persischen Erbe gesichert hatte. Die Verschmelzung von Griechen und Iranern scheint am weitesten im Oxus-Jaxartes-Becken unter dem Regime griechischer Lokalfürsten, die sich um 250 v.Chr. vom Seleukidenreich lossagten, gediehen zu sein. Im Gegensatz dazu fühlten sich die ptolomäischen Herren und ihre griechischen Gehilfen in Ägypten als Angehörige einer Herrenrasse. Hier besetzte die Krone alle Verwaltungsposten mit Ausnahme der subalternsten mit Griechen, und diese wetteiferten mit den Ptolomäern in der Ausbeutung der Ägypter.

Die hellenische Kultur war weniger leicht exportierbar als die griechische Lebensweise und das griechische Militärwesen. Zwei athenisch-hellenische Kulturgüter, die nicht aus Athen verpflanzt werden konnten, waren das Schauspiel und die philosophischen Schulen. Wohl aber wirkten die Schauspiele und die philosophischen Schulen in die großhellenische Welt hinaus. Die griechische Philosophie hatte ihren Ursprung in Ionien und war von dort nach Italien gelangt, ehe sie nach Athen kam, wo sie in den Lehren von Sokrates, Platon und Aristoteles ihren Höhepunkt fand. In der dramatischen Dichtung besaß Athen geradezu das Monopol, wenn es auch auf Sizilien und in Italien griechische Schulen der Komödie und Posse gab. Aber die Dramatiker und Philosophen, die in Athen lebten und arbeiteten, brauchten keine geborenen Athener zu sein.

Die drei großen Tragiker und der Komödiendichter Aristophanes, alle im fünften Jahrhundert v.Chr., waren geborene Athener; doch von den vier bedeutendsten Komödienautoren der athenischen »neuen« Schule war es nur einer, Menander (342-291 v.Chr.). Diphilos (er wirkte von 318 bis 274 v. Chr.) kam aus Sinope, Philemon (361-263 v.Chr.) aus Syrakus, Alexis (er wirkte von 357 bis 274 v.Chr.) aus Thurii in Unteritalien.

Von den Gründern der vier wichtigsten philosophischen Schulen in Athen war nur Platon ein echter Athener. Epikur (341-270 v.Chr.) war der Sohn eines athenischen Siedlers in Samos. Der Garten, in dem 306 v.Chr. Epikur in Athen seine Schule eröffnete, war ein Geschenk wohlhabender Schüler aus Lampsakus. Aristoteles stammte aus Stagira, und seine Schule in Athen wurde erst nach seinem Tode durch seinen Schüler Theophrastus, der aus Eresos auf Lesbos stammte, im Lyzeum angesiedelt. Zeno der Jüngere, der Gründer der stoischen Schule, kam zwischen 320 und 314 v. Chr. aus seiner Heimatstadt Kition in Zypern nach Athen. Die Nachfolger der Gründer und Leiter der vier philosophischen Schulen kamen aus allen Teilen der großhellenischen Welt.

Die in Athen geschriebenen Dramen wurden überall aufgeführt, und philosophische Schulen, deren Hauptsitze in Athen waren, gewannen Einfluß im ganzen großhellenischen Weltkreis. Eine der Institutionen, die den großhellenischen Machtbereich zusammenhielten, war der panhellenische

Bund der wandernden Schauspieler (Dionysou Teknithai). Unter der Schirmherrschaft des Gottes Dionysos, dessen Kult das attische Drama hervorgebracht hatte, spielten diese Wandermimen überall, wo es eine griechische Stadt mit einem Theater gab, attische Dramen, die Tragödien des Euripides neben den jüngeren attischen Komödien.

Die beiden in Athen beheimateten voralexandrinischen philosophischen Schulen waren elitär und zurückgezogen, während die zwei nachalexandrinischen Schulen sich mit den geistigen und sozialen Nöten ihrer Zeit auseinandersetzten. Epikur forderte wie sein chinesischer Zeitgenosse, der taoistische Philosoph Tschuang-tse, seine Anhänger auf, dem öffentlichen Leben den Rücken zu kehren, und hob die persönliche Freundschaft hervor. Zeno hingegen lehrte wie Konfuzius die Notwendigkeit sittlicher Lebensführung in einem neuen sozialen Milieu, in dem sich der einzelne nicht mehr auf die moralische Unterstützung – und die moralischen Beschränkungen – seiner Pflichten als Bürger eines unabhängigen Stadtstaates verlassen konnte. Dies waren missionarische Philosophien wie in noch größerem Maße die Schule der Kyniker. Deren halbthrakischer athenischer Gründer Antisthenes (um 445 bis 366 v.Chr.) hatte sie in Athen im Kynosargesgymnasium gegründet. Sein Schüler Diogenes von Sinope, der wahrscheinlich im gleichen Jahr starb wie Alexander, lehrte wie Buddha, daß geistige Freiheit mit dem Verzicht auf materiellen Besitz bezahlt werden müsse. Die nachalexandrinischen Kyniker waren Wanderprediger, die sich unmittelbar an das Volk wandten und ihre strenge Lehre nicht nur mit dem Wort, sondern auch durch ihr Beispiel verbreiteten.

Von allen Dialekten im Bereich der hellenischen Kultur war die internationale Form *(Koine)* des attischen Dialekts der griechischen Sprache diejenige, die sich am weitesten verbreitete. Vermutlich entwickelte sich die *Koine* in der ein halbes Jahrhundert währenden Lebenszeit des athenischen Reiches (454 bis 405 v.Chr.); doch sie wurde zur Weltsprache, als Philipp II. sie statt des heimischen makedonischen Dialektes zur offiziellen Sprache des Königreichs Makedonien erhob. Von nun an diente die *Koine* als Amts-, Schrift- und Alltagssprache. Es war eine lebendige Sprache, die sich den wechselnden Anforderungen des hellenischen Lebens anpassen konnte; daneben existierte gleichzeitig eine »preziöse« Form, als deren Schöpfer der athenische Redner und Lehrer Isokrates (436-338 v.Chr.) angesehen wird, für den »Export« der athenischen Literatur.

Das *Koine*-Attisch war ein brauchbares Medium für den Ausdruck von Gedanken und Gefühlen; das isokratische Attisch war das linguistische Material des Rhetorikers, mit dem er literarische Schmuckformen hervorbrachte, in denen der geistige Gehalt hinter dem Stil zurücktrat. Die *Koine* wurde zur Sprache der nachalexandrinischen Gelehrsamkeit und Naturwissenschaft, deren Brennpunkt nicht mehr Athen, sondern Alexandria am Nil war. Hier wurden einige wichtige Entdeckungen gemacht. Eratosthenes von Kyrene (276-194 oder 264-202 v.Chr.), der Leiter der Bibliothek von Alexandria, berechnete nahezu genau den Erdumfang; Aristarchos von Samos (um 280 v. Chr.) erklärte die Sonne anstelle der Erde zum Mittelpunkt des Kosmos. (Hipparchos aus Nikaia [um 190 bis 121 v.Chr.] gab der Erde ihre überlieferte falsche Position zurück; und in Syrakus entschuldigte sich Archimedes [287-212 v.Chr.] dafür, daß er auf »vulgäre« Weise die wissenschaftliche Theorie der zivilen und militärischen Technik nutzbar gemacht hatte.)

Bei dem Versuch, das politische Vakuum des ehemaligen persischen Reiches auszufüllen, brauchte der Hellenismus auch ein exportfähiges soziales Modell, und Alexander und seine Nachfolger fanden es in der Form des griechischen Stadtstaates. Wenigen Stadtstaaten der voralexandrinischen Zeit gelang es, ihre Unabhängigkeit zu behaupten; am erfolgreichsten war Rhodos, das 305/304 v.Chr., von Ptolomäus I. unterstützt, einen Angriff des Demetrios Poliorketes abwehren konnte. Die Ostexpansion der hellenischen Welt gab Rhodos eine Schlüsselstellung im maritimen Verkehrsnetz; es kontrollierte die Seewege von der Ägäis zur ptolomäischen Haupstadt Alexandria und nach Seleukia Pieria vor der Orontesmündung, dem Hafen von Antiochia, der westlichen Hauptstadt der Seleukiden. Philipp, Alexander und ihre Nachfolger beraubten die meisten älteren griechischen Stadtstaaten ihrer Unabhängigkeit und gründeten (nach modernen Zählungen) 329 neue Städte.

Die früheste Gründung war das nach Philipp II. benannte Philippi, das seine Goldgruben bewachte, die berühmteste Alexandria am Nil (die erste der vielen neuen Städte, die Alexanders Namen trugen). Die eifrigsten Städtegründer unter Alexanders Nachfolgern waren die Seleukiden und die griechischen Kolonisten des Oxus-Jaxartes-Beckens, die sich von den Seleukiden trennten und schließlich Nordwestindien eroberten. Jede griechische Stadt, ob alt oder neu, besaß eine Agora, ein Theater und mindestens ein Gymnasium. Theater und Agora waren Versammlungsplätze für verschiedene Zwecke; das Gymnasium spielte bei den Griechen eine ähnliche Rolle wie die Synagoge bei den Juden. In den entmilitarisierten Städten wurde das Gymnasium zur geistigen wie sportlichen Sammlungsstätte.

Blühende Städte waren nicht die einzigen Träger der hellenischen Kultur. Daneben gab es Ansiedlungen makedonischer Veteranen und ihrer Nachkommen, die sich eine den Stadtstaaten nachempfundene Verfassung gaben, und Gemeinschaften (politeumata) verstreut lebender griechischer und nichtgriechischer Soldaten, Händler und Handwerker.

Durch die planmäßige Steuerung dieser verschiedenen Siedlungsformen breitete sich die hellenische Kultur um 221 v.Chr. über das ganze frühere Gebiet des persischen Reiches aus, Ägypten ausgenommen, wo die Ptolomäer – wie ihre chinesischen Zeitgenossen – sich für die direkte Verwaltung entschieden hatten. Sie gründeten nur eine neue Stadt, Ptolomais in Oberägypten, und übernahmen Alexandria und Naukratis. 334 v.Chr. bildeten die griechischen Niederlassungen innerhalb der persischen Reichsgrenzen einen Kranz von Stadtstaaten an der Westküste Kleinasiens. Weitere lagen an der

Schwarzmeerküste, in der Cyrenaika. Auch Naukratis und mehrere Siedlungen griechischer Exilierter im fernen Nordosten gehörten dazu. Die Gründungen im folgenden Jahrhundert waren von der Zahl her eindrucksvoll, doch diese neuen kolonialgriechischen Städte, so zahlreich sie sein mochten, waren letztlich nur verstreute Inseln in einem Meer nichtgriechischer Bevölkerung. Vor allem das Landvolk war nichtgriechisch, und auch innerhalb der Stadtmauern gab es nichtgriechische Viertel.

In Syrien war es die aramäische *Koine,* nicht die griechische, die das Kanaanitische (Hebräische) als Landessprache ablöste. Nur als Amtssprache vermochte das Griechische vorübergehend das Aramäische zu verdrängen; und im nordöstlichen Iran wurde das griechische Alphabet in einigen offiziellen Inschriften benutzt, um den lokalen iranischen Dialekt wiederzugeben. Das aramäische Alphabet setzte sich jedoch gegen das griechische in den meisten früheren persischen Territorien östlich des Euphrat durch.

31

DIE STREITENDEN REICHE CHINAS VON 506 BIS 221 V.CHR.

Zwischen 771 und 506 v.Chr. hatte sich die politische Struktur Chinas infolge eines zwei Jahrhunderte währenden Bruderkrieges grundlegend verändert. Es wurde bereits vermerkt, daß vor den politischen Wirren, die 771 v.Chr. die Tschoudynastie zerschlugen, China aus etwa dreihundert kleinen Vasallenstaaten unter der Herrschaft der Tschou bestanden hatte. Im Jahre 506 v.Chr. gab es einen äußeren Ring von sieben großen Reichen, die eine Mittelgruppe von kleinen Staaten umgaben, darunter das von den Tschou umittelbar regierte Ländchen um die Stadt Lojang, in der diese Dynastie nach 771 v.Chr. Zuflucht gefunden hatte. Vier der sieben großen Randstaaten – Yen an der Huanghomündung und im Pei-Ho-Tal; Tsch'u, Wu und Yüeh in den Tälern des Hwai, Han und Jangste – befanden sich außerhalb des Territoriums, das sich die Tschou unterworfen hatten, als sie im elften Jahrhundert v.Chr. die Schang verdrängten. Ein fünfter großer Staat, T'schin, besetzte nunmehr das ursprüngliche Gebiet der Tschou im Weital; aber er war noch um 506 v.Chr. , wie die Tschou vor dem elften Jahrhundert v.Chr., kulturell rückständig. Von den sieben großen Randstaaten lagen nur Tschin und Tsch'i auf dem Gebiet der alten chinesischen Kultur, welche die Tschou von den Schang übernommen hatten.

Diese sieben bedrohten einander ständig, so daß die Regierungen darauf bedacht sein mußten, militärisch gerüstet zu sein, was wiederum eine leistungsfähige Verwaltung und Wirtschaft bedingte. Das Mittel dazu war der politische Absolutismus. Wenn eine Großmacht im Wettstreit mit anderen Staaten überleben wollte, mußte sich der Herrscher davor hüten, in die Lethargie zu verfallen, von der die Tschoudynastie gelähmt worden war; er mußte seine Untertanen und die Hilfsquellen seines Landes ständig unter Kontrolle halten. Das erforderte jedoch eine radikale Änderung der herkömmlichen chinesischen Gesellschaftsordnung, in der die lokalen Herrscher, wenn auch *de facto* von der Oberhoheit der Tschoudynastie unabhängig geworden, in ihrem Lande nur *Primi inter pares* neben den Mitgliedern eines erblichen Adels waren, die mit den Angehörigen des Herrscherhauses um die Besetzung öffentlicher Ämter und den Besitz der Landesprodukte konkurrierten.

Dieser innenpolitische Konflikt war das Hauptproblem der Herrscher von T'schi und Tschin, wo sich die aristokratische Struktur der chinesischen Gesellschaft durch eine lange Tradition gefestigt hatte. Er war es auch für den Staat T'schu im Süden; doch dort war gegen Ende des sechsten Jahrhunderts v.Chr. eine andere Frage vordringlicher: die Beziehungen der Lokalmächte zueinander. Im Süden schritt der Prozeß der Zivilisierung von vorher barbarischen Völkern sehr rasch voran; die Übernahme der chinesischen Lebensweise brachte eine Vermehrung der militärischen und politischen Stärke mit sich, und infolgedessen wurde jeder südliche Staat, sobald er in die chinesische Sphäre getreten war, von einem neuen Staat bedroht, der seinerseits nachdrängte.

Im Jahre 506 v.Chr. wurde der ehemals barbarische Staat T'schu beiderseits des Mittellaufs des Jangtse, der in der chinesischen Machtpolitik nach dem Fall der Tschoudynastie eine führende Rolle gespielt hatte, von dem jüngeren Staat Wu, der am Unterlauf des Jangtse und des Huei entstanden war, mit Krieg überzogen. Ihm kam Yüeh zu Hilfe, ein Staat, der im südlichen Hinterland von T'schu und Wu Gestalt annahm. Wu machte sich zum Herrn von Yüeh; aber es übernahm sich, als es von 489 bis 485 v.Chr. T'schi angriff. Es beanspruchte die Hegemonie über die ganze chinesische Welt; doch seine Stärke entsprach nicht seinem Ehrgeiz; der fehlgeschlagene Überfall auf T'schi gab T'schu Gelegenheit, sich von 488 bis 481 v.Chr. zu erholen; und 473 v.Chr. wurde Wu seinerseits von Yüeh besiegt und annektiert.

Tsch'i schlug nicht nur den Angriff von Wu zurück; es überstand auch einen innenpolitischen Kampf zwischen dem Erbadel und der Krone, aus dem diese siegreich hervorging. In Tschin hingegen war die Monarchie von 497 bis 490 v.Chr. durch einen Bürgerkrieg zwischen rivalisierenden Parteien des Adels gelähmt; in einem zweiten Bürgerkrieg von 455 bis 453 v. Chr. wurde eins der vier streitenden Häuser ausgelöscht; die anderen drei teilten sich den Tschinstaat, und diese drei Nachfolgestaaten – Wei, Han und Tschao – wurden 403 v.Chr. *de jure* anerkannt. Jeder der drei versuchte sich in der Rolle einer Großmacht, aber diese Ansprüche überstiegen die Kräfte und schlugen fehl. Ihre Schwäche wurde durch ihre geographische Zerrissenheit vermehrt; einige Landesteile waren Enklaven, isoliert von dem Mutterland, zu dem sie gehörten. Der schließliche Gewinner der Teilung von Tschin war der Nachbar im Osten, Tsch'in.

Nach der Teilung von Tschin suchte ein ehrgeiziger und wagemutiger Herrscher einer der drei Nachfolgestaaten, Fürst Wen von Wei (446-397 v. Chr.), die Bedeutungslosigkeit seines Territoriums, seiner Bevölkerung und seiner Hilfsquellen dadurch wettzumachen, daß er seine Verwaltung mit tüchtigen Männern niedriger Herkunft besetzte. Die Stärkung der Wehrkraft seines Landes verführte ihn 419 v.Chr. dazu, die Hegemonie anzustreben; doch es ging dem Lande Wei, wie es dem Lande Wu vorher ergangen war. Der Gewinner aus der Niederlage Weis war sein westlicher Nachbar Tsch'in.

Nach dem Tode des Fürsten Wen im Jahre 397 v.Chr. wurde einer seiner fähigen Beamten von dem König von Tsch'u engagiert, um in Tsch'u zu wiederholen, was in Wei veranlaßt worden war. Nach des Königs Tod wurde jedoch diese radikale Reform wieder aufgehoben; und der Erbadel kam im

4. Die streitenden Reiche der chinesischen Welt im nachkonfuzianischen Zeitalter um 280 v. Chr.

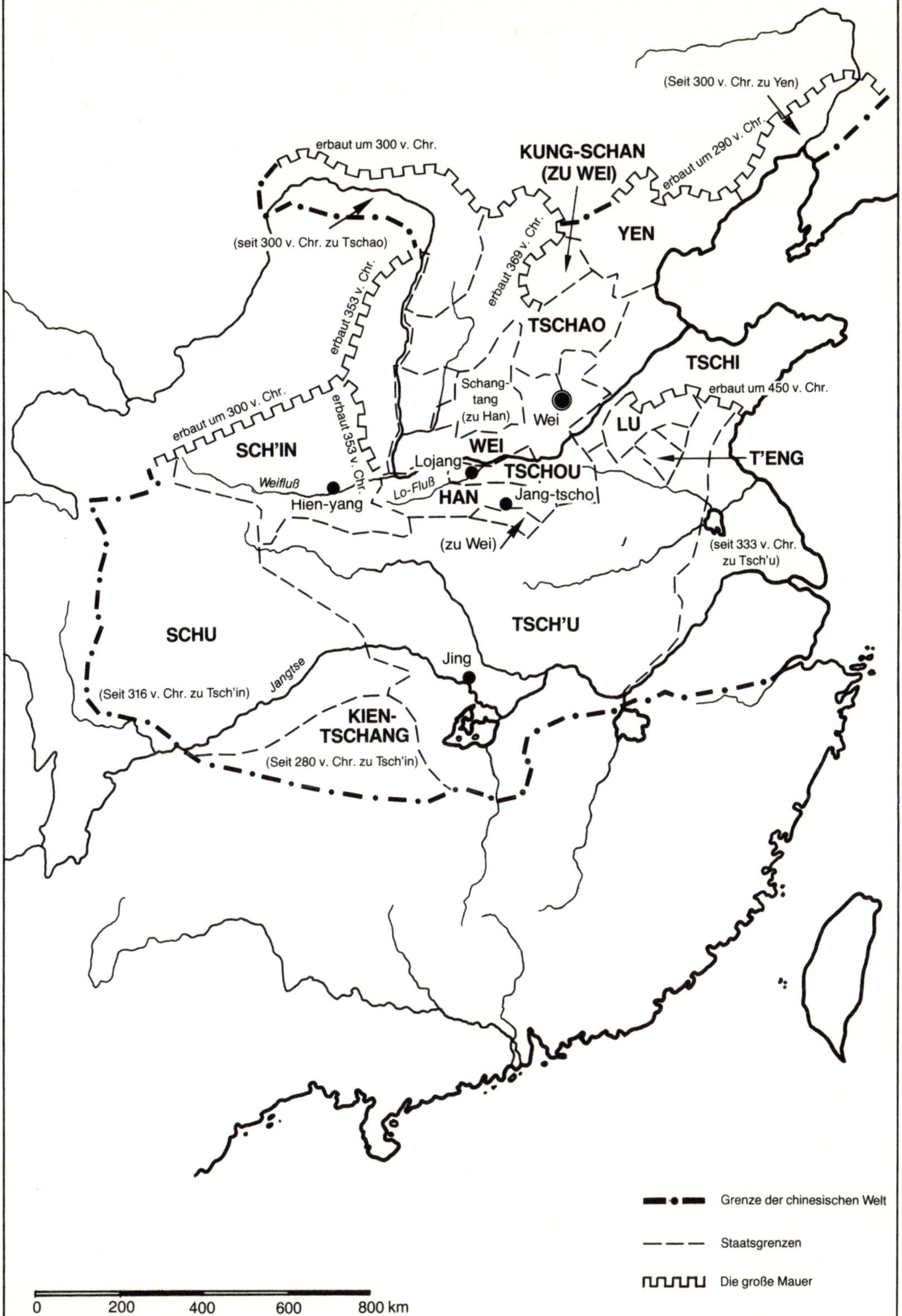

Mutterland wieder zur Macht. Doch soll Tsch'u der erste Staat gewesen sein, der in den annektierten Gebieten die Lehnsgüter durch Verwaltungsbezirke und Präfekturen ersetzte; und zwischen 479 und 445 v.Chr. hatte es drei der kleinen Staaten in der Mitte der chinesischen Welt an sich gebracht.

Die gründlichste Verwaltungsreform wurde in Tsch'in unter dem Fürsten Hien (384-361 v.Chr.) und seinem Sohn und Nachfolger Hiao (361-338 v. Chr.) durchgeführt. Der Reorganisator war Schang Jang, der aus einem Fürstenhaus in einem der kleinen Staaten Zentralchinas nach Tsch'in kam und unter dem Fürsten Hiao von 356 v.Chr. bis zu dessen Tode arbeitete. Er beseitigte die auf Erbfolge beruhende Gesellschaftsstruktur; er eröffnete jedem, der dafür begabt war, die militärische Laufbahn, förderte die Landwirtschaft und privatisierte den Boden, so daß jeder Bauer seine Erzeugnisse auf den Markt bringen konnte. Von nun an hatten die Bauern in Tsch'in die Möglichkeit, zu den höchsten Staatsämtern aufzusteigen, aber sie mußten auch Kriegsdienst leisten und Steuern zahlen; und wenn sie in wirtschaftliche Schwierigkeiten gerieten, mußten sie notfalls ihr Land verkaufen.

Fürst Hiaos Regierung und die Tätigkeit Schang Jangs in Tsch'in fallen in den gleichen Zeitraum wie die Herrschaft Philipps II. in Makedonien (359 bis 336 v.Chr.); und beide betrieben die gleiche Politik der Militarisierung der Bauernschaft. Auch Tsch'ins und Makedoniens Beziehungen zu der sie umgebenden Welt ähnelten sich sowohl geographisch als auch in sozialer Hinsicht: beide waren mit ihren Rivalen eng benachbart, doch von ihnen durch einen Ring von Gebirgsketten getrennt; beide Völker waren sozial rückständig und daher gefügig und formbar, als sich ihr Leben im vierten Jahrhundert v.Chr. auf Befehl des Herrschers drastisch veränderte.

Philipp II. erntete die Früchte seiner Reformen in der militärischen und politischen Einigung Griechenlands unter seiner Hegemonie; Fürst Hiao starb 338 v.Chr. Erst in der Dekade von 230 bis 221 v.Chr. gelang die Einigung der chinesischen Welt unter Tsch'in. Doch diese Einigung war – im Gegensatz zu Philipps Werk – endgültig und erfolgte durch einen chinesischen Staat, während die hellenische Welt schließlich nicht durch Makedonien oder einen seiner Nachfolgerstaaten geeinigt wurde, sondern durch eine hellenisierte nichtgriechische Großmacht, das Römische Reich.

In China wurden im fünften und vierten Jahrhundert v.Chr. die radikalen administrativen Veränderungen von wirtschaftlichen, sozialen und technischen (sowohl militärischen als auch zivilen) Veränderungen begleitet. Dies führte zu einer Auflösung der überlieferten chinesischen Gesellschaftsordnung, die schon durch die Bruderkriege in den zwei Jahrhunderten bis 506 v. Chr. geschwächt worden war und nun in den weiteren Fehden bis 221 v.Chr. vollends erschüttert wurde.

Die erste wirtschaftliche Veränderung ist bereits erwähnt worden: Der Boden wurde veräußerlich und marktfähig, und dies erhöhte nicht nur die landwirtschaftliche Produktion, sondern vergrößerte auch den Unterschied zwischen arm und reich und brachte ein Proletariat ohne Grundbesitz hervor. Die wichtigste soziale Veränderung bestand darin, daß zivile und militärische Ämter nunmehr jedermann ohne Rücksicht auf die Zugehörigkeit zu einer bestimmten Klasse zugänglich waren. Dies schuf nicht nur einen neuen Berufsstand von Verwaltungsbeamten und Offizieren, sondern auch einen neuen Stand von Lehrern, die sich anboten, Bewerber für den Staatsdienst auszubilden. Konfuzius wurde ein solcher Lehrer, nachdem seine Laufbahn als Beamter fehlgeschlagen war. Er ist der erste in China überlieferte Vertreter eines Berufes, der in der hellenischen Welt des fünften Jahrhunderts v.Chr. sein Gegenstück in den Sophisten hatte; er war auch der früheste Gründer einer philosophischen Schule in China.

Zu den wichtigsten zivilen technischen Neuerungen, die der Staat veranlaßte, gehörten im fünften Jahrhundert v. Chr. die Prägung von Metallmünzen und der Bau von Kanälen. Diese sollten zunächst dem Militärtransport dienen, doch sie förderten gleichzeitig durch Entwässerung die Erschließung potentiell fruchtbaren Sumpflandes. Im vierten Jahrhundert v.Chr. kamen die Einführung des von Ochsen gezogenen Pfluges und die Ablösung der Bronze durch das Eisen als Material für Geräte, Werkzeuge und Waffen. Wir wissen nicht, ob diese technischen Neuerungen ebenfalls wie der Kanalbau und die Münzprägung auf behördliche Initiative eingeführt wurden, und wir kennen auch nicht die Wege, auf denen sie China aus den Regionen der Alten Welt im Westen erreichten, wo das Eisen und der Pflug schon lange in Gebrauch waren.

Die bedeutendste technische Neuerung auf militärischem Gebiet war die Bildung einer bewaffneten Reiterei. Der Staat Tschao grenzte an die eurasische Steppe und übernahm 307 v.Chr. die Kleidung und die Waffen der Nomaden, so wie es die medische Reiterei drei Jahrhunderte vorher im Iran getan hatte. Gegen Ende des vierten Jahrhunderts v.Chr. nahmen die Streitwagen, vormals das hauptsächliche Kampfmittel der Chinesen, nur noch den zweiten Platz ein neben starken Infanteriekräften, die durch Aushebung aller Wehrfähigen gebildet wurden. Dieser Wechsel kann von den südlichen Staaten ausgegangen sein, wo Wasserläufe und Sümpfe den Gebrauch von Rädern hinderten; doch erfaßte er sehr schnell die ganze chinesische Welt.

Die zweite Folge der Kriege, die zur politischen Einheit Chinas führte, begann 333 v.Chr. In diesem Jahr zerstörte Tsch'u den Staat Yüeh und verleibte sich Wu ein, das Yüeh 473 v.Chr. annektiert hatte; im gleichen Jahr schlossen die anderen sechs überlebenden Großmächte ein Defensivbündnis gegen Tsch'in. Dank der Reformen Schang Jangs hatte Tsch'in eine dominierende Rolle in den Kriegen von 354 bis 340 v.Chr. gespielt, in denen der Hegemonieanspruch Weis endgültig abgewiesen worden war. 318 v.Chr. errang Tsch'in einen entscheidenden Sieg über die vereinigten Truppen der anderen sechs Mächte, obwohl diese durch eurasische Söldner verstärkt waren. 316 v.Chr. drang Tsch'in über die Wasserscheide zwischen dem Wei, dem Nebenfluß des Huangho, und dem Jangtsebecken in der heutigen

Provinz Setschuan vor und griff Tsch'u vom Westen an. 278 v.Chr. nahm Tsch'in die Hauptstadt Tsch'us ein; sechs Jahre später hatte es eingekreist, was von Tsch'u übriggeblieben war, und griff gleichzeitig die Staaten im Norden an. Es sah ganz so aus, als sollte Tsch'in die ganze chinesische Welt durch Eroberungen zusammenfügen, als es 270 v.Chr. und abermals 258 und 247 v.Chr. von Tschao besiegt wurde und einen ergebnislosen Frieden schließen mußte. Die Kriege von 333 bis 247 v.Chr. waren grausam und mörderisch gewesen, aber sie hatten keine Entscheidung gebracht. In den zehn Jahren zwischen 230 und 221 v.Chr. griff Tsch'in unter Huang-ti erneut seine Rivalen an und besiegte alle sechs. Dies bedeutete die Vereinigung der chinesischen Welt unter der Hegemonie Tsch'ins.

Die politische Einheit Chinas im Jahre 221 v.Chr. war durch Waffengewalt erzwungen; aber sie erwies sich als dauerhaft, und wenn sie auch im Laufe von nahezu zweiundzwanzig Jahrhunderten mehrere Male zerbrach – zum erstenmal schon im Jahre nach dem Tode des Einigers Huang-ti –, so wurde sie doch stets bald wiederhergestellt. Die gewaltsame politische Einigung war möglich gewesen, weil ihr eine freiwillige kulturelle Einigung vorangegangen war, bevor der Staat Tsch'in sich zu seinen militärischen Eroberungen anschickte. So hat Tsch'ins politische Leistung seinen eigenen schnellen Untergang überlebt.

Tatsächlich hatte sich die chinesische Kultur schon vor 221 v.Chr. über das Gebiet hinaus ausgedehnt, das von Huang-ti politisch geeint wurde. Ackerbau und Metallbearbeitung zum Beispiel wurden wahrscheinlich schon im vierten Jahrhundert v.Chr. nach Korea eingeführt und vielleicht ein Jahrhundert später nach Japan – teils, möglicherweise, über Korea, teils direkt aus dem Jangtsebecken. Vorher waren die Bewohner Koreas und Japans noch mittelsteinzeitliche Sammler gewesen, wenn auch die Töpferkunst in beiden Ländern bereits vor der Einführung des Ackerbaus ausgeübt wurde. Die Sprachen beider Länder haben keine Beziehung zu den Sino-Tai- und tibetoburmanischen Sprachgruppen; aber die Übernahme der chinesischen Kultur gliederte Korea und Japan in die Kulturwelt Ostasiens ein.

32

DIE PHILOSOPHISCHEN LEHREN IN CHINA VON 506 BIS 221 V.CHR.

In China war das Zeitalter der »streitenden Reiche« zugleich das Zeitalter der »hundert philosophischen Schulen«. Die wetteifernden Lehren boten emotionale und intellektuelle Antworten auf die Erfahrungen der Zeit, die qualvoll und beunruhigend waren. Sie wurden hervorgerufen durch die zunehmend erschöpfenden und grausamen politischen und militärischen Kämpfe zwischen den überlebenden großen Mächten, durch das Bemühen der Lokalherrscher, ihre Macht zu vergrößern, und durch die fundamentalen Veränderungen in der Struktur der chinesischen Gesellschaft.

Die chinesische Philosophie aller Schulen unterschied sich von der hellenischen dadurch, daß sie sich von Anfang an vorzugsweise mit dem praktischen Leben und erst in zweiter Linie mit Wissenschaft und Metaphysik befaßte. Über solche Probleme hatten die hellenischen Philosophen mehr als ein Jahrhundert diskutiert, bis Sokrates sich entschieden dem Studium der menschlichen Natur zuwandte; und sowohl er als auch seine Nachfolger in den verschiedenen Gemeinschaften der hellenischen Philosophen studierten den Menschen als geistiges wie auch als sittliches Wesen. Konfuzius, das chinesische Gegenstück des Sokrates, gab keiner vorhandenen Philosophie eine neue Richtung, sondern begann von vorn; der Mensch interessierte ihn weniger als geistiges oder seelisches Wesen denn als sittliches, als Mitglied der Gesellschaft.

Die Betrachtung der menschlichen Natur und des menschlichen Lebens wirft zwangsläufig metaphysische Fragen auf. In Indien waren Buddhas Schüler versucht, sich der ihnen auferlegten anstrengenden geistigen Übungen dadurch zu entziehen, daß sie sich metaphysischen Spekulationen hingaben, die der Meister geringschätzte. Doch stellte er selber auch metaphysische Lehrsätze auf, die Kontroversen hervorriefen. Die chinesische Mentalität war weniger spekulativ als die indische; doch in der Lehre des Taoismus stehen metaphysische Betrachtungen über den Welturgrund im Vordergrund, und die chinesischen Lehren von dem rhythmischen Wechsel der statischen Yin-Urkraft mit der dynamischen Yang-Urkraft und von den fünf Elementen im Aufbau der physischen Welt waren sowohl metaphysisch als auch naturwissenschaftlich. Doch auch die Spekulationen des Taoismus waren ihren Bezügen zu den sozialen und politischen Verhältnissen im damaligen China untergeordnet.

Die Betrachtungen der meisten philosophischen Schulen in China waren auf die Lebensbedingungen des Menschen gerichtet; und alle Schulen stimmten – implizite, wenn auch nicht immer öffentlich – darin überein, daß die adlige Abstammung allein nicht den Weg zum Staatsdienst öffnen dürfe. Die Streitfrage zwischen den Konfuzianern und den sogenannten Legalisten war, worin dann die Qualifikation für öffentliche Ämter bestehen müsse. Mohisten und Taoisten nahmen an diesem Streit nicht teil, weil sie den Wert der beiden wichtigsten chinesischen Institutionen, Staat und Familie, in Frage stellten und die Legitimität der väterlichen und der Regierungsautorität bezweifelten.

Die legalistische Schule postulierte, der Schlüssel für den Staatsdienst sei die persönliche Eignung für die Verwaltung oder den Kriegsdienst im Interesse der Herrscher der »streitenden Reiche« – und das Ziel jedes dieser Herrscher war, seine eigene Macht zu vergrößern. Für sie war das Gesetz gleichbedeutend mit dem Machtspruch des Herrschers, und sie meinten, dieser sei berechtigt, dem Volk und dem Adel seinen Machtspruch auch mit Gewalt aufzuzwingen. Die Opfer, so die Legalisten, hätten keinen legitimen Grund zur Klage, denn sie waren der Ansicht, daß der Mensch von Natur aus böse sei und infolgedessen eine Zwangsherrschaft die menschliche Natur nur verbessern könne. So wurde der Legalismus zu der Philosophie, die alle Regierungen der »streitenden Reiche« in verschiedenen Graden der Härte praktizierten.

Solange die chinesische Welt politisch zersplittert war, hatten die Legalisten praktisch das Monopol auf die öffentlichen Ämter; sie wurden gern dazu herangezogen, die Verwaltungen der einzelnen Staaten zu reorganisieren und zu leiten. Zwei berühmte Legalisten im Dienste von Tsch'in beeinflußten nicht nur die Geschichte dieses Staates, sondern ganz Chinas: Der bereits erwähnte Fürst Schang Jang in den Jahren von 356 bis 338 v.Chr. (der auch ein Buch über seine Reformen schrieb) und Li Sze (280-208 v.Chr.), der Berater des Königs Tscheng von Tsch'in, der als Schi-huang-ti der erste Kaiser (von 221 bis 210 v. Chr.) des geeinten China wurde. Mit dem Ende der politischen Zerrissenheit war der politischen Lehre der Legalisten der Boden entzogen.

Theorie und Praxis der Legalisten riefen gegensätzliche Lehren hervor. Philosophen, die mit ihnen so weit übereinstimmten, daß die adlige Abstammung allein nicht für ein öffentliches Amt qualifiziere, sahen in der Fähigkeit, dem Machtwillen des Herrschers zu dienen, nicht den richtigen Ersatz dafür. Sie suchten nach einem ethisch würdigeren und metaphysisch besser fundierten Weg (tao).

Ein Weg kann nicht gefunden und beschritten werden, wenn er nicht schon existiert. Konfuzius fand einen solchen Weg in dem »Weg des Himmels«, der in gewisser Weise mit der traditionellen sozialen und politischen Lebensweise in China identisch war. Diese sozialen Formen aber brachen in Konfuzius' Zeit zusammen. Um den Zerfall der chinesischen Gesellschaft aufzuhalten, forderte Konfuzius die Rückkehr zu den traditionellen Riten und Verhaltensweisen. Nach Konfuzius bestand die traditionelle Haltung nicht in dem Trachten nach einem unethischen *Raison d'état*, sondern in der Ausbildung der Menschlichkeit *(jen)*. Der Herrscher und seine Minister folgten dem »Weg des Himmels«, wenn sie mit der gleichen Güte und Pflichttreue handelten, wie sie traditionsgemäß von den Mitgliedern einer Familie untereinander erwartet werden.

Wir haben in Kapitel 25 erwähnt, daß der Ausdruck »Edelmann« als Angehöriger der Adelsklasse von Konfuzius in »edler Mann« im ethischen Sinn umgedeutet wurde. Von seinen Schülern wurde die neue Definition allmählich verbreitet. Mencius (Meng-tse, 371-289 v.Chr.) verbreitete die konfuzianische Auffassung der Menschlichkeit und bildete die praktischen Lehren des Meisters weiter. Sün-tse (etwa 315 bis 236 v.Chr.) ging es als Konfuzianer um die Einhaltung der überkommenen Bräuche; als Zeuge der letzten und mörderischsten Kämpfe zwischen den rivalisierenden Staaten neigte er zu der legalistischen Ansicht, daß die menschliche Natur böse sei und daher eines gewissen äußeren Zwanges nicht entbehren könne. Doch in seinen Schriften gebraucht er den entscheidenden Terminus »Edelmann« in der neuen ethischen und nur selten in der alten genealogischen Bedeutung.

Eine metaphysische Konzeption des richtigen »Weges« wurde von den philosophischen Taoisten (im Unterschied zu den Vulgärtaoisten) entwickelt und in zwei berühmten Büchern vorgestellt: dem Lao-tse zugeschriebenen *Tao-te-king* und dem Buch *Tschuang-tse*, das nach seinem Autor (365-290 v.Chr.), der ein Zeitgenosse von Mencius und Schang Jang war, betitelt ist. Für die Taoisten ist »der Weg« der Welturgrund in und hinter allen Erscheinungen. Der Weg dieser letzten Wirklichkeit ist mühelos, unwiderstehlich und wohltuend; und in diesen drei Eigenschaften ist er der Gegensatz zu dem Weg des Menschen, der sich in fieberhafte Tätigkeit verirrt, die zur Gewalt führt, eine Gewalt, die durch geistigen Scharfsinn nur verschärft wird. Der Taoismus war die erste Philosophie in der ganzen Ökumene, in der die Vermutung ausgesprochen wurde, der Mensch könne durch die fortschreitende Zivilisation sich selbst gefährden, indem er uneins wird mit dem Geist der letzten Wirklichkeit, in der sich sein Dasein abspielt.

Die Taoisten mißbilligten die technischen und sozialen Fortschritte der autoritären Regierungen im China des vierten Jahrhunderts (in dem der *Tao-te-king* und der *Tschuang-tse* ungefähr ihre heutige Gestalt annahmen). Sie lehnten das Ideal der gesellschaftlichen Ethik, das Rezept der Konfuzianer gegen die chinesische Zivilisationskrankheit, als oberflächlich ab. Ihr Rezept für die Wunden der Zeit der »streitenden Reiche« war die Ablehnung der Zivilisation und die Rückkehr zu einem Leben wie im selbstgenügsamen Neolithikum. Sätze aus dem *Tao-te-king*, in denen diese Weltanschauung zum Ausdruck kommt, wurden im 2. Kapitel zitiert. Diese chinesische Philosophie des vierten Jahrhunderts v.Chr. hat nicht nur für ihre eigene Zeit und ihr eigenes Land Gültigkeit, sondern läßt sich auf alle Zeiten und Länder und besonders auf die Situation der Menschheit in unserer Zeit übertragen.

Zu seiner Zeit hatte der Taoismus keine praktische Wirkung, und er war der Kritik der anderen Philosophien ausgesetzt, weil er sich der gesellschaftlichen Verantwortung entzog. Doch gerade weil er visionär war, hatte der Taoismus in China eine Zukunft. Er bildete ein Gegengewicht zu der vorwiegend praktischen Geisteshaltung der Chinesen.

Die visionäre Philosophie von Mo-tsu (Meh Ti, um 479 bis 388 v.Chr.) hingegen konnte sich auf die Dauer nicht durchsetzen. Er lehrte eine unterschiedlose, allumfassende Menschenliebe, worauf Mencius erwiderte, daß eine solche Liebe undurchführbar sei und auch eine Herabwürdigung der praktikablen Tugenden der Sohnes- und der Vaterlandsliebe bedeute. Hätte Mo-tsu den Buddhismus gekannt, so hätte er darauf hinweisen können, daß Buddha Weib und Kind im Stich gelassen und auf seines Vaters Thron verzichtet hatte, und er hätte dieser offensichtlichen Verletzung allgemein anerkannter gesellschaftlicher Verpflichtungen das distanzierte Mitgefühl des Buddha für alle seine empfindungsfähigen Mitgeschöpfe entgegengestellt.

Mit seinem Verstoß gegen die konfuzianischen Grundsätze stand Mo-tsu auf der Seite der Taoisten in der Ablehnung der Autorität und auf der Seite der Legalisten in der Ablehnung der Tradition; doch unterschied er sich von diesen in dem Wunsch, Tradition durch Vernunft zu ersetzen, nicht durch Zwang, und von jenen durch das Verantwortungsgefühl für seine Mitmenschen. In diesen Punkten war er konfuzianischer als die Anhänger der beiden nichtkonfuzianischen Lehren, aber das reichte nicht aus, die Konfuzianer zu versöhnen.

Die Entstehung dieser unterschiedlichen Schulen der chinesischen Philosophien und ihre wechselseitigen Kontroversen zeugen von der geistigen Spannung und Regsamkeit des Zeitalters der »streitenden Reiche«.

33

DIE INDISCHE ZIVILISATION VON 600 BIS 200 V.CHR.

Unser Wissen von dem historischen Geschehen in Indien während der vier Jahrhunderte bis 200 v.Chr. ist nicht so dürftig wie das von den vier vorangegangenen Jahrhunderten; doch in beiden Epochen waren die wichtigsten Begebenheiten der indischen Geschichte religiös bestimmt, und soweit unsere Kenntnisse der Zeit von 600 bis 200 v.Chr. aus indischen Quellen stammen, sind sie Bestandteile von Berichten über religiöse Ereignisse.

In der Zeit von 1000 bis 600 v.Chr. war das wichtigste Ereignis auf religiösem Gebiet die Bedeutungsverschiebung vom Ritual zur Meditation. Dieser Wandel wurde von Mitgliedern der Brahmanenkaste veranlaßt, und das ist bemerkenswert, wenn man bedenkt, daß die Brahmanen das Monopol auf die Ausübung der Riten hatten und davon lebten.

Zwischen 600 und 200 v.Chr. waren die bedeutendsten religiösen Ereignisse die Gründung zweier Mönchsorden: des buddhistischen durch Siddhatta Gautama und des Ordens der Dschaina durch Mahawira (um 500 v. Chr.). Beide Religionsstifter entstammten Fürstenhäusern. Keiner von ihnen machte den Brahmanen das Monopol auf die Ausübung der Riten streitig, doch ignorierten beide die Riten, die Götter und das Kastensystem. Ihre Mönche und Nonnen und ihre Laienanhänger rekrutierten sich unterschiedslos aus allen Kasten, und die Brahmanen spielten keine Sonderrolle im Leben der Buddhisten.

Buddha und Mahawira boten Wege der Erlösung von dem »qualvollen Kreislauf« des Wiedergeborenwerdens und Wiedersterbenmüssens, den damals die meisten indischen Philosophenschulen ebenso wie die Pythagoreer und Orphiker in der hellenischen Welt für unendlich hielten. Die gemeinsame Quelle dieses Glaubens mag, wie schon ausgeführt wurde, die Religion eurasischer Hirtenvölker gewesen sein, die sich im achten und siebenten Jahrhundert v.Chr. aus der Steppe in die verschiedensten Richtungen ergossen – westlich bis Griechenland, südlich zum Unterlauf der Donau und östlich bis in das Indusbecken.

Die zweite Nomadeninvasion ist das politische Ereignis, das in der indischen Geschichte die Periode von 1000 bis 600 v.Chr. von der Periode von 600 bis 200 v.Chr. trennt. Der Teil Indiens, in dem sich diese neuen Eindringlinge niederließen, war schon von den ersten, das Ursanskrit sprechenden Einwanderern besetzt worden; es war jedoch nicht mehr als der Nordwestrand des Subkontinents. Die Induszivilisation und die darauffolgende Hinduzivilisation der Ursanskritsprecher waren jeweils südöstlich in das Dschamna-Ganges-Becken vorgedrungen. Das Indusbecken scheint noch immer der Wohnsitz der Sanskritsprecher gewesen zu sein, als die Weden verfaßt wurden, und die nomadischen Siedler des siebenten Jahrhunderts v. Chr. haben dort offenbar schließlich die Sprache und Lebensweise der älteren Einwanderer übernommen, die bereits lokale Dialekte aus dem Sanskrit gebildet hatten und der Hindureligion mit der damit verbundenen Gesellschaftsordnung anhingen.

In der Generation Buddhas und Mahawiras hatte sich indessen der Schwerpunkt der Hindukultur vom Pandschab nach Südosten in die Region verlagert, in der die Flüsse Ganges, Gogra und Son sich vereinen. Die dortige orthodoxe hindustanische Mehrheit des Volkes betrachtete jetzt die Heimat ihrer Vorfahren im Indusbecken als ein halbbarbarisches Land. Dieses Gefühl muß sich verstärkt haben, als noch in der gleichen Generation auf die Besiedlung des Indusbeckens durch eurasische Nomaden dessen Einverleibung in das erste persische Reich folgte. Kyros II. besetzte das Becken des Kabul, des Nebenflußes des Indus, wahrscheinlich bald nach seiner Eroberung des babylonischen Reiches im Jahre 539 v. Chr.; Darius I. annektierte den Rest des Indusbeckens bis zu seinem Delta, nachdem er den großen Aufstand von 522 v. Chr. im Herzen des persischen Mutterlandes niedergeschlagen hatte.

Die politischen Zustände in dem neuen Schwerpunkt der Hinduwelt im Gangesbecken zu Lebzeiten Buddhas und Mahawiras ähnelten denen in dem China ihres Zeitgenossen Konfuzius. Wie China war das Gangesbecken in mehrere unabhängige Staaten von verschiedener Größe und Stärke geteilt. Buddhas Heimat, der Stadtstaat Kapilawastu, war klein; die Heimat Mahawiras, Wideha, das im heutigen Bihar nördlich des Ganges lag, war größer; der größte Staat war das an Kapilawastu südlich angrenzende Kosala (heute Uttar Pradesch), der vermutlich stärkste Magadha (im heutigen Bihar südlich des Ganges).

Zur Zeit der beiden Religionsstifter wurde die Rivalität zwischen den indischen Staaten in dieser Konstellation heftiger, und wie die Kämpfe in China endeten auch die militärischen Auseinandersetzungen im Gangesbekken mit der politischen Einigung, nachdem alle schwächeren Konkurrenten durch eine einzige Siegermacht ausgeschaltet worden waren. Kapilawastu war das erste Opfer; Buddha war Zeuge, wie es von Kosala erobert und wie seine Verwandten und Landsleute niedergemetzelt wurden. In Indien war wie in China der Sieger ein Außenseiter, nicht der größte und volkreichste Staat Kosala, sondern Magadha.

Auch in Indien konnte der Existenzkampf zwischen den Regierungen der verschiedenen Staaten die soziale und kulturelle Einheit der Gesellschaft nicht zerbrechen. Gaja, wo Buddha seine Erleuchtung erlebte, lag in Magadha, der heilige Wildpark von Sarnath, in dem Buddha hauptsächlich predigte, in Kasi. Der Park grenzte an die heilige Stadt Benares, die schon ein Wallfahrtsort war, und Buddha hatte ihn vermutlich deshalb gewählt, weil er dort zu Hörern aus allen Teilen der indischen Welt sprechen konnte. Im übrigen waren Buddha und seine Schüler Wanderprediger; die politischen Grenzen waren Schranken für Soldaten und Spione, doch sie behinderten die Wanderungen von Predigern und Asketen nicht; diese durften die Grenzen auch kriegführender Staaten ungehindert überschreiten wie zur gleichen Zeit in China die Philosophen.

Der politische Zusammenschluß der heutigen Staaten Bihar und Uttar Pradesch unter der Saisunagadynastie von Magadha wurde wahrscheinlich zwischen 500 und 450 v.Chr. vollzogen. Man hätte annehmen können, die Entstehung eines solchen Reiches in Nordostindien nahe der persischen Grenze hätte zu einem Zusammenstoß zwischen Persien und dem neuen Reich führen müssen. Davon ist nichts bekannt, vermutlich weil zu diesem Zeitpunkt die Regierung in Persien schon die direkte Macht über ihre Besitzungen östlich des Indus verloren hatte. Die indischen »Hochländer«, die in der Schlacht von Gaugamela (331 v.Chr.) im Heere Darius' III. kämpften, dürften aus dem Lande westlich des Indus gekommen sein.

Alexander hatte auf seinem Feldzug durch das Indusbecken in den Jahren von 327 bis 325 v.Chr. diese Region in eine große Zahl von selbständigen Königreichen und Vasallenstaaten gespalten vorgefunden. Sein Feldzug war kurz und seine Herrschaft kurzlebig. Sie brach zusammen, als man von dem Tod des Eroberers hörte, doch er hatte, indem er die Länder ihrer Unabhängigkeit beraubte, einem indischen Reichsgründer den Weg eröffnet. Das war ein König niederer Herkunft, Tschandragupta Maurja, der 322 v.Chr. die makedonischen Garnisonen vertrieb, sich in den Besitz von Alexanders Hinterlassenschaft setzte und das Magadhareich annektierte, das 362 v.Chr. aus den Händen der Saisunaga in die der Nandadynastie überging. Er hat sich möglicherweise auch das Dekkanhochland einverleibt, so daß zum ersten Male das Indusbecken, das Dschamna-Ganges-Becken und der Dekkan in einem Reich vereint gewesen wären.

Um 305 v.Chr. stieß Tschandragupta mit Seleukos I. zusammen, der von Babylonien aus die Ostprovinzen des auseinandergefallenen Perserreiches unter seiner Herrschaft wiedervereinte und noch eine Rechnung mit einem anderen Diadochen zu begleichen hatte, mit Antigonos I., der Syrien und Kleinasien besetzt hielt. 303 v.Chr. erwarb Seleukos von Tschandragupta fünfhundert Kriegselefanten, mit denen er gegen Antigonos zu Felde ziehen wollte. Der Preis war ein Gebietsstreifen im äußersten Osten der früheren persischen Besitzungen, der Lamghan am Kabulfluß und Kandahar im Helmandtal umfaßt haben muß, denn an beiden Orten haben sich Inschriften gefunden, die von Tschandraguptas Enkel und zweitem Nachfolger Aschoka stammen; und es gibt keine Anzeichen dafür, daß die Grenze zwischen dem Maurja- und dem Seleukidenreich sich je weiter westlich befand. Auch die anderen Grenzen des Maurjareiches unter Tschandragupta (322-298 v. Chr.) oder unter seinem ersten Nachfolger Bindusara sind durch Inschriften

Aschokas belegt – weit im Osten in Bangladesch nördlich des Zusammenflusses von Ganges und Brahmaputra und im Süden auf der Breite der heutigen Stadt Madras. Wir wissen, daß Aschoka das Reich Kalinga (heute der Staat Orissa) annektierte und damit vermutlich seine Eroberungen abschloß.

Unsere verhältnismäßig reichhaltigen Informationen über Aschokas Regierung stammen zum Teil von seinen eigenen Felsinschriften und Denkmalsäulen, zum Teil aus späteren, in Ceylon geschriebenen Chroniken; doch keine dieser Quellen ist objektiv. Die Chroniken, vom Standpunkt der Therawadinschule des Buddhismus geschrieben, sind halblegendär und übertreiben die Bekehrung Aschokas zum Buddhismus, indem sie sowohl seine vorherige Sündhaftigkeit wie seine nachmalige Frömmigkeit hervorheben. Aschoka selbst dürfte auch kein unparteiischer Chronist seiner eigenen Person gewesen sein. Sein eigener Bericht jedoch in einer seiner Felsinschriften über das Gemetzel, die Zerstörung und die Leiden, die er bei der Eroberung von Kalinga (260 v.Chr.) verursachte, beruht sicher auf Wahrheit, und seine Reue darüber ist glaubhaft. Wahrscheinlich trifft auch zu (obwohl diese Information aus den Chroniken stammt, nicht von Aschoka selber), daß er durch einen Bruderkrieg auf den Thron gelangt war. Einen seiner Brüder soll er dabei ermordet haben.

Aschokas Bekehrung zum Buddhismus erfolgte aus Reue über die Missetaten, die er bei der Eroberung von Kalinga begangen hatte. Er entsagte dem Krieg und verzichtete darauf, sein Reich abzurunden und noch mehr Völker unter seine Herrschaft zu bringen. In einem weiteren Edikt versicherte er seinen Nachbarn, daß er keine aggressiven Absichten habe, und beschränkte seine außenpolitische Tätigkeit auf die Ausbreitung des buddhistischen *Dharma* (im zu Aschokas Zeit gesprochenen Dialekt *Dhamma).* Seinen Inschriften zufolge sandte er zwischen 258 und 250 v.Chr. Missionen in den Süden des indischen Festlandes, nach Ceylon und an fünf griechische Herrscher: den Seleukiden Antiochos II., Enkel Seleukos' I., Ptolomäus II., Magas, den König der Cyrenaika, Antigonos II., den König von Makedonien, und Alexander, den König von Epirus. In seinen Inschriften von Bhabra und Rumindei nennt Aschoka Buddha bei Namen, und in einem anderen Edikt fühlt er sich verpflichtet, die Einheit der buddhistischen Mönchsordnung *(Sangha)* zu erhalten. Andererseits ähnelt seine Definition des *Dhamma,* den er zu fördern und auszubreiten sich bemühte, mehr des Konfuzius' Definition des *Tao* als den genauen Anweisungen, die Buddha für die geistigen Übungen seiner Anhänger gegeben hatte, und den ebenso präzis formulierten Lehrsätzen, auf denen Buddhas Gebote basierten. Obwohl Aschoka wie Darius I. und Xerxes eine eigene Staatsreligion hatte, legte er wie diese persischen Könige und ihr Vorgänger Kyros II. Wert darauf, daß alle Andersgläubigen toleriert würden und den brahmanischen und dschainischen Mönchen, den Vertretern der beiden Religionen, die mit dem Buddhismus rivalisierten, Achtung und Duldung erwiesen würde.

Von dem Eifer und der Aufrichtigkeit, mit denen Aschoka seinen Glauben propagierte, zeugen die Zahl und die geographische Verbreitung seiner Inschriften. Die in Kandahar (in Afghanistan) ist zweisprachig: griechisch als die Amtssprache der makedonischen Diadochenstaaten und aramäisch als die Amtssprache des erloschenen Perserreiches. Die am weitesten im Nordwesten gefundenen Inschriften sind in der Kharoschthischrift abgefaßt, die aus dem Aramäischen entwickelt worden war, alle übrigen in der Brahmischrift.

Das war die Schrift, in der die Brahmanen ihre Liturgien niedergeschrieben hatten. Ihre Sprache war das Ursanskrit; doch Aschoka gebrauchte die Brahmischrift für die Wiedergabe lebender lokaler Dialekte *(Prakrits),* die sich aus dem Ursanskrit entwickelt hatten.

Wir wissen nicht, wieweit Aschoka mit der Propagierung des *Dhamma* als der Grundlage der Lebensführung oder mit seinen Bemühungen, die Verwaltung seines Reiches zu humanisieren, Erfolg hatte. Jedenfalls ermahnte er seine Beamten, sich die Verantwortung für die zahllosen ihnen unterstehenden Menschen zu Herzen zu nehmen und sie so sanft zu behandeln wie Ammen die ihnen anvertrauten Kinder. Er setzte Reiseinspektoren ein (oder ließ eine schon bestehende Praxis wiederaufleben), unternahm selber Inspektionsreisen und berief eine neue Klasse von Beamten zur Überwachung philanthropischer Stiftungen, religiöser Sekten und gemeinnütziger Einrichtungen wie Brunnengrabungen und Hospitäler für Mensch und Tier. (Das Töten von Tieren wurde verboten oder eingeschränkt.) Doch schon Pharao Echnaton hatte erkannt, daß bestehende Institutionen ein Eigengewicht und eine Langlebigkeit haben, die die besten Absichten auch eines absoluten Herrschers zunichte machen können. Wir haben zumindest zwei Hinweise darauf, daß es Aschoka nicht leicht hatte, seine Untergebenen erfolgreich zu kontrollieren.

Der größte Teil unserer Kenntnis der Maurjadynastie stammt aus dem *Arthaschastra,* einem »Buch vom Welt- und Staatsleben«, als dessen Autor Kautalja, der Kanzler und Ratgeber Tschandraguptas, gilt, ein Fachmann der öffentlichen Verwaltung. Aber wir wissen nicht, wieviel des Buches in der uns bekannten Fassung – oder welcher Teil – von Kautalja selber geschrieben wurde; vieles dürfte aus späteren Revisionen und Zusätzen bestehen. Und selbst wenn wir bestimmte Teile für authentisch halten, können wir nicht sagen, ob sie die tatsächliche Praxis wiedergeben; es könnte sich ebensogut um ein utopisches Werk handeln und ein unerreichtes Ideal der Realpolitik schildern. Jedenfalls geht daraus hervor, daß das Maurjareich ein autoritärer, bürokratischer Polizeistaat war, der eine peinlich genaue und tyrannische Herrschaft über das Leben seiner Untertanen und ihre wirtschaftlichen Tätigkeiten ausübte. Dieses Bild wird erhärtet durch erhaltene Bruchstücke eines Buches von Megasthenes, dem Gesandten der seleukidischen Regierung beim maurjanischen Hof in Pataliputra (dem heutigen Patna). Danach ähnelte die Maurjaherrschaft keineswegs dem lockeren Regime des ersten persischen oder des späteren Seleukidenreiches;

sie funktionierte wahrscheinlich so gut wie das gleichzeitige Regime der Ptolomäer in Ägypten, aber sie dürfte weitaus strenger gewesen sein, wenn auch nicht so hart wie die Verwaltung des Staates Tsch'in in China.

Wenn dies richtig ist, dann dürfte Aschoka in seinen Versuchen, seinen Untertanen das Leben erträglicher zu machen, wenig Erfolg beschieden gewesen sein. Ihm – und mit ihm den Dschainas – gelang es, nach und nach die Achtung für die nichtmenschlichen Formen des Lebens zu wecken und zu erhöhen, wenn man nach der bemerkenswerten Unerschrockenheit der wilden und gezähmten Tiere im gegenwärtigen Indien urteilen darf. Sie vertrauen darauf, daß sie von ihren menschlichen Mitkreaturen nichts zu fürchten haben, und diese Zuversicht beruht auf einer sich über zweiundzwanzig Jahrhunderte erstreckenden Erfahrung. Aschokas menschliche Untertanen haben wahrscheinlich von seiner Humanität weniger profitiert; denn das maurjanische bürokratische Regime konnte des Herrschers Absichten weitgehend durchkreuzen. Wenn es sich so verhielte, hätten wir auch eine Erklärung für die kurze Dauer des Maurjareiches.

Es blühte neunzig Jahre, von 322 bis 232 v.Chr., und war eine der großen Mächte in der Konstellation unabhängiger Lokalstaaten von der Ostküste Indiens bis zur Straße von Gibraltar, die das politische Vakuum füllten, nachdem es Alexander nicht beschieden gewesen war, anstelle des zerschlagenen persischen Reiches das von ihm geplante, die ganze Ökumene der Alten Welt umfassende Reich zu errichten. Diese neunzigjährige Spanne staatlicher Einheit und innenpolitischen Friedens war erstmalig in Indien, jedenfalls seit dem Zerfall der Induszivilisation. Zumindest in den letzten dreißig Jahren von Aschokas Regierung wurde das Leiden von Mensch und Tier in gewissem Grade gemildert durch einen Herrscher, der sich Buddhas Lehre zu Herzen genommen hatte und versuchte, sie in die politische Praxis umzusetzen. Doch schon bevor Aschoka im Jahre 232 v.Chr. starb, zeigte das Maurjareich Zeichen der Auflösung. Nach seinem Tod scheint es zusammengebrochen zu sein; 183 v.Chr. war es erloschen.

34

DIE KÄMPFE UM DAS WESTLICHE MITTELMEER

Im westlichen Mittelmeer waren das achte und das siebente Jahrhundert v. Chr. für die Griechen glückhaft gewesen. Sie hatten sich längs der italienischen Küste angesiedelt, von Taras (Tarentum) an der Südwestseite des italienischen »Absatzes« um die »Zehenspitze« herum und den Westen hinauf bis nach Pithecussai (Ischia) und Kyme (Cumä), den beiden frühesten und bis dahin entferntesten griechischen Kolonien westlich der Straße von Otranto. Die Griechen hatten ebenfalls die Ost- und Westküste Siziliens in Besitz genommen und sich damit den Durchgang durch die Straße von Messina in das Tyrrhenische Meer gesichert; und um 600 v.Chr. faßten sie Fuß in Massilia (Marseille), dem Ausgangspunkt einer Route durch das Rhonetal in den Norden Europas und über den Ärmelkanal zu den Zinnminen von Cornwall. Akragas (Agrigent), an der Südküste Siziliens 580 v.Chr. angelegt, war die letzte bedeutende griechische Kolonialgründung im Westen. Um 500 v.Chr. versuchten die Griechen vergeblich, die Nordwestecke Siziliens den Karthagern und ihren sizilischen Verbündeten, den Elymi, zu entreißen. Karthago war Herr der Straße von Gibraltar und sperrte sie für griechische Schiffe; gemeinsam mit den anderen Kolonialphöniziern hatte es sich mit den Etruskern verbunden, um die Griechen zu hindern, durch die Beherrschung von Sardinien und Korsika ihre sizilischen und italischen Besitzungen mit Massilia zu verbinden.

Schon im siebenten Jahrhundert v.Chr. wurden die asiatischen Griechen, die an der westlichen Expansion teilnahmen, von der Landseite her zuerst von den Lydiern und dann von den Persern, nachdem diese Lydien erobert hatten, angegriffen. Doch im Westen waren die Griechen durch ihre zahlenmäßige Überlegenheit und die geographische Lage ihrer Kolonien im Vorteil: Mit ihren Stützpunkten an den Küsten Siziliens und Süditaliens trennten sie die Karthager von ihren Verbündeten, den Etruskern. Trotzdem wurden sie um 500 v.Chr. in die Defensive gedrängt; ein Grund für ihre Schwäche waren die Bruderkämpfe untereinander. Etwa 550 v.Chr. wurde der griechische Kolonialstaat Siris und 511/510 v.Chr. Sybaris von anderen Italogriechen vernichtet. Sybaris wurde 444/443 v.Chr. durch Thurioi ersetzt, Siris etwas später durch Herakleia; doch der Schaden, den die Westgriechen im kritischen sechsten Jahrhundert v. Chr. einander zugefügt hatten, war nicht wiedergutzumachen, und sie blieben ihre eigenen zerstörerischsten Feinde, bis ihre gemeinsame Unterwerfung unter Rom sie endlich zu einer friedlichen Koexistenz zwang.

Die Westgriechen wären wahrscheinlich zwei Jahrhunderte früher unterworfen worden – nicht von den Römern, sondern von der karthagisch-etruskischen Allianz –, wenn es nicht den Griechen auf Sizilien gerade zur rechten Zeit gelungen wäre, politische Einheiten über den einzelnen Stadtstaat hinaus zu schaffen. Dies war das Werk von Tyrannen, die nach Art der Assyrer mit Deportation drohten, um den Willen ihrer Untertanen zu brechen. Zwischen 505 und 491 v.Chr. wurde in Südostsizilien eine Tyrannis mit der Hauptstadt Syrakus errichtet mit Methoden, die so brutal waren wie die der Spartaner im Peloponnes im achten Jahrhundert v.Chr. Zwischen 488 und 483 v. Chr. vereinigte eine zweite Tyrannis Himera und Akragas und unterwarf sich Sizilien von der Süd- zur Nordküste.

480 v.Chr. antworteten die Karthager mit einer gewaltsamen Invasion des griechischen Sizilien. Es ist nicht erwiesen, daß dieser Gegenschlag mit dem Eindringen der Perser in das griechische Mutterland im gleichen Jahr abgestimmt war; doch ist es unwahrscheinlich, daß diese beiden Feldzüge nicht zu einem gemeinsamen Konzept gehörten. Die Kolonialphönizier standen in enger Verbindung mit den Syrophöniziern; diese waren nicht nur persische Untertanen, sondern wie ihre Kolonisten als Händler Konkurrenten der Griechen, und sie konnten nur gewinnen, wenn die Griechen vernichtet wurden. Doch 480 v.Chr. errang die Allianz Syrakus-Akragas einen ebenso überraschenden Sieg über Karthago wie im selben Jahr die Allianz Sparta-Athen über Persien. Beide Siege waren um so beachtlicher, als sowohl im Westen wie im Festlandsgriechenland der größere Teil der Lokalstaaten nicht gegen die Eindringlinge kämpfte. Der Überfall der Karthager auf den griechischen Teil Siziliens war sogar durch den vertriebenen Tyrannen von Himera ausgelöst worden, und Selinus und Rhegion (die Stadtstaaten, die die Straße von Messina kontrollierten) blieben »neutral« zugunsten Karthagos.

Auch in den nächsten zwei Jahrhunderten setzten die Staaten im griechischen Westen ihre Kriege gegeneinander fort – Syrakus gegen Rhegion und Kroton und diese beiden gegen Lokri, das zwischen ihnen lag. Die westgriechischen Staaten hatten immer ostgriechische Handelspartner gehabt, und jeder der Partner wurde zwangsläufig in die politischen Händel des anderen beiderseits der Straße von Otranto verwickelt. Kurz vor 450 v.Chr. verbündeten sich einige antisyrakusische sizilo-griechische und elymische Staaten mit Athen, und infolgedessen wurden die Westgriechen in den Peloponnesischen Krieg von 431 bis 404 v.Chr. hineingezogen, was von 415 bis 413 v. Chr. zu einem Angriff der Athener auf Syrakus führte. Das Abenteuer endete für Athen unheilvoll, doch auch für die siegreichen Sizilier; die Karthager nutzten ihre Erschöpfung 409 v. Chr. zu einer neuen Offensive, und von da an bis 275 v.Chr. standen Karthago und Syrakus ständig im Krieg miteinander, mit wechselndem Erfolg, doch ohne entscheidendes Ergebnis.

Die sizilischen Griechen hatten die Wahl zwischen politischer Einheit unter einem Tyrannen oder einem demokratischen oder oligarchischen

Regime zum Preise politischer Zersplitterung. Sie wählten die Tyrannis, sooft ihnen Gefahr von Karthago drohte, und sie entledigten sich ihrer Despoten, sobald die karthagische Bedrohung nachließ. Sizilien war als Basis für die Beherrschung der Seewege des östlichen wie des westlichen Mittelmeers hervorragend geeignet; doch selbst wenn es Syrakus geschafft hätte, die ganze Insel unter seiner Führung zusammenzuschließen, wäre ein vereintes Sizilien allein nicht stark genug gewesen, das ganze Mittelmeer mit seinen Randgebieten zu beherrschen. Das wäre nur einer Großmacht möglich gewesen, die sowohl im Besitz des strategisch wichtigen Sizilien als auch der demographischen und wirtschaftlichen Hilfsquellen entweder Italiens oder Nordwestafrikas gewesen wäre.

Den griechischen Kolonisten in Sizilien gelang es immerhin, Sizilien kulturell zu einigen, indem sie es hellenisierten, wovon sich auch die nichtgriechischen Gemeinschaften nicht ausschlossen, die politisch gegen Griechenland waren. Vor dem Ende des fünften Jahrhunderts v.Chr. sprach ganz Sizilien griechisch; es hatte auch die Verfassung der griechischen Stadtstaaten übernommen, und sogar die nichtgriechischen bauten Tempel und prägten Münzen im hellenischen Stil. In Italien hingegen konnte die griechische Sprache im Hinterland der Kolonien nicht Fuß fassen, und schließlich fielen auch diese Kolonien in die Hände der Eingeborenen. Dieses Schicksal widerfuhr Cumä und Poseidonia (Pästum) gegen Ende des fünften Jahrhunderts v. Chr.; 289 v.Chr. bemächtigten sich ehemalige italische Söldner nach dem Tode des Tyrannen Agathokles von Syrakus der Stadt Messina auf der sizilischen Seite der Meeresstraße.

Griechische Stadtstaaten gab es im Nordwesten der Halbinsel Italien, in Etrurien und Umbrien und an der Westküste bis nach Kampanien; ebenfalls in den südöstlichen Ebenen vom »Absatz« bis zum »Sporn«. Doch in den dazwischenliegenden Bergländern waren die Eingeborenen noch stammesmäßig organisiert, wenn auch nicht unempfänglich für die hellenische Kultur (sie übernahmen die westgriechische Fassung des phönizischen Alphabets). In dem Zeitraum von 600 bis 221 v.Chr. blieb Italien in allen Lebensbereichen mannigfaltiger als Sizilien; doch wurde es zwischen 340 und 264 v.Chr. von Rom politisch geeint, und dieser Erfolg machte es Rom möglich, alle Länder an den Rändern des Mittelmeeres zu vereinigen.

Den ersten Versuch einer politischen Einigung Italiens unternahmen von etwa 550 bis 423 v.Chr. die Etrusker. Sie besetzten im sechsten Jahrhundert v.Chr. zwei Brückenköpfe am rechten Ufer des Unterlaufs des Tiber, Fidenae und Rom, und nahmen die südöstlichen Tieflande bis zum Hinterland von Cumä in Besitz. In der anderen Richtung verdrängten sie die ligurischen Hochländer von dem Paß, der von Faesulae (Fiesole) nach Felsina (Bologna) führt. Sie begannen mit der Erschließung der landwirtschaftlichen Möglichkeiten der Poebene durch Bodenentwässerung und legten gemeinsam mit den Griechen den Handelshafen Spina an der Pomündung an.

Doch 524 v.Chr. scheiterten die Etrusker bei dem Versuch, Cumä zu nehmen; zwischen 509 und 474 v.Chr. verloren sie Latium und Rom; 474 v. Chr. wurden sie in einer Seeschlacht vor Cumä von den Syrakusern geschlagen; und zwischen 450 und 350 v.Chr. wurden die meisten ihrer Besitzungen in der Poebene von keltischen Barbaren (Galliern) von jenseits der Alpen überfallen. 423 v.Chr. entrissen die oskanischen Hochländer aus dem kampanischen Hinterland den Etruskern Capua, 421 v.Chr. den Griechen Cumä. Die Etrusker scheiterten politisch aus demselben Grund wie die Griechen; sie waren im Gegensatz zu den Kolonialphöniziern nicht willens, sich einem gemeinsamen Kommando zu unterstellen. Ihre Expansionen waren das Werk einzelner Stadtstaaten oder auch nur einzelner militärischer Abenteurer. Und schließlich ließen sich die etruskischen Staaten einer nach dem anderen von Rom bezwingen.

Die Etrusker wären infolge ihrer geographischen Lage sehr gut geeignet gewesen, ganz Italien von den Alpen bis zur »Zehenspitze« zu vereinigen, und wenn sie gemeinschaftlich vorgegangen wären, hätten sie wohl auch Erfolg gehabt. Die Italo-Griechen hatten niemals ernsthaft daran gedacht, auch nur die Halbinsel Italien zu einen; sie waren zu wenige, zu weit vom Mittelpunkt entfernt, und vor allem war ein Stadtstaat der Feind des anderen. (Den Etruskern mißlang eine gemeinsame Aktion, doch sie vernichteten sich nicht gegenseitig, wie es die italo-griechischen Staaten taten.)

Die Griechen kamen einer Vereinigung Siziliens mit der Halbinsel Italien am nächsten unter dem Tyrannen von Syrakus, Dionysios I. (405-367 v. Chr.). Er machte aus Syrakus die größte und stärkste befestigte Stadt des Mittelmeers und drängte die Karthager und die mit ihnen alliierten Elymer in die Nordwestecke Siziliens. Dann verbündete er sich mit den griechischen Kolonien Lokri und Taras, mit den lukanischen Stämmen im Hinterland des »Zehs von Italien« und mit den keltischen Stämmen, die in der Poebene die Etrusker bedrängten. Sein Hauptziel in Italien war Caere, die südlichste Stadt der Etrusker mit Zugang zum Meer. Wir können annehmen, daß die Plünderung Roms, des verbündeten Caeres, durch die keltischen Senonen 386 v. Chr. von Dionysios als Eröffnungszug seiner Operationen gegen Rom angestiftet wurde. Die Senonen wurden dann von den Caeriten geschlagen, und Caere gemeinsam mit Massilia half Rom, sich von seinem Unglück zu erholen. Um 384 v. Chr. ergriff Dionysios Besitz vom Adriatischen Meer und legte an den Küsten und auf den dalmatinischen Inseln Flottenstützpunkte an; dadurch kam er in direkte Verbindung mit den Kelten nordöstlich der Apenninen und konnte die Etrusker von der Adria her bedrohen. Gleichzeitig zerstörte seine Flotte Pyrgi, den Hafen von Caere, der auch von Rom benutzt wurde. Zu diesem Zeitpunkt war Dionysios auf dem besten Wege, ein sizilisch-italisches Reich zu errichten, aber er unterließ es, dem Überfall auf Pyrgi die Einnahme von Caere und Rom folgen zu lassen.

Dionysios beging zwei Fehler. 390 v.Chr. griff er die ihm feindlich gesinnten italo-griechischen Stadtstaaten an; und wenn er auch 387 v.Chr. Rhegion und 379 v.Chr. Kroton erobern konnte, so erschöpfte doch dieser hartnäckig und erbittert geführte Bruderkrieg den Sieger wie die Opfer. Sein zweiter Fehler war die Kriegserklärung an Karthago 383 v.Chr.; diesmal wurde er geschlagen, so daß er 378 v.Chr. Frieden schließen und Land abgeben mußte. Diese beiden Rückschläge machten anderen Rivalen um die Vormacht in Sizilien und Italien den Weg frei. Dionysios II. (367-337 v. Chr.) zeigte sich der Aufgabe, die er von seinem Vater geerbt hatte, nicht gewachsen, und der Niedergang von Syrakus unter seinem Regime konnte auch durch Platon, den er zweimal nach Syrakus berief, nicht aufgehalten werden. Zeitweilig versuchte in Tarent der Pythagoreer Archytas, dem Ideal Platons, der Philosoph müsse König sein, nahezukommen.

Um 344 v.Chr. waren die Westgriechen in eine so hoffnungslose Lage geraten, daß sie ihre Landsleute im Osten zu Hilfe riefen; und als erstem von sechs »Rettern« gelang es Timoleon aus Korinth, Dionysios II. und die anderen Tyrannen aus Sizilien zu verteiben und die Karthager mit vereinten sizilisch-griechischen Truppen zu besiegen und auf die Westspitze der Insel zu beschränken. Zwischen seiner Ankunft 344 v.Chr. und seinem freiwilligen Rücktritt 337 v.Chr. führte er in Syrakus und den anderen sizilischen Stadtstaaten ein gemäßigt demokratisches Regime ein und vereinigte sie miteinander, indem er allen Bewohnern die Staatsangehörigkeit von Syrakus zusätzlich zu ihrer eigenen Autonomie gab. Er veranlaßte auch die Niederlassung neuer griechischer Siedler. (Die im achten Jahrhundert v.Chr. begonnene Bevölkerungsexplosion in der hellenischen Welt war auch im vierten und dritten Jahrhundert v.Chr. noch stark genug, um nicht nur Timoleon in Sizilien, sondern auch in weit stärkerem Umfang Alexander in Asien das erforderliche Menschenmaterial zu liefern.) Leider hat Timoleon sein Werk nicht lange überlebt.

Die anderen fünf ostgriechischen »Retter« der Westgriechen scheiterten schneller. Sie kamen aus zwei Staaten: aus Sparta, dem Mutterland von Taras und Epirus, dem der Straße von Otranto am nächsten gelegenen ostgriechischen Staat. Aber Timoleons Nachfolgern aus diesen beiden Staaten gelang es nicht, die Westgriechen dazu zu bewegen, zu ihrem Heil zusammenzuarbeiten. König Archidamos III. von Sparta, der 343 v.Chr. landete, um Taras gegen den Samnitischen Bund in seinem Hinterland beizustehen, fiel fünf Jahre später in der Schlacht. Der nächste »Retter«, Alexander I. von Epirus, traf 334 v.Chr. ein und kam drei Jahre danach ums Leben. Und auch die Expeditionen zweier weiterer spartanischer Fürsten – die des Akrotatos nach Syrakus 315 v.Chr. und die seines Bruders Kleomenes 303 v.Chr. – schlugen fehl.

Der letzte und am wenigsten erfolglose »Retter« war König Pyrrhos von Epirus, der von 380 bis 375 v.Chr. in Italien auf Bitten der Tarentiner gegen die Römer und in Sizilien gegen die Karthager kämpfte. Er zog Nutzen aus dem Versäumnis der Karthager und Römer, sich wechselseitig auf dem Lande und zur See gegen den übermächtigen gemeinsamen Feind Hilfe zu leisten. Beinahe wäre es Pyrrhos gelungen, ein epirotisches Reich zu errichten, das ganz Sizilien und das südöstliche Italien, vielleicht in nordwestlicher Richtung bis Terracina, eingeschlossen hätte. Daß er dennoch scheiterte, lag teils an der Unzulänglichkeit der Mittel, die Epirus aufbringen konnte, teils an seiner eigenen Unbeständigkeit, so daß er für die ausdauernden römischen Reichsgründer kein ebenbürtiger Gegner war. Er kam auch zu spät. 272 v.Chr. kapitulierten nicht nur Taras, sondern auch die süditalienischen Samniter, Lukanier und Bruttier vor Rom. Die politische Einigung der Halbinsel Italien unter römischer Herrschaft war 264 v.Chr. abgeschlossen.

Rom hatte für diese Aufgabe die richtige Lage; es war im Besitz des niedrigsten Übergangs über den Tiber, den größten Fluß der Halbinsel, der in der Mitte des nordwestlichen Tieflandes das Tyrrhenische Meer erreicht. Doch Roms etruskischer Nachbar Veji, das es 391 v.Chr. einnahm und zerstörte, und dessen Nachbar und Bundesgenosse Caere, das Rom 274 v. Chr. eroberte, waren kaum weniger günstig für die Gründung eines Reiches gelegen. Rom verdankte seinen Erfolg der politischen Fähigkeit seines Adels, der die Regierung in der Hand hielt und eine hellenische Erziehung genossen hatte. Die Römer waren zuerst indirekt durch die Etrusker und dann direkt durch den Verkehr mit Cumä, der ältesten griechischen Siedlung in Italien, hellenisiert worden.

Rom war eine Schöpfung von Etruskern, die sich dort um 550 v.Chr. niedergelassen hatten. Sie fanden eine Handvoll dörflicher Siedlungen, die sie in einen etruskischen Stadtstaat mit einer dichten ländlichen Bevölkerung in seinen Randgebieten verwandelten. Im letzten Jahrtausend v.Chr. waren Stadtstaaten und Verbände von Stadtstaaten die einzig mögliche Form politischer Einheiten im Mittelmeergebiet. Diese ursprünglich sumerische Institution war den Phöniziern, den Etruskern und den Griechen gemeinsam. Jede Politik in jenen Regionen, die sich nicht in dieses Muster fügten, war schwer benachteiligt – einer der Gründe für den Untergang Makedoniens, Äoliens und Samniums und für den Aufstieg Roms. Dessen stadtstaatliche Verfassung war Vorbild und Anreiz für Völker, die sich noch im Vorstadium dieser politischen Entwicklung befanden, und eine Mitgift Roms, die dazu beitrug, die rückständigeren Völker mit ihrer Einverleibung in die römische Expansionspolitik zu versöhnen. Besonders im Kampf mit dem Samnitischen Bund war diese Verfassung ein Vorteil für Rom; denn die meisten Mitglieder des Bundes waren in den Jahren von 343 bis 272 v.Chr., in denen die römisch-samnitischen Kriege ausgefochten wurden, noch im Vorstadium der stadtstaatlichen Verfassung.

Von der Mitte des sechsten Jahrhunderts v.Chr. an waren die Geschicke Roms eng mit den Ereignissen in der es umgebenden nichtrömischen Welt verknüpft. Seine zeitweilige Unterwerfung unter etruskische Tyrannen von etwa 550 bis 509 oder vielleicht 474 v.Chr. wurde von den Etruskern durch die Oberhoheit über latinische Nachbargemeinden entgolten. Der Preis, den Rom zahlte, um von den Etruskern loszukommen, war die Befreiung der

Latiner von der römischen Herrschaft. Diese bildeten eine Föderation von Stadtstaaten, die mit der römischen Republik auf der Grundlage der Gleichberechtigung verbündet war. Auch nach dem Ende des etruskischen Regimes über Rom blieben die Verbindungen Roms mit Karthago bestehen. Wir wissen nicht, ob der römisch-karthagische Vertrag von 506 bis 501 v.Chr. der erste war und ob er vor oder nach der Ausrufung der republikanischen Verfassung Roms geschlossen wurde; aber es dürfte nicht weniger als vier aufeinanderfolgende solche Verträge zwischen den beiden Mächten vor dem Bruch 264 v.Chr. gegeben haben.

Ein frühes Beispiel für den Expansionsdrang Roms sind die beharrlichen Angriffe auf Veji, die mit dessen Eroberung endeten. Die Unterwerfung der übrigen Halbinsel Italien und die darauf folgende Siziliens wurde von zwei römischen Aggressionshandlungen eingeleitet: 340 oder 399 v.Chr. forderte Rom Samnium heraus, indem es die kampanischen Stadtstaaten unter Verletzung des 350 v.Chr. geschlossenen römisch-samnitischen Vertrages unter seine »Schutzherrschaft« stellte. Und 264 v.Chr. machte es sich Karthago zum Feind, als es sich zum Protektor der Mamertiner erklärte (der früheren Söldner des Agathokles), die sich Messinas bemächtigt hatten. Dies geschah im Widerspruch zu einem römisch-karthagischen Vertrag oder Übereinkommen.

254 v.Chr. hatte Rom ein Unternehmen erfolgreich beendet, an dem zuerst die Etrusker und dann der Tyrann von Syrakus, Dionysios I., gescheitert waren: Es hatte die ganze Halbinsel Italien unter seiner Herrschaft vereinigt. Mit welchen Mitteln wurde dies erreicht?

Einen wichtigen Faktor erwähnten wir schon: Rom war unter der etruskischen Tyrannis zu einem leistungsfähigen Stadtstaat organisiert worden. Ferner war es Rom gelungen, nach dem Sturz seiner eigenen Tyrannen eine innenpolitische Harmonie zu schaffen und aufrechtzuerhalten. In den griechischen Stadtstaaten waren als übliche Folge Machtkämpfe zwischen Parteien mit gegensätzlichen Interessen ausgebrochen; zum Beispiel in Athen, wo die Söhne des Tyrannen Pisistratus ungefähr zur gleichen Zeit wie die Tarquinier in Rom gestürzt wurden. Auch in Rom folgten zwar der Ausrufung der Republik innere Zwistigkeiten; doch 364 v.Chr. einigten sich die Patrizier mit den Führern der Plebejer. Diese unsichere Allianz hielt bis 133 v.Chr., unterbrochen nur von gelegentlichen Volksaufständen (z.B. 339 und 287 v.Chr.). Die Zementierung sozialer und politischer Ungerechtigkeit im Inneren mit Zustimmung der plebejischen Führer ermöglichte es der römischen Regierung, ihren Nachbarn geeint entgegenzutreten.

Die Außenpolitik der auf diese Weise gestärkten römischen Oligarchen bestand darin, ihre Gesinnungsgenossen in anderen Staaten zu unterstützen; und diese Politik verlockte ausländische Oligarchen, deren Machtmonopol im Inneren auf unsicheren Füßen stand, die Unabhängigkeit ihrer Staaten zugunsten des Schutzes durch die festgefügte römische Oligarchie zu opfern. Ein klassisches Beispiel dafür ist das Geheimabkommen der Oligarchen von Capua mit dem römischen »Establishment« um 340 v.Chr.

Die Allianzen Roms mit ausländischen Oligarchien wurden von Familienfreundschaften und Eheschließungen untermauert. Andererseits wurden die Bürger von Staaten, die unter von Rom diktierten Bedingungen seine Bundesgenossen werden mußten, durch Verbote von Mischehen und wechselseitige Heiraten daran gehindert, gemeinsame Sache gegen Rom zu machen. Die Alliierten Roms hatten (wie die Spartas) Truppenkontingente für die römischen Armeen zu stellen; doch besaßen sie (im Gegensatz zu denen Spartas) kein Mitspracherecht bei den politischen Entscheidungen, die sie als Teilnehmer an den Kriegen Roms betrafen. Dagegen (wiederum wie Spartas Verbündete und zum Unterschied von denen Athens) brauchten sie keine Tribute zu zahlen. Sie wurden ausgebeutet; aber nicht gedemütigt.

Nach der Niederlage der latinischen und kampanischen Föderationen im Jahre 335 v.Chr., die zwei Jahre zuvor von Rom abgefallen waren, wurden beide Bünde aufgelöst; und 334 v.Chr. wurden zahlreiche latinische und kampanische Stadtstaaten dem römischen Großstaat angegliedert, ohne ihre autonome städtische Selbstregierung zu verlieren. In einigen Fällen erhielten ihre Bürger die volle römische Staatsbürgerschaft neben den ihnen auferlegten Pflichten; in anderen Fällen waren sie nur den Pflichten unterworfen, ohne daß ihnen Rechte gewährt wurden. Für diese »doppelte Staatsbürgerschaft« mag die von Timoleon hergestellte Beziehung zwischen Syrakus und einigen sizilischen Stadtstaaten von 344 bis 337 v.Chr. als Modell gedient haben. Syrakus hatte Rom von 386 bis 346 v.Chr. so schwer zugesetzt, daß die römische Regierung ein wachsames Auge auf die Vorgänge in Syrakus gehabt haben muß.

333 v.Chr. unternahm Rom einen weiteren Versuch mit der »doppelten Staatsbürgerschaft«; es gründete eine kleine Kolonie römischer Bürger zur Küstenbewachung in Antium am Tyrrhenischen Meer und gab ihr eine autonome städtische Verfassung, ohne den Bewohnern die römische Staatsbürgerschaft zu nehmen. Diese und weitere römische Küstenkolonien hatten die latinischen Kolonien zum Vorbild, die von der nunmehr aufgelösten Föderation latinischer Stadtstaaten gegründet worden waren. Rom ließ diese bestehen, gab ihnen den Status von Alliierten »Erster Klasse« und erweiterte ihre Zahl, als es seinen Machtbereich in Italien ausdehnte. Die neu angelegten latinischen Kolonien, in geschickt ausgewählten strategischen Positionen gelegen, dienten als Garnisonen zur Beherrschung eroberter Landstriche.

Die Erforschung und Ausnutzung der Geographie der Halbinsel Italien für strategische Zwecke durch die römische Regierung war meisterhaft. Zwischen 318 und 313 v.Chr. kreiste sie Samnium ein, indem sie eine Route durch die Mittelappeninnen entdeckte und sich einen Stützpunkt in Apulien sicherte. Und zwischen 304 und 289 v.Chr. isolierte Rom die unabhängigen Staaten im Norden der Halbinsel von denen im Süden, als es einige Hochlandvölker vernichtend schlug und eine Reihe von latinischen Kolonien, römischen Küstenkolonien und nichtautonomen Siedlungen römischer Bürger auf dem neugewonnenen Territorium anlegte.

Roms Strategie war, seine potentiellen Opfer nacheinander zu »umschleichen«. Nachdem Dionysios II. 356 v. Chr. aus Syrakus vertrieben worden war, blieb als einziger zu fürchtender Konkurrent um die Beherrschung der Halbinsel der Samnitische Bund. Infolgedessen konzentrierte Rom von 350 v.Chr. bis nach Pyrrhos' Rückzug aus Italien seine Kräfte auf die südliche Expansion und beruhigte die Etrusker durch Waffenstillstände (keine langfristigen Friedensverträge). Die römische Regierung verstand es sogar, die keltischen Senonen zu betören, die Rom 386 v.Chr. geplündert und sich an der Adriaküste unmittelbar nördlich der syrakusischen Kolonie Ancona niedergelassen hatten. 330 v.Chr. schlossen sie einen Waffenstillstand, der dreißig Jahre dauern sollte und von den Senonen auch eingehalten wurde. So hatte Rom seine Nachbarn im Norden unter Kontrolle, als es nach der Rückkehr Pyrrhos' nach Griechenland und der Kapitulation der Samniten die Hände frei hatte, um auch die letzten unabhängigen Staaten auf der südlichen Halbinsel zu unterwerfen.

Im römisch-karthagischen Krieg von 264 bis 241 v.Chr. wurden Flotten und Heere mobilisiert und Verluste in einem Ausmaß ertragen, das in der Kriegsgeschichte des Mittelmeerraumes ohne Beispiel war. Dieser große Krieg erbrachte Rom den Besitz ganz Siziliens, mit Ausnahme des Gebiets von Syrakus, und der ganzen Halbinsel Italien. Syrakus war neutral geblieben, während das übrige Sizilien zu einem schwer heimgesuchten Kampfgebiet wurde. Seine Immunität verdankte Syrakus der Kühnheit Hierons II., des gütigsten aller Tyrannen von Syrakus, der 263 v.Chr. weitsichtig die Fronten gewechselt hatte und die letzten achtundvierzig Jahre seiner Regierung bis zu seinem Tode 215 v.Chr. ein treuer Vasall Roms blieb. Diese Jahre waren ein ebenso glückliches Zwischenspiel in der turbulenten Geschichte Siziliens, wie es die Jahre 344 bis 337 v.Chr. gewesen waren; und die »Pax Hieronica« dauerte siebenmal so lang wie die Regierungszeit Timoleons.

Was Rom betrifft, so brachte ihm der erste Krieg mit Karthago die Seeherrschaft im westlichen Mittelmeer ein. 238 v.Chr., als Karthago gelähmt war durch eine Revolte der Söldnertruppen in Afrika, die man aus Sizilien evakuiert hatte und deren man sich auf diese Weise billig zu entledigen hoffte, landete Rom in Sardinien und brachte es unter seine Herrschaft. 237 v.Chr. jedoch wurde in Karthago die Söldnerrevolte von Hamilkar Barkas (»Der Blitz«) unterdrückt. Er war der Held des Krieges gegen Rom, und im selben Jahr noch führte er ein Heer nach Spanien. 221 v. Chr. hatten er und sein Schwiegersohn und Nachfolger Hasdrubal auf der Iberischen Halbinsel ein neues karthagisches Reich errichtet, das weit größer und wertvoller war als die verlorenen Brückenköpfe an der Nordwestspitze Siziliens. Im gleichen Jahr übernahm Hannibal, der Sohn Hamilkars, als Nachfolger Hasdrubals den Oberbefehl in Spanien. Er war seit langem entschlossen, Karthagos Niederlage wiedergutzumachen; und nun war er imstande, den Versuch zu wagen. So war um 221 v.Chr. die Lage im westlichen Mittelmeerraum ebenso schwankend wie im östlichen. In der nächsten Phase der Geschichte des Westens der Ökumene der Alten Welt sollten diese beiden Regionen zu einer einzigen Kriegszone verschmelzen.

35

DIE TS'INDYNASTIE UND DIE WESTLICHE HANDYNASTIE IN CHINA VON 221 V.CHR. BIS 9 N.CHR.

In der Ökumene der Alten Welt westlich von China, vom indischen Subkontinent bis zur Straße von Gibraltar, zeichnete sich das Jahr 221 v.Chr. nicht durch irgendwelche entscheidenden Ereignisse aus. Doch für China war es von epochaler Bedeutung; es war das Jahr, in dem die Einigung Chinas abgeschlossen wurde, und es bildet einen Grenzstein in seiner Geschichte. Vor 221 v.Chr. war China eine kulturelle, doch nie eine politische Einheit gewesen; danach ist es zwar zuweilen politisch auseinandergefallen, aber bis heute hat es sich nach mehr oder weniger kurzen Zwischenspielen der Uneinigkeit immer wieder zusammengefunden.

In einer Hinsicht jedoch ist die Geschichte Chinas vor und nach 221 v.Chr. kontinuierlich verlaufen: es hat sich von Anfang an geographisch beständig erweitert. Um 221 v.Chr. reichte es von seinem Kernland am Unterlauf des Huangho und vom Tal des Wei südwärts bis zum Jangtsekiang. König Tscheng, der erste Kaiser (Huang-ti) des vereinten China, fügte die Gebiete der heutigen Provinzen Kuangtung und Kuangsi und Nordvietnams hinzu. (Nachdem dieses Territorium nach dem Sturz der Ts'indynastie abgefallen war, wurde es 111 v.Chr. von Kaiser Wu-ti zurückerobert.) 108 v.Chr. unterwarf Wu-ti einen unabhängigen Staat, den chinesische Siedler in Korea gegründet hatten, und annektierte Nordkorea.

Korea und der Süden konnten in das Chinesische Reich eingegliedert werden, weil sie kultivierbar waren. Jenseits der Nordgrenzen lag ein Gebietsstreifen, die heutige Innere Mongolei, der gutes Weideland bot. Hier hatten sich die Hirtenvölker wirtschaftlich und militärisch eine Lebensform geschaffen, die sich den geographischen Gegebenheiten anpaßte. Die Nomaden waren ihren seßhaften Nachbarn militärisch überlegen. Die Hiungnu (Hunnen) besiegten 200 v.Chr. den Wiederbegründer des Chinesischen Reiches und Gründer der westlichen Handynastie Liu P'ang (als Kaiser Kaotsu); der Kaiser selber entging nur knapp dem Schicksal Kyros' II. Die Regierung mußte den Hiungnu Land abtreten und Tribut zahlen; trotzdem brachen diese 177 und abermals 158 v.Chr. erneut in China ein. 128 v.Chr. eröffneten die Chinesen eine Gegenoffensive; aber die Hiungnu wichen so geschickt aus, wie es am Westrand der Steppen die Skythen vor Darius I. getan hatten. Wie diese konnten die Hiungnu weder vernichtet noch unterjocht oder auf Dauer vertrieben werden.

Als Einleitung der chinesischen Gegenoffensive sandte 139 v.Chr. Kaiser Wu-ti seinen Botschafter Tschang K'ien aus, um mit den Yüetschi (Tocharern) Fühlung zu nehmen, einem Nomadenvolk, das um 175 v.Chr. von den Hiungnu aus Kansu nach Westen gedrängt worden war. Er sollte sie überreden, sich mit China zu verbinden, um den gemeinsamen Feind, die Hiungnu, zwischen sich in die Zange zu nehmen. Erst nach neun Jahren fand Tschang K'ien die Yüetschi in Transoxanien (Buchara), mußte jedoch unverrichteterdinge heimkehren. 115 v.Chr. begab er sich auf eine zweite Erkundungsreise, diesmal nach Farghana im Jaxartesbecken und nach Sogdiana zwischen Oxus und Jaxartes, worauf die Chinesen Farghana in den Jahren 104, 102 und 42 v.Chr. in Besitz nahmen. Durch Tschang K'iens Reisen wurde sich China zum erstenmal der Existenz und Bedeutung der Kulturen im Westen bewußt, wenn auch schon seit dem Jungsteinzeitalter Nachrichten aus Ländern jenseits der chinesischen Grenzen durchgesickert waren.

Die Schwungkraft der chinesischen Expansion war 221 v.Chr. nicht erlahmt; in manch anderer Hinsicht jedoch hatte die Ts'indynastie mit Chinas Vergangenheit nach 356 v.Chr., dem Jahr, in dem der legalistische Philosoph und Staatsmann Schang Jang seine umwälzende Reorganisation der Ts'ininstitutionen begonnen hatte, reinen Tisch gemacht. In den Jahren von 256 bis 249 v.Chr. hatte Huang-tis Großvater die Dynastie Tschou beseitigt, die der chinesischen Gesellschaft noch einen Rest von Einigkeit auf der rituellen Ebene bewahrt hatte. Um 221 v.Chr. hatte Huang-ti selber alle sechs Lokalmächte, die Rivalen der Ts'in gewesen waren, ausgeschaltet; aber auch sein eigenes Reich entging dem Untergang nicht. Wie Assyrien vierhundert und Makedonien hundert Jahre zuvor, ging die Ts'indynastie an ihrer Reichsgründung zugrunde. Die eigene Bevölkerung wurde durch Kriegsverluste und die Verlegungen in ferne Garnisonen dezimiert, und das Vakuum im Heimatland wurde wie seinerzeit in Assyrien durch Deportierte aufgefüllt. Nach 221 v.Chr. verbannte man die »Führungskräfte« der sechs eroberten Staaten in das »Land hinter den Pässen«; doch dadurch, daß der Ts'instaat sich seinen Opfern verhaßt machte, bereitete er sich seinen eigenen Untergang.

Die politische Einigung im Stile Huang-tis war ein solcher Gewaltakt, daß die Ts'indynastie keine drei Jahre nach dem Tode ihres strengen Begründers im Jahre 210 v.Chr. gestürzt wurde; aber die politische Einigung Chinas blieb eine historische Notwendigkeit. Huang-tis Maßnahmen hatten sowohl die Auflösung des Reiches als auch die Neugründung unvermeidlich gemacht. Er hatte nämlich nicht nur die Struktur der eroberten Staaten zerstört, als er ihre Führungsschichten deportierte, sondern auch ihre Grenzen aufgehoben, indem er ganz China neu in »Kommandanturen« einteilte, die von Ts'inbeamten im legalistischen Geist verwaltet wurden. Die Bauernschaft wurde mit Fronarbeit und Abgaben unterdrückt. Li-sze (um 280 bis 208 v.Chr.), Huang-tis legalistischer Minister, versuchte, die nichtlegalistischen Schulen der Philosophie zu verbieten. 213 v.Chr. stiftete er eine Bücherverbrennung an und schlug vor, vierhundert anstößige Gelehrte lebendig begraben zu lassen.

Zur gleichen Zeit jedoch befriedigte Huang-ti einige der dringendsten Bedürfnisse der chinesischen Gesellschaft. Das wichtigste – die politische Einigung – wurde bereits erwähnt; ein weiteres war die Standardisierung zum Beispiel der Schrift und der Spurweite der Karren und Wagen. (In dem weichen Lößboden Chinas mußten die Räder in Furchen rollen, und dazu war eine überall gleiche Spurweite erforderlich wie in der Neuzeit bei den Eisenbahnen.) Huang-tis größte Leistung jedoch war vielleicht die Erweiterung der gegen die räuberischen Nomaden erbauten Mauern von Ts'in und den nördlichen Nachbarstaaten Tschao und Yen und ihre Verbindung zu einer ununterbrochenen großen Mauer. Sie verlief nördlich der Nordwestschleife des Huangho und umfaßte die heutige Ordosprovinz der Mongolei; aber sie bewirkte zum Teil das Gegenteil von dem, was beabsichtigt war, nämlich die Einigung der Hiungnustämme, was für China die Folgen hatte, von denen wir bereits gesprochen haben.

Das Ziel des großen Aufstandes von 209 v.Chr. war die Wiederherstellung des alten Reiches gewesen; doch die Folge war der Streit der siegreichen Insurgenten um die Beute. Aus dem von 205 bis 202 v.Chr. währenden Bürgerkrieg ging Liu-P'ang (Kao-tsu) als Sieger hervor, ein Glücksritter aus dem unteren Becken des Hwaiflusses.

Kao-tsu mußte seine Bundesgenossen mit Lehnsgütern belohnen und Teile des Volkes durch die Wiederherstellung einiger liquidierter Staaten beruhigen; doch er behielt das frühere Territorium des Ts'instaates unter seiner unmittelbaren Herrschaft. Er hatte aus den Fehlern Huang-tis und Hiang-Yüs gelernt; er und seine Nachfolger erkannten, daß China nicht einfach mit militärischer Macht geeint werden konnte, und so gingen sie langsam voran.

Die Lehnsgüter wurden zuerst durch raschen Wechsel der Lehnsmänner in politischer Abhängigkeit gehalten und dann durch ein 144 v.Chr. erlassenes Dekret zerstückelt – infolge des neuen Erbrechtes durften die Lehnsgüter nicht mehr im ganzen dem ältesten Sohn hinterlassen, sondern mußte an alle Söhne verteilt werden. Die allmähliche Zersplitterung der lokalen politischen und administrativen Einheiten jeder Art war das oberste Prinzip der Handynastie, um die Herrschaft der kaiserlichen Regierung zu festigen. Das Hanreich begann als ein lockeres Bündnis von fünfzehn von kaiserlichen Beamten verwalteten Kommandanturen und zehn offiziell autonomen Königreichen; um 1 bis 2 n.Chr. waren es dreiundachtzig Kommandanturen und zwanzig Königreiche – das Verhältnis zwischen den beiden Arten der Verwaltungseinheiten hatte sich verändert, und ihre Größe war drastisch reduziert worden. Alle eroberten Territorien wurden Kommandanturen. Der gemeinsame Aufstand von sieben Königen 154 v.Chr. veranlaßte die kaiserliche Regierung, die Königreiche vollends zu entmachten: 127 v.Chr. verfügte sie, daß beim Tode eines Königs der älteste Sohn die Hälfte des Landes seinem jüngeren Bruder abtreten mußte.

Diese allmähliche Wiederaneignung der direkten Kontrolle über die Lokalverwaltungen eines so riesigen Gebietes durch die kaiserliche Zentralregierung warf die Frage auf, wie der gewaltige Verwaltungsapparat kontrolliert werden konnte. Eine Körperschaft von Lokalbeamten im Ts'instil kam nicht in Frage. Die Reaktion auf Huang-tis Autokratie war so heftig gewesen, die Sehnsucht nach dem alten Reich so stark, daß Kao-tsu, nachdem er Kaiser geworden war, zunächst die taoistische Politik totaler lokaler Autonomie übernehmen wollte. Doch ein konfuzianischer Gelehrter soll ihn davon überzeugt haben, daß eine solche radikale Abwendung von der Ts'inpolitik undurchführbar sei. 196 v.Chr. befahl Kao-tsu den Behörden aller Kommandanturen und Königreiche, aussichtsreiche Bewerber für Posten in der kaiserlichen Verwaltung zur Prüfung und Auswahl in die Hauptstadt Tsching-tschao zu schicken. Um 191 v.Chr. rekonstruierten konfuzianische Gelehrte fünf klassische Bücher, die von Konfuzius selber herausgegeben und kanonisiert worden sein sollen. Kaiser Wu-ti (140-87 v.Chr.) ordnete an, die Fähigkeit, im Stile der konfuzianischen Klassiker zu schreiben und die konfuzianische Philosophie zu interpretieren, solle fortan die Kandidaten für ihre Berufung in öffentliche Ämter qualifizieren – dies zur großen Genugtuung der damaligen Gelehrten.

Theoretisch stand damit allen Männern mit geistigen Fähigkeiten der Weg in den Staatsdienst offen. Dennoch war und wurde die Gelehrsamkeit nie die einzige Qualifikation, berufen und befördert zu werden; persönlicher Einfluß zählte nach wie vor, und es blieb für eine arme Familie schwierig, die Kosten für die langwierige Erziehung eines Sohnes aufzubringen. Überdies war der Konfuzianismus formalistisch geworden und hatte sich von den ursprünglichen Intentionen des Philosophen selber weit entfernt. Der eigentlich atheistische Rationalismus des Konfuzius war mit Religiosität und Aberglauben durchsetzt. Dies war eine Folge der Mischung vieler lokaler Traditionen auf verschiedenen Kulturstufen in dem großen Schmelztiegel des Chinesischen Reiches, das auch zahlreiche rückständige Völkergruppen einschloß.

Konfuzius hatte einen Verwaltungsposten in einem der sich bekriegenden Lokalstaaten erstrebt; und sein Ziel als Lehrer war die Erhaltung der überlieferten chinesischen Gesellschaftsstruktur gewesen. Er hatte nicht die politische Einigung Chinas vorausgesehen, und wahrscheinlich hätte er sie mißbilligt. Die Politiker, die sie herbeiführten, waren keine Konfuzianer, sondern Legalisten. Vielleicht hätte Konfuzius seine Lehre in dem Konfuzianismus des zweiten Jahrhunderts v.Chr. gar nicht wiedererkannt. Doch Kaiser Wu-tis Wiederherstellung des verfälschten Konfuzianismus in seiner Zeit war ein nachträglicher Sieg der konfuzianischen Neuinterpretation des Begriffes »Edelmann«; offiziell wenigstens sollte China nunmehr von Männern verwaltet werden, die ihren Posten nicht dem Vorrang der Geburt, sondern ihren persönlichen Verdiensten verdankten.

Das hatte jedoch Folgen, die nicht ohne Ironie waren. Ein Beamter, der seine Stellung erhalten hatte, weil er ein »Edelmann« im konfuzianischen Sinne war, hatte durch sein Amt Gelegenheit, sich zu einem Edelmann in der ursprünglichen Bedeutung zu machen. Er konnte Grundbesitzer werden, sein Land seinem Sohn vermachen und es sich leisten, ihn seinerseits zu einem konfuzianischen Staatsdiener zu erziehen. Die Loyalität dieser Beamten ihrer Familie und ihrer Klasse gegenüber geriet bald in Konflikt mit ihrer Loyalität zum Kaiser und ihren Pflichten gegenüber der nichtprivilegierten Masse der kaiserlichen Untertanen.

Für den konfuzianischen Beamten war die Handynastie weitaus profitabler als die Ts'indynastie. Er war der politische Herr der Untertanen des Kaisers, die er regierte, und zugleich der Brotherr der Bauern des Landes, das er erworben hatte; er und seine Amtskollegen hatten praktisch auch eine unabhängige Machtstellung gegenüber der regierenden kaiserlichen Dynastie. Des Kaisers Wu-ti konfuzianischer Ratgeber Tung Tschung-tschu stellte die These auf, daß eine Dynastie kraft eines vom Himmel empfangenen Mandats herrsche, daß dieses Mandat aber zurückgenommen werden könne, wenn sich die Notwendigkeit einer Ablösung durch Ausbruch sozialer Unruhen oder durch Naturkatastrophen ankündige. Für die nichtprivilegierte Masse des Volkes wurde der Unterschied zwischen der Ts'in- und der Handynastie immer unmerklicher, da die konfuzianischen Herren – sie waren Gelehrte, Verwalter und Großgrundbesitzer in einem – sich mehr und mehr Land aneigneten. Die chinesische Bauernschaft war wie unter der harten Ts'indynastie bis an die Grenzen ihrer Leistungsfähigkeit angespannt; die Entstehung einer neuen Klasse von Gutsherren mit öffentlichen Amtsbefugnissen lastete schwer auf ihr.

In jeder Dynastie war der Bestand des Reiches auf die Leistungen gegründet, die der nichtprivilegierte Teil des Volkes – und es war der weitaus größere Teil – zu erbringen hatte. In der Handynastie mußte ein Bauer in jedem Jahr einen Monat »Arbeitsdienst« leisten und konnte jederzeit für zwei Jahre zum Heeresdienst ausgehoben werden. In der unermeßlichen Ausdehnung des vereinigten China bedeutete dies oft eine viel weitere Entfernung von seinem Heim, als es bei seinen Vorfahren in der Zeit der »streitenden Reiche« der Fall gewesen war. Die Todesgefahr war zwar geringer geworden, der Dienst des Soldaten fand jetzt überwiegend in den Garnisonen an der Großen Mauer statt, nicht mehr in den todbringenden Feldschlachten der Bruderkriege; dafür jedoch war das Risiko des wirtschaftlichen Ruins bei so langer Abwesenheit größer, und bei jedem Zusammenbruch ergab sich für den habgierigen Gutsherrn eine neue Gelegenheit, seinen Besitz zu vergrößern – besonders, als die zum Waffendienst verpflichteten Bauern in dem hundertjährigen Krieg des Reiches mit den Hiungnu (128-36 v.Chr.) über die Große Mauer hinaus in die Steppe marschieren mußten.

Zum Arbeitsdienst gehörten die Fron in den kaiserlichen Eisen- und Salzbergwerken, der Bau und die Erhaltung von Straßen und Kanälen, der Transport von Getreide über die Kanäle oder flußaufwärts gegen den Strom, um den Hof und die Regierung in Tsching-tschao, der Hauptstadt der

Handynastie im »Land hinter den Pässen«, zu versorgen oder die Garnisonen an der Großen Mauer, die noch weiter als die Hauptstadt von den Weizen- und Reisfeldern im Osten und Süden entfernt waren.

Die chinesische Welt unterschied sich in ihrer geographischen Struktur auffallend von der zeitgenössischen hellenischen. Sie bestand nicht aus einer Kette von Inseln um ein Binnenmeer, sondern war eine riesige Landmasse; und daraus ergab sich eine größere kulturelle Uniformität und eine dauerhaftere politische Einheit. Der größere Teil der hellenischen Welt war vom Meer bequem zu erreichen, während außer im Hinterland des Schwarzen Meeres schiffbare Flüsse keine wichtige Rolle spielten. Die Chinesen brauchten ebenso wie die Hellenen Verbindungswege zu Wasser, und sie waren mit Flüssen wohlversehen; doch keiner ihrer großen Ströme fließt von Süden nach Norden oder von Osten nach Westen – und die Weizen- und Reisfelder des Hanreiches lagen südlich der Großen Mauer und südöstlich der Hauptstadt.

Daher mußten die Flüsse durch Kanäle ergänzt und an ihren zugänglichen Abschnitten mußte die Fracht stromaufwärts geschleppt werden. Der Wasserweg den Huangho hinauf ist besonders schwierig an der Stelle, wo er die Gebirgskette, welche die Westgrenze der nordchinesischen Tiefebene bildet, durchbricht und in einem spitzen Winkel seine Südrichtung nach Nordosten ändert. Die für Tsching-tschao bestimmten Transporte mußten die natürlichen Hindernisse in diesem Engpaß überwinden; der Nachschub für die Garnisonen an der Großen Mauer mußte für die Abschnitte, die nicht am Huangho lagen, über Land getragen werden.

Dazu war eine große Zahl von Arbeitskräften erforderlich, so daß das Hanreich bis an die Grenze seines wirtschaftlichen Leistungsvermögens angespannt war. Unter diesen Umständen erwies sich die Verwandlung der konfuzianischen Bürokratie in einen neuen Landadel als eine zu schwere Bürde. Es gelang dem Regime zwar, allmählich die Größe der politischen und administrativen Einheiten zu verringern und ihre Autonomie einzuschränken, doch konnte es nicht verhindern, daß die Beamtenschaft sich große Privatgüter aneignete. Schon unter Wu-ti war diese Gefahr für die Gesellschaft und das Reich von Tung Tschung-tschu erkannt worden. Im Jahre 6 v.Chr. wurde ein kaiserlicher Erlaß verkündet, der die Größe des Landes, das ein einzelner besitzen durfte, einschränkte. Aber die Durchführung dieses Erlasses lag in den Händen eben jener Verwaltungsbeamten und Großgrundbesitzer, deren private Interessen mit ihren Beamtenpflichten im Widerstreit lagen; und so blieb das Dekret ein totes Papier, bis im Jahre 9 n.Chr. die westliche Handynastie abgelöst wurde.

Der neue Kaiser Wang-Mang betrachtete es als die vorrangige Aufgabe seines »himmlischen Mandats«, das Agrarproblem zu lösen. Doch auch er scheiterte an der Bürokratie. Fünf Jahre vor seinem Tode, 18 n.Chr., revoltierten Bauern in Schantung, ohne daß es ihnen gelang, ihr Los zu verbessern. 25 n.Chr. kam durch einen anderen Zweig des Hauses die

Handynastie wieder an die Macht, diesmal die »östliche« genannt, mit Lojang als Hauptstadt, der früheren Residenz der östlichen Tschoudynastie; und 36 n.Chr. hatte Kuang-wu, der Begründer der neuen Dynastie, den Bauernaufstand niedergeschlagen und das Regime der konfuzianischen Beamtenschaft wiederhergestellt.

Sowohl die westliche Handynastie als auch die Bauernschaft Chinas waren Opfer der konfuzianischen Verwaltungsbeamten und Großgrundbesitzer geworden. Diese neue Klasse hielt das Reich zusammen, aber sie war auch »Chinas Sorge«. Das Mandarinat war der wahre Schuldige, dem man das »Mandat des Himmels« hätte entziehen müssen. Die Konfuzianer im Amt waren Legalisten im Geist geworden, und die Interessen, denen sie mit legalistischer Skrupellosigkeit dienten, waren ihre eigenen, nicht die der Krone. Aber mit der Zeit hatte sich die neue privilegierte Klasse fest etabliert; sie war das Element in der Gesellschaft des kaiserlichen China, das die »Wut des Himmels« in den Jahren 9 bis 36 n.Chr. überlebte, welche diese Herrenklasse selber heraufbeschworen hatte.

36

DER MITTELMEERRAUM, SÜDWESTASIEN UND INDIEN VON 221 V.CHR. BIS 48 N.CHR.

In der Mitte und im Westen der Ökumene der Alten Welt gingen in dem Vierteljahrtausend von 221 v.Chr. bis 48 n.Chr. fünf große Mächte unter: das Reich von Maurja, die Dynastien der Seleukiden und Ptolomäer, Karthago und Makedonien. Von den Großmächten, die es 221 v.Chr. westlich von China gegeben hatte, bestand 48 n.Chr. nur noch eins: das Römische Reich. Dieses Reich, 221 v.Chr. auf Italien und die Nachbarinseln beschränkt, umschloß 31 v.Chr. die Ränder des Mittelmeeres, hatte sich jedoch noch nicht auf das Machtvakuum westlich von China ausgedehnt. Östlich des Euphrat hielten jetzt kriegerische parthische Nomaden aus der eurasischen Steppe das Mesopotamien, Babylonien und Iran umfassende Gebiet besetzt; 221 v.Chr. waren sie noch nicht weiter westlich als bis Parthia (das heutige Chorassan) in die seßhafte Welt eingedrungen. Östlich des parthischen Reiches errichtete 48 n.Chr. eine andere kriegerische parthische Nomadengruppe, die Yüetschi (Tocharer), das Kuschanreich, das die Gebiete um den Hindukusch umschloß und die oberen Becken des Oxus und des Jaxartes mit Nordwestindien vereinte.

Diese Veränderungen auf der politischen Landkarte der Alten Welt westlich von China waren die Folge verhängnisvoller Kriege, Revolutionen und Völkerwanderungen gewesen. Die römische Revolution hatte alle Länder erfaßt, die in römische Hände gefallen waren; die Wanderung der Yüetschi aus dem Land der heutigen chinesischen Provinz Kansu hatte alle eurasischen Hirtenvölker nach Westen gedrängt und die, die in den vorangegangenen fünf Jahrhunderten sich im Osten des Kaspischen Meeres niedergelassen hatten, nach Süden getrieben. Im kulturellen Bereich hatte sich während all dieser ethnischen, militärischen, politischen und wirtschaftlichen Umwälzungen die Entwicklung und Ausbreitung des Hellenismus fortgesetzt.

Nicht eins der drei Reiche, die sich nun 48 n.Chr. westlich von China auf den Trümmern früherer griechischer Staaten erhoben, wurde von Griechen beherrscht. Doch jedes war bewußt und Stolz »philhellenisch«; jedes hatte die hellenische Kultur übernommen und mehrte und verbreitete sie. Das Griechische war jetzt die Kultursprache vom Oberlauf des Dschamna in Nordwestindien bis zur Westspitze Siziliens; der Hellenismus in der römischen Form wurde durch das Medium der lateinischen Sprache von der Halbinsel Italien nach Mitteleuropa zum Rhein und zur Donau und nach Nordwestafrika bis zum Nordrand der Sahara getragen. Um 48 n.Chr. hatte der Hellenismus eine acht Jahrhunderte währende Entwicklung hinter sich; und je weiter er sich ausdehnte, desto inniger verschmolz er mit den verschiedenen nichthellenischen Kulturen, in deren Gebiete er gedrungen war; doch blieb in diesem allmählich reifenden Kulturkompost die hellenische Komponente überall das dominierende Element.

Die frühesten Symptome des Zusammenbruchs zeigte unter den alten Reichen das maurjanische in Indien. Zeichen der Schwäche gab es schon vor dem Todes des Kaisers Aschoka 231 v.Chr.; aber der Tornado, der drei Viertel der Alten Welt verheeren sollte, brach an ihrem entgegengesetzten Ende aus. 219 v.Chr. nahm Hannibal Saguntum ein, eine Stadt an der spanischen Mittelmeerküste und römisches Protektorat, obwohl südlich des Ebro gelegen, der 226 v.Chr. zwischen der römischen Regierung und Hasdrubal, Hannibals Schwager und Vorgänger, als Grenze der römischen und karthagischen Einflußsphären vereinbart worden war. 218 v.Chr. marschierte Hannibal mit Elefanten vom Ebro über die Pyrenäen, die Rhone entlang und über die Alpen in das Pobecken, das Rom damals gerade seinen Besitzungen einverleibte. Hannibal besiegte dort eine römische Armee, überquerte die Apenninen, schlug 218 v.Chr. eine zweite römische Streitmacht am Trasimenischen See und vernichtete eine dritte, die größte, 216 v.Chr. bei Cannae.

Mit dem glorreichen Sieg von Cannae stellte Hannibal die Überlegenheit seiner Strategie unter Beweis. Im ersten römisch-karthagischen Krieg (von 264 bis 241 v.Chr.) hatten die Römer den Karthagern die Herrschaft über das westliche Mittelmeer entrissen, und die Zahl der Streitkräfte, die Rom nach der Einigung der Halbinsel Italien aufgeboten hatte, übertraf bei weitem die der Karthager nebst ihrer libysch-phönizischen Verbündeten und ihrer Untertanen in Libyen und Spanien. Karthagos zahlenmäßige Unterlegenheit wurde jedoch von dem Geschick und dem Kampfgeist des kleinen Berufsheeres wettgemacht, das Hannibal von seinem Vater Hamilkar und seinem Schwager Hasdrubal geerbt hatte; und der Verlust von Karthagos Seemacht wurde ausgeglichen durch Hannibals logistische *Tour de force* seines Landfeldzuges und Alpenüberganges nach Italien. Er wußte, daß Roms Herrschaft bei der nichtrömischen Mehrheit der Italer unbeliebt war, besonders bei denen, welche die drückenden Verpflichtungen der römischen Staatsbürgerschaft zu tragen hatten, ohne die Vorrechte eines römischen Bürgers »Erster Klasse« zu genießen. Hannibal hatte damit gerechnet, daß nach einem Sieg wie dem von Cannae Roms Verbündete auf der Halbinsel und seine »zweitklassigen« Untertanen abfallen würden. Rom hätte dann zu Bedingungen kapitulieren müssen, die sein Territorium und seine Kriegsstärke auf das bescheidene Ausmaß reduziert hätten, das es vor Roms stürmischer Entwicklung zur Großmacht ab 340 v.Chr. gehabt hatte.

Tatsächlich sagten sich die meisten seiner südöstlichen Verbündeten von Rom los und ebenfalls die Bürger »Zweiter Klasse« in der Kampania; aber Rom behielt die Mitte und den Norden der Halbinsel fest in der Hand; und

Hannibals unschlagbares Berufsheer war zu klein, um die Reihe seiner Triumphe fortzusetzen und gegen das Herz des Römischen Reiches zu marschieren. Nachdem sich Rom von der Katastrophe von Cannae erholt hatte, gab der römische Senat Hannibal keine Gelegenheit mehr, Roms Armeen zur offenen Feldschlacht zu zwingen. Der Senat mobilisierte die immer noch zahlenmäßig überlegenen Streitkräfte Roms, um die Front im südöstlichen Italien zu halten und den noch intakten Teil seines Stammlandes mit ausreichend Truppen zu sichern.

Auch Roms Seeherrschaft war ungebrochen und verhinderte fast ausnahmslos, daß Verstärkungen für Hannibal Italien erreichten. Daraufhin ging Rom zum Angriff auf die karthagischen Besitzungen in Spanien über. 206 v.Chr. waren die karthagischen Kolonien in Spanien in römischer Hand, und im nächsten Jahr fiel der Sieger des spanischen Feldzuges, Scipio (der Ältere), in das karthagische Stammland in Nordwestafrika ein. Die Karthager waren gezwungen, Hannibal aus Italien zurückzurufen. Er wurde 202 v.Chr. bei Zama entscheidend geschlagen.

Karthagos Rachekrieg gegen Rom war gescheitert; es war keine Großmacht mehr und hing von der Gnade seines Feindes ab. Materiell jedoch hatte es weniger gelitten als Rom; es hatte nur drei Jahre (205 bis 202 v.Chr.) auf Heimatboden kämpfen müssen, während Hannibal die Halbinsel Italien fünfzehn Jahre lang (217 bis 203 v.Chr.) verheert hatte. Die Zerstörungen in Südostitalien und Sizilien waren nie wiedergutzumachen und hatten wirtschaftliche, soziale und politische Folgen, die einem nachträglichen Sieg Hannibals gleichkamen, für Rom verhängnisvoller als die militärische Niederlage von Cannae.

Im östlichen Mittelmeerbereich herrschten zu dieser Zeit König Philipp V. von Makedonien und sein seleukidischer Zeitgenosse Kaiser Antiochos III. Philipp griff 202 v.Chr. unvermittelt fünf friedliche griechische Städte an und folgte dem grausamen Beispiel der Römer, indem er die Bewohner in die Sklaverei verkaufte. Antiochos hatte 221 v.Chr. den vierten seleukidisch-ptolomäischen Krieg um den Besitz von Südsyrien geführt und von 219 bis 217 v.Chr. den fünften. 217 v.Chr. wurde er von Ptolomäus IV. bei Raphia (dem heutigen Rafah) geschlagen. In den Jahren von 216 bis 213 v.Chr. zog Antiochos in das westliche Kleinasien und entthronte seinen Vetter Achäos, der für ihn die seleukidischen Besitzungen nordwestlich des Taurus von König Attalos I. von Pergamon zurückerobert und sich dann gegen ihn aufgelehnt hatte. Von 212 bis 205 v.Chr. führte Antiochos östlich des Euphrat Krieg; 206 v.Chr. eroberte er das Kabultal (eine Ecke des wankenden Maurjareiches). Noch im gleichen Jahr führte er einen Feldzug am Persischen Golf.

Die von Antiochos III. auf seinen Feldzügen zurückgelegten Entfernungen sind kaum geringer als die Alexanders; doch die politischen Ergebnisse waren praktisch unerheblich. Er sicherte sich die nominelle Anerkennung seiner Oberhoheit über Armenien, Nordmedien (das heutige Aserbeidschan), Parthia und Baktrien; aber die Lokalherrscher erlangten ihre Unabhängigkeit *de facto* zurück, sobald er ihnen den Rücken kehrte. 202 v.Chr. begann Antiochos den sechsten seleukidisch-ptolomäischen Krieg, und diesmal behielt er Südsyrien, als 198 v.Chr. Frieden geschlossen wurde. Zur gleichen Zeit verlor Philipp V. seinen zweiten Krieg gegen Rom und Ätolien.

Zwischen 200 und 168 v.Chr. erlegte Rom seine Herrschaft dem ganzen Umkreis des östlichen Mittelmeeres auf. 197 v.Chr. schlug es die Makedonier entscheidend bei Kynoskephalä in Thessalien und vertrieb sie aus allen ihren Besitzungen in Griechenland südlich des Olympos. 195 v.Chr. entmachteten römische Expeditionsstreitkräfte Sparta, indem sie es von seiner Küste isolierten. Nun war Sparta wieder ein kleiner Territorialstaat wie vor seiner Expansion in der zweiten Hälfte des achten Jahrhunderts. 192 v.Chr. zogen Antiochos III. und Ätolien gemeinsam gegen Rom ins Feld. Antiochos mußte 190 v.Chr. kapitulieren, alle seleukidischen Gebiete nordwestlich des Taurus abtreten und eine hohe Kriegsentschädigung zahlen. Ätolien ergab sich ein Jahr später. In einem dritten römisch-makedonischen Krieg (171 bis 168 v.Chr.) liquidierte Rom das Königreich Makedonien und teilte das Land in vier Staaten unter römischer Oberhoheit.

Antiochos III. hätte den Zusammenstoß mit Rom vermeiden können. In den Verhandlungen vor Ausbruch des Krieges bot es ihm zwei Alternativen einer friedlichen Koexistenz; die Bedingungen beider waren mäßig und annehmbar, und eine Koexistenz wäre möglich gewesen. Es war genügend Raum für zwei Großmächte in der nunmehr sich gewaltig ausbreitenden hellenischen Welt, und die Strukturen ihrer Verfassungen entwickelten sich parallel. Sowohl das seleukidische wie das Römische Reich standen am Beginn einer Entwicklung, die zu einem Bund autonomer Stadtstaaten führte. Aber die demütigende Niederlage Antiochos' III. bei Magnesia am Syplosberge 190 v.Chr. verdammte das Seleukidenreich zum Untergang und zur Aufteilung zwischen Rom und Parthia, Makedonien konnte sich auf die Dauer gegen Rom nicht halten, weil es ihm nicht gelungen war, Griechenland unter seiner Oberherrschaft politisch zu einen, so wie Rom Italien geeinigt hatte. 168 v.Chr. genügte die Nachricht von dem entscheidenden Sieg der Römer über die Makedonier bei Pydna, um Antiochos IV. zu veranlassen, Ägypten zu räumen, das er erobert hatte, als die Römer durch den makedonischen Krieg in Anspruch genommen waren.

Die römische Regierung setzte die gleichen diplomatischen Künste ein, die sich bei der Unterwerfung Italiens bewährt hatten, um die Levante zu meistern. Sie rekrutierten »fünfte Kolonnen« in Feindstaaten, sie gewannen Alliierte unter den schwächeren Nachbarn großer Mächte, die mit Rom konkurrierten, und »überraschten diese Verbündeten durch ihre Undankbarkeit«, sobald der Sieg über die rivalisierende Macht mit Hilfe dieser Verbündeten deren Dienste überflüssig machte. Auf diese Weise gab Rom Ätolien auf, nachdem es 197 v.Chr. Makedonien mit Ätoliens Unterstützung besiegt hatte; so ließ es Makedonien im Stich, nachdem es mit dessen Hilfe 190/189 v.Chr. Ätolien geschlagen hatte. So erging es Pergamon und Rhodos und dem Achäischen Bund nach der Auflösung des Königreichs Makedonien 169 v.Chr., obwohl Pergamon und Rhodos von 192 bis 190 v.Chr. Rom geholfen hatten, Antiochos III. zu besiegen, und obwohl die Achäer Roms zuverlässige Bundesgenossen gewesen waren, nachdem sie 198 v.Chr. ihre Verbindung zu Makedonien gelöst hatten; und so erging es Numidien, mit dessen Hilfe die Römer Karthago im Krieg von 218 bis 201 v.Chr. bezwungen und im Krieg von 150 bis 146 v.Chr. vernichtet hatten. Nach dem entscheidenden Sieg von 168 v.Chr. über Griechenland taten die Römer, was Huang-ti 221 v.Chr. in China getan hatte: Sie deportierten die makedonische, achäische und kontinentalgriechische Führungsschicht nach Italien. Den Molossern von Epirus, die im makedonischen Krieg neutral geblieben waren, und den Ätoliern, die, wenn auch widerstrebend, Rom in diesem Kriege Waffenhilfe geleistet hatten, erging es noch schlimmer: Die Molosser wurden ausgeplündert und versklavt; die Ätolier wurden um ihr Land gebracht und zum Teil ebenfalls deportiert.

Wenn die Jahre von 221 bis 168 v.Chr. für die Bewohner des Mittelmeerraums schmerzlich gewesen waren, so wurden die Jahre von 167 bis 31 v.Chr. qualvoll. Die Heimsuchung durch den Krieg Hannibals hatte den Römern eine tiefe Furcht vor Großmächten in der Reichweite Italiens eingepflanzt. Nur dem entfernten Seleukidenreich hätte der römische Senat vielleicht eine Koexistenz gestattet, wenn Antiochos III. in den verhängnisvollen Jahren von 196 bis 192 v.Chr. weniger unklug gewesen wäre. Doch ab 190 v.Chr. versäumten die Römer keine Gelegenheit, die Macht der Seleukiden zu beschränken, obwohl der Ausgang des Krieges von 192 bis 190 v.Chr. schon die militärische Ohnmacht dieses räumlich so gewaltigen Reiches offenbart hatte. Karthago hingegen, seit 201 v.Chr. hinfällig, wurde 150 v.Chr. von Rom ungerechtfertigt und unbarmherzig angegriffen und 146 v.Chr. zerstört. Im selben Jahr wurde Korinth vernichtet, genau fünfzig Jahre, nachdem Rom es von der makedonischen Garnison in seiner Akropolis befreit hatte. Roms Politik zielte darauf ab, jeden Staat niederzuhalten, der die Absicht zeigte, seine Unabhängigkeit zu bewahren.

Roms Unlust, das von ihm geschaffene politische Vakuum auszufüllen, steht im auffallenden Gegensatz zu Huang-tis Politik, nachdem er 221 v.Chr. die letzten mit ihm rivalisierenden unabhängigen Staaten vernichtet hatte. Er gliederte ihre Territorien sogleich seinem Reich an und vereinigte die ganze chinesische Welt in einem zentralisierten und autokratisch verwalteten Großstaat. Nach 168 v.Chr., dem Jahr, in dem Rom die einzige übriggebliebene Großmacht, die sich mit ihm messen konnte, zerstört hatte, ließ es die zertrümmerte Welt des Mittelmeerraumes ein Jahrhundert warten, bis es daranging, sie wieder aufzubauen. Erst 67 v.Chr. erhielt Gnäus Pompeius diktatorische Vollmachten, Recht und Ordnung in der Levante wiederherzustellen; und er führte zwischen 67 und 62 v.Chr. seinen Auftrag wirksam aus;

doch erst 46 v.Chr. gelang es einem einzelnen römischen Feldherrn, des Pompeius erfolgreichem Rivalen Gajus Julius Cäsar, die gesamte Mittelmeerwelt in seine Gewalt zu bekommen. Dann schickte er sich an, in seiner Welt zu tun, was Huang-ti in der seinen getan hatte: durch die Zusammenfügung der verödeten Länder, die seine republikanischen Vorgänger vernachlässigt hatten, ein zentralisiertes, autokratisch regiertes Reich zu schaffen; und er stand im Begriff, dieses Reich bis in die hellenischen Regionen jenseits des Euphrat auszudehnen, als sein Werk durch seine Ermordung 44 v.Chr. ein plötzliches Ende fand.

Cäsar hatte nur zwei Jahre unbeschränkter Macht (im Gegensatz zu den zwölf Jahren, die Huang-ti zur Verfügung standen), in denen er sich auf die Neugestaltung seiner Welt konzentrieren konnte, und in diesen zwei Jahren wurde er zusätzlich als Feldherr beansprucht. Verglichen mit Huang-ti, war er barmherzig gegen seine besiegten Feinde, und wahrscheinlich war auch seine Ermordung eine Folge seiner Großmut. Die Mittelmeerwelt brauchte und fand in Augustus einen Nachfolger Cäsars, der dessen Politik fortsetzte und das Reich erneuerte und befriedete (so wie Kao-tsu das Reich Huang-tis erneuert hatte).

Die militärischen Niederlagen Karthagos, Makedoniens und des Seleukidenreiches und der gleichzeitige Verfall des ptolomäischen und des maurjanischen Reiches ebneten den Weg für den Wiederaufstieg der unterworfenen asiatischen und afrikanischen Völker.

Noch ehe Rom seinen Feldzug in die Levante begann, hatten die Ägypter sich gegen das ausbeuterische ptolomäische Regime erhoben. Im fünften Krieg zwischen den Seleukiden und Ptolomäern (von 219 bis 217 v.Chr.) hatte die ptolomäische Regierung eine Armee eingeborener ägyptischer Fußtruppen im makedonischen Stil gedrillt und bewaffnet und mit diesen Soldaten bei Raphia die seleukidischen Truppen griechischer Herkunft geschlagen. Dieser militärische Triumph gab der ägyptischen Bauernschaft neues Selbstvertrauen. Die ägyptische Priesterschaft nahm die Gelegenheit wahr, von der fremden Regierung, die deutliche Zeichen der Schwäche verriet, mehr und mehr Zugeständnisse und Vorrechte zu erzwingen. Sie hätte sich zum Führer einer antigriechischen nationalen Bewegung machen können; doch die Revolten der Bauern waren in erster Linie sozialer Art – es waren Aufstände der Armen gegen die Reichen, die sich nicht nur gegen die politische Fremdherrschaft, sondern auch gegen die Priesterkaste richteten.

Eine ähnliche Situation bestand in Judäa. Unter den Persern und den ihnen nachfolgenden Ptolomäern war die jüdische Gemeinschaft nicht mit der Regierung in Konflikt geraten und hatte auch seit Esras Tagen mit den andersgläubigen Untertanen in Frieden, wenn auch nicht in Freundschaft gelebt. Aber wie das ägyptische Volk war auch das jüdische durch die Spannung zwischen einer reichen Minderheit und einer armen Mehrheit gespalten. Die Reichen besaßen das Land und verwalteten die im Tempel von Jerusalem aufgehäuften Schätze; und zu ihnen gehörten die mächtigsten

Priesterfamilien. Die Armen waren die Bauern, die Handwerker in den Städten und die Lehrer des jüdischen Gesetzes, das von den Seleukiden wie vorher von den Ptolomäern als für die jüdische Gemeinschaft in Judäa gültig anerkannt wurde. Die Schicht der Reichen war ihrerseits gespalten durch die Rivalität zweier vornehmer Familien, der Tobiaden und der Oniaden. Während des sechsten seleukidisch-ptolomäischen Krieges, der mit dem Übergang der Herrschaft über Südsyrien, zu dem auch Judäa gehörte, von den Ptolomäern an die Seleukiden endete, weitete sich dieser Familienstreit in einen neuen Konflikt zwischen einer proptolomäischen und einer proseleukidischen Partei aus und dieser wiederum in einen noch härteren Kampf zwischen einer reichen hellenisierenden und einer armen antihellenischen Partei.

Nach der Thronbesteigung Antiochos' IV. im Jahre 175 v.Chr. wandte sich die hellenisierende jüdische Partei in Judäa hilfesuchend an den neuen seleukidischen Herrscher, und mit seiner Unterstützung wurde der jüdische Tempelstaat in einen Stadtstaat im hellenischen Stil umgestaltet und Antiochia genannt. Das war keine Ausnahme. Von Anfang an war es die Politik der Seleukiden gewesen, das Reich nach und nach in eine Vereinigung hellenischer oder hellenisierter Stadtstaaten zu verwandeln, miteinander verbunden durch die gemeinsame Untertanenpflicht gegenüber der Krone. Nach dem Sieg der Römer 190 v.Chr. wurde die traditionelle Politik der Hellenisierung mit verstärktem Eifer verfolgt; die Regierung sah im Hellenismus ein kulturelles Bindemittel, das dazu dienen konnte, die Auflösung aufzuhalten, von der das Seleukidenreich nach seiner demütigenden Niederlage bedroht war.

Die jüdischen Hellenisierer in Judäa hatten einander im Wettstreit um die Hilfe Antiochos' IV. durch Bestechungsgelder überboten, die von den jeweiligen Pfründeninhabern in der hohen Priesterschaft gezahlt wurden, sobald sie über den Tempelschatz verfügen konnten. 169 v.Chr. plünderte Antiochos auf dem Rückweg von seinem ersten ägyptischen Feldzug den Tempel von Jerusalem mit der Einwilligung der herrschenden Priesterschaft. Ein Jahr später, nachdem er Ägypten auf Befehl des römischen Gesandten geräumt hatte, sah Antiochos sich einem Aufstand der antihellenistischen Mehrheit der Juden in Judäa gegenüber. Die Revolte war gegen die hellenisierende Minderheit gerichtet; doch Antiochos faßte sie als eine Rebellion gegen die Krone auf und reagierte militärisch. Er verlegte eine Garnison nach Jerusalem; im Dezember 167 v.Chr. hellenisierte er den Gottesdienst im Jahwetempel und verbot in ganz Judäa die Ausübung der jüdischen Religion in ihrer traditionellen Form. Offenbar wurde nunmehr Jahwe mit dem olympischen Zeus gleichgesetzt und vielleicht in dem Tempel durch ein Standbild repräsentiert, in dem sich Antiochos selber als der »Deus praesens« (»Epiphanes«) darstellte.

All dies geschah in Übereinstimmung mit den jüdischen Hellenisierern, und da diese nach wie vor in Judäa die Vorherrschaft zu haben schienen, muß es Antiochos überrascht haben, als 166 v.Chr. der Widerstand der Traditionalisten im Makkabäeraufstand militärische Formen annahm. Die Rebellen überwältigten die Hellenisierer; sie besetzten Jerusalem mit Ausnahme der Befestigungen der seleukidischen Garnison, und im Dezember 164 v.Chr. stellten sie im Tempel die alte Gottesdienstordnung wieder her. 161 v.Chr. schloß die römische Regierung ein Abkommen mit den Aufständischen; 141 v.Chr. kapitulierte die seleukidische Garnison in Jerusalem. Im selben Jahr entrissen die Parther dem Seleukidenreich nicht nur Medien, sondern auch Babylonien, das wirtschaftliche Kernstück des Reiches.

139 v.Chr. versuchte der Antiochosnachfolger Demetrios II. vergeblich, die verlorenen Länder zurückzugewinnen; er wurde von den Parthern geschlagen und gefangengenommen. Sein Bruder Antiochos VII. Sidetes zwang 133 v.Chr. Jerusalem zur Kapitulation und unterwarf die Makkabäer. Deren Führer Johannes Hyrkanus mußte ihn an der Spitze eines jüdischen Truppenkontingents in einem Feldzug begleiten, in dem Antiochos die Niederlage seines Bruders wiedergutzumachen hoffte. Es gelang ihm tatsächlich 130 v.Chr., Babylonien und Medien zurückzuerobern; aber schon im nächsten Jahr wurde sein in Winterlagern in Medien zerstreutes Heer von den Parthern vernichtet. Antiochos VII. wurde umgebracht; Johannes Hyrkanus durfte sein jüdisches Kontingent nach Judäa zurückführen.

Von 129 bis 63 v.Chr. war Judäa ein unabhängiger Staat unter der Herrschaft der Makkabäer, die einige angrenzende Gebiete Südsyriens eroberten und ihrem Land einverleibten, darunter die meisten griechischen oder hellenisierten Städte an der Küste und im Innern. 64/63 v.Chr. jedoch befreite Pompejus die eroberten Städte, und Judäa selber geriet unter römische Herrschaft.

Die jüdische Nationalbewegung war wie die ägyptische politisch gegen die griechische imperialistische Regierung gerichtet gewesen. Aber es ist leichter, ein politisches Regime umzustürzen, als der Anziehungskraft einer starken Kultur zu widerstehen. Noch als Karthago schon erloschen war, fand die syrische Kultur der libysch-phönizischen Städte an der Küste Nordwestafrikas ihren Weg nach Numidien; und sobald in Judäa und den angrenzenden Teilen Südsyriens die Makkabäer in die Fußtapfen der Seleukiden getreten waren, übernahmen sie die hellenische Kultur, so wie es die Bewohner anderer Nachfolgestaaten des Seleukidenreiches getan hatten.

Die Makkabäer hatten die Krone als Verfechter der traditionellen Form des Judentums erlangt, und ihr Kompromiß mit dem Hellenismus bewirkte einen Bruch zwischen ihnen und den Chassidäern (»Gesetzesfrommen«), den Vertretern des traditionellen Judentums, die unter der Führung der Makkabäer den Kampf gegen die jüdischen Hellenisierer und die seleukidische Regierung geführt hatten. Zu den Chassidäern gehörten die Ausleger des Gesetzes (die »Schriftgelehrten«), und diese hatten aus zweierlei Motiven zu den Waffen gegriffen. Für sie bedeutete die Wiedereinsetzung des Gesetzes nicht nur die Neubelebung der jüdischen Religion in ihrer traditionellen Form, sondern auch die Wiederherstellung des gesellschaftlichen Status der Schriftgelehrten. Aber die Macht in Judäa war nicht an die Schriftgelehrten, sondern an die makkabäische Dynastie gefallen – die jüdischen Nachfolger der makedonischen Griechen, die wie diese als absolute Monarchen herrschten. Während der Regierungszeit des Makkabäerkönigs Alexander Jannäus (102 bis 76 v.Chr.) entbrannte ein Bürgerkrieg zwischen den Herrschenden und den Pharisäern (»Abgesonderten«), wie die Chassidäer jetzt genannt wurden. Sechstausend von ihnen sollen in Jerusalem im Tempelbezirk von der Wache des Königs, die aus nichtjüdischen Söldnern bestand, niedergemetzelt worden sein.

Selbst die früheren Nomaden, die Parther oder zumindest ihre Herrscher, die Dynastie der Arsakiden, übernahmen Elemente hellenistischer Kultur, als sie nach der Einnahme von Babylonien ihre Hauptstadt nach Ktesiphon, einer Vorstadt von Seleukia am Ostufer des Tigris, verlegten. In den Jahren von 230 bis 221 v.Chr., in denen alle griechischen Nachfolgestaaten des ersten persischen Reiches zerbrachen, triumphierte der Hellenismus auch östlich von Parthia, in den oberen Becken des Oxus und des Jaxartes (Baktrien und Sogdiana) und in Nordwestindien. Auch hier wie andernorts überlebte der kulturelle Einfluß des Hellenismus lange seinen politischen Untergang.

In Baktrien und Sogdiana war der militärische Widerstand gegen Alexander den Großen hartnäckiger gewesen als in allen anderen früheren persischen Besitzungen; doch gerade hier entstand in der Folgezeit eine enge Symbiose zwischen Iranern und Griechen, und diese Entente überlebte den Abfall des griechischen Statthalters von Baktrien und Sogdiana vom Seleukidenreich um 250 v.Chr. (ungefähr zur gleichen Zeit wie die Besetzung Parthias durch die nomadischen Parni). Der Mißerfolg des Ostfeldzuges des Seleukidenkönigs Antiochos III. (212 bis 205 v.Chr.), seine schwere Niederlage gegen die Römer 190 v.Chr. und der Zerfall des maurjanischen Reiches nach Aschokas Tod 232 v.Chr. bewirkten ein politisches Vakuum südlich des Hindukusch, das nun die Helleno-Baktier zu füllen versuchten.

Einer der beiden baktrischen Fürsten, Demetrios, dürfte bald nach 200 v.Chr. das Gebiet des heutigen Südwestafghanistan erobert haben, das Seleukos I. an Tschandragupta, den König von Maurja, abgetreten hatte. König Menander, ein Grieche, herrschte um 160 bis 130 v.Chr. in dem weit südöstlich gelegenen Gebiet zwischen den Mündungen des Indus und des Narbada; und es könnte in seiner Regierungszeit gewesen sein, daß die Griechen, die sich in Indien niedergelassen hatten, vorübergehend Pataliputra besetzten, die frühere Hauptstadt der erloschenen Maurjadynastie. Man hat neununddreißig Münzen von baktrischen und graeco-indischen Königen und zwei griechischen Königinnen gefunden. Sie sind an Schönheit mit den syrakusanischen Münzen des fünften Jahrhunderts v.Chr. vergleichbar, und manche Porträts sind hervorragend; sie bezeugen die große Zahl von Griechen, die in weniger als zwei Jahrhunderten in diesem Gebiet über meist winzige Territorien herrschten und sich gegenseitig in Bruderkriegen, dem eingewurzelten Laster der Griechen, zugrunde richteten. Wie die griechischen Stadtstaaten vor Philipp von Makedonien und die Nachfolger Alexanders stritten diese Helleno-Baktrier und Graeco-Inder ständig miteinander – in diesem Falle um Landfetzen beiderseits des Hindukusch –, und sie machten nicht den Versuch, eine gemeinsame Front gegen die Völker zu bilden, die aus der eurasischen Steppe über sie hereinbrachen.

Baktriens und Parthias unmittelbare Nachbarn im Norden waren zwei sakische (skythische) Völker: eins im heutigen Kasachstan östlich des Kaspischen Meeres, das andere in Farghana am Oberlauf des Jaxartes. Beide Völker standen vor dem Fall des ersten persischen Reiches unter persischer Oberhoheit. Um 140 v.Chr. wurden sie von den Yüetschi, die südwestwärts zogen, um sich den Hiungnu zu entziehen, nach Süden gedrängt. Die Saken überwältigten die Griechen in Baktrien; doch die Parther – durch die Erwerbung Babyloniens gestärkt – erwehrten sich ihrer von 138 bis 124 v.Chr. und drängten sie in das untere Becken des Flusses Helmand ab (seitdem als Seistan – Sakastana, »Land der Saken« – bekannt). Von dort drangen die Saken ins Industal und eroberten nacheinander die griechischen Fürstentümer in Indien. Ein Teil der Parther folgte ihnen auf dem Fuß und brachte sie unter ihre Herrschaft. Inzwischen waren die Yüetschi über den Oxus in Baktrien eingedrungen und hatten ihre sakischen Untertanen überrannt, die vorher Baktrien an sich gebracht hatten. Es wurde bereits erwähnt, daß Tschang K'ien, der Botschafter des chinesischen Kaisers Wu-ti, um 128 v.Chr. die Yüetschi in Transoxanien ansässig gefunden hatte. 48 n.Chr. überquerte der Hauptstamm der Yüetschi, die Kuschan, den Hindukusch und erlegte den Partho-Saken im Indusbecken und den unabhängigen, weiter südostwärts und südwärts getriebenen Saken seine Herrschaft auf. So vereinten die Kuschan Baktrien und Nordwestindien zu einem Reich zu beiden Seiten des Hindukusch.

Die Parther, die Saken und die Yüetschi (Tocharer) waren alle ursprünglich eurasische Nomaden, die ersten beiden iranisch sprechende Völker, die schon mit den Persern und dann mit den Griechen Kontakt gehabt hatten, ehe sie sich aus der Steppe in Regionen begaben, die von Ackerbauern bewohnt wurden. Die Yüetschi waren von weiterher gekommen ohne Berührung mit persischen, griechischen oder chinesischen Kulturen; und ihre angestammte indoeuropäische Sprache, Tocharisch, war nicht iranisch. Doch alle drei ehemaligen Wandervölker und nicht zuletzt der kuschanische Zweig der Yüetschi nahmen die hellenische Kultur der Regionen, die sie eroberten, an. Ihre Münzen zum Beispiel sind Nachahmungen und sogar Nachprägungen griechischer Münzen. Die Arsakiden und die Kuschan unterwarfen sich der Hellenisierung ebenso bereitwillig wie die Makkabäer und die Römer.

Hermaios, der letzte griechische König im Gebiet des heutigen Afghanistan, und seine Gattin Kalliope starben, vielleicht durch Partho-Saken umgebracht, im gleichen Jahr 30 v.Chr., in dem sich die letzte griechische

Königin Ägyptens, Kleopatra VII., das Leben nahm. Der letzte ernsthafte militärische Widerstand der Griechen gegen Rom war der makedonische Aufstand von 149/148 v.Chr. gewesen. Der Krieg des Achäischen Bundes gegen Rom 146 v.Chr. nach dem Zusammenbruch der makedonischen Revolte war von vornherein zum Scheitern verurteilt. Danach wurde Roms Herrschaft von keiner griechischen Regierung mehr, sondern nur noch von griechischen oder hellenisierten Sklaven und von iranischen Regenten einiger Nachfolgestaaten des ersten persischen Reiches angefochten.

Die Seleukidendynastie hatte sich seit 241 v.Chr. selber durch Bruderkriege rivalisierender Erben geschwächt. Von 129 v.Chr., dem Jahr der Niederlage und des Todes des Königs Antiochos VII. Sidetes in Medien, bis zur Auslöschung des letzten Restes des Seleukidenreiches 64 v.Chr. waren solche Fehden in dem verfallenden Reich an der Tagesordnung, und es wurde zu einem ergiebigen Jagdgrund für Sklavenhändler. Vor 168 v.Chr. hatte die rhodische Flotte die Levante kontrolliert; doch nach der Auflösung des Königreichs Makedonien wurde seine Macht gebrochen, als Rom die Insel Delos den Athenern unter der Bedingung überließ, daß hier ein Freihafen entstand. Rhodos konnte sich jetzt seine große Flotte nicht mehr leisten, und ein Jahrhundert lang beherrschten Piraten, die ihre Basen in Westkilikien und Kreta hatten, das östliche Mittelmeer. Sie arbeiteten mit in Delos ansässigen italischen und syrischen Kaufleuten zusammen, entführten Opfer der syrischen Bürgerkriege und verkauften sie als Sklaven, die an die Gutsherren in Italien und Sizilien geliefert wurden.

Die neue Sklavenbevölkerung der Halbinsel Italien und Siziliens bestand aus Menschen aller gesellschaftlichen Klassen, denn jeder konnte ein Opfer der politischen Wirren und der Bürgerkriege in Syrien werden. Einige Führer der nachmaligen Sklavenaufstände in Sizilien hatten eine gute Erziehung genossen und besaßen sogar staatsmännische Erfahrung. Schon 198 v.Chr. gab es eine Rebellion der Sklaven auf den Gütern in Setien, einer Latinerkolonie südöstlich von Rom; aber da diese Sklaven aneinandergekettet arbeiteten und nachts eingeschlossen wurden, war ihr Aufstand zum Scheitern verurteilt. Die Initiative lag bei den Hirtensklaven; sie waren bewaffnet, um die Herden gegen Räuber und Raubtiere schützen zu können, und im Sommer in den Bergen praktisch ohne Aufsicht. Sie befreiten ihre Kameraden auf den Feldern und bildeten Truppen, die sich den Römern in offenem Kampf stellten. So waren die sizilischen Sklavenkriege von 135 bis 132 und von 104 bis 100 v.Chr. verhältnismäßig erfolgreich und anhaltend.

135 v.Chr. gab es auch Sklavenaufstände auf Delos und in Attika. Es ist nicht belegt, ob die gleichzeitigen Revolten in verschiedenen Orten der Mittelmeerwelt verabredet waren oder ob eine die andere ausgelöst hatte; aber wahrscheinlich war dieses Zusammentreffen nicht zufällig. In jenem Jahr war Delos politisch mit Athen und wirtschaftlich mit Sizilien und Italien verbunden; 132 v.Chr. machte Aristonikos, der den Thron beanspruchte, den Römern Pergamon streitig, die es ein Jahr zuvor von dem letzten König

geerbt hatten. Sie hatten das Reich Pergamon zur römischen Provinz »Asia« gemacht und die Steuern an römische Kaufleute verpachtet. Aristonikos forderte die Sklaven auf, ihn zu unterstützen, und proklamierte die Gründung eines »Reichs der Sonne« und drückte damit die Idee aus, welche die Führer der sizilischen Sklavenrevolten inspiriert hatte: die Sonne als göttliche Verkörperung der Gerechtigkeit, denn sie gibt unparteiisch Licht und Wärme den Sklaven und den Freien, den Armen wie den Reichen. Die römische Regierung hingegen unterstützte die Reichen und die Sklavenhalter und -händler. Die Rebellen wollten nicht nur einen neuen Staat anstelle des römischen, sondern auch eine neue Gesellschaftsordnung statt der hellenischen, da diese ihr Proletariat unmenschlich behandelte. Das war auch das Ziel des thrakischen Gladiators Spartakus, der aus dem Gefängnis floh, eine Sklaventruppe aufstellte und einen Teil Süditaliens von 73 bis 71 v.Chr. besetzt hielt.

Der erste iranische Herrscher, der sich gegen Rom erhob, war König Mithridates VI. von Pontus. 88 v.Chr. eroberte er die Provinz Asia, besetzte Delos und gewann den Beistand Athens. Er bezeichnete sich als den Befreier der Griechen von römischer Unterdrückung und entfesselte in den befreiten Gebieten ein Massaker an italischen Steuereinnehmern und Kaufleuten. Von 88 bis 86 v.Chr. drang Mithridates so weit in Griechenland ein wie die Armeen des Xerxes vierhundert Jahre zuvor; er wurde indessen wie jener besiegt und gezwungen, Frieden zu schließen, doch ergriff er noch zweimal die Waffen gegen Rom, ehe er 63 v.Chr. starb.

Die Angriffe des Mithridates gegen Rom, auch wenn sie erfolglos blieben, hatten Rom stärker angeschlagen als jede andere Herausforderung seit der makedonischen Rebellion 149/148 v.Chr. Eine weitere iranische Macht, Parthia, fügte 53 v.Chr. Rom bei Karrhä die schwerste militärische Niederlage seit der Schlacht von Cannae zu. Das Schlachtfeld von Karrhä war eine Ebene; seine Entfernung vom nächsten Mittelmeerhafen stellte die römische Armee, die weit ins Innere des Landes marschieren mußte, vor ein schwieriges logistisches Problem, und das Gelände strafte die Legende von der Unbesiegbarkeit des zahlenmäßig überlegenen, taktisch besser geschulten römischen Fußvolks Lügen. Es war hilflos gegen die geringere Zahl der parthischen berittenen Bogenschützen. Die Armee des römischen Feldherrn Crassus wurde vernichtet.

Es war die erste unwiderrufliche Niederlage der Römer. Die Karthager, die griechischen Staaten, die aufständischen Sklaven, Mithridates – sie alle hatten sich ergeben müssen. Die Parther waren die wirkungsvollsten Feinde. Die eigentlichen Opfer der Römer in der Zeit nach Hannibal aber waren nicht die unterworfenen Völker, sondern die Römer selber.

Roms Kriege mit den griechischen Levantestaaten waren kurz gewesen, und dort konnte Rom seine Gegner niederhalten, ohne sich dauernd militärisch und politisch zu engagieren. Der Sieg über Hannibal jedoch hatte ihm fortgesetzte Verpflichtungen in Italien nördlich der Apenninen und in Spanien auferlegt. Für die römischen Bauern-Soldaten war der langfristige Dienst fern der Heimat wirtschaftlich ruinös, die Großgrundbesitzer kauften ihr Land billig auf – eine ähnliche Situation wie im China dieser Zeit. Die letzten unabhängigen Stämme in der Poebene wurden erst 25 v.Chr., die letzten in Spanien 19 v.Chr. unterworfen. Zu diesem Zeitpunkt hatte Rom seine militärischen Grenzen auf dem westlichen europäischen Kontinent bis zum Rhein und in Asien bis zum Euphrat vorgeschoben, während es sich in Südosteuropa durch den großen makedonischen Aufstand von 149/148 v.Chr. gezwungen gesehen hatte, Makedonien zu annektieren, dessen Verteidigung im Norden zu übernehmen und auf diese Weise bis zur Donau vorzudringen.

Inzwischen hatten die Verheerungen in Südostitalien und Sizilien im Krieg gegen Hannibal und die Politik der römischen Regierung, den Rest der Mittelmeerwelt zu zerstören und dann zu vernachlässigen, einer neuen Klasse von Profitjägern Gelegenheit zu Ausbeutungen im großen Stil gegeben. Auf der Halbinsel Italien hatten, während es von Rom erobert und vereinigt wurde, ähnlich wie im China der streitenden Reiche Geschäftsleute flüssiges Kapital angehäuft. Diese Kapitalisten und die Landbesitzer in der römischen Oberschicht teilten sich den Löwenanteil des römischen Volksvermögens. Die große Mehrheit der römischen Bürger war arm, und arm war auch der Staat selber.

215 v.Chr., im vierten Jahr des Krieges gegen Hannibal, war die römische Staatskasse leer; aber die Kriegslieferanten, welche die römischen Heere in Italien und Übersee mit Nahrung, Kleidung und Waffen versorgten, lieferten bereitwillig diese unentbehrlichen Waren bis zur Beendigung des Krieges auf Kredit; und sie müssen genug Kapital angesammelt haben, um dies von 215 bis 201 v.Chr. tun zu können. Darüber hinaus bedachten 205 v.Chr. mehrere Stadtstaaten in dem verschont gebliebenen Gebiet von Nordwestitalien – von denen einige römisch waren, andere mit Rom verbündet – mit großzügigen Spenden die Expeditionsstreitkräfte, die Scipio für seine Invasion Nordafrikas zusammenstellte.

Von 215 v.Chr. an war die römische Regierung von ihren privaten Geldgebern abhängig; sie mußte ihnen Bedingungen einräumen, die diesen goldene Gelegenheiten zu Kreditschwindeleien boten; und wenn der Betrug offenkundig wurde, zögerten die Behörden, die betrügerischen Lieferanten strafrechtlich zu verfolgen, weil sie fürchteten, daß die Schuldigen ihre Lieferungen einstellen könnten, denn dies hätte militärische Niederlagen zur Folge gehabt. Noch vor Kriegsende, 204 und 202 v.Chr., war das Schatzamt gezwungen, seine Schulden ratenweise an die Gläubiger zurückzuzahlen; und 200 v.Chr. mußte als letzte Rate staatlicher Grundbesitz innerhalb von fünfzig Meilen rund um Rom hergegeben werden – Ländereien, deren Wert mit Sicherheit steigen würde. Neben der Aufnahme privater Gelder zu ungünstigen Bedingungen hatte das Schatzamt die Kriegskosten zum Teil auch durch eine jährliche Kapitalabgabe der Steuerzahler finanziert. 187

v.Chr. wurde den Steuerzahlern ein Teil ihrer Abgaben aus dem Regierungsanteil der Kriegsbeute, die eine römische Expeditionsstreitkraft aus der Plünderung Kleinasiens nach Rom gebracht hatte, zurückerstattet.

Dies war allerdings nicht die einzige Quelle, aus der die römische Regierung zwischen 201 und 169 v.Chr. ihre Kasse wieder auffüllte. Sie erhielt auch Kriegsentschädigungen - zum Beispiel von Karthago 201 v.Chr. und vom Seleukidenreich 190 v.Chr. -, und das waren meist beständige, einträgliche Kapitalanlagen wie enteignetes Land von abgefallenen und erneut unterworfenen Städten in Südostitalien, das gesamte Gebiet von Karthago und Korinth, Bergwerke und Wälder in Makedonien, die Kronbesitz gewesen waren, Bergwerke in Spanien, die der karthagischen Regierung oder besetzten spanischen Städten gehört hatten. Nach der Eroberung Makedoniens 168 v.Chr. wurden die direkten Steuern für römische Bürger in Italien abgeschafft sowie für Bürger in Städten außerhalb Italiens, denen römisches Steuerrecht zuerkannt worden war.

Auf diese Weise wurde ab 215 v.Chr. die reiche Minderheit der römischen Bürger noch reicher, die arme Mehrheit ärmer. Die neureichen Geschäftsleute waren wirtschaftlich nicht produktiv, sie waren auch keine Unternehmer, nicht einmal Händler – es sei denn Sklavenhändler und Kriegslieferanten –, sie erwarben ihre Vermögen hauptsächlich als Steuerpächter und Zolleinnehmer. Die Mitglieder der Regierung, denen die Vergabe offentlicher Ämter unterstand und die daher verpflichtet gewesen wären, ihre Untertanen vor der Ausbeutung durch die Steuerpächter zu schützen, waren mehr daran interessiert, selber ungesetzliche Gewinne einzustreichen – teils durch heimliche Teilnahme an dem Steuerpachtgeschäft, doch überwiegend durch lukrative Landverkäufe und -verpachtungen in den neuen römischen Territorien in Italien.

In Südostitalien waren große Gebiete römisch geworden; und zugleich kam enteignetes Land von italischen Staaten, die während des Hannibalkrieges abgefallen waren, auf den Markt sowie Grundstücke auf römischem Gebiet aus dem Besitz bankrotter Bauern, die jahrelang Kriegsdienste an entfernten Fronten leisten mußten. Aus der Pacht öffentlichen Landes und dem Kauf der Äcker bankrotter Bauern waren nunmehr ansehnliche Gewinne herauszuschlagen.

Ein großer Teil der Fläche der Halbinsel Italien besteht aus rauhem Hochland, das Ackerbau nicht zuläßt, doch einträgliche Sommerweiden für Schafe und Rindvieh abgibt, wenn zusätzliche Winterweiden in den Ebenen vorhanden sind und sichere Wege, um die Herden zweimal im Jahr hinauf- und hinunterzutreiben. Seit der politischen Einigung Italiens 264 v.Chr. wurde die Weidewirtschaft des Landes in großem Stil erweitert. In den Ebenen gab es neben der Nutzung des Landes als Winterweiden die Möglichkeit, Weinstöcke und Ölbäume zu pflanzen, denn es bestand ein einträglicher Markt für Wein und Öl in der Stadt Rom und anderen italischen Städten und in nördlichen europäischen Regionen, wo der Öl- und Weinanbau teils aus klimatischen Gründen nicht möglich war, teils von der römischen Regierung verboten wurde. Aber in der Periode von 221 bis 31 v.Chr. waren Weinberge und Olivenpflanzungen wie die Viehwirtschaft nur auf der Basis von Sklavenarbeit lukrativ.

Allerdings war die Sklavenarbeit relativ teuer. Sklaven mußten gekauft und dann das ganze Jahr ernährt und beherbergt werden, und wenn sie alt und arbeitsunfähig waren, wurden sie zu einer Belastung, während der landwirtschaftliche Unternehmer freie Arbeitskräfte saisonweise engagieren konnte, ohne dauernde Verpflichtungen einzugehen. Die Sklavenhaltung hatte jedoch einen entscheidenden Vorteil: Die Arbeitskraft stand dauernd zur Verfügung des Herrn, solange der Sklave leistungsfähig war, denn er konnte nicht zum Kriegsdienst eingezogen werden.

So machten nach dem Hannibalkrieg die Landwirtschaft und die Bevölkerung Italiens eine radikale Veränderung durch. Der kleine, unabhängige Grundbesitz freier Bauern, der vorwiegend für den Eigenbedarf produzierte, wurde von großen Weidegütern, aus Sommer- und Winterweiden bestehend, verdrängt und in den Tälern auch von Oliven- und Weingärten; und beide Arten der Bewirtschaftung stützten sich auf Sklavenarbeit. Freilich erfaßte der Wandel nicht die ganze Bevölkerung, es blieben noch freie Bauern in beträchtlicher Zahl, und nicht alles Getreide zur Ernährung der Stadt Rom kam aus den tributpflichtigen Sizilien und Sardinien. Doch um 135 v.Chr., als der erste sizilische Sklavenkrieg ausbrach, war die wirtschaftliche und demographische Revolution schon so weit fortgeschritten, daß eine Verknappung der italischen männlichen Bevölkerung, die legal zum Heeresdienst eingezogen werden konnte, die Folge war.

Die römische herrschende Klasse blieb den sozialen Ungerechtigkeiten der Sklavenhaltung und der Verarmung der politisch machtlosen Mehrheit gegenüber gleichgültig, aber sie wurde alarmiert von der wachsenden Schwierigkeit, Truppen in der Stärke auszuheben, wie sie für Roms militärische Engagements benötigt wurden. Überdies waren zwangsweise Eingezogene schlechte Soldaten. Diese Sorge um die Aufrechterhaltung der militärischen Schlagkraft, mehr als das Bedürfnis nach sozialer Gerechtigkeit, veranlaßte 133 v.Chr. den Volkstribun Tiberius Sempronius Gracchus, ein Gesetz einzubringen, das eine Revolution der römischen Gesellschaft herbeiführte. Es beschränkte die Menge Land, die ein einzelner bewirtschaften durfte, und verfügte die Verteilung des frei werdenden Landes an besitzlose Bürger, die dafür zum Heeresdienst herangezogen werden konnten. Dieses Gesetz entfachte im Westen der Ökumene der Alten Welt einen Sturm, der hundert Jahre wüten sollte – das Jahrhundert, in dem der Osten der Ökumene sich in den langwierigen Kriegen zwischen dem Chinesischen Reich und den Hiungnu verzehrte.

Sein Gesetz kostete Tiberius Gracchus das Leben – er wurde noch im gleichen Jahr von seinen Standesgenossen erschlagen –, und zehn Jahre später nahm sich sein Bruder Gajus das Leben. Das Gesetz hatte nicht nur den Unwillen der römischen Oberschicht erregt, sondern auch den der römischen Bürger in den ehemals abgefallenen Staaten, von denen noch viele ungestört auf enteignetem Land saßen. 111 v.Chr. waren weder die militärischen noch die sozialen Fragen, welche die Gesetzgebung der Gracchen aufgeworfen hatte, beantwortet. Wenige Jahre später jedoch wurde das Problem nach Grundsätzen gelöst, die den Fortbestand der konstitutionellen Verfassung gefährlich wurden.

107 v.Chr. wurde Gajus Marius, der nicht dem römischen Patriziat angehörte, zum Konsul gewählt (zwei jährlich gewählte Konsuln waren die höchsten Beamten des Staates) und stellte ein Heer durch Aushebung besitzloser römischer Bürger auf. Diese taten willig Dienst; sie hatten nichts zu verlieren und konnten nur gewinnen. Zwischen ihnen und Marius bestand eine Übereinkunft, daß er nach ihrer Entlassung für sie sorgen und mit ihnen zusammen politischen Druck auf die Regierung ausüben würde, um die Forderungen der Besitzlosen durchzusetzen. Marius war der erste der römischen revolutionären Feldherren, die praktisch Rom regierten. Diese Herrschaft wurde allerdings niemals eingestanden. Eine Ausnahme war Julius Cäsars offenkundige und daher schnell und gewaltsam beendete monarchische Herrschaft.

Diese neue verfassungswidrige autokratische und militärische Form der römischen Regierung wurde erst 31 v.Chr. mit einer durchsichtigen Scheinlegalität verschleiert. Bis dahin kostete die neue Ordnung (oder vielmehr Unordnung) das Volk von Italien zwei Bügerkriege – den ersten von 90 bis 80 v.Chr., den zweiten von 49 bis 31 v.Chr. Es ist eine Ironie der römischen Geschichte, daß von der Ermordung des Tiberius Gracchus im Jahre 133 v.Chr. bis zum Selbstmord Marcus Antonius' 30 v.Chr. die Blitze eines wütenden Jupiter Optimus Maximus die höchsten Bäume eines schwindenden Haines einen nach dem anderen zerschmetterten. Die beiden Gracchen, Cinna, Sertorius, Catilina, Crassus, Pompejus, Julius Cäsar, Sextus Pompeius, Marcus Antonius – alle diese großen Akteure des römischen Schauspiels starben eines gewaltsamen Todes. Marius entging diesem Ende nur nach schweren Schicksalsschlägen; zwei andere Feldherren in dieser Reihe, geschickte politische Akrobaten, starben in ihren Betten: Lucius Cornelius Sulla, der grausamste Feldherr von allen, und der listigste, Caesar Octavianus (Augustus), Julius Cäsars Neffe und Adoptivsohn.

Er hat seinen ruhigen Tod verdient; es war ihm gelungen, die hundertjährige römische Revolution zu beenden. Marius selber und seine Gefährten Cinna und Sertorius sind römische Gegenstücke zu dem die Gleichheit verfechtenden Fürsten Aristonikos von Pergamon und den sizilischen Sklavenkönigen Eunous und Salvius.

Die römische Revolution war Hannibals posthume Rache an seinem großen Widersacher; doch da die Wirren den ganzen römischen Staat erfaßten – den westlichen Gegenspieler des Ts'instaates –, brachten sie Unordnung und Unheil über die gesamte Mittelmeerwelt.

37

DIE VIER GROSSEN REICHE: CHINA, KUSCHAN, PARTHIA UND ROM VON 31 V.CHR. BIS 220 N.CHR.

Vom Jahre 48 n.Chr. bis in den Anfang des dritten Jahrhunderts gehörten fast alle Regionalzivilisationen der Ökumene der Alten Welt geographisch und politisch zu einem der vier großen Reiche, deren Domänen sich insgesamt über den ganzen eurasischen Kontinent vom Stillen Ozean bis zum Atlantik erstreckten.

Dieser Abschnitt der Geschichte war eine Epoche der politischen Einheit in einem gigantischen Maßstab. Eine Ausnahme bildete lediglich der indische Subkontinent. Die Errichtung des Kuschanreiches 48 n.Chr. gab Nordwestindien die politische Einheit und vereinte diesen Teil Indiens mit Baktrien – ein auffallender Gegensatz zu dem politischen Chaos, das in Indien seit dem Beginn des zweiten Jahrhunderts v.Chr. geherrscht hatte. Doch das Indien des ersten Jahrhunderts n.Chr. war noch immer politisch zerrissen, verglichen mit dem Indien des dritten Jahrhunderts v.Chr., als der ganze Subkontinent mit Ausnahme der Südspitze von der Maurjadynastie beherrscht worden war.

Im ersten Jahrhundert n.Chr. stand das Kernstück des früheren Maurjareiches in den heutigen Bundesstaaten Bihar und Uttar Pradesch unter der Herrschaft der Sungadynastie, die hier 183 v.Chr. die Maurja abgelöst hatte. Deren frühere Hauptstadt Pataliputra war jetzt der Sitz der Sunga; und obwohl im zweiten Jahrhundert ein griechischer König einmal diese Stadt erobert hatte, hat sich das Kuschanreich nie so weit nach Südosten ausgedehnt. Der größere Teil der früheren maurjanischen Besitzungen stand jetzt unter der Herrschaft einer anderen Nachfolgedynastie, der Andrha (auch Satawahana, um 230 v.Chr. bis 235 n.Chr.), die eine ähnliche Macht waren wie die Sunga, während sich in die Südspitze des Subkontinents zahlreiche kleine Staaten teilten. Zwischen 40 und 150 n.Chr. ließen sich die Saken, von den Partho-Saken aus dem Indusbecken nach Südosten getrieben, in Udschain nieder und faßten auf Kosten der Andrha Fuß in Maharaschtra. Diese beiden sakischen Fürstentümer waren autonome Satrapien des Kuschanreiches; doch der größere Teil des Subkontinents war noch außerhalb dessen Grenzen.

Ein anderer Teil der Ökumene, der nicht zu einem der vier großen Reiche gehörte, war das Land am Oberlauf des Nils. Es wurde schon erwähnt, daß sich das pharaonische Ägypten in der Zeit des Mittleren Reichs bis oberhalb des zweiten Katarakts und in der Zeit des Neuen Reichs bis unterhalb des vierten Katarakts vorgeschoben hatte. Nach dem Zusammenbruch des

Neuen Reichs im elften Jahrhundert v.Chr. war Napata die Hauptstadt des Nachfolgestaates Kusch geworden, der seine fehlgeschlagenen Versuche im achten und siebenten Jahrhundert v.Chr., Ägypten unter seiner Herrschaft wieder zu vereinen, überlebt hatte. Zu einem nicht bekannten Zeitpunkt dehnte sich das Königreich Kusch über Napata hinaus bis Meroë auf dem rechten Nilufer aus, wohin, möglicherweise im sechsten Jahrhundert, die Hauptstadt verlegt wurde.

Meroë, zwischen dem Fluß Atbara und dem sechsten Katarakt gelegen, hatte Napata gegenüber drei Vorteile. Es lag in einem Gebiet mit gelegentlichen Regenfällen, während Napata ganz auf künstliche Bewässerung angewiesen war; und es besaß in seiner Nähe reiche Eisenerzlager, die eine Metallindustrie ermöglichten. Drittens hatte Kusch durch Meroë Zugang zu dem Gürtel durchquerbaren und bewohnbaren Landes (1973 n.Chr. von der Dürre heimgesucht), der sich zwischen der Wüste im Norden und den tropischen Regenwäldern im Süden über den ganzen Kontinent vom Westufer des Weißen Nils bis zur Atlantikküste Afrikas erstreckt.

Obwohl dem Königreich Kusch die Einigung Ägyptens mißlang, konnte es seine Unabhängigkeit gegen das erste persische Reich, gegen die Ptolomäer und gegen Rom behaupten. Erst im dritten Jahrhunder v.Chr. ist es offenbar von den Nubiern zerstört worden.

Inzwischen, vielleicht schon im siebenten Jahrhundert v.Chr., war die Nordseite der abessinischen Hochebene von Einwanderern aus dem arabischen Jemen besiedelt worden; und auch der Jemen wie seine Kolonie in Afrika blieben außerhalb der Grenzen der vier Reiche.

Wenn diese auch nicht den ganzen zivilisierten Teil der Alten Welt einschlossen, so umfaßten sie doch den größten Teil davon. Ihre politischen Beziehungen untereinander waren überwiegend von der Landkarte bestimmt. Weder Rom noch Parthia hatten mit China gemeinsame Grenzen; Kuschan grenzte nirgendwo an das Römische Reich. Direkte Beziehungen zwischen China und Rom, an den entgegengesetzten Enden des Kontinents gelegen, waren höchst selten; wahrscheinlich waren sich ihre Bewohner der Existenz des anderen Landes, wenn überhaupt, nur dunkel bewußt. Kuschan und Parthia jedoch standen mit den anderen Reichen in verhältnismäßig enger Beziehung; sie waren die Mittelmächte und ihre Kaufleute die Mittler in dem transkontinentalen Handel zwischen China und Rom. Das Römische und das Kuschanreich unterhielten miteinander Handels- und kulturelle Verbindungen, ohne sich je bekriegt zu haben; und die Beziehungen zwischen China und Parthia waren ebenfalls friedlich. Andererseits gab es Kriege zwischen Römern und Parthern, Parthern und Kuschiten, Kuschiten und Chinesen. Doch diese brachten kaum Veränderungen auf der politischen Landkarte.

Die willkürlichen Okkupationen der westlichen Handynastie von Farghana zwischen 102 und 40 v.Chr. wurden von der östlichen Handynastie zwischen 73 und 102 n.Chr. wiederholt; und im zweiten Jahrhundert n.Chr.

haderten China und Kuschan sowohl um Farghana als auch um das Tarimbecken. Seistan war umstritten zwischen Kuschan und Parthia, Armenien zwischen Parthia und Rom. Von 63 bis 66 n.Chr. wurde die Krone von Armenien der parthischen Arsakidendynastie zugesprochen, doch der jeweilige Prätendent mußte nach Rom gehen und dort aus den Händen des römischen Kaisers seine Investitur empfangen.

Zwischen dem parthischen und dem Römischen Reich gab es keine nennenswerte Veränderung der Grenze, die dem Laufe des Euphrat und seinem westlichen Bogen folgte; sie war 64 v.Chr. vereinbart worden, als Pompejus Syrien zu einer römischen Provinz machte. Die Parther fielen nach ihrem sensationellen Sieg über Crassus bei Karrhä 53 v.Chr. in Syrien ein; aber sie konnten sich dort nicht halten. 36 und 34/33 v.Chr. besetzte Marcus Antonius das Gebiet östlich des Euphrat bis Nordmedien (Aserbeidschan); von 114 bis 117 n.Chr. versuchte Kaiser Trajan, seinem Reich Armenien, Mesopotamien und Babylonien einzuverleiben. Jedes dieser beiden weitreichenden militärischen Abenteuer endete unheilvoll. 117 n.Chr. zog Trajans Nachfolger Hadrian die Ostgrenze des Reiches bis zum Euphrat zurück, nicht ohne sich den Zugang zum Persischen Golf zu sichern, den Trajan vorübergehend in unhaltbaren Eroberungen erlangt hatte. Hadrian garantierte dem Oasenstaat Palmyra Autonomie und ermutigte die Einwohner, an der Südwestgrenze des parthischen Reiches bescheidene Handelsposten einzurichten. Die einzige dauerhafte römische Expansion über den Euphrat hinaus war die Annektion des nordwestlichen Mesopotamien zwischen 194 und 199 n.Chr.

Die vier großen Reiche waren miteinander durch drei Routen verbunden – wenn auch Reisende, die sie benutzten, ob es Soldaten, Botschafter, Händler oder Missionare waren, selten den ganzen Weg von China nach Rom oder umgekehrt zurücklegten. Diese beiden so weit entfernten Länder verkehrten miteinander durch Mittelsmänner, die Nachrichten und Botschaften und Waren etappenweise von Hand zu Hand und von Mund zu Mund weitergaben.

Die nördlichste Route verlief über die eurasische Steppe von den Garnisonen an der chinesischen Großen Mauer bis zu den griechischen Kolonien am Nordufer des Schwarzen Meeres, die jetzt römische Protektorate geworden waren. Eine kürzere, aber mühevollere Landroute war die »Seidenstraße« von Lojang, der Hauptstadt der östlichen Handynastie auf der nordchinesischen Ebene, über das Tarimbecken und das Tienschangebirge nach Sogdania im Särafschantal zwischen den Oberläufen des Oxus und Jaxartes. Von dort westwärts gabelte sich die Straße. Reisende, die sich scheuten, parthisches Gebiet zu betreten, konnten die Ostküste des Schwarzen Meeres über Kwarizim, das Kaspische Meer und den Graben zwischen dem Kaukasus und dem Armenischen Hochland erreichen; wer bereit war, die Schikanen der parthischen Wachen und Zöllner auf sich zu nehmen, gelangte zu den Häfen an der syrischen Küste des Mittelmeeres. Der kürzeste Weg war der durch die syrische Wüste über eine der beiden Karawanenstädte Palmyra oder Petra. In der ersteren stieß die Route von Parthia zum Mittelmeer auf die Straße von den Häfen an der arabischen Küste des Persischen Golfs, während in Petra die Route aus Parthia auf die Überlandroute aus dem Jemen traf.

Der Seeweg war der gefährlichste, aber auch einträglichste Weg für den Handel. Der Kanal, der Suez mit dem östlichsten Arm des Nildeltas über das Wadi Tumilat verband, vielleicht von Ptolomäus II. (282 bis 245 v.Chr.) vollendet oder nur instand gesetzt, stellte eine durchgehende Wasserroute zwischen dem Roten und dem Mittelmeer her. Solange das Ptolomäerreich eine See- und Landmacht war, beherrschte es das Rote Meer und unterhielt Landeköpfe an der Küste des jetzigen Eritrea, die vorrangig dem Fang afrikanischer Elefanten dienten, die im Krieg gegen die indischen Elefanten der Seleukiden eingesetzt werden sollten. Zu diesem Zeitpunkt hatten sich die in Ägypten ansässigen Griechen damit abgefunden, den Seehandel zwischen Ägypten und Indien den Sabäern aus dem Jemen zu überlassen. Gegen Ende des zweiten Jahrhunderts v.Chr. schickte sich die ptolomäische Regierung an, die Sabäer durch direkte Reisen von den ägyptischen Häfen am Roten Meer zum Indusdelta auszuschalten.

Die Erforschung der Monsunwinde ermöglichte den ägyptischen Griechen, die Reisezeit zwischen Ägypten und dem Indusdelta zu verkürzen und auch direkt über das offene Meer von der Straße von Bab el-Mandeb zur Südspitze Indiens zu segeln und sogar Ceylon zu umschiffen und an der indischen Ostküste bei Arikamedu südlich des heutigen Ponditscherri einen Lagerplatz anzulegen, der einen leichteren Zugang ins Landesinnere bot als irgendein Hafen an der Westküste.

Der griechische Seehandel zwischen Ägypten und Indien scheint seinen Höhepunkt um die Mitte des ersten Jahrhunderts n.Chr. erreicht zu haben – das heißt zu dem Zeitpunkt, als das Innere Nordwestindiens durch eine *Pax kuschanica,* die Nordwestindien politisch mit Baktrien vereinte, für den Handel sicherer geworden war. Im gleichen Jahrhundert segelten indische Seeleute von ostindischen Häfen über das Bengalische Meer zur Halbinsel Malaya, transportierten ihre Schiffe über die Landenge von Kra und erreichten den Meerbusen von Siam und das Südchinesische Meer. Andere nahmen den weiteren Seeweg und fanden durch die Straße von Malakka in das Südchinesische Meer. Alle diese Seefahrten, die der Griechen über das Arabische und die der Inder über das Bengalische Meer, verliefen friedlich; sie steuerten keine Kriegsschiffe, sondern Kauffahrteischiffe, sie waren Händler, keine Eroberer.

Der internationale Handel setzt Medien der internationalen Sprache und Schrift voraus. In dem Zeitalter von 31 v.Chr. bis 225 n.Chr. gab es in der westlichen Hälfte der Alten Welt vom Kuschanreich bis zur Atlantikküste drei internationale Sprachen, von denen sich jede einer eigenen Schrift bediente.

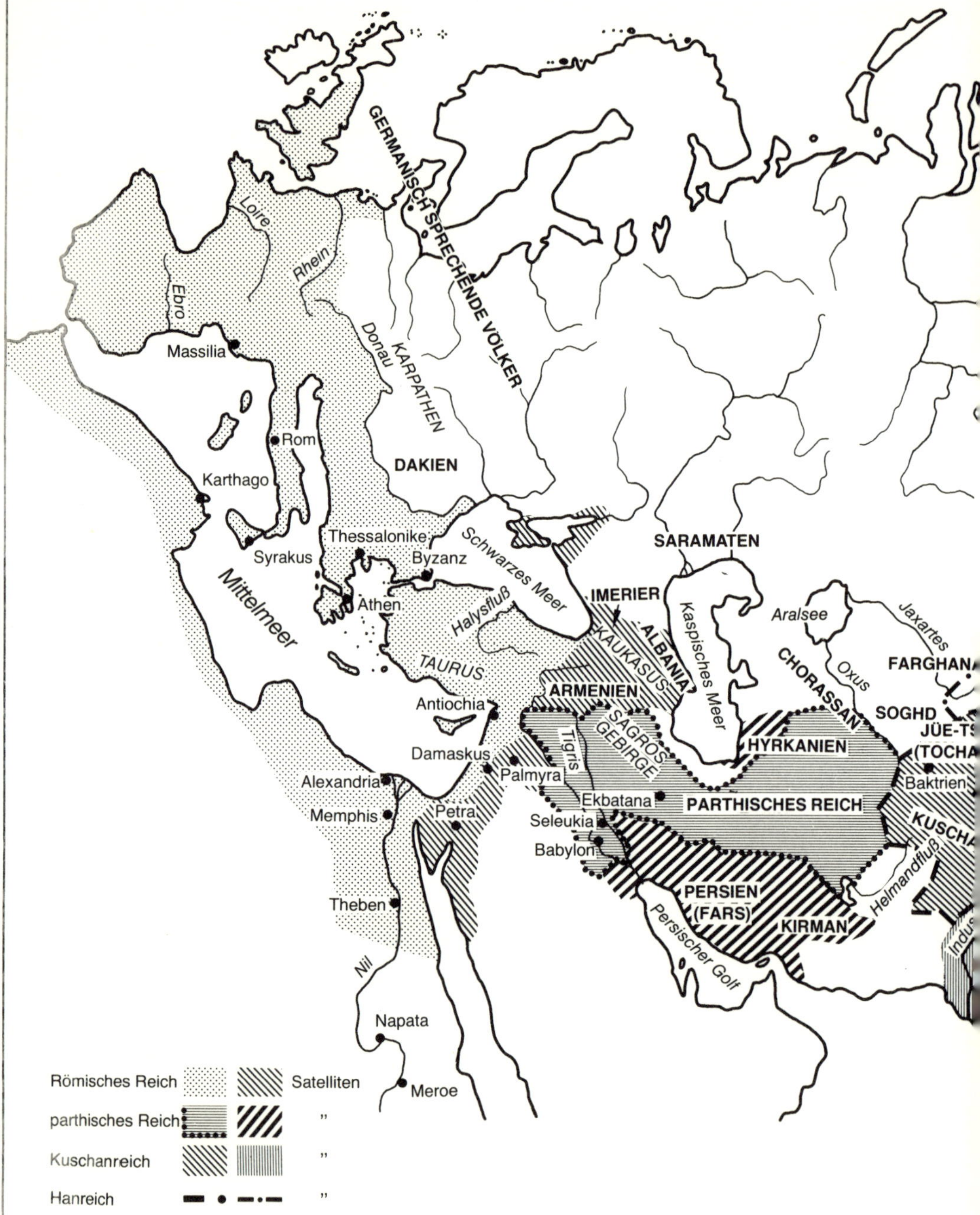

5. Das Han-, Kuschan-, parthische und Römische Reich um 100 n. Chr.

0 1000 2000 3000 km

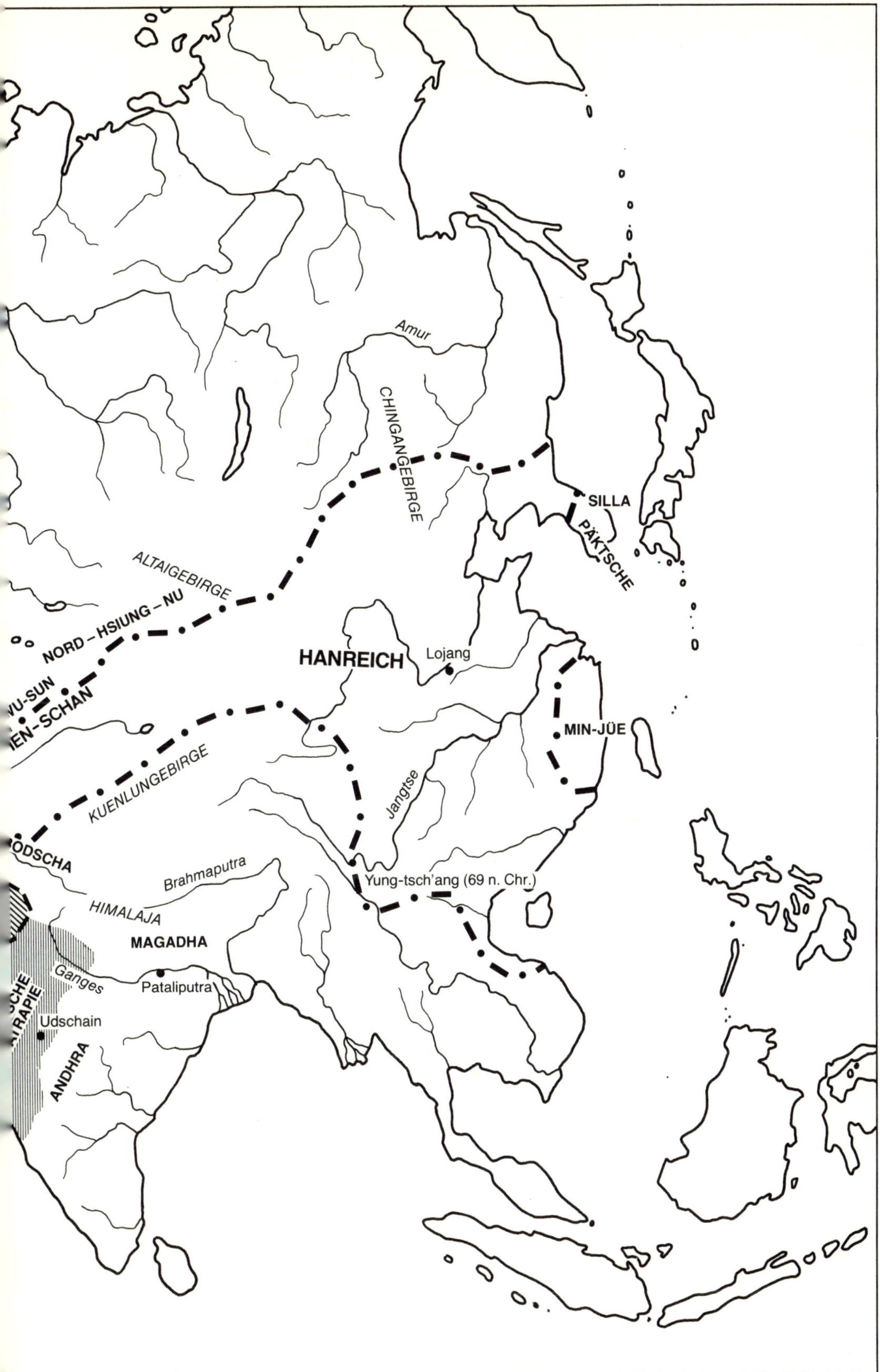

Amur
CHINGANGEBIRGE
SILLA
PÄKTSCHE
ALTAIGEBIRGE
NORD – HSIUNG – NU
HANREICH
Lojang
WU-SUN
IEN-SCHAN
MIN-JÜE
KUENLUNGEBIRGE
Jangtse
ÖDSCHA
Brahmaputra
Yung-tsch'ang (69 n. Chr.)
HIMALAJA
MAGADHA
Ganges
Pataliputra
SCHE
TRAPIE
Udschain
ANDHRA

Die erste Sprache war die aramäische. Sie besaß ein Alphabet, das wie das griechische von den Phöniziern stammte. Sie war das für amtliche Verlautbarungen am meisten gebrauchte Medium im ersten persischen Reich gewesen. In dessen griechischen Nachfolgestaaten hatte das Aramäische seine amtliche Funktion der griechischen Koine abtreten müssen; doch in drei iranischen Nachfolgestaaten der Seleukiden, in Parthia, Pars und Sogdania, kam das Aramäische wieder als Amts- und auch als Literatursprache zur Geltung. Gegen Ende des letzten Jahrhunderts v.Chr. hatte das Aramäische das Kanaanitische und das Akkadische als Alltagssprachen der semitisch sprechenden Bevölkerung beinahe ganz verdrängt. Das Akkadische, im zweiten Jahrtausend v.Chr. die internationale Sprache Kleinasiens, Ägyptens und der dazwischenliegenden Region, war fast ausgestorben, sogar in Babylonien konnten nur noch wenige Gelehrte die akkadische Keilschrift lesen. In Syrien überlebte das Kanaanitische (Hebräische) nur noch als Kultsprache (zum Beispiel in der Liturgie der jüdischen Gemeinschaften Palästinas); es war Alltagssprache nur in den noch bestehenden phönizischen Kolonialstadtstaaten im westlichen Mittelmeerraum.

Der offizielle Gebrauch des Griechischen überdauerte die griechische Herrschaft in Vorderasien. Die parthischen, partho-sakischen und sakischen Machthaber, welche die Griechen östlich des Euphrat verdrängt hatten, folgten dem Beispiel der griechischen Fürsten in Baktrien und Indien und ließen Münzen in zwei Sprachen prägen, von denen eine die griechische war. Die Schrift der Münzen der Kuschankönige bestand aus griechischen Buchstaben, doch war die Sprache nicht Griechisch, sondern eine Variante des Sakisch-Iranischen. In Baktrien, einem Land, in dem die Beziehungen zwischen den einheimischen Iranern und den zugewanderten Griechen besonders freundlich waren, wurde das griechische Alphabet als Träger der iranischen Sprache benutzt – zum Beispiel in einer Inschrift in dem Tempel, den der Kuschanherrscher Kanischka an dem Ort erbauen ließ, den die modernen Archäologen Sirkh Kotal genannt haben.

Westlich des Euphrat, in den Ländern, wo die griechische Herrschaft von der römischen verdrängt worden war, wurde das Lateinische, in der westgriechischen (»römischen«) Schrift geschrieben, zur Amtssprache; doch die kaiserliche Regierung und ihre örtlichen Vertreter verständigten sich griechisch mit römischen Bürgern und Untertanen, deren Muttersprache Griechisch oder für die das Griechische die Kultursprache war. Auch als Alltagssprache behauptete sich das Griechische gegen das Lateinische mit Ausnahme von Südostitalien; und in Kleinasien setzte es sich weiterhin gegen die örtlichen nichtgriechischen Sprachen durch. Andererseits war Latein das Medium, in dem sich die hellenische Kultur in den unter römischer Herrschaft stehenden Ländern um das westliche Mittelmeer (das griechisch sprechende Sizilien und Neapel ausgenommen) und auf dem europäischen Kontinent nördlich der Apenninen bis zur Donau und zum Rhein ausbreitete.

Handel und Sprache brachten andere Elemente der Kultur mit – zum Beispiel die Religion und die bildende Kunst als eins der Medien, in denen sich die Religion ausdrückte. Die Geschichte der Religion in der Alten Welt von etwa 334 v.Chr. bis 220 n.Chr. wird das Thema des nächsten Kapitels sein. Die hellenische bildende Kunst und die der Hindus, zugleich mit ihren sozialen Einrichtungen, gewannen in den ersten zwei Jahrhunderten n.Chr. neuen Boden. Diese Periode sah die erste Welle der Indisierung im heutigen Kambodscha und Südvietnam; in ihr erreichte die hellenische bildende Kunst das Kuschanreich, besonders in der Hauptstadt Taxila (Takschaschila) in Gandhara auf der Straße zwischen Baktrien und Behar. Taxila wurde von zwei Seiten aus hellenisiert: von Baktrien über den Hindukusch und von Alexandria über das Arabische Meer. Die jeweilige Stärke der hellenischen Einflüsse aus beiden Richtungen und der Zeitpunkt, an dem dieser doppelte Strom zu fließen begann, sind gegenwärtig noch offene Fragen.

Die Infiltration Südostasiens durch indische und Gandharas durch hellenische Kultur waren Beispiele »friedlicher Durchdringung«. Es besteht eine starke Stilähnlichkeit zwischen der bildenden Kunst in Gandhara und im Römischen Reich; doch in den Ländern des Imperiums, in denen der Hellenismus in lateinischer Form verbreitet wurde, folgte die Hellenisierung im Kielwasser der militärischen Eroberungen.

Die vier Reiche, die von 48 n.Chr. bis zum Beginn des dritten Jahrhunderts den größten Teil der Alten Welt umfaßten, unterschieden sich vor allem durch ihre Vorgeschichte und durch die Strukturen, die die Entstehungsgeschichte ausgebildet hatte.

Das östliche Hanreich in China (25-220 n.Chr.) und das Partherreich in den zwei Jahrhunderten bis 224 n.Chr. waren Kopien des westlichen Hanreiches bzw. des Partherreiches von 141 bis 31 v.Chr. In beiden Ländern hatte es eine Zwischenzeit der inneren Unruhe gegeben, die jedoch in keinem zu konstruktiven Veränderungen geführt hatte; in beiden Fällen wurde nach einem zeitweiligen Zusammenbruch das frühere Regime wiederhergestellt; es war aber durch das Interregnum eher geschwächt als erneuert worden. Die Gründung des Kuschanreiches 48 n.Chr. hingegen und die vorangegangene Beendigung des Jahrhunderts der Revolutionen und Bürgerkriege in der Mittelmeerwelt durch Oktavians Sieg über Antonius und Kleopatra bei Aktium 31 v.Chr. waren echte Neuanfänge gewesen, vergleichbar dem Neubeginn in China, als die streitenden Reiche zuerst von der Ts'in- und dann von der westlichen Handynastie ersetzt worden waren.

In den staatlichen Strukturen bestand eine große Übereinstimmung zwischen Kuschan und Parthia und eine schwächere Ähnlichkeit zwischen dem östlichen Hanreich und dem Römischen Reich. In den beiden mittleren Reichen befand sich ein großer Teil des Landes in den Händen autonomer Satrapen oder Unterkönige, welche die Oberhoheit der Zentralregierung zeitweilig nur nominell anerkannten; darüber hinaus wurde die Autorität der Zentralregierung und ihrer Vasallen in der Praxis durch eine dritte Instanz geschwächt, durch die Macht der Barone, die die unmittelbare Herrschaft über die Bauernschaft ausübten – das heißt über die Quellen aller Pachten und Steuern.

Das östliche Hanreich war theoretisch ein zentralisierter Beamtenstaat; doch in der Praxis waren die hohen Beamten auch Gutsherren. Ihre Pflichten als Staatsdiener und ihre Interessen als Landbesitzer standen miteinander im Widerstreit, und sie stellten ihre Interessen über ihre Pflichten. Aus diesem Grunde war es schon der westlichen Handynastie und ihrem Nachfolger Wang Mang nicht gelungen, die Agrarreformen durchzuführen, die für die Erhaltung der chinesischen Gesellschaftsordnung erforderlich gewesen wären. Die beamteten Gutsherren sorgten dafür, daß die Reformen Papier blieben. Nach der Niederschlagung der Bauernrevolte von 36 n.Chr. mißbrauchten sie ihre Macht in hohem Maße. Protektion, nicht Verdienst bestimmte nun die Berufung in ein Amt, und die Aufnahmeprüfungen für den Staatsdienst wurden nicht mehr ehrlich durchgeführt. Die von den Bauern an die Gutsherren zu zahlenden hohen Pachten standen in krassem Mißverhältnis zu den niedrigen Steuern, die diesen auferlegt wurden. In Nordchina, der Wiege der chinesischen Kultur und dem unmittelbaren Hinterland der Großen Mauer, sank die Zahl der registrierten Steuerzahler beträchtlich, und infolgedessen stieg die Steuerbelastung pro Kopf der Bevölkerung, der Frondienst und die Zwangsrekrutierungen nahmen zu. Im Norden wurden viele freie Bauern landflüchtig; ein Teil suchte Zuflucht auf den Gütern der großen Landherren, wo sie als deren Arbeitnehmer unter geringerem wirtschaftlichem Druck standen denn als der Gnade der kaiserlichen Regierung ausgelieferte »freie« Bauern. Andere wanderten in den Süden aus, wo die staatliche Kontrolle lockerer war und es noch gutes jungfräuliches Land gab, das sie kultivieren konnten.

In der zweiten Hälfte des zweiten Jahrhunderts n.Ch. wurde die Macht der beamteten Gutsherren von den taoistischen Anführern zweier Bauernrevolten in Frage gestellt. Die Sieger waren jedoch weder die Gutsherren noch die Bauern, sondern die Feldherren, von denen die meisten auch große Güter besaßen. In China wiederholte sich, was im Römischen Reich nach den Hannibalkriegen geschehen war: Der Nachschub bäuerlicher Konskribierter für den Waffendienst nahm ab und wurde durch Berufsarmeen ersetzt. Diese wurden zu Privatarmeen der sie befehligenden Generäle, die auch eigenständig für ihren Sold sorgten. In den Jahren von 220 bis 222 n.Chr. brach das Hanreich in drei Königreiche auseinander. Die Teile wurden von drei Generälen regiert, die schon vorher de facto das Reich unter sich aufgeteilt hatten.

Im Prinzip hatte das Römische Reich von 31 v.Chr. bis 235 n.Chr. weniger mit dem östlichen Hanreich gemein als mit den gleichzeitigen parthischen und Kuschanreichen. Das östliche Hanreich war theoretisch ein zentralisierter Beamtenstaat, der sich allerdings in der Praxis nicht durchsetzte. Das Römische Reich ähnelte in der Struktur mehr den beiden mittleren Reichen.

Seine Regierung hatte sich stets davor gescheut, die direkte Verantwortung für die Verwaltung eines Landes zu übernehmen. Seit 31 v.Chr. bemühten sich Augustus und seine Nachfolger, den Beispielen der Seleukiden und des Pompejus in der Levante folgend, das Römische Reich als einen Bund autonomer Stadtstaaten zu reorganisieren. Die kaiserliche Regierung versuchte, ihre Verantwortung darauf zu beschränken, die das Reich bildenden Stadtstaaten daran zu hindern, einander zu bekriegen, und sie gegen Angriffe von Feinden außerhalb des Reiches zu schützen.

Das Römische Reich war menschenarm. Die Bevölkerungsexplosion, die in der hellenischen Welt im achten Jahrhundert v.Chr. begonnen hatte, war im dritten Jahrhundert v.Chr. in Makedonien, im zweiten Jahrhundert v.Chr. in anderen griechisch sprechenden Ländern und im letzten Jahrhundert v.Chr. in Italien zum Stillstand gekommen. In der ersten Phase der Geschichte des Römischen Reiches von 31 v.Chr. bis 235 n.Chr. vermehrte sich nur eins seiner Völker auffallend: die Juden. Die Einwohnerzahl Judas muß 586 v.Chr. in dem Jahr, als Nebukadnezar das Königreich Juda auflöste, sehr gering gewesen sein; doch danach hatten die Juden einen großen Teil des früheren Königreichs Israel, seines unmittelbaren Nachbarn, bevölkert, während sich bereits eine jüdische Diaspora bildete: zuerst in Babylonien, dann in Ägypten und schließlich in der ganzen hellenischen Welt. In Babylonien und von 63 v.Chr. an auch in Rom waren Deportierte die Pioniere der jüdischen Diaspora; doch später verbreiteten sich die Juden als Söldner und Händler freiwillig in der Alten Welt. Der beständige Anstieg der jüdischen Bevölkerung ist um so bemerkenswerter, wenn man die hohen Verluste bedenkt, die sie erlitten (und auch ihren nichtjüdischen Nachbarn zufügten) – in ihrem Widerstand gegen Rom in Palästina 66-70 und 132-135 n.Chr. und in Zypern und der Cyrenaika 115-117 n.Chr. In der zuletzt erwähnten Revolte errangen die Juden nicht nur zeitweilig die Herrschaft über die Cyrenaika selber, sondern benutzten sie auch als Basis für eine Invasion Ägyptens.

Augustus stabilisierte die Grenzen des Römischen Reiches so, daß sie von einem Berufsheer von freiwilligen Soldaten geschützt werden konnten, das klein genug war, um auch durch die schwindende Bevölkerung des Reiches auf Kriegsstärke gehalten zu werden. Er reduzierte die gewaltigen Armeen, die von ihm und seinen Rivalen mobilisiert worden waren, auf das zur Sicherung der neuen Grenzen erforderliche Minimum. Reserven oder tiefgegliederte Verteidigungszonen waren nicht vorgesehen. Wenn irgendwo ein Aufstand oder ein Bürgerkrieg unterdrückt werden mußte, wurden die Truppen aus den Garnisonen anderer Provinzen herangeholt.

Im Süden hatte das Römische Reich natürliche Grenzen an den Nordrändern der Sahara und der Arabischen Wüste; der natürliche Durchgang, den das Niltal bildete, war in Nubien leicht zu sperren. Auf dem europäischen Festland erweiterte Augustus die Nordgrenze bis zur Donau, nachdem sein Adoptivvater Julius Cäsar sie bis zum Rhein vorgeschoben hatte; seine Nachfolger schlossen zwischen 70 und 138 n.Chr. die Lücke zwischen dem

Oberrhein und dem Oberlauf der Donau durch einen künstlichen Grenzwall (»Limes«) von Koblenz bis Regensburg. Nach der Eroberung und Eingliederung Britanniens wurden ähnliche Grenzanlagen auf der Insel von Meer zu Meer von Kaiser Hadrian um 122 n.Chr. und von Titus Antonius Pius um 142 n.Chr. gebaut. Verglichen mit der Länge und Stärke der chinesischen Großen Mauer, waren diese Grenzwälle unbedeutend; sie dienten lediglich als Ergänzungen der natürlichen Grenzen, die in Britannien die Meere und auf dem Kontinent die beiden großen Ströme bildeten. Auf diese war freilich nicht immer Verlaß; in den Jahreszeiten, wo sie schiffbar waren, wurden sie von römischen Wachbooten kontrolliert, doch sonst konnte man sie leicht überqueren, besonders in strengen Wintern, wenn sie von Eis bedeckt waren. Überdies ist die Rhein-Donau-Linie die geographisch längste und daher militärisch ungünstigste, die man von der Nordsee bis zum Schwarzen Meer ziehen kann.

Augustus versuchte, diese Linie zu verkürzen und die Reichsgrenze auf dem Kontinent bis zur Elbe vorzuschieben; aber die Menschenkräfte des Römischen Reiches, durch die wirtschaftlichen und politischen Umwälzungen der vorangegangenen zwei Jahrhunderte dezimiert, reichten nicht aus, um diese Aufgabe zu bewältigen. Der Plan wurde vereitelt durch den Aufstand der kurz vorher unterworfenen Pannonier zwischen der Donau und dem Adriatischen Meer von 6 bis 9 n.Chr. und die Vernichtung von drei römischen Legionen durch die Germanen zwischen Rhein und Elbe im Jahre 9 n.Chr. in der sogenannten »Schlacht im Teutoburger Wald«. Die demographische Schwäche des Römischen Reiches war auch in der Folgezeit fühlbar. Die Eingliederung Britanniens konnte nicht zu Ende geführt werden. Kaiser Trajan gelang es zwar, von 101 bis 106 n.Chr. Dakien (Transsylvanien) zu annektieren; doch scheiterte er von 114 bis 117 n.Chr. an dem Versuch, die Ostgrenze länger als vorübergehend zu den Küsten des Kaspischen Meeres und des Persischen Golfs vorzuschieben.

Die größte politische Leistung des Römischen Reiches war die allmähliche Verwandlung seiner Untertanen in römische Bürger, eine Politik, die im vierten Jahrhundert v.Chr. begonnen worden war und auf Grund derer die Römer die ganze Halbinsel Italien und schließlich den ganzen Umkreis des Mittelmeeres in ihr Reich eingliedern konnten. Diese Politik war nicht kontinuierlich durchgeführt worden, es hatte Verzögerungen und Unterbrechungen gegeben; doch der Prozeß war 212 n.Chr. abgeschlossen, als allen Bewohnern des Reiches bis auf wenige Ausnahmen die römische Staatsbürgerschaft zuerkannt wurde.

Roms großzügige Einbürgerung der Einwohner eroberter Länder steht in auffallendem Gegensatz zu der Engstirnigkeit Athens im fünften Jahrhundert v.Chr. Das erklärt, weshalb nicht Athen, sondern Rom die politische Einigung des Mittelmeerraumes gelang. Aber politische Gleichberechtigung allein entschädigt noch nicht für wirtschaftliche und soziale Ungerechtigkeit. Roms gewaltige territoriale Expansion war nur dadurch möglich, daß es die überkommenen Rechte und Interessen der reichen Patrizier gegen die Forderungen der armen Plebejer schützte. Im Römischen Reich von 31 v.Chr. bis 235 n.Chr. wurde, während die politischen Einbürgerungen zunahmen, die Kluft zwischen Armen und Reichen immer weiter; es wuchs die Ungleichheit vor dem Gesetz, im Besitzstand und im geistigen wie im materiellen Lebensstandard. An beiden Polen der Alten Welt, in Rom wie in China, wurden in dieser Epoche die sozialen Ungerechtigkeiten immer krasser.

Wir haben erwähnt, daß im Hanreich die konfuzianischen beamteten Grundbesitzer ihre privaten Interessen ihren öffentlichen Pflichten voranstellten und daß in der östlichen Handynastie die Mißwirtschaft dieser festetablierten Oberschicht gegenüber der Zeit, da sie der westlichen Handynastie zu schaffen gemacht hatte, noch zunahm. Nichtsdestoweniger war der konfuzianische Verwaltungsapparat der Hanzeit von allen, die es bisher in der Alten Welt gegeben hatte, der beste und effektivste; er war dem römischen, wie ihn Augustus geschaffen hatte, so überlegen wie die Große Mauer in China den kleinen römischen Grenzwällen in Germanien und Britannien.

Der römische Stadtstaat hatte seine Expansion mit einem ganz und gar unzulänglichen Verwaltungsapparat begonnen. Wie die meisten anderen Stadtstaaten – der Etrusker, Griechen, Phönizier – im Mittelmeerraum im letzten Jahrtausend v.Chr. war Rom von einer kleinen Gruppe jährlich gewählter nichtprofessioneller Beamter regiert worden. Den mit Roms wachsender Expansion zunehmenden Verwaltungsaufgaben entsprach keine nennenswerte Vermehrung der Wahlbeamten und keine Verlängerung ihrer Amtszeit. Die Regierung versuchte, den Mängeln in der Verwaltung hauptsächlich dadurch abzuhelfen, daß sie die Versorgung ihrer Heere und die Erhebung der Steuern an private Unternehmergesellschaften verpachtete, die Fachleute, vorwiegend gebildete Sklaven und Freigelassene, einsetzten und bezahlten.

Augustus, dem Beispiel seines Stiefvaters folgend, beschnitt den privaten Unternehmern die Möglichkeiten, auf Kosten der römischen Regierung und Bürgerschaft ungebührliche Gewinne zu erzielen, kopierte jedoch ihre Organisationsformen. Er baute einen »kaiserlichen Haushalt« von Sklaven und Freigelassenen im großen Stil als seinen persönlichen Verwaltungsstab auf und entschädigte das frühere aristokratische »Establishment« und dessen Schmarotzer, die sich mit den staatlichen Verpachtungen gemästet hatten, indem er aus ihren Reihen die zwei höchsten Grade der gutbezahlten Zivilverwaltung rekrutierte. Diese römische Bürokratie hatte nicht die Geschlossenheit ihres chinesischen Gegenstücks, insbesondere wurde sie nicht durch die Zugehörigkeit *ex officio* zu einer Staatsphilosophie zusammengehalten. Dennoch war sie weitaus effektiver als die rudimentären Verwaltungsversuche der Parther und der Kuschan.

Die kaiserliche römische Zivilverwaltung mußte sich schließlich mit einer Aufgabe befassen, für die Augustus sie nicht bestimmt hatte. Seine Absicht war es gewesen, die Lokalregierungen der Stadtstaaten, der Zellen des Reiches, nicht zu leiten, sondern nur zu überwachen; und der dafür vorgesehene Beamtenstab war ursprünglich klein gewesen. Der Inaugurator der »Pax Augusta« hatte nicht vorausgesehen, daß die Bürger der Vasallenstaaten das Interesse an ihren lokalen Regierungen verlieren würden, wenn diese ihres historischen souveränen Rechtes, mit ihren Nachbarn Krieg zu führen, beraubt wären. Schon zu Beginn des zweiten Jahrhunderts n.Chr. – im scheinbar »Goldenen Zeitalter« der Mittelmeerwelt – zerfiel die Ordnung in den Vasallenstaaten, und die Zentralregierung sah sich – widerstrebend – gezwungen, direkt einzugreifen.

Im dritten Jahrhundert n.Chr. wurde jedes der vier Reiche, die in den vorhergehenden zwei Jahrhunderten die Alte Welt unter sich aufgeteilt hatten, von Katastrophen heimgesucht. Das Römische Reich erlitt und überstand – erstaunlicherweise – ein halbes Jahrhundert des Chaos von 235 bis 284 n.Chr., das selber die überraschende Folge des vorangegangenen pseudogoldenen Zeitalters war (von 96 bis 180 n.Chr.). Während dieses unglücklichen halben Jahrhunderts sank der Wert der Geldwährung auf den Nullpunkt, und das Reich wurde von fremden Plünderern heimgesucht; 250 n.Chr. wurde Kaiser Decius von den Goten besiegt und erschlagen, 260 n.Chr. Kaiser Valerian von den Persern besiegt und gefangengenommen. Das Reich selber fiel vorübergehend wie das chinesische von 220 bis 222 n.Chr. in drei unabhängige Teile auseinander; der finanzielle Zusammenbruch war total, so daß eine Zeitlang in Naturalien bezahlt und im Tausch gehandelt wurde. Das war ein bedenklicher Rückschlag in einer Welt, die im siebenten Jahrhundert v.Chr. das gemünzte Geld erfunden und schon lange vorher Goldbarren als Zahlungsmittel verwandt hatte.

In Iran riß 224 n.Chr. plötzlich ein Unterkönig in Fars die Macht an sich, die Wiederholung eines ähnlichen Staatsstreiches im Jahre 550 v.Chr., als Kyros II. Medien an sich brachte. Der parthische König Artabanus V. wurde von seinem persischen Vasallen Ardaschir (Artaxerxes) verdrängt, und das lockere Gefüge des parthischen Reiches wurde ohne wesentliche Änderung von dem zweiten (sassanidischen) persischen Reich übernommen. Die Sassaniden zeigten sich ihren Nachbarn gegenüber angriffslustiger, als es die Arsakiden in der letzten, hinfälligen Phase ihres Regimes gewesen waren, hatten jedoch keine glücklichere Hand als ihre Vorgänger in dem Bemühen, die lokalen Feudalherren unter ihre Zentralgewalt zu zwingen.

Der Angriff der Sassaniden gegen Rom endete in einem schweren Rückschlag, als sich das Römische Reich 284 n.Chr. erholt hatte. Die römische Regierung zwang König Narseh, alle früheren römischen Territorien, die Schapur I. (242-273 n.Chr.) annektiert hatte, zurückzugeben und in die Einverleibung von fünf armenischen Provinzen auf dem linken Ufer des Oberlaufs des Tigris in das Römische Reich einzuwilligen. In der entgegengesetzten Richtung hingegen waren die Sassaniden erfolgreich: Ardaschir gelang es, das Kuschanreich zu erobern; möglicherweise hat er ihm jedoch nur seine Oberhoheit auferlegt, ohne es zu liquidieren, denn ein Teil des Kuschanreiches im Kabultal bestand weiter oder erneut bis in das elfte Jahrhundert und trotzte im fünften und sechsten Jahrhundert den Angriffen der Hunnen.

Nach dem Zerfall des östlichen Hanreiches in drei sich befehdende Bruchstücke von 220 bis 222 n.Chr. blieb China von 220 bis 589 n.Chr. politisch zerrissen mit Ausnahme des kurzen Zeitraumes von 280 bis 304 n.Chr. Dieses Interregnum war das längste in der Geschichte Chinas seit der ersten Vereinigung 221 v.Chr.

Auf der politischen Ebene ließ die Zugehörigkeit des größten Teiles der Alten Welt zu nur vier großen Reichen auf die Dauer von fast zwei Jahrhunderten die Möglichkeit einer Einigung der gesamten Ökumene ahnen. Die vier Reiche selber waren vergänglich; auf religiösem Gebiet haben sie jedoch in der kurzen Zeitspanne ihrer Existenz Hervorragendes und Bleibendes für die Geschichte der Menschheit geschaffen.

38

DAS WECHSELSPIEL DER RELIGIONEN UND PHILOSOPHIEN IN DER ALTEN WELT VON 334 V.CHR. BIS 220 N.CHR.

»Das Leiden ist der Preis des Lernens« – diesen Ausspruch tat der Dichter Äschylos im Jahre 458 v.Chr., als Athen einen leichtfertigen Krieg an zwei Fronten führte. Mit dieser Unbedachtheit begann eine »Zeit des Unheils«; und eine ähnliche Zeit der Sorgen, aber auch der Aufklärung ging der Errichtung der vier großen Reiche voran, die von 48 bis 220 n.Chr. in der Alten Welt nebeneinander bestanden. In der hellenischen Welt dauerte die »Sorgenzeit« von 431 bis 31 v.Chr.; in Südwestasien und Ägypten von 745 bis 522 v.Chr. und nach einer kurzen Atempause von 334 bis 31 v.Chr.; in Indien von etwa 500 v.Chr. bis 48 n.Chr.; in China von 506 v.Chr. bis 221 n.Chr.

In Kapitel 25 wurde von den fünf großen Philosophen und Religionsstiftern berichtet, die schon im sechsten Jahrhundert, jeder auf seine Art, ihre Lehren als Antwort auf das gemeinsame Erlebnis des Leidens verkündeten.

Jeder dieser fünf brach mit der überlieferten Religion der Gesellschaft, in der er aufgewachsen war. In einigen Fällen war der Bruch ungestüm, in anderen verhaltener, doch immer revolutionär. Deutero-Jesaja erklärte kompromißlos wie Echnaton sieben Jahrhunderte zuvor, daß es nur einen einzigen Gott gäbe; Zarathustra degradierte alle Götter des iranischen Pantheons bis auf einen – den »großen Geist« Ahura Mazdah – zu Teufeln; Pythagoras versuchte, die hellenische Lebensweise so gewaltsam zu reformieren, daß er eine Gegenrevolution herausforderte; in Indien verwarfen Buddha und Mahawira (der Stifter der Dschainareligion) sowohl die Götter des indisch-arischen Pantheons als auch das Kastenwesen; Konfuzius behauptete – und glaubte vielleicht –, die Wesenheit der überkommenen chinesischen Institutionen wiederherzustellen; doch in seiner Interpretation des »Adels« als moralische Qualität und nicht als ererbtes Privileg leitete er eine ethische Revolution ein.

Alle fünf Weisen suchten die unmittelbare Fühlung mit der endgültigen geistigen Wahrheit hinter der Erscheinung, wenn auch nur zwei von ihnen, Zarathustra und Deutero-Jesaja, diese letzte Wahrheit als eine menschenähnliche Persönlichkeit begriffen, die sich von den degradierten oder abgesetzten anderen Göttern nur in zwei Punkten unterschied – daß sie einmalig und allmächtig war –, und bei Zarathustras Lehre waren auch diese beiden Attribute des Ahura Mazdah nur Möglichkeiten im Falle seines Sieges in seinem steten Kampf mit den Mächten des Bösen.

Als das Leiden der Menschheit in der Alten Welt andauerte und immer drückender wurde, erwuchs daraus das Verlangen nach einer nicht nur unmittelbaren, sondern auch seelisch befriedigenden Beziehung zur letzten Wahrheit, und dies Bedürfnis erforderte die Erhaltung oder Wiederbelebung einer Konzeption, die auf eine menschennahe Personifizierung der letzten Wahrheit zielte. Diesen emotionalen Forderungen konnte nur durch die Herstellung einer Beziehung zwischen zwei Persönlichkeiten, der menschlichen und der göttlichen, Genüge getan werden.

In China, Indien und der hellenischen Welt, wo die personifizierende Auffassung von der Natur der letzten Wahrheit unter den Horizont der Philosophen gesunken war, rief die emotionale Reaktion auf das Leiden nunmehr gleichfalls nach der Wiederbelebung des alten menschenähnlichen, persönlichen Aspektes der letzten Wahrheit. In China und Indien rehabilitierten die neuen Religionen, die – widersinnigerweise – aus den regionalen philosophischen Lehren erwachsen waren, den Theismus und neigten dem Monotheismus zu, ohne eindeutig monotheistisch zu werden wie die jüdische Religion. Im Mittelmeerraum lebte der Theismus in dem zögernd monotheistischen, aber toleranten indischen und chinesischen Geist in allen Volksreligionen wieder auf. Das erfolgreiche Christentum erbte den intoleranten Monotheismus von seiner Vaterreligion, dem Judentum, wich jedoch vom jüdischen Monotheismus insofern ab, als es die unterlegenen Konkurrenzreligionen, die alle nichtjüdischen Ursprungs waren, verschlang und assimilierte.

Die Ausbreitung und Übernahme fremder Religionen und ihre Verschmelzung mit den vorhandenen Volks- und Stammesreligionen war am stärksten in Ländern, in denen die Volksreligionen sich als unfähig erwiesen, das Verlangen der Menschheit nach einer Religion zu befriedigen, die ihr helfen würde, mit einer Zeit der Leiden fertig zu werden. Dies waren die beiden Außenregionen im Westen und Osten der Ökumene, die hellenische Welt und China.

Erleichtert wurde die Ausbreitung der neuen Religionen durch die neuen Verkehrsmittel, die positiven Ergebnisse von Kriegen, Völkervernichtungen, von Imperialismus und Handel. Es gab See- und Landrouten über weite Entfernungen, welche die äußersten Enden der Alten Welt verbanden; es gab Weltsprachen wie die attisch-griechische Koine, das Aramäische, die drei Varianten des Pehlewi, das Neosanskrit, das eine Zeitlang in großen Teilen Indiens gesprochen wurde, und eine chinesische Koine, deren sich in China nach der Einigung von 221 v.Chr. Beamte und Kaufleute bedienten. Und ein drittes Medium der Verständigung war die bildende Kunst. In diesem kurzen, relativ konsolidierten und friedlichen Zeitraum befand sich die Alte Welt in einem Zustand ungewöhnlicher Aufgeschlossenheit.

In dem Prozeß der Auslese, Verbreitung, Übernahme und Verschmelzung, aus dem die neuen, emotional befriedigenden Religionen hervorgingen, waren die hellenischen Medien besonders zweckdienlich. Griechische Sprache, bildende Kunst und Philosophie wirkten im Mittelmeerraum zusammen, um sowohl die verschiedenen Religionen, die mit dem Christentum konkurrierten, als auch den schließlichen Sieger und Absorbierer, das Christentum selber, zu entwickeln und weiterzureichen. Der Hellenismus gelangte in keiner Form weiter nach Osten als bis Indien; doch in Nordwestindien diente die hellenische bildende Kunst als Träger des Mahajanabuddhismus sowie im Mittelmeerraum als Träger für das Christentum wie für dessen erfolglose Konkurrenzreligionen. Als das Mahajana über das Oxus-Jaxartes-Becken und das Tarimbecken hinaus nach Osten vordrang, reiste sein künstlerischer Träger mit, und in dieser sichtbaren Form wurde Ostasien indirekt vom Hellenismus beeinflußt. In der entgegengesetzten Richtung setzten die hellenische Kunst wie auch die hellenische Philosophie ihre Durchdringung Westeuropas und Nordwestafrikas als Begleiter des Christentums fort. So trat der Hellenismus als einzige der regionalen Kulturen vor der Moderne in verschiedenen Graden in der ganzen Alten Welt von Ozean zu Ozean in Erscheinung.

Die Zeit der Leiden und die Folgezeit verknüpften zum erstenmal nicht nur die Kernregionen der Alten Welt, sondern auch die Randregionen miteinander. Vorher waren die Volks- und Stammeskulturen unabhängig voneinander entstanden, und jede hatte ihre eigene Lebensweise entwickelt. Aber wenn sich auch diese Einzelkulturen im Stil unterschieden, so hatten sie doch alle in ihren Religionen aus dem vorzivilisatorischen Stadium der Menschheitsgeschichte zahlreiche primordiale Vorstellungen übernommen. Auf Grund dieses gemeinsamen geistigen Erbes konnte das religiöse Element einer Stammeskultur, losgelöst von ihren anderen Bestandteilen, der Religion einer anderen Stammeskultur angepaßt und von dieser übernommen werden. Im Gegensatz zu vielen weltlichen Elementen waren die religiösen Elemente einer Stammeskultur auf andere übertragbar.

Von diesen gemeinsamen religiösen Urbildern war vermutlich die älteste, gewiß jedoch die mächtigste die Mutter. Sie ist Gegenstand der ältesten Darstellungen der menschlichen Gestalt; und da in diesem Bild die Mutterschaft nicht als unvereinbar mit der Jungfräulichkeit gesehen wird, muß dieses Mutterbild vor der Entdeckung der Vaterschaft Form angenommen haben – das heißt bevor man erkannt hatte, daß eine Frau nicht schwanger werden kann, ohne vorher mit einem Mann Verkehr gehabt zu haben. Wohl hat man von Anbeginn gewußt, daß Mutterschaft die Geburt eines Kindes bedeutete; aber die Erkenntnis, daß es einen Vater haben müsse, ist nicht primordial. Ursprünglich überschattete die Mutter das Kind, und der Vater war entweder nicht vorhanden oder höchstens eine schemenhafte Figur.

Die relativen Kräfte von Mutter, Kind und Vater variierten von einer Stammeskultur zur anderen und innerhalb einer Kultur in den verschiedenen Stadien ihrer Geschichte. Diese Veränderungen haben jede der vielen Darstellungen der Heiligen Familie für Menschen, deren eigenes Ahnenbild anders war, attraktiv gemacht. Eine Stammeskultur konnte dem gemeinsamen Bild Züge hinzufügen, die in anderen Kulturen fehlten.

Das Bild der Mutter ist vielgestaltig und wechselhaft. Sie kann die Mutter eines menschlichen Kindes oder jeder anderen lebenden Kreatur sein. Zugleich kann sie auch die Erde sein, die gemeinsame Mutter allen Lebens. In jedem dieser Aspekte wird von ihr gewöhnlich erwartet, daß sie ihren Sprößling hegt und nährt. Sie ist gleichbleibend fruchtbar, doch nicht gleichbleibend gütig. Die mittelamerikanische Erdgöttin Koatliku, Mutter von Göttern und Menschen, die hellenische Muttergöttin Hekate, die indische Muttergöttin Kali können ihre Kräfte nicht nur schöpferisch und gütig, sondern auch zerstörerisch gebrauchen. In Kleinasien vernichtete die Muttergöttin Kybele ihren Liebling Attis – ihr Kind oder ihren Gatten, vielleicht beides in einem einzigen männlichen Begleiter vereint.

Wenn sogar die Mutter manchmal grausam sein kann, nimmt es nicht wunder, daß das Wetter eine zweideutige Macht ist; denn es ist unbeständig, und seine Launen können sowohl die Ernte durch Flut oder Dürre vernichten als auch reiche Erträge gewähren, indem es zur rechten Zeit Regen gibt oder zurückhält (»zur rechten Zeit« – das heißt, dem Menschen dienlich). Der Wettergott ist wahrscheinlich männlich und leicht mit dem Vater zu identifizieren; denn im Gegensatz zu der normalen Zärtlichkeit der Mutter gegenüber ihrem Kind kann des Vaters Laune, weil irrational wie die des Wetters, unvorhergesehen umspringen von Wohlwollen zur Wut und umgekehrt.

Im Gegensatz dazu ist der Tages- und Jahreslauf der Sonne regelmäßig und berechenbar, und der Sonnengott selber ist gerecht. Er spendet allen Lebewesen Licht und Wärme; wir können ihm mit größerer Sicherheit vertrauen als der Mutter Erde, geschweige denn dem Vater Wetter; aber da der Sonnengott alles sieht und hört, was auf Erden geschieht, führt er Buch über jedes Menschen Schuld und Verdienst.

Die anderen Sterne sind nicht so beruhigend wie die Sonne. Die Planeten sind wandelbar wie das Wetter; die Fixsterne sind unerbittlich; das Schicksal des Menschen unterliegt dem Einfluß der Sterne, und dieser Einfluß kann unheilvoll sein.

Die Saat stirbt für eine Jahreszeit, um als Frucht wiederaufzuerstehen, die der Mensch ernten wird. Sicher, die Nahrung erzeugende Kraft ist ein sich selbst opfernder Wohltäter der Menschheit, und die Schuld an seinem freiwilligen Tod kommt auf das Haupt seiner menschlichen Nutznießer. Das Geheimnis des jährlichen Todes und der Auferstehung dieser Naturkraft gibt den Menschen die Hoffnung, daß auch ihrem Tode eine Auferstehung folgen wird. Aber ist diese sich selbst opfernde Kraft nicht auch verbrecherisch? Versetzt sie die Menschen, die sie anbeten, nicht in einen Zustand des Wahnsinns, in dem sie Lebewesen – auch Menschen – in Stücke reißen und roh verschlingen?

Ein anderes Urbild neben der Mutter ist der Erlöser und Heilbringer – von uns armen Menschen jederzeit benötigt, doch am meisten in Leidenszeiten; ein weiteres der in einem Menschen fleischgewordene Gott. Pharao war ein Gott in Menschengestalt; mindestens seit Beginn der fünften ägyptischen

Dynastie existierte die offizielle Version, jeder Pharao sei ohne menschlichen Vater und ohne Geschlechtsakt von einem göttlichen Wort mit einer menschlichen Mutter gezeugt. Wer weiß, wie früh schon in der Geschichte der Entwicklung des *Homo sapiens* und der vormenschlichen Hominiden das Urbild des fleischgewordenen Gottes Gestalt angenommen hatte?

Urbilder schließen einander nicht aus. Der inkarnierte Gott, der Erlöser – sie alle können miteinander identisch sein. Die Mutter kann eine Jungfrau sein, deren Fruchtbarkeit keines menschlichen Gatten bedarf und deren Kind keinen Vater braucht. Andererseits kann die Mutter eine Frau sein, die ihrem Gatten so ergeben ist wie ihrem Kind. Es gibt auch keine Gewißheit über das Geschlecht des Urbildes, eins ausgenommen. Die Mutter kann natürlich nicht männlich sein, und das Wetter ist selten weiblich; doch in der Religion des pharaonischen Ägypten war die Erde männlich und der Himmel weiblich. In den meisten Religionen ist die Sonne männlich; aber sie ist regelmäßg und gerecht, und ein Mann ohne Launen ist paradox. Es liegt eine bessere Logik in dem weiblichen Geschlecht der Sonnengöttin der hethitischen Stadt Arinna oder der japanischen Sonnengöttin Amaterasu, der Ahnherrin der kaiserlichen Familie, oder der Sonne in der deutschen Sprache.

Wir haben kurz das mögliche »Material« für neue Religionen registriert, die der Menschheit geistige Bedürfnisse in Zeiten der Not befriedigen können. Wir wollen nun die neuen Religionen der Anbetung im einzelnen betrachten, wobei wir um der Klarheit willen von Region zu Region gehen.

In China war die überlieferte Religion der Herrschenden bereits erloschen, ehe das Verlangen nach einer Religion der Anbetung fühlbar wurde. Das Wort »Himmel« (T'ien) hatte wahrscheinlich seine ursprüngliche persönliche Bedeutung schon vor Konfuzius verloren. Das »Mandat des Himmels«, das einer kaiserlichen Dynastie ihre Beglaubigung gab – gemäß den konfuzianischen gelehrten und beamteten Gutsbesitzern, die unter Wu-ti zur Macht kamen –, war in Wahrheit ein weltliches Mandat, das von dieser neuen Herrscherklasse verliehen beziehungsweise entzogen werden konnte. Eine Anbetungsreligion in China ist nur durch primitive und volkstümliche lokale Kulte bezeugt; nach der politischen Einigung von 221 v.Chr. verschmolzen diese Kulte vielfach miteinander und mit den Philosophien der herrschenden Klasse.

Der Konfuzianismus, der unter Wu-ti zur Staatsphilosophie wurde, war nicht mehr die reine Lehre des Konfuzius und des Meng-tse, sondern durch Elemente von Volksreligionen verfälscht. Auch die gleichzeitige Verzerrung des Taoismus ging sehr weit. Diese Philosophie, die den Verzicht auf die Teilnahme an öffentlichen Angelegenheiten lehrte, konnte aufblühen, als der Konfuzianismus an Beliebtheit verlor wie zu Beginn der Regierungszeit Liu-P'angs und im zweiten Jahrhundert n.Chr., als eine dreihundertjährige traurige Erfahrung zeigte, daß der Konfuzianismus von den Herrschenden entstellt und mißbraucht worden war. Doch gleichzeitig mit seinem Wiederaufleben als gelehrte Philosophie hatte der Taoismus auch eine Volksreligion geschaffen, wirksam genug organisiert, um die beiden allerdings fehlgeschlagenen Bauernrevolten gegen das östliche Hanregime von 184 n.Chr. anzufeuern und zu leiten.

War diese Verwandlung einer eigenständigen Philosophie in eine Religion eine chinesische Eigenentwicklung, oder war sie von dem Beispiel des Mahajana inspiriert – einer Anbetungsreligion indischen Ursprungs? Diese zweite Möglichkeit ist nicht von der Hand zu weisen, da im zweiten Jahrhundert n.Chr. das Mahajana schon nach China einsickerte. Es steht jedenfalls fest, daß später, als sein Einfluß in China stark war, die taoistische Religion – die den Mißerfolg der von ihr begünstigten Bauernrevolten überlebt hatte – die Lehre und Organisation des Mahajana nachahmte, um ein angeblich eigenständiges Gegengewicht zu dieser eingedrungenen indischen Religion zu schaffen.

Die Entwicklung des Mahajanabuddhismus in Indien ging stufenweise vor sich; auf der sozialen und institutionellen Ebene wurde nicht mit der Vergangenheit gebrochen. Der buddhistische Mönchsorden (*sangha*) wandelte sich vom Therawadinbuddhismus zum Mahajanabuddhismus, der die institutionelle Grundlage für den Buddhismus aller Spielarten blieb. Andererseits lief die kumulative Wirkung der Entwicklungsstufen auf eine innere Verwandlung der Lehre hinaus.

Der Mönch des Therawadinbuddhismus muß versuchen, seinen persönlichen Eintritt in das Nirwana aus eigener Kraft zu erreichen. Wenn auch von des Buddhas Lehre und Beispiel inspiriert, kann er den Buddha selber nicht um geistige Hilfe bitten, da dieser nach seinem eigenen Eintritt in das Nirwana nicht mehr ansprechbar ist. Das Nirwana bleibt auch der letzte Bestimmungsort des Mahajanamönchs; doch zunächst zielt er darauf ab, ein Bodhisattwa, ein Anwärter künftiger Buddhaschaft, zu werden; und bei diesem Streben kann er auf die Unterstützung eines Pantheons von Bodhisattwas rechnen, die bereits existieren und in Rufweite sind. Mit Hilfe eines Bodhisattwa darf der Mahajanabuddhist hoffen, sein unmittelbares Ziel zu erreichen, nicht das Nirwana, sondern vorerst den vorübergehenden Aufenthalt im Himmel.

Ein Bodhisattwa ist ein Adept der geistlichen Übungen, die Buddha verordnet hat. Er ist bis an die Schwelle des Nirwana gelangt und könnte, wenn er wollte, ins Nirwana übertreten; aber er hat (wie seinerzeit Buddha selber) seinen Eintritt freiwillig verzögert, um seinen Mitmenschen zu helfen. Als einer der Urtypen betrachtet, ist der Bodhisattwa der Erlöser. Einer von ihnen, Awalokita, veränderte in China sein Geschlecht, um Kuan-jin, die Göttin der Barmherzigkeit, zu werden. Nach dem Zusammenbruch der östlichen Handynastie regte sich in China ein heftiges Verlangen nach der »Mutter«, und Kuan-jin übernahm diese Rolle. Das selbstlose Mitgefühl eines Bodhisattwa beantwortet der Mahajanabuddhist mit Verehrung und Treue und dem Drang, dem Beispiel des Bodhisattwa zu folgen. Das

Mahajana ist in der Tat eine Anbetungsreligion, wie sie sich die Menschen in Notzeiten wünschen.

Es scheint im Laufe der ersten beiden Jahrhunderte n.Chr. Gestalt angenommen zu haben, vor allem in Nordwestindien, wo die dortige Sarwastiwadinschule des Buddhismus mehr als die Therawadins im Süden bereit war, die Richtung des Mahajana anzunehmen. Gleichzeitig machte der Hinduismus einen entsprchenden Wandel durch, der auch allmählich zu einer Metamorphose führte. Hier gab es ebenfalls im Institutionellen keine Unterbrechung der Kontinuität. Das verbindende Glied war das Kastensystem der Brahmanen. Diese behielten ihre Herrschaft über den Hinduismus trotz der vielen Wandlungen dieser Religion.

Im wedischen Hinduismus war die Beziehung zwischen den Göttern und ihren Anbetern wie in der ursprünglichen Religion der Römer anfänglich sehr nüchtern: Wenn das Ritual korrekt durchgeführt wurde, waren die Götter verpflichtet, entsprechend zu erwidern; und auf beiden Seiten war das eigene Interesse vorherrschend. In der neuen Form des Hinduismus, der in der Tat eine neue Religion war, bildeten die Götter Schiwa und Wischnu die Gegenspieler der mahajanisch-buddhistischen Bodhisattwas. Wahrscheinlich sind diese beiden Hindugötter, vielleicht unter anderem Namen, schon vor Beginn der christlichen Zeitrechnung verehrt worden. Das neue Element, das ihre Verehrung verwandelte, war die emotionale Beziehung zwischen ihnen und den Gläubigen. Wischnu ist wie der Bodhisattwa Amitabha der Erlöser und zugleich der Gott, der Fleisch wird. Seine bekanntesten Inkarnationen waren und sind Rama und Krischna; aber er hat sich auch in Buddha inkarniert. Schiwa besitzt die Mehrdeutigkeit der Urtypen des Wetters und der Vegetation und der Mutter. Er kann sowohl schöpferisch wie zerstörend wirken, und seine menschlichen Anbeter sind seinen Launen preisgegeben. Er ist die geistige Wirklichkeit und Kraft hinter der Gesamtheit der Natur.

Im Iran hatte Zarathustras militanter Monotheismus zunächst keinen Boden fassen können; seiner revolutionären Religion bemächtigten sich die iranischen Priester, die Magi, die sie verfälschten. Nach Zarathustras Tod lebte wie im pharaonischen Ägypten nach dem Tode Echnatons der Polytheismus wieder auf. Aus Ahura Mazdahs geistigen Attributen wurden zahlreiche selbständige Gottheiten; Anahita, eine hochgeschätzte vorzoroastrische Wassergöttin, kam erneut zu Ehren. Das waren Schritte zur Verwandlung des Zoroastrismus in eine emotionale Religion; aber es folgten ihnen keine weiteren, und auch der verfälschte Zoroastrismus der Magi hat die Herzen der Iraner nie ganz gewinnen können.

Die Levante einschließlich des Euphrat-Tigris-Beckens ist nicht größer als Indien oder China; doch bevor diese Region dem persischen und schließlich dem Römischen Reich einverleibt wurde, war sie kulturell weitaus weniger homogen als jene beiden Subkontinente. Diese verhältnismäßig kleine Region westlich des Iran war die Heimat von nicht weniger als fünf Zivilisationen der sumero-akkadischen, der pharaonisch-ägyptischen, der syrischen, der kleinasiatischen und der hellenischen. Es gab zwischen den Traditionen dieser Zivilisationen eine lebhafte Wechselwirkung, als die Erlebnisse einer Leidenszeit das Verlangen nach einer emotional befriedigenden Religion erweckten. Diese Wechselwirkung wurde durch die auffällige religiöse Armut einer der fünf Zivilisationen, der hellenischen, gefördert. In dem neuen Zeitalter, das in der Levante mit Alexanders Eroberung des persischen Reiches 334 v.Chr. eingeleitet wurde, behaupteten sich zwei größere hellenische Religionen: die Eleusinischen Mysterien und der Dionysoskult. Die eleusinische Göttin Demeter war Mutter Erde, ihre Tochter Kore (»Mädchen«) war die Saat, die stirbt, begraben wird und zu neuem Leben aufersteht. Den in die Mysterien Eingeweihten erwartete nach dem Tode die ewige Seligkeit in einem paradiesischen Jenseits. Dionysos war das hellenische Gegenstück zu Schiwa; er verkörperte die launenhafte Ambivalenz der Natur. Im nachalexandrinischen Zeitalter der hellenischen Geschichte blieben die Eleusinischen Mysterien bestehen, und der Dionysoskult erfuhr eine kräftige Neubelebung. Sowohl die Eleusinischen Mysterien als auch der Dionysoskult gaben den geistigen Bedürfnissen der Menschen Nahrung ohne Rücksicht darauf, ob sie Staatsbürger oder Ausländer, Freie oder Sklaven, Männer oder Frauen waren. Es gab in Athen einen öffentlichen Dionysoskult; das attische Drama war ein Teil davon. Auch die Eleusinischen Mysterien standen unter dem Schutze von Athen; denn Eleusis war nicht wie Athen ein selbständiger Stadtstaat, sondern eine heilige Stätte, zufällig auf athenischem Territorium gelegen und in dieser Eigenschaft jedermann zugänglich. Was den Dionysoskult betrifft, so setzte seine Verbreitung und Beliebtheit einige nachalexandrische Regierungen in Verlegenheit. Ptolomäus IV. (221-203 v.Chr.) ließ die Anhänger des Kultus, Bakchen oder Thyiaden genannt, registrieren, und in Italien wurden sie von 185 bis 81 v.Chr. von der römischen Regierung unterdrückt.

In der Levante nach Alexander und in der Mittelmeerregion nach ihrer Einigung im Römischen Reich wetteiferten die verschiedenen Religionen um die Hegemonie in der westlichen Ökumene. Das Christentum siegte aufgrund seiner außerordentlichen Assimilationskraft. Es eignete sich die Kräfte seiner Rivalen an – es »verschlang« syrische, ägyptische, kleinasiatische und hellenische Götter und Göttinnen und machte ihre Kräfte zu seiner eigenen Kraft.

Für die urbildliche Rolle der Mutter boten sich mindestens fünf Kandidatinnen an: die ägyptische Isis, die phrygische Kybele, die ephesische Artemis, die eleusinische Demeter und eine Göttin, die in Maria, der Frau eines jüdischen Zimmermanns in Galiläa, Fleisch geworden war. Die geschichtliche Siegerin, Maria, nahm Charakter, Gestalt und Attribute der hellenisierten Isis an. In ihrer Heimat war Isis die Schwestergattin des toten und mumifizierten Gottes Osiris gewesen. Aber da dieser nicht exportfähig war, erfanden ein ägyptischer und ein eleusinischer Priester gemeinsam für Isis einen Ersatzgatten, den Sarapis, eine Verschmelzung von Osiris mit Apis, dem heiligen Stier. Das geistige Vakuum, das die Auslöschung von Zeus hinterlassen hatte (ihm war das gleiche Schicksal beschieden wie T'ien, dem Himmelsgott der Chinesen), ermöglichte dem Sarapis den Eingang in das hellenische Pantheon; doch in seiner hellenisierten Form war Sarapis nur eine überflüssige Replik des Asklepios, des hellenischen Gottes der Heilkunde, und hatte keine Aussicht, Zeus als die Vaterfigur zu ersetzen. Dieser Rolle bemächtigte sich Jahwe, der herrische Nationalgott der Juden.

Isis war nicht nur die treue Gattin, sondern auch die zärtliche Mutter; und sie zog ihren Sohn Horus zum Verfechter und Erlöser des wiedererwachten Osiris auf. Im Wettstreit um die Rolle des Sohnes in der Levante außerhalb Ägyptens unterlag Horus jedoch gegen Marias Sohn Jesus.

Die ältesten erhaltenen Berichte über Jesus sind von Anhängern geschrieben, die glaubten, Jesus habe wie die Pharaonen keinen menschlichen Vater, sondern sei von einem Gott gezeugt worden – im Falle Jesu nicht von Rê, sondern von Jahwe. (Jahwes Mittler war sein Geist, denn seine Attribute waren wie die des Ahura Mazdah selbständige Gottheiten geworden, um die Strenge des Monotheismus zu lockern.) Den christlichen Schriften zufolge wies Jesus den Gedanken zurück, er selber sei in irgendeinem Sinne göttlich; in mindestens zwei überlieferten Äußerungen gibt er zu verstehen, daß er und Gott nicht identisch seien. Doch mag er im Sinne der Hindus ein Gott gewesen sein als ein Mann, der sein Ego aufgehoben und damit den Schleier weggezogen hat, der bei den meisten Menschen die ihnen innewohnende letzte Wahrheit verbirgt. Entsprechend der nichtdualistischen Schule des hinduistischen Denkens liegt die letzte Wahrheit allen Erscheinungen zugrunde und kommt zum Vorschein, wann und wo immer der hemmende Schleier der Ichbezogenheit entfernt wird. Aber auch wenn Jesus zu seinen Lebzeiten als Gott verehrt worden wäre, hätte er selbst zweifellos diesen Status abgelehnt. Vielleicht hat er wie andere Rabbiner seiner Zeit sich Jahwes Sohn genannt; doch war dies in der jüdischen Redeweise nur ein Gleichnis für die Nähe zu dem Gott. Jesus war ein orthodoxer Jude, und sein geographischer und ethnischer Horizont war auf das palästinensische Judentum beschränkt. Als er seine Jünger aussandte, seine Lehre zu verbreiten, wies er sie an, sich nur an Juden zu wenden.

Seine jüdischen Zeitgenossen beschuldigten ihn nicht, unorthodox zu sein. Jesus und die Pharisäer entzweiten sich, weil er das jüdische Gesetz nach eigenem Ermessen deutete, ohne vorher den Konsens der Rabbiner einzuholen. Die meisten seiner unkonventionellen persönlichen Interpretationen unterschieden sich nicht von denen der Rabbiner, die der Tradition folgten. Die Sadduzäer stimmten zu, als die römische Besatzungsmacht Jesus zum Tode verurteilte, weil er sich vom jüdischen Volk als Messias (d.h. als den menschlichen, königlichen Befreier des jüdischen Volkes) hatte begrüßen lassen. Sie waren der vernünftigen Ansicht, die Hinrichtung eines einzigen unbedachten Juden sei eine legitime Vorsichtsmaßnahme gegen die Gefahr eines jüdischen Aufruhrs, dessen Unterdrückung viele Menschenleben gekostet hätte. Wir können vermuten, daß Jesus ähnlicher Ansicht war, denn er hatte viel mit den Pharisäern gemein. Diese lehnten es im Gegensatz zu den Hasmonäern und deren Erben, den Zeloten, ab, die Waffen gegen eigene oder ausländische Regierungen zu ergreifen, solange die ihren jüdischen Untertanen erlaubten, ihre Religion in der orthodoxen Form auszuüben.

Maria wird von ihrem Sohn Jesus und seinem Vater Jahwe nach der offiziellen Theologie der christlichen Kirche überschattet. Auf den ersten Blick scheint es, als habe Isis bei ihrer Verwandlung in Maria an Bedeutung verloren; denn sie hatte Gatten und Sohn in Ägypten gelassen, als sie ihren Siegeszug durch die hellenische Welt begann. Doch im nichtprotestantischen – größeren – Teil des Christentums ist Maria, die »Mutter Gottes«, nur dem Namen nach keine Göttin. In Wirklichkeit hat Isis in dieser christlichen Verkörperung ihre vorchristliche Macht behalten.

Jahwe war zunächst wie Zeus ein Wettergott, und nachdem Zeus an Bedeutung verloren hatte, war sein einziger Konkurrent in dieser Rolle Jupiter Dolichenus, die romanisierte Form des Wettergottes der Stadt Doliche (heute Dülük) in Nordsyrien. In Doliche kreuzte sich die Ost-West-Route vom Euphrat zum Mittelmeer mit der Süd-Nord-Route von Ägypten nach Kleinasien; daher war es eine wichtige Etappe für die römischen Legionen auf dem Weg zu den Ostgrenzen des Reiches. Dolichenus wurde bei den Soldaten sehr beliebt. Bei seinen hethitischen Verehrern stand er auf dem Rücken eines Stiers, den Blitz und die Doppelaxt schwingend. Die römischen Soldaten steckten ihn in eine Uniform, und in diesem Kostüm reiste er mit der Truppe donauaufwärts und rheinabwärts und übers Meer bis zum Hadrianswall in Britannien.

Einen Vorteil hatte Dolichenus gegenüber seinem Rivalen Jahwe: Er besaß eine Gemahlin, die ihm, auf dem Rücken einer Hindin stehend, gleichberechtigt war. Die Frauen der Soldaten hatten an der Seite ihrer Männer einen wichtigen Anteil an dem Dolichenuskult. Aber dieser war kurzlebig, er bestand rund hundert Jahre vom zweiten bis ins dritte Jahrhundert n.Chr. Jupiter Dolichenus hatte zwar mehr Lebenskraft als Sarapis, aber auch er konnte sich mit Jahwe nicht messen.

In dem Wettstreit um die Rolle des auferstandenen Gottes schieden Osiris durch seine Mumifizierung und der kleinasiatische Attis durch seine Selbstverstümmelung aus; der sumero-akkadische Tammuz war mit allen seinen Gefährten in die Unterwelt versunken und blieb nur als jüdischer Monatsname erhalten; der syrische Adonis wäre neben Dionysos und der Kore und dem Iakchos aus Eleusis in Betracht gekommen, aber Jesus überflügelte sie alle. Einige seiner Anhänger glaubten ihn drei Tage nach seiner Kreuzigung und in weiteren Erscheinungen gesehen zu haben. Als Paulus seinen ersten Brief an die Korinther schrieb, war das Abendmahl in Form von Brot und Wein schon zu einem festen Ritual der christlichen Gemeinschaft geworden und in seinem Wortlaut festgelegt. Nicht Dionysos oder Adonis, sondern Jesus hatte die Rolle des sterbenden und auferstehenden Gottes übernommen.

Gewichtigere Rivalen hatte Jesus im Kampf um die Rolle des Erlösers und Heilands. Die konkurrierenden Heilbringer waren Horus, der Besieger des Osirismörders Seth, und Mithras, ein iranischer Gott, den Zarathustra zum Teufel degradiert hatte, der jedoch, von Iran nach Kleinasien gewandert, seine Gottheit in Verbindung mit der Sonne und den schicksalbestimmenden Sternen erneut behauptete. Sein Glück wurde wie das des Jupiter Dolichenus von den römischen Legionen gemacht, die ihn vom Euphrat bis nach Britannien trugen; aber es war kurz – es begann im ersten Jahrhundert und endete im vierten Jahrhundert n.Chr. in einem aussichtslosen Kampf gegen Jesus.

Mithras wetteiferte mit Jesus in der Strenge seiner ethischen Forderungen, doch war er in mindestens zwei Punkten im Nachteil. Er war nicht das Lamm, das sich selbst opfert, sondern ein bösartiger Totschläger (vielleicht ist sogar der Urstier, den Mithras tötet, sein Duplikat). Zweitens war Mithras ein Weiberfeind; er war mutterlos und unbeweibt, sein Kult war nur Männern zugänglich. Auch Jesus war ohne Frau, aber er hatte eine der Isis ähnliche Mutter; es gab weibliche Heilige im engsten Kreis seiner Anhänger und ein Betätigungsfeld für Frauen in der christlichen Kirche.

Jesus, nicht Mithras, wurde der Heiland der Mittelmeervölker. Ihr Erlöser sollte ein Mensch aus ihrer Mitte sein und zugleich ein Vertreter der nichtprivilegierten Mehrheit der Menschheit, die von dem allgemeinen Leiden besonders hart betroffen war. Die Rolle fiel an den scheinbar machtlosen Sohn eines Zimmermanns, nicht an einen offenbar gewaltigen Monarchen.

Am heftigsten war der Wettstreit um die Rolle des fleischgewordenen Gottes. Sein Prototyp war der ägyptische Pharao gewesen. Ein Pharao war auch der römische Kaiser neben seiner Stellung als *Princeps* von Volk und Senat. So wurde jeder römische Kaiser der legitime Nachfahr des ägyptischen fleischgewordenen Gottes (bis Aurelian dieses Erbe ablehnte), und die Verehrung des kaiserlichen Menschengottes war der Mörtel, der den Bau des Römischen Reiches zusammenhielt wie mehr als drei Jahrtausende vorher die ägyptische Doppelmonarchie. Hätte die römische Regierung zugelassen, daß ein Untertan es ablehnte, den Kaiser als Gott zu verehren, dann hätte sie die kostbare politische Einheit gefährdet und damit den noch kostbareren Frieden, den Rom der hellenischen Welt geschenkt hatte.

Die römische Regierung duldete allerdings die Weigerung ihrer jüdischen Untertanen, dem Kaiser göttliche Ehren zu erweisen; doch war dies nur deshalb möglich, weil die Juden eine ethnische Gemeinschaft bildeten. Es wäre für das Reich weitaus gefährlicher gewesen, diese Nachsicht auf die Christen auszudehnen, denn deren Kirche hatte keine ethnischen Grenzen, ihr Ziel war, die ganze Menschheit zu bekehren. Umgekehrt konnten die Christen unmöglich das Ritual der Kaiserverehrung akzeptieren, ohne damit einzugestehen, daß ihr dreieiniger Gott nicht der einzig wahre Gott war – es wäre einer Verleugnung des Wesens ihrer Religion gleichgekommen. Ein

Zusammenstoß zwischen der römischen Regierung und der christlichen Kirche war unvermeidlich, und der Sieg des Christentums in diesem Kampf ist wahrhaft verblüffend.

Das halbe Jahrtausend von 334 v.Chr. bis 220 n.Chr. sah also in der Alten Welt drei große Religionen erstehen: den theistischen Hinduismus, den mahajanischen Buddhismus und das Christentum. Mahajana und Christentum waren missionarische Religionen, deren Anhänger den Ehrgeiz hatten, die ganze Menschheit zu bekehren. Andererseits war der Hinduismus wie der Zoroastrismus und das Judentum die Religion einer bestimmten Gesellschaft und mit dieser institutionell und strukturell eng verbunden, wenn auch im Falle des Hinduismus der soziale Mutterboden der Religion so groß war, daß er ein Äquivalent der ganzen Welt darstellte.

Das Christentum begann als eine von zahlreichen jüdischen Sekten. Die Juden-Christen, die ersten Christen also, glaubten zweifellos, daß Jesus nach seinem Tode auferstanden war. Welche Erfahrung auch zu diesem Glauben unter den Jüngern Jesu geführt haben mag – der Glaube selbst war fraglos aufrichtig und darum machtvoll. Dies erklärt, weshalb sich die Christen von der Enttäuschung, der ersten Reaktion auf Jesu Kreuzigung, so schnell wieder erholen konnten. Eine gewaltige Leistung – vollbracht von dem Juden-Christen Paulus – ist die Entwicklung eines nichtjüdischen Christentums aus dem Judentum, einer Gemeinschaft, der Nichtjuden beitreten konnten, ohne sich zur Befolgung des jüdischen Gesetzes zu verpflichten. Nicht weniger erstaunlich ist es, daß es diesem ehemals jüdischen Christentum schließlich gelang, alle Bewohner des Römischen Reiches zu bekehren mit Ausnahme der Juden selber und der Samaritaner, die Jahwe auf ihre Weise verehrten.

Das paulinische Christentum hat über die Volksreligionen nichtjüdischen Ursprungs den Sieg davongetragen, indem es sie absorbierte; doch der Preis war die Verwässerung des Monotheismus, den es von den Juden übernommen hatte. Wie im Zoroastrismus wurden im paulinischen Christentum die Attribute eines alleinigen wahren Gottes – in diesem Falle Jahwes Wort und Jahwes Geist – in den Status gleichrangiger Seiten der Gottheit erhoben. Jesus wurde der fleischgewordene Gott im gleichen Sinne wie Pharao und Cäsar, Rama und Krischna. Als »Mutter Gottes« wurde Jesu menschliche Mutter tatsächlich eine Göttin.

Die Stärke der christlichen Kirche war auch eine Folge ihrer leistungsfähigen Organisation. Die anderen levantinischen Religionen hatten wie der buddhistische Mönchsorden keine zentrale Leitung; die lokalen Gemeinden dieser anderen Religionen waren verwaltungsmäßig unabhängig voneinander; sie hatten nur die gleiche Lehre und das gleiche Ritual. Auch die Christen hatten ihre lokalen Kongregationen in den Stadtstaaten des Römischen Reiches. Aber sie folgten dem Beispiel der weltlichen Verwaltung Roms, indem sie die lokalen Zellen einer kirchlichen Hierarchie imperialen Ausmaßes unterstellten. Diese organisatorische Leistung war einzigartig.

Die erloschenen weltlichen Reiche der Diadochen Ptolomäus, Seleukos und Lysimachos erwachten in der Form von christlichen Patriarchaten zu neuem Leben; und der Patriarch von Rom (der Papst) wurde von seinen östlichen Amtsbrüdern in Byzanz, Alexandria und Antiochia als *Primus inter pares* anerkannt, wenn sie auch nicht dem Anspruch des Papstes auf die Oberhoheit über die ganze katholische Kirche außerhalb der Grenzen des römischen Patriarchats zustimmten.

Die Verwandlung einer jüdischen Sekte in die ökumenische christliche Kirche ist in der Tat erstaunlich; aber die Entwicklung der indischen therawadinbuddhistischen Philosophie zur ökumenischen mahajanabuddhistischen Religion ist es nicht minder. Die Stärke des Mahajana als einer missionarischen Religion lag in der Bereitschaft seiner Anhänger, sich mit den vorhandenen Religionen der Länder, in denen ihre Missionare tätig waren, zu verständigen. Der Mahajanabuddhismus war tolerant, er strebte nicht nach Eroberung, sondern nach Symbiose. Die jüdische Vergangenheit des Christentums hingegen war ein Handikap für seine Theologen und Missionare: es mußte seine Rivalen entweder vernichten oder absorbieren, und es absorbierte sie nur insoweit, als dies heimlich geschehen konnte. Dennoch übernahm es mehr, als es vernichtete; seine Bekehrungsmethoden glichen denen des Mahajana in höherem Maße, als seine offiziellen Repräsentanten zugeben durften.

Aufstieg und Verbreitung des Mahajana und des Christentums gaben der Geschichte der Menschheit eine neue Wendung. Die Ökumene der Alten Welt war der Schauplatz dieser dramatischen Ereignisse, aber der Endeffekt war global.

39

DIE ZIVILISATIONEN MITTELAMERIKAS UND DER ANDEN VON 400 V.CHR. BIS 300 N.CHR.

Von dem kulturellen Aufstieg in Mittelamerika und im Andengebiet ist in Kapitel 21 berichtet worden. Die Schöpfer der Zivilisation in Mittelamerika waren die Olmeken; im Andengebiet waren sie die Erfinder und Verbreiter des Chavinstils in der bildenden Kunst. Zumindest an einer Stätte in Mittelamerika, in San Lorenzo am Isthmus von Tehuantepec, konnte durch Radiokarbonbestimmungen das erste Auftreten einer erkennbaren Olmekenzivilisation schon auf 1250 v.Chr. datiert werden. In La Venta und Tres Zapotes jedoch, der Atlantikküste näher gelegen, blühte die Olmekenzivilisation erst zwischen 800 und 400 v.Chr. auf, gleichzeitig mit der Chavinzivilisation in den Anden. Im Verlauf der unmittelbar folgenden Epoche von 400 v.Chr. bis 300 n.Chr. erreichte die Kultur in beiden Regionen zur gleichen Zeit ihren Höhepunkt, wenn wir die eine von zwei möglichen Berechnungen annehmen. Nach einer anderen Berechnung wird die Blüte der Andenzivilisation rund sechshundert Jahre früher, um 300 v.Chr., angesetzt.

Die Chronologie der mittelamerikanischen Kultur ist gesichert. Es gab ein System kontinuierlicher Datierung, wahrscheinlich von den Olmeken erfunden und mit Bestimmtheit von den Maya im »klassischen« Zeitalter der mittelamerikanischen Geschichte, von 300 bis 900 n.Chr., vervollkommnet. Dieses System, den modernen Archäologen als »Mayalangrechnung« bekannt, wurde mit unserer Zeitrechnung in Übereinstimmung gebracht, und zwar durch Radiokarbontests, mit denen man das Alter von zahlreichen Holzproben aus den Oberbalken von Toren an Mayatempeln bestimmte und mit Inschriften in der »Langrechnungs«-Datierung an Mayamonumenten verglich.

Ein ähnliches Datierungssystem bei den Andenvölkern ist uns nicht bekannt. Der einzige chronologische Nachweis neben den Radiokarbontests geht aus der Schichtung von Artefaktenablagerungen (Scherben und Gebäudetrümmer) hervor. Die Archäologen haben diese Schichten chronologisiert nach der Dicke der Ablagerungen, der Zahl der aufeinanderfolgenden Stile, die aus ihren Ablagerungen abzulesen sind, und den Unterschieden zwischen den Stilarten. Aber dort, wo es möglich war, diese mutmaßliche Chronologie durch Radiokarbontests nachzuprüfen, haben sich für den Zeitraum von 400 v.Chr. bis 1438 n.Chr. weitgehende Abweichungen von den archäologischen Schätzungen ergeben. Zum Beispiel wird die sogenannte »klassische« oder »Blütezeit« der Geschichte und Kultur des Andengebietes von den Radiokarbontests auf 300 v.Chr. bis 500 n.Chr. datiert, während die Archäologen sie auf Grund der Schichtungen in den Jahrhunderten von 400 bis 1000 n.Chr. annehmen.

Dieser Widerspruch ist verblüffend; und nach dem gegenwärtigen Stand unseres Wissens kann man kaum entscheiden, welche Chronologie die richtige ist. Die Datenbestimmung nach Schichten ist in hohem Grade subjektiv und kann zu falschen Schlüssen führen. Andererseits ist die Zahl der Fundstücke, auf denen die Radiokarbondatierungen basieren, noch gering, und vereinzelte Datierungen können nicht weniger irreführend sein als die Bestimmung nach Schichten. Eine Radiokarbondatierung ist nicht zuverlässig, wenn man nicht die Geschichte des untersuchten Objekts kennt. Zum Beispiel kann ein Balken in einem Gebäude aus einem älteren stammen und wird uns infolgedessen nicht die richtige Entstehungszeit für das Gebäude geben, in dem er gefunden wurde. Die Methode ist mit Sicherheit nur mit großen Toleranzen anzuwenden, und bis heute sind die uns für die Klärung der Andenchronologie zur Verfügung stehenden Tests nicht zahlreich genug, um uns vom Zufall unabhängig zu machen. Zur Zeit können wir für die achtzehn und ein halbes Jahrhundert umfassende Geschichte der Andenregion bis 1438 n.Chr. nichts Besseres tun, als die vorhandenen Radiokarbondatierungen bis auf weiteres zu akzeptieren mit dem Vorbehalt, daß bei einer größeren Zahl von Testresultaten das Ergebnis vielleicht den auf der Formationskunde beruhenden Berechnungen näherkommen wird.

Die Andenzivilisation und die mittelamerikanische entstanden unabhängig voneinander, und obwohl sie sich wechselseitig beeinflußten (die Andenregion verdankte Mittelamerika den Mais und dieses der Andenregion die Kunst der Metallbearbeitung), gibt es keinen zwingenden Grund, warum die aufeinanderfolgenden Phasen der beiden Kulturen einander entsprechen oder, wenn sie es täten, gleichaltrig sein sollten. Aber die Olmekenphase Mittelamerikas und die Chavinphase der Anden bilden tatsächlich sich fast ergänzende Gegenstücke und sind auch nahezu gleichzeitig. Auch in der letzten Phase der präkolumbischen Geschichte Amerikas begann die Expansion des Aztekenstaates in Mittelamerika zum nahezu gleichen Zeitpunkt wie die Expansion des Inkastaates in den Anden – die Daten sind 1428 bzw. 1438 n.Chr. Die Andenchronologie, die nicht auf Radiokarbontests, sondern auf der Formationskunde basiert, stellt ebenfalls die »Blütephase« der Andengeschichte zeitlich neben die entsprechende »klassische« Phase der mittelamerikanischen. Natürlich sind das keine überzeugenden Gründe dafür, daß die korrespondierenden Phasen der beiden Kulturen in die gleiche Zeit fallen. Wir wollen in diesem Kapitel als die richtige Datierung für die »blühende« Phase der Andenkultur den Zeitraum von 300 v.Chr. bis 500 n.Chr., nicht von 400 bis 1000 n.Chr. annehmen.

In Mittelamerika trat die Olmekenkultur zum erstenmal auf dem Isthmus von Tehuantepec und längs dem angrenzenden Küstenstreifen des Atlantiks in Erscheinung und breitete sich von dort nordwestwärts zur Hochebene von Mexiko und südostwärts zur Pazifikküste aus. Es gibt archäologische Nachweise dafür, daß die Olmeken mit Waffengewalt expandierten, und die intensiven Zerstörungen der Olmekenstätten bei San Lorenzo und La Venta weisen darauf, daß die Olmeken sich der unmutig geleisteten Zwangsarbeit besiegter Völker zum Transport des massiven Materials für ihre gewaltigen Kunstdenkmäler bedienten. Aber wenn die Olmeken auch gehaßt wurden, so wurden sie dennoch nachgeahmt. Tres Zapotes, die am meisten nordwestlich gelegene Stätte der Olmekenzivilisation, blieb ungefähr bis zur Zeitenwende bestehen.

Zwischen 100 v.Chr. und 150 n.Chr. begann die Monumentalarchitektur in den zwei Tieflandsgebieten der Mayaregion. Das in der Mitte gelegene, Petén, ist jetzt mit einem dichten tropischen Regenwald bedeckt; das nördliche, Yucatán, ist vergleichsweise dürr und trocken. Die am frühesten datierte Stele von Tikal, der Hauptkultstätte des mittleren Mayareiches, stammt aus dem Jahr 292 n.Chr. Die mittelamerikanische Kultur erreichte also die nördlichen und zentralen Mayagebiete später als den südlichen Teil (das Hochland von Guatemala); doch die Mitte entwickelte alsdann verschiedene ausgeprägte Züge: das sogenannte »falsche Gewölbe« (entstanden durch Hervorragen der Steinschichten), von Giebelaufbauten gekrönt, und die Verbindung des Altars mit einer Stele. Heute sind die einzigen entzifferten mittelamerikanischen Hieroglyphen die Dateninschriften (sowohl die in der »Langrechnung« als auch solche, die nur in einem wiederkehrenden 52-Jahr-Zyklus Daten enthalten). Man vermutet, daß es sich bei den nicht entzifferten Hieroglyphen um eine Geheimschrift handelt, und zwar (ähnlich der sumerischen Schrift) um eine Kombination von Bildzeichen mit Lautzeichen. Diese Hieroglyphen und die »Langrechnung« waren keine Erfindungen der Maya, aber diese haben sie ausgearbeitet und verfeinert, als sie sie im Peténgebiet übernahmen.

Dieser bemerkenswerten Kulturentwicklung im Mayatiefland entsprach eine gleichzeitige Entwicklung auf der mexikanischen Hochebene. Teotihuacán war nicht nur eine bedeutende Kultstätte (seine Sonne- und Mondpyramiden sind nach der Großen Pyramide von Cholula die beiden größten mittelamerikanischen Monumente), sondern auch wie San Lorenzo rund anderthalb Jahrtausende früher eine echte Stadt mit einem rechtwinkligen Gitternetzgrundriß und einer dichten Bevölkerung, die von der intensiv kultivierten ländlichen Umgebung versorgt wurde und Waren zum Verkauf an die Völker im tropischen Tiefland längs der Atlantikküste herstellte.

Die »klassische« Phase der mittelamerikanischen Kultur begann sowohl in Teotihuacán als auch im Mayatiefland um 300 n.Chr. Die entsprechende »blühende« Phase der Andenzivilisation fällt ebenfalls in den Zeitraum, den dieses Kapitel behandelt, wenn wir einstweilen die Datierung von 300 v.Chr. bis 500 n.Chr. akzeptieren.

Der Chavinstil breitete sich nicht bis an die Grenzen der Andenwelt aus; er erfaßte weder den Südostteil der Pazifikküste noch die südöstlichen Hochebenen; auch in den Gebieten, in die er gelangte, wurde er wieder von lokalen Einflüssen verändert. Das erwies sich als kulturell fruchtbar; in dieser Nachchavinzeit erreichte die Andenzivilisation ihren Höhepunkt. Die hervorragendsten technischen und künstlerischen Leistungen waren Töpferei und Weberei; die wichtigsten Herstellungsgebiete, in den Küstenebenen gelegen, waren das Mochetal im Nordwesten und die Halbinsel Paracas und das Nazcatal im Südosten. Die Töpferwaren von Mochica können sich mit der klassischen attischen Vasenkunst messen; die Wollstoffe von Paracas und Nazca sind schöner als alle heutigen Erzeugnisse, und die Baumwollstoffe werden kaum von denen aus dem heutigen Bangladesch und aus Lancashire übertroffen. Auch die Metallbearbeitung wurde schon in der Chavinzeit praktiziert und in den folgenden »experimentellen« und »blühenden« Phasen fortgesetzt; aber das Material war nur Gold, kein Silber und Kupfer, und es wurden nur Schmuckstücke, keine Waffen oder Werkzeuge hergestellt. Dennoch war die Metallbearbeitung der Andenzivilisation der in Mittelamerika voraus, wo sie nie selbständig erfunden und erst in der nachklassischen Zeit ausgeübt wurde; und auch dann ging sie auf Anregungen aus Ekuador und Peru zurück.

40

DER WESTEN DER ÖKUMENE DER ALTEN WELT VON 220 BIS 395 N.CHR.

In Kapitel 37 war von den vier großen Reichen die Rede gewesen, die von 48 bis 220 n.Chr. sich über die ganze Breite der Alten Welt erstreckten. Kapitel 38 behandelte den Wettstreit der Stammesreligionen von 334 v.Chr. bis 220 n.Chr. um die friedliche Eroberung der Menschen in dem riesigen Gebiet, das nach seiner Konsolidierung in nicht mehr als vier gewaltigen Staaten das Feld für missionarische Betätigungen wurde. Das Ergebnis war die Entstehung von drei neuen Religionen: dem theistischen Hinduismus, dem mahajanischen (im Gegensatz zum therawadinischen) Buddhismus, dem paulinischen (im Gegensatz zum jüdischen) Christentum. Diese drei Religionen ähnelten einander darin, daß sie Anbetungsreligionen waren. Die theistischen Hindus verehrten die Götter Schiwa und Wischnu; die mahajanischen Buddhisten die Bodhisattwas, die offiziell keine Götter, sondern potentielle Buddhas waren; und die Christen verehrten ihren Gott Jahwe, Jesus (für die nichtjüdischen Christen ebenso göttlich) und Jesu Mutter, die faktisch zur Göttin geworden war, nachdem sie »Mutter Gottes« genannt wurde. Die Objekte der Anbetung waren verschieden, der Geist war der gleiche.

Die Entstehung dieser Religionen und die Vergöttlichung der Bodhisattwas und von Jesus und Maria waren Symptome für das Verlangen nach persönlichen Göttern; und dieses Bedürfnis wurde empfunden, weil sich die Menschen bewußt geworden waren, daß sie ihr Leben nicht mehr meistern konnten. Es hatte Zeiten und Länder gegeben, wo das Volk und seine Herrscher ihr Vertrauen in lebende fleischgewordene Götter setzen konnten – zum Beispiel in die Pharaonen der ersten vier Dynastien, in Julius Cäsar und Augustus und dessen Nachfolger bis 274 n.Chr. In diesem Jahr änderte ein lebender fleischgewordener Gott freiwillig seinen Status und erklärte, daß ein Gott dieser Art der Zeit nicht mehr angemessen sei. In diesem vierzigsten Jahr der Krise des Römischen Reiches erhob Kaiser Aurelian an seiner Stelle den »Sol Invictus« (die »unbesiegte Sonne«) zum Titulargott des Reiches und regierte fortan nur noch als des höchsten Gottes irdischer Regent.

In der nächsten Phase der Geschichte der Alten Welt, von 220 bis 395 n.Chr., waren die vier Reiche unterschiedlichen Geschicken unterworfen. In Kapitel 37 wurde schon erwähnt, daß das arsakidische Partherreich im Iran und Irak 224 von den sassanidischen Persern erobert wurde, die sich auch das Kuschanreich einverleibten (wenn auch ein Rest des Kuschanreiches das sassanidische überlebte). Das Chinesische und das Römische Reich verfielen zeitweilig der Anarchie – China dreihundertsiebzig (von 220 bis 589) Jahre lang, Rom nur fünfzig Jahre (von 235 bis 284). In diesem Jahrhundert ging es dem iranischen Reich am besten. Es überdauerte den Wechsel der Dynastien; es dehnte sich nach Osten aus, und der zweite Sassanidenherrscher, Schapur I., errang drei Siege über die Römer und nahm mit dem dritten (260) eine ganze römische Armee gefangen und den Kaiser Valerian dazu. Allerdings wurde Schapur wiederum von Odaenathus besiegt, dem Fürsten des halbautonomen, in der Wüste zwischen Syrien und Mesopotamien gelegenen Oasenstaates Palmyra, der mit Rom verbündet war.

Palmyras wirtschaftliche Blütezeit fiel in die Jahre von 117 bis 224, nachdem es Trajan nicht gelungen war, Babylonien (Irak) für Rom zu erobern, und bevor die Sassaniden vom Iran und Irak Besitz ergriffen. Nach seinem Sieg über Schapur versuchten Odaenathus und seine Witwe Zenobia (nicht die erste und letzte ehrgeizige Königin eines arabischen Oasenstaates), Palmyra wieder zu einem selbständigen Staat zu machen, aber es wurde 274 von Aurelian erobert und zerstört. Ein anderer Staat in dieser Region, Armenien, war in der Behauptung seiner Selbständigkeit erfolgreicher; es konnte sich erst mit palmyrischer, dann mit römischer Hilfe vor der Eroberung durch die Sassaniden bewahren und blieb von 298 bis 387 selbständig unter der Herrschaft eines Zweiges der Arsakidendynastie, der den armenischen Thron unter römischer Oberhoheit seit 66 n.Chr. innehatte.

Die Einigung und Wiederherstellung des Römischen Reiches war das Werk einer Reihe von Soldatenkaisern aus den kriegerischen, doch kulturell rückständigen illyrischen Provinzen zwischen der Nordostküste des Adriatischen Meeres und dem Südufer der Donau. Aurelian (270-275) war einer von ihnen; die beiden größten jedoch waren Diokletian (284-305) und Konstantin I. (306-337). In den fünfzig Jahren von 235 bis 284 waren alle Regierungszeiten kurz gewesen, und die meisten Kaiser hatten ein tragisches Ende, nur Diokletian und Konstantin starben in ihren Betten. Beide stellten das Reich wieder her, indem sie es reformierten; Konstantin setzte fort, was Diokletian begonnen hatte, beendete jedoch dessen Christenverfolgungen und bekehrte sich selber zum Gott der Christen.

Von 284 bis 337 schufen die beiden Kaiser ein neues bewegliches Heer zur Verteidigung des Reiches (das Konstantin freilich auch zur Niederwerfung seiner Rivalen benutzte). Sie stabilisierten die Währung, ließen das Land neu vermessen und setzten die Steuern auf landwirtschaftliche Erzeugnisse neu fest. Sie verpflichteten zahlreiche Angehörige der gebildeten Stände für den Staatsdienst und schufen ein hierarchisch aufgebautes Beamtentum, nachdem die Selbstverwaltung in den Stadtstaaten, den einstigen Zellen des Reiches, zusammengebrochen war.

Auch die Hauptstadt wurde verlegt. Rom, der Stadtstaat, von dem das Reich ausgegangen war, lag günstig als Hauptstadt der Halbinsel Italien und des von seiner Seemacht beherrschten Mittelmeerraumes, nicht jedoch, um die östlichen und nördlichen Grenzen – den Euphrat, die Donau und den

Rhein – zu verteidigen. Von der Levante, dem wirtschaftlichen Schwerpunkt des Reiches, war es zu weit entfernt. Konstantin machte Byzanz, das an der Spitze einer leicht zu befestigenden Halbinsel am Südende der europäischen Küste des Bosporus lag und einen erstklassigen natürlichen Hafen besaß, zu seiner Residenz und zur neuen Reichshauptstadt Konstantinopel. Dort kreuzten sich der Wasserweg vom Mittelmeer ins Schwarze Meer und der Landweg von Singidunum (Belgrad) an der Donau nach Doliche (Dülük) am Euphrat.

Auf seinen Tiefpunkt war das Römische Reich in der Regierungszeit von Valerians Sohn Gallienus (260-268) gesunken; der gleichzeitige Höhepunkt des persischen Sassanidenreiches war die Regierungszeit Schapurs I. (242-273). Die beiden größten Männer im Westen der Alten Welt in jener turbulenten Zeit waren der Schützling des Gallienus, der ägyptische neuplatonische Philosoph Plotinos (205-270), und der Schützling Schapurs I., der im Irak geborene iranische Religionsstifter Mani (216-277).

Jeder dieser beiden Weisen begleitete, abenteuerlustig und auf der Suche nach fremder Weisheit, als Zivilist eine Armee in den Krieg, und wenn es der römisch-persische Krieg von 243 bis 244 war, dann haben sie sich, ohne es zu wissen, gegenübergestanden. Beide rangen mit dem immerwährenden Problem, das schon Zarathustra und Platon beschäftigt hatte: Welches ist die Beziehung zwischen der unvollkommenen Welt der Menschen und der letzten Wahrheit in und hinter den Erscheinungen?

Beide waren indirekt vom Christentum mitgeprägt; Plotinos war Hellene, aber sein Lehrer Ammonius ein ehemaliger Christ. Manis Vater hatte sich im Irak zu einer Sekte bekehrt, die sich »Täufer« nannte, doch die Familie war nach Medien ausgewandert, wo der Zoroastrismus in seiner magischen Form die Hauptreligion war. Mani selber behauptete, der Nachfolger von Zarathustra, Buddha und Jesus zu sein. Plotinos war ein Platoniker, der den Gnostizismus ablehnte, während sein Jünger Iamblichos, der Gründer der neuplatonischen Gegenkirche, sich so tief in den Gnostizismus versenkte wie Mani, der den Gnostizismus mit einem Dualismus verband, der, im Gegensatz zu dem Zarathustras, absolut war. Nach der zoroastrischen Lehre ist der Krieg zwischen Licht und Dunkelheit (Gut und Böse) zeitlich begrenzt und endet mit dem Sieg des guten Gottes Ahura Mazdah (Ormuzd) über seinen bösen Gegner Angra Mainyu (Ahriman). Nach der Lehre Manis wird das Licht schließlich aus dem Dunkel gewonnen, mit dem es verbunden war; aber die beiden gegensätzlichen Prinzipien sind ewig, und sie sind auch Licht und Dunkel im wörtlichen physikalischen Sinne, während sie für Plotinos wie auch für Zarathustra nur geistige Bilder für Gut und Böse sind, und bei Plotinos ist das Böse im Gegensatz zum Guten keine positive geistige Kraft, sondern nur eine negative: das Nichtvorhandensein des Guten, kein »Anti-Gut«.

Im Westen der Ökumene ereigneten sich in dem Zeitraum von 220 bis 395 auch die beiden folgenschwersten Geschehnisse, nicht auf dem politischen, sondern auf dem religiösen Gebiet. Das eine war die Niederlage Manis durch Kartir, einen streitbaren Geistlichen, der die magische Form des Zoroastrismus zur Staatsreligion des Sassanidenreiches machte; das andere der Sieg des Christentums über alle vorchristlichen Religionen mit Ausnahme der Astrologie, zuerst in Armenien 285 bis 290 und dann im Römischen Reich zwischen 312 und 395.

Die Sassaniden waren wie die Hasmonäer erst Priester gewesen, ehe sie Fürsten wurden, erbliche Priester eines Tempels der Göttin Anahita in Stakr, einer Stadt in Fars, die in der Nachfolge von Persepolis zur Hauptkultstätte des ersten persischen Reiches geworden war. Die vorzoroastrische Wassergöttin Anahita wurde widersinnigerweise mit Ahura Mazdah in Verbindung gebracht, und so verpflichteten sich die Sassaniden dem Zoroastrismus stärker als jeder frühere iranische Herrscher, ausgenommen Zarathustras Gönner Hystaspes (nicht der Vater Darius' I., sondern ein König gleichen Namens, zwei Generationen früher, dessen Reich vermutlich im Oxus-Jaxartes-Becken lag).

Die achämenidischen Herrscher des ersten persischen Reiches hatten sich zu Ahura Mazdah, Zarathustras einzigem wahren Gott, bekannt, nicht aber zu der von ihm gestifteten Religion. Die Arsakiden waren Bekenner des magischen Zoroastrismus gewesen, doch wie die Achämeniden und deren makedonische Nachfolger hatten sie auch die zahlreichen anderen Religionen geduldet, denen ihre Untertanen anhingen. Schapur I. stiftete zoroastrische Feueraltäre für die Seelen bedeutender Persönlichkeiten aus seiner Umgebung, aber er versuchte nicht, seine Familienreligion Andersgläubigen aufzuzwingen, ja, er erlaubte sogar, daß Manis neue Religion in seinen Landen propagiert wurde.

Mani war in Indien gewesen – vielleicht in dem Jahr 241, in dem Schapur, damals noch Kronprinz, den Kuschan das Indusbecken entriß. Es wurde schon erwähnt, daß Mani eine persische Armee begleitete, die später in das Römische Reich eindrang. Diese Expeditionen brachten ihn in Berührung mit dem Buddhismus und dem Christentum; und er erklärte, er sei der Nachfolger Zarathustras, Buddhas und Jesu, »das Siegel der Propheten«, das Gefäß einer vollständigen und endgültigen Offenbarung, »der Bote des Gottes der Wahrheit in Babylonien« und selber eine Inkarnation des Heiligen Geistes. Er wollte nicht nur die Bewohner des persischen Reiches, sondern der ganzen Welt bekehren. Mani wurde von seinen Anhängern persönlich verehrt; er war ein genialer Organisator und verstand es, seine Lehre attraktiv zu gestalten. Babylonien (Irak) war in der Tat das Herz der Alten Welt; seine Sprache, das Altsyrische, die damalige Form des Aramäischen, wurde in den angrenzenden Ländern gesprochen; und daher war es eine günstige Operationsbasis, von der aus Mani seine Missionare nicht nur zu den nordöstlichen und nordwestlichen Grenzen des Sassanidenreiches sandte, sondern auch nach Ägypten. Seine Lehre, der Manichäismus, breitete sich weit schneller aus als das Christentum in den vorausgegangenen zwei Jahrhunderten.

Manis Plan jedoch zur Gründung einer Weltreligion, deren Mittelpunkt der Irak sein sollte, war unvereinbar mit der Absicht des persischen Oberpriesters Kartir, den Zoroastrismus zur Staatsreligion des Sassanidenreiches zu machen oder zumindest von dessen iranischem Teil und dort die Ausübung jeder anderen Religion zu unterbinden. Kartir war in der Regierungszeit von Schapurs drittem Nachfolger Bahram II. (227-293) zum Gipfel der Priesterhierarchie aufgestiegen und Priester des Anahitatempels und des dortigen Feueraltars geworden. Schon Bahram I. hatte auf seine Veranlassung Mani einkerkern und eines Märtyrertodes sterben lassen. Auch in Ägypten erlitt der Manichäismus einen heftigen Rückschlag durch ein Dekret Diokletians im Jahre 297, sechs Jahre bevor er dem Christentum den Krieg erklärte. Diokletian denunzierte Manis Anhänger in Ägypten als eine persische »fünfte Kolonne«, ungeachtet der Tatsache, daß die persische Regierung Mani zum Tode verurteilt hatte und schon seit zwanzig Jahren dessen Anhänger unterdrückte. Aber die Verfolgung hatte auf den Manichäismus die gleiche Wirkung wie auf das Christentum: Sie entmutigte ihn nicht, sondern begünstigte eher seine Ausbreitung.

Im Römischen Reich versuchten Decius im Jahre 250, Valerian von 257 bis 260 und zuletzt und am grausamsten Diokletian und Galerius von 303 bis 311, das Christentum auszurotten. Diese Versuche waren das stillschweigende Eingeständnis, daß die einzige Alternative die religiöse Eroberung des Reiches durch das Christentum war. In der großen Verfolgung von 303 bis 311 war Galerius die treibende Kraft; Diokletian zögerte, aber auch er unterschätzte die Kraft der christlichen Kirche. Diese beiden Kaiser waren illyrische Soldaten gewesen, und in ihrer Heimat und unter ihresgleichen verehrte man Aurelians »Sol Invictus«, Jupiter Dolichenus, Mithras und den alten römischen Götterhimmel.

Die Stärke der christlichen Kirche wurde besser eingeschätzt von ihren Gegnern in der Levante, wo die Christen am zahlreichsten waren, wenn auch dort noch in der Minderheit. Plotinos' Schüler Iamblichos versuchte, eine Gegenkirche zu organisieren, die sich auf eine gnostische Version des Neuplatonismus stützte, in der alle nichtchristlichen Gottheiten der Mittelmeerwelt unter der Führung des »Sol Invictus« gegen das christliche Pantheon aufgeboten wurden. Dieses mediterrane Gegenstück der taoistischen Religion in China wurde von zwei Kaisern begünstigt, von Maximinus Daia (310-313) und Konstantins Neffen Julian (»Apostata«) (361-363); aber es war zum Untergang verurteilt. Die christliche Kirche hatte die neuplatonische Gegenkirche vorweggenommen, als sie die mediterranen Gottheiten assimilierte. Jesus war bereits Orpheus, Sarapis und »Sol Invictus« geworden, Maria war Isis, die »Mutter Gottes«. Und was die neuplatonische Philosophie betrifft, so wäre ihr fehlgeschlagener polemischer Mißbrauch durch Iamblichos dem Plotinos ein größeres Ärgernis gewesen als ihre Eingliederung in die christliche Theologie.

Im Jahre 311 widerrief Galerius auf seinem Totenbett widerwillig seine und Diokletians Edikte gegen das Christentum und gewährte allen Bewohnern des Römischen Reiches, Christen und Nichtchristen gleichermaßen, die Glaubensfreiheit. Ein Jahr später trat Konstantin zum Christentum über. Seine Bekehrung kam plötzlich und überraschend – vielleicht auch für ihn selber; denn 306 hatte er von seinem Vater, dem Kaiser Constantius I., nicht nur die Herrschaft über Gallien und Britannien geerbt, sondern auch die Verehrung des Sonnengottes. 312 drang er in Italien ein, das damals zusammen mit Nordwestafrika von seinem Schwager Maxentius beherrscht wurde. Am Vorabend der Schlacht an der Milvischen Brücke bei Rom, in der er Maxentius vernichtend schlug, sah Konstantin im Traum ein aus den ersten beiden Buchstaben des Namens Christus in griechischer Sprache gebildetes Monogramm und die vier lateinischen Worte *»Hoc signo victor eris«* (»In diesem Zeichen wirst du siegen«). Christus, so träumte er weiter, wies ihn an, das Monogramm an seinen Helm zu heften und es auf die Schilde seiner Soldaten malen zu lassen. Er gehorchte und gewann die entscheidende Schlacht in dem ersten der drei Bürgerkriege, in deren jedem er Sieger wurde.

Konstantins Bekehrung war offen und ehrlich; aber er blieb dem Sonnengott Aurelians und Constantius' ergeben, wenn er ihn auch schließlich mit Christus gleichsetzte. Er legte auch seinen Titel des Pontifex Maximus nicht ab, des höchsten nichtchristlichen Priesterranges, den er als Oberhaupt des römischen Staates *ex officio* bekleidete; aber die von ihm protegierte christliche Geistlichkeit machte daraus keinen Streitfall. Konstantin war auch mit der christlichen Lehre nur sehr unvollkommen vertraut und empfing erst auf seinem Totenbett im Jahre 337 die Taufe.

Man hat manchmal gesagt, Konstantin sei Zyniker gewesen und seine Förderung des Christentums nur politisches Kalkül. Doch diese Interpretation seiner Bekehrung ist ein Anachronismus – es gab in der Mittelmeerwelt nach dem Zusammenbruch der Gesellschaft im Jahre 235 keine Skeptiker; kein Bewohner des Römischen Reiches glaubte, daß er in dieser schrecklichen Zeit ohne göttliche Hilfe weiterleben könne. Konstantin war aufrichtig und inbrünstig religiös und damit ein typischer Vertreter seiner Zeit und seines Landes. Plotinos, Mani, Iamblichos, Diokletian, Galerius, Maximinus Daia, Julian Apostata – auch sie waren alle, jeder auf seine Weise, tief religiös. Konstantins Religiosität war nicht weniger echt als etwa die des Plotinos, aber sie war roh. Er war dem Christengott ergeben, weil dieser mächtig war und den römischen Kaisern, die seine Kirche verfolgt hatten, Unheil gebracht hatte, wie man an den Beispielen von Galerius, Maximinus Daia und Licinius sehen konnte. Dieser Gott schenkte Konstantin den Sieg in drei Bürgerkriegen, er trug ihn in den zwölf Jahren von 312 bis 324 vom Tiber zum Bosporus und machte ihn, der 306 im britannischen Eburacum (York) als Herrscher lediglich der entlegenen und rückständigen Provinzen jenseits der Alpen und Pyrenäen begonnen hatte, zum alleinigen Kaiser des ganzen Römischen Reiches.

Er war dem mächtigen Gott der Christen nicht nur dankbar für das Kriegsglück, das er ihm gebracht hatte; er fürchtete ihn auch, er fürchtete, ihn könne das gleiche Schicksal ereilen wie die drei anderen Kaiser, wenn er seine Pflicht ihm gegenüber nicht erfüllte, wie zum Beispiel das Schisma zu beseitigen, in das die christliche Kirche bereits geraten war. Es war eine ähnliche Furcht, welche die heidnischen Kaiser, als sie die Christen verfolgten, vor den nichtchristlichen Göttern empfunden hatten.

Ethisch betrachtet waren Konstantins Bekehrungsmotive niedriger als die Aschokas, als sich dieser zum Buddhismus bekannte – aus Reue über den Angriffskrieg, den er geführt hatte; und er hat nie wieder einen Krieg begonnen. Konstantin hingegen verehrte den Christengott, weil er ihm in drei Kriegen zum Siege verholfen hatte.

Konstantin befolgte das Toleranzedikt des Galerius, indem er Maximinus Daia nötigte, die Christenverfolgung in der Levante zu beenden, und Licinius veranlaßte, mit ihm gemeinsam die Duldung des Christentums in ihren jeweiligen Herrschaftsgebieten zu bestätigen. Er hat auch seine nichtchristlichen Untertanen toleriert, aber er gewährte der christlichen Kirche wertvolle Privilegien, so wie umgekehrt sein vom Christentum wieder abgefallener Neffe Julian die neuplatonische Gegenkirche begünstigte. Die widerwillige Duldung anderer als ihrer eigenen Religionen durch die römischen Kaiser nach 311 kontrastiert unvorteilhaft mit Aschokas Wohlwollen gegenüber seinen nichtbuddhistischen Untertanen und Nachbarn und mit Kanischkas unparteiischer Behandlung brahmanischer Hindus und Buddhisten der verschiedenen Sekten.

Im Römischen Reich war nicht einmal die unsichere Toleranz von 311 von Dauer. Kaiser Gratian (367-383) lehnte den Titel des Pontifex Maximus ab und begann mit der Liquidierung der nichtchristlichen Religionen des Reiches, indem er ihre Tempel schließen und ihre Einkünfte beschlagnahmen ließ, eine Aktion, die Theodosius I., der von 379 bis 395 das Ostreich, von 392 bis 395 das ganze Römische Reich regierte, vollendete.

In dieser ganzen Zeit bestanden das Römische und das persische Reich nebeneinander. Ein langer römisch-persischer Krieg (von 337 bis 360) endete unentschieden, Julians Einbruch in das persische Reich 362 mit seinem Tode und dem Verlust Mesopotamiens. 378 wurde eine römische Armee bei Adrianopel von den Westgoten vernichtend geschlagen. Fortan führten die Römer einen aussichtslosen Kampf um ihre Besitzungen in Europa und mußten den Persern Konzessionen machen, um sich Frieden an ihrer asiatischen Front zu verschaffen. 387 wurde das Königreich Armenien zwischen den beiden Mächten aufgeteilt, doch etwa vier Fünftel erhielt Persien. Das war ein Teil des Preises, den Rom zahlen mußte, um in der Levante weiterzubestehen.

Die Schwankungen in den Beziehungen zwischen den beiden Großmächten spiegeln sich in dem Schicksal der wachsenden christlichen Gemeinschaft in Persien. Der Zoroastrismus machte keine Konvertiten im Römischen

Reich und in Armenien; er hatte im Gegensatz zu der christlichen Kirche und der manichäischen Lehre nicht die Absicht, die ganze Menschheit zu bekehren; sein Ziel blieb, zur Staatsreligion des persischen Reiches und dessen iranischen Provinzen erhoben zu werden. Aber auch dort erwies sich die magische Form des Zoroastrismus als weniger attraktiv als der Manichäismus oder das Christentum; und solange sich die beiden Großmächte feindlich gegenüberstanden, war die Ausbreitung des Christentums in Persien sowohl der sassanidischen Zentralregierung als auch der zoroastrischen Geistlichkeit ein Dorn im Auge. Nachdem das Christentum Staatsreligion des Römischen Reiches geworden war, wurden die christlichen Untertanen in Persien als »fünfte Kolonne« Roms verdächtigt wie seinerzeit die Manichäer in Ägypten von Diokletian als »fünfte Kolonne« Persiens. In den persischen Stammlanden bildeten die Christen nur eine, wenn auch wachsende, Diaspora; doch in Nisibis und den fünf armenischen Grenzprovinzen, die Jovian 363 an Schapur II. abtreten mußte, war die ganze Einwohnerschaft christlich.

Aus diesem Grunde begann Schapur II. (309-379) in den Jahren 339/340 eine Christenverfolgung, die bis zu seinem Tode andauerte. Aber sein zweiter Nachfolger, Schapur III. (383-388), schloß Freundschaft mit dem römischen Kaiser Theodosius I.; und diese Wende in den Beziehungen der beiden Reiche hatte nicht nur die Teilung Armeniens, sondern auch die Glaubensfreiheit für die Christen im persischen Reich zur Folge.

41

DIE INDISCHE ZIVILISATION VON 224 BIS 490

Der Vernichtung des Kuschanreiches im Jahre 241 in der Regierungszeit des ersten Sassanidenherrschers in Persien, Ardaschir I., war der Untergang des Königreichs Satawahana (Andrha) im Dekkan vorausgegangen. Diese beiden aufeinanderfolgenden politischen Zusammenbrüche hinterließen ein über hundert Jahre andauerndes Vakuum im indischen Subkontinent. Nach der Eingliederung des Dekkans in das Reich von Magadha im vierten Jahrhundert v.Chr. hatte dieser rund sechshundert Jahre eine politische Einheit gebildet, zuerst in Verbindung mit Nordindien und dann als selbständiger Staat, als sich nach Aschokas Tod 232 v.Chr. das Magadhareich aufgelöst hatte. Das stabilste Land während dieses ausgedehnten politischen Interregnums war die Südspitze der Halbinsel. Hier waren die lokalen Königreiche, die Aschoka nicht erobert hatte, bestehengeblieben sowie zumindest eine der zwei Sakensatrapien, die im ersten Jahrhundert n.Chr. unter der Oberhoheit der Kuschanherrscher entstanden waren. Das südlichere der beiden Fürstentümer hatte Maharaschtra besetzt; die nördlicher gelegene Satrapie, die sich des Landes Malwa mit der Stadt Udschdschain bemächtigt hatte, überdauerte das Kuschanreich und wurde ein *de facto* unabhängiger Staat.

Auf kulturellem und religiösem Gebiet gab es eine stärkere Kontinuität. Die Gandharakunst stellte sich in den Dienst des mahajanischen Buddhismus und verlieh ihm den bildichen Ausdruck; und Mathura am Oberlauf des Dschamna blieb der Mittelpunkt der gräko-buddhistischen Kunst. Auf dem Gebiet der Sprache und Literatur wurden die heimischen, aus dem Ursanskrit entwickelten Dialekte (Prakrits) vom Neusanskrit, der Schriftsprache, verdrängt. In denselben Jahrhunderten begann eine südindische Literatur in der drawidischen Tamilisprache.

Aschokas Felsinschriften und Säulenedikte sind alle in einer Prakritsprache abgefaßt, und zweifellos war eine solche auch die Amtssprache des Maurjareiches. Eine Prakritsprache ist ebenfalls das Pali der therawadisch-buddhistischen Schriften. Damals dürfte das Ursanskrit, die Umgangssprache der indoeuropäischen Eindringlinge, nur noch in den brahmanischen Gottesdiensten gesprochen und nur noch im Weda und in der Upanischad gelesen worden sein. Das Neusanskrit war eine künstliche Sprache wie die neuattisch-griechische, die zur gleichen Zeit entstand. Es wurde die Sprache für die Schriften der Schiwa- und Wischnupriester und der mahajanischen Buddhisten, und es ist die Sprache der zwei großen indischen Epen, des

Ramajana und des Mahabharata, in ihrer endgültigen Gestalt. Sie sollen diese Form zwischen 200 v.Chr. und 200 n.Chr. angenommen haben; das Originalthema des Mahabharata zeigt jedoch, daß die Anfänge dieses Gedichtes bis in die ersten Jahrhunderte des letzten Jahrtausends v. Chr. zurückgehen. Die Kraft des neuerstandenen Sanskrits wird in seinem Einfluß auf die entstehende Tamililiteratur deutlich: Im Dekkan waren und sind die lebenden Sprachen drawidisch, die dortigen Inschriften Aschokas hingegen sind alle in Prakrits gehalten. Aber die indoeuropäische Sprache, welche die Tamililiteratur geprägt hat, ist keine Prakritsprache, sondern das Neusanskrit.

Im dritten und vierten Jahrhundert breitete sich die indische Kultur weit über den Subkontinent hinaus aus. Die Invasion übers Meer nach Südostasien hatte im ersten Jahrhundert n. Chr. begonnen, und im vierten Jahrhundert verstärkte sich der Einfluß in dieser Richtung. Das ganze kontinentale Südostasien wurde nun eine Domäne der indischen Kultur, ausgenommen das Gebiet des heutigen Nordvietnam, das seit 140 v.Chr. zum Chinesischen Reich gehörte. Der Handel und die Religion, nicht die militärische Eroberung vermittelten die indische Kultur; und die Völker Südostasiens waren keine passiven Empfänger, sondern machten daraus etwas Eigenständiges. Gleichzeitig drang der Mahajanabuddhismus über das Oxus-Jaxartes-Becken und das Tarimbecken nach China vor; seine im Neusanskrit verfaßten Schriften wurden ins Chinesische übersetzt, und der gräko-indische Stil von Gandhara, der sichtbare Ausdruck des Mahajana, wirkte revolutionierend auf die bildende Kunst Chinas und von dort auf die Koreas und Japans.

Als Folge der Physiographie des indischen Subkontinents bildeten die Gebiete der heutigen Staaten Behar und Uttar Pradesch im Dschamna-Ganges-Becken die natürliche Grundlage für die indischen Reiche; sie waren der Kern des Magadhareiches vom fünften bis zum zweiten Jahrhundert v.Chr. Aber danach, bis zum Untergang des Kuschanreiches im dritten Jahrhundert n.Chr., war das Indusbecken der Schwerpunkt der politischen Aktivität in Nordindien. Im vierten Jahrhundert wurde die politische Gestalt Nordindiens plötzlich wieder »normal« – wieder verschmolzen das südliche und das nördliche Behar (diesmal nicht durch Eroberung, sondern durch eine Fürstenheirat) –, und der vereinte Staat war abermals stark genug, sich von seiner strategisch günstigen Position aus weiter auszudehnen.

Der Begründer der Guptadynastie trug den gleichen Namen wie sein maurjanischer Vorgänger im vierten Jahrhundert v.Chr. – Tschandragupta. Er betrachtete das Jahr 320 (nach unserer Zeitrechnung) als das Anfangsjahr seiner Dynastie, aber der eigentliche Schöpfer des Guptareiches war sein Sohn Samudragupta (um 330 bis 380). Er präsentierte sich dem Dekkan durch einen spektakulären Raubzug; doch seine bleibende Leistung war die Erweiterung seines Reiches im Dschamna-Ganges-Becken. Den entscheidenden Schritt tat dann Tschandragupta II. (380-418), der um 395 die Satrapie der Saken mit der Hauptstadt Udschdschain eroberte, anschließend bis zur Küste vordrang und damit seinem Reich einen Zugang zum Arabischen Meer eröffnete.

Das Guptareich hat sich weder nach Süden noch nach Nordwesten so weit wie das Maurjareich ausgedehnt. Im Süden hemmten das Windhjagebirge und der Fluß Narbada die weitere Expansion; im Nordwesten bildeten der Fluß Tschambal und der Oberlauf des Dschamna die Grenzen; und nur der Südosten des Pandschab stand jemals unter der Herrschaft der Guptas. Von einem Zusammenstoß zwischen ihnen und den Sassaniden ist nichts bekannt; vielleicht hat ein Überbleibsel des Kuschanreiches als Pufferstaat gedient.

Die Guptas selber waren brahmanische Hindus, tolerierten jedoch alle Religionen, wie es ihre Vorgänger getan hatten. Unter ihrem Regime erreichte die indische Kultur im vierten und fünften Jahrhundert ihren Höhepunkt auf den Gebieten der Skulptur, der weltlichen Neusanskritliteratur (besonders im Drama) und der Astronomie. Etwas Licht vom Sonnenuntergang der griechisch-römischen Welt kam wohl durch das Westfenster des Guptareiches, aber das war nur ein Schimmer: der Glanz der indischen Kultur in diesem Zeitalter war eigenständig.

Das Guptareich wurde zerstört, das »Goldene Zeitalter« der indischen Kultur jäh beendet durch den Einbruch der Hunnen aus der eurasischen Steppe. Der erste Angriff von mehreren erfolgte 455, und obwohl die Hunnen 528 zurückgeschlagen wurden, konnte man sie auf Dauer nicht vertreiben.

42

DER AUSBRUCH DER HUNNEN AUS DER EURASISCHEN STEPPE IM VIERTEN UND FÜNFTEN JAHRHUNDERT

Die türkisch sprechenden Nomaden, von den Chinesen Hiungnu und von ihren Opfern im Westen Hunnen genannt, sind die frühesten nachgewiesenen Bewohner der östlichen eurasischen Steppe. Sie hatten sie schon in Besitz genommen, als im vierten Jahrhundert v.Chr. die drei nördlichsten der chinesischen »streitenden Reiche« den Südrand der Steppe berührten. 307 v.Chr. stellte der Herrscher des Tschanstaates eine Reitertruppe auf, die in der Art der Nomaden ausgerüstet war; und Ende des vierten Jahrhunderts v.Chr. bauten die chinesischen Grenzstaaten Mauern, um die Nomaden abzuhalten.

Das Hirtenleben der Nomaden schulte sie nicht nur zum Rauben und Plündern, sondern auch zur Organisation und Verwaltung. Ohne Planung und Disziplin wäre ein Leben auf der Steppe für die Menschen und ihre domestizierten Tiere nicht möglich gewesen. Es ist daher nicht verwunderlich, daß die Hiungnu, als Kaiser Huang-ti China einigte und die einzelnen Grenzbefestigungen zur Großen Mauer zusammenfaßte, an die Errichtung eines Gegenreiches gingen. Die kurze, aber heftige Welle der Anarchie in China von 209 bis 203 v.Chr. gab ihnen Gelegenheit, die Offensive zu ergreifen; um 175 v.Chr. drangen sie auch nach Westen vor und lösten damit eine Wanderung aus, die die Yüetschi (Tocharer) in das Oxus-Jaxartes-Becken und die Saker nach Indien drängte. 128 v.Chr. unternahm der Hankaiser Wu-ti einen Gegenangriff mit dem Ziel, die Hiungnu auszurotten oder wenigstens für lange Zeit zu unterwerfen; aber der fast hundertjährige Krieg blieb unentschieden. 52 v.Chr. erkannte der östlichste Stamm der Hiungnu die Oberhoheit des Chinesischen Reiches an, doch dieser Erfolg der Chinesen war nicht von Dauer; und inzwischen entzogen sich die übrigen Hiungnu der chinesischen Kontrolle ganz und gar, indem sie noch weiter nach Westen wanderten, unerreichbar für die chinesischen Armeen, die an der Großen Mauer stationiert waren.

Bis jetzt waren die Hiungnu noch mit keinem anderen seßhaften Volk außer den Chinesen zusammengestoßen; doch im vierten und fünften Jahrhundert n.Chr. drangen sie nicht nur erneut in China ein, sondern auch in das Oxus-Jaxartes-Becken, nach Indien, Iran und Europa. Das war der fünfte Ausbruch von Nomaden aus der eurasischen Steppe; aber er unterschied sich von allen vorhergegangenen dadurch, daß er nach mehreren Richtungen zugleich erfolgte.

Zu Beginn des vierten Jahrhunderts fiel eine Horde der Hiungnu in China ein, plünderte 311 Lojang und 312 Tsching-tschao, die erste Hauptstadt der erloschenen Handynastie, und löschte 315 die westliche Handynastie aus, der es 280 gelungen war, China wieder zu vereinen. Dies machte den Weg frei für weitere barbarische Eindringlinge, teils andere Hiungnustämme, teils Tibetaner, Tungusen oder Mongolen. Ganz Nordchina wurde in barbarische Nachfolgestaaten des kurzlebigen westlichen Tschinreiches aufgeteilt.

Am entgegengesetzten Ende der Steppe schlug 375 eine andere Armee der Hunnen die iranisch sprechenden Alanen zwischen Wolga und Don, zerbrach das Reich, das die germanisch sprechenden Ostgoten am Dnjepr errichtet hatten, und trieben die Westgoten auf römisches Territorium südlich des Unterlaufs der Donau. Der Ausbruch dieser westlichsten Hunnenstämme war der endgültige Anlaß zu dem Kampf zwischen den Westgoten und den Römern, in dem diese 378 ihre katastrophale Niederlage bei Adrianopel erlitten. Die Hunnen setzten ihren Vormarsch nach Westen fort, nahmen die unterjochten Alanen und Ostgoten mit sich und trieben andere germanisch sprechende Barbarenvölker vor sich her.

Sie ließen sich im ungarischen Tiefland nieder, im Herzen der Balkanhalbinsel. Seit 395 war das Römische Reich geteilt, und der östliche Teil hatte sich als der lebenskräftigere erwiesen. Der Hunnenkönig Attila konzentrierte sich daher darauf, das Weströmische Reich anzugreifen, das zwar weniger Beute versprach, aber verletzlicher war als Ostrom. 451 fiel er in Gallien ein und wurde bei Orleans von den Weströmern und den mit ihnen verbündeten Westgoten geschlagen, ein Jahr später ging er nach Norditalien, mußte sich jedoch zurückziehen, ohne Rom erreicht zu haben. Er starb 453; seine germanischen und sarmatischen Untertanen revoltierten, und die westlichen Hunnen räumten Ungarn und fluteten in das Steppenland nördlich des Schwarzen Meeres zurück.

Das Weströmische Reich wurde somit nicht die Beute der Hunnen, sondern der germanischen Barbaren, die teils der Unterjochung durch die Hunnen entgangen waren, teils sich nach Attilas Tod befreit hatten. 406 marschierte ein aus Sueben, Wandalen, Alanen und Burgundern zusammengesetztes Heer über den Rhein auf weströmisches Territorium. Vier Jahre danach erklärte die weströmische Regierung sich für unfähig, Britannien zu verteidigen, und konnte Rom nicht davor bewahren, von Westgoten, die vor den Hunnen geflohen waren, eingenommen und geplündert zu werden. So hatten die Hunnen anderen Barbaren die Wege geebnet. Ihr letztlicher Anteil am zerfallenen Römischen Reich war bescheiden. 681 siedelte eine Bulgarenhorde, ein Teil der Nachkommen von Attilas Hunnen, auf oströmischem Gebiet zwischen dem Unterlauf der Donau und dem Balkangebirge.

Die Hunnenhorden, die 484 den sassanidischen Perserkönig Peroz ermordeten, die Hephthaliten, waren zum erstenmal 359 als die Verbündeten der Perser in einem Feldzug in Erscheinung getreten, der mit der Einnahme der römischen Festung Amida (Diyarbakir) endete. 484 besetzten sie den oberen Teil des Oxus-Jaxartes-Beckens. Nach diesem Desaster wurden die Perser den Hephthaliten tributpflichtig, vermutlich bis zu Chosrau Anoscharwan (531-579), der sich mit den Türken, einem anderen Nomadenvolk, verbündete, das Reich der Hephthaliten zerschlug und ihr Territorium aufteilte. Den Teil Baktriens südlich des Oxus (Tocharistan, jetzt das afghanische Usbekistan) erhielt Persien. Reste der Hephthaliten hielten sich bis ins neunte Jahrhundert in Arachosien südlich des Hindukuschgebirges.

Die Hephthaliten waren die Nachhut der Hunnen gewesen, die aus der Steppe zwischen dem Kaspischen Meer und dem Pamirplateau nach Süden gedrungen waren. Diese vernichteten 455 das Guptareich und zerstörten die indische Kultur; 528 wurden sie zurückgeschlagen.

Am erfolgreichsten begegneten der Herausforderung durch die Hunnen das Oströmische Reich und das sassanidische Perserreich. Obwohl Ostrom Attilas Überfälle nicht abwehren und obwohl Persien schließlich von den Hephthaliten besiegt wurde, ist keins der beiden Reiche erobert worden – sie überlebten, indem sie Tribute zahlten. Das Fortbestehen des persischen Reiches ist überraschend, denn der Aufstand der Masdakiten in der Folge der militärischen Katastrophe von 484 offenbarte die schwere soziale Krankheit, an der das Reich im fünften Jahrhundert litt. Das Weströmische Reich litt an der gleichen Krankheit und ging daran zugrunde.

Die Auflösung des Weströmischen Reiches berührte das Oströmische Reich nicht, sie befreite es sogar von einer Verpflichtung; denn im Westen des Mittelmeerraumes und seinen europäischen und afrikanischen Hinterländern hatte sich die griechisch-römische Kultur nie von dem Zusammenbruch im dritten Jahrhundert erholen können. Der gesellschaftlich gesunde Teil dieser Welt in ihrer letzten Phase war die Levante.

In Indien und China waren die Wirkungen der Hunneninvasionen nicht so katastrophal wie im Weströmischen Reich, aber sie waren schwerer als in Ostrom und Persien. Es waren nicht nur vorübergehende Stürme, denn die Eindringlinge setzten sich lange Zeit in den beiden Subkontinenten fest. In Nordwestindien sind die Hunnen noch heute in den Radschputen vertreten; sie waren bald zum Hinduismus bekehrt und in die Kschatrija- (Krieger-) Kaste eingegliedert worden wie die älteren eurasischen Invasoren Indiens, zum Beispiel die Saken und die Pehlewi. Auch China hat die eingedrungenen Barbaren schließlich assimiliert, aber es wurde besonders hart getroffen. Die Hunnen und nach ihnen andere Stämme hatten im und nach dem fünften Jahrhundert das Weibecken und das untere Huanghobecken besetzt, die Wiege der chinesischen Kultur. Damit verglichen war die Region, welche die griechisch-römische Kultur bei ihrem Zusammenbruch verlor, nur ein entbehrliches koloniales Anhängsel. Der chinesische und der indische Subkontinent erhielten sich jedoch durch ihre Größe. In beiden Ländern fanden die Flüchtlinge vor den Eindringlingen aus dem Norden im Süden Asyl. Südchina war durch Menschenhand geschützt wie durch die Natur: die Unterläufe des Wei und Jangtse wurden von Kanälen ergänzt; dieses Netz von Wasserstraßen bildete ein schweres Hindernis für die Reiter aus der Steppe.

43

DAS RÖMISCHE REICH UND PERSIEN VON 395 BIS 628

Im Jahre 395 wurde das sieben Jahre zuvor durch Kaiser Theodosius I. – nicht zum erstenmal – wiedervereinte Reich geteilt – ebenfalls nicht zum erstenmal – zwischen den beiden Söhnen des Theodosius, Arkadios und Honorius. Seit der Niederlage und Gefangennahme des römischen Kaisers Valerius durch den persischen König Schapur I. im Jahre 260 hatte es mehrere Teilungen, freiwillige und erzwungene, und nach jeder schließlich eine Wiedervereinigung gegeben. Auch 395 bestand kein Grund zu der Annahme, daß die freiwillige Teilung eine von Dauer sein würde; aber diesmal gestalteten sich die Geschicke der beiden Teilreiche auf dramatische Weise verschiedenartig.

Seit Beginn des fünften Jahrhunderts wurde das Weströmische Reich mehrfach von germanisch und von iranisch sprechenden Völkerstämmen, die vor den Hunnen nach Westen flohen, überrannt und überwältigt. Rom selber wurde 410 von den Westgoten und 455 von den Wandalen geplündert. Die weströmische Regierung war schon lange vor 476 handlungsunfähig geworden, dem Jahr, in dem der letzte Kaiser Romulus Augustulus in Ravenna, der Zufluchthauptstadt des Weströmischen Reiches, von Odoaker, den der oströmische Kaiser Zeno zum »Patricius« Italiens (»magister peditum in praesenti«) eingesetzt hatte, gestürzt wurde. Dieser Schritt führte nominell zur Wiedervereinigung des Reiches.

Das Schicksal Westroms blieb dem Oströmischen Reich erspart, obwohl seine Grenze am Unterlauf der Donau einem stärkeren Druck aus dem Norden ausgesetzt war als jeder andere Grenzabschnitt des Reiches zwischen dem Schwarzen Meer und der Nordsee und obwohl sein nächster Nachbar im Osten nicht irgendeine barbarische Horde war, sondern das persische Reich, dem römischen in jeder Hinsicht ebenbürtig. Offenbar waren die ungleichen Schicksale der beiden Teile des Römischen Reiches nicht die Folge des unterschiedlichen Druckes, dem sie an ihren Grenzen ausgesetzt waren; sie beruhten vielmehr in erster Linie auf ihrer sozialen und wirtschaftlichen Verschiedenheit und darauf, daß es der Regierung in Konstantinopel verhältnismäßig gut gelang, durch eine den Verhältnissen angepaßte Politik mit ihrer Lage fertig zu werden.

Sie hatte schnell erfaßt, daß Westrom nicht zu helfen und daß es darüber hinaus entbehrlich war. Ihre einzige tatkräftige Maßnahme zur Rettung des untergehenden Westreiches war eine Schiffsexpedition gegen die wandalischen Eroberer Nordwestafrikas gewesen, die mit einer vernichtenden Niederlage geendet hatte. 476 fand sich die Regierung in Konstantinopel mit dem Untergang des Weströmischen Reiches ab; und 488 befreite sie sich von der Feindschaft Theoderichs, des Königs der Ostgoten, dessen Krieger die nordwestlichen Provinzen des Oströmischen Reiches geplündert hatten, indem sie ihn Italien erobern und Odoaker beseitigen ließ und ihn zu ihrem »Stellvertreter« einsetzte – eine für beide Seiten bequeme Fiktion. 508 verlieh Kaiser Anastasios I. dem fränkischen Feldherrn Chlodwig einen Orden, weil er die Westgoten besiegt hatte, obwohl dessen erste Kriegstat die Liquidierung des letzten Restes römischer Verwaltung in Gallien gewesen war. Bis 518 waren der oströmischen Regierung Syrien und Ägypten erhaltenswerter als der Besitz Italiens; ihre Außenpolitik spiegelt sich in ihrer Kirchenpolitik, von der im nächsten Kapitel die Rede sein wird.

Einer der verhängnisvollsten Fehler der weströmischen Regierung war es, die wichtigsten Staatsposten den Großgrundbesitzern zu geben, die ihre wirtschaftlich unabhängigen Landgüter in *de facto* unabhängige Fürstentümer verwandelten. Als dem Land Gefahr drohte, verrieten diese Grundbesitzer bereitwillig die Regierung, um ihre Güter zu retten, und einigten sich mit den barbarischen Kriegsherren, die darangingen, das Weströmische Reich unter sich aufzuteilen. Ostrom hingegen hatte die politisch unzuverlässigen Grundbesitzer den Regierungsgeschäften ferngehalten und die Ämter mit Fachleuten aus dem Mittelstand besetzt, von denen viele Juristen waren. Auch wenn manche von ihnen korrupt waren, empfanden sie doch insoweit patriotisch, als sie erkannten, daß ihre persönlichen Interessen die Erhaltung des Staates erforderten, dem sie dienten.

Ferner wurde die Befehlsgewalt über die oströmische Armee auf allen Ebenen aus den Händen barbarischer Söldner genommen und auf Bürger des Reiches übertragen. Die Verteidigungsmauer Konstantinopels, von Konstantin I. begonnen und von Theodosius II. (408-450) weiter ausgebaut, wurde von Anastasios I. zu einer großen Mauer von Küste zu Küste des europäischen Hinterlandes der Hauptstadt ausgebaut. Er errichtete auch in Dara eine bessere Festung, als es Nisibis gewesen war, das Jovian 363 an Persien hatte abtreten müssen, und befestigte Theodosiopolis (Erzurum), um den römischen Anteil des früheren Königreichs Armenien zu schützen.

Im fünften Jahrhundert war das Weströmische Reich so schwach, daß selbst ein fähiger und tatkräftiger Kaiser wie Majorian (457-461) sein Schicksal nicht abwenden konnte; Ostrom hingegen war gesund genug, staatsmännischen Fähigkeiten eine Chance zu geben, und hatte von 414 bis 518 Glück mit seinen Herrschern. Anastasios I. braucht den Vergleich mit den größten römischen Kaisern von Augustus bis zu Konstantin XII. Paläologos, der 1453 bei der Eroberung Konstantinopels durch die Türken fiel, nicht zu scheuen.

In den Augen der Nachwelt wird Anastasios von Justinian I. übertroffen, dem klugen und gebildeten Neffen des einfachen Soldatenkaisers Justin I., dem er vermutlich schon vor dessen Thronbesteigung 518 zur Seite gestanden hatte. Er gehörte zur lateinisch sprechenden Minderheit des Oströmischen

Reiches, in dem die Umgangssprache das Griechische war, und er setzte sich zum Ziel, die früheren Gebiete des Westreiches mit dem Oströmischen Reich neu zu vereinen.

533/534 besetzte sein hervorragender thrakischer Feldherr Belisar Nordafrika und machte dem dortigen Wandalenstaat ein Ende. Dieser afrikanische Feldzug war leicht und kurz, doch die sich anschließende Befriedung des wiedergewonnenen Landes mühevoll und langwierig. Die Eroberung der ostgotischen Besitzungen in Italien und Illyrien dauerte sechsundzwanzig Jahre (von 535 bis 561); und dieser Krieg verwüstete Italien, verbrauchte den unter Anastasios I. angehäuften Staatsschatz und ruinierte die bis dahin reichen Provinzen in der Levante durch drückende Steuern. Unbelehrt von den Erfahrungen seines Krieges mit den Ostgoten, griff Justinian 550 die westgotischen Besitzungen in Spanien an und eroberte dort einen Brückenkopf.

Justinians Siege verschafften Ostrom die Seeherrschaft über das Mittelmeer und das Schwarze Meer und ihre Zuflüsse von den Mündungen des Don und Orontes und Nil bis zur Straße von Gibraltar; aber die Folgen für das Reich waren unheilvoll und rechtfertigten die Politik seiner Vorgänger, die sich nicht in Abenteuer im Westen eingelassen hatten.

Die Eroberungen im Westen waren kurzlebig. Schon 568 drangen die Langobarden in Italien ein, nur sieben Jahre nach dem Fall der letzten Festung der Ostgoten. Justinians bleibende Leistungen lagen auf den Gebieten der Gesetzgebung und der Baukunst. Zwischen 529 und 533 reduzierten seine Juristen die römischen Gesetze und die weitaus zahlreicheren Gerichtsentscheidungen, die im Laufe der letzten tausend Jahre erlassen und verkündet worden waren, auf einen überschaubaren Umfang. In der Baukunst war Justinian kein Revolutionär, doch beauftragte er zwei geniale Architekten, Anthemios von Thralles und Isidor von Milet, mit dem Entwurf und Bau eines Wunderwerkes, der Kirche Hagia Sophia (»Heilige Weisheit«) in Konstantinopel.

Die Grundform eines Gebäudes in der hellenischen Welt war das Megaron gewesen, der rechteckige Hallenbau mit dem Giebeldach. Mit Säulenreihen an der Vorderseite oder ringsherum wurden so die Tempel für die griechischen, etruskischen und römischen Götter und Göttinnen der vorchristlichen Zeit gebaut. Nun verlegte man die Säulen von außen nach innen, und aus dem Megaron wurde die Basilika des nachalexandrinischen Zeitalters, zunächst für weltliche Bauten, dann als Standardmodell für die christliche Kirche. Im zweiten Jahrhundert n.Chr. ermöglichte die Erfindung einer neuen Zementart die Konstruktion eines Rundbaues, der von einer flachen Kuppel gekrönt wurde. Der erste Bau dieser Art ist Hadrians Pantheon in Rom. In der Kirche San Vitale in Ravenna, die Justinian I. und seine Gattin Theodora vollendeten, und in Sergius und Bacchus in Konstantinopel, die sie erbauen ließen, erhebt sich die Kuppel über einem achteckigen Grundriß – eine schwierige Aufgabe für den Architekten. In der Hagia Sophia wird die Kuppel von vier Pfeilern auf einem quadratischen Grundriß getragen.

Die Hagia Sophia in Konstantinopel kann getrost dem Parthenon in Athen an die Seite gestellt werden. Die Kunst seines Erbauers Iktinos ist weniger subtil als die von Anthemios und Isidor. Im Megaron sind die vorherrschenden Stilelemente senkrechte und waagerechte Linien, vollkommen glatte Flächen und (in den Säulen) vollkommene Zylinder. Aber in der Natur gibt es keine vollkommenen geometrischen Formen; solche sind von Menschenhirnen erdacht und von Menschenhänden in eine nichtmenschliche Umwelt gestellt. In einer byzantinischen Kirche im Stile der Hagia Sophia sind die vorherrschenden Stilelemente Kugeln und Halbkugeln, die den Kurven lebender Körper nachgebildet sind. Sie wollen die Natur nicht beherrschen, sondern eine Harmonie mit ihr erreichen. Einem taoistischen Philosophen in China hätte eine byzantinische Kirche mehr zugesagt als ein hellenischer Tempel.

Die hellenischen Griechen verschmähten keineswegs natürlich geschwungene Linien; sie waren Meister in der naturalistischen Wiedergabe des menschlichen Körpers, und die geschwungene Linie macht vom protogeometrischen Stil an die Schönheit der hellenischen Vasen in allen Stilperioden aus. Sie verstanden sich auch auf sorgfältig berechnete geschwungene Linien in ihren Bauten, doch hier sollten sie die optische Illusion vollkommener Geradlinigkeit erzeugen. Die byzantinischen Baumeister erstrebten keine scheinbar geraden Linien, sondern geschwungene Linien, die denen in den Werken der hellenischen Bildhauer und Töpfer entsprachen, nicht denen der hellenischen Baumeister.

Justinians Hagia Sophia steht immer noch, und sein *Corpus Iuris* hat Gesetzbücher zur Folge gehabt, die noch in Kraft sind; doch seine flüchtigen Eroberungen im Westen richteten schon siebenunddreißig Jahre nach seinem Tode das Reich zugrunde, das seine verständigen Vorgänger sicher durch die Stürme des fünften Jahrhunderts geführt hatten. 550, vor dem Ende seines langen Zermürbungskrieges mit den Ostgoten, mußten Truppen aus der Walachei auf ihrem Wege nach Italien Eindringlinge vom Nordufer der Donau abwehren. Als die oströmische Armee während des Krieges gegen Persien von 572 bis 591 an der Ostfront des Reiches in Asien konzentriert war, unternahmen Awaren und Slawen ungehindert Raubzüge in die Balkanprovinzen. In dem noch schwereren römisch-persischen Krieg von 604 bis 628 kamen die Slawen wieder, und diesmal blieben sie.

Das Perserreich litt unter ähnlichen Mißständen, wie sie im fünften Jahrhundert zum Untergang des Weströmischen Reiches geführt hatten. In Persien waren nicht nur hohe Ämter dem Adel vorbehalten, sondern auch besondere Machtstellungen in einigen wenigen vornehmen Familien erblich; und die zoroastrische Religion war ebenso mächtig wie die christliche im Römischen Reich unter Konstantin und Theodosius.

Im Jahre 440 befahl der Sassanidenkönig Jesdgerd II. allen seinen nichtzoroastrischen Untertanen, die Staatsreligion anzunehmen, und bis zu seinem Tode (457) verfolgte er alle abweichenden Religionen. In Persisch-Armenien gab es eine sehr streitbare Opposition. (Ihr Nationalbewußtsein war gestärkt worden durch die um 400 erfolgte Erfindung eines Alphabets für die armenische Sprache und das damit verbundene plötzliche Aufblühen einer armenischen Literatur.) 451 wurden armenische Aufstände niedergeschlagen; doch dreißig Jahre später brachen erneut Revolten aus, nachdem die Perser militärische Rückschläge durch die hephthalitischen Hunnen erlitten hatten; und nach der Niederlage und dem Tode des Königs Peroz 484 mußte die Regierung den armenischen Christen die völlige Duldung garantieren, und ein armenischer Stammesfürst wurde Statthalter von Persisch-Armenien.

Inzwischen hatten die syrisch sprechenden Christen im Irak von der 431 erklärten Ächtung der Nestorianer im Römischen Reich profitiert. Die Nestorianer suchten Zuflucht in Nisibis, der syrisch sprechenden Stadt, die seit 363 persisch war; und als Flüchtlinge vor der römischen Verfolgung hieß man sie auf persischem Boden willkommen. 482 bis 486 profitierte die christliche Kirche in den syrisch sprechenden Gebieten des Sassanidenreiches gegen das »Henotikon« (die »Vereinigungsformel«) des oströmischen Kaisers Zeno zugunsten der Monophysiten, indem sie die nestorianische Form des Christentums (die »Zweinaturenlehre«) annahm. Seitdem hatte Persien eine nationale christliche Kirche mit einer Theologie, die sowohl bei den Monophysiten wie bei den orthodoxen Christen im Römischen Reich verpönt war und nun gleichberechtigt an die Seite der zoroastrischen Nationalkirche in den iranisch sprechenden Ländern des persischen Reiches trat. Der Nestorianismus schützte die christlichen Untertanen des persischen Reiches zwar nicht vor jeder weiteren Verfolgung, aber sie waren des Verdachtes enthoben, eine »fünfte Kolonne« Roms zu sein, und durften sich daher sicherer fühlen.

Die große militärische Niederlage von 484 verschaffte nicht nur den nichtiranischen christlichen Untertanen Persiens die Glaubensfreiheit, sondern sie öffnete auch den Weg für eine durchgreifende soziale Revolution im Iran, wo es eine weite und wachsende Kluft zwischen dem Reichtum des Adels und der Armut der Massen gab. Die Krise brach aus durch eine Hungersnot zu Beginn der Regierungszeit von Peroz' zweitem Nachfolger Kawadh I. (488-531). Der Gründer einer manichäischen Sekte namens Masdak machte sich zum Führer der Aufständischen; er forderte soziale Gerechtigkeit, Güter- und sogar Weibergemeinschaft, womit er zum Vorteil seiner Gegner viel Ärgernis erregte.

Masdaks Lehre hatte Erfolg beim Volk und beim Herrscher; Kawadh trat zu ihm über und förderte die soziale Revolution, die sich gegen den Adel richtete. Nicht nur diesem war der »Masdakismus« ein Dorn im Auge, sondern auch der zoroastrischen Geistlichkeit. Der König konnte den vereinten Angriffen von Adel und Klerus nicht standhalten; er wurde 496 entthront und eingekerkert, entfloh zu den Hephthaliten und wurde von diesen mit Waffengewalt wieder eingesetzt. Inzwischen hatte Masdak seinen Einfluß im Volk behalten und seine Reformen durchgeführt; doch 528 (oder 529) schwor Kawadh dem Masdakismus auf Veranlassung seines Sohnes Chosrau ab, den er zu seinem Nachfolger ausersehen hatte. Zusammen mit den Häuptern der zoroastrischen und der nestorianischen Kirche, die in diesem Falle gemeinsame Sache machten, bereitete Chosrau dem Masdakismus ein Ende und ließ Masdak und eine große Zahl seiner Anhänger umbringen.

Chosrau I. mit dem Beinamen Anoscharwan (»der Unsterbliche«) stand bei der zoroastrischen Geistlichkeit in hohem Ansehen, weil er den Masdakismus unterdrückt hatte, und er brauchte eine gegen ihn gerichtete Allianz von Kirche und Adel nicht zu fürchten. Masdaks Revolution war immerhin rund vierzig Jahre wirksam gewesen, und Chosrau erkannte, daß er etwas unternehmen mußte, um die soziale Ungerechtigkeit, welche die Revolution hervorgerufen hatte, zu lindern und die Einrichtungen zu reformieren, die dem Adel seine Macht über die Krone gegeben hatten. Seine Steuer- und Landreformen waren bis in die Kalifenzeit wirksam.

572 begann Chosrau einen Krieg mit Ostrom, der sich achtzehn Jahre hinzog und mit der Absetzung und Ermordung seines Sohnes Hormisd IV. endete. Der allseits verhaßte Krieg hatte dem Adel Gelegenheit gegeben, sich wieder zur Geltung zu bringen; einer von ihnen bemächtigte sich des Thrones. Chosrau II., Hormisds IV. Sohn, schloß Frieden mit dem oströmischen Kaiser Mauritius und wurde von ihm wieder eingesetzt. Chosrau trat ihm 581 die westliche Hälfte Persisch-Armeniens ab, so daß Mauritius endlich seine Armee zu einem Gegenangriff auf die Awaren und Slawen in Europa einsetzen konnte. Dieser Gegenschlag war so erfolgreich, daß die Römer zum erstenmal seit dem dritten Jahrhundert wieder das Nordufer des Unterlaufs der Donau besetzen konnten. Aber die Soldaten meuterten, als sie dort Winterquartiere beziehen sollten; Mauritius verlor den Thron und das Leben, und das Reich verfiel abermals in Anarchie.

604 drang Chosrau II. unter dem Vorwand, den Tod seines Wohltäters Mauritius rächen zu wollen, in das Oströmische Reich ein. Der darauf folgende Krieg war der mörderischste, der je zwischen den Römern und ihren iranischen Nachbarn seit ihrem ersten Zusammenstoß 53 v.Chr. geführt worden war. Die Perser drangen mindestens zweimal an die asiatische Küste des Bosporus vor; und 626 konnte die oströmische Flotte nur mit Mühe verhindern, daß sie sich mit den Awaren vereinten, die Konstantinopel von der anderen Seite der Meerenge aus belagerten. Persische Truppen besetzten Syrien, Palästina, Ägypten und die Cyrenaika – so weit westwärts waren die Perser seit 331 v.Chr. nicht mehr gekommen. Die Römer ihrerseits gelangten in ihrem Gegenangriff weiter nach Osten als irgendeine römische Armee seit 117 v.Chr. 628 stand das Heer des oströmischen Kaisers Heraklios vor Ktesiphon. Der Krieg endete wie der von 572 bis 591 mit dem Tode des regierenden Sassanidenherrschers.

628 wurde auf der Basis des territorialen *Status quo* Friede geschlossen. Beide Großmächte waren erschöpft. Von ihrem Kampf profitierte der islamische Araberstaat, den der Prophet Mohammed 622 in Medina gegründet

hatte. 633 überzog sein erster Nachfolger, Abu Bekr, seine beiden erschöpften Nachbarn im Norden gleichzeitig mit Krieg. Das persische Reich zerbrach. Ostrom erholte sich, aber sein Territorium war jetzt auf Kleinasien und Konstantinopel und mehrere Inseln und einige Brückenköpfe an der Nordküste des Mittelmeeres beschränkt.

44

DAS CHRISTENTUM IM WESTEN VON 395 BIS 634

Unter allen von den Überfällen der Hunnen betroffenen Staaten der Alten Welt litt das Weströmische Reich am schwersten. Die sarmatischen Nomaden und die ostgermanischen Völker, die von den Hunnen nach Westen getrieben wurden, durchbrachen 406 und danach die weströmischen Grenzen, und 476 wurde das nur noch nominelle Kaiserreich aufgelöst. Der Grund für den Untergang Westroms war weniger die Stärke der barbarischen Invasoren als seine inneren sozialen und administrativen Schwächen – die gleichen Krankheiten, die zum Niedergang des Hanreiches in China geführt hatten. Die Regierung war durch Machtkämpfe mit den Großgrundbesitzern und den Befehlshabern der Armee gelähmt. Die Gutsherren ließen den »Mehrertrag« der bäuerlichen Produktion in die eigenen Taschen fließen, statt ihn an den Fiskus weiterzugeben; die Feldherren konzentrierten die Befehlsgewalt in ihren Händen und machten sich zu politischen Diktatoren.

Die Entwicklung der westlichen Kirche wurde entscheidend von zwei großen Männern beeinflußt, die in zwei Generationen vor dem Zusammenbruch des Westreiches lebten und wirkten: Ambrosius und Augustinus. Der heilige Ambrosius, von 372 bis 397 Bischof von Mailand, starb nur sieben Jahre, bevor die Hauptstadt von Mailand nach Ravenna verlegt wurde – einer durch ihre Sümpfe uneinnehmbaren natürlichen Festung –, und nur neun Jahre, bevor ostgermanische Stämme auf der Flucht vor den Hunnen die Grenzen des Reiches am Rhein durchbrachen. Der heilige Augustinus, von 395 bis 430 Bischof von Hippo Regius in Nordwestafrika, starb ein Jahr nach dem Eindringen der Wandalen. Sie waren von Spanien nach Afrika übergesetzt, nur dreiundzwanzig Jahre, nachdem sie den Rhein überschritten hatten; und 430 belagerten sie die Stadt in Afrika, die Augustinus' Bischofssitz war.

Die beiden Kleriker kamen aus sehr verschiedenen Milieus und hatten unterschiedliche weltliche Berufe ausgeübt, ehe sie zu Priestern geweiht wurden. Ambrosius war der Sohn eines hohen Staatsbeamten und wäre ohne Zweifel wie sein Vater Beamter geworden, wenn er nicht einen Beruf gefunden hätte, in dem er sich wirkungsvoller betätigen konnte. Augustinus, der Sohn bürgerlicher Eltern in Tagaste, einer kleinen Stadt in Nordwestafrika, begann als Lehrer der Rhetorik in seiner Heimat und ging in dieser Eigenschaft nach Karthago, Rom und Mailand, wo er 388 vom Manichäismus zum Christentum übertrat und seitdem seine rhetorischen Gaben in den Dienst der Kirche stellte.

Ambrosius besaß Mut und einen starken Willen. Er hinderte den Kaiser Theodosius I. daran, einen christlichen Bischof zu bestrafen, der eine jüdische Synagoge hatte zerstören lassen, und er veranlaßte ihn, eine Petition des Senats von Rom zurückzuweisen, in der darum gebeten worden war, im Hause des Senats den Altar der Siegesgöttin wieder aufzustellen, der 382 von Kaiser Gratian entfernt worden war. Konsul Symmachus hatte im Namen des Senats geschrieben: »Einem so großen Mysterium kann man sich auf verschiedenen Straßen nähern.« Ambrosius' Ziel jedoch war, alle nichtchristlichen Religionen im Römischen Reich mit Hilfe der Staatsgewalt zu unterdrücken, und er fand in Theodosius ein williges Werkzeug. Die einzigen nichtchristlichen Glaubensbekenntnisse, die sich im Reich durchsetzen konnten, waren die Astrologie und die Jahweverehrung der Juden und Samaritaner.

Auch Augustinus war unduldsam und konzentrierte viel Zeit und Energie auf den Kampf gegen die afrikanischen Donatisten und Pelagianer. Die Donatisten, die Anhänger des Bischofs Donatius von Karthago, gefährdeten zwar nicht die Einheit der Kirche, aber sie wurden bekämpft, weil sie mit einer afrikanischen Bewegung, die nationalpolitische und sozialrevolutionäre Tendenzen hatte, gemeinsame Sache machten. Pelagius, von 556 bis 561 Papst in Rom, vertrat die Lehre, daß der Mensch mindestens teilweise einen freien Willen habe und verpflichtet sei, seine Freiheit zu gebrauchen, um auf der Seite des Guten gegen das Böse zu kämpfen. Augustinus hingegen predigte, die menschliche Natur allein sei unfähig zum Guten; um das Heil zu gewinnen, sei Gottes Gnade unerläßlich. Seine Kontroverse mit den Pelagianern führte ihn zu der Doktrin, der allein entscheidende Ratschluß Gottes bestimme letzten Endes, welcher Mensch für das Heil und welcher für die Verdammnis ausersehen sei.

Augustinus' für die Nachwelt bedeutendsten Werke sind zwei nichttheologische Bücher. In den *Confessiones* schrieb er in meisterhaftem Lateinisch eine psychologische Autobiographie; *De civitate Dei* ist die Erweiterung und Vertiefung einer ursprünglichen Streitschrift: Die Kontroverse, die das Buch veranlaßt hatte, war eine Folge der Eroberung Roms durch die Westgoten im Jahre 410 gewesen. Konstantin hatte geglaubt und verkündet, seine militärischen Siege seien die Belohnung des Christengottes für seine Bekehrung zum Christentum gewesen – nach 410 erwiderten die Anhänger der nichtchristlichen Religionen, der Fall Roms sei die Strafe der nichtchristlichen Götter für die Unterdrückung ihrer Anhänger. Augustinus widerlegte diese Behauptung und nahm sie zum Ausgangspunkt seiner Untersuchung der Beziehung zwischen dem irdischen Leben des Menschen und seiner Teilhabe am Reich des Himmels.

Während Augustinus seine Bücher schrieb, drangen die Barbaren aus dem Norden weiter vor. Einige dieser Invasionen erfolgten schlagartig – zum Beispiel die Überfälle der Westgoten 410 und der Wandalen 455 auf Rom sowie der vorherige Zug der von den Alanen und Sueben unterstützten

Wandalen vom Ostufer des Rheins über die Pyrenäen in den Jahren von 406 bis 408. Andererseits ging die Besetzung eines Teils Britanniens durch die Angeln, Sachsen und Jüten und die Italiens durch die Langobarden allmählich vor sich.

Das Land, das am meisten unter der Besetzung der Barbaren und den römischen Gegenangriffen litt, war Italien, der Kern des Reiches und sein zivilisiertester Bestandteil. Die Einbrüche der Westgoten und Wandalen im fünften Jahrhundert waren zwar aufsehenerregend, doch vorübergehend gewesen. Die Ausschaltung der kaiserlichen Regierung 476 war friedlich erfolgt; und der Einmarsch der Ostgoten war die Folge einer kriegerischen Auseinandersetzung zwischen zwei germanischen Völkerstämmen, wie so oft während der Völkerwanderung. Der Krieg von 535 bis 561 jedoch war ein Wendepunkt in der Geschichte des bis dahin politisch noch einigen, sozial und wirtschaftlich mehr oder weniger intakten Landes. 568 drangen die Langobarden ein, nur sieben Jahre nach der unter oströmischer Herrschaft erzwungenen Wiedervereinigung Italiens. Von da an war es zum erstenmal seit 264 v.Chr. politisch zerbrochen. Die Langobarden waren grausamer als die Ostgoten, und Italien, im Krieg von 535 bis 561 bereits verwüstet, war durch die langsame Eroberung des Landes nun noch härter getroffen.

Inzwischen, im Jahre 486, zwei Jahre, bevor der ostgotische Feldherr Theoderich von Illyrien nach Italien marschierte, hatte ein fränkischer Feldherr, der Merowinger Chlodwig, mit dem Aufbau eines Reiches in Gallien begonnen. Die Franken waren noch nicht zum Christentum bekehrt worden. Chlodwig nahm die katholische Form des Glaubens an, wahrscheinlich, weil dies die Religion der Römer war, während die mit ihm rivalisierenden Germanen arianische Christen waren. 486 wurde Chlodwig der Nachbar der Westgoten an der Loire und zehn Jahre darauf der Nachbar der Ostgoten, als er die Alemannen am Oberrhein besiegte.

Die Annahme des arianischen Christentums durch die Ostgermanen war eigentlich nur eine zufällige Folge des Zeitpunkts ihrer Bekehrung. Aber nach der Besetzung des Weströmischen Reiches und der Errichtung von Nachfolgestaaten auf dessen Territorium waren sie stolz darauf, eine eigene Nationalreligion zu haben, die anders war als die ihrer katholischen römischen Untertanen. Der Preis solcher Andersartigkeit war jedoch Entfremdung, und diese erwies sich nach dem Aufstieg der Franken als katholisch-christliche Macht als ein schwerer Nachteil. Darüber hinaus wurden die arianischen Germanen nach und nach für die Religion ihrer Untertanen gewonnen, die ihnen zahlenmäßig wie kulturell überlegen waren. Für die Bekehrung der Wandalen (sie waren ausnahmslos buchstabengetreue Arianer) und der Ostgoten blieb den Katholiken keine Zeit; diese beiden Völker wurden von der oströmischen Gegenoffensive vernichtet, ehe die Frage eines Glaubenswechsels überhaupt zur Sprache kommen konnte. Doch 586 ging der westgotische König Rekkared in Spanien freiwillig vom Arianismus zum Katholizismus über; und die Langobarden taten es im Laufe des siebenten Jahrhunderts in Italien zögernd und schrittweise.

Bis 586 war die Macht der Westgoten achtzig Jahre lang auf Spanien beschränkt gewesen, nachdem Chlodwig sie bei Voullié geschlagen und aus fast allen ihren Gebieten nördlich der Pyrenäen vertrieben hatte. So hatte dieser bei seinem Tode im Jahre 511 nicht nur alle fränkischen Stämme, sondern auch das ganze übrige Gallien unter seine Herrschaft gebracht mit Ausnahme der Provence, die von den Westgoten an die Ostgoten übergegangen war. Von 531 bis 534 annektierten seine merowingischen Nachfolger Thüringen und Burgund, 552 auch das nördliche Bayern. Die Merowinger füllten das durch den Zerfall des Weströmischen Reiches entstandene Vakuum mit einem neuen Reich. Nordgallien war sein Mittelpunkt. Es hätte vor dem Ablauf des sechsten Jahrhunderts das alte Reich ersetzen können, wenn Chlodwigs Nachfolger nicht die Besitzungen der Merowingerdynastien als Privateigentum betrachtet und in mehreren Generationen geteilt und wieder unterteilt hätten. Diese Teilungen und die darauf folgenden Bürgerkriege richteten Gallien zugrunde und verurteilten ihre uneinigen Herren zur Hilflosigkeit.

An der Wende zum siebenten Jahrhundert besaß Ostrom noch immer die Seeherrschaft über das ganze Mittelmeer und alle seine Inseln, zu denen man auch Nordwestafrika rechnen konnte, denn es war in der Tat eine Insel, vom übrigen Festland durch das Sandmeer der Sahara getrennt. Ostrom hatte auch noch einen Brückenkopf in Nordostitalien, aus Ravenna und den Laguneninseln Venedigs bestehend; die Landenklave um die Stadt Rom überließ es zur Verteidigung und Versorgung dem Papst. Der »Ducatus Romanus«, der oströmische Gebietsteil in Italien, der den Einbruch der Langobarden überdauert hatte, war nicht viel größer als der »Ager Romanus« im fünften Jahrhundert v.Chr.

Im fünften und sechsten Jahrhundert waren die Bruchstücke der westlichen Christenheit in einer scheinbar hoffnungslosen Lage; doch einige ihrer Repräsentanten zeigten auch in den dunkelsten Stunden Mut und Tatkraft. Papst Leo I. (440-461) hatte entscheidenden Einfluß auf die Beschlüsse des Konzils von Kalchedon 451 und konnte, im Jahr darauf Attila bewegen, Norditalien zu verschonen. In dieselbe Zeit fällt die Tätigkeit des heiligen Patrick. Er entstammte, als römischer Untertan in Britannien geboren, der gleichen Klasse wie der Afrikarömer Augustinus, wurde als Knabe nach Irland entführt, entkam der Sklaverei und kehrte freiwillig als christlicher Missionar nach Irland zurück (um 432 bis 461). Das Christentum schlug dort Wurzeln; und im sechsten Jahrhundert übernahmen die irischen Christen das Mönchtum sowohl in der Form von Einsiedeleien als auch von Klostergemeinschaften.

Rund hundert Jahre nach Patrick gründete Benedikt von Nursia seinen Mönchsorden in Monte Cassino. Er begann seine Arbeit 529, als Italien noch in Frieden lebte, und starb 547, als es von dem römisch-ostgotischen Krieg heimgesucht wurde. Aber sein Orden blieb nicht nur bestehen, er breitete sich über das ganze Abendland aus. Benedikts Werk setzte Papst Gregor I.

(590-604) fort, der sein eigenes Haus in Rom in eine Benediktinerabtei verwandelte und Mönch war, ehe er Apostolischer Nuntius in Konstantinopel und dann Papst wurde.

Als Papst hatte Gregor die Aufgabe, die Bevölkerung Roms mit den Erzeugnissen der päpstlichen Güter in Sizilien zu ernähren; und er mußte für die oströmische Regierung mit den angriffswütigen Langobarden verhandeln. Noch als diese vor den Toren Roms standen, hatte Gregor den Mut, eine Mission zur Bekehrung des fernen jütischen Königreichs Kent zu entsenden; und dieser Mission folgte nach Gregors Tod eine weitere in das angelsächsische Königreich Northumbria. Der römische Missionar Paulinus amtierte in York von 627 bis 632; sein Nachfolger war der Ire Aidan von der kleinen Hebrideninsel Jona, der auf der Insel Lindisfarne (Holy Island) vor Northumbria ein Kloster gründete.

Die Einführung des Mönchtums in Irland hatte eine expansive Missionstätigkeit entfacht. Das Kloster auf Jona war 563 von St. Columba d.Ä. gegründet worden, der dort vier Jahre später starb, in dem Jahr, als Papst Gregor seine Mission nach Kent sandte. Um 590 ging ein anderer irischer Missionar, St. Columba d.J., von Irland nach Britannien und von dort auf den Kontinent, gründete ein Kloster in Luxueil in Burgund, einem wichtigen Verkehrsknotenpunkt der fränkischen Besitzungen, überquerte 613 die Alpen und gründete ein Kloster in Bobbio in Nordwestitalien, wo er 615 starb.

45

AUFBAU UND SPALTUNG DER CHRISTLICHEN KIRCHE VON 312 BIS 657

In den Jahren 311/312 erlebte die christliche Kirche im Römischen Reich einen plötzlichen historischen Umschwung. Nachdem sie acht Jahre lang die schlimmste Verfolgung hatte erdulden müssen, wurde sie zunächst von dem sterbenden Kaiser Galerius widerwillig anerkannt und dann achtzehn Monate später aktiv begünstigt von dem siegreichen Kaiser Konstantin I., der sich schon zum Herrn des halben Reiches gemacht hatte. Diese Erfahrung hätte die Standhaftigkeit der Kirche in jedem Stadium ihrer Geschichte auf die Probe gestellt; doch im dritten Jahrhundert war sie infolge ihres Wachstums an Zahl, Reichtum und Macht wankend geworden. Die höchsten Ämter der Kirche hatten sich in verlockende Prämien für Karrieremacher verwandelt.

Galerius, der die Kirche verfolgte, und Konstantin, der sie begünstigte, hatten beide das gleiche Motiv: die Einheit des Reiches. Seit Aurelian das Reich unter die Schutzherrschaft des *»Sol Invictus«* gestellt hatte, erkannte man, daß Einheit und Fortbestand des Reiches nur mit Hilfe einer Staatsreligion möglich war. Vor dem Ausgang des dritten Jahrhunderts hatten das sassanidische Perserreich den Zoroastrismus und das Königreich Armenien die christliche Kirche zur Staatskirche gemacht. Nachdem Galerius eingestehen mußte, daß die christliche Kirche stärker war als er, und als sich diese Einsicht bei Konstantin bestätigte, konnte dieser nicht umhin, Christus mit dem »Sol Invictus« gleichzusetzen und das Christentum zur einigenden Staatsreligion zu erheben.

Es wäre vernünftigerweise zu erwarten gewesen, daß eine christliche Staatskirche die Einheit des Römischen Reiches gefördert hätte, wenn man bedenkt, daß bis 311 die Kirche in der Bewahrung ihrer eigenen Einheit außerordentlich erfolgreich war. Seit ihrer Gründung bald nach Jesu Tod war sie zwar dauernd von inneren Streitigkeiten gefährdet gewesen, doch hatte man diese stets überwunden; die Abweichler wurden entweder überzeugt oder unterdrückt oder ausgestoßen. Die katholische Kirche war 311 eine Einheit von Armenien im Osten bis Britannien im fernen Westen. Jetzt jedoch, von dem Druck befreit, der in der letzten Phase besonders hart gewesen war, erwies sich die Kirche der neuen Freiheit nicht gewachsen. Der vorherigen Spaltung der Bevölkerung des Römischen Reiches in Christen und Nichtchristen folgte das Schisma im Schoße der Kirche selber; und die römische Regierung, die seit Konstantins Bekehrung gehofft hatte, die Einheit der Kirche würde die des Reiches stützen, war nicht imstande, die streitenden christlichen Parteien zum Frieden zu bewegen. Ihre Meinungsverschiedenheiten lähmten die Handlungsfreiheit Konstantins von seiner Bekehrung bis zu seinem Tode im Jahre 337; und sie wirkten sich auch noch auf die Regierungszeit von Constans II. (641-668) aus. Dessen Streit mit Papst Martin I. wurde erst von den moslemischen Arabern beendet, die das Reich von allen seinen monophysitischen christlichen Untertanen befreiten und damit die Regierung in Konstantinopel der unlösbaren Aufgabe enthoben, zwei unversöhnlichen christlichen Parteien gleichzeitig Genüge zu tun.

Die unaufhaltsame Spaltung der christlichen Kirche nach 311 war offenbar nicht zu vermeiden. Als das Christentum zur römischen Staatsreligion wurde und die Christen die Mehrheit des Volkes bildeten, verlor die Regierung die Kontrolle über die Kirche, die früher als unpopuläre Minderheit leicht zu beaufsichtigen gewesen war. Das ist nicht überraschend: Das Christentum war ein Sproß des Judentums und hatte dessen traditionelle Abneigung gegen Kompromisse geerbt.

Darüber hinaus weiteten sich nunmehr interne kirchliche Streitfälle zu sozialen und politischen aus. Der Konflikt zwischen katholischen und donatistischen Christen wurde zum Kampf zwischen Numidien und Karthago und zwischen Bauern und Gutsherren. Die Lehre des Arius, im Reich schließlich verdammt, wurde von den zum arianischen Christentum bekehrten germanischen Invasoren auf ihr Banner geschrieben. Der Disput über das Wesen der Dreieinigkeit wurde zum Machtkampf zwischen Alexandria, der früheren Hauptstadt der Ptolomäer, und Antiochia, der früheren Hauptstadt der Seleukiden. Die darauf folgende Debatte über die Beziehung zwischen dem menschlichen und göttlichen Aspekt des zweiten Gliedes der Dreieinigkeit wurde auch zum Streit zwischen der römischen Regierung und ihren syrisch und koptisch sprechenden Untertanen. Diese beriefen sich jetzt auf ihre griechische Aszendenz seit Alexander dem Großen, während die römische Regierung ihre Oberhoheit zu behaupten versuchte. Das zweite und das vierte ökumenische Konzil gaben dem Bistum Konstantinopel Gelegenheit, sich durchzusetzen: Das zweite Konzil (381) bestätigte ihm den zweiten Rang als Bischofssitz nach dem von Rom; das vierte (451) erkannte dem Patriarchen von Konstantinopel die kirchliche Gerichtsbarkeit über Kleinasien nordwestlich des Taurus und den östlichen Teil des Balkans zu.

Die kirchlichen Kontroversen des vierten und fünften Jahrhunderts waren nicht einfach nur Ausdruck der weltlichen Unstimmigkeiten, mit denen sie gleichgesetzt wurden. Die ethischen, theologischen und rechtlichen Streitfälle, die das Christentum spalteten, waren echt, und die von ihnen erweckten Leidenschaften waren aufrichtig und erregten weit und breit die Gemüter; und da die christliche Kirche die führende Institution des Reiches geworden war, wurden alle Klassen, Parteien und Regionen in ihre Probleme hineingezogen.

Der erste Streitfall war ein ethischer. In den Zeiten der Verfolgung waren zahlreiche Christen abgefallen, während andere ausgehalten hatten – manche um den Preis des Martyriums. Sollte man die Abtrünnigen wieder in die Gemeinschaft der standhaft Gebliebenen aufnehmen, oder sollten sie für immer geächtet bleiben? Die meisten der überlebenden Unnachgiebigen zeigten sich großzügig, menschlich und staatsmännisch; sie waren dafür, den Schwächeren zu vergeben. In Nordwestafrika jedoch waren die »Standhaften« unversöhnlich, und darüber erhob sich dort ein so heftiger Streit, daß Konstantin 313, ein Jahr nach seiner Bekehrung, eingriff – er glaubte, Zwietracht innerhalb der Kirche müsse Gott mißfallen und daß der Kaiser, wenn er den Streit nicht schlichtete, ebenso wie die Kirche selber Gottes Gunst verwirke. Doch sein Versuch, durch Zureden oder Zwang die Streitenden zu versöhnen, scheiterte.

Die theologischen Probleme, die zwischen 317 und 657 diskutiert wurden, waren schon in den Glaubensbekenntnissen zu Jesus in den Einleitungen zum ersten, dritten und vierten Evangelium enthalten. Sie waren natürlich schon vor 311 zur Sprache gekommen, und seit dem zweiten Jahrhundert hatte es Christen gegeben, die christliche Theologie in der Terminologie der hellenischen Philosophie erörtern konnten – wie Irenäus in seinem um 185 geschriebenen Werk *Wider die Ketzer.* Aber der Aufstieg des Christentums als zuerst geduldete, dann begünstigte und schließlich obligatorische Kirche der römischen Untertanen machte aus theologischen Fragen öffentliche Angelegenheiten. Überdies blieb die hellenisch erzogene Minderheit des Reiches im ganzen allergisch gegen die christliche Lehre, wenn man sie ihr nicht in der Terminologie der hellenischen Philosophie präsentierte. Aus diesen beiden Gründen erwies sich nach 312 eine deutliche und erschöpfende Diskussion der christlichen Theologie als unvermeidlich, und infolge der mangelnden Kompromißbereitschaft der Christen wurde sie scharf und hartnäckig geführt.

Als das erste, das dritte und das vierte Evangelium geschrieben wurden, glaubten bereits einige nichtjüdische Christen, daß Jesus Gott sei. Nach dem ersten und dem dritten Evangelium hatte er keinen menschlichen Vater; er war vom Geist Gottes mit seiner menschlichen Mutter gezeugt worden, und nach dem vierten Evangelium war Jesus Gottes fleischgewordenes Wort. Zu dieser Zeit war die jüdische Theologie bereit, Gottes Wort und Gottes Geist einen halb unabhängigen Status zuzuerkennen, vergleichbar dem Status, den der Zoroastrismus den verschiedenen Aspekten Ahura Mazdahs zuerkannte; aber dies war die weitestgehende Abweichung von Gottes Einigkeit und Einmaligkeit, die das Judentum zugestehen wollte. Die Christen wollten und konnten dem Monotheismus nicht abschwören, den sie vom Judentum übernommen hatten; doch wie sollten sie ihn mit ihrem Glauben vereinen, daß Jesus ein Gott war wie Jahwe?

Jesus soll von sich als »Gottes Sohn« gesprochen haben, und man könnte diese Sohnschaft als Metapher deuten, so wie andere orthodoxe Rabbiner sich Söhne Gottes genannt hatten. Das zweite Evangelium könnte so interpretiert werden, daß Gott Jesus durch Adoption zu seinem Sohn gemacht habe, wenn nicht die anderen drei Evangelien zu verstehen gäben, Jesus sei ein Sohn Gottes in dem wörtlichen Sinn, in dem die Vaterschaft Gottes den Pharaonen seit der fünften ägyptischen Dynastie zugesprochen worden war. Ob nun aber Jesus ein Gott war in dem einen oder anderen Sinne – unbestreitbar blieb, daß er ein menschliches Wesen war; wenn man ihn also im Wortsinne für Gottes Sohn hielt, so mußte sich nicht nur die Frage nach der Beziehung des Sohnes zum Vater erheben, sondern auch die Frage nach der Beziehung zwischen den göttlichen und den menschlichen Seiten des Sohnes und darüber hinaus nach dem Status von Jesu Mutter Maria. Sie war ein Mensch, keine Göttin – durfte man sie also »Mutter Gottes« nennen im Hinblick auf ihres Sohnes Gotteseigenschaft?

Als sie sich diese Frage stellten, gebrauchten die christlichen Theologen Worte über die menschliche Erfahrung hinaus. Sie konnten das, weil sie griechisch sprachen und schrieben; und schon vor dem Ende des fünften Jahrhunderts wurde im Griechischen mit Worten gespielt, als ob Worte Realitäten wären, auch wenn es nur Spielmarken waren, die in den Gedanken oder in den Erscheinungen kein Äquivalent hatten. Im Jahre 324 mußte Konstantin I., der sich schon vergeblich bemüht hatte, den Streit um die gestrauchelten Christen in Nordwestafrika zu schlichten, in eine Auseinandersetzung über die Beziehung des Sohnes zum Vater eingreifen, die zwischen Alexander, dem Bischof von Alexandria, und Arius, einem seiner Priester, ausgebrochen war. Konstantin schrieb den beiden Disputanten, daß der Fall besser nicht aufgerührt worden wäre. Und 648 verbot Constans II. jede weitere Diskussion darüber, ob es in den zwei Naturen Christi einen einzigen oder zwei Willen gäbe.

Die Worte in den Disputen von 324 und 648 und in der Zwischenzeit mögen bedeutungslos gewesen sein oder nicht – auf jeden Fall erregten sie heftige Gefühle, die ihrerseits wieder zu Gewalttätigkeiten führten. Kein Kaiser von Konstantin I. bis zu Constans II. war imstande, den Theologen Schweigen zu gebieten. 325 mußte Konstantin das erste ökumenische Konzil in Nizäa einberufen und leiten; und er prägte dabei das griechische Wort *»Homousie«* (Wesensgleichheit) – ein Begriff, den er ursprünglich abgelehnt hatte. Arius' Gegner Athanasius, der 328 Alexander als Bischof folgte, schien obsiegt zu haben; doch auch auf dem zweiten ökumenischen Konzil in Konstantinopel 381 konnte man dem Arianismus nicht den Garaus machen. Der gotische Missionar Wulfila übermittelte den ostgermanischen Völkern das Christentum in der arianischen Form; die Kaiser Constans II. und Valens waren Arianer; und als die Ostgermanen in das Reich eindrangen, brachten sie ihr arianisches Christentum mit. Des Kaisers Constans II. Diskussionsverbot erregte den lauten Protest des Papstes Martin I., der nur durch seine Verhaftung und Verbannung auf die Krim zum Schweigen gebracht werden konnte.

Arius hatte nicht bestritten, daß der Sohn Gott sei. Zu seinen Lebzeiten (um 250 bis 336) war der Glaube an die Göttlichkeit Jesu bei den nichtjüdischen Christen vorherrschend. Adoptionisten, das heißt Christen, die glaubten, Jesus sei von Gott »adoptiert« worden, gab es nur noch in natürlichen Festungen: in den Bergen zwischen den beiden Armen des Oberlaufs des Euphrat, in den Pyrenäen und in Asturien. Doch Arius behauptete, der Sohn sei vom Vater erschaffen und daher diesem weder wesensgleich noch gleichwertig. Das Konzil von Nizäa stellte die absolute Wesensgleichheit und Gleichwertigkeit der drei Glieder der Dreieinigkeit wieder her; und zugleich wurde bestätigt, daß die drei Glieder einen Gott darstellten. Diese Verbindung von Monotheismus und Dreieinigkeitslehre war nur verbal – das tatsächliche Ergebnis des Konzils bestand darin, den Sohn in den Status eines zweiten obersten Gottes zu erheben. Das Christentum war nur noch dem Namen nach monotheistisch.

Diese Erhöhung des Sohnes war ein Sieg des alexandrinischen Standpunktes (Arius, obwohl Kleriker der alexandrinischen Kirche, war Theologe der antiochenischen Schule). In Ephesos gingen die Alexandriner weiter; 431 erreichten sie die Verdammung des Patriarchen von Konstantinopel, Nestorius, der sich der Bezeichnung Marias als Mutter Gottes widersetzte; und die Nestorianer wurden als »Diophysiten« (als Gläubige, daß der Sohn zwei Naturen habe) gebrandmarkt. Die Niederlage des Nestorius bedeutete das Ende der antiochenischen theologischen Schule im Römischen Reich. Der monophysitisch gesinnte Kaiser Anastasois I. ließ 489 die nestorianische Schule in Edessa schließen, aber die Nestorianer fanden Asyl in Nisibis, das seit 363 jenseits der Ostgrenze des Reiches lag. Der Nestorianismus bestand wie der ihm wesensverwandte, doch radikalere Arianismus außerhalb des Römischen Reiches weiter.

449, gleichfalls in Ephesos, wagten sich die Alexandriner noch weiter vor; sie stellten die These auf, der Sohn habe nur eine Natur, nämlich seine göttliche, während er in einem menschlichen Leibe inkarniert gewesen sei. Aber schon 451 wurden in Kalchedon die Beschlüsse von Ephesos annulliert: Der Sohn habe zwei Naturen, wurde nunmehr erklärt, die göttliche und die menschliche, in einer einzigen Person vereint. Den Alexandrinern wurde das Schicksal der Nestorianer zuteil; sie wurden als Schismatiker gebrandmarkt.

Aber der Monophysitismus ließ sich nicht unterdrücken; er war eine Massenbewegung mit nationalen und antizentralistischen Tendenzen und breitete sich auch in Syrien und Armenien aus. Die kaiserliche Regierung mußte bestrebt sein, sowohl ihre »kalchedonischen« als auch ihre monophysitischen Untertanen zufriedenzustellen, denn sie konnte es sich nicht leisten, sich Ägypten und Syrien, die wirtschaftlichen Hauptstützen des Reiches, zu entfremden.

Kaiser Zenos Henotikon, die »Vereinigungsformel«, mit der er die Monophysiten zurückgewinnen wollte, führte 484 zum Bruch zwischen dem Ostreich und dem Papst. Auch die monophysitenfreundliche Politik Justinians I. führte zu keinem dauernden Erfolg. Von 518 bis zu den Jahren von 633 bis 641, in denen Syrien, Palästina und Ägypten von den moslemischen Arabern erobert wurden, blieben die Monophysiten unterdrückt. Zu ihrem Glück fanden sie drei gefürchtete Streiter: Severus von Pisidien, Patriarch von Antiochia von 512 bis 518, Justinians Gattin Theodora und Jakob Barodäus, Schützling der Kaiserin und seit 543 Bischof von Edessa, der die monophysitische Kirche in Syrien erneuerte.

Theodora gewann dem Monophysitismus auch eine neue Domäne außerhalb der Reichsgrenzen: um 540 kam sie dem Kaiser zuvor und bekehrte Nubien zu ihrer Form des Christentums. Südöstlich von Nubien im Norden des heutigen Äthiopien bekannte sich auch das Königreich Aksum, in der Mitte des vierten Jahrhunderts zum Christentum bekehrt, zu dessen monophysitischer Form. Die oströmische Regierung mußte es geschehen lassen, denn Aksum beherrschte den Seeweg von Ägypten nach Indien und konnte im Jemen die Interessen Ostroms vertreten.

Nachdem das Christentum Staatsreligion geworden war, gehörten seine berühmten Märtyrer der Vergangenheit an. An ihre Stelle als Glaubenshelden (die einem psychologischen Bedürfnis entgegenkamen) traten nun die Asketen. Der ägyptische Eremit Antonius (um 250 bis 356) war weltweit berühmt und hoch verehrt; aber mehr Zukunft hatte das Werk des Pachomius (290-345), der in Tabennisi in Oberägypten seine erste Bruderschaft einer in Gemeinschaft lebenden Asketen gründete und damit der Urheber des strengen Mönchtums wurde. Buddhistische Gemeinschaften dieser Art hatte es lange schon in Indien gegeben; doch Pachomius' Klöster waren im Westen der Alten Welt etwas Neues.

Damit wurde eine Kettenreaktion ausgelöst, die das Leben der ganzen Christenheit stark beeinflußte. Der heilige Basilius, ein Kirchenlehrer aus Kappadokien (um 320 bis 379), arbeitete, von Pachomius ausgehend, für die griechisch sprechende Welt eine mildere Form des Mönchtums aus. Um 529 gründete der heilige Benedikt von Nursia, der wiederum, zum Teil wenigstens, auf Basilius fußte, in Monte Cassino das erste von zwölf Klöstern und stellte eine »Regula« auf, die für die lateinisch sprechende Welt maßgebend wurde. Im Laufe des sechsten Jahrhunderts schlug der mönchische Gedanke in Irland Wurzeln. Die basilianischen und die benediktinischen Regeln tragen beide den Stempel des Pachomius; von ihm stammt die Betonung des Gemeinschaftslebens, der Disziplin und der Arbeit.

Die Laufbahn Basilius' und Benedikts ähnelte der Buddhas; sie begannen beide als Eremiten, ehe sie die Gründer von Mönchsorden wurden. Ihr Wechsel von des heiligen Antonius Form der Askese zu der des Pachomius war die Antwort auf eigene geistige Erlebnisse, aber er beweist zugleich die Weisheit des Pachomius. Seine Schöpfung der Asketengemeinschaft war eine ungewöhnliche Leistung, denn sonst bevorzugten die Ägypter wie die Iren mehr die Lebensweise der Eremiten, und in der Tat hat das einsiedlerische Leben Vorzüge, die der Mönchsgemeinschaft fehlen. Der Eremit ist nur sich selber verantwortlich, und diese Freiheit gibt ihm Gelegenheit zu echtem Heldentum, wenn er auch Gefahr läuft, in sterile Selbstkasteiung oder eigensüchtigen Exhibitionismus zu verfallen. Immer und überall, wo Askese geübt wurde, entsprach der Ruhm des Eremiten der Härte seines Lebens. Das Leben in der Mönchsgemeinschaft ist weniger spektakulär, und obwohl die pachomianischen Klöster in Oberägypten in der Christenheit schnell berühmt wurden, bewunderte man noch mehr die Eremiten in der westlichen Wüste. Der gefeiertste Einsiedler seiner Generation im Westen der Alten Welt war der heilige Antonius – wie später der heilige Symeon Stylites, so genannt, weil er siebenundvierzig Jahre auf einer Säule zubrachte. Sein Beispiel machte Schule; die Styliten (Säulenheiligen) konnten die Massen erregen; doch die Wirkung der Mönchsgemeinschaften auf die Gesellschaft war tiefer und fruchtbarer.

DIE INDISCHE ZIVILISATION VON 490 BIS 647

In den meisten Epochen ihrer Geschichte war den Indern die Religion wichtiger als die Politik oder Wirtschaft. Die von den Indern geschriebene Geschichte des Subkontinents ist in ihrer reichhaltigen religiösen Literatur enthalten; diese ist jedoch schwer zu datieren – nicht einmal die Chronologie der verschiedenen Gattungen ist in allen Fällen gesichert, und das Licht, das diese Literatur auf weltliche Geschehnisse wirft, ist schwach und unzuverlässig. Unsere Kenntnis der indischen Säkulargeschichte beruht daher großenteils auf den Berichten ausländischer Beobachter, Griechen, Chinesen, Mohammedanern und Westeuropäern. Erst im letzten Jahrhundert hat Indien eine Schule von Hinduhistorikern hervorgebracht, die nach modernen abendländischen Methoden forschen und schreiben. Zum Beispiel ist für die Zeit der Guptadynastie der buddhistische Pilger aus China, Fa-hsien, der von 401 bis 410 in Indien war, eine wichtige Quelle und für die Regierungszeit des Königs Harscha (606-647) ein anderer reisender chinesischer Mönch, Hüantsang, obwohl es darüber auch den Bericht eines zeitgenössischen indischen Autors gibt, der Harschas Untertan war.

Der beherrschende Faktor in der Geschichte des Subkontinents in den Jahren ab 455 war die Völkerwanderung der Hunnen und anderer eurasischer Nomadenvölker wie der Gudschar. Die erste Hunneninvasion (455) wurde von dem Guptakönig Skandagupta zurückgeschlagen, aber die Hunneneinfälle dauerten an, und unter ihrem Druck brach das Guptareich nach dem Tode Skandaguptas 480 zusammen.

Im Kampf zwischen den Eindringlingen und den in Indien seßhaften Völkern gab es wechselhafte Ergebnisse. 528 wurden die Hunnen nach Kaschmir zurückgetrieben; doch nachdem um 558 oder von 563 bis 567 Perser und Türken in einer gemeinsamen Aktion das hunnische Hephthalitenreich vernichteten und unter sich aufteilten, wurden vermutlich die Hunnen, die schon in Indien Fuß gefaßt hatten, von hephthalitischen Flüchtlingen verstärkt. Jedenfalls muß es mehrere Wellen der Invasion in den Subkontinent gegeben haben, denn spätestens 711, als mohammedanische Araber die Provinz Sind und die Stadt Multan (im heutigen Pakistan) eroberten, befand sich Nordindien unter der Herrschaft einer neuen herrschenden Klasse, der Radschputen (»Königssöhne«), die offenbar hinduisierte Nachfahren von nomadischen Invasoren waren.

Die Eindringlinge wurden abermals zum Stehen gebracht von König Harschas Vater, der König von Thanesar am Oberlauf des Dschamna war.

Harscha gelang es von 606 bis 612, Nordindien politisch zu einigen und ihm für den Rest seines Lebens eine Zeitspanne des Friedens zu sichern, doch sein Reich war nur ein Abglanz des Guptareiches. Harschas Hauptverdienst war seine religiöse Toleranz; er selber war ein Saiwa (Sonnenanbeter) und Buddhist.

Während der politischen Zerrissenheit Nordindiens nach Aschokas Tod 232 v.Chr. war der Dekkan unter den Andrhakönigen vereint gewesen. Nach dem Zusammenbruch des Guptareiches 490 sah es so aus, als solle die Geschichte sich wiederholen. Um 543 war der Dekkan unter der Tschalukjadynastie vereint, deren König Pulakeschin 621 Harschas Angriff erfolgreich abwehrte, als dieser sein Reich nach Süden ausdehnen wollte. 642 jedoch wurden die Tschalukja ihrerseits von einer rivalisierenden südindischen Dynastie geschlagen, den Pallawas, die sich in Kantschipuram an der Ostküste niedergelassen hatten. (Sie können Abkommen der Pehlewi gewesen sein, d.h. der Partho-Saken, die Anfang des ersten Jahrhunderts n.Chr. das Indusbecken besetzt hielten.) Nach 642 blieb der Dekkan zweihundert Jahre in Lokalstaaten aufgeteilt, die einander ständig und letztlich ergebnislos bekriegten.

Das Königreich Pandja konnte sich in der Epoche von 490 bis 647 infolge seiner abgeschlossenen Lage an der Südspitze Indiens stabil erhalten. Ein Element der Beständigkeit war auch die sich stetig entwickelnde Literatur in der Tamilisprache von etwa dem ersten Jahrhundert n.Chr. an.

Die politische Zwietracht in Indien seit dem Beginn der Nomadeneinfälle 455 hinderte nicht die Ausbreitung der indischen Literatur über den Subkontinent hinaus nach Südostasien und Indonesien, besonders während des Guptareiches und in einer Emigrationswelle im fünften Jahrhundert, wahrscheinlich unter dem Druck der Hunneninvasion. Auf dem südostasiatischen Festland blieb die chinesische Kultur auf das Gebiet des heutigen Nordvietnam beschränkt; und in Tibet fand in der ersten Hälfte des siebenten Jahrhunderts ein Wettstreit statt um den Einfluß der indischen und chinesischen Kultur, in dem die indische obsiegte.

Tibet, zwischen China und Indien eingezwängt, ist durch seine gewaltigen Gebirgsbarrieren so isoliert, daß es bis zum Anfang des siebenten Jahrhunderts für Einflüsse aus beiden Ländern so gut wie unzugänglich war. Ein tibetisches Königreich entstand 607, vielleicht als Gegengewicht gegen die Wiedervereinigung Chinas 589; und 641 heiratete König Srong-tan Gampo gleichzeitig eine chinesische und eine nepalesische Prinzessin. Zu dieser Zeit war China politisch im Aufstieg; der zweite Kaiser der T'angdynastie, T'ai-Tsung, hatte 639/640 das unmittelbar nördlich an Tibet angrenzende Tarimbecken erobert und unterhielt einen Gesandten am Hofe König Harschas. Bei dessen Tod bemächtigte sich ein Usurpator des indischen Thrones und bedrohte den Gesandten, der nach Nepal flüchtete (damals unter der Herrschaft von Tibet), und veranlaßte, daß König Srong-tan Gampo in Indien einfiel, den Usurpator unschädlich machte und als Gefangenen nach China schickte. Die indische Kultur jedoch eroberte Tibet auf friedlichem Wege durch die Erfindung einer Schrift im indischen Stil für die tibetische Sprache. Sie wurde für die Übersetzung von buddhistischen Sanskrittexten benutzt, und diese verbanden Tibet kulturell fest mit Indien. Von da an war der kulturelle Einfluß Chinas, wenn auch stets vorhanden, in Tibet niemals vorherrschend.

47

DIE POLITISCHE ZERRISSENHEIT UND DIE AUFNAHME DES BUDDHISMUS IN CHINA VON 220 BIS 589

Als der Hankaiser Wu-ti (140-87 v.Chr.) den Staatsdienst ausschließlich mit konfuzianischen Gelehrten besetzte, war er, wie in Kapitel 35 vermerkt wurde, von den besten Absichten geleitet. Die Folge war jedoch, daß die hohen Beamten ihre Macht mißbrauchten und sich umfangreichen Landbesitz aneigneten. Die Reichsgründer, der Tsch'inkaiser Huang-ti und der Hankaiser Kao-tsu, hatten den Feudaladel des Zeitalters der streitenden Reiche liquidiert, weil er mit seinem großen Landbesitz der neuen Zentralregierung gefährlich werden konnte. Von den gelehrten Verwaltungsbeamten Wu-tis drohte die gleiche Gefahr; sie hatten sich abermals zu Großgrundbesitzern entwickelt und waren mächtig genug, um auch dem Herrscher eines neu geeinten China Trotz zu bieten. Sie steckten den Mehrertrag des Landes in die eigenen Taschen, statt den Anteil der Regierung an Steuern und Abgaben abzuführen. Das hatte schon die westliche Handynastie 9 n.Chr. zu Fall gebracht, und die östliche Handynastie stellte nur das Regime wieder her, das zum Ruin der westlichen geführt hatte. Durch die Bevölkerungsabnahme während der Unruhen von 18 bis 36 n.Chr. war dem Regime eine Ruhepause gegeben, aber infolge der andauernden sozialen Krankheit des Reiches war sie nur von kurzer Dauer.

Der Zerfall Chinas in drei Nachfolgestaaten von 220 bis 222 vermehrte das Übel. Das ungelöste Agrarproblem wurde durch chronische Bürgerkriege noch verschärft. Von 265 bis 280 wurde China wieder vereint, nachdem einer der drei rivalisierenden Einzelstaaten die anderen beiden erobert hatte. Aber auch der neuen Tsindynastie gelang es nicht, mit den alten Schwierigkeiten fertig zu werden und das Reich zusammenzuhalten; und zu Beginn des vierten Jahrhunderts wurde Nordchina von kriegerischen Nomaden aus der östlichen eurasischen Steppe überfallen und besetzt.

Die Zustände im dritten Jahrhundert ähnelten denen der zeitgenössischen griechisch-romanischen Welt: In China herrschte wie im Mittelmeerraum ein geistiges Vakuum. Der Konfuzianismus war durch den Machtmißbrauch der Staatsbeamten in Verruf geraten – ihre Eigensucht hatte die kaiserliche Regierung zweimal ruiniert. Gegen Ende des zweiten Jahrhunderts, als das östliche Hanregime im Sterben lag, war eine gebildete Minderheit vom Konfuzianismus zur rivalisierenden Philosophie des Taoismus übergegangen, während die Menge ihr Heil in einer volkstümlichen Philosophie suchte, die sich ebenfalls taoistisch nannte. Eine von diesem »Vulgärtaoismus« inspirierte Bauernrevolte war von Feldherren niedergeschlagen worden, die private Berufsheere befehligten. Diese Heerführer waren die Gründer der »Drei Reiche« von 220 bis 263. Die philosophischen Taoisten hatten sich diskreditiert – nicht weil sie wie die Konfuzianer ihre Macht mißbrauchten, sondern weil sie die Macht und die damit verbundene Verantwortung scheuten. Sie zogen es vor, sich ihres privaten Lebens zu freuen, und blieben mit dieser Einstellung der Tradition des Taoismus treu, der seit seinem Anfang zur Zeit der streitenden Reiche die praktische wirtschaftliche und politische Aktivität abgelehnt hatte. Sein Ideal war die Einfachheit des vorzivilisatorischen Zeitalters.

Diese negative Philosophie entsprach nicht den geistigen Bedürfnissen der Chinesen, weder im vierten noch im dritten Jahrhundert n.Chr. Was China brauchte, war sowohl eine Lösung des Agrarproblems als auch eine befriedigendere Lebensphilosophie, als sie der resignative Taoismus bieten konnte. Das Agrarproblem wurde endlich im fünften Jahrhundert wirkungsvoll von den T'o-pa in Angriff genommen, einem kriegerischen Nomadenstamm, der unter dem Namen »Weidynastie« einen Staat in Nordchina gründete. Das geistige Vakuum in China wurde im dritten Jahrhundert vom Mahajanabuddhismus ausgefüllt (so wie zur gleichen Zeit in der griechisch-romanischen Welt vom Christentum), der über das Oxus-Jaxartes- und das Tarimbecken eingedrungen war.

Die buddhistischen Missionare fanden in den geistig hungrigen Chinesen empfängliche Konvertiten. Schwierigkeiten ergaben sich aus der Verschiedenheit des Denkens, der Sprache und der Schrift. Das Chinesische war zu dieser Zeit eine unflektierte, einsilbige Sprache, und die Schriftzeichen dieser Sprache waren mehr als bloße Buchstaben, sie waren ein angemessener Ausdruck der chinesischen Lebensanschauung. Alles in diesen Schriftzeichen ist klar und anschaulich, während das indische Denken abstrakt und diffus ist und das Neusanskrit, die Sprache der mahajanisch-buddhistischen Schriften, vielsilbig und stark flektiert.

Die ersten Übersetzungen der Sanskrittexte ins Chinesische sollen mit dem Original keine erkennbare Ähnlichkeit mehr gehabt haben, ohne dafür dem chinesischen Leser verständlich geworden zu sein.

Einige Übersetzer waren Chinesen. Im fünften, sechsten und siebenten Jahrhundert gelangten zahlreiche chinesische buddhistische Pilger auf dem Land- und Seewege nach Indien, lernten dort das Sanskrit, erwarben mahajanische Manuskripte und übertrugen sie nach ihrer Heimkehr ins Chinesische. Zwei von ihnen, Fa-hsien und Hüan-tsang, wurden im vorigen Kapitel erwähnt.

Dank dieser Männer erhielten die chinesischen Buddhisten allmählich Mahajanatexte in ihrer Sprache, die allerdings den Sinn der Sanskritoriginale kaum wiedergaben. Die Formen des Mahajana, die in China beim Volke Wurzeln schlugen, waren so gut wie neue und ausgeprägt chinesische Schöpfungen. Eine davon war die »Schule des reinen Landes«, die das Heil im Glauben an den Boddhisattwa Amitabha anbot; eine andere die Tschanschule (im Sanskrit *dhyana,* im Japanischen *zen* = Selbstversenkung), die das Heil durch Meditation versprach. Diese chinesischen Neuschöpfungen hatten stärkeren Einfluß als die ursprünglichen Formen des Mahajanabuddhismus.

Zunächst war den Chinesen die Praxis des Buddhismus ebenso fremd wie sein Gedankengut; Klöster und Einsiedler waren ihnen völlig unbekannt. Am nächsten kam die neue Religion dem Taoismus. Seine Anhänger mißbilligten den Fortschritt der Zivilisation und hielten sich Staatsgeschäften fern; aber sie suchten das Heil nicht in einer anderen Welt, sondern empfahlen nur die Abkehr von einer auf der Grundlage neuer Techniken verfeinerten Gesellschaft. Sie lehrten das einfache und selbstgenügsame Leben, den vorzivilisatorischen Zustand einer bäuerlichen Gemeinschaft. Doch die ersten Übersetzer der buddhistischen Schriften bedienten sich ausgiebig der taoistischen Terminologie, wiel sie sich am besten eignete, buddhistische Ideen in chinesischen Formen auszudrücken. Die Taoisten ihrerseits (sowohl die philosophischen als auch die Vulgärtaoisten) entlehnten dem Buddhismus Ideen und Gebräuche, um ihre Stellung in China zu halten. Die Beziehungen zwischen den beiden Religionen – oder Philosophien – war ambivalent; ihre jeweiligen Anhänger bekämpften einander, eben weil sie sich ihrer Verwandtschaft bewußt waren.

Der Buddhismus hätte wohl wenig Aussicht gehabt, in China Eingang zu finden, wenn das Land nicht zu dieser Zeit den Höhepunkt seiner langjährigen Agrarkrise erreicht hätte. Dreihundert Jahre lang seit 185 n.Chr. waren die Chinesen aller Klassen aufgrund der politischen und kulturellen Situation für eine von außen kommende Heilslehre empfänglich. In Nordchina hingegen kämpften Konfuzianer und Vulgärtaoisten vereint gegen den Buddhismus, sooft sich die gesellschaftliche und politische Lage zu bessern schien. Auf ihre Veranlassung wurden buddhistische Einrichtungen unter die Aufsicht einer klerikalen Bürokratie gestellt, die man nach dem Vorbild des konfuzianischen Staatsdienstes aufgebaut hatte, und im fünften und sechsten Jahrhundert versuchte man wiederholt, die buddhistischen Aktivitäten zu beschneiden.

Politische Zerstückelung, Bürgerkrieg, wirtschaftlicher Zusammenbruch und gesellschaftliches Chaos nahmen in Nordchina im vierten Jahrhundert größere Ausmaße an als im Westen des Römischen Reiches im fünften Jahrhundert. Aber die barbarischen Nachfolgestaaten der westlichen Tsindynastie wie jene Westroms konnten sich nur insoweit halten, als sie sich der Kultur ihrer unterjochten Untertanen anpassen konnten. In Nordchina hielten die Bauern wie die großen Gutsbesitzer hartnäckig an ihren Lebensformen auch unter der Herrschaft der Hirtenvölker fest. Die konfuzianische Tradition überlebte den Druck des Buddhismus, obwohl sie durch den Ämtermißbrauch der Verwaltungsbeamten in Verruf geraten war.

Nordchina wurde von den T'o-pa wiedervereinigt, einem wahrscheinlich mongolischen Volk, das 338 einen Nachfolgestaat der westlichen Handynastie nordwestlich der großen Nordschleife des Huangho errichtet hatte. 386 nahm die Königsfamilie den Dynastienamen »Spätere Wei« an; und 439 hatten die T'o-pa (Wei) alle anderen Barbarenstaaten in Nordchina ausgelöscht. Mindestens fünfmal in der ersten Hälfte des fünften Jahrhunderts war es ihnen gelungen, ins Tarimbecken vorzudringen. 493/494 verlegte ihr Kaiser Hiao Wen-ti seine Hauptstadt von Schansi im Norden südwärts nach Lojang; und zur gleichen Zeit sinifizierte er systematisch seine Stammesuntertanen und glich den Status ihrer Häuptlinge dem der großen chinesischen Grundbesitzer an. Diese gewaltsame Veränderung im Inneren und die fehlgeschlagenen wiederholten Versuche, den Süden zu erobern, führten zum Sturz der Weidynastie und dem Zerfall ihres Reiches. Nordchina wurde 581 erneut von dem Gründer der Suidynastie, Sui Wen-ti, geeint, der 589 den Süden eroberte und China zu einem Großreich zusammenfaßte.

Obwohl den Wei die Einigung Chinas nicht gelungen war, hinterließen sie den Sui und den ihnen folgenden T'ang ihre Reformen des Agrarproblems. 485 hatte Hiao Wen-ti veranlaßt, jedem gesunden erwachsenen Bauern ein kleines Stück Land zuzuteilen und Bauernkollektive zu bilden, die für die Zahlung der Steuern verantwortlich waren. Er ging nicht so weit, den Besitz der großen Güter aufzuteilen, aber er unterband wenigstens deren weitere Ausdehnung auf Kosten der kleinen Bauern und der Einkünfte der kaiserlichen Regierung. Zwischen 535 und 581 wurden Bauernschaft und Regierung durch die Aufstellung einer ausgebildeten Bauernmiliz gestärkt. Diese Landreformen in Nordchina waren der erste Schritt zur politischen Wiedervereinigung von Nord und Süd und der Verjüngung der chinesischen Kultur.

Die Barbareneinfälle im Norden seit Beginn des vierten Jahrhunderts hatten eine Bewegung unerhörten Ausmaßes ausgelöst. Die Folge war die Kolonisierung und Erschließung des Südens. Obwohl im Norden Bauern und Gutsherren in genügender Zahl aushielten, um ihre barbarischen Eroberer schließlich zu sinifizieren, gab es von 304 bis 589 eine starke Wanderung in den Süden. 317 stellte ein geflüchteter Zweig der Tsindynastie (der »östlichen«) das Tsinreich im Süden hinter schützenden Sümpfen und Wasserläufen in den unteren Becken des Jangtse wieder her, von denen die Barbaren noch wirkungsvoller abgeschreckt wurden als von dem kleinen Sumpf um Ravenna und den Lagunen um die venezianischen Inseln am anderen Ende der Alten Welt.

Die Felder am Unterlauf des Jangtse versprechen reiche Reisernten, wenn sie entwässert und berieselt werden. Große Gebiete des Landes zu beiden Seiten der Wasserscheide zwischen dem Jangtsebecken und der südöstlichen und südlichen Küste des heutigen China sind hügelig, zum Teil gebirgig; aber der ganze Süden ist regenreich, und seine Bewohner werden daher nicht von Dürreperioden bedroht – im Gegensatz zu dem an sich fruchtbaren Lößboden in Nordchina. Überdies waren die Eingeborenen des Südens, anders als die nomadischen Nachbarn Nordchinas, leichter zu beherrschen und zu assimilieren.

Von 317 bis 589 wurde Südchina von fünf aufeinanderfolgenden Dynastien beherrscht, denen es gelang, die Barbaren aus dem Norden abzuwehren und den ganzen Süden einschließlich des heutigen Nordvietnam zu halten. Erst 589 wurde das Reich mit verhältnismäßig geringen Verlusten wiederzusammengefügt. In diesem vereinigten China fand eine Verschiebung der demographischen wie landwirtschaftlichen Schwerpunktzentren nach Süden statt. Die Reisfelder des Südens ersetzten nach und nach die Hirse- und Weizenfelder des Nordens als wichtigste Anbaugebiete und Versorgungszentren für die großen Städte.

Die lange Epoche der Unordnung und Uneinigkeit hatte die Ausbreitung der chinesischen Kultur über die Reichsgrenzen hinaus nicht gehemmt. Die Barbareninvasion Nordchinas von 304 und danach gab den Koreanern Gelegenheit, den von Kaiser Wu-ti im Nordwesten ihres Landes angelegten Außenposten zu zerstören, nachdem er vier Jahrhunderte bestanden hatte. Korea wurde nun in drei einheimische Staaten geteilt, von einem japanischen Brückenkopf an der Südküste abgesehen. Der nördlichste der drei Staaten übernahm 372 den Buddhismus in seiner chinesischen Form und baute seinen Verwaltungsapparat nach chinesischem Vorbild auf.

Das japanische Reich mit seinem Kern Yamato (in der Südwestecke der Hauptinsel Hondo) hatte inzwischen die Weltbühne betreten und breitete sich seit dem dritten Jahrhundert aus. Zu dieser Zeit sind vermutlich schon Einflüsse der chinesischen Kultur eingesickert, die sich im fünften und sechsten Jahrhundert durch intensive Einwanderungen von Koreanern verstärkten. Im fünften Jahrhundert machten sich die Japaner mit der chinesischen Schrift vertraut und nahmen über Korea mit der chinesischen Kultur auch deren Version des mahajanischen Buddhismus auf. Erst gegen Ende des sechsten Jahrhunderts jedoch entlehnten sie chinesische politische Institutionen, nachdem der politischen Wiedervereinigung Chinas die Rehabilitierung des Verwaltungsapparates gefolgt war, den der Hankaiser Wu-ti eingeführt hatte.

48

DIE ZIVILISATIONEN MITTELAMERIKAS UND DER ANDEN VON 300 BIS 900

Für diese Periode wie für die von 400 v.Chr. bis 300 n.Chr. ist die Chronologie in Mittelamerika einigermaßen überzeugend gesichert. Man ist sich einig zumindest über die relative Zeitfolge der verschiedenen Phasen der Andenzivilisation, doch die absolute Datierung für die achtzehneinhalb Jahrhunderte der Geschichte der Anden vom Ende der Chavinzeit bis zur Errichtung des Inkareiches 1438 ist nach wie vor strittig. Radiokarbonbestimmungen (heute vielleicht noch zu spärlich, um sich darauf verlassen zu können) setzen die »blühende« Phase der Andenzivilisation von um 300 v.Chr. bis um 500 n.Chr. und die anschließende Tiahuanácozeit von 500 bis um 1000 an. Eine auf Formationskunde basierende Rechnung hingegen datiert die »blühende« Phase etwa von 400 bis 1000 n.Chr. und die Tiahuanácozeit von 1000 bis 1300. In diesem Kapitel wird wie in Kapitel 39 angenommen, daß die Radiokarbondatierungen einigermaßen richtig sind, daß um 300 n.Chr. die »blühende« Phase der Andengeschichte sich ihrem Ende näherte und daß der größere Teil der Tiahuanácozeit in die Jahre 500 bis 900 fällt.

In der mittelamerikanischen Welt erreichte die »klassische« Phase von 300 bis 600 n.Chr. ihren Höhepunkt. In diesen drei Jahrhunderten bestand noch die Vorherrschaft der Stadt Teotihuacán, und die Mayavariante der mittelamerikanischen Kultur hatte nicht nur im Stammland der Maya, sondern auch auf der Halbinsel Yucatán Fuß gefaßt. Teohituacán war damals kulturell für alle drei Mayaregionen, das Stammland, das Hochland und Yucatán, so dominierend, daß es auch politisch das ganze Mayareich beherrscht haben dürfte. Eine der »klassischen« Mayakultstätten auf Yucatán in der Zeit vor 600 ist Oxkintok im Westen der Halbinsel. Der Stil der dortigen Monumente verweist deutlich auf Teotihuacán. Die Kultstätte in Cobá im östlichen Yucatán, ebenfalls vor 600 angelegt, scheint unmittelbar von den »klassischen« Denkmälern des Stammlandes inspiriert.

Um 600 wurde Teotihuacán plötzlich und gewaltsam vernichtet. (Die Aggressoren sind archäologisch nicht nachgewiesen, aber man vermutet, daß es wie die späteren Zerstörer der Zivilisation in Südmexiko barbarische Eindringlinge aus den Wüsten im Norden waren.) In Cholúla erkennt man den Einfluß von Teotihuacán in den frühesten der vier Schichten der Quetzalcoatlpyramide, der höchsten Amerikas; doch die späteren Schichten haben ihren eigenen Stil. Cholúla liegt ziemlich nahe bei Teotihuacán; auch in weiterer Entfernung scheint sein Einfluß um 600 nachgelassen zu haben. Cholúla seinerseits wurde um 800 unterworfen, und die Eroberer waren, wie man weiß, Barbaren aus dem Norden.

Die Maya waren von den Katastrophen, die nacheinander Teotihuacán und Cholúla trafen, nicht direkt berührt. Aber im neunten Jahrhundert verödeten, eine nach der anderen, die »klassischen« Stätten des Mayastammlandes. Der Grund dafür ist unbekannt. Dieser Untergang ist das größte Rätsel in der mittelamerikanischen Geschichte. Während man nachweisen kann, daß Teotihuacán von Menschenhand zerstört wurde, fehlt jedes geschichtliche Indiz, das die Verödung von Tikál, Uaxactún und der zahlreichen anderen prächtigen Kultstätten der »klassischen« Periode im Mayastammland erklären könnte. Zu den auffallendsten Werken der »klassischen« Mayakunst gehören die meisterhaften, wenn auch grausigen Wandmalereien von Bonampák, die zu Anfang des neunten Jahrhunderts entstanden, d.h. kurz vor dem Beginn der Verödung des Mayastammlandes.

Da diese Malereien Grausamkeiten der Sieger gegen Kriegsgefangene darstellen (sie erinnern an die Gepflogenheiten in Assyrien), könnten sie, für sich genommen, den Schluß nahelegen, daß sich die »klassischen« Mayastädte im Stammland selber durch mörderische Bruderkriege zugrunde richteten. Aber die verlassenen Stätten in dieser Region zeigen keine Spuren gewaltsamer Zerstörung, wie sie in San Lorenzo, La Venta, Teotihuacán und Cholúla nachweisbar sind. Die überzeugendste Vermutung (nicht mehr als das) geht dahin, daß die Bauern ihr Vertrauen in die Fähigkeit von Herrschern und Priestern, das Universum in Gang zu halten, verloren hatten – insbesondere den Regengott zu ausreichenden Niederschlägen für eine gute Ernte zu veranlassen. Eine desillusionierte Bauernschaft könnte die Nahrungszufuhr in die Städte eingestellt und die schwere Fronarbeit an den großen Monumenten verweigert haben. Doch falls diese Annahme zuträfe, so würde sie nicht dem Umstand Rechnung tragen, daß die Mayakultur in dem trockenen und steinigen Yucatán eine Renaissance erlebte, wenn auch wahrscheinlich in einer degenerierten und überzüchteten Form.

Wie zu Beginn dieses Kapitels festgestellt wurde, dauerte die Blütezeit der Andengeschichte von etwa 400 bis 1000 an, deckte sich also annähernd mit dem »klassischen« Zeitalter der mittelamerikanischen Kultur. Sie wurde schon in Kapitel 39 skizziert; und wir lassen nun einen kurzen Überblick über die anschließende Tiahuanáco-Huári-Epoche folgen, obwohl es möglich ist, daß diese geschichtlich jüngeren Datums ist und nicht in den zeitlichen Rahmen dieses Kapitels gehört.

Die Tiahuanáco-Huári-Epoche ähnelt der alten Chavinperiode insofern, als sie im Hochland entstand (in diesem Falle in zwei verschiedenen Hochländern) und sich auf andere Gebiete des Hochlandes und Teile der Küstenebene ausdehnte. Weiterhin ist den beiden Kulturen gemeinsam, daß jede durch ein bestimmtes Motiv in der bildenden Kunst identifizierbar ist, das wie das Emblem einer missionarischen Religion erscheint. Es ist jedoch nachgewiesen, daß die Tiahuanácozivilisation dem Küstenland Perus mit Gewalt aufgezwungen wurde, während für die Chavinkultur ein solcher Nachweis fehlt.

Tiahuanáco, südöstlich des Titicacasees gelegen, war offenbar eine Kultstätte ohne eine Stadt. Seine massiven Bauwerke sind großartiger als die des gleichzeitigen Huári und die der Chavinzeit; der Stil scheint sich dort eigenständig im »blühenden« Zeitalter gebildet und erst nach dessen Ende in andere Teile Perus verbreitet zu haben. Wenn dies durch Eroberungen geschah, dann mag es zugleich einer der Gründe für den Untergang des »blühenden« Zeitalters gewesen sein.

49

DER PROPHET UND STAATSMANN MOHAMMED
(570-632)

Der Islam entstand aus dem Zusammentreffen des Genius des Propheten Mohammed mit der geschichtlichen Lage Arabiens zu seiner Zeit. Seit der Domestizierung des Kamels, nahezu zweitausend Jahre vor Mohammed, konnte man die Halbinsel durchqueren und Institutionen und Ideen von dem nördlich angrenzenden »fruchtbaren Halbmond« nach Arabien hineintragen. Die Wirkungen dieser Infiltrationen stauten sich im Laufe der Jahrhunderte, bis die angesammelten geistigen Energien im sechsten Jahrhundert n.Chr. hochexplosiv wurden. Doch sie hätten sich kaum Luft machen können, wenn sich nicht Mohammed zu ihrem Führer gemacht hätte. Umgekehrt wären dessen Ideen, seine Entschlußkraft und Kühnheit zum Scheitern verurteilt gewesen, wäre er zur Welt gekommen, bevor Arabien für ihn reif war.

Die arabische Halbinsel ist ein Subkontinent von der gleichen Größenordnung wie, wenn man so will, die anderen Subkontinente Asiens, Europa und Indien. Aber im Gegensatz zu diesen ist sie unfruchtbar, mit Ausnahme der Hochländer im Südwesten, Jemen und Asir, welche die Monsunwinde aufhalten. Mohammeds Heimatstadt Mekka liegt in mäßiger Höhe im Hochland über der Rotmeerküste Arabiens, gerade noch außerhalb der Reichweite der Monsune. Es ist nicht regenlos und hat eine ständige Quelle; aber die Wasserversorgung reicht für den Ackerbau oder auch nur die Haustierzucht nicht aus. Seit Menschengedenken war dies der einzige Lebensunterhalt für die Bevölkerung des größeren Teils der bewohnbaren drei Viertel Arabiens. Die städtische Gemeinschaft, die sich um die Quelle in Mekka gebildet hatte, mußte vom Handel leben; und ein solcher Handel mußte durch religiöse Maßnahmen gegen die Nomaden geschützt werden, die sonst einen übermäßigen »Zoll« auf die Karawanen der Händler aus der Stadt erhoben hätten.

Seit der Domestizierung des Kamels verband den Jemen eine Landroute mit Palästina und Syrien. Diese Handelsstraße verlief durch Mekka, und nachdem man nahe der Quelle ein Heiligtum (die Kaaba) errichtet hatte, das geachtet und verehrt wurde, zogen die Mekkaner Vorteile daraus und veranstalteten jährlich einen Markt, zu dem nicht nur die Händler kamen, um zu verkaufen, sondern auch die Pilger, um dort zu rasten. Es wurde zu einem Sakrileg erklärt, den Frieden an diesem heiligen Ort zu brechen.

Die Dichte der Bevölkerung in Arabien ist gering, doch im ganzen genommen ist die Bevölkerungszahl dank der Größe der Halbinsel und des gesunden Klimas der Steppe hoch. Die Steppe senkt sich stufenweise vom westlichen Hochland zur Küste des Persischen Golfs und zum Tal des Euphrat. Die Natur war dem Menschen gegenüber geizig, ehe man im zwanzigsten Jahrhundert die Ölquellen entdeckte. Bis dahin litten die Einwohner häufig Hunger, die des Jemen ausgenommen; und dem allmählichen Eindringen der Zivilisation auf den Rücken der Kamele standen wiederholte Bevölkerungsausbrüche gegenüber.

Alle semitischen Sprachen sind in Arabien entstanden und wurden von Völkerwanderungen weitergetragen. Eine semitische Sprache gelangte aus dem Jemen zu einem unbekannten Zeitpunkt in das eritreisch-abessinische Hochland; die akkadische Sprache wanderte in das Euphrat-Tigris-Becken, die kanaanitische nach Palästina und Syrien, die amoritische und die aramäische nach und nach in die beiden Hörner des »fruchtbaren Halbmonds«, ehe arabisch sprechende Semiten den Spuren früherer semitisch sprechender folgten. Im achten Jahrhundert v.Chr. wurde die erste uns überlieferte große Eruption von Arabern von den Assyrern zurückgeschlagen; im zweiten Jahrhundert v.Chr. mußten die Seleukiden einen erneuten arabischen Vorstoß hinnehmen. Die Einwanderer ließen sich in Syrien und Mesopotamien nieder. Die gewaltigen Ausbrüche nach Mohammeds Tod (632) und im elften Jahrhundert überschwemmten den »fruchtbaren Halbmond« und Nordafrika. Heute ist das aus dem Aramäischen abgeleitete Syrische, der unmittelbare Vorläufer des Arabischen im »fruchtbaren Halbmond«, fast ausgestorben; das Koptische, eine Entwicklungsform des Ägyptischen der Pharaonenzeit, existiert in Ägypten nur noch als Sprache der Liturgie; die Berbersprache in Nordwestafrika ist durch den Vormarsch des Arabischen auf winzige Enklaven im Hochland und in der Wüste beschränkt.

An konkurrierenden Gegenbewegungen zum Islam hat es auf der arabischen Halbinsel zu Mohammeds Zeit nicht gefehlt. Ein Dreigestirn von Göttinnen, im zweiten und dritten Jahrhundert in Hatra im nordöstlichen Mesopotamien und in der Oase Palmyra verehrt, fand seinen Weg in das Hedschas, das nordwestarabische Hochland. Dort gewann auch das Judentum, vielleicht von Flüchtlingen aus den römisch-jüdischen Kriegen von 66 bis 70 und von 132 bis 135 eingeführt, Anhänger, desgleichen im Jemen, der im sechsten Jahrhundert in den politischen und ökonomischen Kampf zwischen dem Oströmischen und dem persischen Reich hineingezogen wurde.

In Mohammeds Lebenszeit (um 570 bis 632) fielen die zwei letzten und erschöpfendsten römisch-persischen Kriege von 572 bis 591 und von 604 bis 628. Jedes Reich verpflichtete Araber als Wächter ihrer Grenzmarken und als Söldner. Diese Soldaten brachten ihre Pferde mit – die berühmten Vollblutaraber, die in ihrem Heimatland neben dem Kamel ein Luxus waren und die später die moslemischen Eroberer bis an die Loire, die Wolga und den Jaxartes tragen sollten.

Damals begegneten sich in Mekka die Kulturen der Levante und des Iran. Mohammed lernte die oströmische Kultur kennen. Seine Landsleute, wenn sie nicht den Oströmern und Persern als Söldner dienten, trieben Handel mit ihnen. Auch Mohammed hat in den Friedensjahren von 572 bis 604 Karawanen von Mekka nach Damaskus geführt. Der Handel mit Ostrom muß, nachdem die Perser nacheinander Mesopotamien, Syrien, Palästina und Ägypten erobert hatten, recht gefahrvoll gewesen sein.

Mohammeds erstes religiöses Erlebnis war eine Erscheinung des Erzengels Gabriel, dem weitere Offenbarungen folgten. Er datierte dieses erste Erlebnis auf 610. Anfangs war er sich der Authentizität der Botschaften nicht sicher und zögerte, sie weiterzugeben; doch als sie gebieterischer wurden, glaubte und gehorchte er. Der Kern der Offenbarung war, daß es nur einen wahren Gott gäbe – Allah (nach dem syrischen *Alaha,* dem Wort der dortigen Christen für Gott). Der Monotheismus lag damals in Arabien in der Luft wie im Römischen Reich in dem Jahrhundert, das mit Konstantins Bekehrung 312 endete. Nach der von Mohammed empfangenen Botschaft war Gottes erste und oberste Forderung an den Menschen die Ergebung in seinen Willen (Islam), und zu seinen weiteren Geboten gehörte, daß die Reichen und Mächtigen Mildtätigkeit gegen die Armen und Schwachen üben sollten. Nachdem Mohammed von der Bedeutung seiner Mission überzeugt war, sprach er wie Jesus von sich als von einem Mann, der Gottes Willen verkörpere.

Die Botschaft war in Mekka ebenso unwillkommen, wie sie es in Nazareth gewesen war. Mekka war ein oligarchisch regierter Oasenstaat, dessen Oberschicht wie die Oligarchen von Palmyra im zweiten und dritten Jahrhundert vom Handel lebte. Sie waren geschickte und rücksichtslose Kaufleute, die wußten, daß der Erfolg ihrer Geschäfte von dem Rufe ihres Heiligtums abhing; und sie fürchteten, daß dieses Heiligtum, die Kaaba, die ein Pantheon beherbergte, seinen Ruhm verlieren und daß Mekkas Handel leiden würde, wenn sich der Gedanke des alleinigen Gottes durchsetzte. Sie dürften auch an Mohammeds eigenmächtigem Ton Anstoß genommen haben; er war zwar einer von ihnen, doch gehörte er nicht zur engeren Oberschicht.

Zwölf Jahre lang predigte Mohammed seinen gefährlichen Glauben; eine kleine Zahl von Gläubigen folgte ihm, aber die Konvertiten waren in Mekka so gefährdet, daß er ihnen erlaubte, in dem christlichen Königreich Aksum Zuflucht zu suchen. Das Jahr 622 brachte eine dramatische Wendung zum Besseren: der Oasenstaat Jathrib bot ihm Wohnsitz und die Leitung der Regierungsgeschäfte an. Mohammed übersiedelte mit nur einem Gefährten, Abu Bekr, führte seine Mission glanzvoll aus, und Jathrib, jetzt Medina (»Stadt des Propheten«), wurde die erste Stadt, die sich zu der neuen Religion bekannte.

Mohammeds Stellung als Prophet und gleichzeitig als Politiker war grundverschieden von der Rolle Jesu. Jesus war römischer Untertan, und wenn er ein Rebell geworden wäre, hätte dieser aussichtslose Aufstand gegen die kaiserliche Regierung viele Juden das Leben gekostet. Mohammed hatte die Möglichkeit zu siegen, und er siegte; aber sein Erfolg als Herrscher und Krieger hatte für den Islam die gleiche Wirkung wie Konstantins Bekehrung für das Christentum – die Verknüpfung der Religion mit Krieg und Politik.

Jathrib-Medina, an der Straße von Mekka nach Syrien gelegen, war ein strategisch vorteilhafter Ausgangspunkt für einen Krieg gegen Mekka. Mohammed ließ sogar in den jährlichen Monaten der Waffenruhe Karawanen aus Mekka plündern, bis dieses 630 kapitulierte. Er behandelte seine Heimatstadt glimpflich und machte die Kaaba zu einem mohammedanischen Heiligtum, zum meistbesuchten Wallfahrtsziel des Islams. In seinem Todesjahr 632 war seine Souveränität in ganz Arabien anerkannt. Die politische Unterwerfung der arabischen Stämme war mit der Bekehrung zum Islam verbunden – in den meisten Fällen wie auch in Mekka eine nur oberflächliche Übernahme. Mohammeds Kriege zwischen 622 und 632 waren Scharmützel, verglichen mit dem gleichzeitigen römisch-persischen Krieg, doch die gemeinsame Wirkung des großen Krieges im Norden und der Kleinkriege in Arabien war folgenschwer.

Beutezüge und Plünderungen gehörten zu den Mitteln, mit denen Mohammed sein Staatswesen finanzierte und zusammenhielt. Die ersten Opfer waren die Bürger von Mekka gewesen, aber die Plünderung der jüdischen Niederlassungen in Medina und später in Khaibar war noch lukrativer.

Mohammed wußte, daß die Juden und die Christen ein »Volk der Bücher« waren, das heißt, daß sie Schriften hatten, die Berichte und Gebote enthielten, in denen – wie sie glaubten (und Mohammed bezweifelte das nicht) – Gott sich offenbarte. Er seinerseits glaubte, daß der ihm diktierte Koran Gottes letzte und endgültige Offenbarung sei, unmittelbar an die Araber gerichtet und daher in arabischer Sprache gehalten. Da der Monotheismus ebenso wie in den jüdischen Schriften und in den Evangelien der erste Grundsatz des Korans war, war es verständlich, daß Mohammed von den arabischen Familien in Jathrib-Medina, die zum Judentum übergetreten waren, Verständnis und Unterstützung erwartete. Es war jedoch naiv zu hoffen, daß diese Juden ihre Religion zugunsten des Islams aufgeben würden, denn Mohammed hatte nicht übersehen können, daß die Juden sich schon hartnäckig geweigert hatten, das Christentum anzunehmen.

Die Juden in Medina folgten also nicht wie die dortigen Heiden Mohammeds Ruf, Moslems zu werden. Sie benahmen sich überdies unnötig und unbedacht taktlos, als sie darauf hinwiesen, daß der Koran gegenüber ihrem Lehr- und Gesetzbuch, der Thora, zahlreiche Fehler enthielte. Es waren grobe, doch harmlose Fehler. Aber für Mohammed waren die Vorwürfe verwundend und schädigend. Seine Rache war wild und maßlos, sie stand in keinem Verhältnis zu der jüdischen Kränkung. Die Juden in Medina waren eine Minderheit und reich; und Mohammed gab der moslemischen Mehrheit der Stadt freie Hand, die Juden auszuplündern und aus ihren Häusern zu vertreiben – die letzten Opfer durften nicht einmal mehr ohne Habe davonziehen. Sie wurden nicht nur ausgeraubt, die Männer wurden ermordet und die Frauen und Kinder als Sklaven verkauft.

So gehörten Raub, Krieg und Meuchelmord zu den Mitteln, mit denen

Mohammed seinen Sieg für den Islam erfocht. Die gleichen Verbrechen wurden auch von Christen und weniger häufig von Buddhisten begangen, und in den jüdischen Schriften werden sie Moses und Josua zugeschrieben. Aber zumindest haben die Begründer von Buddhismus und Christentum ihren Anhängern nicht solche üblen Beispiele gegeben.

50

DIE EXPANSION DES ISLAMISCHEN STAATES VON 633 BIS 750

Als Mohammed starb, schien es zweifelhaft, ob der Islam oder der islamische Staat überleben würden. Der Schluß, den die Araber wie Mohammed aus seinem Erfolg zogen, war der gleiche, zu dem Konstantin nach seinem Siege im Jahre 312 gekommen war: Der Gott, der einem Menschen, der ihm anhing, solchen Erfolg gab, hatte deutlich gezeigt, daß kein anderer Gott es mit ihm an Macht aufnehmen könne. In der Alten Welt westlich von Indien gab es im siebenten Jahrhundert keine Atheisten, so wie es im vierten Jahrhundert keine gegeben hatte, wenn auch vielleicht wenig Gläubige, die eine mehr als rohe Vorstellung vom Wesen und Verhalten Gottes oder der Götter hatten. Mohammeds Anhänger und Untertanen waren davon überzeugt, daß sein Gott Allah allmächtig war, doch sie ärgerten sich über die ihnen vom Islam auferlegten Pflichten – wie Gebet und die Abgabe von Almosen (was einer Besteuerung gleichkam). In Arabien gab es außerhalb Mekkas und Medinas als Reaktion auf die Nachricht von Mohammeds Tod eine weitverbreitete Revolte unter der Führung von Stammespropheten und -prophetinnen, die behaupteten, Allahs Gunst für ihr eigenes Volk gewonnen zu haben.

Der Aufstand wurde von den vereinten Streitkräften Mekkas und Medinas niedergeschlagen. Die Mediner kämpften darum, ihrer Stadt die Vormachtstellung als Hauptstadt des Reiches zu bewahren, weil sie die »Stadt des Propheten« geworden war; die Mekkaner kämpften um die Erhaltung ihres wirtschaftlich so ergiebigen Wallfahrtszieles, der Kaaba, die Mohammed zum Heiligtum des Islams gemacht hatte. Aber es wäre ihnen auch gemeinsam nicht gelungen, das übrige Arabien zu bändigen, wenn nicht des toten Propheten Nachfolger Abu Bekr, der erste Kalif (Kalif = Nachfolger), den Rebellen eine andere reizvolle Alternative gewiesen hätte: Er forderte die Insurgenten auf, ihre Waffen unter der Leitung des islamischen Staates gegen die zwei Reiche zu kehren, die im Norden an Arabien grenzten. Ostrom und Persien, erschöpft durch ihren aufreibenden Krieg von 604 bis 628, würden für die vereinten Streitkräfte ganz Arabiens eine leichte Beute sein und waren, obwohl in den Augen ihrer Untertanen wirtschaftlich ruiniert, noch immer ein lohnender Preis für die Araber. Abu Bekr folgte damit dem Beispiel Mohammeds – er warb um Loyalität und bot dafür Aussicht auf reiche Beute, worauf die in Armut lebenden Araber einen unersättlichen Appetit hatten.

Diese Kombination von religiöser Überzeugung und Beutelust führte zu dem gewünschten Erfolg: Die Schnelligkeit und das Ausmaß der islamischen Eroberungen waren erstaunlich. Bis 641 hatten die arabischen Moslems dem Oströmischen Reich Syrien, Mesopotamien, Palästina und Ägypten entrissen, dem persischen Reich schon 637 den Irak und 651 Iran bis zur Stadt Merw in Turkmenistan. Damit war das Reich der Sassaniden erloschen. 653 kapitulierten Armenien und Georgien zu günstigen Bedingungen; zwischen 647 und 698 eroberten die Araber das bisher zu Ostrom gehörende Nordwestafrika; und von 710 bis 712 vernichteten sie das Königreich der Westgoten und drangen über Spanien bis in den Südwesten des Frankenreiches vor. Gleichzeitig besetzten sie im Osten das Land Sind (Westpakistan) und den Pandschab bis zur Stadt Multan.

Die Eroberung von Tocharistan (dem heutigen afghanischen Usbekistan), des persischen Anteils an dem erloschenen Hephthalitenreich, in den Jahren von 661 bis 671 war strategisch besonders wichtig: es verschaffte dem islamischen Staat die Kontrolle über die Landroute zwischen Indien und China durch das Oxus-Jaxartes-Becken. Von 739 bis 741 gelang den Arabern nach einigen Fehlschlägen die Unterwerfung von Transoxanien, des türkischen Erbes der Hephthaliten.

An vier anderen Fronten jedoch stießen die Araber auf Hindernisse, die sie nicht überwinden konnten. Es gelang ihnen nicht, über Syrien hinaus in Kleinasien vorzudringen; sie mußten im Taurusgebirge haltmachen. Der fünfte Kalif, Muawija I. (661-680), erkannte, daß die Araber, wenn sie Kleinasien erobern und das Oströmische Reich vernichten wollten, Konstantinopel besetzen und dazu erst den Oströmern die Herrschaft über das Mittelmeer entreißen mußten. Er ließ eine Flotte bauen und belagerte von 674 bis 678 Konstantinopel zu Wasser und zu Lande. Aber diese Belagerung wurde den Arabern zum Verhängnis. Die oströmische Flotte war von einem geflüchteten Syrer mit »griechischem Feuer« und den dazugehörigen Flammenwerfern ausgerüstet worden. Auch eine zweite Belagerung Konstantinopels 717/718 war ein Fehlschlag. Im fränkischen Reich wurden die Araber 732 von Karl Martell bei Poitiers besiegt und zurückgeworfen, ehe sie die Loire erreichen konnten; und 737/738 mißlang ihnen die Unterwerfung des Chasarenreiches zwischen der unteren Wolga und dem unteren Don.

Die Taktik der Araber bei ihren schnellen und weitreichenden Eroberungen war eine ähnliche wie die der Wandalen und Alexanders des Großen: sie griffen jeweils ein Land an, das militärisch schwach geworden, dessen Verkehrswege jedoch zum Vorteil der Invasoren intakt geblieben waren. Die arabischen Eroberungen setzten der griechischen Vorherrschaft in der Levante, die fast tausend Jahre angedauert hatte, ein Ende. Das Verhalten der Untertanen ihrer Gegner kam den Arabern zugute; weder die monophysitischen Christen im Oströmischen noch die Nestorianer im sassanidischen Perserreich empfanden Loyalität ihren Herren gegenüber oder bedauerten auch nur den Wechsel der Herrschaft. Und die zoroastrischen Iraner kümmerten sich nicht um die Kämpfe, um ihre Unabhängigkeit zu bewahren, obwohl ihr Glaube die persische Nationalreligion war. In Nordwestafrika fraternisierten die Berber mit den arabischen Eroberern der dortigen oströmischen Besitzungen; sie waren die Hauptstütze der Donatisten, die sich noch immer nicht mit Rom versöhnt hatten.

In Kleinasien hingegen, wo das Volk dem Oströmischen Reich und der kalchedonischen Form des Christentums treu ergeben blieb, stießen die Araber auf hartnäckigen Widerstand. Das gleiche trifft – wenn auch nur vorübergehend – auf Transoxanien zu, dessen Einwohner Mahajanabuddhisten waren. (Schon Alexander hatte ihre Widerstandskraft zu spüren bekommen.) In Chorassan und Tocharistan (früher Parthia und Baktrien) machten die ansässigen Iraner mit den Arabern gemeinsame Sache, so wie sich früher in Baktrien ihre Vorfahren mit den Griechen verbunden hatten, nachdem das achämenidische Perserreich von Alexander unterworfen worden war.

Die arabischen Eroberungen wurden ferner durch die Direktive im Koran erleichtert, daß die »Völker der Bücher« zu dulden und zu schützen seien, wenn sie sich der islamischen Regierung unterwarfen und einwilligten, eine Sondersteuer zu zahlen. Dieses Zugeständnis, zuerst von den Juden und Christen gemacht, wurde auf die Zoroastrier und schließlich auch auf die Hindus ausgedehnt. Die Araber beließen die Erhebung der Steuern in den Händen eingeborener Beamter. In den früheren sassanidischen Besitzungen waren dies die *Dehkans*, Angehörige des Landadels; sie führten ihre Bücher in Griechisch oder Pehlewi, bis Kalif Abd-al-Malik (685-705) die arabische Sprache zwangsweise einführte. In Ägypten machte sein Nachfolger Walid I. dem amtlichen Gebrauch des Koptischen ein Ende, das dort neben dem Griechischen in Gebrauch gewesen war. Aber die einheimischen Steuerbeamten, obwohl gezwungen, in arabischer Sprache zu verkehren, blieben im Amt und wurden nicht durch Araber ersetzt.

Die Kontakte zwischen den Einwohnern der eroberten Territorien und den dort stationierten arabischen Garnisonen waren anfangs gering, und die Verbreitung des Islams hinkte weit hinter der Ausdehnung des arabischen Reiches her. In Arabien war der Islam obligatorisch; in den unterworfenen Ländern wurde die Bekehrung der neuen Untertanen nicht nur nicht erzwungen, sondern geradezu verhindert. Die moslemischen Araber waren nicht missionarisch gesinnt; ihre Einstellung zu ihrer Religion ähnelte der jener arianischen Christen in den germanischen Nachfolgestaaten des Weströmischen Reiches: sie trugen ihren Glauben wie ein nationales Banner, das sie von ihren christlichen oder zoroastrischen Untertanen abhob. Für diese war die Bekehrung zum Islam mit finanziellen und beruflichen Vorteilen verbunden; aber gerade deshalb versuchte das arabische Schatzamt, sie zu verhindern oder wenigstens die damit verbundenen Steuervorteile zu annullieren. Im Bürgerkrieg von 747 bis 750, in dem die Kalifendynastie der Omaijaden durch die Abbasiden ersetzt wurde, machten die Konvertiten ihren Anspruch auf Gleichberechtigung mit den Moslems, die Araber von Geburt waren, gewaltsam geltend.

6. Der Aufstieg des Islams

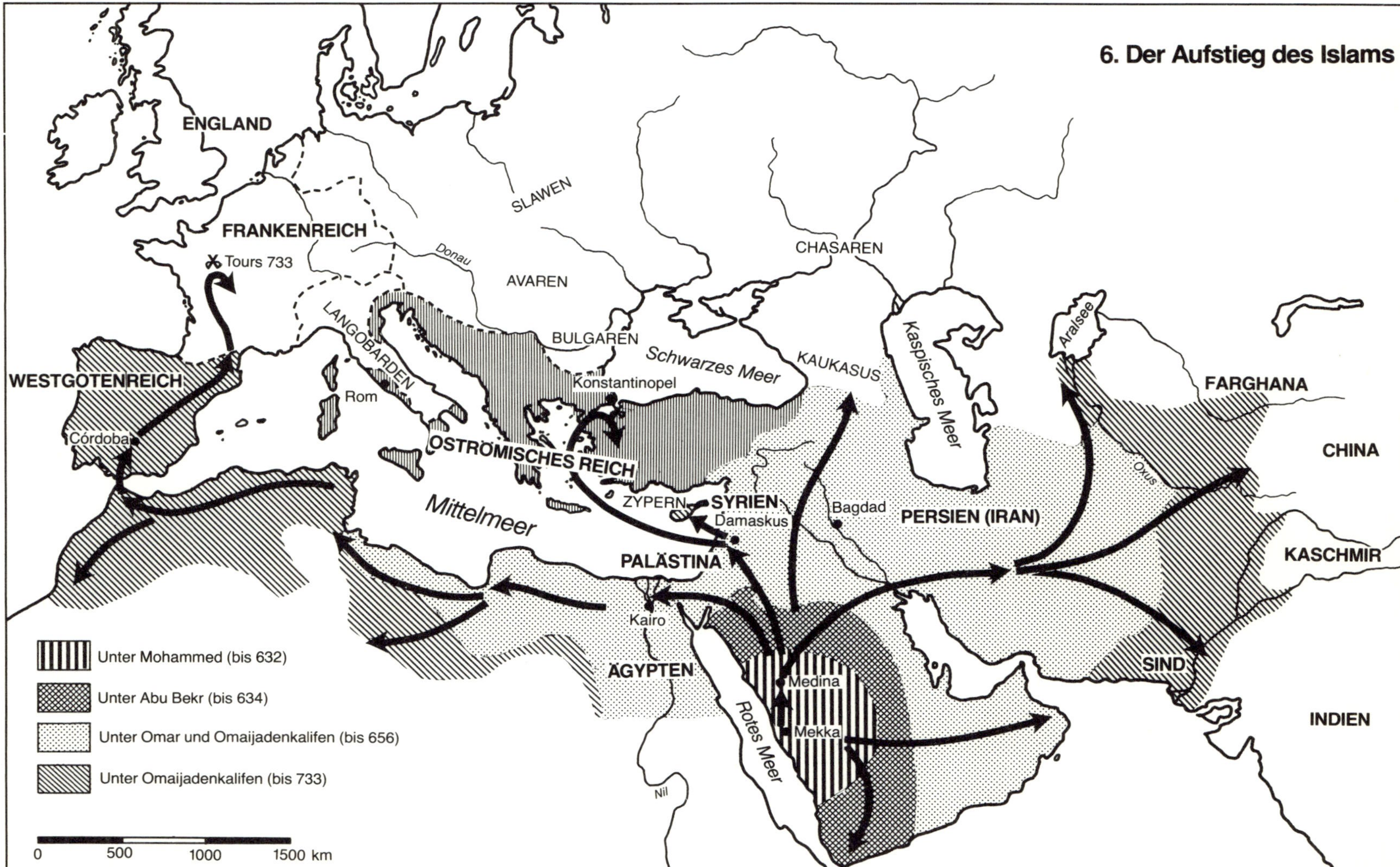

Der Anlaß des Dynastienwechsels war ein Streit über die Nachfolge Mohammeds in seiner Eigenschaft als Führer des islamischen Staates gewesen. Er selber hatte keinen Sohn hinterlassen und keinen Nachfolger bestimmt. Sein Vetter und Schwiegersohn Ali behauptete, der rechtmäßige Nachfolger zu sein, weil er und seine Gattin, Mohammeds Tochter Fatima, dessen nächste Verwandte seien. Hätte Ali seinen Anspruch durchgesetzt, dann wäre das Kalifat zum Privileg von Mohammeds Familie geworden. Die Staatsführung übernahm jedoch zunächst ein Gremium, das Ali dreimal überging; und als er endlich gewählt wurde, erwies er sich als unfähig. Nach seiner Ermordung im Jahre 661 bemächtigte sich Muawija I., der Sohn eines erbitterten Feindes des Propheten, des Erbes Mohammeds.

Muawija begründete die Dynastie der Omaijaden, die von 601 bis 750 in Damaskus und von 756 bis 1031 in Spanien regierte. Aber sie genoß nie die ungeteilte Anerkennung aller Moslems, weil die Strenggläubigen sie als zu weltlich, die nichtarabischen Moslems als zu arabisch empfanden.

So brach in der politischen Struktur des Islamstaates schon unmittelbar nach Mohammeds Tod eine Kluft auf, die sich nie wieder ganz schloß. Die begeisterten Kämpfer der Anti-Omaijaden-Revolution von 747 bis 750 waren Anhänger Alis und seiner Erben; doch sie wurden enttäuscht wie Ali in seinem kurzen und glücklosen Kalifat (von 656 bis 661). Abu'l-Abbas, der »Schlächter«, der 749 den letzten syrischen Omaijadenkalifen Merwan II. ablöste und die Abbasidendynastie begründete, war wiederum ein Mitglied der Familie Alis und dessen Vetters, des Propheten Mohammed; aber er stammte nicht von Ali ab, sondern von seinem und Mohammeds Onkel Abbas, einem Mekkaner, der sich erst spät zum Islam bekehrt hatte.

51

DIE ERNEUERUNG DES OSTRÖMISCHEN REICHES VON 628 BIS 726

Als die moslemischen Araber das Oströmische Reich und das Perserreich gleichzeitig angriffen, lösten sie zwei sehr verschiedene Reaktionen aus. Das Oströmische Reich widerstand und überlebte, wenn auch verstümmelt, das persische unterlag und zerbrach. Aber Persien und Ostrom erneuerten sich beide auf verschiedene Weise durch ihre gemeinsame Erfahrung.

Die von den Arabern unterworfenen Zoroastrier waren schneller als die Christen bereit, den Islam anzunehmen. Im Iran wurden sie auf eine kleine Minderheit in wenigen Enklaven reduziert; lebendiger blieb der Zoroastrismus in einer Diaspora von Flüchtlingen, den Parsen, in Westindien. Im Pehlewi (der mittelpersischen Sprache) wurden die Wörter im syrischen Alphabet geschrieben, jedoch als Ideogramme für die entsprechenden Wörter gebraucht. Diese schwerfällige Art, die persische Sprache zu schreiben, war auf die Liturgie und die Schriften des Zoroastrismus beschränkt. Die zum Islam übergetretenen Perser jedoch schrieben ihre Sprache in der arabischen Schrift, übernahmen viele arabische Wörter und schufen schließlich eine neupersische Sprache für die Dichtung und die Verwaltung.

Das Oströmische Reich behauptete sich in Kleinasien nordwestlich des Taurus, mit einem Brückenkopf am Bosporus. Zypern war nach der erfolglosen Belagerung Konstantinopels durch die Araber von 674 bis 678 neutralisiert worden; doch die anderen Mittelmeerinseln von Kreta bis zu den Balearen blieben in oströmischen Händen, ebenso die Inseln in der Lagune von Venedig und eine Kette von Brückenköpfen auf dem Festland von Thessalonike (Saloniki) bis Ravenna und Rom.

Das Griechische hatte die lokalen Sprachen in Kleinasien Ende des sechsten Jahrhunderts völlig verdrängt. Die früher lateinisch sprechende Bevölkerung des Oströmischen Reiches zwischen dem Hämus- (Balkan-) Gebirge und der unteren Donau war zuerst durch Aushebungen für die oströmische Armee dezimiert und dann von transdanubischen Barbaren unterjocht worden. Diese Invasionen hatten im dritten Jahrhundert begonnen und kulminierten im siebenten Jahrhundert in der dauernden Okkupation der ganzen Balkanhalbinsel durch slawische Siedler, die auch den größeren Teil des Peloponnes besetzten. Im Norden wurden die überlebenden lateinisch sprechenden Einwohner auf eine Diaspora von Hirten, die Walachen, reduziert, die Zuflucht in den Bergen gefunden hatten.

Die slawischen Siedler verschleppten viele oströmische Bürger, aber sie waren keine militärische Bedrohung für das Reich selbst. Die Mauern von

Konstantinopel, Thessalonike und anderen Hafenstädten hielten die bäuerlichen und politisch ungeeinten Slawen in Schach. Diese bildeten zahlreiche, von Ostrom abhängige kleine »Sklavinias«, die Ostrom jederzeit bändigen konnte, wenn es genügend Soldaten zur Verfügung hatte. Die Lage änderte sich zum Nachteil des Reiches, als 680/681 eine kriegerische Horde türkisch sprechender Bulgaren (ehemaliger Hunnen), von früheren Angehörigen des türkischen Steppenreiches der Chasaren westwärts getrieben, sich in der Ecke zwischen der unteren Donau und dem Schwarzen Meer niederließ. Diese Bulgaren waren als eurasische Nomaden geschickte Hirten nicht nur von Tier-, sondern auch von Menschenherden; sie unterjochten die am nächsten gelegenen »Sklavinias« im Innern des Balkans, die hilflos jeder Invasion ausgeliefert waren.

Ein Ergebnis dieser Völkerverschiebungen und Souveränitätsveränderungen war, daß Griechisch die Nationalsprache des Oströmischen Reiches wurde: das »moderne« Griechisch als Sprache des Alltags, die attische Koine als Sprache der Verwaltung und der Liturgie der kalchedonischen (orthodoxen oder katholischen) christlichen Kirche mit Ausnahme der wenigen Reststücke lateinisch sprechender Länder. Rom war vom zweiten Jahrhundert v.Chr. bis zum dritten Jahrhundert n.Chr. wie Konstantinopel in den ersten zwei Jahrhunderten nach seiner Gründung 330 zweisprachig gewesen. Doch im sechsten Jahrhundert wurde dort nur noch Griechisch gesprochen. Das byzantinische und das westliche Christentum bekannten sich zur gleichen Lehre, aber es entstand eine Sprachbarriere zwischen ihnen.

Die Hellenisierung Ostroms wurde durch die Arbeit der Kirchenlehrer im vierten Jahrhundert gefördert. Der heilige Basilius von Cäsarea, sein Bruder Gregor von Nyssa und ihr Freund Gregor von Nazianz waren die kappadokischen »großen Drei«, Söhne wohlhabender Familien der Oberklasse in einem abgelegenen Teil Kleinasiens, wo im vierten Jahrhundert wahrscheinlich noch eine nichtgriechische Stammessprache im täglichen Leben gesprochen wurde. Basilius und Gregor studierten an der Universität Athen und lernten dort den späteren Kaiser Julian kennen, der wie sie in Kleinasien aufgewachsen war. Die drei Kirchenlehrer schrieben umfangreiche Bücher im neuattischen Griechisch des zweiten Jahrhunderts, die sich spätere griechische Autoren zum Vorbild für weltliche wie geistliche Schriften nahmen. Die Bewunderung und Nachahmung der Werke der Kappadokier behinderte die Verbreitung des »modernen« Griechisch als Literatursprache, obwohl es im siebenten Jahrhundert schon die Umgangssprache der griechisch sprechenden Welt geworden war.

Die arabische Eroberung von 633 bis 641 trennte Syrien vom Oströmischen Reich; doch nach der allmählichen Bekehrung der Levantevölker zum Christentum beeinflußte die syrische Kultur die griechische. Die griechisch sprechenden Christen fühlten sich den syrisch sprechenden nicht überlegen; sie hatten viel kulturell Wertvolles von ihnen empfangen, bevor der christologische Streit Griechen und Syrer zu entzweien begann. Der Schöpfer des byzantinischen Stils der Kirchenmusik und Hymnendichtung, der zum Gemeinbesitz der östlichen Kirche wurde, war ein syrisch-jüdischer Konvertit namens Romanos (um 480 bis 550). Er schrieb seine Texte in der toten attischen Koine, aber seine Metren und Melodien waren syrisch, und für die griechische Dichtung und Musik war dies neu und befruchtend.

Das klein gewordene Ostrom war griechisch sprechend geworden, doch es empfing neue Vitalität von bedeutenden Nichtgriechen. Kaiser Heraklios (610-641) hatte einen armenischen Vater, der Statthalter der nordwestafrikanischen Besitzungen Ostroms gewesen war; und nach den Überfällen der Araber auf die kaiserlichen Länder südlich des Taurus füllten armenische wie syrische Flüchtlinge die dezimierte Bevölkerung des Reiches auf. Sie lebten lieber als kalchedonische Christen unter oströmischer Herrschaft denn als Monophysiten unter den Moslems.

Der syrische Techniker, der das »griechische Feuer« erfand und damit das Oströmische Reich rettete, wurde schon erwähnt. Leo III. (717-741) war ebenfalls syrischer Abstammung und begründete eine syrische kaiserliche Dynastie; er verteidigte Konstantinopel während der zweiten arabischen Belagerung.

Das siebente Jahrhundert war für Ostrom eine Zeit fast pausenloser Gefährdungen. Der Aufstand von 602 und die Ermordung des Kaisers Mauricius stürzten das Reich in Anarchie. 604 schickten sich die Perser an, in die asiatischen Provinzen einzudringen, während die slawische Völkerwanderung vom Nordufer der unteren Donau das ganze Innere der Balkanhalbinsel überschwemmte. Das Reich begann gerade, sich von dem letzten und schwersten Perserkrieg von 604 bis 628 zu erholen, als die Araber ihren großen Angriff führten, der in der Belagerung Konstantinopels von 674 bis 678 gipfelte; und als diese Gefahr abgewendet war, setzten sich die Bulgaren am Südufer der Donau fest.

Paradoxerweise schuf die mit Kriegen und Unruhen verbundene Abnahme der Bevölkerung des Oströmischen Reiches die Grundlage für eine wirtschaftliche Erholung, die sich so ähnlich abspielte wie in Nordchina im fünften Jahrhundert. Die Bauern verteidigten jetzt ihren Besitz gegen die Großgrundbesitzer und die Steuereinnehmer. Aus dem Text eines gegen Ende des siebenten Jahrhunderts erlassenen Gesetzes geht hervor, daß die Bauern Ödland kultivierten und Wassermühlen betrieben. Wir können daraus schließen, daß die Besteuerung mäßig war, um die Bauern zu ermutigen, die Fläche des bebauten Landes zu erweitern, und daß zu diesem Zeitpunkt die Großgrundbesitzer im Oströmischen Reich nicht mächtig genug waren, sich alles brachliegende Land anzueignen. Zweifellos sind dort wie in China die großen Güter nicht verschwunden; aber zumindest wurde deren Expansion auf Kosten der kleinen bäuerlichen Besitztümer Einhalt geboten.

In Nordchina war im sechsten Jahrhundert die Bauernschaft bewaffnet und gedrillt worden, um als Miliz zu dienen; in Ostrom wurde gegen Ende des siebenten Jahrhunderts eine bäuerliche Miliz die Hauptstütze der kaiserlichen Armee. Sie war in vier Armeekorps organisiert, und deren Namen zeigen, daß es die Truppenteile waren, die man vor dem Überfall der Araber am oberen Euphrat und an der unteren Donau stationiert hatte, um den Kern des Reiches zu schützen. Die an der Peripherie liegenden Territorien mußten sich selber verteidigen. Die Konzentration von Streitkräften in Kleinasien dürfte der erste Schritt dazu gewesen sein, diese Region neu zu bevölkern. Jeder Korpskommandant war zugleich der Zivilverwalter seines Bezirks. Die Provinzen des Römischen Reiches unter Diokletian und Konstantin existierten nur noch dem Namen nach auf den kirchlichen Landkarten. Die Armeekorps und die dazugehörigen Kommando- und Verwaltungsbezirke hießen »Themata«.

Seit 642 wurde Kleinasien von arabischen Überfällen heimgesucht, aber dieser Zustand der Unsicherheit war ein Vorteil für die bewaffnete Bauernschaft. Der Bauer konnte sein Land verteidigen; die Araber hielten die Steuereinnehmer fern und machten die großen Güter für die Reichen unattraktiv. Für den oströmischen Bauern waren die Araber das kleinere Übel. In Kleinasien wie in China ging die Erneuerung der Gesellschaft so lange weiter, wie die Bauernschaft imstande war, ihren Besitz zu halten.

52

DIE CHRISTENHEIT IM WESTEN VON 634 BIS 756

Das hervorstechende Merkmal der westlichen Christenheit in den Jahren von 634 bis 756 war die fortschreitende Verlagerung ihres geographischen Schwerpunkts in nordwestlicher Richtung. Diese Tendenz war auf der politischen Ebene schon im Aufbau des Frankenreiches zum Ausdruck gekommen und auf der geistlichen Ebene in der Bekehrung seines Königs Chlodwig zum Christentum in seiner nicäanischen und kalchedonischen Form sowie in den territorialen Erwerbungen des römischen Bistums in Britannien. In den hundert Jahren von der Mitte des siebenten bis zur Mitte des achten Jahrhunderts zeigte das fränkische Königreich neue Vitalität unter dem Einfluß der Karolinger (auch Arnulfinger genannt nach ihrem Ahnherrn Arnulf von Metz, um 582 bis 641), die als Hausmeier (Majordomus) wirkten, ein Amt, das sich vom Vorstand der königlichen Hausverwaltung zum Leiter der Staatsverwaltung entwickelt hatte. In die gleichen Jahre fällt die Befestigung und geographische Ausweitung der päpstlichen Autorität auf den britischen Inseln und auch auf dem nordwesteuropäischen Festland durch die Tätigkeit englischer Missionare. Auch der Schwerpunkt des Ackerbaus (hier wie überall in jener Zeit die Hauptform der wirtschaftlichen Tätigkeit) verschob sich von den Küsten des westlichen Mittelmeeres nordwärts.

Das Klima im Mittelmeerraum ist nicht besonders günstig für den Ackerbau, einige besonders fruchtbare Streifen wie die Schwemmtäler des Nils, des Tigris und des Euphrat oder die nördlichen Hinterlande des Mittelmeers und des Schwarzen Meers ausgenommen. Karthagische und nach ihnen römische Agronomen hatten auf einer hohen Kultivationsstufe aus dem landwirtschaftlichen Potential der Region den größtmöglichen Nutzen gezogen, eine Arbeit, die von arabischen Eroberern keineswegs zunichte gemacht wurde. Andererseits war in den leichter erreichbaren Teilen der Wälder von Baumeistern, Schiffbauern und den Holzlieferanten für die Bäder Raubbau getrieben worden; und diese Kahlschläge hatten nicht nur eine Holzknappheit in der Region bewirkt, sondern auch die Verkarstung und Erosion von Bergen und Hügeln und eine bedenkliche Reduzierung der für Ackerbau und Viehzucht nutzbaren Flächen. Nordeuropa jedoch besaß noch weite Waldgebiete, und Klima und Physiographie dort boten Schutz gegen die Versteppung.

Die Besetzung der Poebene und der transalpinen Länder durch das Römische Reich hatte der griechisch-römischen Welt ertragreiche schwere Böden im Norden eingebracht; und vor dem Zusammenbruch des Weströmischen Reiches begann man, Ackerbautechniken zu entwickeln, um diese Flächen zu kultivieren. Das begann mit der Erfindung eines Pfluges, der kräftiger und wirksamer war als die Pflüge, die für die Bearbeitung leichter Böden genügt hatten. Die Entwicklung war jedoch noch nicht weit genug gediehen, um den Ackerbau in Nordeuropa einträglicher zu machen als im Mittelmeerraum, dessen Weizenfelder, Weinberge und Ölbaumgärten ja gerade der Anreiz dafür gewesen waren, daß die Barbaren aus dem Norden Spanien und Nordwestafrika überfluteten, nachdem sie die römischen Grenzen am Rhein durchbrochen hatten. Ohne Zweifel hätten sie auch von den weit besser bewässerten Ländereien Ägyptens und des Irak Besitz ergriffen, wenn es ihnen möglich gewesen wäre.

Im siebenten Jahrhundert war Gallien südlich der Loire so attraktiv geworden, daß in den aufeinanderfolgenden Teilungen des Frankenreiches durch die Angehörigen des Merowingerhauses jeder ein Stück des Südens zu seinem Anteil im Norden verlangte, der nach wie vor der Schwerpunkt der fränkischen Macht war. Zur gleichen Zeit wurde die von den Römern begonnene Kultivierung Nordgalliens und Südost- und Mittelbritanniens von den germanisch sprechenden barbarischen Nachfolgern Roms fortgesetzt. Noch waren daraus keine spektakulären Ergebnisse erwachsen, aber die Entwicklung war bedeutsam, weil in weitestem Ausmaß neuer Boden gewonnen wurde, der hohe Produktivität versprach.

Der Schwerpunkt des geistlichen Bereichs und die Einflußsphäre von Moral und Politik des Heiligen Stuhles in Rom rückten ebenfalls nach Nordwesten vor. Die arabische Eroberung Nordwestafrikas, des größten Teils der Iberischen Halbinsel und der Mittelmeerküste Galliens zwischen den Pyrenäen und der Rhonemündung beraubten den Papst nicht seiner Gerichtsbarkeit über seine kirchlichen Untertanen in diesen Ländern. Aber unter dem Regime des Islams verlor das Christentum in Nordwestafrika – wie der Zoroastrismus in Iran – durch Übertritte zum Islam mehr und schneller Anhänger, als es im früheren Westgotenreich oder im »fruchtbaren Halbmond« der Levante der Fall gewesen war.

Einen weiteren Schlag mußte der Heilige Stuhl hinnehmen, als die oströmische Regierung 732/733 die »Zehenspitze« Italiens, Sizilien und Ostillyrien, zu dem auch Thessalonike, die Kykladen und Kreta gehörten, der Gerichtsbarkeit des Bischofs von Konstantinopel unterstellte und dem päpstlichen Schatzamt zugunsten des kaiserlichen die Einkünfte aus den Gütern in Sizilien entzog, die bisher Patrimonium des Papstes gewesen waren. Vom oströmischen Standpunkt aus entschädigte diese Bestrafung allerdings nicht für die Ohnmacht der Regierung, die Päpste Gregor II. und Gregor III. zu bestrafen, so wie sie Papst Martin I. verhaftet und verbannt hatte. Gregor II. (715-731) hatte dem Kaiser Leo III. Trotz geboten, indem er zusätzliche Steuern für die Kosten der Verteidigung Konstantinopels gegen die Araber verweigerte und sich dem Verbot der Bildverehrung in den Kirchen widersetzte. Er und sein Nachfolger Gregor III. exkommunizierten den Patriarchen, den Leo in Konstantinopel eingesetzt hatte. Die beiden Päpste hatten zwar ihre kirchliche und politische Unabhängigkeit demonstriert, aber die ökonomischen Kosten dafür waren hoch.

Bevor er im Südosten Territorium verlor, hatte der Heilige Stuhl im Nordwesten Zuwachs erhalten. Das Königreich Northumbria, der nördlichste der englischen Nachfolgestaaten des Römischen Reiches, war 634 durch irische Missionare der römischen Kirche abspenstig gemacht, doch dreißig Jahre später von Rom zurückgewonnen worden. Diesem Siege des Heiligen Stuhles in England folgte im Laufe des achten Jahrhunderts die Unterwerfung der keltischen Kirchen in Schottland, Wales, Irland und der Bretagne. Ein griechischer Mönch, Theodor von Tarsus, 669 vom Papst zum Erzbischof von Canterbury ernannt, reorganisierte die katholische Kirche in England. Im siebenten Jahrhundert hatte das benediktinische Mönchstum dort Wurzeln geschlagen. Im letzten Jahrzehnt des Jahrhunderts wurde der Mönch Willibrord aus Northumbria der »Apostel der Friesen« und der erste Bischof von Utrecht. 716 folgte ihm Winfried-Bonifatius, der anschließend als Missionar in Thüringen, Hessen und Bayern tätig war; und 731 veröffentlichte der Benediktiner Beda seine berühmte »Kirchengeschichte der Angeln«. Willibrord und Bonifatius wirkten unter der Ägide der karolingischen Hausmeier des merowingisch-fränkischen Reiches; der letztere reformierte von 741 bis 747 die fränkische Kirche nach römischem Vorbild. Aber Karlmann, der Hausmeier des ostfränkischen Reiches, und seine Nachfolger trugen wie die oströmischen Kaiser Sorge, das letzte Wort in der Verwaltung der christlichen Kirche in ihrem Reich zu behalten.

Die fränkischen Könige und der Papst sahen jedoch ein, daß sie einander brauchten. Die Karolinger waren Herrscher des Frankenreiches *de facto* seit 687; sie wollten es nun auch *de jure* werden. 751 oder 752 ließ sich Pippin III. (der »Kurze«), nachdem er Rat und Zustimmung des Papstes eingeholt und den letzten Merowinger abgesetzt hatte, von den Franken zum König wählen und von Bonifatius salben – ein von den Israeliten übernommener, im Alten Testament überlieferter Ritus.

Inzwischen hatten die Langobarden Ravenna eingenommen, den wichtigsten Brückenkopf der Oströmer in Italien, den diese nicht zurückerobern konnten, weil sie ihre Truppen für die Verteidigung gegen die Araber und die Bulgaren brauchten. Ganz ersichtlich stand es auch in der Macht der Langobarden, Rom zu nehmen, wenn der Heilige Stuhl nicht anderswo die militärische Unterstützung finden würde, die Konstantinopel nicht mehr geben konnte. Bisher hatte er es vermieden, politisch andere Wege zu gehen als Ostrom. Nun aber zog Papst Stephan II. (III.) über die Alpen und bat Pippin, in Italien einzugreifen. Dieser schlug die Langobarden und hinderte sie nicht nur, Rom einzunehmen, sondern zwang sie auch, das Territorium um Ravenna wieder herauszugeben, das er jedoch nicht dem oströmischen Kaiser Konstantin V. zurückerstattete, sondern dem Papst überließ.

53

OSTASIEN VON 589 BIS 763

Mehr als anderthalb Jahrhunderte, von 589 an, erfreute sich China einer Epoche der Einheit, der Kraft und des Wohlstandes, die im auffallenden Gegensatz steht zu der vorangegangenen Zeit der Uneinigkeit und Zerstükkelung seit dem Zusammenbruch des östlichen Hanregimes im Jahre 185. Nord- und Südchina waren nun zum erstenmal seit der Barbareninvasion im Norden 304 wieder vereint; Kaiser Wu-ti führte das System der Besetzung der Staatsämter durch die Prüfung in den klassischen Schriften des Konfuzianismus wieder ein. Das neu geeinte China dehnte sich jetzt über die alten Grenzen hinaus aus.

Grund dieser Erfolge war eine Maßnahme des Weikaisers Hiao Wen-ti, die jedem Bauern ein eigenes Stück Land verschaffte. Seine Nachfolger hatten diese epochale Reform mit der Schaffung einer Bauernmiliz ergänzt, ein militärisches Instrument, mit dem der Begründer der Suidynastie, Wen-ti, Südchina zurückeroberte und erneut mit dem Norden verband. Der zweite Kaiser der T'angdynastie, T'ai Tsung (626-649), unternahm mit dieser Miliz seine Feldzüge nach Zentralasien. Die Wei und ihre Nachfolger im Norden hatten nicht gewagt, die Besitztümer der Gutsherren einzuschränken, das taten erst die Sui nach 589; aber weder sie noch die ihnen folgenden T'ang gingen so weit, die großen Güter ganz zu enteignen. So wurden wahrscheinlich die Ziele dieser Landreform in der Praxis nie vollkommen erreicht. Es wird berichtet, daß in den frühen Tagen der T'angdynastie annähernd vier Fünftel der kaiserlichen Einkünfte aus den der Bauernschaft auferlegten Steuern bestanden. Und offenbar sind die Mißgeschicke des Reiches in der Mitte des achten Jahrhunderts darauf zurückzuführen, daß es die kaiserliche Regierung in der ersten Hälfte des Jahrhunderts versäumt hatte, die Landreform fortzusetzen.

Diese Unterlassung hatte verschiedene Gründe. Der eine war die Vermehrung der Bauernschaft als Folge der Wiederherstellung von Gesetz und Ordnung im Jahre 628. Obwohl die Erschließung des Südens und die Abwanderung aus dem Norden dorthin andauerte, konnte die Landverteilung mit dem Bevölkerungswachstum nicht Schritt halten. Ein zweiter Grund war die Wiederaufnahme des alten Bestallungssystems für den Staatsdienst durch die Suidynastie. Die neue Generation der konfuzianisch geschulten Beamten benahm sich wie ihre Vorgänger der Handynastie in und nach der Regierungszeit Wu-tis: Wieder zogen die Staatsdiener Vorteil aus ihren Stellungen, um sich Grund und Boden anzueignen. Dies reduzierte den

Umfang des verfügbaren Landes, das an die Bauern verteilt werden sollte, und führte zu einem Konflikt zwischen der wiedererstandenen Kaste der Konfuzianer, die sich jetzt überwiegend im Süden und Osten niederließen, und den älteren und größeren Grundherren im Nordwesten. Diese stammten meist aus Ehen von Nachkommen der beamteten Gutsbesitzer des Hanzeitalters mit Abkömmlingen der Barbaren, die Anfang des vierten Jahrhunderts vom Norden eingedrungen waren. Der T'angkaiser Hsüan Tsing (712-756) kämpfte vergeblich gegen diese unglückliche Entwicklung an; in der Mitte des achten Jahrhunderts zeichnete sich der Niedergang des Reiches ab.

Die Suidynastie, die China 589 einte, war fast so kurzlebig wie die Tsch'indynastie, nachdem es dieser 221 v.Chr. gelungen war, China zum erstenmal zu vereinen. Ihre größten Leistungen bestanden in Kanalbauten, die jedoch äußerst unbeliebt waren, weil sie an die Arbeitskraft des Volkes große und fast unerträgliche Anforderungen stellten. Diese Belastung führte zu einer zwölf Jahre dauernden Revolution, die China in den Zustand von Bürgerkrieg und Anarchie versetzte und die Suidynastie 628 den Thron kostete. Die Sui schufen den Großen Kanal, der bei Hang-tschou an der Ostküste begann und den Jangtsekiang mit dem Huangho bei Lojang verband. Ein zweiter Kanal führte nach Norden und war hauptsächlich dazu bestimmt, Truppen und Lebensmittel an den Kriegsschauplatz in Nordkorea zu transportieren. Der Kanalbau im großen Stil war unerläßlich, um Südchina fest mit Nordchina zu verbinden. Die großen chinesischen Flüsse fließen alle von Westen nach Osten, so daß für den Verkehr von Süden nach Norden künstliche Wasserstraßen unerläßlich waren.

Trotz der nördlichen Abzweigung des Großen Kanals gelang es dem Suikaiser Yang-ti nicht, Kokuryo, das nördlichste der drei koreanischen Königreiche, zu erobern. Die Nachfolgedynastie der Sui, die T'ang, unterwarfen 660 den Staat Päktsche und 668 Kokuryo mit Hilfe des Staates Silla; doch Silla vertrieb die chinesischen Truppen aus Korea und brachte die ganze Halbinsel unter seine Herrschaft. Das vereinte Korea erkannte die chinesische Oberhoheit nur noch nominell an. Andererseits gab die politische Einigung Koreas der Sinifizierung und dem Fortschreiten des Buddhismus frische Impulse.

Der Wiedervereinigung Chinas war der erneute Zusammenschluß der eurasischen Hirtenvölker vorausgegangen. 552 errichteten die Türkvölker (T'u-chüeh) ein Steppenreich in der Größenordnung des Reiches, das im zweiten Jahrhundert v.Chr. von den Hiungnu (Hunnen) geschaffen worden war (beide Stämme sprachen türkische Dialekte). Dieses Reich zerbrach schon 581; der T'angkaiser T'ai Tsung eroberte 630 den östlichen Teil, und sieben Jahre darauf wurden die Westtürkvölker von den Chinesen mit Hilfe der Uiguren, eines ebenfalls türkisch sprechenden Nomadenvolkes, aufgerieben. Zu diesem Zeitpunkt jedoch erwuchs den Chinesen in den Tibetanern ein neuer Gegner.

In dem seit Beginn des siebenten Jahrhunderts geeinten Tibet war, wie schon erwähnt, die chinesische Kultur weniger einflußreich als die indische. Jetzt machte Tibet China die Herrschaft über das Tarimbecken streitig, und von 661 bis 671 besetzten die Araber Tocharistan. So wurde der chinesischen Expansion nach Indien und Südwestasien abermals Einhalt geboten; doch sie hatte, wenn sie auch kurzlebig gewesen war, erneut die Tür für das Eindringen kultureller Einflüsse aus dem Westen nach China geöffnet. Der Kontakt der chinesischen Buddhisten mit den indischen war nie unterbrochen gewesen. Der Zoroastrismus hatte um 525 in China Fuß gefaßt. Man weiß von einem nestorianisch-christlichen Missionar, der um 635 in Tschangan wirkte; und ein Manichäer scheint vor dem Ende des siebenten Jahrhunderts nach China gekommen zu sein. Chosraus I. Eroberung Tocharistans in der Mitte des sechsten Jahrhunderts muß die Ausbreitung der drei Hauptreligionen des sassanidischen Perserreiches erleichtert haben; und das Eindringen der Araber in Persien hat zweifellos eine Flüchtlingswelle in östlicher Richtung ausgelöst.

Die Sui- und T'angkaiser waren Buddhisten, tolerierten aber andere Religionen fremden Ursprungs. Die Wiederaufnahme des Studiums der Schriften des Konfuzius als theoretische Grundlage für den Staatsdienst schuf jedoch allmählich eine konfuzianische Reaktion auf die ausländischen Religionen, den Buddhismus einbegriffen.

Inzwischen war in der ersten T'angzeit Tschangan zur kosmopolitischsten Stadt der Alten Welt geworden, es übertraf sogar Konstantinopel. Aber die bildende Kunst und die Dichtung der frühen T'angzeit sind ausgeprägt chinesisch. Terrakottafiguren geben einen lebendigen Eindruck vom Alltagsleben; die Dichter Li-tai-po (701-762) und Tu Fu (712-770) waren Zeitgenossen des glücklosen Kaisers Hsüan Tsing. Die T'angkultur wurde nicht nur in Korea bewundert und nachgeahmt, sondern auch in dem entfernteren Japan. Das japanische Kaiserreich hatte seit dem fünften Jahrhundert wiederholt Botschafter nach China gesandt. 646 führte es zumindest auf dem Papier ein Verwaltungssystem einschließlich einer Landreform ein, die eine Imitation der chinesischen war. Und 710 wurde die Stadt Nara nach dem Muster der chinesischen Stadt Tschangan angelegt.

Die japanischen und koreanischen Nachahmungen zeugen von Chinas hoher Kultur; aber im achten Jahrhundert wurde das Reich der Mitte von einer Reihe von Rückschlägen getroffen. 751 besiegten die Araber die Chinesen am Fluß Talas im heutigen sowjetischen Zentralasien nördlich von Farghana, und dies war das Ende der militärischen Aktivität und des politischen Einflusses Chinas westlich des Tarimbeckens. Im selben Jahr schlug der Thaistaat Nantschau, in der heutigen chinesischen Provinz Jünnan gelegen, einen Angriff der Chinesen zurück. Die Thai hatten wie die Koreaner und Japaner die chinesischen Einrichtungen kopiert, und das setzte sie imstande, sich sogar gegen ein vereintes China zu behaupten und schließlich sogar zum Gegenangriff überzugehen. Das war bedeutungsvoll, denn bisher hatten sich die barbarischen Völker südlich des Jangtsekiang leicht erobern und assimilieren lassen. 755 führte An Lu-schan, ein General sogdianisch-türkischer Abstammung, einen Aufstand an, der erst nach acht Jahren niedergeschlagen werden konnte. Die Wirkung war verheerend: Nach amtlichen Schätzungen betrug die Bevölkerungszahl Chinas 764 nur noch ein Drittel der von 754.

54

DIE ISLAMISCHE WELT VON 750 BIS 945

Der Umsturz von 750 veränderte den Charakter des islamischen Staates. Von 633 bis 750 war er von einer moslemisch-arabischen Oberschicht beherrscht worden, die über viele nichtmoslemische Untertanen und eine kleine, aber wachsende Zahl nichtarabischer zum Islam Bekehrter gebot. Jetzt lag die Macht zwar wiederum in den Händen einer kleinen moslemischen Minderheit, doch gehörten ihr nunmehr Moslems jeder Nationalität an. Die islamische Glaubensgemeinschaft (Umma) war weltoffen und weltumfassend geworden. Das Ende des arabischen Führungsmonopols wurde 813 bestätigt, als Ma'mun, der Sohn des fünften abbasidischen Kalifen Harun al-Raschid, sich die politische Vorherrschaft in der islamischen Glaubensgemeinschaft erkämpfte.

Die Beendigung der Gleichsetzung der islamischen Gemeinschaft mit der arabischen Nation wurde durch die Verwandlung der Regierung in eine Autokratie des sassanidisch-persischen Typs erkauft. Die Araber waren anarchisch gesinnt, nicht nur die nomadisch lebenden, sondern auch die seßhaften in den Oasen des Mutterlandes und in den Siedlungen in den eroberten Ländern. Der griechische Chronist Theophanes, der um 810 bis 813 schrieb, nennt den Führer des islamischen Staates »Präsident des Rates« – eine genaue Beschreibung des Status der ersten vier Kalifen. Auch die ihnen nachfolgenden Omaijaden waren ihren arabischen Landsleuten gegenüber keine Autokraten; ihre politische und militärische Macht war auf das Einverständnis ihrer Untertanen angewiesen. Die Araber, parteisüchtig und leicht verletzbar, mußten von dem Omaijaden Muawija I. und seinen Nachfolgern bei guter Laune gehalten werden. Erst die Abbasiden waren nach dem Ende des arabischen Übergewichts von dieser Beschränkung ihrer Autorität befreit. Die nichtarabischen Moslems erhielten nun die Gleichberechtigung mit den Arabern. Aber sie waren gefügigere Untertanen als die freiheitsliebenden Araber.

Die arabische Sprache behielt ihren Vorrang. Sie blieb auch unter den Abbasiden die Verwaltungssprache des islamischen Staates wie die Sprache der arabischen Dichtung, die jetzt auch von nichtgebürtigen Arabern geschrieben werden durfte. M'amun, Kalif von 813 bis 833, stützte sich politisch und militärisch auf Iraner, aber er förderte die Übersetzung griechischer philosophischer und naturwissenschaftlicher Werke ins Arabische, zum Teil direkt aus dem Griechischen, zum Teil aus schon bestehenden syrischen Versionen. Die nichtarabischen Beamten mußten beide Landessprachen beherrschen. Aus ihnen gingen im neunten Jahrhundert die meisten Übersetzer hervor.

Die Flut der Übersetzungen zeigt an, daß es schon ein geistig lebendiges arabisches Lesepublikum gab. Das Kulturzentrum war Bagdad, 762 als Hauptstadt des abbasidischen Kalifats gegründet, am linken Ufer des Tigris nahe Ktesiphon gelegen, der ehemaligen Hauptresidenz der Parther- und Sassanidenkönige, eine kosmopolitische Stadt, wie es Tschangan in China gewesen war. Die Verfeinerung der arabischen Sprache qualifizierte sie zur kulturellen »lingua franca« der ganzen islamischen Welt vom Jaxartes bis zum Atlantischen Ozean.

Sie verdrängte allmählich auch als Umgangssprache andere Sprachen und Dialekte mit Ausnahme des Persischen. Die Perser behielten ihre alte Sprache, aber sie schrieben sie mit arabischen Buchstaben und bereicherten ihren Wortschatz durch arabische Lehnwörter. Dieses Mittelpersisch (Parsi) wurde der Träger einer großen Literatur. Leichter war es für das Arabische, seine semitische Schwestersprache, das Syrische, zu ersetzen, die Muttersprache der Bauern rund um den »fruchtbaren Halbmond« zur Zeit der arabischen Eroberung. Es verdrängte auch allmählich das Koptische in Ägypten und sehr schnell die Berberdialekte in Nordwestafrika. Die kulturell rückständigen Berber nahmen mit dem Islam auch bereitwillig die arabische Sprache an. Die Bauern im »fruchtbaren Halbmond« und im Ägypten dieser Zeit blieben hingegen dem Christentum treu, und auch das Arabische konnte sich dort nicht so rasch verbreiten.

Der geistige Gärungsprozeß in der islamischen Gesellschaft des neunten Jahrhunderts wurde vorangetrieben von der Notwendigkeit, den Islam mit Institutionen und Regeln zu versehen, die die anderen Religionen des Reiches seit langem besaßen. Der Islam brauchte ein theologisches und rechtliches System, der Oberschicht eines Reiches angemessen, das zahlreiche alte Kulturen umschloß. Von dem Ehrgeiz, die Araber zu einem »Volk der Bücher« zu machen, war ja schon Mohammed erfüllt gewesen.

Das islamische Recht hatte sich auf Mohammeds *dicta* zu gründen, aber das überlieferte Material war unzulänglich. Der Koran bestand aus geistlichen Ermahnungen und Belehrungen, gemischt mit improvisierten gesetzlichen Bestimmungen, die der Prophet in seiner Eigenschaft als politischer Führer der islamischen Gemeinschaft in Medina erlassen hatte. Die juristischen Bestandteile mußten herausgelesen und mit Aussprüchen Mohammeds ergänzt werden; und diese meist nur mündlich überlieferten Aussprüche mußten verifiziert und die verbleibenden Lücken durch Analogien und Rückgriffe auf örtliche Sitten ausgefüllt werden, die in ehemals römischen Besitzungen häufig provinzielle Versionen des römischen Rechts waren. Zwischen 750 und 900 wurden vier Schulen des islamischen Rechts gegründet. Für die orthodoxen Sunniten (die Anhänger der »Sunna«, des Herkommens, des »gebahnten Weges«) waren im Gegensatz zu den Schiiten (die sich auf Mohammeds Vetter Ali als seinen alleinigen legitimen Nachfolger beriefen) alle vier gültig.

Die islamische Theologie war von der christlichen beeinflußt, weil diese die ältere war und weil der Glaube an den alleinigen und einzigen Gott in beiden Religionen ähnliche Probleme aufwarf. Die Frage nach dem »Geschaffensein« oder der Ewigkeit des Korans war das Gegenstück zu der arianischen Auffassung der Beziehungen zwischen der ersten und zweiten Person der christlichen Dreieinigkeit. Die offenen theologischen Fragen wurden für die Moslems wie für die Juden von einem Rat von Rechtsgelehrten entschieden. Die Kenntnis von griechischen Werken in arabischer Übersetzung regte einige moslemische Denker dazu an, die griechische Philosophie mit dem Islam zu verbinden, wie Alkindi aus Basra (um 800 bis nach 870) und Alfaradi aus Bagdad (um 870 bis um 950).

Der Umsturz von 750 war das Ende der islamischen Expansion und zugleich der Beginn seiner Uneinigkeit. Bedenkt man die chronische Neigung der Araber zu Bürgerkriegen und inneren Auseinandersetzungen, so ist es erstaunlich, daß sie es nicht nur fertiggebracht hatten, ihre gewaltigen Eroberungen zu machen, sondern sie auch zu halten und bis zum Fall der Omaijaden sogar noch zu erweitern. Ihre Nachfolger, die Abbasiden, konnten das islamische Reich nicht zusammenhalten. 756 gewann Abd ar-Rahman I., ein nach Spanien geflüchteter Omaijade, die Ergebenheit der Sunniten auf der Iberischen Halbinsel und machte sich zum Emir von Córdoba. Zwischen 757 und 786 wurden drei Charidschitenstaaten in Nordwestafrika gegründet. (Die Charidschiten hatten sich von Ali getrennt, weil er Muawijas Anspruch auf das Kalifat nachgegeben hatte.) 788 entstand ein alidisches Fürstentum Nordmarokko; und in Ifrikija (Tunesien) wurde die sunnitische Aghlabidendynastie, dort seit 800 ansässig, 909 von den schiitischen Fatimiden gestürzt.

Für die Abbasiden waren allerdings politische und religiöse Abspaltungen in ihren iranischen Ländern schwerwiegender, denn in den persischen Provinzen lag die Hauptstütze ihrer Macht. Die Iraner waren vom Zoroastrismus, der Staatskirche der Sassaniden, nicht befriedigt gewesen und hatten sich dem Manichäismus und seiner Zweiglehre Masdakismus zugewandt. Auch vom Islam waren sie nur schwer zu gewinnen, wenn auch leichter als ihre christlichen Mitbürger. Abu Muslim aus dem Hause Ali, dessen Werk der Sturz der Omaijadendynastie gewesen war, hatte Hoffnungen erweckt, daß es im Iran nunmehr ein kongeniales schiitisch-moslemisches oder vielleicht sogar masdakitisches oder zoroastrisches Regime geben würde. Als jedoch 749 die Abbasiden sich des Kalifats bemächtigten und 754 der zweite abbasidische Kalif Almansor den Mann, dem seine Dynastie den Thron verdankte, Abu Muslim, hinrichten ließ, kochte der Volkszorn im Iran in einer Reihe von Revolten über, und zahlreiche nichtislamische Religionen und unorthodoxe Formen des Islams breiteten sich im Iran und auch im Irak aus.

Von der Regierung des Kalifen Mu'taßim an (833-842) waren die Abbasiden die Marionetten ihrer türkischen Leibgarde, Nachkommen jener Chorassanen im Iran, die ursprünglich die Abbasiden an die Macht gebracht hatten. (Obwohl das türkische Steppenreich gespalten und schließlich aufgelöst worden war, hatten die Türken überlebt, und zahlreiche Stämme besetzten weiterhin den größeren Teil der eurasischen Steppe.) Die Besetzung Bagdads 945 durch die Bujiden (sie hatten sich zumindest nominell zum sunnitischen Islam bekehrt) zeigte, daß die Herrschaft der Abbasiden über die Gemeinschaft der sunnitischen Moslems nur noch eine Fiktion war, eine Fiktion, die bereits 929 unhaltbar geworden war, als sich Abd ar-Rahman III., der Emir von Cordoba aus dem spanischen Zweig der Omaijaden, den Kalifentitel zulegte. So war schon der sunnitische Islam unter zwei Herrschern gespalten, ganz zu schweigen von den zahlreichen politisch unabhängigen Abweichlern vom orthodoxen Islam.

Von 750 bis 945 wurden Siege für den Islam mit einer bemerkenswerten Ausnahme nur von westlichen moslemischen Regierungen oder abenteuerlichen Einzelgängern erfochten. Der Omaijadenstaat auf der Iberischen Halbinsel hatte 803 nicht nur die letzten Stützpunkte nördlich der Pyrenäen, sondern auch Katalonien verloren. Aber 826 oder 827 entrissen aus Spanien vertriebene Insurgenten dem Oströmischen Reich Kreta, und anschließend eroberten die Aghlabiden aus Nordafrika ganz Sizilien mit Ausnahme eines dem Oströmischen Reich verbliebenen Stützpunktes. Der Zerfall des Reiches Karls des Großen im neunten Jahrhundert ermöglichte den sizilianischen und spanischen Moslems Seeangriffe auf Italien. Es gelang ihnen sogar, die Alpenpässe zu besetzen und über Apulien und Dalmatien Verbindung mit Bulgarien aufzunehmen. Es wäre ihnen fast gelungen, Italien von dem transalpinen Teil der westlichen Christenheit zu isolieren, hätte nicht von 868 bis 876 das Oströmische Reich eingegriffen.

Der einzige historisch bedeutende Sieg der Abbasiden war unmittelbar nach ihrer Machtergreifung der über die Chinesen bei Samarkand im Jahre 751, mit dem die Ausbreitung des Islams in Mittelasien begann. Unter dem Kalifen Al-Muktadir (908-932) wurden die Wolgabulgaren bekehrt, 960 die Türken, die sich in der Steppenregion nördlich von Farghana niedergelassen hatten, aus der die Chinesen vertrieben worden waren, nachdem schon ihre Nachbarn in Transoxanien unter der selbständigen Samanidendynastie Moslems geworden waren. Die moslemischen Türken drangen ins Tarimbecken vor und brachten den Islam mit. So gewann, während der Islamstaat auseinanderfiel, der Islam selbst neue Anhänger über die Grenzen hinaus, die das einige Reich auf der Höhe seiner Macht gehabt hatte.

55

DIE BYZANTINISCHE ZIVILISATION VON 726 BIS 927/928

Nachdem das Oströmische Reich die arabischen Angriffe und Belagerungen überstanden hatte, war es geschrumpft, klein, verglichen mit seinem Nachbarn im Süden, dem islamischen Reich, und auch mit dem fränkischen Reich im Nordwesten, das Charlemagne (Karl der Große, 768-814) aufgebaut hatte. Diese Situation gebot Vorsicht; und in den Jahren von 719 bis 925 beschränkte sich die oströmische Politik vorwiegend auf zwei Ziele: die Bewahrung der Länder, die es besaß, und die Eingliederung von so vielen »Sklawinias« auf der Balkanhalbinsel, wie sie vor den Übergriffen der Bulgaren schützen konnten. Die Kriege mit Bulgarien waren die schwerste militärische Belastung in dieser Zeitspanne. Nach der Eroberung Kretas durch die Moslems versuchte Ostrom wiederholt, die Insel zurückzugewinnen, denn die Moslems beherrschten von dort aus das Ägäische Meer – es war ein auf das Herz des Reiches gerichteter Dolch. Die oströmische Regierung bekämpfte auch hartnäckig, doch ohne Erfolg die allmähliche Besetzung Siziliens durch die nordafrikanischen Moslems; nur auf dem süditalienischen Festland gelang es Kaiser Basilios I., ihnen in den Jahren von 868 bis 876 Apulien zu entreißen.

Das war keine Abkehr von der Defensivpolitik Ostroms. Nach dem Verlust Siziliens brauchte Ostrom eine andere Pufferzone, damit sich die Moslems aus Nordafrika und Sizilien nicht über die Adria hinweg mit den Bulgaren vereinen konnten. In Kleinasien beschränkte sich die Abwehrpolitik auf Grenzkriege mit den Arabern. Gewichtiger waren die Kämpfe mit den Bulgaren. Kaiser Konstantin V. gelang es auch in einem einundzwanzigjährigen Krieg (von 755 bis 775) nicht, Bulgarien zu unterwerfen. Dieser Kraftprobe folgte im neunten Jahrhundert ein ständiger Kleinkrieg mit wechselndem Erfolg um die Herrschaft über die »Sklawinias«.

Von 726 bis 843 war das Oströmische Reich durch einen inneren Konflikt, den sogenannten »Bilderstreit«, gelähmt. Die Zurschaustellung und Verehrung von Bildern in den christlichen Kirchen war eine Zuwiderhandlung gegen das zweite der zehn Gebote, die das Christentum vom Judentum übernommen hatte, ein Brauch, der den Juden und Moslems bequeme Angriffsflächen gegen die Christen bot. Aber er war ein wichtiger Bestandteil der christlichen Kirche von Anfang an, ohne den sie schwer Anhänger bei den Nichtjuden gefunden hätte.

Kalif Jesid II. (720-724) soll in seinen Ländern die Zerstörung von Bildern in christlichen Kirchen und auf öffentlichen Plätzen befohlen haben; doch weiß man nicht, ob diese Anordnung im Zusammenhang steht mit dem Erlaß des Kaisers Leo III. aus dem Jahre 726, der den religiösen Bilderdienst verbot und dem von den Päpsten in Rom energisch widersprochen wurde – und dem Heiligen Stuhl unterstanden damals die Christen auf Kreta und den Kykladen und in den christlichen Enklaven auf dem griechischen Festland. Die Antwort Ostroms auf diesen Widerspruch bestand darin, das es 732/733 alle griechisch sprechenden Christen, die bisher zum Bistum Rom gehörten, dem Bistum Konstantinopel unterstellte. Aber auch die Christen des römischen Bistums standen nicht einmütig hinter dem Papst. 787 errangen die Bilderverehrer einen vorübergehenden Sieg auf dem 7. Konzil von Nicäa, dessen Beschlüsse zwar vom Papst gebilligt, doch von einem Bischofskonzil des Karolingerreiches in Frankfurt 794 verurteilt wurden. 843 endete der Streit mit einem für die Bilderverehrer günstigen Kompromiß: Es wurde vereinbart, dreidimensionale Wiedergaben weiterhin zu verbieten, zweidimensionale Bilder jedoch zu gestatten – nicht als Objekte der Verehrung, sondern als Symbole der menschlichen, engelhaften oder göttlichen Personen, die sie darstellten. Logischerweise hätte der Patriarch von Konstantinopel schon 787 und spätestens 843 die transferierten geistlichen Territorien wieder dem Papst unterstellen müssen, denn die Ursache des Bruches war beseitigt. Aber es geschah nichts.

Der Beendigung des Streites innerhalb der katholischen Kirche folgte eine kulturelle Renaissance, deren treibende Kraft Photios war, Patriarch von Konstantinopel von 858 bis 867 und von 877 bis 886. Der Einflußbereich der byzantinischen (oströmischen) Kultur wurde durch die Tätigkeit der beiden »Slawenapostel« aus Thessalonike (Saloniki), der Brüder Konstantios-Kyrill und Methodios, beträchtlich erweitert. Die erste Mission des Konstantios galt den Chasaren, türkisch sprechenden ehemaligen Untertanen des erloschenen Steppenreiches der Türkvölker, die am Westende der eurasischen Steppe das zivilisierteste Reich geschaffen hatten, das in dieser Region seit dem Zusammenbruch des skythischen Reiches im dritten Jahrhundert v.Chr. bestanden hatte. Die Chasaren waren alte Verbündete des Oströmischen Reiches gegen die Perser und die Araber. 860 – in dem Jahr, in dem Konstantios sie besuchte – war den Alliierten ein neuer gemeinsamer Feind in den Schweden erwachsen: Eine schwedische Piratenflotte, die aus Rußland kam, hätte um ein Haar Konstantinopel eingenommen. Aber des Konstantios erste Mission blieb erfolglos – die chasarischen Herrscher, die Chakanen, waren schon zu tief mit dem Judentum verbunden, einer Religion, der sie sich zuwandten, um den politischen Verwicklungen zu entgehen, in die sie hineingezogen worden wären, wenn sie sich der Staatsreligion des Oströmischen Reiches oder der des islamischen Kalifats angeschlossen hätten. 863 jedoch gingen die beiden Missionare auf Einladung des Landesfürsten nach Großmähren (heute etwa Tschechoslowakei und Ungarn) und brachten ein neues Alphabet mit, die »Glagoliza«, die Konstantios für die Sprache der slawischen Siedler im Hinterland von Thessalonike erfunden hatte.

Großmähren gehörte zur Domäne des Heiligen Stuhls in Rom, und die Arbeit der Brüder wurde auch vom Papst gebilligt, nicht aber von der fränkischen Kirche, die es als einen Versuch Ostroms ansah, in ihren Jagdgründen zu wildern. Zwar befand sich das Reich der Franken zu diesem Zeitpunkt schon in der Auflösung, doch nicht die fränkische Kirche, die jetzt wie schon 794 in Frankfurt ihre eigene Politik betrieb, die mit der des Heiligen Stuhls nicht übereinstimmte. So gelang es ihr 885, den Aufbau einer großmährischen Nationalkirche in enger Anlehnung an Ostrom zu verhindern. In dieses Jahr fiel der Tod des Methodios (Konstantios war bereits 869 gestorben), und die überlebenden Geistlichen mußten flüchten. Einige gelangten nach Bulgarien, wo sie ein neues Missionsfeld fanden, das sich als fruchtbarer erwies.

Zur gleichen Zeit hatte der arabische Druck auf die oströmischen Grenzen in Kleinasien nachgelassen. 864 bekehrte sich Bulgarien zum östlichen orthodoxen Christentum; und 870 erkannte der bulgarische Khan Boris-Michael die Oberhoheit des Bistums Konstantinopel an, die ihm für die Unabhängigkeit seines Landes günstiger erschien als die des Bistums Rom. Nachdem Bulgarien die aus Großmähren geflüchteten slawischen Geistlichen aufgenommen hatte, konnte dort eine Nationalkirche ohne fremde lateinisch oder griechisch sprechende Geistliche entstehen.

Die südwestliche Expansion Bulgariens hatte die Zahl der bulgarisch sprechenden Bevölkerung unter der Herrschaft der ursprünglich türkisch sprechenden Gründer des bulgarischen Staates vermehrt. Jetzt wurde das Slawische zur Nationalsprache; nach 885 erfand man eine neue Schrift (fälschlich nach Konstantios-Kyrill, dem Missionar, die »kyrillische« genannt), die einfacher war als die »Glagoliza«. Der slawische Dialekt des Hinterlandes von Thessalonike wurde zur liturgischen Sprache nicht nur der Bulgaren, sondern aller in der Folgezeit zum östlichen Christentum bekehrten Slawen und auch einiger römisch-christlicher Slawen in Dalmatien.

Das *Annus mirabilis* 863, der Wendepunkt in den oströmisch-arabischen Kriegen und das Jahr, in dem die beiden Slawenapostel nach Großmähren gingen, erlebte auch die Wiederherstellung der Universität Konstantinopel. Der Sohn und Nachfolger des Khans Boris-Michael von Bulgarien, Simeon, wurde in Konstantinopel erzogen und nahm die byzantinisch-griechische Kultur in sich auf. Als 913 ein Kind die Kaiserkrone erbte, Konstantin VII. Porphyrogenitos, plante Simeon, das Oströmische Reich und Bulgarien zu vereinen und gemeinsam zu beherrschen. Der Admiral der oströmischen Flotte, Romanos Lekapenos, schlug ihn jedoch zurück, und es gelang Simeon nicht, seine Pläne mit Waffengewalt durchzusetzen. Kleinasien blieb außerhalb seiner Reichweite, und Konstantinopel konnte er nicht erobern.

Nach Simeons Tod knüpfte der neue Kaiser Romanos I. Lekapenos freundschaftliche Beziehungen zu dessen Sohn Peter an. Er gestand ihm den Zarentitel zu, erkannte seinen Erzbischof als Patriarchen an und gab ihm seine Enkelin Maria zur Frau. 926 unternahm er den lange hinausgeschobenen Gegenangriff gegen die Moslems. Der ungewöhnlich kalte Winter 927/928 störte das Gleichgewicht der Kräfte zwischen der Bauernschaft, dem Großgrundbesitz und der kaiserlichen Regierung. Für die byzantinische Welt waren die Jahre von 926 bis 929 ebenso folgenschwer wie die von 860 bis 864.

56

DIE CHRISTENHEIT IM WESTEN VON 756 BIS 911

Im Jahre 756 sah die Zukunft des Frankenreiches unter karolingischer Herrschaft verheißungsvoll aus. Pippin III. war als legitimer König in der Nachfolge der Merowinger anerkannt; er war siegreich in die Lombardei eingezogen und hatte ihrem König seine Friedensbedingungen auferlegt. Im selben Jahr 756 waren die arabischen Besitzungen in Spanien, bislang ein Teil des großen islamischen Reiches vom Oxus-Jaxartes-Becken bis zum Atlantischen Ozean, ein selbständiges Fürstentum unter den exilierten Omaijaden geworden. Als nach dem frühen Tod von Pippins unmittelbaren Nachfolgern Karl der Große 771 Alleinherrscher wurde, hatte er freie Hand.

Er fügte die Lombardei seinem Reich hinzu und nahm den Doppeltitel des Königs der Franken und der Lombarden an. Als »Patrizier der Römer« sicherte er sich auch *de facto* die früheren oströmischen Besitzungen in Italien, die bisher offiziell dem Papst zugesprochen gewesen waren. Dazu gehörten auch der Brückenkopf Ravenna und der »Ducatus Romanus«.

Die Norditaliener erkannten die Zusammengehörigkeit ihres Landes mit dem Frankenreich an. Die Lombarden waren »Vettern« der Franken und hatten die gleiche Religion, seit sie im siebenten Jahrhundert den Arianismus mit dem römischen Katholizismus vertauscht hatten. Einen weitaus aktiveren Widerstand leisteten im Norden die noch heidnischen Sachsen, obwohl auch sie gleichen Stammes mit den Franken waren. Karl der Große brauchte zweiunddreißig Jahre (von 772 bis 804), um sie zu unterwerfen. Der Krieg verlief ähnlich dem Kriege Justinians I. mit den Ostgoten: Einem trügerisch schnellen und leichten Anfangssieg folgten heftige Gegenstöße, die dem Sieger gewaltige Verluste bereiteten. 778, in dem Jahr des ersten Gegenschlages der Sachsen, hatte Karl vorschnell eine zweite Front in Spanien errichtet. Als er sich von dort zurückzog, um seine Truppen nach Germanien zu werfen, wurde seine Nachhut unter dem Ritter Roland von den Basken vernichtet. In mehreren Feldzügen zwischen 791 und 805 unterwarf Karl die Awaren an der Theiß und Donau, wobei ihn die Bulgaren unterstützten. Diese Kämpfe an vier verschiedenen Fronten – auch die Bretonen im Norden Frankreichs waren halsstarrige Gegner – bildeten eine unerträgliche Belastung für die Kräfte des Reiches. Karls Nachfolger mußten wie die Justinians den Preis für eine zu ehrgeizige Expansionspolitik zahlen.

Karls des Großen erster großer Angriff auf das Land zwischen Rhein und Elbe erfolgte fast acht Jahrhunderte, nachdem sich Augustus auf das gleiche Unternehmen eingelassen hatte, das er sechsundzwanzig Jahre später aufge-

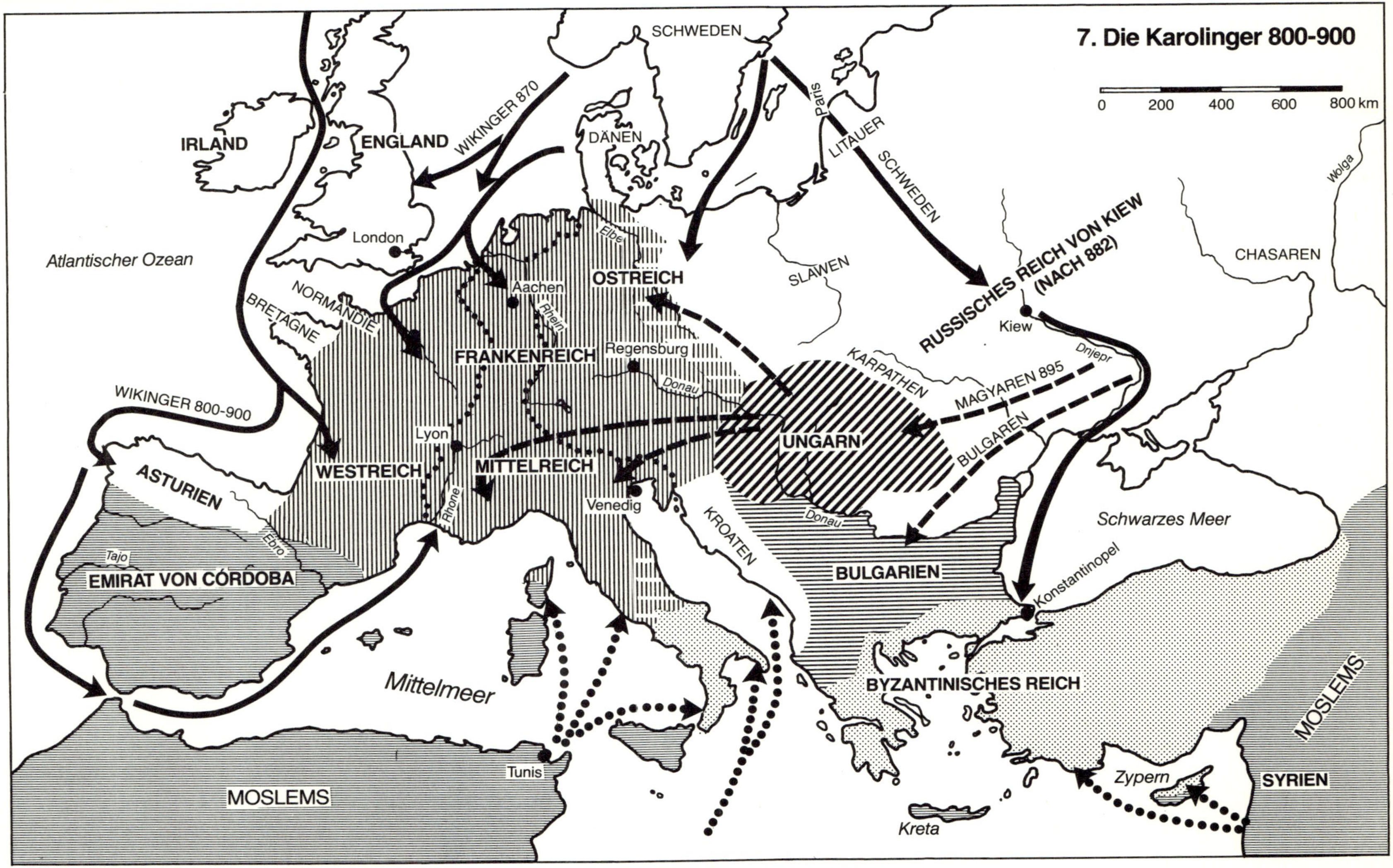

7. Die Karolinger 800-900

ben mußte. Karl jedoch führte es zu Ende. Er befestigte seinen Sieg über die Sachsen mit ihrer gewaltsamen Christianisierung und Eingliederung in das fränkische Reich. Aber indem er einen barbarischen Nachbarn unterwarf, rief er einen anderen auf den Plan: Die Dänen, bis zu deren Südgrenze er sein neues Römisches Reich vorschob, erwiderten diese Herausforderung durch Überfälle von der See her auf die Küsten des Reiches. Das war der Beginn des großen Ausbruchs der skandinavischen Völker, von dem im nächsten Kapitel die Rede sein wird.

Am Weihnachtstag 800 krönte in der Peterskirche in Rom Papst Leo III. Karl den Großen zum römischen Kaiser. Es ist nicht klar, ob Karl von diesem Schritt Leos vorher gewußt oder ihn gewünscht hat, doch ist es gewiß, daß die Annahme des Titels ihm diplomatische Verpflichtungen auferlegte. Sein Ruf war gefährdet, solange er nicht als Kaiser von dem römischen Kaiser in Konstantinopel anerkannt wurde, dessen Anspruch auf den Titel unangefochten war. Der Preis der oströmischen Regierung dafür war eine umfassende Verständigung über ausstehende territoriale Fragen zu für Ostrom günstigen Bedingungen. Ein solches Abkommen wurde 811/812 verhandelt und 814 nach Karls Tod ratifiziert.

Der Name des erloschenen Weströmischen Reiches war weniger schwer wiederzubeleben als seine reale Existenz. Karl verfügte nicht über genügend gebildete und erfahrene Leute zur Verwaltung der ausgedehnten Territorien, die er zusammengefügt hatte. Mit seiner Einrichtung der reisenden Inspektoren (*Missi dominici* oder Königsboten) waren die örtlichen Beamten noch einigermaßen zu beaufsichtigen, solange das Reich unter dem ungeteilten Befehl eines einzigen tatkräftigen und respektierten Herrschers stand. Karl holte sich auch aus Northumbria einen geistlichen und kulturellen Berater, den gelehrten Mönch Alkuin. Er selber hatte den Vorteil, Nachfolger eines fähigen Vaters und Großvaters zu sein, Pippins III. und Karl Martells. Seines Bruders Karlmann früher Tod war ein politischer Glücksfall für ihn gewesen. Aber sein Sohn und Nachfolger Ludwig der Fromme hatte eine weniger glückliche Hand. Die Karolinger hatten von den Merowingern die politisch verhängnisvolle Sitte geerbt, ihr Land unter rivalisierende Erben aufzuteilen, als wäre es ein privates Rittergut. Im Vertrag von Verdun 843 wurde das Frankenreich unter die drei Söhne Ludwig des Frommen geteilt, und seine Wiedervereinigung unter Karl dem Dicken (881) war nur von sehr kurzer Dauer. Im westfränkischen Reich (Frankreich) lebte die karolingische Dynastie bis 987 fort, aber diese Epigonen waren ebensolche Schattenkönige, wie es die merowingischen Herrscher gewesen waren.

Vor dem Ende des neunten Jahrhunderts waren die örtlichen Beamten – Grafen und Bischöfe –, die Karl der Große durch seine Königsboten kontrolliert hatte, praktisch unabhängige erbliche Kleinfürsten geworden, und der Papst wurde auch *de facto* wieder zum Regenten des »Ducatus Romanus«. Weder die Kleinfürsten noch ihre nominellen karolingischen Oberherren waren den skandinavischen Seeräubern gewachsen, die schon Karl dem

Großen zu schaffen gemacht hatten. Im neunten Jahrhundert griffen die Skandinavier (Wikinger oder Normannen) im Wettstreit mit spanischen und nordwestafrikanischen Piraten die Mittelmeerküsten des auseinanderbrechenden Frankenreiches an. Und zweimal, 846 und 849, wäre es moslemischen Horden aus Afrika beinahe gelungen, das Husarenstück der Wandalen von 455 zu wiederholen und Rom durch einen Überfall vom Meer aus zu nehmen. Rom gehörte zu dem Teil des Frankenreiches, das Lothar I. zugefallen war. Aber es war Papst Leo III., der Rom rettete, als er 849 die Vorstädte am rechten Tiberufer, auf dem auch die Peterskirche lag, befestigen ließ.

Nach 896 kamen zu den Raubzügen der seefahrenden Skandinavier und westlichen Moslems die Landüberfälle der magyarischen Reiter. (Die Magyaren, eurasische Nomaden, waren unter dem Druck der Petschenegen, eines türkischen Nomadenvolkes, in Ungarn eingedrungen und hatten das Vakuum besetzt, das nach dem Untergang der Awaren entstanden war.)

Die barbarischen Überfälle und Invasionen des neunten und zehnten Jahrhunderts waren vielleicht für die westliche Christenheit schmerzlicher als die im fünften und sechsten Jahrhundert. Offenbar hatte Karls Versuch, das Weströmische Reich wiederaufleben zu lassen, Gegendruck ausgelöst. Abermals erschien eine von innen betrachtet heruntergekommene westeuropäische Gesellschaft den von außen kommenden Barbaren verlockend. 911 überließ Karl der Einfältige, König des westfränkischen Reiches, gezwungenermaßen den Normannen unter ihrem Herzog Rollo einen Landesteil (die Normandie) als ständigen Wohnsitz unter der Bedingung, daß sie das Christentum annahmen. Die Geschichte bewies also, daß Karls des Großen kulturelle Leistungen seine politischen überdauerten. Die Normannen wurden von der Kultur absorbiert, in deren Bereich sie sich gewaltsam Eingang verschafft hatten. Sie nahmen schnell die Sprache und Religion, die Sitten und Gebräuche des Landes an, das ihr eigen geworden war.

Ein Jahr zuvor, 910, war bei Cluny in Burgund eine Benediktinerabtei entstanden – in der Region, die einen Knotenpunkt im Verkehrsnetz der westlichen Christenheit bildete und wo schon über drei Jahrhunderte früher der heilige Columbanus das Kloster Luxeuil nach irischem Vorbild gegründet hatte.

Es dauerte lange, bis die Gründung der Normandie und der Abtei Cluny Früchte trug. Anfangs wäre es schwer zu sehen gewesen, daß diese beiden Ereignisse für die westliche Christenheit, die in der ersten Hälfte des zehnten Jahrhunderts auf dem Tiefpunkt angelangt war, eine Zeitenwende bedeuten würden. In den nächsten hundert Jahren erholte sie sich von ihrer Entkräftung, die sie als Preis für die verfrüht ehrgeizige Politik Karls des Großen hatte zahlen müssen.

57

DER AUSBRUCH DER SKANDINAVIER VON 793 BIS 1000

Der Ausbruch der Skandinavier (Wikinger oder Normannen) 793 und danach geschah so plötzlich, unerwartet und heftig wie anderthalb Jahrhunderte zuvor der Ausbruch der Araber; und hier wie dort lassen sich Anlässe und Gründe erkennen. Wieder war der unmittelbare Anlaß ein großer Krieg vor den Toren des Barbarenvolkes, der die Kriegführenden erschöpft und daher zu einer verlockenden Beute gemacht hatte. Der tiefere Grund aber war das alte Wechselspiel von Barbarei und Zivilisation.

Skandinavien war seit dem Ende der letzten Eiszeit besiedelt; Jäger der Altsteinzeit waren dem allmählichen Rückgang der Eisdecke gefolgt, bis sie in Skandinavien Fuß gefaßt hatten. Vor dem Ende des dritten Jahrtausends v.Chr. hatten die nordwestlichen Pioniere des Ackerbaus fruchtbare Böden in Dänemark und Südschweden zu kultivieren begonnen. Bis zum ersten Vorstoß der Wikinger war also das südliche Skandinavien mindestens dreitausend Jahre lang von einer seßhaften Ackerbau treibenden Bevölkerung bewohnt gewesen; und obwohl es schon in den letzten zwei Jahrhunderten v.Chr. Wanderungen nach Süden gegeben hatte, waren sie Ausnahmen geblieben, so wie der Ausbruch von 793 bis 1066 in der skandinavischen Geschichte eine Ausnahme bleiben sollte. Inzwischen hatte das Eindringen höherer Kultur in verschiedenen Phasen stimulierend gewirkt. Die Wechselbeziehung der skandinavischen Völker mit den südlichen Kulturen hatte ihre gesellschaftlichen Vorstellungen ins Wanken gebracht. Dieser Zustand führte zur Krise, als Karl der Große die Sachsen unterwarf, denn dadurch kam die Nordgrenze der westlichen Christenheit in unmittelbare Berührung mit Skandinavien.

Trotz des fehlgeschlagenen Versuches des Kaisers Augustus, die Grenzen seines Reiches bis zur Elbe vorzuschieben, hatte es schon in den ersten drei Jahrhunderten n.Chr. durch den Handel griechisch-römische Einflüsse in Skandinavien gegeben. Diese kulturellen Kontakte wurden im fünften Jahrhundert durch die Völkerwanderung unterbrochen, und die Skandinavier blieben von den germanischen und christlichen Nachfolgestaaten des Weströmischen Reiches isoliert und zugleich vor ihnen abgeschirmt durch die Sachsen. Nun, da die Sachsen unterworfen und gewaltsam zum Christentum bekehrt worden waren, sahen sich die Skandinavier wieder in Berührung mit einer südlichen Kultur, und dies enger als je zuvor. (Der Eindruck, den Karl der Große in Skandinavien machte, zeigt sich in dem dort beliebten Vornamen »Magnus«.)

Die Reaktion der Skandinavier auf dieses verwirrende Erlebnis war aggressiv. Sie dehnten ihre Feldzüge auf enorme Entfernungen aus. 880 kamen schwedische Normannen (die Waräger) bis nach Abaskun am Kaspischen Meer, nachdem sie die Ostsee überquert, die Newa hinauf und die Wolga hinunter gezogen waren. In der entgegengesetzten Richtung errichtete um 1000 der Norweger Leif Eriksson einen Brückenkopf an der Nordostküste Amerikas. Er erreichte dieses »Vinland« von Island aus, das norwegische Siedler um 875 besetzt hatten, über Grönland. Die Norweger in Grönland und Vinland sind die ersten Menschen, von denen man mit Sicherheit weiß, daß sie den Atlantik überquert und Amerika betreten haben.

Die Wikinger oder Normannen hatten unterschiedliche Schicksale. Einige waren Seeräuber, denen es nicht um dauernde Niederlassung zu tun war. Die Wirkung auf ihre Opfer war zerstörerisch, aber die Seeräuber selber wurden beeinflußt von ihren Erlebnissen und Erfahrungen und von dem materiellen und ideellen Wert der Beute, die sie heimführten. Ihre ersten Opfer waren Klöster in Britannien wie Lindisfarne, das 893, und Iona, das 895 geplündert wurde. Andere Normannen wurden Siedler auf christlichem Boden. Sie wurden aufgenommen, weil sie sich taufen ließen. Die Gründung der Normandie wurde schon im vorigen Kapitel erwähnt; ihr ging 878 in England unter König Alfred die dänische Kolonie im »Danelag« voraus. Die norwegischen Siedler in Irland setzten sich bedingungslos fest, wurden jedoch schließlich auch Christen. Andere Skandinavier ließen sich in heidnischen Ländern nieder; am bedeutendsten waren die schwedischen Waräger, auch Ros oder Rus genannt, woraus der Name Rußland entstand. Sie wurden sprachlich von ihren slawischen Untertanen assimiliert und von ihren oströmischen Opfern zum orthodoxen Christentum bekehrt. Schließlich gab es Siedler in unbewohnten Ländern wie in Grönland. In Island waren ihnen christliche Anachoreten aus Irland vorausgegangen; in Vinland stießen sie auf ein einheimisches Volk, das sie wahrscheinlich vertrieb.

Die christlichen und moslemischen Gegner der Wikinger in der Alten Welt waren ihnen militärisch nicht gewachsen. Sogar Alfred der Große mußte sie zu Bedingungen dulden, die dreiunddreißig Jahre später von Karl dem Einfältigen bestätigt wurden. Die Taktik der Christen war, die heidnischen Gegner durch die Taufe zu zähmen, und ihre Missionare arbeiteten schnell, tapfer und energisch. Der früheste Angriff auf die Küste des Frankenreiches fand 799 statt. Der Dänenkönig wurde 826 in Ingelheim, der Residenz Ludwigs des Frommen, getauft und nahm den fränkischen Missionar Ansgar mit (den »Apostel des Nordens«), der zwei Jahre in Dänemark wirkte, bis sein Schutzherr Harald vertrieben wurde. Anschließend ging er zwei Jahre nach Schweden und wurde dann der erste Erzbischof von Hamburg. Nach dessen Zerstörung durch die Wikinger ging er nach Bremen, das mit Hamburg zu einem Bistum vereinigt wurde und ganz Skandinavien zur Diözese erhielt.

Ostrom reagierte auf die Wikingerinvasionen wie die Franken. Die Antwort der oströmischen Kirche auf den Angriff der Rus auf Konstantinopel 860 bestand in der Einsetzung eines orthodoxen Bischofs (867) und eines Erzbischofs (874) in Kiew, der Hauptstadt der Ukraine, wo sich die Rus festgesetzt hatten. 957 besuchte die Fürstin Olga von Kiew, die sich vermutlich vorher hatte taufen lassen, den oströmischen Kaiser in Konstantinopel. Ihr Sohn Swjatoslaw lehnte die neue Religion ab; doch blieb die christliche Gemeinschaft in Kiew bestehen; und 989 bekehrte sich sein Nachfolger Wladimir (»der Heilige«) und verband sich durch die Heirat mit einer oströmischen Kaisertocher, Basilios' II. Schwester Anna, mit der westlichen Welt.

Harald Gormsson ließ sich 974 taufen, zum Teil als Preis für den Frieden, den er sich von dem sächsischen Kaiser Otto II. erkaufen mußte, weil er in dessen Gebiet eingefallen war. Der norwegische König Olaf Tryggvason (995-1000) brachte seinem Land das römisch-katholische Christentum. Hier gab es heftigen Widerstand gegen die Bekehrung, ebenso wie wenig später in Schweden, während die Isländer anscheinend beschlossen, die neue Religion freiwillig zu übernehmen – aus politischen Gründen, denn sie fürchteten um ihre schwache republikanische Verfassung, wenn sie in zwei Parteien, eine heidnische und eine christliche, gespalten blieben.

Von den skandinavischen Staaten, die sich in der Wikingzeit bildeten, war der isländische der am stärksten ausgeprägte. Dort wurde die altnordische Literatur bewahrt, und die Helden der Sagas sind Isländer der vorchristlichen Zeit bis zu der Generation, die das Christentum annahm. Diese Literatur ist jedoch nur in der Form überliefert, in der sie im zwölften und dreizehnten Jahrhundert von isländischen Christen aufgezeichnet wurde. Island und Norwegen waren kulturell die bedeutendsten skandinavischen Länder der Wikingzeit; politisch hat Schweden tiefere und beständigere Spuren in der Weltgeschichte hinterlassen. Die Rus, die schwedischen Siedler in Nowgorod und Kiew, haben Rußland geschaffen. Als Rußland sich zur orthodoxen Kirche bekehrte, erhielt die Westkirche ein Gegengewicht im Osten, und das Christentum konnte sich schließlich nach Norden bis zur Arktis und nach Osten bis zum nördlichen Pazifik ausbreiten.

58

INDIEN UND SÜDOSTASIEN VON 647 BIS 1202

Bis 647, dem Jahr, in dem König Harscha, der Beherrscher Nordindiens, starb, hatte die indische Kultur immer eine hohe Fähigkeit bewiesen, Außenseiter zu assimilieren. Schon die arischen Invasoren, die ihre Herrschaft und ihre Sprache Nordindien aufgezwungen und seit dem zweiten Jahrtausend ihre Sitten über den Subkontinent verbreitet hatten, konnten sich den kulturellen Einflüssen des Volkes, das vor ihnen dagewesen war, nicht entziehen. Ähnliches erfuhren die einander folgenden Eroberer Indiens aus dem Nordwesten – die hochmütigen Griechen, die das verlassene Gebiet der Maurjas überrannten, oder die wilden Hunnen, die das Guptareich zerstörten. Es hatte griechische Konvertiten zum Buddhismus und zum Hinduismus gegeben, und die Hunnen waren in die indische Gesellschaftsordnung eingegliedert worden, als sie in die Kschatrijakaste Eingang fanden. In dem Wettstreit zwischen Indien und China um die kulturelle Eroberung Südostasiens und Indonesiens hatte die indische Kultur dieses ganze große Gebiet mit Ausnahme von Nordvietnam unter ihren Einfluß gebracht, und auch in Tibet war der indische Einfluß stärker als der chinesische. Der größte Triumph der indischen Kultur war die Verbreitung des mahajanischen Buddhismus in China, Korea und Japan.

Die ersten Eindringlinge, die Indien kulturell nicht assimilieren konnte, waren die Moslems. Es gab Buddhisten und Hinduisten, die zum Islam übertraten, aber eine umgekehrte Bewegung gab es kaum. Darüber hinaus setzte sich der Islam im Subkontinent als politisches Element fest, das ein Fremdkörper blieb, weil es kulturell nicht assimilierbar war. Das war neu, die religiöse und kulturelle Einheit Indiens zerbrach daran, und der Bruch veränderte den Lauf der indischen Geschichte. Allerdings bewies der Hinduismus eine größere Widerstandskraft gegen den Islam als der Zoroastrismus und das Christentum – Massenbekehrungen blieben auf Regionen beschränkt, in denen die meisten Hindus Kastenlose waren. Die moslemischen Eroberer behandelten die unbekehrten Hindus, als seien sie ein »Volk der Bücher«, obwohl sie Polytheisten waren, und wenn nicht Polytheisten, dann Monisten. Sie verdienten daher eigentlich nach der strikten Auslegung des islamischen Gesetzes keine Toleranz. Aber in diesem Falle wäre die Anwendung des Gesetzes schwierig gewesen, denn die unterworfene Hindubevölkerung war zahlreich, zivilisiert und unentbehrlich.

Die moslemische Eroberung des Dschamna-Ganges-Beckens und Bengalens zwischen 1192 und 1200 schritt noch schneller voran als die Südwestasiens im siebenten Jahrhundert, aber sie kam nicht überraschend. Erstaunlicher ist, daß die Moslems den größeren Teil des Subkontinents so lange verschont hatten. Indien war militärisch schwach und in der Zeit von 647 bis 1192 ebenso wie der indisierte größere Teil von Südostasien und Indonesien in viele kurzlebige Lokalstaaten gespalten, die ihre Kräfte in ergebnislosen Bürgerkriegen verzettelten. Als die nordindischen Staaten sich gegen die eindringenden Moslems 991 und 1001 und wieder 1191/1192 zusammenschlossen, war es zu spät. Die Hindustaaten antworteten niemals auf das allmähliche Vordringen der Moslems auf indischem Boden, indem sie eine politische Einheit bildeten, nicht einmal in regionalen Grenzen. Die Invasion der Moslems ging wie die chinesische Strafexpedition nach Harschas Tod auffallend leicht vonstatten.

711 war das untere Industal bis hinauf nach Multan von den Omaijaden erobert und ihrem Reich eingegliedert worden. Eine so isolierte Enklave wäre gegen einen ernsthaften indischen Gegenangriff schwer zu halten gewesen; doch wurden die Moslems nie daraus vertrieben. Die türkisch-moslemischen Herrscher Subuktegin und Mahmud und ihre Nachfolger, die Ghasnawiden, vollendeten um das Jahr 1000 und abermals um 1200, begünstigt durch die Uneinigkeit der indischen Staaten, die Eroberung Nordindiens.

Die Fortschritte der Moslems wurden durch die Uneinigkeit ihrer indischen Gegner erleichtert. Im Norden waren Harschas unmittelbare Nachfolger verschiedene Clans der Radschputen (»Königssöhne« und Abkömmlinge von Hunnen, die im fünften Jahrhundert in den Subkontinent eingedrungen waren). Seit 750 war das Dschamna-Ganges-Becken zwischen den Radschputen und der bengalischen Paladynastie umstritten, bis beide von den moslemischen Ghoriden unterworfen wurden. Im Dekkan lag die Tschalukjadynastie, die 620 dem Vormarsch Harschas nach Süden Halt geboten hatte, im Kampf mit den Pallawa, deren Domäne das Land der Tamilen im Südosten war, bis die Tschalukja 757 zeitweilig von den Raschtrakuta und die Pallawa 897 für dauernd von den Tschola verdrängt wurden.

Die Tscholadynastie, die im Dekkan wechselnde Dynastien abgelöst hatte, kam um die Jahrtausendwende der Einigung der indischen Welt näher als irgendein anderes Herrscherhaus in dem Zeitraum, den dieses Kapitel umfaßt. In ihrer rund fünfzigjährigen Regierungszeit brachten die Tschola nicht nur den Südosten Indiens und Teile Bengalens unter ihre Herrschaft, sondern sie fuhren auch übers Meer, besetzten Ceylon, die Malediven im Arabischen Meer und die Andamanen und Nikobaren im Golf von Bengalen. Sie eroberten die Malakkahalbinsel und überfielen das Königreich Schriwidschaja auf Sumatra. Das Reich der Tschola brach 1216 zusammen wie kurz davor das mit ihnen konkurrierende Tschalukjareich. Nun lag auch Südindien den Moslems offen, die seit 1202 die Herren des ganzen Nordens waren.

In Sumatra kontrollierte das Königreich Schriwidschaja, das gegen Ende des siebenten Jahrhunderts gegründet worden war, beide Ufer der Straße von Malakka. Bis zum Überfall der Tschola stand es im Zenit seiner Macht. In Java war in der zweiten Hälfte des achten Jahrhunderts das Königreich Schailendra entstanden; es beherrschte Kambodscha, fiel in Tschampa an der Ostküste Hinterindiens (das heutige Vietnam) ein und beanspruchte den Thron von Schriwidschaja für einen Zweig seiner Dynastie. Vor seinem Verfall vor dem Ende des neunten Jahrhunderts hinderte es Schriwidschaja daran, Indonesien in seine Gewalt zu bringen, obwohl dieses den Seeweg vom Indischen Ozean zum Chinesischen Meer beherrschte.

In Hinterindien, dem kontinentalen Südostasien, sprachen die frühesten bekannten Einwohner Dialekte des Mon-Khmer-Zweiges der australo-asiatischen Sprachgruppe (wie sie heute noch in Kambodscha und Teilen von Burma gesprochen werden), zu denen auch die Mundasprachen in Vorderindien gehören. In Tschampa sprach man eine Sprache der verwandten australonesischen (malaiischen) Gruppe. Aber seit dem zweiten Jahrhundert n.Chr. (dem ältesten uns überlieferten Datum südostasiatischer Geschichte) wurde Hinterindien von religiösen und künstlerischen Einflüssen aus dem Westen und ethnisch von Einwanderern aus dem Norden überschwemmt. Indien und Ceylon waren die Ursprungsländer der (hinduistischen, buddhistischen und schließlich islamischen) kulturellen Einflüsse. Die Einwanderer aus dem Norden brachten ihre Dialekte der einsilbigen kontinentalostasiatischen Sprachgruppe mit. Auch sie – wie die Sprecher der australo-asiatischen und der australonesischen Gruppe, die sie unterjochten oder nach Süden trieben – wurden für die indische Kultur gewonnen, mit Ausnahme der Vietnamesen, welche die chinesische Kultur und Chinas Form des mahajanischen Buddhismus übernahmen. Dies, obwohl sie gegen die Eingliederung in das Chinesische Reich heftigen Widerstand leisteten. Nachdem sie 111 v.Chr. zum zweitenmal von China annektiert worden waren, gewannen sie 939 ihre politische Unabhängigkeit zurück.

Die Vietnamesen waren schon vor der ersten chinesischen Eroberung um 215 v.Chr. im heutigen Nordvietnam ansässig, ihre Sprache gehört zur Sino-Thai-Untergruppe der monosyllabischen Sprachfamilie. Die Burmanen, deren Sprache zur tibeto-burmanischen Untergruppe gehört, kamen etwa zwischen 850 und 1050 aus dem Nordwesten in das heutige Burma. Unter Anoratha (1044-1047), dem König von Pagan (im heutigen Oberburma gelegen), wurde der übrige Teil des Landes erobert. Dessen Bewohner waren die Mon, und ihre Sprache und ihre Version der indischen Kultur und Religion waren auch im Norden bis etwa 1173 bei den Burmanen vorherrschend.

Tschampa befand sich seit 975 mit Vietnam und seit 1145 mit Kambodscha in dauerndem Kriegszustand. Dieser war das Gegenstück zu dem Wettstreit zwischen Schriwidschaja und Schailendra in Indonesien und den dynastischen Kämpfen in Vorderindien. Auf dem südostasiatischen Festland wurden diese ergebnislosen Kämpfe wie in Vorderindien durch militärische

Eingriffe von außen beendet: Im dreizehnten Jahrhundert fielen die Mongolen in Hinterindien ein; den östlichen Teil besetzten die Thai aus Nantschau (der heutigen chinesischen Provinz Jünnan).

Wenn man die militärische und politische Geschichte Indiens von der zweiten Hälfte des siebenten Jahrhunderts bis zum Anfang des dreizehnten Jahrhunderts liest, könnte man meinen, sie sei von einem Schwachsinnigen geschrieben. Das wäre mit Fug und Recht auch von der Geschichte der Politik und Kriegführung anderer Länder und Zeiten zu sagen, doch wird die Nichtigkeit dieser Aktivitäten nirgendwo und nirgendwann offenkundiger als in der indischen Welt und vor allem in dieser Epoche. Bedeutender als die Kriege waren die Entwicklungen in der Religion und der bildenden Kunst; und in der hinduistischen Gesellschaftsordnung umfaßt die Religion auch die Sozialordnung und das Gewohnheitsrecht.

Vom religiösen, nicht vom militärisch-politischen Standpunkt aus betrachtet, ergibt die Geschichte der indischen Zivilisation in jener Epoche einigen Sinn. Als auffallendstes Element erscheint hier der allmähliche Rückgang des Buddhismus auf dem Subkontinent. Seine letzte Hochburg war das Königreich Pala in Bengalen. Der Buddhismus erhielt den Gnadenstoß, als Bengalen von den moslemischen Ghoriden 1199 oder 1202 erobert wurde. Die buddhistischen Klöster wurden zerstört. Dennoch hätte die Religion vielleicht auch diesen Angriff überstanden, wenn sie nicht in ihrem indischen Ursprungsland schon seit sechs oder sieben Jahrhunderten im Niedergang gewesen wäre. Die Entwicklung des Buddhismus war der des Dschainismus entgegengesetzt. Dieser ist nie nach Ost- oder Südostasien gelangt, dafür hat er in Indien, wenn auch nur als Sekte einer Minderheit, weiterexistiert.

Ähnlich erging es dem Therawadinismus. Er konnte mit dem Mahajana nicht konkurrieren, als dieser China eroberte. Aber die therawadinische (südliche) Form des Buddhismus faßte Fuß in Ceylon und Burma. Für Südostasien war dies ebenso bedeutungsvoll wie die Eroberung Nordindiens durch die Moslems um 1200. Die herrschende moslemische Minorität, von eingeborenen Konvertiten unterstützt, brachte Indien zum erstenmal unter das Regime von Fremdherrschern, die es kulturell nicht assimilieren konnte.

Die Pallawa trugen den Mahajanabuddhismus nicht nur im siebenten Jahrhundert nach Tibet, sondern im achten auch in das ferne Java. Dort ist er heute erloschen, doch hat er ein großartiges architektonisches Monument in der Tempelanlage von Borobudur hinterlassen.

Das Königreich Kambodscha ist im sechsten Jahrhundert entstanden. In Angkor, der Hauptstadt des alten Khmerreiches, hat es der Nachwelt mehrere prachtvolle Bauten hinterlassen. Das Hauptwerk ist der Tempel Angkor Wat, erbaut von König Surjawarman II. (von 1113 bis um 1145), der den Vergleich mit dem Parthenon in Athen nicht zu scheuen braucht, weder in der architektonischen Harmonie noch in der Lebendigkeit des Figurenfrieses.

In Südindien haben die Dschaina bei Srawana Belgola etwas dem Borobudurtempel Vergleichbares geschaffen; sie haben die Natur der Schöpfung eines Kunstwerkes dienstbar gemacht. In Borobudur hat man der Natur geschmeichelt; in Srawana Belgola hat man sie bezwungen. 983 wurde aus dem Gipfel eines der beiden Berge, an deren Fuß das Dschainakloster liegt, die Kolossalstatue eines Heiligen herausgeschlagen. Dieses Monument, das wie ein gewachsenes Stück des Berges erscheint, ist nicht »schön«, aber von einer ehrfurchtgebietenden Größe, mit der sich weder Angkor Wat noch der Borobudurtempel messen können.

Die zwei einflußreichsten Männer in Indien zwischen 647 und 1202 waren keine Feldherren oder Herrscher, keine Bildhauer oder Baumeister, sondern Philosophen: Schankara (788-838) und Ramanuja, der im elften Jahrhundert lebte. Beide kamen aus dem Süden, doch ihr Missionsfeld war der ganze Subkontinent, auf dem es zwar gesellschaftliche Schranken zwischen den Kasten, aber keine geographischen Grenzen für Philosophen und Heilige gab. Beide beschäftigten sich mit der Frage, die schon seit dem sechsten Jahrhundert v.Chr. in Nordindien die Denker bewegte: Worin besteht die Natur der letzten geistigen Wahrheit in und hinter den Erscheinungen, und welche Beziehung besteht zwischen dieser Wahrheit und dem Menschen? Schankara war ein kompromißloser Monist. Er lehrte, das menschliche Wesen sei identisch mit der letzten Wahrheit, und die äußere Welt sei nur Schein. Aus der Sicht des Monisten gehört demnach auch die einzelne Person zu den Scheinphänomenen. In einer ganz einheitlichen Realität ist kein Platz für einen persönlichen Gott oder für das Individuum, das diesen persönlichen Gott anbetet. Ramanuja kritisierte Schankaras Philosophie; er vertrat einen »modifizierten« Monismus, der ihm gestattete, den Gott Wischnu persönlich zu verehren.

Ramanuja warf Schankara vor, ein verkappter Buddhist zu sein, und damit hatte er recht. Dessen Lehre setzte die Metaphysik voraus, die sich der mahajanische Buddhismus im Widerstand gegen Buddhas Ablehnung metaphysischer Spekulation zurechtgelegt hatte. Beide Philosophen wandten sich auf hinduistischer Grundlage gegen den Buddhismus, doch hätte keiner von ihnen den Buddhismus herausfordern können, wenn nicht dieser selbst ihnen die geistigen Waffen geliefert hätte.

OSTASIEN
VON 763 BIS 1126

Die chinesische Zivilisation und sogar die T'angdynastie überlebten die Unruhen von 755 bis 763 mit Hilfe des Beamtenstandes, zu dem das Studium der konfuzianischen Klassiker befähigte. Dieser hatte Zeit gehabt, sich unter der Suidynastie zu rehabilitieren; er stärkte die chinesische Gesellschaftsstruktur, widersetzte sich jedoch jeder Reform.

780 wurde die Besteuerungsgrundlage geändert. Der Hauptgrund für den vorübergehenden Zusammenbruch der T'angdynastie war das Versagen der im fünften Jahrhundert eingeführten Landreform, mit der die Regierung der Bauernschaft Land zugeteilt und dafür persönliche Steuern und Fronarbeit verlangt hatte. Nun wurde die Steuer nicht mehr auf die Person, sondern auf das Land erhoben, und die Regierung konnte nicht verhindern, daß abermals Grundbesitzer Land von den Bauern erwarben. Diese wurden Pächter, ihre wirtschaftliche Lage verschlechterte sich, doch die Regierung verlor dadurch nichts von ihren Einkünften.

Man konnte die Grundbesitzer zwingen, die neuen Steuern zu entrichten, weil die durchschnittliche Größe der Güter der neuen Klasse von Grundbesitzern nicht ausreichte, sie vom Staat unabhängig zu machen. Diese Klasse war annähernd identisch mit der wiederhergestellten konfuzianischen Bürokratie, die zu ihrem Lebensunterhalt großenteils ihr Beamtensalär brauchte. Über diese Zahlungen konnte die Regierung ihre beamteten Grundbesitzer im Zaume halten.

Die konfuzianischen Beamten und die Taoisten, die philosophischen wie die Vulgärtaoisten, hatten das gemeinsame Interesse, den Reichtum und damit die Macht zu beschneiden, die die buddhistischen Mönchs- und Nonnenklöster seit der Periode der Barbareninvasionen und der politischen Uneinigkeit (von 304 bis 589) angehäuft hatten. Der Konfuzianismus des vorbuddhistischen Zeitalters der chinesischen Zivilisation war dem Mahajanabuddhismus geistig nicht gewachsen. Doch in der unmittelbar auf die Katastrophe von 755 bis 763 folgenden Generation erschienen die ersten Vertreter einer neukonfuzianischen Schule, Han Yü (768-824) und Li Ao (um 844 gest.). Sie waren im Grunde Kryptobuddhisten und versuchten, den Konfuzianismus zu verjüngen, indem sie ihn mit dem Geist des Mahajana durchdrangen und die Aufmerksamkeit auf die konfuzianischen Werke lenkten, die sich für solche buddhistischen Interpretationen eigneten. Dies waren vor allem das Buch des Meng-tse und ein Kapitel »Das große Wissen« aus einem der fünf klassischen Bücher. Diese Umwandlung des Konfuzianismus machte China geistig unabhängig von den buddhistischen Institutionen; und in den Jahren von 842 bis 845 verlieh die Regierung der anhaltenden Kritik der Konfuzianer und Taoisten am Buddhismus aus wirtschaftlichen Gründen praktischen Nachdruck: Buddhistischen Mönchen und Nonnen wurde in großer Zahl das Priesteramt entzogen. Man reduzierte sie auf den Status steuerzahlender Laien und enteignete zu einem guten Teil die buddhistischen Klöster. Nach jüdischen, christlichen und moslemischen Maßstäben im Westen der Alten Welt war diese Glaubensverfolgung in China von 842 bis 845 milde, doch nach ostasiatischen Maßstäben sehr streng.

Der Buddhismus wurde durch die Verfolgungen in China nicht ausgemerzt. Er war unentwirrbar verflochten mit dem Konfuzianismus und dem philosophischen wie dem Vulgärtaoismus – mit diesem in einem noch höheren Grade – und behielt in dieser Verkleidung einen wichtigen Einfluß auf das geistige und geistliche Leben in China. Es wurden auch andere, in jüngerer Zeit eingeführte Religionen unterdrückt. Der Manichäismus, Zoroastrismus und das nestorianische Christentum überstanden die Verfolgung nicht, doch hatten sie nicht die gleiche wirtschaftliche und soziale Bedeutung wie der Buddhismus, denn die Zahl der Anhänger dieseReligionen war klein, und ihre Besitztümer waren gering.

Der Manichäismus hatte in China Sonderrechte gehabt, weil die uigurischen Türken, Chinas Verbündete seit der frühen T'angzeit und Helfer der T'angdynastie bei der Überwindung der Krise von 755 bis 763, zu dieser Zeit den Manichäismus zu ihrer Nationalreligion erhoben hatten. Doch 840 trieben die Kirgisen die Uiguren aus ihrer Domäne in der eurasischen Steppe, der heutigen Mongolei, und drängten sie nach China und in das Tarimbecken. Seit 842 unterdrückte die chinesische kaiserliche Regierung den Manichäismus.

Die T'angdynastie hielt sich noch von 763 bis 874. Die Zustände in diesem Jahrhundert werden geschildert in den Gedichten des chinesischen Poeten Po Tschü-i (772-846) und dem Tagebuch des japanischen buddhistischen Mönchs Ennin, der von 838 bis 847 Pilger in China war. Beide Autoren waren Zeugen der Verfolgung des Buddhismus und anderer Fremdreligionen; doch beide vermitteln auch den Eindruck, daß China damals tatkräftig und auch menschlich regiert wurde. Aber die als Antwort auf die Katastrophe von 755 bis 763 gedachten Reformen konnten den schließlichen Zusammenbruch nicht abwenden. Die T'angdynastie erlosch 909; die Sungdynastie, die wieder über ein geeintes China herrschen sollte, begann ihre Herrschaft erst 960. *De facto* dauerte das Interregnum von 874 bis 979. Und auch dann besaß das wiedervereinte Reich nicht mehr den gleichen Umfang – es verlor Territorien in allen Randzonen.

Der Staat Po-hai in der östlichen Mandschurei, der 713 gegründet worden war und wie der koreanische Staat Silla die Oberherrschaft der T'ang anerkannt hatte, wurde 926 von den mongolischen K'i-tan erobert, die sich 946 zu den Herrschern von China unter dem Dynastienamen Liao erklärten.

Obwohl sie diesem Rang nicht gerecht werden konnten, zwangen sie 1004 die Sungdynastie, ihren Anspruch auf sechzehn Grenzdistrikte südlich der Großen Mauer anzuerkennen und ihnen Tribut zu zahlen. 1038 folgten die Tanguten, ein tibetisches Volk, dem die T'ang die Niederlassung in Nordwestchina erlaubt hatten, dem Beispiel der K'i-tan und nahmen den Dynastienamen »Westliche Hia« an (Hia war der Name der legendären ersten chinesischen Dynastie gewesen). Die Sung mußten den Frieden mit Tributzahlungen erkaufen. Im Süden, wo die chinesische Expansion ursprünglich auf den geringsten Widerstand gestoßen war, wurde das Territorium des Reiches 939 durch die Loslösung Nordvietnams geschmälert, das seit 111 v.Chr. zu China gehört hatte. Die Sezession Nordvietnams wurde nie wieder rückgängig gemacht.

Die erste Bemühung der Sung war, das Reich vor einem abermaligen Zusammenbruch durch den Aufstand lokaler Feldherren zu schützen. Dies gelang, aber um den Preis militärischer Ohnmacht gegenüber den aggressiven barbarischen Nachbarn. Wieder einmal brauchte das Regime eine durchgreifende Reform, und der Kaiser Schen Tsung fand den geeigneten Mann in dem mutigen und energischen Wang An-schi, der zwischen 1069 und 1076 eine neue Planwirtschaft und Steuerreform und eine Änderung der Examenspraxis für Staatsbeamte durchführte. Nach Kaiser Schen Tsungs Tod aber konnte Wang An-schi sich nicht halten, und seine klugen Reformen wurden aufgehoben.

Wang An-schi scheiterte aus dem gleichen Grunde, wie Echnaton im vierzehnten Jahrhundert v.Chr. in Ägypten und die Gracchen im zweiten Jahrhundert v.Chr. in Rom gescheitert waren: Er hatte es mit einem äußerst konservativen Beamtenapparat zu tun, und seine vorurteilsfreien Ideen befremdeten und verstörten seine engstirnigen und traditionsgebundenen Kollegen. Mit seiner temperamentvollen und provokativen Art machte er sich sogar aufrechte Männer zu Feinden, um deren Unterstützung er sich hätte bemühen müssen. Der Minister, der Wang An-schis Maßnahmen rückgängig machte, war der hervorragende Historiker Ssu-ma Kuang.

Wang An-schi erkannte und verkündete, daß ein akademisches Studium der konfuzianischen Klassiker, in welchem sich der Student bemühen mußte, pedantische beamtete Prüfer zufriedenzustellen, nicht die richtige Vorbereitung für die praktische Arbeit eines Staatsbeamten sei. Seine Heilmittel dagegen waren eine neue amtliche Interpretation der Klassiker und eine Reform des Prüfungssystems. Wenn Kaiser Scheng Tsung länger gelebt hätte, wäre vermutlich eine neue Generation von aufgeschlossenen Staatsbeamten entstanden. Inzwischen mußte Wang An-schi mit Amtskollegen der alten Schule arbeiten; doch trotz dieses Handikaps konnte er seine Pläne ausführen: Er veranlaßte Regierungsdarlehen zu niedrigeren Zinssätzen als die der privaten Geldverleiher; er ersetzte den Frondienst durch bezahlte Arbeit und finanzierte die Kosten dieser Aktion, indem er die Bodensteuer nach der Produktivität, nicht nach der Größe des Areals festsetzte und so die

Landbesitzer, die es am leichtesten tragen konnten, am stärksten belastete. Mit diesen fiskalischen Maßnahmen setzte Wang An-schi die Reformen wieder in Kraft, die schon in der T'angzeit nach 755 bis 763 gemacht worden waren; und seine Wiedereinführung einer Bauernmiliz war die Erneuerung einer Anordnung, welche die Verjüngung und Wiedervereinigung Chinas in der Suidynastie um die Wende des sechsten zum siebenten Jahrhundert eingeleitet hatte.

Das Unheil ließ nicht lange auf sich warten. 1126 eroberte der tungusische Stamm der Dschurdschen, nachdem er die K'i-tan unterworfen und sich den Dynastienamen Kin (»die Goldenen«) zugelegt hatte, die Hauptstadt des Sunregimes Kaifeng am Huangho und nahm den herrschenden Kaiser gefangen. Mit diesem einen Streich verlor das Sungreich das ganze Land nördlich des Jangtsebeckens. Wang An-schi wurde nachträglich für dieses Desaster verantwortlich gemacht. Wahrscheinlich wäre es gerechter zu sagen, das Unheil hätte abgewendet werden können, wenn man seinen Reformen Zeit gelassen hätte, Frucht zu tragen.

Militärisch und politisch ist die Geschichte Chinas von 755 bis 1126 eine Folge von Katastrophen; kulturell jedoch zeigt sie eine Fülle hervorragender Leistungen. Wie die Barbaren, die Nordchina 304 und danach heimgesucht hatten, wurden ihre Nachfolger im zehnten, elften und zwölften Jahrhundert von der chinesischen Kultur »gefangengenommen«; sie machten sie sich zu eigen und trugen sie in andere Länder.

Die chinesische Kultur war in diesem Zeitalter für ihre Nachbarn noch anziehender geworden als in früheren Epochen; und sie entfaltete sich auf vielen Gebieten. Die Entwicklung der neukonfuzianischen Philosophie wurde von den Brüdern Tsch'eng Hao (1032-1085) und Tsch'eng Yi (1033-1108) weitergeführt. (Der erstere arbeitete anfänglich mit Wang An-schi zusammen, widersetzte sich jedoch später einigen seiner Maßnahmen.) Die beiden Tsch'eng vollendeten die Veränderungen, die ihr Vorgänger Han Yü eingeleitet hatte. Tsch'eng Yi entthronte die fünf klassischen, im Hanzeitalter kanonisierten Bücher mit Ausnahme zweier Kapitel aus dem *Buch der Riten* (»Das große Lernen« und »Die Lehre vom Mittelweg«). Er setzte einen neuen Kanon von vier Büchern fest und ergänzte sie mit den Schriften des Meng-tse und den *Analekten,* einer Sammlung von Antworten des Konfuzius auf an ihn gestellte Fragen. Tsch'eng Yis Schule des Neukonfuzianismus wurde zum Standard für die Ausbildung von Staatsbeamten, und ihr metaphysischer Teil gab der Philosophie eine neue Dimension, ohne daß sie allerdings Studenten, Prüfer und Verwaltungsbeamte zu selbständigem Denken inspiriert hätte.

Auch in den Künsten waren die Chinesen der T'ang- und der Sungzeit nicht die Gefangenen ihrer Vergangenheit. Sie hatten bereitwillig die gräkoindische bildende Kunst aufgenommen, die mit dem Mahajana nach China gekommen war, machten daraus aber etwas ausgesprochen Chinesisches und entwickelten einen eigenen Stil. Die Landschaftsmalerei und die Keramik mit farbigen Glasuren erreichten in der Sungzeit ihren Höhepunkt. In der T'angzeit war der Druck von Blockbüchern erfunden worden, angeregt durch das Bedürfnis nach einer Massenproduktion von buddhistischen Schriften und konfuzianischen Texten – letztere wurden ja für die Examina gebraucht. Die Werke des Dichters Po Tschü-i wurden wahrscheinlich von 800 bis 810 gedruckt und zirkulierten noch zu seinen Lebzeiten in Japan. Die Han-lin-Akademie brachte in den Jahren von 932 bis 953, als in China der Aufruhr herrschte, eine gedruckte Ausgabe der konfuzianischen Klassiker mit Kommentaren in 130 Bänden heraus, und in den ersten sechzig Jahren der Sungzeit wurden die Mahajanaschriften und die des Taoismus in Ausgaben bis zu mehreren tausend Bänden oder Rollen gedruckt und auch nach Korea und Japan ausgeführt.

Das Schießpulver, im sechsten Jahrhundert für den Gebrauch in Feuerwerkskörpern erfunden, wurde erst im zwölften Jahrhundert zu Kriegszwekken verwendet. In der Schiffahrt und im Seehandel waren die Inder und Moslems führend. Als 879 Kanton von chinesischen Rebellen geplündert wurde, hatten darunter viele dort ansässige ausländische Kaufleute zu leiden. Aber der Handel mit der indischen und der islamischen Welt war nur vorübergehend unterbrochen. Die Chinesen sicherten sich nun einen wachsenden Anteil daran. Die Südküste Chinas, einst in chinesischen Augen das Ende der Welt, löste Kansu als Chinas Tor zur Welt ab. Nicht mehr die Steppe, sondern der Ozean war jetzt die wichtigste Verbindung mit dem übrigen Teil der Alten Welt.

In Korea verfiel gleichzeitig mit dem Zusammenbruch in China der Satellitenstaat Silla in Anarchie. Doch in Korea war das Interregnum kürzer. Es dauerte nur von 889 bis 936, dann wurde die Halbinsel von der 918 gegründeten Koryodynastie, die dem Staat den Namen gab, wieder vereint.

In Japan schlug die ehrgeizige Bemühung fehl, dort eine Imitation von T'angchina zu errichten. Eine kleinere Nachbildung von Tschangan wurde 710 in Nara und 794 in Kyaoto versucht, und theoretisch wurde das japanische Reich nach chinesischem Muster verwaltet und besteuert. Aber man hatte nicht genug chinesisch erzogenes Personal, um die Theorie in die Praxis umzusetzen. Der chinesische Brauch, Beamte auf Grund ihrer literarischen und philosophischen Bildung einzustellen, konnte in Japan nicht Fuß fassen, und die Provinzstatthalter, die in des Kaisers Namen regierten, waren praktisch unabhängige, erbliche Gaufürsten – wie zur gleichen Zeit im fernen Westen der Alten Welt die Nachkommen von Karls des Großen Statthaltern im Frankenreich.

Immerhin dauerte die Friedensperiode in Japan, die 646 mit der Übernahme einer der des T'angregimes ähnlichen Verfassung begonnen hatte, länger als ein Vierteljahrtausend. In dieser Zeit schlug die chinesische Kultur einschließlich ihrer Version des Mahajanabuddhismus in Japan tiefe und unausrottbare Wurzeln. Diese chinesischen Kulturelemente wurden den japanischen Bedingungen angepaßt, wie die Chinesen den aus Indien importierten Buddhismus verwandelt und sich zu eigen gemacht hatten.

Drei Geschichtschroniken Japans erschienen zwischen 712 und 781, als Nara die Hauptstadt war. Sie waren in chinesischer Schrift verfaßt. Während die meisten Buchstaben in der chinesischen Form als Bildzeichen benutzt wurden, um ihre chinesische Bedeutung auszudrücken, dienten andere als Lautzeichen, um den Klang der Silbenkomponenten der japanischen Wörter zu übertragen. Im neunten Jahrhundert wurden aus den chinesischen Buchstaben, denen man Lautwerte gab, zwei Silbenalphabete entwickelt, um das Japanische phonetisch schreiben zu können. Diese Erfindung hätte es ermöglicht, japanisch zu schreiben, ohne andere phonetische oder ideographische chinesische Buchstaben zu verwenden, aber die Buchstaben wurden weiterhin ideographisch in Verbindung mit Silbenalphabeten benutzt, teils aus Respekt vor der Tradition, teils weil sie sich besonders gut eigneten, chinesische Wörter auszudrücken, mit denen die Japaner ihr eigenes Vokabular bereichert hatten. Viele dieser entlehnten chinesischen Wörter waren in ihrer japanischen Aussprache nicht zu unterscheiden, auch dann nicht, wenn sie phonetisch in eins der japanischen Silbenalphabete übertragen wurden. Doch die gleichen Wörter konnten nicht verwechselt werden, wenn man sie ideographisch in den ursprünglichen chinesischen Buchstaben schrieb. Aus diesen Gründen blieben die chinesischen Ideogramme, ideographisch gebraucht, in der japanischen Schriftsprache erhalten.

Das war nicht weniger kompliziert, als es die Pehlewischrift, die Mischung von Aramäisch und Iranisch, seinerzeit gewesen war, aber diese merkwürdige japanische Schrift wurde zum Träger für eine hochentwickelte Literatur, die ihre Blütezeit zu Beginn des elften Jahrhunderts hatte. Das Hauptwerk dieser Periode ist die *Erzählung vom Prinzen Genji* der Hofdame Murasaki Shikibu.

So war China, dessen Einwohner einst glaubten, sie seien die einzige Zivilisation der Welt, zum »Reich der Mitte« geworden, von kulturellen Satelliten umgeben, die alle die chinesische Kultur angenommen und verschieden entwickelt hatten. Darüber hinaus stand Ostasien als Ganzes bereits mit anderen Teilen der Welt in Wechselbeziehung. Der Buddhismus, aus Indien gekommen, hatte sich in China, Japan, Korea und Vietnam verbreitet; und nun bahnte sich auch zu Wasser und zu Lande eine Verbindung mit der islamischen Welt jenseits des indischen Subkontinents an.

60

DIE MITTELAMERIKANISCHE UND DIE ANDENZIVILISATION VON 900 BIS 1428

Das klassische Zeitalter der mittelamerikanischen Welt (von rund 300 bis 900) war in einer Katastrophe untergegangen. Auf der mexikanischen Hochebene war zuerst Teotihuacán um 600 und dann Cholúla um 800 von Barbaren aus dem Norden erobert und geplündert worden. Die mittlere Region, in der die Mayaform der mittelamerikanischen Zivilisation ihre Blüte erlebt hatte, wurde im Laufe des neunten Jahrhunderts verlassen. Im frühen zehnten Jahrhundert drang eine neue Barbarenhorde aus dem Norden, die Tolteken, in das Kulturland südlich der Wüste ein. Die Tolteken unterschieden sich von ihren Vorgängern dadurch, daß sie nicht nur zerstörten, sondern so viel von der Kultur übernahmen, die sie vorfanden, daß sie daraus einen eigenen Stil entwickeln konnten. Ihre Hauptstadt Tollan nördlich der mexikanischen Seen kann sich mit Teotihuacán nicht messen, doch ihre Baukunst und Bildhauerei sind eindrucksvoll.

Die Tolteken und ihre Nachfolger in der »nachklassischen« Phase der mittelamerikanischen Geschichte waren Kriegervölker wie schon die Olmeken und im neunten Jahrhundert die Maya im Usumacintatal (zumindest nach den grausamen Wandmalereien von Bonampak zu urteilen). Im »nachklassischen« Zeitalter wurde der Militarismus zum beherrschenden Faktor des Lebens in Mittelamerika.

In den Beginn dieser Epoche fällt auch die Übernahme der Metallbearbeitung aus dem Andengebiet. Diese Technik erreichte die Westküste Mexikos wahrscheinlich aus Ekuador. Im Andengebiet wurde Kupfer und später auch Bronze zur Anfertigung von Waffen und Werkzeugen verwandt; aber mit Ausnahme der Tarasken im Hinterland der Pazifikküste folgten die mittelamerikanischen Schüler der Andenmetallurgen ihren Lehrern darin nicht. Sie wurden außerordentlich geschickte Gold- und Silberschmiede, doch als die Azteken im sechzehnten Jahrhundert den Spaniern entgegentraten, trugen sie noch immer Waffen aus Stein und Holz. Es ist eigenartig, daß ein so kriegsbesessenes Volk wie die Azteken niemals seine Schmiede beauftragt hat, Schwertklingen und Speerspitzen aus Metall herzustellen, wie es seine Nachbarn und Gegner, die Tarasken, offenbar getan hatten.

Tollan wurde wie zuvor Cholúla und Teotihuacán, La Venta und San Lorenzo in der zweiten Hälfte des zwölften Jahrhunderts gewaltsam zerstört. Vorher war der toltekische Gründer der Stadt, Topiltzin, von einem feindlichen Zweig des Stammes vertrieben worden, und er soll sich aufs Meer geflüchtet haben. Die Tolteken überlieferten ihren Nachfolgern, den Azteken, die Weissagung, er werde eines Tages vom Meere zurückkehren. Topiltzin scheint zur Yucatánwestküste gesegelt zu sein und dort ein kleines Reich mit der Hauptstadt Chichén gegründet zu haben. Dort ist nach den Berichten der Yucatánmaya ein Eroberer namens Kukulkán aus dem Westen um 987 an Land gegangen. In der Mayasprache heißt Kukulkán »gefiederte Schlange«, und das ist auch die Bedeutung des Beinamens des exilierten Toltekenkönigs Topiltzin – »Quetzalcoatl«, ein mexikanischer Gott in Gestalt einer gefiederten Schlange, mit dem Topiltzin identifiziert wurde. (Topiltzins Vergehen in den Augen jenes Toltekenstammes, der ihn verstoßen hatte, ist vielleicht die Verehrung dieses Gottes gewesen, der bußfertigen Gehorsam verlangte, aber Menschenopfer mißbilligte.)

Der von Kukulkán-Quetzalcoatl gegründete Staat in Nordwestyucatán bestand von 987 bis 1224. Hier entstand eine Mischung aus toltekischer und Mayaarchitektur, bildender Kunst, Religion und Sitten und Gebräuchen. Der toltekische Geist manifestierte sich in einer besessenen Vorliebe für Menschenopfer. Topiltzin, wenn er tatsächlich mit Kukulkán identisch ist, mag einem Teil der Tolteken nicht grausam genug gewesen sein, aber die von ihm begründete toltekisch-mayanische Mischzivilisation in Yucatán war noch blutrünstiger als der Staat der Maya vor der Einwanderung der Tolteken. Die Grausamkeit der Herrscher von Westyucatán ist festgehalten auf einer mit Menschenschädeln dekorierten Plattform in Chichén; und sie verrät sich auch in den Skeletten, die man vom Boden des großen »Zenote« herausgeholt hat. (Ein Zenote ist ein brunnenartiger Teich in einem Felsen, in dem dem Regengott Menschenopfer dargebracht wurden.)

Nachdem die Tolteken aus Chichén verschwunden waren, setzte sich ein Wanderstamm der Maya, die Itzá, dort fest. 1283 baute ihr Anführer, der sich in Anlehnung an den toltekischen Gründer von Chichén auch Kukulkán nannte, zwischen Chichén und der Westküste von Yucatán die Stadt Mayapán. Sie war die erste ummauerte Stadt in der Mayaregion und blieb die Hauptstadt von Nordwestyucatán, bis sie 1461 in einem Bürgerkrieg zerstört und verlassen wurde.

In der Itzáphase der Geschichte Yucatáns wie in der vorangegangenen toltekischen mischte sich die Mayaform der mittelamerikanischen Kultur mit Elementen, die aus der mexikanischen Hochebene kamen; und einer aus der Reihe der in Mayapán regierenden Itzáclans ergriff dort die Macht mit Hilfe von verbannten mexikanischen Söldnern.

Obwohl Mayapán von einer Mauer umschlossen war, ist es nicht nach einem Plan angelegt worden wie die mauerlose Stadt Teotihuacán. Im Gegensatz dazu hatte die Stadt Chanchán an der Nordwestküste Perus einen rechtwinkligen Gittergrundriß wie Babylon oder Alexandria.

Im Andengebiet folgt dem Erlöschen der Tiahuanácokultur eine Spätphase, die etwa in die Zeitspanne von 1000 bis 1430 fällt und in der die Andenwelt weder eine politische noch kulturelle Einheit bildete. Doch zumindest in den Küstenebenen war sie in nicht mehr als drei Staaten geteilt

– Chimú, Cuizmanco, Chincha, die man als »Großreiche« bezeichnen könnte, wenn man sie mit dem politischen Zustand früherer Jahrhunderte vergleicht, in denen fast jedes Flußtal ein selbständiger Zwergstaat war.

Wenn wir die Geschichte der Andengebiete und die Griechenlands synoptisch betrachten, so können wir die Blütezeit der Andengeschichte mit den vier Jahrhunderten der hellenischen Geschichte bis 334 v.Chr. gleichsetzen, als die Stadtstaaten die häufigsten politischen Gemeinschaften waren. In beiden Perioden blühten die Künste. Und die Küstenstaaten des Andengebietes in der Periode nach der Tiahuanácozeit entsprechen den von den makedonischen Eroberern gegründeten Nachfolgestaaten des persischen Reiches.

Die Küstenstädte in dieser Phase der Andengeschichte waren die Hauptstädte von Reichen, zu denen sich jeweils mehrere Täler zusammengeschlossen hatten. In jedem Staat wurde die Bevölkerung in der Hauptstadt konzentriert und das Bewässerungssystem reorganisiert, damit das Wasser aus den Tälern für das Land in der Nähe der volkreichen Hauptstadt genutzt werden konnte. Die Größe der Städte ist so eindrucksvoll, daß die Archäologen diese Periode der Andengeschichte das »Zeitalter des Städtebaus« genannt haben. In der Blütezeit hatte es Städte solchen Ausmaßes wie Chanchán, die Hauptstadt von Chimú im Mochetal, nicht gegeben. Andererseits kann sich die Handwerkskunst wie zum Beispiel die Töpferei des Städtebauzeitalters nicht mit der der Blütezeit messen. Das Städtebauzeitalter war prosaisch; es tat sich nicht in den dekorativen Künsten, sondern in der Herstellung von Metallwerkzeugen hervor.

Chanchán bestand aus großen rechteckigen Vierteln, die mit festen Lehmziegelmauern umschlossen waren. Sie scheinen nicht dem Schutz gedient zu haben, denn der Staat Chimú wurde an seinen Grenzen verteidigt. Die Stadt war die größte der Andenwelt und blieb es, bis sich in der Neuzeit Lima zur Großstadt entwickelte. Das am meisten verehrte Heiligtum dieses Zeitalters lag jedoch nicht in Chanchán, sondern im Gebiet von Cuizmanco. Es hieß Pachacámac nach dem Gott, der dort verehrt wurde und keine Lokalgottheit, sondern ein Landesgott war. Pilger aus allen Teilen des Landes strömten zu seinem Heiligtum in Cuizmanco.

61

DIE ISLAMISCHE WELT VON 945 BIS 1110

Die Besetzung Bagdads durch die schiitisch-iranischen Bujiden machte deutlich, daß der im neunten Jahrhundert begonnene Zerfall des Abbasidenreiches nicht rückgängig zu machen war. Die Bujiden waren nicht die ersten, die sich *de facto* zu Herren auf abbasidischem Boden gemacht hatten, aber die ersten, die das Kernstück des Reiches, den Irak, okkupierten und von dort das Kalifat unmittelbar beherrschten. Damit erreichte die Eroberung der Macht im islamischen Staat durch die Iraner auf Kosten der Araber ihren Höhepunkt. In religiöser Hinsicht schien dies einen Sieg der Schiiten zu bedeuten.

Die schiitischen Fatimiden, die 909 in Nordwestafrika die sunnitischen Aghlabiden gestürzt hatten, strebten auch danach, mit Hilfe von Berberstämmen die Abbasiden zu verdrängen. 969 gelang es ihnen, Ägypten zu besetzen. Vorher schon, 890, hatten die Karmaten, eine ebenfalls schiitische Gemeinschaft, einen Staat im Irak zu errichten versucht. Sie wurden von den Abbasiden aus dem »fruchtbaren Halbmond« verdrängt, fanden jedoch sichere Operationsbasen in Nordwestarabien und auf den Bahrein-Inseln, von wo aus sie Raubzüge nicht nur in den Irak, sondern auch nach Mekka unternahmen. Sie entführten 930 den heiligen schwarzen Stein der Kaaba (er wurde 951 zurückgegeben). Andere schiitische Sekten, die sich selbständig gemacht hatten, waren die Saiditen, die von 864 bis 928 an der kaspischen Küste des Iran herrschten und 897 einen zweiten Staat im Jemen gründeten, und die Ismailiden, die sich 977 der Stadt Multan (im heutigen Pakistan) und 985 eines Teiles des Landes Sind (in Westpakistan) bemächtigten. Die einzigen nennenswerten Teile des islamischen Reiches, die sich gegen Ende des ersten Jahrtausends behaupteten, waren der abbasidische Nachfolgestaat des iranischen Samanidenreiches in Transoxanien und Chorosan und das Emigrantenkalifat der Omaijaden in Spanien, und diese Omaijaden standen den Abbasiden ebenso feindlich gegenüber wie die Schiiten. 985 sah es ganz so aus, als solle die islamische Welt zwischen den Iranern und den Berbern geteilt werden. Eine Wiedervereinigung schien nur unter der Führung der ismailidischen und fatimidischen Schiiten möglich.

Diese beiden Hauptträger des Islams hatten jetzt nicht nur die politische, sondern auch die kulturelle Vorherrschaft. Der epische Dichter Firdausi (934-1020), der Philosoph Ibn Sina (Avicenna) (980-1037) und der Astronom und Geograph Biruni (973-1048) waren Iraner. Von etwa 970 an gaben die ismailidischen »Reinen Brüder« (Ikhwan-as-Safa) in Basra eine Enzyklopädie heraus, und 973 gründeten fatimidische Ismailiden eine theologische Schule in der Moschee Azhar in der neuen Hauptstadt Kairo. Im großen und ganzen war die Auflösung des Abbasidenreiches für die Literatur und Kunst von Vorteil. Die Zahl der potentiellen Gönner und Förderer der Künstler wuchs mit der Vermehrung der Hofhaltungen.

Die iranische Form der islamischen Kultur hatte sich durchgesetzt. Sie drückte sich literarisch in der neupersischen Sprache (Parsi) aus. Politisch aber erfüllten sich die Hoffnungen der Schiiten nicht. Schon ab 1085 herrschten wieder sunnitische Regierungen in allen Teilen der islamischen Welt mit Ausnahme von Ägypten, doch die dortigen sunnitischen Moslems hatten sich nie zu der Konfession ihrer fatimidischen Regenten bekannt. Noch saßen Abbasiden auf dem Kalifenthron in Bagdad, und noch immer standen sie unter Vormundschaft; aber seit 1055 waren ihre Herren nicht mehr die schiitisch-iranischen Bujiden, sondern die sunnitisch-türkischen Seldschuken. Die Türken hatten die Iraner als die Beherrscher des asiatischen Teils der islamischen Welt fast überall mit Ausnahme der arabischen Halbinsel verdrängt.

Die Schiiten hatten von 656 bis 661 und von 747 bis 750 die Gelegenheit versäumt, die Macht zu ergreifen; von 969 bis 1055 verpaßten sie abermals ihre Chance. Die Fatimiden und die Karmaten, beide Schiiten der ismailidischen Konfession, schlossen sich nicht zusammen. Den Karmaten war es um soziale Gerechtigkeit zu tun, während die Fatimiden vor allem auf ihr eigenes ererbtes göttliches Recht pochten. Beide Dynastien standen einander feindlich gegenüber. Die Bujiden, ebenfalls Schiiten, doch keine Ismailiden, hielten sich beiden fern. Sie waren lieber die Herren der Abbasiden als die Untergebenen der Fatimiden, was die einzige Alternative gewesen wäre. Die zahlreichen nichtismailidischen Konfessionen und Sekten des Schiitentums stimmten miteinander und der sunnitischen Mehrheit der Moslems darin überein, daß sie die Herrschaft der Ismailiden ablehnten. Diese gründeten in ihrer Ohnmacht um 1090 einen Geheimbund, die Assassinen, zu deren ersten Taten die Ermordung des iranischen Ministers der Seldschuken gehörte.

Für die Völker der moslemischen Welt waren das zehnte und elfte Jahrhundert Leidenszeiten. Der Zerfall des einigen islamischen Reiches war mit einem Niedergang von Recht und Ordnung verbunden. Das Regime der Bujiden in Bagdad und das der Seldschuken, das ihm folgte, brachten nur eine örtlich begrenzte und vorübergehende Besserung. Der Islam wurde jetzt von christlichen Angriffen bedroht und, was schwerer wog, von barbarischen Wanderhirtenstämmen, die sich zwar auch Moslems nannten, aber eigentlich nicht zum Islam gezählt werden konnten.

Die Oströmer nahmen 961 Kreta, 965 Tarsos und 969 Antiochia ein – im selben Jahr, in dem die Fatimiden Ägypten eroberten. In den nächsten hundert Jahren stritten sich Fatimiden und Oströmer um den Besitz von Syrien, bis sie beide zuerst von den Seldschuken und dann 1098/1099 von den

Kreuzfahrern verdrängt wurden. Zwischen 1060 und 1090 eroberten die Normannen Sizilien; 1085 entriß Alfons VI. von Kastilien den spanischen Moslems Toledo.

Größeres Leid und schwerere Zerstörung richteten die jetzt entfesselten Nomaden an – Türken, Araber und Berber. 999 teilten sich zwei türkische Dynastien in den iranischen Samanidenstaat. Seit dem Anfang des neunten Jahrhunderts waren Türken als Söldner und Sklaven in die islamische Welt gekommen, hatten sich erhoben und sich zeitweise zu Herren der arabischen Kalifen gemacht. Am erfolgreichsten war der Stamm der Seldschuken, die den Ehrgeiz hatten, ein eigenes Reich zu gründen, was ihnen vorübergehend gelang, als sie 1055 die Bujiden als die Herren der Abbasiden ablösten. Ihre nomadischen Untertanen verlangten nach Weiden und nach Beute, und um sie loszuwerden (sie hatten schon den Iran heimgesucht), wurden sie 1046 auf Armenien und nach 1071 auf Kleinasien losgelassen.

Zwei arabische Nomadenstämme wurden von den Fatimiden als Vergeltung für den Abfall der dortigen fatimidischen Vizekönige nach Nordwestafrika gelenkt. Die Olivenhaine, durch die zur Zeit der Karthager und Römer diese Region reich geworden war, hatten sowohl die Eroberung durch die Wandalen als auch den ersten Ansturm der Araber überstanden. Die Zerstörungen durch die zweite Araberinvasion jedoch waren nicht wiedergutzumachen. Dies war keine militärische Operation, sondern eine Masseneinwanderung. Die westwärts ziehenden arabischen Nomaden erreichten den Atlantik nicht. Ihr Weg wurde durch Berbernomaden aus der Sahara blockiert, angeführt von einer Sekte strenggläubiger Sunniten, den Almoraviden. Als diese 1086 und 1090 nach Spanien übersetzten und die Omaijaden in Spanien stürzten, denen sie angeblich gegen die Kastilier zu Hilfe kommen wollten, erkannten die spanischen Moslems zu spät, daß die Herrschaft der Christen das kleinere Übel gewesen war.

Im westlichen Mittelmeerraum und in Syrien erlitt der Islam Rückschläge durch die Christen. Gleichzeitig konnte er jedoch seine Grenzen in Kleinasien und Indien erweitern. Die Türken der Ghasnawidendynastie erschlossen dem Islam Neuland und brachten im elften Jahrhundert das ganze Indusbecken unter sunnitisch-moslemische Herrschaft. Die Seldschuken gründeten nach ihrer kurzen Herrschaft über den Irak und Iran im Herzen des früheren oströmischen Kleinasien den sunnitischen Moslemstaat Rum, der von 1077 bis 1308 bestand.

Die Türken waren über den Iran in die islamische Welt eingedrungen, und sie kamen erst dann in großer Zahl, als die Iraner eine glanzvolle eigene Form der islamischen Kultur geschaffen hatten, ohne ihre Stammessprache aufzugeben. In dieser iranischen Form wurde der Islam südostwärts nach Indien und nordwestwärts in den Bereich des orthodoxen Christentums getragen. Seine Expansion auf Kosten dieser beiden benachbarten Kulturen seit dem elften Jahrhundert glich die im Westen und in Syrien deutlich spürbaren Verfallserscheinungen aus.

So breitete sich die islamische Religion sichtbar aus, während der islamische Staat zerbrach. Theoretisch ist der einheitliche Staat der unerläßliche Rahmen einer Religion, aber die Theorie wurde von der Praxis widerlegt, und der Islam konnte sich auch ohne die Unterstützung einer starken Zentralregierung behaupten und entfalten. Dies hatte bei den Moslems eine Folge von großer Tragweite: Es entstand eine veränderte Auffassung vom Wesen Gottes und von der Beziehung der Gläubigen zu Gott. Sie löste die erste Welle von Bekehrungen in großer Zahl unter den nichtmoslemischen Untertanen der Staaten aus, die früher zu dem vereinten islamischen Reich gehört hatten.

Das politische Motiv für diese Massenbekehrungen liegt auf der Hand. Die nichtmoslemische Mehrheit der Bevölkerung dieser Staaten war durch die ihr auferlegte *Pax Islamica* geschützt gewesen. Als die politische Einheit zerbrach, suchten die Untertanen, moslemische wie andersgläubige, nach einer anderen Sicherheit. Sie erkannten, daß der islamische Glauben eine stärkere Überlebenskraft hatte als der islamische Staat, und das bewegte die nichtmoslemischen Untertanen, die Religion ihrer früheren Herrscher anzunehmen. Größere Sicherheit bot es jetzt, ein Moslem zu sein als ein ehemaliger Untertan eines Reiches, das dem Sturm der Zeit nicht hatte trotzen können. Der Anreiz zur Bekehrung war jetzt nicht mehr nur das Streben nach politischer und wirtschaftlicher Sicherheit, sondern vor allem die quälende Sorge ums Überleben.

Die Form des Islams, die am zukunftsreichsten schien, war die Religionsrichtung der orthodoxen Sunniten. Die Bujiden hatten dem Rechnung getragen, als sie das abbasidische Kalifat bestehen ließen, obwohl es keine wirksame Regierung für einen sunnitischen Einheitsstaat mehr war. Das Kalifat war aber noch immer ein Symbol des geistigen und gesellschaftlichen Zusammenhaltes der sunnitisch-moslemischen Gemeinschaft. Darüber hinaus hatte die »Sunna« (»das Herkommen«) im Gegensatz zur ismailidischen Version der »Schia« (»die Partei«) mehr Verantwortungsgefühl für die menschlichen Bedürfnisse entwickelt. Gott, so wie ihn Mohammed erlebt hatte, war der israelitische Gott des Pentateuchs gewesen, unnahbar und unerklärbar. Daher war den orthodoxen Sunniten jeder Versuch verdächtig, die Kluft zwischen Gott und Mensch zu überbrücken – er erschien ihnen als eine frevelhafte Verletzung der göttlichen Transzendenz. Die ungebildeten Moslems des elften Jahrhunderts wußten zweifellos nicht, daß die Propheten Israels und Judas und ihre Nachfolger, die Pharisäer und Christen, den Gott des Pentateuchs in einen Gottvater verwandelt hatten. Aber ein solcher liebender und liebenswerter Gott war es gerade, nach dem sich die ehemaligen Untertanen des zerfallenen islamischen Reiches sehnten, und in ihrer Stunde der Not half ihnen der iranische Philosoph und Mystiker Al-Ghasali (1058-1111).

Er war wie Augustinus ein erfolgreicher Wissenschaftler, der freiwillig seinen Lehrstuhl aufgab, aber sich nicht wie dieser mit Kirchenpolitik befaßte, sondern sich elf Jahre in die Einsamkeit zurückzog, um das Erlebnis der unmittelbaren Beziehung zu Gott zu erfahren. Er verwarf nicht die sunnitische Orthodoxie, doch vermenschlichte er sie, indem er sie mit Mystik erfüllte. Als die Sunniten ihm schließlich folgten, gab er dem sunnitischen Islam neue Lebenszuversicht. Al-Ghasali gewann das Vertrauen der Gläubigen durch die Ablehnung und Bekämpfung von zwei unpopulären Bewegungen: des ismailidischen Schiitismus und der rationalistischen Philosophie. Die Ismailiden waren nicht beliebt, weil sie heimlichtuerische und gewalttätige Revolutionäre waren, und die Philosophen fanden keine Anhänger, weil das freie Denken in einem gefährlichen Zeitalter als ein zu kostspieliger Luxus betrachtet wurde. Um diese beiden Schreckgespenster zu vertreiben, stellte Al-Ghasali die Mystik in den Dienst des sunnitischen Islams. Hätte er auf die Mystik verzichtet, dann hätte der Islam die Herzen der Menschen nicht gewinnen können.

62

DIE BYZANTINISCHE WELT VON 927/928 BIS 1071

Die beiden wichtigsten Ereignisse in diesem Abschnitt der byzantinischen Geschichte sind die Bekehrung Rußlands zur orthodoxen Form des kalchedonischen Christentums im Jahre 989 und der militärische Zusammenbruch des Oströmischen Reiches 1071, der für die Griechen verhängnisvoll wurde. Im siebenten Jahrhundert war das Reich trotz seines römischen Namens *de facto* griechisch geworden, und die Rückschläge, die es erlitt, waren demnach zugleich Rückschläge für das griechische Volk. Die byzantinische Kultur hingegen war zu jener Zeit nicht mehr allein vom Schicksal des griechischen Volkes und des Oströmischen Reiches abhängig – sie hatte schon drei slawisch sprechende Völker – die Bulgaren, Serben und Russen – und die Georgier und Alanen in Kaukasien erfaßt.

Das Auf und Ab in der militärischen Geschichte Ostroms in diesem Zeitalter erscheint paradox, wenn man es isoliert betrachtet, doch verständlich im Lichte der wirtschaftlichen und sozialen Lage des Reiches. Von 926 bis 1045 ist die oströmische Kriegsgeschichte eine Folge von beständigen, wenn auch opferreichen Siegen. Die Wende im fünften Jahrzehnt des elften Jahrhunderts und die aufsehenerregenden Niederlagen an der armenischen wie an der apulischen Front erklären sich durch die ihnen vorausgehenden Fehlschläge einer Reihe von die Landwirtschaft betreffenden kaiserlichen Erlassen vom Beginn des zehnten Jahrhunderts bis zum Jahre 1012. Die Revolten der oströmischen Landaristokratie in Kleinasien von der Mitte des zehnten bis zur Mitte des elften Jahrhunderts können im Rückblick als Vorspiel zu der Eroberung Kleinasiens durch die türkischen Seldschuken gesehen werden – die oströmischen Gutsherren hatten ihren Besitz ungebührlich auf Kosten der freien Bauern ausgedehnt, aus denen sich die oströmische Bauernmiliz rekrutierte.

Diese Miliz hatte Kleinasien erfolgreich gegen arabische Angriffe verteidigt, solange das Oströmische Reich sich in der Defensive befand. Eine bewaffnete Bauernschaft war in der Tat eine wirksame Waffe im Abwehrkrieg. Sie verteidigte fruchtbares Land, das ihr selber gehörte, und hatte daher allen Grund, ihre militärische Pflicht gewissenhaft zu erfüllen. Die Kosten für den Staatsschatz waren gering, denn die Bauern lebten vorwiegend von ihrem eigenen Land und zahlten mehr an Abgaben, als sie an Sold empfingen. Aber die Miliz war kein gleichermaßen schlagkräftiges Instrument in einem Angriffskrieg, wenn es galt, fremdes Territorium zu erobern und zu halten.

Selbst in den drei Jahrhunderten bis 926, in denen sich die oströmische kriegerische Aktivität auf die Abwehr beschränkt und die Bauernmiliz ihren eigenen Besitz verteidigt hatte, waren die Bauern nur widerstrebend bereit gewesen, ihre Zeit für die soldatische Ausbildung zu opfern. Ihnen erschien es wichtiger, ihr Land zu bebauen und ihren Viehbestand zu pflegen, damit sie genug produzieren konnten, um ihre Familien zu unterhalten, die Abgaben zu bezahlen und eine militärische Ausrüstung zu kaufen. Die Besteuerung war hoch, und die Steuereintreiber waren streng und oft korrupt. Die harte Besteuerung trug dazu bei, die Bauern der Regierung zu entfremden. Im siebenten Jahrhundert hatten die Araber Kleinasien auch deshalb nicht erobern können, weil die einheimische Bevölkerung entschlossen war, ihr Land zu verteidigen – um 1071 hingegen war die Bauernschaft willens, die fremden Eindringlinge zu dulden und in vielen Fällen sogar zu begrüßen, wie es die Bauern Syriens und Ägyptens seit 633 getan hatten.

Die Beziehungen zwischen der Bauernschaft und der aufstrebenden Landaristokratie im östlichen Kleinasien waren paradox. Die militärischen Fähigkeiten der Bauern hatten den Aufstieg des Landadels überhaupt erst ermöglicht. Obwohl die moslemischen Überfälle zu Wasser und zu Lande auf oströmisches Gebiet bis zur Rückeroberung von Kreta 961 und von Tarsos 965 nicht aufhörten, hatte sich das Kriegsglück schon 863 zugunsten Ostroms gewendet. Von da an verbesserte sich die Sicherheit in Kleinasien zunehmend, Landbesitz wurde zu einer attraktiven Investition, und die finanziellen Nöte der Bauern boten den reichen Grundherren Gelegenheiten, ihre Güter zu günstigen Preisen zu vergrößern, obwohl der Besitz der Bauern als Gegenleistung für ihre Kriegsdienste nominell unveräußerlich war. Eine Hungersnot als Folge des ausnehmend harten Winters 927/928 tat ein übriges; aber es wäre nicht so weit gekommen, wenn die Bauern nicht schon längst unter zu schweren Steuerlasten zu leiden gehabt hätten.

Die Ausnutzung des Hungerjahres 927/928 durch Bodenspekulanten war so schändlich, daß sie die Regierung zu einer Agrargesetzgebung veranlaßte. Die aber wurde schon 1028 wieder zu Fall gebracht. Die Regierung und der Adel in Kleinasien stritten sich über die Aneignung des landwirtschaftlichen Mehrertrages – die Frage war, ob er der Regierung in Form von Steuern oder den Großgrundbesitzern in Form von Pachtzahlungen zukommen sollte. (Der größte Teil des oströmischen Bruttosozialprodukts stammte aus der bäuerlichen Landwirtschaft.) Als freier Bauer wurde der kleine Landbesitzer schonungslos besteuert; als Pächter eines Großgrundbesitzers übertrug er diesem die Last der Verhandlung mit dem kaiserlichen Steuereinnehmer, aber dafür war er seinem Herrn auf Gnade und Ungnade ausgeliefert.

Die Regierung wollte den Adel zur Hergabe des Landes veranlassen, das er unbillig und oft illegal seit 927/928 erworben hatte. Der Kampf erreichte seinen Höhepunkt unter Basilios II., als sich Edelleute in bewaffneten Aufständen von 976 bis 979 und wieder von 987 bis 989 gegen ihn erhoben. Sein Gegenschlag war heftig: Er verfügte 1003/1004, daß die Verantwortung für das gesamte Steueraufkommen eines Bezirks auf die reichen Landherren beschränkt bliebe und daß die Armen von den Abgaben befreit würden. Doch schon 1028 wurde diese Anordnung unter dem Druck des Landadels von Basilios' Bruder und Nachfolger Konstantin VIII. zurückgenommen. Des Basilios postume Niederlage hatte den gleichen Grund wie der Mißerfolg Wang An-schis in China 1085/1086: Im Oströmischen wie im Chinesischen Reich waren die einzigen Mitarbeiter, auf die sich ein reformfreudiger Herrscher stützen konnte, illoyale und unehrliche Beamte, in deren persönlichem Interesse es lag, die Reformmaßnahmen zu sabotieren, deren Ausführung ihre Pflicht gewesen wäre.

Kaiser Basilios II. stand sowohl mit seinen Beamten wie mit seinen rebellischen adligen Untertanen in Kleinasien auf dem Kriegsfuß. Er versuchte, die Bauernschaft vor den einen wie den anderen zu schützen, wenn auch nicht im Interesse der Bauern, sondern des Staates. Die Beamten betrachteten den Adel in Kleinasien als ihren Gegner, denn normalerweise und wenn nicht gerade ein so tatkräftiger Kaiser wie Basilios auf dem Throne saß, regierten die Beamten in des Kaisers Namen. Das Ziel des Adels war entweder, selber zu regieren, oder zumindest, unabhängig zu bleiben. Adel und Bauernschaft betrachteten einander mit gemischten Gefühlen, die Adligen haßten die kaiserlichen Steuereinnehmer, denn obwohl sie selber Wege fanden, keine Steuern zu zahlen, sahen sie auch, daß die harte Besteuerung die Kriegstüchtigkeit der Bauernmiliz schwächte. Ihre Macht aber beruhte auf dem Befehl über die Miliz – eine Funktion, die mit der Statthalterschaft verbunden war. Die Bauern haßten zwar die landgierigen Adligen, doch waren sie ihnen andererseits dankbar für ihre Hilfe gegen die Steuereinnehmer und bewunderten ihre militärische Tüchtigkeit, so daß sie ihnen nicht nur in den Kriegen *für* das Reich, sondern auch in Rebellionen *gegen* das Reich folgten. Die fünf Aufstände in Kleinasien zwischen 963 und 1057, in erster Linie gegen die Steuereinnehmer gerichtet, wären nicht so gewalttätig gewesen, hätten sie nicht die Unterstützung der Bauern gehabt. Die letzten beiden Revolten endeten in Niederlagen, aber Basilios II. hätte sie ohne ausländische Söldner nicht niederschlagen können.

Die Ersetzung der Bauernmiliz durch einheimische und ausländische Söldner war eine der Ursachen für den Zusammenbruch des Reiches im Jahre 1071. Die oströmische Armee bestand schon immer zum Teil aus Berufssoldaten, doch war dieser Anteil bis zur Regierungszeit von Basilios II. gering gewesen. Man wollte schon lange die Bauern von ihrer militärischen Dienstpflicht befreien und sie ganz für ihre landwirtschaftliche Arbeit freisetzen, nicht zuletzt auch deshalb, weil die bewaffneten Bauern in Kleinasien die Hauptstütze der Militärmacht der widerspenstigen Adligen waren. Basilios' Vorgänger Nikephoros II. Phokas (963-969) war unschlüssig – einerseits wollte er die Bauernmilizen erhalten, die seine Soldaten und seine Landsleute waren, andererseits wünschte er sich ein Berufsheer, um Eroberungszüge unternehmen zu können, wofür sich die Miliz nicht eignete.

1071 mußte der glücklose Kaiser Romanos IV. Diogenes den Seldschuken mit Söldnertruppen entgegentreten, deren Diensteifer allein von der Höhe des Soldes abhängig war.

Die Eroberung der moslemischen Operationsbasen auf Kreta und in Kilikien durch Nikephoros II. war die Kosten wert. Seine Nachfolger Johannes I. Tzimiskes (969-976) und Basilios II. führten einen siebenunddreißigjährigen Krieg mit Bulgarien, der 1018 mit der Eroberung des Landes endete, aber nicht nur für die Besiegten, sondern auch für den Sieger unheilvolle Folgen hatte. Bulgarien verlor für 167 Jahre seine Unabhängigkeit, und die finanzielle, wirtschaftliche und soziale Belastung des Oströmischen Reiches war so schwer, daß es sich nicht mehr davon erholte.

Im Jahre 1040 holten sich die Oströmer Syrakus zurück, das sie 878 verloren hatten; doch im nächsten Jahr besetzten die Normannen Melfi und damit eine Schlüsselstellung Ostroms in Apulien. 1045 gelang es den Oströmern noch einmal, Armenien zu annektieren. Die neue Provinz wurde indessen alsbald von den Seldschuken bedrängt, da nun die Armenier selber ihr Land nicht mehr verteidigten.

Die Normannen schlossen ihre Eroberung der oströmischen Besitzungen in Apulien und Kalabrien mit der Einnahme von Bari ab. Im selben Jahr geriet Kaiser Romanos IV. in Armenien in die Gefangenschaft der Seldschuken und verlor den größten Teil Kleinasiens, das Herz des Reiches seit dem siebenten Jahrhundert.

Nun waren zum erstenmal die oströmischen Territorien in Europa ausgedehnter als die Besitzungen in Asien. Aber auch die Herrschaft über den Balkan war unsicher. Zwar blieben ab 1071 die Bulgaren Ostroms Untertanen und die Serben seine Vasallen, doch während die Bevölkerung Kleinasiens seit dem sechsten Jahrhundert Griechisch sprach, bildeten die Griechen in Europa nur noch eine regierende Minderheit. In ganz Südosteuropa war die Herrschaft Ostroms gefährdet.

So war die byzantinische Geschichte während der anderthalb Jahrhunderte bis 1071, vom griechischen und oströmischen Standpunkt aus betrachtet, eine Folge von Fehlschlägen, für die Slawen und orthodoxen Christen hingegen erfolgreich. Die östliche Form des Christentums, zu der sich in Rußland seit 867 eine Minderheit bekannte, wurde Staatsreligion, als Fürst Wladimir von Kiew (»der Heilige«) sich 989 taufen ließ und sich wenig später mit einer griechischen Prinzessin, der Schwester des Kaisers Basilios II., vermählte. Die byzantinische Kultur floß nicht nur durch einen griechischen, sondern auch durch einen bulgarischen Kanal nach Rußland, wobei Bulgarien einen sprachlichen Vorteil hatte. Obwohl Bulgarien von türkisch sprechenden Hunnen und Rußland von germanisch sprechenden Schweden gegründet worden war, sprach die Mehrheit beider Völker slawisch, und das blieb auch nach der Bekehrung zum Christentum so. Die russischen Fürsten holten griechische Architekten und Baumeister ins Land, aber die Bevölkerung übernahm für ihre Liturgie und ihre Literatur den makedonischslawischen Dialekt in der »kyrillischen« Schrift. Durch dieses Medium gelangte viel griechisches Schrifttum in bulgarischer Form nach Rußland. In der zweiten Hälfte des elften Jahrhunderts fiel das Kiewer Reich durch Erbteilungen auseinander, aber Rußland breitete sich geographisch weiter aus, und so gelangte die byzantinische Kultur bis an das Weiße Meer.

Die Kirche in Rußland blieb offenbar von zwei dualistischen Sekten unberührt, die im zehnten Jahrhundert die Vormacht der orthodoxen Kirche in Ostrom und Bulgarien gefährdeten: die Paulizianer und die Bogomilen. Die Paulizianer (nach dem Apostel Paulus) hatten sich in Armenien zusammengefunden und im Nordosten des oströmischen Kleinasiens ausgebreitet. Ein Teil von ihnen wurde von Konstantin V. um 755 bis 757 und dann von Johannes Tzimiskes 972 nach Thrakien verpflanzt. Die bogomilische Sekte war in Bulgarien von einem orthodoxen Priester namens Bogomil (der Name bedeutet entweder »Gottlieb« oder »Der Gottes Gnade verdient«) zwischen 927 und 954 gegründet worden.

In Bulgarien wurden die Bauern, seitdem das Christentum Staatsreligion geworden war, nicht nur von der alteingesessenen Aristokratie, sondern auch von einer habgierigen Geistlichkeit ausgebeutet. Aus Protest gegen den Verrat der ursprünglichen christlichen Ideale durch die Kirche kehrten die Bogomilen zur Askese und zum Zölibat des christlichen Mönchstums zurück. Sie glaubten, die Welt sei von Satan erschaffen, der vielleicht ein älterer Sohn Gottvaters war, und dieser gute Vater habe seinen jüngeren Sohn Jesus auf die Erde gesandt, um Satan zu entthronen und die Menschheit zu erlösen.

Im Gegensatz zu den Paulizianern waren die Bogomilen eifrige Missionare. Ihre Sekte fand in das Oströmische Reich Eingang und breitete sich über Bosnien (damals zwischen der Ostkirche und der Westkirche umstritten) in die Lombardei, in die Toskana und in den Languedoc. In allen kalchedonisch-christlichen Ländern, Rußland ausgenommen, profitierte der Bogomolismus von dem üblen Leumund und der Unbeliebtheit der Geistlichkeit der orthodoxen Kirche.

Um die Mitte des zwölften Jahrhunderts gründeten die Bogomilen in einem Teil Bulgariens eine radikale Untergruppe. Dieser Dragowitschen-Bogomilismus glaubte, daß sich die Prinzipien von Gut und Böse in alle Ewigkeit die Waage hielten; er könnte eine Reaktion auf den noch stärker gewordenen Druck auf die bulgarische Bauernschaft gewesen sein. Die Eroberung Bulgariens durch Ostrom im Jahre 1018 hatte das Feld für die Missionstätigkeit der Bogomilen erweitert, während der oströmisch-bulgarische Krieg von 917 bis 1018 und die grausame Unterwerfung des Aufstandes von 1041 die Not der bulgarischen Bauern vergrößert hatten.

In den anderthalb Jahrhunderten bis 1071 verfiel auch die oströmische Wirtschafts- und Gesellschaftsordnung, was sich unter anderem in dem Mißlingen der Agrargesetzgebung zeigt. Doch gleichzeitig lebte die Mystik wieder auf, und die bildenden Künste im Reich blühten, unberührt von den militärischen Katastrophen von 1071. Der »neue Theologe« Symeon (949-1022) hatte einen nachhaltigeren Einfluß auf das byzantinische Leben als Kaiser Basilios. Die Künstler taten sich in Mosaiken und Flachreliefs in Elfenbein und Metall hervor. Sie knüpften an den hellenischen Stil an, machten jedoch etwas Eigenes daraus. Als diese byzantinische Kunst nach Kiew und Nowgorod verpflanzt wurde , entwickelte sie sich auf dem neuen Boden zu einer spezifisch russischen Kunst. Um 1071, als das Oströmische Reich seinen Verfall erlebte, war Rußland das Land der Verheißung für die byzantinische Kultur wie für die Ostkirche geworden.

DIE CHRISTENHEIT IM WESTEN VON 911 BIS 1099

Auf militärischem Gebiet feierte die westliche Christenheit im ganzen Erfolge, während das Oströmische Reich verfiel. Der Westen wurde schon vor Karls des Großen Tod im Jahre 814 von Wikingern oder Normannen heimgesucht. Der Wendepunkt kam mit dem Sieg Ottos des Großen über die Ungarn in der Schlacht auf dem Lechfeld 955, nachdem seit 896 die Heimsuchungen durch die fremden Aggressoren ihren Höhepunkt erreicht hatten. In diesen sechzig Jahren attackierten die ungarischen Reiter die binnenländischen Regionen Europas, die von den skandinavischen und moslemischen Plünderern bisher verschont geblieben waren. Das Blatt wendete sich endgültig zugunsten des Westens in der zweiten Hälfte des elften Jahrhunderts, der gleiche Zeitraum, in dem das Oströmische Reich seinem Verfall entgegenging.

In beiden Fällen wird der plötzliche Wechsel verständlich, wenn man die vorherigen allmählichen sozialen und kulturellen Veränderungen betrachtet – zum Beispiel die Aufnahme der christlichen Kultur im »Danelaw« in England und in der Normandie und die kluniazensische Reform des Benediktinerordens. Die Assimilation skandinavischer Siedler zeigt, daß die westlich-christliche Lebensart für solche Barbarenstämme, die sich nicht schon der Ostkirche, dem Islam oder dem Judentum verschrieben hatten, attraktiv geworden war. Die von Cluny ausgehende Reformbewegung verdeutlicht, warum: Sie war auf religiösem Gebiet ein Symptom für die Lebenskraft der westlichen christlichen Gesellschaft, die sich nun auch auf anderen Gebieten entfaltete.

Das Christentum hatte zur Zeit der Missionstätigkeit der beiden Slawenapostel in Großmähren auch in dem benachbarten Böhmen Fuß gefaßt. Etwa zwei Jahrhunderte lang gab es dort eine Liturgie in slawischer Sprache neben der lateinischen, die sich schließlich durchsetzte. Aber die slawische Liturgie erleichterte die Verbreitung des Christentums in Polen wie in Rußland. Polen übernahm das westliche Christentum 966, Ungarn zwischen 970 und 1000, Dänemark 974 und die anderen skandinavischen Länder um die Jahrtausendwende. In einigen dieser Länder – zum Beispiel in Norwegen, Schweden und Ungarn – stieß die Bekehrung auf Widerstand. Aber er war schon nicht mehr nachhaltig. Zu diesem Zeitpunkt war der Ruf der westlich-christlichen Kultur bereits unangefochten und besaß große Ausstrahlungskraft.

Das westliche Christentum setzte sich in der zweiten Hälfte des elften

Jahrhunderts auch gegen die Ostkirche und den Islam durch. Zwischen 1041 und 1071 eroberten die Normannen, wie schon erwähnt, die oströmischen Besitzungen Apulien und Kalabrien, zwischen 1060 und 1090 entrissen sie den Moslems Sizilien. Die Apulier sprachen italienisch und unterstanden dem Bistum Rom, so daß die christlichen Normannen ihnen nicht ganz wesensfremd waren, doch für die ostkirchlichen Griechen in Kalabrien und Sizilien und für die dortigen Moslems bedeutete die normannische Eroberung die Unterjochung durch Barbaren. 1085 nahmen die Kastilier unter Alfons VI. Toledo ein, die ehemalige Hauptstadt der Westgoten, die seit 711 moslemisch war. Und 1098/1099 vertrieben westlich-christliche Expeditionsstreitkräfte die Seldschuken aus Antiochia und Edessa und die Fatimiden aus Jerusalem.

Dieser erste Kreuzzug war eine erstaunliche finanzielle, logistische und strategische Leistung. Eine Truppe von Abenteurern vollbrachte, was den Kaisern Nikephoros II. und Johannes Tzimiskes, die über die Hilfsquellen des ganzen Oströmischen Reiches verfügt hatten, nicht gelungen war. Die normannische Eroberung Englands 1066 war eine ähnlich eindrucksvolle Tat, obwohl sie nicht wie die Eroberungen im Mittelmeerraum den Bereich des westlichen Christentums erweiterte, denn das vornormannische England gehörte ja bereits dazu. Sie zeigte jedoch, daß das westfränkische Reich (Frankreich) die Führung in Westeuropa übernommen hatte. Die militärische Macht war nur ein Aspekt einer allgemeinen fränkischen Überlegenheit

Die zweite Hälfte des elften Jahrhunderts in der Geschichte der westlichen Christenheit ähnelt der zweiten Hälfte des achten Jahrhunderts v.Chr. in der hellenischen Geschichte. Nach einer langen Inkubationszeit entfaltete sich plötzlich eine große Zivilisation. Die westlich-christliche Zivilisation bewies ihre Kraft in dem Eifer, mit dem sie von schon gereiften zeitgenössischen Zivilisationen lernte und sich ihrer eigenen griechisch-römischen Vergangenheit bewußt wurde.

Justinians *Corpus Iuris* und des Boethius lateinische Übersetzung von Aristoteles' logischen Schriften wurden wiederentdeckt und begeistert studiert. Dies nach einem »Schlaf« von 450 Jahren. Wassermühlen, eine Erfindung der Syrer, wurden jenseits der Alpen gebaut und betrieben, Zaumzeuge für Zugpferde schon im zehnten Jahrhundert von den Asiaten übernommen. Und zu der Ausrüstung der Kreuzritter gehörte die Armbrust, mit der bereits die Chinesen im Zeitalter der streitenden Reiche von 506 bis 221 v.Chr. bewaffnet gewesen waren.

Im elften Jahrhundert gab man die militärische Ausrüstung nach römischer Art, wie sie von den barbarischen Eroberern des Weströmischen Reiches übernommen worden war, plötzlich auf und übernahm die wirksamere sarmatische, die von den Alanen im fünften Jahrhundert nach Gallien gebracht worden war. Die Vorbilder der normannischen Ritter auf dem Teppich von Bayeux sind Reiter auf sarmatischen Wandbildern in Gräbern des ersten und zweiten Jahrhunderts auf der Krim und der Halbinsel Taman. Aber die Normannen ersetzten den kleinen Rundschild der Sarmaten durch einen dreieckig-spitzen Langschild, der den größtmöglichen Schutz bei geringstem Umfang und Gewicht gewährte. Diese Ritter des elften Jahrhunderts entwickelten eigene Begriffe von Ehre und Würde und waren so standesbewußt, daß sie eine Art weltlicher Bruderschaft bildeten.

Auch nach dem Untergang des Weströmischen Reiches wurden im Westen lateinische Verse in den klassischen griechischen Metren geschrieben, in denen die Prosodie auf dem Wechsel von langen und kurzen Silben basiert. Für die lateinische Sprache, die einen betonten Akzent hat, war diese Art der Versmessung eine Zwangsjacke, von der sie die christlichen Hymnendichter befreiten. Daraus entstand eine akzentuierte lateinische Dichtung, und um 1100 sprengte ein altfranzösisches Heldenepos, der *Chanson de Roland*, den lateinischen Panzer, der bis dahin die Entwicklung der aus dem Latein abgeleiteten romanischen Sprachen gehemmt hatte.

Auf politischem Gebiet erlebte das zehnte Jahrhundert eine partielle Wiederherstellung des Reichs Karls des Großen, nunmehr mit einem sächsischen Kern statt des fränkischen. Otto I., der König des Ostreiches, der die Ungarn zurückgeschlagen hatte, wurde 962 in Rom zum Kaiser gekrönt. Er fügte Burgund und Italien seinem deutschen Stammland hinzu. Das Westreich (Frankreich) behielt seine Selbständigkeit. Hier löste im zehnten Jahrhundert eine neue Dynastie, die Kapetinger, die müde gewordene Karolingerdynastie ab. Im elften Jahrhundert setzten die Normannen leistungsfähige monarchische Regierungen in England, Apulien und Sizilien ein. Ihre militärischen Leistungen wurden noch von ihrer Fähigkeit übertroffen, die eroberten Länder zu reorganisieren und zu verwalten.

Das normannische Königreich Sizilien wurde später mit Neapel und Apulien vereinigt. In Norditalien hatte sich Venedig *de facto* vom Oströmischen Reich gelöst. Die Städte der Lombardei, die zu Beginn des elften Jahrhunderts noch den erblichen Nachfolgern der Statthalter Karls des Großen oder den einzelnen Bistümern unterstanden, machten sich im Laufe der nächsten hundert Jahre zu autonomen, oligarchisch, doch republikanisch regierten Stadtstaaten. Zwei von ihnen, Genua und Pisa, nahmen als praktisch unabhängige Staaten am ersten Kreuzzug teil.

So entstanden im Laufe des elften Jahrhunderts im Westen zwei verschiedene Formen staatlicher Struktur: die republikanische Form des Stadtstaates und die monarchische des Königreiches. Um 1100 waren beide Regierungsformen leistungsfähiger als jedes andere politische System, das nach dem Untergang des Römischen Reiches in Erscheinung getreten war.

Stadtstaaten bildeten sich nicht nur in Oberitalien, sondern auch in Flandern. In beiden Ländern hatte es zur gleichen Zeit eine starke Bevölkerungszunahme gegeben, und diese hatte das Wachstum von Handel und Gewerbe zur Folge. Schon 992 räumte Basilios II. der Republik Venedig Handelsprivilegien als Bezahlung für Dienste ein, die venezianische Schiffe dem Oströmischen Reich geleistet hatten. Auch in den griechischen Gewässern dominierte die venezianische Schiffahrt. Als die Kreuzfahrer ihre Fürstentümer an der syrischen Küste errichteten, profitierten auch die anderen seefahrenden oberitalienischen Stadtstaaten davon – neben Venedig besorgten Genua und Pisa die Verbindung mit Westeuropa. An dem Machtzuwachs, den der Westen auf Kosten Ostroms und des Islams gewann, hatte Oberitalien den größten Anteil.

Auf religiösem Gebiet drückte sich das Wiedererwachen des westlichen Christentums im zehnten und elften Jahrhundert in einer Reihe von Reformen aus, an deren Anfang die Gründung der Benediktinerabtei Cluny steht. Die kluniazensische Reformbewegung breitete sich über ganz Westeuropa aus, und viele ältere Klöster schlossen sich unter der Führung von Cluny zu einer Kongregation zusammen. Aber schon am Ende des elften Jahrhunderts befriedigte die Ordensregel von Cluny nicht mehr, und 1098 entstand ein neues Musterkloster in Citeaux in Burgund. Bereits der hl. Benedikt war wie seinerzeit Pachomius, der ägyptische Initiator des christlichen Mönchswesens, um den Ausgleich zwischen Gottesdienst und praktischer Tätigkeit bemüht gewesen. Die Kluniazenser hatten die Liturgie der Benediktinerklöster entwickelt und verfeinert, doch ihre Klöster wurden für die Bauern zu einer ebenso schweren wirtschaftlichen Belastung wie ihre weltlichen Nachbarn und Partner, die Großgrundbesitzer. Die Mönche von Citeaux, die Zisterzienser, erstrebten nun neben der geistlichen Zucht eine eigene wirtschaftliche Produktivität. Sie machten Land urbar und produzierten Eisen und Wolle; im Gegensatz zu den pachomianischen Mönchen in der Thebais beschäftigten sie auch Laienbrüder als Arbeitskräfte. In dieser Form der wirtschaftlichen Tätigkeit lagen die ersten Keime eines kapitalistischen Produktionssystems.

In das elfte Jahrhundert fielen drei kirchliche Reformen: die Ausdehnung des Verbots der Priesterehe (Zölibats) auf Geistliche, die keine Mönche waren; das Verbot des Kaufs und Verkaufs kirchlicher Ämter (Simonie) und das Verbot der Laieninvestitur, der Vergebung kirchlicher Ämter (insbesondere die der Bischöfe und Äbte) durch weltliche Herrscher (d.h. Landesfürsten). Das erweiterte Zölibat wurde nur gegen starken Widerstand durchgesetzt. Es hatte zwar formell seit dem 4. Jahrhundert bestanden, war aber nur nachlässig eingehalten worden. Der Streit um die Investitur endete 1122 mit einem Kompromiß, und das war vernünftig, da geistliche Würdenträger nicht nur kirchliche Ämter bekleideten, sondern auch (besonders als Bischöfe und Äbte) häufig Reichsfürsten waren und großen Grundbesitz hatten. Der Ämterverkauf durch die Landesfürsten wurde eingeschränkt zugunsten des Heiligen Stuhles, der für sich das alleinige Recht beanspruchte, geistliche Ämter zum Vorteil des päpstlichen Fiskus zu besetzen. Diese drei Reformen bewirkten, daß die Geistlichkeit sich in der westeuropäischen christlichen Gesellschaft zu einer privilegierten Körperschaft entwickelte, die dem Papst, nicht mehr dem Landesfürsten unterstand.

Die Bewegungen im elften Jahrhundert, die zu den Reformen führten, wurden von einem erneuerten Papsttum eingeleitet. Der Heilige Stuhl in Rom war die bedeutendste Institution der westlichen Christenheit. Seine Erneuerung in der Mitte des elften Jahrhunderts kam unvermittelt und hatte aufsehenerregende, widersprüchliche und auch zerstörerische Folgen.

Geographisch lag Rom am Südostrand der westlichen Christenheit, seit das römische Patriarchat Nordwestafrika an die Moslems, Ostillyrien an das Oströmische Reich verloren und das Christentum sich immer mehr nach Norden ausgedehnt hatte. Die Mitte war jetzt Burgund und die Südwestecke des Rheins, das Gebiet, in dem die Klöster des heiligen Columbanus, Luxeuil und Annegray, und die neuen Abteien Cluny und Citeaux mit seinem Tochterhaus Clairvaux lagen. Von Rom aus die Kirchen der westlichen Christenheit zu kontrollieren war schwierig geworden, denn Rom lag geographisch am Rande des christlichen Ausbreitungsgebietes.

Rom war für die Westchristen, was für die Andenwelt der Altar des Gottes Pachacámac war und für die hellenische Welt der Apollontempel in Delphi – Heiligtum, Orakel und Wallfahrtsort. Aber es war auch einer der Trümpfe des Adels des »Ducatus Romanus«, der seit dem Eindringen der Langobarden im sechsten Jahrhundert meist auf sich selbst gestellt gewesen war, die kurzen Interventionen der transalpinen Reichsgründer Pippin III. und Karl der Große ausgenommen. Diese Aristokraten betrachteten die Heiligkeit Roms und das Prestige des Papsttums als ihr legitimes Privileg, aus dem sie Nutzen ziehen durften. Für die übrige Christenheit war diese Ausbeutung der heiligen Stadt und des Papsttums ein Skandal.

Die deutschen Träger des neuen Kaisertitels, Otto I., Otto III. und Heinrich III., setzten deshalb die römischen Päpste ab und ernannten transalpine Päpste ihrer Wahl, zum Beispiel Gerbert von Aurillac, der Papst Silvester II. (999-1003) wurde, oder den Elsässer Bruno, Papst Leo IX. (1048-1054), ein Vetter Kaiser Heinrichs, der von diesem ermutigt wurde, bedeutende Kleriker der Reformbewegung nach Rom zu holen. Aber diese neue Herren der Kurie verfochten den Standpunkt, daß sie, nicht der Kaiser, das letzte Wort in den Angelegenheiten des Heiligen Stuhls hätten.

Der bewegende Geist in dem Zweifrontenkrieg der reformierten Kurie – gegen den Kaiser und nach wie vor gegen die Herren des »Ducatus Romanus« – war ein ehemaliger Benediktinermönch, Hildebrand, der Papst Gregor VII. (1073-1086) wurde. Er war ein Römer, wenn nicht durch Geburt, so doch durch Erziehung, aber er war kein Freund des römischen Adels. Seit 1057 (formell erst 1179 bestätigt) wurde der Papst nicht mehr ernannt, weder von den römischen Adligen noch vom Kaiser, sondern von einem Kardinalskollegium gewählt, das als Vertretung des gesamten westlichen Christentums handelte. In der Zeit von 1057 bis zum Tode Papst Urbans II. im Jahre 1099 war die päpstliche Kurie zu einem wirkungsvollen Verwaltungsapparat geformt worden. Aber sie hatte ein Laster, das sie mit dem römischen Adel und den neuen Kaisern teilte: das Streben nach Macht. In ihrem Machthunger brach die Kurie 1054 mit dem Patriarchen von Konstantinopel und 1075 mit dem deutschen Kaiser Heinrich IV. Die Reform des Papsttums und der Westkirche als Ganzes war ein hohes Ideal, und die Reformer meinten es ehrlich, aber die Folgen waren tragisch. Die Reformen brachten nicht den Frieden, sondern das Schwert.

64

DIE ISLAMISCHE WELT VON 1110 BIS 1291

Im zwölften und dreizehnten Jahrhundert breitete sich der Islam weiter aus, eine beachtliche Leistung angesichts des politischen Zerfalls des islamischen Reiches und der Angriffe der christlichen Westeuropäer im Mittelmeerraum und der Mongolen in Asien. Doch die einzigen dauernden Erwerbungen der Christen auf Kosten der Moslems lagen in Spanien und Sizilien, wo der Islam der Bevölkerung auch unter christlicher Herrschaft fortbestand. Was die Mongolen betrifft, so gelang es ihnen nicht, Syrien und Ägypten zu erobern. In den drei am weitesten westlich gelegenen Teilen von Tschingis Chans Reich traten Herrscher und Untertanen zum Islam über: die Goldene Horde im Jahre 1295 (endgültig erst 1313); die Ilchane in Iran und im Irak 1295; die Tschagataier in Transoxanien, im Tarimbecken und in der angrenzenden Steppe 1326 (wenn auch nicht einmütig). Die Eroberung von Nordindien vom Chaiber-Paß bis Bengalen zwischen 992 und 1202 wurde schon erwähnt. Im Westen konnten die Mauren Toledo nicht zurückerobern, aber sie gewannen 1086 südlich der Sahara im heutigen Nordnigeria einen Stützpunkt für den Islam.

Die Brückenköpfe der Christen an der Küste Syriens mit dem Vorposten Edessa (Urfa) östlich des Euphrat waren für die islamische Welt eine ernsthafte Bedrohung. Die Abenteurer, die am ersten Kreuzzug teilgenommen hatten, waren gering an Zahl (vielleicht nicht einmal zwanzigtausend), und nach der Eroberung Jerusalems 1099 blieben noch weniger zurück, um das eroberte Territorium zu halten. Tarabulus (Tripolis), das sich im zehnten Jahrhundert gegen Ostrom behauptet hatte, kapitulierte 1109 vor den Franzosen. Als 1116 Balduin I., der lothringische König von Jerusalem, die Hafenstadt Akaba am Roten Meer und die davorliegende Insel de Graye besetzte, hatte er die Landverbindung zwischen den asiatischen und den afrikanischen Teilen der islamischen Welt zerschnitten.

Das Blatt wendete sich zugunsten des Islams, als ein türkischer Feldherr im Dienst der Seldschuken, Imad ed-Din Sengi, zum Statthalter von Mosul ernannt wurde. Um 1144 eroberte er Aleppo, Homs und Edessa, sein Sohn Nur ed-Din nahm 1154 Damaskus und erhielt das Kommando über das fatimidische Ägypten, wo 1171 sein kurdischer Heerführer Salah ed-Din (Saladin) die Fatimidendynastie auflöste und die Sunna als Staatsreligion Ägyptens wiedereinführte. Nur ed-Dins Reich zerfiel nach seinem Tode, doch Salah ed-Din (Saladin) beanspruchte es für sich und erhielt den Segen des abbasidischen Kalifats. 1187 schlug er bei Hittin in Galiläa ein Kreuzfahrerheer und eroberte Jerusalem zurück, das er auch im dritten Kreuzzug gegen die Könige von Frankreich und England behauptete (der Dritte im Bunde, Kaiser Friedrich Barbarossa, war im Saleph an der Südküste Kleinasiens ertrunken). Sein Reich überdauerte seinen Tod 1193 und das Erlöschen seiner Dynastie im Jahre 1250, als sein Erbe von seinen Heerführern, ehemaligen türkischen Söldnersklaven, übernommen wurde.

Transoxanien und Nordostiran, die unter der Herrschaft der Abbasiden und Samaniden aufgeblüht waren, hatten im Anfang des elften Jahrhunderts unter dem Zustrom turkmenischer Nomaden zu leiden, die von seldschukischen Feldherren angeführt wurden. 1141 besetzten Flüchtlinge des K'itanvolkes (Kara Kitai), von den Dschurdschen aus Nordchina und der Mandschurei verdrängt, Transoxanien. Sie waren keine Moslems, doch zivilisiert. Transoxanien litt unter ihnen weniger als unter den islamischen Choresmiern, welche die Kara Kitai 1210 vertrieben. Zehn Jahre später wurde die ganze Nordostecke der islamischen Welt entvölkert und verwüstet, als der mongolische Feldherr Tschingis Chan das Reich der Choresmier überrannte.

Tschingis Chans Eingreifen hatte den Irak vor einer drohenden Invasion durch den Choresm-Scha bewahrt, die ebenso zerstörerisch hätte sein können wie dessen und Tschingis' Verwüstung Transoxaniens. Die Auslöschung des östlichen Zweiges der Seldschuken durch ihren früheren Vasallen im Jahre 1194 hatte dem abbasidischen Kalifen Nasir (1180-1225) die Unabhängigkeit gebracht. Er benutzte seine Bewegungsfreiheit, um im südwestlichen Iran Territorium zurückzugewinnen, um dem Sultan Saladin moralische Unterstützung zu geben und eine volkstümliche Bewegung in einen Ritterorden zu verwandeln.

Dieser Ritterorden war eine von mehreren Einrichtungen des Islams, die ihn befähigten, die Feuerprobe des Mongolensturms zu überleben. Eine andere bildeten die zahlreichen Derwischorden, dessen ältester, die Qadirijah, im zwölften Jahrhundert von Abd-al-Qadir in Gitan gegründet worden war. (Die meisten Gründer von Derwischorden kamen aus dem Nordosten der islamischen Welt.) Ihre Religionsausübung war ekstatisch-schwärmerisch, und ob es nun heimliche türkische Schamanen waren oder nicht, sie gewannen Einfluß auf die zum Islam übergetretenen Türken, die ihrem neuen Glauben anfangs nur nominell anhingen. Der bedeutendste Schöpfer eines solchen Ordens war der Gründer der Mewlewije (der »tanzenden Derwische«), der Dichter Dschelal ed-Din Rumi (1207-1273) in Konya, der Hauptstadt des seldschukischen Sultanats von Rum, wo er in neupersischer Sprache seine mystischen Dichtungen schrieb. Ein anderer persischer Dichter, Saadi von Schiras (um 1184 bis 1291), lebte nicht in sicherer Abgeschiedenheit, sondern unternahm weite Reisen und wurde hundert Jahre alt in diesem stürmischsten Jahrhundert der islamischen Geschichte.

Die Provinz des Seldschukenreiches in Kleinasien (Rum) erwies sich als widerstandsfähiger als das Hauptreich östlich des Euphrat. Sie schlug den

Ansturm des ersten Kreuzzuges zurück, sie wehrte 1176 einen verspäteten Eroberungsversuch Ostroms ab, und sie überlebte ihre Eroberung durch die Mongolen 1243, obwohl sie sich deren drückender Herrschaft beugen mußte. Rum schuf in Kleinasien eine seßhafte türkisch sprechende Gemeinschaft, getragen durch eine islamische Kultur in ihrer iranischen Form. Den Sultanen von Rum gelang es, die nomadischen Turkmenenhorden, die mit den Seldschuken gekommen waren, an die Grenze zwischen der islamischen Welt und dem Oströmischen Reich zu verweisen. Das gleiche geschah mit einer zweiten Horde, die im dreizehnten Jahrhundert auf der Flucht vor den Mongolen ins Land strömte. Trotz der Mongolenherrschaft blieb Rum ein Hort des Islams in dieser Krise der islamischen Geschichte und ermöglichte ihm das Weiterbestehen, nachdem der Irak verwüstet, Bagdad geplündert und das abbasidische Kalifat aufgelöst worden war.

1261 bewiesen die Mamelucken, ehemalige Sklaven und Nachfolger der Abbasiden, daß die Mongolen nicht unbesiegbar waren. Sie schlugen sie in Palästina zurück. Der mongolische Heerführer, der dabei getötet wurde, war ein nestorianischer Christ, und in seiner Begleitung befanden sich der christliche König des kilikischen Armenien und der christliche Fürst von Antiochia. Drei weitere Vorstöße von Mongolen aus Iran und dem Irak wehrten die Mamelucken ab. 1291 nahmen sie Akka, den letzten Stützpunkt der Kreuzfahrer in Syrien.

Die Christen hatten gehofft, durch eine große Allianz mit den Mongolen die ganze islamische Welt zu erobern und den Islam zu vernichten. Päpstliche und französische Gesandte reisten in die mongolische Hauptstadt Karakorum am Ostende der eurasischen Steppe. Aus diesem Plan aber wurde nichts. Die Herrscher der westlichen Vasallenstaaten des Mongolenreiches entschieden sich nicht für das Christentum, sondern für den Islam. Im asiatischen Teil der islamischen Welt erhielten die Massenbekehrungen, die im elften Jahrhundert unter den Seldschuken begonnen hatte, neuen Auftrieb. Die nestorianischen und monophysitischen christlichen Gemeinschaften, die einst im »fruchtbaren Halbmond« die Mehrheit der Bevölkerung ausgemacht hatten, schwanden dahin, bis sie nur noch kleine isolierte Gemeinden bildeten.

Am anderen Ende der islamischen Welt war es umgekehrt. Die moslemische Bevölkerung in den von den Christen eroberten Ländern nahm ab und erlosch schließlich ganz. In Spanien fiel Córdoba 1236, Sevilla 1248 an die Kastilier. Die moslemische Herrschaft auf der Iberischen Halbinsel beschränkte sich auf das Gebiet um Granada. Nur an der südlichen Mittelmeerküste konnten die Moslems normannische Stützpunkte zurückerobern. Seitdem blieben sie die Herrn von Nordafrika.

Trotzdem war die westliche Region, in der die islamische Kultur nach der Schicksalswende im elften Jahrhundert noch einmal aufblühte, nicht Afrika, sondern die Iberische Halbinsel. Hier hatte der Untergang des Kalifats von Córdoba die gleiche stimulierende kulturelle Wirkung, wie sie das Ende des

Kalifats von Bagdad auf den Iran gehabt hatte. In Spanien vergrößerte die Vielzahl von kleinen Höfen ebenfalls die Zahl der Mäzene und Förderer von Kunst und Literatur, und es entstand in den Nachfolgestaaten des Kalifats von Córdoba eine blühende Dichtkunst. Am Vorabend der christlichen Eroberung Andalusiens schenkte Spanien dem Islam den Philosophen Ibn Rosch (Averroës) (1126-1198), der Ibn Sina (Avicenna) nicht nachstand, und den Mystiker Ibn al-Arabi (1165-1250), der Al-Ghasalis Werk fortsetzte. Der Beitrag Spaniens zur islamischen Kultur hatte das gleiche Schicksal wie der Beitrag Tunesiens zur christlichen Kultur des Westens – er überdauerte den politischen Zusammenbruch der Region, in der diese Werke geschaffen worden waren.

65

DIE BYZANTINISCHE WELT VON 1071 BIS 1240

Im Laufe der zehn Jahre von 1071 bis 1081, zwischen der Niederlage und Gefangennahme des Kaisers Romanos IV. Diogenes durch die Seldschuken und der Thronbesteigung des asiatischen Edelmannes Alexios I. Komnenos, mußte Ostrom den Türken Kleinasien überlassen, das Herz des Reiches, das drei Jahrhunderte erfolgreich gegen die Araber verteidigt worden war. Parteisucht, so bedenkenlos wie zur gleichen Zeit in China, war schuld an diesem Debakel. 1081 war der größere Teil des Reiches von Eroberern überrannt – im Osten fielen die seldschukischen Türken ein, im Westen die Normannen und im Norden die Petschenegen und Ogusen. (Diese Ogusen, die aus dem äußersten Westen der eurasischen Steppe in das Reich nördlich des Unterlaufs der Donau einbrachen, waren heidnische Stammesgenossen der seldschukischen Türken und wie diese von einem anderen türkischen Nomadenvolk, den Kiptschak, nach Westen getrieben worden.)

Alexios I. (1081-1118) war ein würdiger Erbe Diokletians und Heraklios'. Er bewahrte das Oströmische Reich vor der endgültigen Zerstörung. Aber es gelang ihm und seinen Nachfolgern nicht, die Zunahme der wirtschaftlichen und politischen Macht des Landadels zu verhindern oder die seldschukischen und Danischmendtürken aus Kleinasien zu vertreiben. Die christlich-griechische Bauernschaft war dem Reich entfremdet. Sie litt unter der Nomadenherrschaft, aber offenbar empfand sie das Joch der moslemischen Sultane als nicht so drückend wie das der oströmischen Regierung.

In Alexios' Regierungszeit fiel der erste Kreuzzug. So wie die Moslems die Turkmenen in das oströmische Armenien und nach Kleinasien abgedrängt hatten, so verstand es Alexios, die Kreuzfahrer nach Syrien zu lenken. Er hätte gern mit ihrer Hilfe die Türken aus Kleinasien vertrieben, aber die Ritter aus dem Westen hatten es auf Jerusalem abgesehen und wollten nicht zu Vasallen Ostroms werden. Infolgedessen erreichte keine der beiden Parteien ihr Ziel – die Oströmer eroberten das innere Kleinasien nicht zurück, und die Kreuzfahrer nahmen zwar Jerusalem, kamen jedoch nicht ins Innere Syriens und konnten deshalb ihre Stützpunkte an der Küste nicht gegen das riesige islamische Hinterland absichern. Den Seldschuken von Rum gelang es, in Kleinasien einen gut organisierten Staat mit einer seßhaften Bevölkerung aufzubauen, die Stützpunkte der Kreuzfahrer einzukreisen und diese schließlich aus Jerusalem zu vertreiben.

Alexios' zweiter Nachfolger Manuel I. (1143-1180) verzettelte die schwindenden Kräfte des Reiches in einer Expansionspolitik, die noch ehrgeiziger war als die seiner Vorgänger im zehnten Jahrhundert, als das oströmische Kernstück in Kleinasien noch unversehrt war. Er fing einen Krieg mit Ungarn an und versuchte, die verlorenen Besitzungen in Apulien zurückzugewinnen, indem er sich in den Streit zwischen Friedrich Barbarossa und den oberitalienischen Stadtstaaten einmischte. Manuels Beziehungen zu den Westchristen waren freundlich, wurden jedoch von den meisten seiner Landsleute nicht geteilt. Die wirtschaftlichen Privilegien, mit denen die oströmische Regierung die Hilfe der seefahrenden italienischen Stadtstaaten erkauft hatte, waren von diesen dazu benutzt worden, den Griechen den Seehandel im Oströmischen Reich wegzunehmen. Nach Manuels Tod folgte eine Katastrophe der anderen: 1180 schüttelte Serbien die oströmische Herrschaft ab; 1182 gab es in Konstantinopel ein Massaker unter den Kaufleuten aus dem Westen, das die Normannen mit der Einnahme und Plünderung Salonikis erwiderten; 1185 rebellierten die Bulgaren und errichteten wieder einen unabhängigen Staat. Und Zypern fiel ab – 1191 eroberte es Richard Löwenherz von England und gab es dem französischen König von Jerusalem, Guy de Lusignan, den Salah ed-Din entthront hatte.

Der totale Zusammenbruch erfolgte 1203/1204. Konstantinopel wurde zweimal von einem vereinten Expeditionsheer von Venezianern und Kreuzfahrern erobert und zerstört – seit seiner Gründung im Jahre 330 das erstemal, daß es einem feindlichen Angriff unterlag. Die Sieger teilten die Trümmer des Oströmischen Reiches unter sich auf, wobei Venedig den größten Anteil erhielt: Kreta und einige kleinere Inseln sowie strategisch wichtige Stützpunkte auf dem Festland. Im nordwestlichen Kleinasien, an der Schwarzmeerküste um Trapezunt und in Epirus entstanden griechische Nachfolgestaaten. Die Stadt Konstantinopel wurde einem französischen Kreuzfahrer überlassen, der sich Kaiser nannte.

Es zeigte sich, daß der Besitz von Konstantinopel kein Aktivposten mehr war, sondern eine Belastung. Militärisch war es von 330 bis 1204 für das Oströmische Reich eine uneinnehmbare Zitadelle gewesen, aber auch seit dem Verlust von Syrien, Palästina und Ägypten von 633 bis 642 in sozialer und wirtschaftlicher Hinsicht ein Alpdruck, eine zu große Hauptstadt für das geschrumpfte Reich. Die wirtschaftliche Belastung wurde stärker, als Kleinasien verlorenging. Das Hinterland war viel zu klein für die Erhaltung Konstantinopels, das sich für die fränkischen Herrscher, die von 1204 bis 1261 dort regierten, als ein dorniges Lager erwies.

Im Gegensatz dazu zeigten die griechischen Nachfolgestaaten mehr Vitalität, als das Oströmische Reich seit Basilios II. je gehabt hatte. Sie standen im Wettstreit miteinander und den Franken. Der Nachfolgestaat im Nordwesten von Kleinasien ging als Sieger aus diesem Kampf hervor. Er beanspruchte das legitime Erbe des Oströmischen Reiches, und sein Herrscher wurde vom Patriarchen von Konstantinopel, der nach Nicäa ausgewichen war, als Kaiser Theodoros Laskaris anerkannt. Das Oströmische Reich von Nicäa war im Kampf gegen das seldschukische Sultanat von Rum erfolgreicher als sein

Vorgänger in Konstantinopel und konnte seine Grenzen erweitern. Es prosperierte auch wirtschaftlich und zeichnete sich in der Literatur und in den bildenden Künsten aus. 1235 sicherte sich Johannes III. einen Stützpunkt in Europa, als er den Venezianern ihren Brückenkopf Gallipoli an den Dardanellen wegnahm. Er verbündete sich mit den Bulgaren und belagerte gemeinsam mit ihnen Konstantinopel von der Landseite her. Die Stadt hatte jetzt nur noch auf dem Wasserwege Verbindung mit dem Westen, und der fränkische Nachschub für die auf dem Lande eingeschlossene Stadt mußte durch die Dardanellen »Spießruten laufen«, denn beide Küsten waren in den Händen der nicäischen Griechen.

Bis 1237 hatten die orthodoxen Länder in Südosteuropa eine aufstrebende Entwicklung hinter sich. Auch Serbien, einst zwischen Westrom und Ostrom umstritten, hatte sich endgültig für die Ostkirche entschieden. Nicäa ließ ein autonomes serbisches Erzbistum zu, nachdem es das Patriarchat Bulgarien anerkannt hatte. Aber die Gruppe der orthodoxen Staaten in Südosteuropa, auch mit der kaukasischen Staatengruppe zusammengenommen, wurde an Größe und Bevölkerungszahl von Rußland übertroffen, das die Griechen, Bulgaren und Georgier nun auch auf den Gebieten der Baukunst, der bildenden Künste und der Literatur herausforderte.

Die Kirchengeschichte Rußlands in den ersten fünfzig Jahren nach der Bekehrung zum Christentum ist dunkel, und die historischen Zeugnisse werden unterschiedlich beurteilt. Aber es scheint klar, daß Rußland, jedenfalls ab 1039, eine Kirchenprovinz (Metropolitanat) des Patriarchats Konstantinopel war, dessen Domäne sich durch den Hinzutritt Rußlands ungeheuer nach Nordosten erweiterte.

Die Georgier, Abchasen und Alanen waren orthodoxe Christen geworden, hatten jedoch ihre Unabhängigkeit behalten, als ihre griechischen Glaubensgenossen ihre armenischen monophysitischen Nachbarn in der ersten Hälfte des elften Jahrhunderts unterwarfen. Georgien war deshalb von dem oströmischen Desaster nicht betroffen. Es überstand die Angriffe der Seldschuken und teilte sich mit deren moslemischen Nachfolgern Armenien. Unter seiner Königin Thamar (1184-1212) erstreckte sich Georgien vom Schwarzen bis zum Kaspischen Meer.

Die einzelnen Bereiche der byzantinischen Welt litten auf unterschiedliche Weise unter den Mongolenfeldzügen. Georgien wurde 1225 von vor den Mongolen fliehenden Choresmiern verwüstet und elf Jahre darauf von den Mongolen. Rußland wurde 1237 heimgesucht, als die Mongolen auf dem Wege nach Europa waren, und noch einmal 1240, als sie Kiew plünderten. Georgien und die östlichen russischen Fürstentümer kamen unter mongolische Herrschaft. Galizien (Halitsch) im Südwesten, Pleskau (Pskow) und Nowgorod im Nordwesten bewahrten ihre Unabhängigkeit. Nowgorod dehnte sich über den Ural so weit nach Osten aus, daß es das Mongolenreich und seine russischen Vasallenstaaten im Norden einkreisen konnte. Das nicäisch-griechische Reich profitierte davon, daß die Mongolen 1243 das seldschukische Sultanat von Rum unterwarfen.

Der Zusammenbruch Ostroms von 1180 bis 1204 und die katastrophalen Folgen des Mongoleneinbruchs in Rußland von 1237 bis 1240 verhinderten nicht die Entfaltung und Ausbreitung der byzantinischen Kultur. Serbien manifestierte seine Verbundenheit mit dem orthodoxen Christentum durch den Bau von Kirchen, die mit Wandgemälden im byzantinischen Stil geschmückt waren. Die Kirchen des zwölften Jahrhunderts in Wladimir und Susdal (eine bedeutende Kulturstätte der Ikonenmalerei) in Mittelrußland kombinierten den byzantinischen Stil mit armenischen und georgischen Elementen. Niketas Khoniates, der einen lebendigen und bewegenden Augenzeugenbericht von der Plünderung Konstantinopels hinterließ, ist der letzte in einer Reihe von Historikern der oströmischen Geschichte von 959 bis 1204. Der Philosoph Konstantinos (als Mönch Michael) Psellos, der die Jahre von 976 bis 1077 beschreibt, geht sorgloser als sein Vorgänger Leo Diakonos mit Fakten und Daten um, doch verdanken wir ihm scharfsinnige Charakteranalysen. Diese byzantinischen Griechen schrieben sorgfältig in der attischen Koine. Aber das Griechische war nicht die einzige Sprache, in der die Geschichte der ostkirchlichen Christenheit in jenen Tagen geschrieben wurde. Zu Anfang des zwölften Jahrhunderts wurde die russische Erstchronik in der makedonischen Form des Slawischen verfaßt, die damals noch eine lebende Sprache war.

DIE CHRISTENHEIT IM WESTEN VON 1099 BIS 1321

In der zweiten Hälfte des elften Jahrhunderts blühte die Zivilisation der westlichen Christenheit auf. Im zwölften und dreizehnten Jahrhundert entfaltete sie eine zunehmende Vitalität auf allen Gebieten, die erst im ersten Viertel des vierzehnten Jahrhunderts wieder einen Rückschlag erlitt. Das starke Bevölkerungswachstum, das im elften Jahrhundert begonnen hatte, ging schon vor dem »Schwarzen Tod« zurück, der Europa von 1348 bis 1350 heimsuchte. Der Mißerfolg der Kreuzzüge war besiegelt, als die Griechen 1261 Konstantinopel und die Moslems 1291 Akka zurückeroberten. Die päpstliche Hegemonie über die westliche Christenheit, von Gregor VII. durchgesetzt, wurde von der fränkischen Krone erschüttert, die 1303 Papst Bonifatius VIII. gefangennehmen ließ.

Die Blütezeit der westlichen Christenheit ist durch große Werke, im Bösen wie im Guten, gekennzeichnet. Verbrechen des Westens in jenem Zeitalter waren die Eroberung und Plünderung von Konstantinopel durch die Kreuzfahrer 1204 und die Grausamkeiten der Albigenserkriege von 1208 bis 1229, die Unterdrückung und Enteignung der Slawen an der Südküste der Ostsee und der grausame Krieg, den der Papst gegen Friedrich II. führte. Aber dieselbe Epoche wird auch erhellt durch das Leben und Werk von vier großen Männern: eines Heiligen, Francesco Bernardone von Assisi (1182-1226); eines Philosophen, Thomas von Aquin (um 1225 bis 1274); eines Dichters, Dante Alighieri von Florenz (1265-1321); und eines Malers, Giotto di Bondone (1267-1337), der aus der ländlichen Umgebung von Florenz stammte. Diese vier Männer waren Italiener, aber die Bildhauerkunst des Westens im Mittelalter erreichte ihren Höhepunkt im Frankreich des dreizehnten Jahrhunderts. Der sogenannte »gotische« Stil der Architektur wird zu beiden Seiten der Alpen durch prachtvolle Bauten repräsentiert, welche die mittelalterlichen Ideale des westlichen Christentums als Ganzheit verkörpern.

Die meisten und schönsten gotischen Kirchen und Kathedralen befinden sich nördlich der Alpen. Das ist nicht überraschend, denn in Italien war trotz seiner Leidenszeit im sechsten Jahrhundert der Bruch mit der griechisch-römischen Vergangenheit nicht so stark gewesen wie in anderen Teilen Europas. Der römische Stil der Architektur war dort fester fundiert und wurde weniger bereitwillig aufgegeben. In Ravenna und Venedig, den früheren Vorposten des Oströmischen Reiches, gab es Kirchen im byzantinischen Stil. San Marco zum Beispiel, in seiner heutigen Gestalt 1071 vollendet, ist der früheren Apostelkirche in Konstantinopel nachgebildet. Es ist jedoch bemerkenswert, daß der benachbarte Dogenpalast im gotischen Stil erbaut wurde – so wie Giotto mit der byzantinischen Tradition brach und der Ahnherr der abendländischen naturalistischen Malerei wurde.

Dantes Entschluß, die Stanzen und Reime der *Göttlichen Komödie* in toskanischer Sprache zu schreiben, war bedeutungsvoll für die Dichtkunst in den Landessprachen der westlichen Welt. Er folgte, als er seine Muttersprache benutzte, dem Beispiel früherer transalpiner Dichter, aber für einen Toskaner war es eine größere Leistung, sich aus dem Bann der lateinischen Sprache und Literatur zu lösen, als für Poeten, deren Muttersprache die Langue d'oc oder die Langue d'oïl war, geschweige denn für solche, die eine germanische, keine romanische Muttersprache hatten. Die Italiener des Mittelalters hätten leicht Gefangene ihres angestammten Lateins werden können; sie hätten lateinisch im Versmaß und im Stil der zeitgenössischen Volksdichtung in den Landessprachen schreiben können, wofür es aus dem zwölften und dreizehnten Jahrhundert vorzügliche Beispiele gibt. Aber die Kühnheit, mit der sie sich von der linguistischen Fessel ihrer griechisch-römischen Vergangenheit befreiten – darin erfolgreicher als ihre griechischen Zeitgenossen –, gab ihrer Schöpferkraft freies Spiel. Durch Dante entwikkelte Italien früh eine regionale Form der westlichen Kultur – es dauerte zwei Jahrhunderte, bis das übrige Abendland das kulturelle Niveau erreichte, auf dem Italien schon im Jahre 1300 stand.

Im zwölften und dreizehnten Jahrhundert machte ganz Westeuropa große wirtschaftliche Fortschritte: Es wurde volkreicher, produktiver und technisch leistungsfähiger. Das Wachstum der Bevölkerung wirkte sich in der Zunahme des kultivierten Landes, in der Zahl und Größe der Städte und in der Kolonisierung unterworfener Gebiete aus. Die Entwicklung der Städte kann man an ihren Mauern ablesen: In vielen Fällen mußte eine um 1100 erbaute Stadtmauer hundertfünfzig oder zweihundertfünfzig Jahre später durch eine neue ersetzt werden, die einen weiteren Raum umschloß. Die stärkste Stadtdichte hatten nach wie vor Oberitalien und Flandern.

In der Herstellung von Wollstoffen war Flandern im zwölften Jahrhundert führend. Erst am Ende des dreizehnten Jahrhunderts wurde es von Florenz eingeholt. Flandern genoß den Vorteil, das Rohmaterial vor der Tür zu haben, in den Niederlanden und in England. Die italienischen Städte, besonders die an der Küste, betrieben den Seehandel zwischen dem Westen und der Levante. Flämische und italienische Kaufleute trafen sich auf halbem Weg in der Champagne.

Die Bevölkerungszunahme, das Wachstum der Städte und die Kolonisierung der Ostseeküste bewirkten eine Veränderung der bäuerlichen Sozialstruktur. Infolge der Unsicherheit des Lebens im neunten und zehnten Jahrhundert hatten die Rittergüter die kleinen Pachtgüter mehr und mehr verdrängt, und die Bevölkerung war zurückgegangen. Teile des Rittergutes wurden an Kleinbauern verpachtet, die dafür mehrere Tage in der Woche auf dem Hauptgut arbeiten mußten. Solange es an Arbeitskräften mangelte, schien dies die beste Methode. Aber sie war sozial ungerecht und auf die Dauer wirtschaftlich unbefriedigend. Ein Leibeigner leistet weniger als ein Lohnempfänger, und als die Bevölkerung zunahm, ersetzten die Rittergutsbesitzer gern den Arbeitsdienst durch Pachtverträge. Auch die Leibeigenen empfanden Geldzahlungen als weniger belastend als den Frondienst.

Die Ostseeregion wurde sowohl auf dem Lande als auch durch den Bau von Städten kolonisiert. Als erste deutsche Stadt an der Ostsee wurde Lübeck 1143 gegründet, es folgten Danzig um 1200, Riga 1201, Reval 1219. Die Ostsee wurde ein »deutsches Meer« mit Skandinavien und Rußland als kommerzielles Hinterland. Im dreizehnten Jahrhundert waren die skandinavischen Völker, die einst die Christenheit terrorisiert hatten, auf die deutschen Ostseehäfen angewiesen wie die Griechen und Moslems auf die italienischen Stadtstaaten – die Ostsee war in kleinerem Maßstabe ein Gegenstück zum Mittelmeer geworden.

Dem wachsenden Bevölkerungsdruck auf das Land konnte zum Teil durch verbesserte landwirtschaftliche Techniken begegnet werden. Obwohl die Ausdehnung des Ackerlandes auf Kosten des Weidelandes einen Mangel an Dünger nach sich zog, ermöglichte der Fruchtwechsel die Einführung der Dreifelder- anstelle der Zweifelderwirtschaft. Dadurch lag weniger Land brach, und das Pflügen und Säen konnte besser aufeinander abgestimmt werden. Der schwere Pflug war zusammen mit dem dazu notwendigen Pferdegeschirr um 1200 vervollkommnet worden. Die Zahl der Wassermühlen in Westeuropa vermehrte sich im zwölften und dreizehnten Jahrhundert. Die ersten Windmühlen wurden um 1160 bis 1180 gebaut.

Im Gegensatz zum Wind, zum fließenden Wasser und zur menschlichen Arbeitskraft sind Bodenschätze nicht unersetzlich. Seit der Erfindung der Metallurgie im vierten Jahrtausend v.Chr. wurde eine Mine nach der anderen erschöpft. Im zehnten Jahrhundert waren Deutschland und Böhmen die Hauptlieferanten von Mineralien für das Abendland. Doch im vierzehnten Jahrhundert waren die Oberflächenlager und Tagbaugruben ausgebeutet, und kompliziertere und kostspieligere Techniken wurden nötig, um den Untertagebergbau zu betreiben.

Das politische Leben des Abendlandes im zwölften und dreizehnten Jahrhundert wurde von erneuten Machtkämpfen zwischen Kaiser und Papst beherrscht. In der ersten Phase, die 1122 mit einem Kompromiß über den Investiturstreit geendet hatte, waren die Machtfragen mit ethischen Prinzipien verbrämt worden. In der zweiten Phase von (von 1158 bis 1268) ging es unverhüllt um die Herrschaft über Italien, das zur Schlüsselregion der westlichen Christenheit geworden war. Die lachenden Dritten in diesem Streit waren die oberitalienischen Stadtstaaten und Frankreich – Kaiser und Papst waren die Verlierer.

Von 1158 bis 1183 versuchte der Staufer Friedrich I. (Barbarossa) vergeblich, die lombardischen Städte unter seine Gewalt zu bringen. Sie wurden vom Papst in ihrem Kampf um die Unabhängigkeit unterstützt, denn sie bildeten einen Schutz gegen die transalpine Kaisermacht. Er duldete die Autonomie der Stadtstaaten nicht nur in der Lombardei und der Toskana, sondern auch in den italienischen Ländern, die dem Heiligen Stuhl von Pippin III. und von Karl dem Großen zugesprochen worden waren. Das wichtigste Ziel der Päpste im zwölften und dreizehnten Jahrhundert war die Hegemonie über die ganze Christenheit, und diesem ehrgeizigen Ziel wurden landeshoheitliche Ansprüche untergeordnet. Darüber hinaus wurden der Papst und mehrere italienische Städte auch finanzielle Partner. Um 1250 bis 1300 trieben Florentiner Banken die päpstlichen Steuern ein.

Ein weiterer Verbündeter des Papstes war Frankreich, das daran interessiert war, die Reichsmacht zu schwächen. Während des Kampfes zwischen dem Kaiser und dem Heiligen Stuhl fand ein Papst nach dem anderen Asyl in Frankreich, von Urban II. (1088-1099) bis zu Innozenz IV. (1243-1254). 1194 entschädigte sich Heinrich VI., der Sohn und Nachfolger Friedrich Barbarossas, für die Niederlage seines Vaters dadurch, daß er sich zum König »beider Sizilien« (d.h. der Insel Sizilien und des unteritalienischen Festlandes mit Neapel) krönen ließ – dadurch wurden der Kirchenstaat und die oberitalienischen Stadtstaaten von kaiserlichem Besitz eingeschlossen. Sein Sohn und Nachfolger Friedrich II. (1212-1250) war ein Genie, das ebenso in den griechischen und arabischen Kulturen, die er in dem kosmopolitischen Sizilien vorfand, zu Hause war wie in der westlichen Kultur italienischer Prägung. Nach seinem frühen Tod brach die Staufermacht zusammen.

Die Erwiderung der Päpste auf Friedrichs Anspruch auf die Herrschaft über ganz Italien war ein Vernichtungskrieg gegen die Staufer, in dem Urban IV. (1261-1264) und Clemens IV. (1265-1268) schließlich siegten. Doch dies erst, nachdem sie Karl von Anjou, den Bruder Ludwigs IX. von Frankreich, veranlaßt hatten, das Königreich »beider Sizilien« den Erben Friedrichs II. zu entreißen. Aber mit der Unterwerfung einer weltlichen Macht hatte sich das Papsttum der Gnade einer anderen ausgeliefert: Im Jahre 1303 ließ König Philipp IV. (»der Schöne«) von Frankreich Bonifatius VIII. gefangennehmen und machte damit der päpstlichen Hegemonie über die westliche Christenheit so nachdrücklich ein Ende, wie zuvor die Päpste mit französischer Hilfe das Ansehen des Reiches zerstört hatten.

Für dieses war die Folge der langen verlorenen Schlacht um die Herrschaft über Italien der Verlust der Herrschaft über Deutschland, sein eigentliches Territorium. Im zehnten und elften Jahrhundert hatte die Krone des Ostreiches (Deutschland) eine weitaus stärkere Autorität auf seine Untertanen ausgeübt als die Krone des Westreiches (Frankreich). Aber 1303, als Philipp IV. von Frankreich die Unterstützung aller weltlichen und geistlichen Notabeln seines Königreiches für seinen Feldzug gegen die Machtansprüche des Papstes erhielt, waren die Landesfürsten des Königreichs Deutschland praktisch unabhängige Einzelherrscher geworden, die dem Kaiser ungestraft Trotz bieten konnten.

Der Machtzuwachs der Krone in Frankreich und ihr Verfall in Deutschland kann an der unterschiedlichen Entwicklung des Feudalismus in beiden Ländern gemessen werden. Wie die Leibeigenschaft stellt das Feudalsystem ein Sozialverhältnis dar, in dem Land gewährt und mit persönlichem Dienst bezahlt wird – nicht mit wirtschaftlichem wie bei der Leibeigenschaft, sondern mit militärischem. Der Landesherr belehnt einen (adligen) Untertanen mit einer Grundherrschaft und verzichtet damit auf sein Hoheitsrecht, der Empfang des Lehens verpflichtet zu ritterlichem Kriegsdienst. Der Verlust der Souveränität kann für den Landesherrn verhängnisvoll werden, sobald ein Lehnsgut erblich wird. Solche erblichen Feudallehen gab es im Westreich seit dem neunten Jahrhundert, aber seit dem Ende des zehnten Jahrhunderts gewann die französische Krone allmählich ihre Macht zurück. Im Ostreich (Deutschland) entstanden erbliche Feudallehen später, aber im dreizehnten Jahrhundert beschleunigte sich die Entwicklung sprunghaft. Der Grund war das hartnäckige und glücklose Engagement der deutschen Kaiser in Italien – sie verfolgten ein Ziel jenseits der Alpen und verloren dabei die Herrschaft über ihre Heimatländer. Die kaiserliche Krone erwies sich als eine zu schwere Last, ein Alpdruck, der den französischen Königen erspart blieb.

Im Streit zwischen Kaiser und Papst war der Preis, den beide Parteien zahlen mußten, das Schwinden der Autorität – der politischen beim Kaiser, der moralischen beim Papst, doch war auch dieser Verlust an moralischem Ansehen zugleich eine politische Machteinbuße. Seit Gregor VII. hatte der Heilige Stuhl versucht, über sein moralisches Prestige indirekt auch politische Macht auszuüben, und dieser moralische Makel in dem Idealbild der päpstlichen Hegemonie über die westliche Christenheit, der Machthunger, offenbarte sich in dem Krieg, den die Päpste mit dem Reich führten.

Dazu brauchten sie Geld, und die Methoden, mit denen es beschafft wurde, waren mehr als zweifelhaft. Über ein gut funktionierendes fiskalisches System wurden die Geistlichen der westlichen Christenheit besteuert. Diese Geldquelle erwies sich als so lukrativ, daß auch weltliche Landesfürsten, die mächtig genug waren, sich einen Anteil daran sicherten, während italienische Bankiers als die Beauftragten des Papstes fungierten und ebenfalls noch Profite machten. Weitere päpstliche Einnahmen waren die Gebühren, die der Kurie als letztem Berufungsgericht zuflossen und in steigendem Maße auch als Gericht erster Instanz in Prozessen, die unter das Kirchenrecht fielen. Der Wiederentdeckung von Justinians *Corpus Iuris* war man mit der Zusammenstellung eines Kirchenrechtes begegnet. Als Friedrich I. seine Herrschaftsansprüche als Justinians Nachfolger geltend machte, traten ihm zwei Päpste entgegen, Alexander III. (1159-1181) und Lucius III. (1181-1185), die beide ihre Laufbahn als Kirchenrechtler begonnen hatten.

Der Machthunger der Päpste und die Art, wie sie Finanzen und Gesetze ihren Zielen dienstbar machten, erregte den Unwillen der edelsten Geister der westlichen Christenheit. Der heilige Bernhard (1090-1153, 1174 heiliggesprochen), der Gründer und Abt von Clairvaux, des Tochterklosters von Citeaux, protestierte gegen diese Habgier und gegen die päpstliche Handhabung der Gesetze. Bernhard war nicht ohne Makel, er war leidenschaftlich, impulsiv und überaus intolerant gegen religiöse Abweichungen, wo immer sie ihm begegneten: im Werk des kritischen Scholastikers Abaelard, bei den asketischen Katharen des Languedoc, bei den heidnischen Slawen der Ostseeländer (er predigte für einen Kreuzzug gegen sie), bei den Moslems (er drängte die Könige von Frankreich und Deutschland zum zweiten Kreuzzug). Bernhard stammte aus burgundischem Adel, aber er suchte weder weltlichen Reichtum noch hohe geistliche Ämter für sich selbst und brachte der Sache des Glaubens persönliche Opfer. Er war der einflußreichste und am höchsten verehrte Christ seiner Generation im Abendland. Seine Kritik an den Fehlern und Schwächen der Päpste war maßgebend für seine Zeit und kam einem Bannspruch gleich.

Der heilige Bernhard war fanatisch orthodox (nach westlichen, nicht nach östlichen Begriffen). Andere Kritiker des Papsttums nahmen heterodoxe Formen des Christentums an oder gingen zur bulgarischen Sekte der Bogomilen über, deren Anschauungen denen der Albigenser in Südfrankreich oder der Patarener in Oberitalien entsprachen. Die Führer dieser Bewegungen gegen päpstliche Mißwirtschaft stimmten in der Bejahung freiwilliger Armut überein. Sie wollten der Weltlichkeit der Päpste und des hohen Klerus das Vorbild einer freiwilligen Askese entgegenstellen. Diese religiösen Führer kamen meist aus dem Adel und verzichteten bewußt auf ihr weltliches Erbe.

Auch Francesco Bernardone, der heilige (seit 1228) Franz von Assisi, verschmähte den Reichtum seines Vaters und lebte in freiwilliger Armut. Er nahm sich vor, ein Leben wie Christus zu führen, so wie es in den Evangelien überliefert ist. Er entschied sich für eine Existenz in Armut und Demut. Kritik am Papst lag ihm fern. Er dachte nicht daran, die Führung einer antipäpstlichen Bewegung zu übernehmen oder einen neuen Mönchsorden zu gründen. Aber sein Gelübde der Armut war bereits eine indirekte Kritik am Papsttum und um so wirkungsvoller, als sie unbeabsichtigt war. Papst Innozenz III. (1198-1215) und sein Großneffe und zweiter Nachfolger Kardinal Ugolino (Papst Gregor IX., 1227-1241) befanden, daß des Franziskus zielstrebige Nachfolge Christi die Kurie in ein Dilemma gebracht hatte. Doch statt ihn zu vernichten, beschlossen sie, ihn ihren Zwecken dienstbar zu machen. Diese Entscheidung erweist ihre Intelligenz, auch wenn ihre Motive eigennützig waren.

Dem heiligen Franz wäre viel seelische Qual erspart geblieben, wenn er bei seinem ersten Zusammenstoß mit der Kurie den Märtyrertod gestorben wäre. Statt dessen mußte er erleben, wie seine nun vom Heiligen Stuhl institutionalisierte Bruderschaft in den Händen des Kardinals Ugolino und des Bruders Elias eine Gestalt annahm, die mit seiner ursprünglichen Vorstellung von einem christusgleichen Leben nur noch wenig Ähnlichkeit zeigte. Doch er nahm körperliche und seelische Qualen auf sich, wie er Armut und Demut auf sich genommen hatte. So überlebte der franziskanische Geist die Person des heiligen Franz. Er ist noch heute, fast ein dreiviertel Jahrtausend nach seinem Tode, lebendig, eingeschnürt zwar in einer Institution, dem Orden der Minderen Brüder (Minoriten), aber unzerstört.

Die Institutionalisierung ist der Preis der Beständigkeit – das ist einer der Mängel der sozialen Seite des menschlichen Lebens; aber die Institutionalisierung einer Sache, die großen geistigen Wert für die Nachwelt hat, ist ein kleineres Übel als der totale Verlust des sich leicht verflüchtigenden geistigen Reichtums. Der heilige Franz erkannte diese harte Wahrheit nicht; Ugolino und Elias verstanden sie und handelten danach und nahmen das Odium auf sich, um der Nachwelt eine dauerhafte Legierung des empfindlichen Schatzes zu erhalten.

Der spanische Zeitgenosse des heiligen Franz, der Kastilier Dominikus (Domingo de Guzman, 1170-1221), Stifter des Predigerordens der Dominikaner, hatte einen glatteren Lebenslauf. Auch er legte das Gelübde der Armut ab, beide Heilige bekämpften die Habgier. Aber der dominikanische Geist war mit den bestehenden Institutionen leichter auszusöhnen als der franziskanische. Die wachsenden Städte der westlichen Christenheit wurden kulturell bereichert durch Franziskaner- und Dominikanerklöster, Bibliotheken und Vortragssäle. Franziskus allerdings wäre mit diesen Einrichtungen kaum einverstanden gewesen, da dergleichen einem anspruchslosen christlichen Leben im Wege stand. Auch die zu seinen Ehren in Assisi errichtete schöne Kirche mit Giottos Fresken hätte ihn wohl nicht mit dem darin liegenden Verstoß gegen seine Grundsätze versöhnt.

Eine Generation vor dem heiligen Franz hatte Joachim von Floris (1145-1202), wie der heilige Bernhard ein Edelmann, der Zisterziensermönch geworden war, die Lehre von den drei Zeitaltern des Vaters, des Sohnes und des Heiligen Geistes verkündet. Im Jahre 1260 würde, so prophezeite er, nach Zeiten der Not das dritte Zeitalter des himmlischen Königreiches auf Erden anbrechen. Das Jahr 1260 erwies sich in der Tat als kritisch; es wurde offenkundig, daß der Papst das Königreich beider Sizilien nicht ohne die Hilfe Frankreichs den Erben Friedrichs II. entreißen konnte. Aber das Zeitalter des Geistes brach nicht an; es wäre nur zu gewinnen gewesen, wenn der Geist des heiligen Franz sich durchgesetzt hätte. Inzwischen wurde Joachim von Floris, der den Papst ebenso ungestraft hatte attackieren können wie Franziskus, postum gebrandmarkt, als man 1254 eine neue Ausgabe einiger seiner Werke veröffentlichte, an denen die Kurie Anstoß genommen hatte. 1323 verfügte Papst Johannes XXII., es sei eine Irrlehre, daß Christus und seine Apostel kein Eigentum besessen hätten. Die Strenggläubigen unter den Franziskanern, die für die strenge Befolgung des Armutsgelübdes eintraten, erlitten das Martyrium, das Franz von Assisi und Joachim von Floris erspart geblieben war.

Die Verstädterung und die Anhäufung von Reichtum entfremden den Menschen der Mutter Erde – beide Krankheiten begannen, im dreizehnten Jahrhundert die westliche Christenheit zu befallen. Die Nachwelt verehrt den heiligen Franziskus nicht nur, weil er sich freiwillig der Armut ergab, sondern vor allem wegen seines Mitgefühls für jede lebende Kreatur. Franziskus' inniges Verhältnis zur Natur, zu den Vögeln und wilden Tieren, ein in der Alten Welt westlich von Indien sehr seltenes Phänomen, spricht aus den berühmten Legenden, auch wenn es keine authentischen Berichte sind. Sein *Sonnengesang* hörte ursprünglich mit der shintoähnlichen Preisung Gottes für die Erschaffung der Mutter Erde und der Pflanzenwelt auf. Die Verse, die Gott für die Geburt des Menschen und die Gabe des leiblichen Todes danken, sind Ergänzungen seiner Jünger. Die Verse, die Gottes Erschaffung der Sonne rühmen, könnten von Echnaton stammen; die Verse, in denen er für die Schöpfung der Elemente gepriesen wird, von Zarathustra. Von den Lippen eines Monotheisten der jüdisch-christlichen Tradition sind diese Lobgesänge eine seltene Kostbarkeit.

67

OSTASIEN
VON 1126 BIS 1281

Nach dem unrühmlichen Zusammenbruch der Sungdynastie 1126 eroberten die Dschurdschen die ganze Wiege der chinesischen Kultur im Huanghobekken mit der Hauptstadt Kaifeng. Das Sungreich wurde vor der totalen Unterwerfung nicht durch die Kampfkraft seiner Soldaten bewahrt, sondern durch die natürlichen Hindernisse, die sich der feindlichen Reiterei entgegenstellten: das Labyrinth von Wasserläufen am unteren Wei und Jangtse und das gebirgige Hinterland. Offiziell bot die neue Hauptstadt Lin-an (Hangtschau) den Sungherrschern ein vorübergehendes Asyl, doch konnten sie den Norden nie zurückgewinnen.

Im Süden hingegen blieb die Sungdynastie noch 153 Jahre (bis 1279) erhalten. Lin-an wurde eine der größten, eindrucksvollsten und anziehendsten Städte der Ökumene, und in dem verstümmelten Reichsgebiet nahmen die Bevölkerung und die landwirtschaftliche Produktivität zu, blühten die Städte und der Handel. Papiergeld kam in Umlauf, zuerst von privaten Banken, dann von der kaiserlichen Regierung ausgegeben. Die Entwicklung der chinesischen Kunst und des Handwerks wurde schon in Kapitel 59 erwähnt. In jenen anderthalb Jahrhunderten war das kleinere Sungreich volkreicher und wohlhabender als das Han- oder T'angreich zur Zeit ihrer größten Ausdehnung und ihrer höchsten militärischen Kraft. Ein bedenklicher kultureller Rückschritt allerdings war der Verfall der gesellschaftlichen Stellung der Frau. Die Einführung der neuen Sitte der Fußwicklung war eine Barbarei.

Die Entfaltung der neukonfuzianischen Philosophie wurde durch die Katastrophe von 1126 nicht aufgehalten. Um sie als gleichwertige Alternative zum mahajanischen Buddhismus anbieten zu können, hatten die Neukonfuzianer das ihnen fremde Reich der Metaphysik betreten müssen, und auf diesem Feld waren die Brüder Tsch'eng verschiedener Meinung. Für Tsch'eng Yi war die menschliche Natur eine der Erscheinungsäußerungen der letzten Wahrheit; für Tsch'eng Hao waren menschliche Natur und letzte Wahrheit identisch. Tsch'eng Yis Metaphysik wurde methodisch von Tschu Hi (1130-1200) ausgearbeitet; den Standpunkt Tsch'eng Hoas vertrat Tschu His Zeitgenosse Liu Hiang-schan (1139-1193). Tschu Hi war ein perfekter Systematiker wie Thomas von Aquin; und vielleicht wurde deshalb sein System die offizielle Version des Konfuzianismus für die Kandidaten und Prüfer bei der Zulassung zum Staatsdienst, obwohl auch die Schulen von Tsch'eng Hao und Liu Hiang-schan hervorragend repräsentiert blieben. Die Meinungsverschiedenheit der Neukonfuzianer trat jedoch zurück hinter den Punkten, in denen sie einer Meinung waren: die Ablehnung von Taoismus und Buddhismus (wenn sie auch einige mahajanische Elemente übernahmen) und die Überzeugung, daß die Ethik wichtiger sei als die Metaphysik. Übereinstimmend verdammten sie die Abkehr der Buddhisten vom tätigen Leben als unsozial. Tsch'eng Hao und Tschu Hi erlangten nicht nur einen akademischen Grad, sondern verbrachten auch einen Teil ihres Lebens im aktiven Staatsdienst. Wenn die chinesischen Neukonfuzianer von den gleichzeitig in der westlichen Welt ausgetragenen Kontroversen gewußt hätten, hätten sie bestimmt die Ideale des heiligen Franz und des Joachim von Floris verworfen und die Politik des Kardinals Ugolino und des Bruders Elias gebilligt.

In Japan gingen in den hundertfünfzig Jahren von 935 bis 1185 die Macht und der Reichtum vom kaiserlichen Hof in Kioto an die Adelsfamilien über, und gleichzeitig verwandelte sich der Frieden im Innern in einen bürgerkriegsähnlichen Zustand. Die Hauptstadt wurde von bewaffneten Überfällen benachbarter buddhistischer Klöster bedroht. Die Adelsfamilien (zum Teil mit der kaiserlichen verwandt) befehdeten einander, bis 1185 Yoritomo aus der Familie Minamoto in Kamakura eine Militärdiktatur errichtete. Der kaiserliche Hof mit seiner verfeinerten Kultur durfte in Kioto bleiben, doch hatte die dortige Regierung jede wirkliche Macht verloren – *de facto* hatte sie schon seit 858 unter der Vormundschaft der Familie Fujiwara gestanden. Nach dem Tode Yoritomos ergriffen 1203 die Hojo als Regierungsverweser die Zügel und hielten ihr Regime bis 1284 aufrecht.

Japan war nie effektiver regiert worden als unter Yoritomo und den Hojo; das Bruttosozialprodukt wuchs, wenn es auch ungleich verteilt war. Die starke Regierung schützte das Land gegen Angriffe der Mongolen 1274 und 1281, nachdem diese die Eroberung des Sungreiches vollendet hatten. Bei dem ersten Angriff kamen die Mongolen nur mit einer kleinen Flotte, und er wurde nach einem Tage wieder abgebrochen; beim zweitenmal griffen sie mit verstärkten Kräften zwei Monate lang an. Die Abwehr (begünstigt durch Stürme, die die Mongolenflotte zerstörten) war für die Geschichte der Menschheit von ähnlicher Bedeutung wie die Siege der Griechen über die persische Flotte im fünften Jahrhundert v.Chr. und wie das Mißlingen der zwei Belagerungen Konstantinopels durch die Moslems.

Die Militärregierung in Kamakura stand mehr als die Zivilregierung in Kioto im Einklang mit den kulturellen und gesellschaftlichen Verhältnissen des zwölften und dreizehnten Jahrhunderts in Japan. Yoritomo und die Hojo hatten Zeitgenossen, die eine entsprechende Rolle in der Religion spielten. In dieser Zeit wurden die frühen Formen des mahajanischen Buddhismus, etwas abstrus in ihrer Metaphysik, die über China und Korea nach Japan gelangt waren, vereinfacht und verständlich gemacht, um weitere Kreise des Volkes zu gewinnen. Eine Sekte des Zenbuddhismus (im Chinesischen *tschan*, im Sanskrit *dhyana* = Selbstversenkung) faßte 1191 in Kamakura Fuß. Die Technik des Zen, durch disziplinierte Meditation zur plötzlichen

Erleuchtung zu kommen, gefiel den Soldaten. Honen (1135) und Shinran (1173-1262) verlangten von der Masse, sich auf die Wiederholung des Namens des Bodhisattwa Amida (Amitabha) zu konzentrieren und sich damit nach dem Tode den Zutritt in das »reine Land«, Amidas Paradies, zu sichern. Nichiren (1222-1282) glich mehr den israelitischen Propheten Elias und Elisa als einem typischen buddhistischen Heiligen. Er bekämpfte alle anderen buddhistischen Sekten, befaßte sich mit Politik, geriet mit der Regierung in Konflikt und war beliebt, weil er den Widerstand gegen die Mongolen predigte. Die vereinfachten Formen des Buddhismus aus dieser Zeit des zwölften und dreizehnten Jahrhunderts, vor allem das Zen, haben in Japan noch heute viele Anhänger.

68

DIE MONGOLEN UND IHRE NACHFOLGER

Die Mongolen waren ursprünglich ein kleines Nomadenvolk, dessen Weidegebiete in der äußersten Nordostecke der eurasischen Steppe lagen. Im dreizehnten Jahrhundert brachen sie plötzlich aus; und 1241 waren ihre Reiterhorden in westlicher Richtung bis zur Oder und zur Nordostküste der Adria gelangt. 1260 drangen sie in Syrien ein, 1297 unterwarfen sie Nordburma. Ihre fortschreitenden Eroberungen von Ländern mit einer seßhaften Bevölkerung wurden vom Jahre 1203 an, als Temüdschin (1162-1227), bekannt als Tschingis Chan, sich zum unbeschränkten Herrscher machte, bis zum Tode seines Enkels und dritten Nachfolgers Möngkö 1259 unter einem einzigen Kommando geplant und ausgeführt.

In der Mitte des dreizehnten Jahrhunderts regierte der mongolische Großchan direkt oder durch Abordnungen von seiner Hauptstadt Karakorum in der östlichen Steppe ein größeres Reich als jedes andere, daß es jemals in der Ökumene gegeben hatte. Es reichte von der Nordwestküste des Stillen Ozeans bis zum Quellgebiet der Wolga und zum Nordufer des Unterlaufs der Donau. In nordsüdlicher Richtung erstreckte es sich vom Baikalsee bis nach Nordvietnam. Die Mongolen sind das einzige eurasische Nomadenvolk, dem es je gelang, ganz China zu unterwerfen. Die Teile Asiens, die von ihnen verschont blieben, waren seine großen Halbinseln Europa, Afrika, Arabien und Indien.

Die politische Einheit des Mongolenreiches bestand keine zwanzig Jahre (von 1241 bis 1259), aber sie war beispiellos. Der Riesenstaat war leistungsfähig, solange er bestand, und er brachte andere regionale Zivilisationen miteinander in Verbindung, die vorher wenig voneinander gewußt hatten.

Vorläufer der Mongolen waren die Hunnen im vierten und fünften Jahrhundert gewesen. Attila war noch weiter nach Europa eingedrungen, die hephalitischen Hunnen hatten Indien heimgesucht, das die Mongolen mieden, und sich dort für längere Zeit festgesetzt. Andere Hunnenstämme teilten sich mit nichthunnischen Barbaren die Nachfolgestaaten der westlichen Tsindynastie in Nordchina. Das alles waren jedoch einzelne Unternehmungen, zu keiner Zeit bildeten die hunnischen Eroberungen eine politische Einheit. Von 1241 bis 1259 hingegen war die ganze eurasische Steppe mongolisch, umgeben von Ländern mit einer seßhaften Bevölkerung unter der Herrschaft eines einzigen Mongolenreiches. In diesen Jahren erstreckte sich von einem Ende der Steppe zum anderen ein wirkungsvolles Polizei- und Verkehrssystem, mit dessen Hilfe die Mächtigen des Reiches in kurzer Zeit zu den Nationalversammlungen in Karakorum reisen konnten.

Aber auch Fürsten der unterworfenen seßhaften Länder kamen in die Hauptstadt, Kriegsgefangene, Handwerker, Kaufleute, Abenteurer, Bewerber für den Staatsdienst und Gesandte unabhängiger Staaten. Zum Beispiel begab sich 1254 der König des kilikischen Armenien nach Karakorum. Sein Land hatte die mongolische Oberhoheit anerkannt; es war der einzige christliche Staat in der Levante, der den Versuch unternahm, den Islam durch eine gemeinsame Aktion der Mongolen und der westlichen Christen zu vernichten. Von 1245 bis 1247 war der Franziskaner Giovanni del Carpine als Gesandter Papst Innozenz' IV. von Lyon nach Karakorum gereist, und von 1253 bis 1255 besuchte ein anderer Franziskaner, Wilhelm von Rubruk, im Auftrage des kreuzfahrenden Königs Ludwig IX. von Akka die mongolische Hauptstadt. Aber beide Missionen der westlichen Christenheit blieben ohne Folgen. Der Islam bestand weiter, dies aber war im Grunde der Zeitpunkt seiner größten Gefährdung.

Wichtig waren auch die kulturellen Wirkungen der Reisen der beiden Franziskaner. Carpine schrieb ein »Tatarenbuch« und eine »Geschichte der Mongolen«; Rubruk schilderte das Treffen von Christen aus verschiedenen Ländern zu Ostern 1254 in Karakorum. 1251 wurde Kubilai, Enkel und vierter Nachfolger Tschingis Chans, von seinem Bruder, dem regierenden Großchan Möngkö, beauftragt, die Länder der Sungdynastie zu erobern, eine Aufgabe, die Kubilai 1279 als Möngkös Nachfolger zu Ende führte. Wie ihre barbarischen Vorgänger, die China im vierten Jahrhundert unterworfen hatten, waren die Mongolen nicht geneigt, dort mit Hilfe der konfuzianischen Beamtenschaft zu regieren. Seinerzeit waren chinesische und ausländische Buddhisten mit der Verwaltung beauftragt worden. Kubilai und seine Nachfolger der mongolischen Yüandynastie nahmen Moslems und Christen in ihre Dienste.

1253 hatte Kubilai den Thaistaat Nantschau erobert und ihn zur chinesischen Provinz Jünnan gemacht. Seine Helfer waren Moslems aus den mongolischen Besitzungen in Zentralasien, die in Jünnan eine islamische Gemeinde gründeten, die noch existiert. 1275 dienten dreißigtausend christlich-orthodoxe Alanen von den Nordhängen des Kaukasus unter Kubilai in China. Der Venezianer Marco Polo war etwa siebzehn Jahre (von 1275 bis 1292) für den Großchan Statthalter der chinesischen Provinz Kiang-nan, der transoxanische Moslem Sajid Ajall von 1274 bis 1279 Statthalter von Jünnan. Mittelalterliche christliche Strömungen blieben in China ohne größere Wirkung, der Islam hingegen faßte nicht nur in Jünnan, sondern auch im Nordwesten Fuß. Umgekehrt beeinflußte die chinesische Kunst die iranische nachhaltig in der Folge der Eroberung Irans durch die Mongolen zwischen 1220 und 1257.

Zu Beginn ihrer Eroberungen hatten sich die Mongolen der Dienste ihrer Nachbarn versichert, und dies war eine der Ursachen ihres beispiellosen Erfolges. Wie die Ausbrüche der moslemischen Araber und der Skandinavier war die Mongoleneruption schlagartig erfolgt, doch wie diese war sie nur der plötzliche Effekt einer vorausgegangenen, langen Ausstrahlung von stimulierenden Einflüssen benachbarter Zivilisationen gewesen.

Die Hirtenvölker im Osten der eurasischen Steppe standen mindestens seit dem vierten Jahrhundert v.Chr. mit dem nordchinesischen Staat Yen in Berührung. Seit dem zehnten Jahrhundert n.Chr. bildeten der tibetisch-chinesische Staat Hia zu beiden Seiten der Nordwestgrenze zwischen China und der Steppe und das K'i-tanreich (Dynastie Liao) und dessen Nachfolger, das Dschurdschenreich (Dynastie Kin), zu beiden Seiten der Nordostgrenze zwischen China und der Steppe geographische Brücken, über welche Elemente der chinesischen Zivilisation zu den Hirtenvölkern gelangten.

Die Regierung der Kin hatte wie die oströmische ihre nomadischen Nachbarn in Schach gehalten, indem sie ein Hirtenvolk gegen das andere ausspielte. So hatte sie in den 1160er Jahren die Tataren, die unmittelbaren Nachbarn der Mongolen im Südosten, gegen diese aufgeboten. Um 1203 veranlaßte sie die Karatschaier, die nestorianisch-christlichen Nachbarn der Mongolen im Südwesten, die Tataren anzugreifen. In diesem Feldzug diente Temüdschin, damals noch nicht Tschingis Chan, als Unterfeldherr des Chans der Karatschaier, die er dann 1203 besiegte und seiner eigenen Horde einverleibte.

Temüdschin-Tschingis Chan war wie sein Enkel Kubilai bemüht, sich nicht unter den Einfluß der Chinesen zu begeben. Aber er kannte den Wert des Wissens und geistiger Fähigkeiten, er war bereit, Rat anzunehmen, und das war eine der Ursachen seines Erfolges. Er berief nichtchinesische Berater und Beamte, und schon vor 1203 hatten moslemische Kaufleute den Weg in sein Land gefunden. Die Mongolen waren wie die Tataren noch Schamanen, doch Tschingis Chan stellte auch nestorianische Christen, Manichäer und Buddhisten und später auch Chinesen aus den unterworfenen Ländern in seine Dienste.

Die Klugheit seiner ausländischen Ratgeber, der Kampfgeist und die soldatische Zucht, die den nomadischen Kriegern durch ihre Lebensweise eingeprägt waren, seine eigenen Führerqualitäten und das sichere Urteil, mit dem er fähige Männer für Krieg und Frieden auszuwählen verstand – das waren Tschingis Chans Aktivposten. Seine Leibgarde war wie die Alexanders des Großen eine Art Generalstabsakademie, aus denen er Auserwählte, die er persönlich prüfte, für die wichtigen Aufgaben bestimmte. Die Persönlichkeit des Chans, sein Organisationstalent in Verbindung mit der Begabung der Mongolen für den Krieg und mit dem von den Nachbarn übernommenen Hauch von Kultur erklären die erstaunlichen Erfolge dieses Reitervolkes.

Tschingis Chans schwierigstes und vordringlichstes Problem war die Eingliederung der anderen Hirtenvölker im Osten der eurasischen Steppe. Er durchquerte von 1205 bis 1209 das Hiareich, begann 1211 die Eroberung des Kinreiches und eignete sich 1218 das Gebiet der stammverwandten Naiman an. 1220/1221 folgte die Unterwerfung der Länder der Choresmier (Chorosan, Sogdh, Tocharistan und Afghanistan). Nach Tschingis Chans Tod wurde 1231 Korea bezwungen und 1234 die Eingliederung des Kinreiches vollendet.

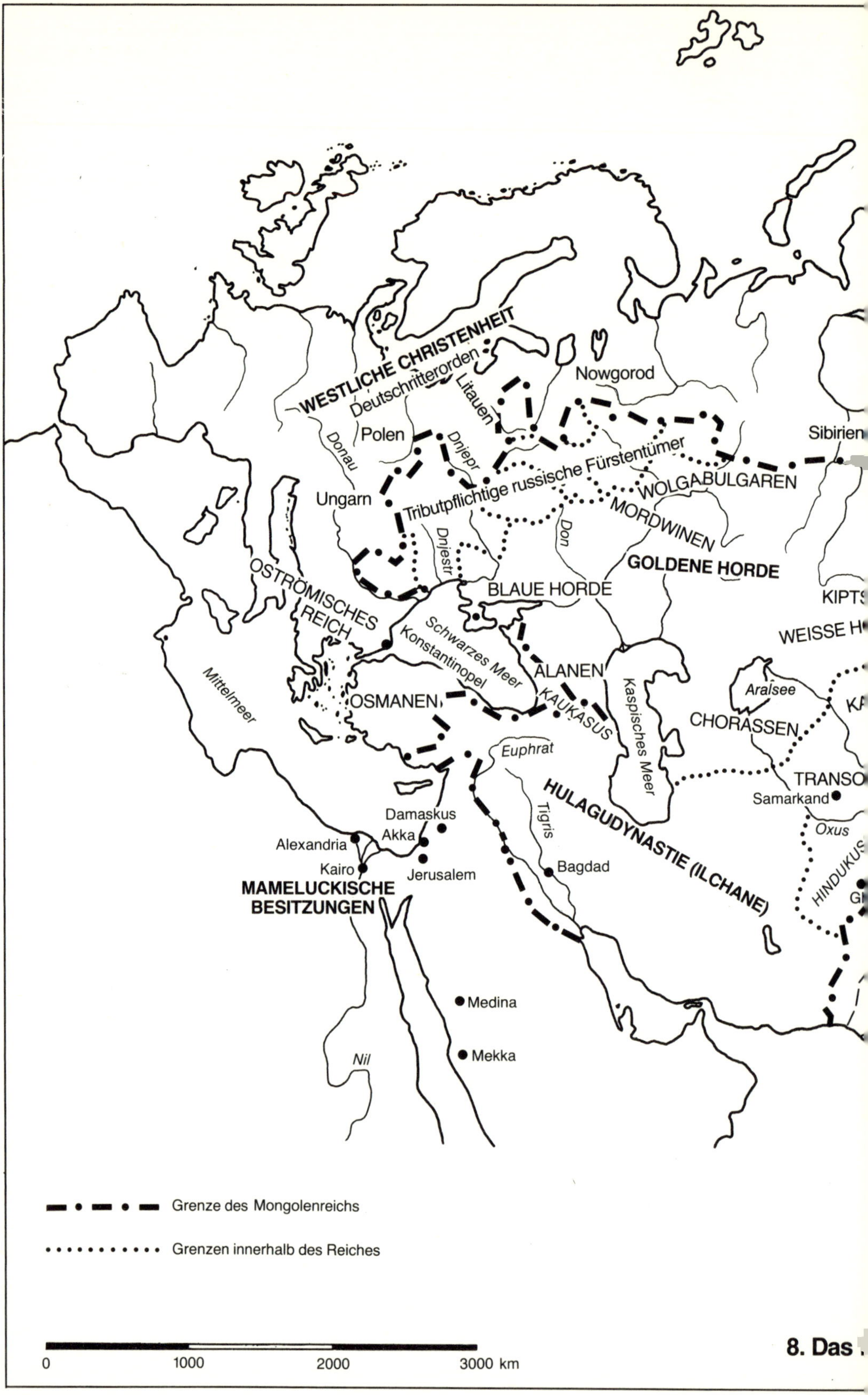
WESTLICHE CHRISTENHEIT
Deutschritterorden
Litauen
Nowgorod
Polen
Donau
Dnjepr
Sibirien
Tributpflichtige russische Fürstentümer
WOLGABULGAREN
Ungarn
MORDWINEN
Don
Dnjestr
GOLDENE HORDE
OSTRÖMISCHES REICH
BLAUE HORDE
Schwarzes Meer
Konstantinopel
ALANEN
Mittelmeer
OSMANEN
KAUKASUS
Kaspisches Meer
Aralsee
CHORASSEN
Euphrat
Samarkand
HULAGUDYNASTIE (ILCHANE)
Tigris
Oxus
Damaskus
Akka
Alexandria
Kairo
Jerusalem
Bagdad
MAMELUCKISCHE BESITZUNGEN
Medina
Mekka
Nil
Grenze des Mongolenreichs
Grenzen innerhalb des Reiches
0
1000
2000
3000 km

8. Das

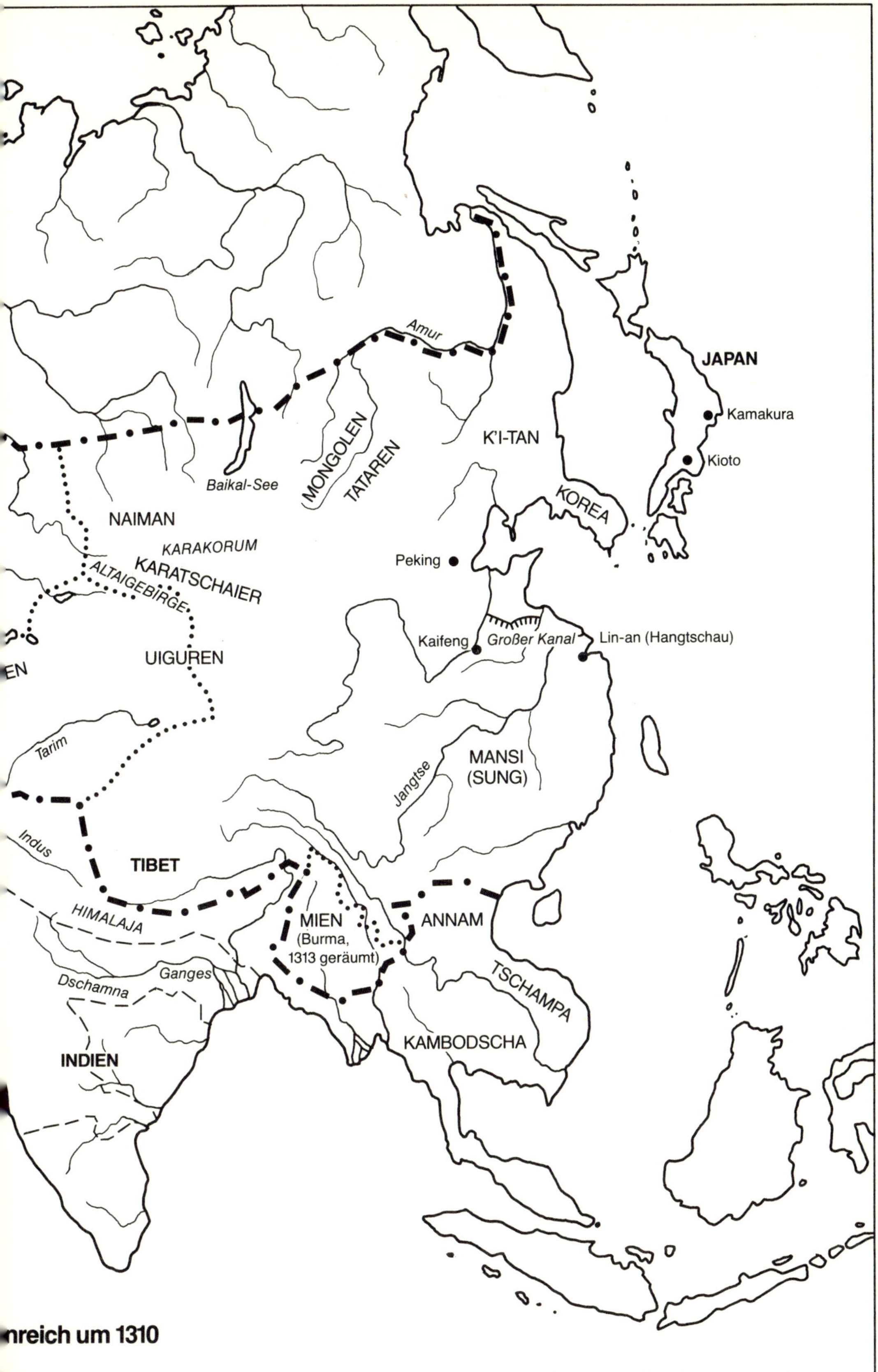

nreich um 1310

Die Feldzüge von 1236 bis 1241 fügten dem Mongolenreich die ganze Westhälfte der eurasischen Steppe hinzu zusammen mit den Wolgabulgaren und den russischen Fürstentümern mit Ausnahme von Nowgorod, Pleskau und Galizien. Die Seldschuken von Rum wurden 1243 geschlagen und tributpflichtig gemacht; die Eroberung des Sungreiches, 1251 begonnen, wurde 1279 zu Ende geführt. Inzwischen war 1253 Nantschau, 1257/1258 Nordvietnam (vorübergehend) besetzt worden. Tschingis Chans Enkel Hülegü eroberte von 1256 bis 1258 Südwestiran und den Irak; Bagdad wurde geplündert, das abbasidische Kalifat ausgelöscht. Im fernen Südosten wurde Tschampa (ein hinduisierter Staat südlich von Nordvietnam) von 1283 bis 1285 tributpflichtig gemacht, von 1287 bis 1303 wurde Nordburma (Mien) besetzt.

Die benachbarten Hirtenvölker litten wenig unter den Mongolen; sie verloren weder ihr Leben noch ihre Weidegebiete, sondern wechselten nur den Landesherrn. Für die seßhaften Völker jedoch, die den Mongolen zum Opfer fielen, bedeutete die Eroberung Verwüstung und Völkermord. Die schlimmsten Grausamkeiten wurden in den Kriegszügen gegen die Choresmier, gegen den Westen und den Irak begangen. Vergeblich bemühte sich Yeh-lü Tsch'u-ts-ai, der Berater Tschingis Chans und seiner Nachfolger, seine Herren in den Jahren von 1215 bis 1241 davon zu überzeugen, daß die Vernichtung potentieller Steuerzahler den mongolischen Interessen zuwiderlaufe.

Wie frühere Reichsgründer waren auch die Mongolen nicht unbesiegbar. Die mißlungenen Versuche, Japan von der See aus anzugreifen, wurden schon erwähnt. Eine ähnliche Expedition gegen Java 1292 wurde gleichfalls abgewehrt. Schwerer wog 1260 die Niederlage zu Lande, als die Mamelucken Hülegüs Vorhut in Syrien zurücktrieben. Hülegüs Nachfolger, die Ilchane im mongolisch besetzten Iran und Irak, wurden zwischen 1281 und 1303 mehrfach von den Mamelucken in Syrien geschlagen. Als noch folgenschwerer erwiesen sich die Bürgerkriege, die das Mongolenreich zerrieben. Im Laufe des vierzehnten Jahrhunderts brach nach der Niederlage im Irak und dem Verlust der »Goldenen Horde« auch die Herrschaft der Mongolen in China zusammen, das sie fast hundert Jahre, von 1279 bis 1368, als Yüandynastie regiert hatten.

Die Mongolen und die Chinesen betrachteten sich mit Abneigung; jene waren die ersten fremden Eroberer, die nicht von der chinesischen Kultur erfaßt wurden. Als 1368 die Yüandynastie gestürzt und die mongolischen Truppen aus ihren Garnisonen auf ihre angestammten Weidegründe jenseits der Großen Mauer zurückgetrieben wurden, waren sie so wenig chinesisch geblieben wie zuvor, im Gegensatz zu den K'i-tan, die nach ihrer Vertreibung aus China im moslemischen Zentralasien ein sinifiziertes Regime gründeten und fast ein Jahrhundert lang aufrechterhielten. Die K'i-tan hatten nie mehr als sechzehn Distrikte im Nordosten Chinas beherrscht; die Mongolen hingegen ganz China von 1279 bis 1368.

In dieser Zeit wurde der Große Kanal von Hangtschau nach Peking, der neuen Hauptstadt, fertiggestellt. Auf kulturellem Gebiet erlebte die literarische Tradition des Konfuzianismus einen Niedergang. Das hatte jedoch die positive Folge, daß zwei Formen der schönen Literatur, Romane und Dramen, in der zeitgenössischen lebenden Sprache aufblühen konnten. Einige der Autoren waren sogar konfuzianische Schriftsteller, die sich anfangs ihrer vulgären Erzeugnisse schämten, aber die neuen Gattungen fanden großen Anklang und überlebten die Rehabilitierung der konfuzianischen Tradition nach dem Ende der Mongolenherrschaft. Ihre Schöpfer taten für die chinesische Literatur, was ihr toskanischer Zeitgenosse Dante für die westliche Literatur leistete. Ein früher Vorläufer war Echnaton, der ähnliches für die Literatur des pharaonischen Ägypten getan hatte.

Weder die chinesische Kultur noch die russische Form der osteuropäischen orthodoxen Kultur hatten die mongolischen Herrscher von China und des größeren Teils von Rußland für sich zu gewinnen vermocht. Dies gelang jedoch dem Islam, der die mongolischen Herren Irans und des Iraks und die mongolischen Führer der türkisch sprechenden »Goldenen Horde« bekehrte – ein kultureller Sieg der unterworfenen seßhaften Völker über ihre nomadisch-kriegerischen Eroberer.

Der Vertreibung der Mongolen aus China waren 1335 die Vernichtung des Regimes der mongolischen Ilchane in Iran und im Irak und 1359 die Auslöschung der Nachkommen Batu Chans, der bisherigen Herrscher der Goldenen Horde, vorangegangen. In der zweiten Hälfte des vierzehnten Jahrhunderts behaupteten sich die seßhaften Untertanen der Goldenen Horde und der Tschagatai-Chane gegen ihre mongolischen Herren.

Die Südwestgrenze der »Goldenen Horde« – und damit die nomadische Lebensform – wurde vom Nordufer der unteren Donau zum Westufer des Dnjestr zurückgedrängt, als rumänische Siedler aus Ungarn die zwei Fürstentümer der Walachei und der Moldau gründeten. Zwischen Dnjestr und Dnjepr gelangten die heidnischen Litauer aus den Wäldern im Hinterland der Ostsee bis an das Schwarze Meer. 1386 wurden die Litauer zum westlichen Christentum bekehrt, und ihr Land wurde in Personalunion mit Polen vereint. Aber diese neue westlich-christliche Großmacht war mit der Abwehr der aggressiven christlichen Ritter des Deutschen Ordens beansprucht und konnte die Gelegenheit, der Nachfolgerstaat der »Goldenen Horde« zu werden, nicht wahrnehmen.

Die Russen hatten sich nicht von der Herrschaft der »Goldenen Horde« befreien können und traten nach dem Niedergang des Mongolenreiches auch nicht dessen Nachfolge an. Dies gelang Timur, genannt Timur-i-Läng (Der Lahme) oder auch Tamerlan, ein türkisierter Mongole aus Transoxanien, der durch den Iran und Kaukasien zog und Rußland überfiel. Timur war der erste Führer eines seßhaften Volkes, der ungestraft in die westliche eurasische Steppe eindringen konnte – Darios I. hatte sich rechtzeitig wieder zurückgezogen, Alexanders Heerführer Sopyrion war bei dem Versuch umgekommen.

Timur starb 1405 auf dem Wege nach China. Wenn er sich nicht in Angriffen auf die islamische Welt – sie wurden mit mongolischer Grausamkeit geführt – verzettelt hätte, wäre es ihm vielleicht gelungen, die Bruchstücke des mongolischen Reiches neu zu vereinen und sie von Samarkand aus zu regieren. Seine Nachfolger im fünfzehnten Jahrhundert aber waren militärisch und politisch zu schwach, um das von ihm gegründete Reich zusammenzuhalten. Die Frage nach der Nachfolge der Herrschaft über das Herzland der Alten Welt blieb unbeantwortet.

69

DIE ISLAMISCHE WELT VON 1291 BIS 1555

Im Jahre 1555 war die islamische Welt umfangreicher, als sie 1291 gewesen war, und ihr größter Teil wurde politisch von drei Reichen beherrscht: dem osmanisch-türkischen Reich in der Levante, dem Safawidenreich in Iran und dem Timuridenreich (fälschlich Mogulreich) in Indien. Das war ein bemerkenswertes Ergebnis nach der Leidenszeit zwischen 1220 (dem Jahr, als Tschingis Chan in Transoxanien eindrang) und 1405 (dem Todesjahr Timur-i Längs).

1555 stand der Dekkan, den die Moslems von Nordindien aus seit 1294 in Besitz genommen hatten, bis zu den Flüssen Kistna und Tungrabhadra unter ihrer Herrschaft. Zur gleichen Zeit hielten sie Südosteuropa bis nach Ungarn hinauf besetzt. Diese Expansion war wie die vorangegangene Okkupation in Nordindien mit Waffengewalt erzwungen worden. In ganz Indien wie in Südosteuropa war der größte Teil der unterworfenen Völker nicht zum Islam übergetreten. Im Herzen der islamischen Welt jedoch hatten Massenbekehrungen im zwölften und dreizehnten Jahrhundert die frühere nichtmoslemische Mehrheit der Bevölkerung zu einer kleinen Minderheit reduziert. Auch in andere Richtungen hatte sich der Islam nicht durch Eroberung, sondern durch Bekehrung ausgebreitet.

Zum Beispiel konvertierten die Nubier, die 1291 schon rund achthundert Jahre Christen gewesen waren, nach und nach zum Islam. Dies war die Folge der Infiltration arabischer Stämme aus Ägypten seit dem vierzehnten Jahrhundert. Im westlichen Sudan gewann der Islam Anhänger seit dem elften Jahrhundert, als er zum erstenmal den Süden der Sahara erreicht hatte. Auf der Malaiischen Halbinsel und in Indonesien verliefen die Massenübertritte zum Islam ebenso friedlich wie vorher die Bekehrung zum Hinduismus und Buddhismus. In dieser Region verdrängte der Islam nicht den kulturellen Einfluß Indiens, der dort über tausend Jahre wirksam gewesen war – er legte sich gleichsam wie ein Furnier darüber. In China überdauerten die moslemischen Gemeinden in Jünnan und Kansu die Mongolenherrschaft, unter der sie gegründet worden waren.

Das älteste dieser drei islamischen Reiche im sechzehnten Jahrhundert war das Osmanische Reich. Im Kern schon um 1300 vorhanden, faßte es 1353 zum erstenmal in Europa Fuß. Um die Wende des vierzehnten Jahrhunderts hatte es seine direkte oder indirekte Herrschaft über die größten europäischen wie asiatischen Gebiete des Oströmischen Reiches vor 1071 befestigt. Da wurde seine Macht in Kleinasien durch Timur gebrochen. Das Osmanische Reich zerfiel in drei konkurrierende Bruchstücke. Die europäischen und zum Teil auch asiatischen Länder wurden von Sultan Mehmed I. (1402-1421) wieder zusammengefügt. (Sein Monument ist die wunderbare Grüne Moschee in Bursa.) Unter Mehmed II. (1451-1481), dem Eroberer Konstantinopels, konsolidierten sich das Gebiet und die Verwaltung des Reiches; unter Selim I. (1512-1520) dehnte es sich nach Osten und Süden aus – 1534 bis 1536 wurde der Irak besetzt – und trat auch die Nachfolge des Mamelukkenreiches an. Unter Süleiman I. hatte es 1555 seinen Höhepunkt erreicht.

Das Safawiden- (neupersische) Reich erlebte von 1500 bis 1513 einen meteorhaften Aufstieg, eroberte unter seinem Gründer Ismail Aserbeidschan und Armenien und besiegte die Usbeken, den Nomadenstamm, der im fünfzehnten Jahrhundert den Timuriden das Oxus-Jaxartes-Becken entrissen hatte. Vier Jahre lang war das Osmanische Reich durch die Safawiden von einer ähnlichen Katastrophe bedroht, wie sie ihm 1402 von Timur zugefügt worden war. Aber 1514 versetzten die Osmanen in der Schlacht bei Tschaldyran den Safawiden einen Schlag, von dem sie sich bis 1555 nicht erholten. Sie behielten jedoch alle ihre Territorien mit Ausnahme des Nordwestens von Iran.

Im Jahre 1555 eroberte der Timuride Humajun (ein Nachkomme Timurs und Tschingis Chans) das Königreich Delhi zurück, das sein Vater Babur schon einmal besessen hatte, und wurde der eigentliche Gründer des Timuridenreiches.

Die Gründung jedes dieser drei Reiche war eine gewaltige Anstrengung. Ein Staat kann nicht bestehen ohne Steuerzahler aus Landwirtschaft, Handel und Gewerbe und ohne eine geschulte und loyale Armee. Doch seit etwa der Mitte des elften Jahrhunderts hatten moslemische Nomaden die islamische Welt heimgesucht. In Nordwestafrika und Andalusien waren es Berber und Araber, im Irak und in Mesopotamien andere Araberstämme, in Transoxanien, Iran, Armenien und Kleinasien Turkmenen und andere Türkvölker. Diese waren, wie schon erwähnt, in zwei Wellen gekommen, zuerst im elften Jahrhundert unter Führung der Seldschuken und dann im dreizehnten Jahrhundert auf der Flucht vor den Mongolen. Die Produktivität und die Steuerkraft der seßhaften Einwohner hatten unter den moslemischen Nomaden gelitten, dann unter den Ausschreitungen ihrer mongolischen Nachfolger und schließlich unter den Greueltaten der Horden Timurs am Ende des vierzehnten Jahrhunderts.

Timur und seine Soldaten waren keine Nomaden, sondern seßhafte transoxanische Moslems, aber er benahm sich mit mongolenhafter Grausamkeit, und alle seine Opfer mit Ausnahme der Russen waren Moslems. Zwischen 1393 und seinem Tode 1402 plünderte er Bagdad, Aleppo, Damaskus und Delhi, die Hauptstadt des moslemischen Nordindiens, und verheerte die asiatischen Besitzungen des Osmanischen Reiches. Nach seinem Tode verfiel sein Reich allmählich, und der Wiederaufbau der islamischen Welt mußte von konstruktiveren Kräften bewerkstelligt werden.

Die einzigen intakten islamischen Staaten waren damals das Mameluckenreich in Ägypten und Syrien und das Bahmanireich im Dekkan. Der Irak hatte sich noch nicht von dem Mongolenüberfall 1258 erholt, während er vorher wirtschaftlich mit Ägypten als einer der beiden wichtigsten Lebensmittellieferanten der Alten Welt gleichbedeutend gewesen war. 1358 hatte man das Bewässerungssystem im Irak stillgelegt und seitdem nicht wiederhergestellt.

Nordindien war wie Ägypten von den Mongolen verschont geblieben, nicht aber von Timurs Horden. Schon vor dessen Vernichtungsfeldzug hatte das Sultanat von Delhi das moslemische Indien nicht zusammenhalten können. 1336 vereinten sich die Länder an der Spitze des Subkontinents zu dem antimoslemischen Hindureich Widschajanagar. 1347 bildete sich das islamische Bahmanireich im Dekkan, das um die Wende zum sechzehnten Jahrhundert in fünf Nachfolgestaaten auseinanderbrach.

1564 verbündeten sich vier dieser moslemischen Staaten gegen Widschajanagar und unterwarfen diesen letzten unabhängigen Hindustaat. Obwohl politisch bedeutungslos geworden, war der Hinduismus auf anderen Gebieten noch voller Leben und bildete ein Gegengewicht zum Islam. Der Sektengründer Kabir (1440-1518) brachte in Hindiversen seine Vorstellung der letzten geistigen Wahrheit zum Ausdruck, betonte deren Ausdruck sowohl im Hinduismus als auch im Islam. Er war ein Vorläufer von Nanak (1469-1539), dem Stifter der Sikhreligion, der Hindus und Moslems auf der Grundlage eines bilderfreien Monotheismus einigen wollte. Der Dichter Tulsidas (1532-1623) schrieb das Epos *Ramtscharitmanas* zum Preise Ramas in der Hindisprache, die von der Bevölkerung Nordindiens gesprochen wurde. Es wurde in Indien so volkstümlich wie in Iran die Dichtungen der vier großen neupersischen Dichter.

Das andere Land, das von den Mongolen, aber auch von Timur verschont geblieben war, Ägypten, besaß noch sein funktionierendes Bewässerungssystem. Es hatte eine dichte, produktive und steuerzahlende Bevölkerung und wurde verwaltet und verteidigt von einer verhältnismäßg gut ausgerüsteten und geschulten Armee von Sklavensoldaten, die aus der Kiptschaksteppe in Südrußland und aus dem Kaukasus importiert worden waren. Die Einwohner waren allmählich vom monophysitischen Christentum zum Islam übergetreten, bis die Christen nur noch eine kleine Minderheit bildeten. Doch sie spielten noch eine wichtige Rolle als Steuereinnehmer. So wurde im mameluckischen Ägypten die moslemische Mehrheit des Volkes von Ausländern verteidigt und verwaltet und von nichtmoslemischen Einheimischen besteuert.

In den asiatischen Teilen der islamischen Welt außerhalb Indiens war das Hauptproblem im vierzehnten Jahrhundert die Wiederherstellung stabiler politischer Staatsformen trotz der ständigen Bedrohung durch die Türkvölker. Die potentiellen Gründer neuer Islamstaaten in dieser Region waren aber gerade die Führer solcher nomadischen Stämme. Deren militärische

Fähigkeiten waren die Grundlage der Macht ihrer Anführer, und diese mußten sich darauf stützen, bis sie einen wirksamen Ersatz dafür finden konnten. Bis dahin hatten sie die Aufgabe, ihre nomadischen Gefolgsleute zu zähmen und zu lenken und sie schließlich dazu zu bringen, ihr Hirtenleben aufzugeben und seßhafte Bauern und Handwerker zu werden.

In Kleinasien war dieses Problem teilweise von den seldschukischen Sultanen von Rum gelöst worden. Sie hatten ihre türkischen Gefolgsleute in das Grenzland zwischen Rum und dem zusammengeschrumpften Oströmischen Reich abgeschoben, damit sie dort den islamischen heiligen Krieg (»Dschihad«) gegen die Ungläubigen führen konnten. Im Innern ihrer Länder hatten die Sultane mit der seßhaften Bevölkerung eine neue Gesellschaftsordnung errichtet, zum Teil mit Hilfe von ehemals christlichen und griechisch sprechenden Bauern, welche die Türkeninvasion überlebt hatten, zum Teil mit Einwanderern aus Iran. Aber im dreizehnten Jahrhundert erlitten die Seldschuken von Rum eine Reihe von Rückschlägen. Die Aufmerksamkeit der oströmischen Exilregierung in Nicäa war nach wie vor auf die Reste ihrer Besitzungen in Asien gerichtet, und sie konnte sogar einige auf Kosten von Rum zurückgewinnen. Außerdem überflutete eine zweite Welle westwärts wandernder türkischer Nomaden das Sultanat; und 1243 wurde Rum, wie im vorigen Kapitel berichtet, von den Mongolen unterworfen und tributpflichtig gemacht. Ein Aufstand gegen die Eroberer wurde grausam unterdrückt, und die Fremdherrschaft wurde noch drückender. Als die nicäischen Griechen 1261 Konstantinopel zurückeroberten, ließen sie die Kontrolle über ihre asiatischen Besitzungen außer acht, was den Türkvölkern eine neue Gelegenheit gab, sich fast ganz Kleinasiens auf Kosten des Oströmischen Reiches wie des Sultanats von Rum zu bemächtigen.

Die Anführer der türkischen Völker, die auf diese Weise in die Fußtapfen der Ilchane und der Seldschuken traten, hatten den Ehrgeiz, Herrscher seßhafter Staaten in der Art Rums zu werden. Am erfolgreichsten waren die Osmanen. Sie nahmen 1326 Bursa ein, das sie zu ihrer Hauptstadt machten und das ihnen den Weg zu den Dardanellen öffnete, 1331 Ismit, wodurch sie an den Bosporus gelangten. Als sie sich 1353 mit Gallipoli einen Brückenkopf in Europa sicherten, folgten sie damit dem Beispiel der nicäischen Kaiser, die 1253 in Thrakien eingedrungen waren. Und so wie diese Konstantinopel vom Lande her umzingelt hatten, so nahmen die Osmanen 1361 Adrianopel.

Die Osmanen bauten ihre Macht auf, indem sie ihre nomadischen Türkenstämme zähmten und in den eroberten Ländern zahlreiche Konvertiten als Soldaten und noch mehr unbekehrte Christen als produktive Arbeiter und Steuerzahler gewannen. Dieses Reservoir an seßhaften christlichen Untertanen war an Umfang mit den Hinduuntertanen der moslemischen Staatengründer in Indien vergleichbar. Eine solche Quelle wirtschaftlicher Kraft stand keiner anderen türkischen Macht in Kleinasien und auch nicht den Safawiden in Iran zur Verfügung.

Bei der Verwaltung und vor allem bei der Zähmung der türkischen Stämme halfen den Osmanen die Derwische, moslemische Ordensbrüder, die bei den Nomaden beliebt waren, weil sie die Stelle der vorislamischen Schamanen einnahmen. Aber sie bildeten auch Unruheherde, die sich gegen die Regierung wenden konnten. Die nichtosmanischen Türken in Kleinasien widersetzten sich der erneuten Unterwerfung durch die Osmanen (nachdem sie vorübergehend von Timur befreit worden waren), wie sie es schon im vierzehnten Jahrhundert getan hatten. Die osmanischen Reichsgründer wußten, daß auf die türkischen Stämme kein Verlaß war, und schickten sie gern in die neu eroberten Länder in Europa. Ihre Armeen rekrutierten sie lieber aus anderen Völkern. Sie unterhielten eine elitäre Reitermiliz aus den Einkünften unvererbbarer Lehen und eine stehende Armee aus Sklaven, die Kriegsgefangene waren oder im Ausland gekauft wurden.

Gegen Ende des vierzehnten Jahrhunderts gingen die Osmanen dazu über, die Sklavenhofhaltung des Sultans, der sich auch »Padischah« (Großherr oder Beschützerkönig) nannte, durch die Aushebung christlicher Bauernknaben, vorwiegend Serben, Kroaten und Albaner, zu besetzen. Sie wurden zuerst nur zu Soldaten (Janitscharen) ausgebildet, später aber auch zu Zivilbeamten. Sie begannen als Pagen des Padischahs, empfingen eine sorgfältige Erziehung und konnten zu den höchsten Staatsämtern aufsteigen. Daraus entwickelte sich die Eigenart des Osmanischen Reiches, daß die Regierungsgeschäfte fast ganz in den Händen ehemals christlicher Sklaven lagen, während frei geborene Moslems davon ausgeschlossen waren.

Der Stammvater der Safawidendynastie war Scheich Safi-ad-Din Ischak (1252-1334) aus Aserbeidschan, kein Staatengründer, sondern ein Sektenstifter und vermutlich kein Schiit. Als eigentlicher Gründer der Dynastie gilt Ismail I. (1501-1524), der die schiitische Form des Islams einführte. Bis dahin war der Iran überwiegend sunnitisch gewesen. Die vier berühmtesten neupersischen Dichter – Firdausi, Saadi, Hafis und Dschami – waren Sunniten. Die Iraner übernahmen mit erstaunlicher Gelehrigkeit die ihnen aufgezwungene Religion, die schließlich zum Wahrzeichen eines neuen iranischen Nationalismus wurde.

Um 1555 regierte die Sklavenhofhaltung des Padischahs das Osmanische Reich. Im Iran war Ismails Nachfolger in der Hand türkstämmiger (kisilbaschischer) Söldner; und der Timuride Humajun hatte gerade Nordindien mit einer Armee von Abenteurern aus vielen Teilen der islamischen Welt zurückerobert. Er und sein Vater Babur waren Sunniten, aber sie hatten beide Hilfe bei den schiitischen Safawiden gesucht. Die Moslems in Indien wurden von ihren Hinduuntertanen so gewaltig an Zahl übertroffen, daß sie sich Konfessionsstreitigkeiten nicht leisten konnten; eine Verstärkung des Islams, in welcher Form auch immer, war jederzeit willkommen.

In der islamischen Welt westlich von Indien bewirkte die Gründung eines Schiitenreiches im Iran und Irak die geographische Trennung der levantinischen Sunniten von ihren Glaubensbrüdern in Zentralasien. 1475 annektierten die Osmanen die genuesischen Kolonien auf der Krim, aber der russische Kaiser Iwan IV. (»der Schreckliche«) sperrte die Verbindung zwischen dem Osmanischen Reich und den sunnitischen Chanaten in Usbekistan, als er 1552 Kasan und 1556 Astrachan besetzte. 1516/1517 eroberten die Osmanen das ägyptische Mameluckenreich, doch zwischen 1498 und 1515 errangen die Portugiesen die Seeherrschaft über den Indischen Ozean, und den Osmanen gelang es ebensowenig wie den Mamelucken, sie ihnen zu entreißen.

Abessinien hatte kaum wieder eine Rolle in der Weltgeschichte gespielt, seitdem es einigen islamischen Konvertiten aus Mekka vor der Übersiedlung Mohammeds nach Medina Asyl geboten hatte. Die moslemische Eroberung Ägyptens isolierte die monophysitischen Christen in Abessinien und Nubien von der übrigen Christenheit, und als im vierzehnten Jahrhundert Nubien sich zum Islam bekehrte, blieben nur die Christen in Abessinien. Ihr Schicksal schien besiegelt, als im sechzehnten Jahrhundert die Moslems in das Land eindrangen, aber es gelang ihnen, sie mit Hilfe der Portugiesen zurückzuschlagen.

Um 1555 beherrschten die drei großen islamischen Reiche die Mitte der Alten Welt von Algerien bis Nordindien. Von ihnen war das Osmanische Reich das älteste und stabilste. Auch ihm war es 1492 allerdings nicht gelungen, das Königreich Granada, den letzten moslemischen Stützpunkt auf der Iberischen Halbinsel, gegen das christliche vereinigte Königreich von Kastilien und Aragonien zu halten. Auch das selbständig gebliebene Berberreich Marokko hatten die Osmanen nicht erobern können, und im Osten waren ihnen die Russen an der Wolga zuvorgekommen und hatten ihnen die Verbindung mit den Sunniten im Oxus-Jaxartes-Becken versperrt.

Dennoch hat die islamische Welt eine beachtliche Leistung vollbracht, als sie dem Mongolensturm widerstand. Ihr Wiederaufblühen beschränkte sich nicht auf das Politische. Zwischen 1300 und 1555 brachte der Iran die letzten beiden der vier großen neupersischen Dichter hervor, Hafis (um 1327 bis 1389) und Dschami (1414-1492). In Nordafrika wirkte der bedeutende Historiker des Islams, Ibn Chaldun (1332-1406). Es muß jedoch vermerkt werden, daß keiner dieser drei Repräsentanten islamischer Kultur ein Osmane war und daß die beiden letzten großen neupersischen Dichter vor der Eroberung Irans durch die Safawiden lebten und starben.

DIE ÖSTLICH-ORTHODOXE CHRISTENHEIT VON 1240 BIS 1556

Das nicäisch-griechische Reich im nordwestlichen Kleinasien und die griechischen und slawischen orthodoxen Staaten auf dem Balkan blieben von dem Mongolensturm verschont, der von 1237 bis 1240 Rußland und 1243 das Sultanat von Rum heimsuchte. Auf der Balkanhalbinsel wurde nur Bulgarien geplündert. Doch um 1556 gab es einen plötzlichen Umschwung in der Geschichte dieser beiden Flügel des östlichen Christentums. Zu diesem Zeitpunkt waren die Osmanen die Herren aller südlichen orthodoxen Völker einschließlich der Rumänen, die im vierzehnten Jahrhundert die Fürstentümer Walachei und Moldau gegründet hatten. Andererseits war der Nordosten Rußlands nicht nur von der Oberhoheit der Goldenen Horde befreit, der Herrscher von Moskau war Großfürst von Wladimir geworden, hatte alle Fürstentümer Ostrußlands annektiert, 1547 den Zarentitel angenommen und zwei Nachfolgerstaaten der Goldenen Horde, Kasan und Astrachan, erobert.

In der Mitte des dreizehnten Jahrhunderts war das nicäische Reich im Aufstieg. Es besaß seit 1235 einen Brückenkopf in Europa und konnte 1261 Konstantinopel zurückgewinnen. Nach diesem überraschenden Erfolg kam jedoch die Antiklimax. Serbien eroberte schrittweise Makedonien, sein Fürst Stephan Duschan nannte sich »Kaiser der Serben und Römer«. Der Preis für die Rückgewinnung Konstantinopels war der Verlust der asiatischen Besitzungen an Türkstämme, von denen die nächsten und bedrohlichsten die Osmanen waren. 1346 war das Schicksal des wiedererstandenen Oströmischen Reiches besiegelt – die Frage war nur, ob die Serben oder die Osmanen die Erben sein würden.

Der Niedergang Ostroms hat die byzantinische Kunst und die orthodoxe Kirche nicht entkräftet. Die Mosaiken der Chorakirche (Kachrije-Djami) in Konstantinopel können sich mit Giottos Fresken aus der gleichen Zeit messen. In den Klöstern der Halbinsel Athos erwachte die orthodoxe Mystik zu neuem Leben. In dieser Mystik sucht der Gläubige durch Seelenruhe und völlige Passivität (Hesychasmus) die Verbindung mit der Gottheit herzustellen – eine Haltung, die im vierzehnten Jahrhundert durch yogaähnliche Übungen verstärkt wurde. Von Theologen nicht nur der West-, sondern auch der Ostkirche wiederholt angefeindet, wurde der Hesychasmus 1351 als rechtgläubige Lehre anerkannt.

Der Anfang vom Ende des Oströmischen Reiches war der Bürgerkrieg von 1341 bis 1347, eine soziale Revolution, die mit einem theologischen Streit zusammenfiel. In der langen Regierungszeit der Paläologen (von 1259 bis 1453) hatten das fortschreitende Wachstum der großen Landgüter und die zunehmende Verarmung der Bauernschaft zu einem unerträglichen Zustand geführt. Kaiser Johannes IX. Kantakuzenos trat für die Grundherren ein und löste damit heftigen Widerstand im Volke aus. Die Aufständischen hielten Thessalonike von 1342 bis 1350 besetzt, in weiten Teilen des Reiches wurden die Grundherren Opfer grausamer Vergeltungsmaßnahmen.

Antiwestliche Ressentiments unter den Griechen waren schon während des ersten Kreuzzuges spürbar geworden. Sie verschärften sich, als im vierten Kreuzzug Konstantinopel eingenommen und zerstört wurde und die italienischen Republiken allmählich den Mittelmeerhandel an sich brachten. Michael VIII. Palaiologos, dem die Wiedereroberung Konstantinopels gelang, sah ein, daß ein wiederhergestelltes Oströmisches Reich nicht ohne das Wohlwollen und die militärische Unterstützung des Westens bestehen konnte, und war bereit, den Preis dafür zu zahlen und die Oberhoheit des Papstes über die Ostkirche anzuerkennen. Diese Anerkennung der päpstlichen Suprematie wurde zwischen 1274 und 1453, dem Ende des Oströmischen Reiches, wiederholt bestätigt.

Noch 1439 wurde die Unionsakte auf dem Konzil von Florenz nicht nur vom Kaiser, sondern auch von fast allen Mitgliedern der orthodoxen Delegation unterzeichnet. Doch vierzehn Jahre später erhob sich bei der großen Mehrheit der östlichen Geistlichkeit und Laienschaft Widerstand gegen eine Union unter römischen Bedingungen. Nach der Eroberung Adrianopels durch die Osmanen 1361 war Konstantinopel isoliert und nur noch auf dem gefährlichen Seewege durch die Dardanellen zu erreichen. Es war seitdem allen Griechen klar, daß ihre letzten unabhängigen Enklaven auf griechischem Boden den Osmanen zufallen mußten, wenn sie nicht vom Westen verteidigt würden. Die Griechen entschlossen sich jedoch, die politische Oberhoheit der Osmanen zu akzeptieren. Sie sahen darin das kleinere Übel gegenüber der geistlichen Herrschaft des Papstes und der wirtschaftlichen der Genueser und Venezianer.

Moslemische Regierungen sind durch den Koran verpflichtet, willfährigen christlichen Untertanen die Ausübung ihrer Religion zu gestatten. Von den westlichen Mächten – mit Ausnahme von Venedig – mußte man erwarten, daß sie auf ihre orthodoxen Untertanen Druck ausüben würden, die Suprematie des Papstes anzuerkennen. Die Griechen, soweit sie nicht schon unter westlicher Herrschaft standen, waren nicht gewillt, diesen Preis für die Freiheit von der moslemischen Herrschaft zu zahlen. Sie hegten auch Zweifel, ob die westlichen Christen ihnen wirksame militärische Hilfe leisten würden, wenn sie auf deren Bedingungen eingingen. Darüber hinaus waren die Westeuropäer für die Griechen nicht nur Schismatiker, sondern galten ihnen als an Kultur, Macht und Reichtum noch immer weit unterlegen.

Einer der Unterzeichner der Unionsakte von Florenz, Isidor, der Metropolit der orthodoxen Kirche von Rußland, wurde durch die Ernennung zum römischen Kardinal belohnt. Er war geborener Grieche und unterstand dem Patriarchat von Konstantinopel. Die russischen Bischöfe setzten Isidor ab und wählten einen russischen Metropoliten – ohne Einverständnis des Patriarchen von Konstantinopel – auf Veranlassung des Großfürsten von Wladimir und mit Zustimmung des Großfürsten von Litauen und des Fürsten von Kiew. Sonst aber bestritt die russische Kurie die Suprematie des Patriarchen von Konstantinopel über den Metropoliten der russischen Kirche. So blieb Rußland trotz politischer Differenzen unter der kirchlichen Rechtsprechung Konstantinopels.

Das Fürstentum Moskau hatte 1328 an Macht gewonnen, als es für die Goldene Horde einen Straffeldzug gegen das Fürstentum Twer führte, das sich gegen die Horde erhoben hatte. Fürst Iwan Kalita wurde dafür von seinen mongolischen Herren zum Großfürsten von Wladimir gemacht. Moskau blieb weiterhin Residenz und wurde zum Sitz des Metropoliten. Das Fürstentum Moskau ließ sich bequem als Waffe gegen andere russische Fürstentümer einsetzen. Aber diese Politik der Goldenen Horde erwies sich als kurzsichtig, denn Moskau annektierte nun ein russisches Fürstentum nach dem anderen, darunter auch solche, die der Horde unterstanden. Das moskowitische Regime war im Gegensatz zu dem der unabhängigen russischen Fürstentümer autokratisch.

Die zwei russischen Staaten im Nordwesten, Pleskau und Nowgorod, hatten bisher ihre Unabhängigkeit bewahrt. Die Handelsstadt Nowgorod stand in Verbindung mit der norddeutschen Hanse und kontrollierte ein riesiges Hinterland, das sich längs der Küste des Eismeeres von der Ostflanke Norwegens bis zur Mündung des Ob erstreckte. Moskau gliederte sich Nowgorod 1478, Pleskau 1510 ein und verdoppelte damit seine Größe, seine Macht und seinen Reichtum.

Im Laufe des fünfzehnten Jahrhunderts wurde das moskowitische Rußland *de facto* durch den Zerfall der Goldenen Horde von den Mongolen befreit. Vier Staaten traten die Nachfolge an: Kasan, die Krim, Astrachan und Kasimow, das unter der Oberhoheit von Moskau gegründet worden war. Die Krimtataren, seit 1475 unter osmanischer Herrschaft, vernichteten um 1500 die letzten Reste der Goldenen Horde. Moskaus Eroberung von Kasan (1552) und Astrachan (1556) war die unvermeidliche Folge der neuen politischen Konstellation.

Ein Problem war den Russen 1386 entstanden, als sie den heidnischen Fürsten von Litauen, Jagiello, zum König von Polen machten und dieser zum westlichen Christentum übertrat. Die Litauer hatten die russische Entkräftung nach dem Mongoleneinfall von 1237 bis 1240 ausgenutzt, um die westlichen russischen Fürstentümer unter ihre Herrschaft zu bringen – mit Ausnahme von Galizien, das 1352 von Polen annektiert wurde. Sie beließen diesen Fürsten ihre Autonomie und deren Untertanen den orthodoxen Glauben und wählten die Stadt Wilna zum Regierungssitz in Weißrußland. Auf diese Weise machte sich das heidnische litauische Regime beliebt, und überdies bildete es eine Schutzwehr gegen das größere Übel einer Unterdrückung durch die Goldene Horde. Die Lage veränderte sich jedoch, als der Fürst von Litauen König von Polen wurde und sich zum westlichen Christentum bekannte. Dennoch genoß der russische Adel unter dem litauischen und polnischen Regime eine Freiheit, die er unter seinen moskowitischen Landsleuten nicht gehabt hätte.

So war um 1556 das moskowitisch-russische Zarenreich noch nicht Herr von Westrußland. Dennoch war es eine Großmacht geworden, und das Tor für eine Expansion nach Osten hatte sich aufgetan. Im Gegensatz dazu befanden sich die Griechen in diesem Jahrhundert politisch auf dem Tiefpunkt. Nachdem Konstantinopel verloren und 1461 das »Kaiserreich« Trapezunt am Schwarzen Meer den Osmanen in die Hände gefallen war, gab es kein griechisches Territorium mehr, das nicht unter osmanischer oder westchristlicher Herrschaft stand. Die Unterwerfung unter die Osmanen beließ jedoch den Griechen die Freiheit der Religionsausübung – der Patriarch von Konstantinopel behielt seine Suprematie unter der politischen Aufsicht der Osmanen. Auch genossen die Griechen unter der Herrschaft der Osmanen wirtschaftliche Vorteile. Die Italiener, die vom Ende des zehnten bis zum Beginn des fünfzehnten Jahrhunderts das Monopol auf den Levantehandel gehabt hatten, erlitten wirtschaftliche wie politische Rückschläge, als die Osmanen die Genueser Niederlassungen in Pera, der nördlichen Vorstadt von Konstantinopel, besetzten, sowie Verluste im türkisch-venezianischen Krieg von 1463 bis 1479 (dem ersten von mehreren) und auf der Krim (1475). Die Nutznießer waren trotz der Konkurrenz durch jüdische Flüchtlinge aus Spanien die osmanischen Griechen, unter denen sich eine neue Klasse erfolgreicher Kaufleute bildete, die mit dem Patriarchen von Konstantinopel und seiner Verwaltung zusammenarbeitete. Jede dieser beiden Gruppen stand auf unsicherer Basis, doch gemeinsam übten sie beträchtlichen Einfluß aus.

71

DIE WESTLICHE CHRISTENHEIT VON 1321 BIS 1563

Während des Vierteljahrtausends von 1050 bis 1300 hatte die westliche Christenheit ihre religiöse und kulturelle Einheit bewahrt und sich wirtschaftlich weiterentwickelt. Bevölkerung und Produktion waren gewachsen – doch zu Beginn des vierzehnten Jahrhunderts ließ dieser materielle Anstieg nach, und der »Schwarze Tod« reduzierte um 1350 drastisch die Einwohnerzahl Europas und den Umfang des kultivierten Bodens. 1563 beherrschte das christliche Abendland die Weltmeere, doch seine südöstliche Landgrenze war gegenüber 1300 erheblich zurückgegangen. Überdies war es religiös wie politisch ein geteiltes Haus geworden, wobei die Trennungslinien auf beiden Ebenen sich weitgehend deckten. Die Herrscher der Nationalstaaten – Königreiche, Fürstentümer und Stadtrepubliken –, in die Europa jetzt zersplittert war, stimmten darin überein, daß es des Landesherrn Hoheitsrecht war, die religiöse wie politische Haltung seiner Untertanen zu bestimmen.

Eine wirtschaftliche Rezession hatte es im vierzehnten Jahrhundert schon vorher gegeben. Der »Schwarze Tod« verwandelte sie in eine Katastrophe. Die Pest muß in der eurasischen Steppe oder in einer noch entfernteren Region ihren Ursprung gehabt haben und war über Marseille von den genuesischen Handelsniederlassungen auf der Krim nach Europa gekommen. Sie breitete sich über ganz Europa aus, raffte in ihrer ersten Welle mindestens ein Drittel der Bevölkerung hinweg und kam wieder, ehe die Überlebenden resistent werden konnten. Es dauerte mindestens hundertfünfzig Jahre, bis die Einwohnerzahl und die bebaute Landfläche wieder den Stand von 1300 erreichten. Die wirtschaftlichen Folgen waren umwälzend: Die Bauernschaft profitierte von der Knappheit der Arbeitskräfte und dem Zuwachs an freiem Land, wenn auch nicht so sehr, wie sie erwartet hatte, und auch dann nur vorübergehend. Der Menschenmangel zusammen mit der Ausbreitung der Wollindustrie von Flandern nach England und Florenz bewirkte eine Veränderung des Verhältnisses zwischen Acker- und Weidewirtschaft zugunsten der letzteren.

Auf technischem Gebiet wurden im vierzehnten Jahrhundert die Feuerwaffen eingeführt. Etwa von 1440 bis 1490 gab es grundlegende Veränderungen im Schiffbau, und in der zweiten Hälfte des fünfzehnten Jahrhunderts breitete sich die Buchdruckerkunst über ganz Europa aus. Schießpulver und Druckkunst waren chinesische Erfindungen, die Mongolen hatten das Schießpulver bei der Eroberung des Sungreiches im dreizehnten Jahrhundert benutzt, die Technik des Druckens wurde in China seit dem neunten Jahrhundert ausgeübt.

Die Chinesen kannten das Drucken mit beweglichen Lettern, aber aufgrund der Vielzahl der chinesischen Buchstaben war es weniger praktisch als der Blockdruck. In Korea jedoch hatte man schon 1403 begonnen, mit beweglichen Lettern zu drucken, und 1446 wurde dort ein phonetisches Alphabet eingeführt, das nur aus wenigen Zeichen bestand. Doch es war eine Totgeburt, erstickt von dem uralten Prestige der chinesischen Sprache und Schrift. Die europäischen Drucker im fünfzehnten Jahrhundert waren von diesem Alpdruck frei. Sowohl das Lateinische als auch die Landessprachen wurden im lateinischen Alphabet mit seinen sechsundzwanzig Buchstaben wiedergegeben, und die klassische Kapitalschrift wie die karolingischen Minuskeln, von zeitgenössischen Schreibern wiederbelebt, eigneten sich vorzüglich für den Druck mit beweglichen Lettern. Wir wissen nicht, ob diese Form des Buchdrucks Gutenbergs Erfindung war oder ob sie letztlich aus China kam. Die Steppe ist ein guter Vermittler, im vierzehnten Jahrhundert übertrug sie die Keime der Pest nach Europa – denkbar ist, daß sie hundert Jahre später auch die Idee des Druckens in den Westen brachte.

Die Ausübung der Buchdruckerkunst blieb zunächst auf Europa beschränkt. Die Beherrschung der Feuerwaffen und die Erfindung des neuen Schiffstyps wurden eine Angelegenheit der ganzen Welt. (Von der Eroberung der Meere durch die Schiffe Europas wird in Kapitel 75 die Rede sein.) Der Besitz der Feuerwaffen gab den Seefahrern des Westens eine entscheidende militärische Überlegenheit über alle Völker, die nicht schon Feuerwaffen besaßen oder sie unverzüglich übernahmen. Die Chinesen hatten sie bereits. Die Osmanen, die Moskowiter, die Timuriden in Nordindien und die Japaner erwarben sie schnell. Die Azteken und Inkas hatten das Nachsehen.

Die Verbreitung des Buchdrucks in der westlichen Christenheit gab der kulturellen Blüte, die im vierzehnten Jahrhundert von Oberitalien ausgegangen war und sich im sechzehnten Jahrhundert über das übrige Europa ausdehnte, neue Impulse. Zwischen 1266, als Karl von Anjou durch Norditalien zog, um das Königreich Sizilien in Besitz zu nehmen, und 1494, als Karl VIII. von Frankreich die Alpen überquerte, war Oberitalien frei von Invasionen fremder Mächte gewesen, von denen es in dem Jahrtausend vor 1266 fortgesetzt heimgesucht worden war. In dieser Zeitspanne brachte Norditalien innerhalb der westlichen Christenheit eine eigene regionale Subkultur hervor. Im achten Jahrhundert war der kulturelle Fortschritt von Northumbria ausgegangen, im zwölften von Frankreich, und im vierzehnten Jahrhundert übernahm Italien die Führung.

Die weite Kluft, die sich zwischen italienischer und transalpiner Kultur um die Wende des fünfzehnten Jahrhunderts geöffnet hatte, kann man an einer Stelle erkennen, nämlich in der Kapelle Heinrichs VII. in der Westminsterabtei, wenn man die dortigen Arbeiten des florentinischen Bildhauers Pietro Torrigiano (1472-1522) betrachtet und daneben die heimische Werkkunst des

Gewölbes und der Strebepfeiler. Beide Stilarten sind hervorragend nebeneinander vertreten, aber sie sind, wenn auch der gleichen Zeit entstammend, Welten voneinander entfernt.

Der visuell so deutliche Unterschied beruht auf die Wiederbelebung des griechisch-römischen Stils in Oberitalien seit dem vierzehnten Jahrhundert. Baumeister, Bildhauer und Maler formten ihren Stil nach den erhalten gebliebenen Werken der griechisch-römischen Kunst; Schriftsteller in lateinischer Sprache schulten sich an der Sprache Ciceros, nicht an der des heiligen Hieronymus oder des Thomas von Aquin. Im vierzehnten Jahrhundert begannen die Italiener, sich die griechische Sprache und Literatur des hellenischen Zeitalters zu eigen zu machen. Francesco Petrarca (1304-1374) und Giovanni Boccaccio (1313-1375) lernten Griechisch nur unvollkommen, doch als 1439 eine griechische Delegation zu einem kirchlichen Konzil nach Florenz kam, traf sie mit italienischen Gelehrten zusammen, die im Griechischen versiert genug waren, um mit den Gästen über hellenische Literatur und Philosophie zu diskutieren. Man nannte diese Blütezeit der italienischen Kultur deshalb »Renaissance« und meinte damit die Wiedergeburt der griechisch-römischen Kultur. Ihre Träger wurden als Humanisten bezeichnet, weil sie im Gegensatz zu den Schülern und Anhängern der christlichen Theologie die vorchristliche, die klassische Kultur bewunderten und studierten.

Aber die Bezeichnung »Renaissance«, in diesem Sinne gebraucht, ist irreführend. Denn die Wiederbelebung des griechisch-römischen Stils war nur die Begleiterscheinung und Folge einer zweiten Blüte der abendländischen Kultur, die eine andere Form annahm als die erste spontane Blüte im elften Jahrhundert. Sie wurde nicht von Erasmus (1466-1536) eingeleitet, als es ihm gelang, ein nahezu makelloses ciceronianisches Latein zu schreiben, sondern schon zweihundert Jahre früher von Dante, als er die *Göttliche Komödie* in seiner toskanischen Muttersprache schrieb und darin seinen transalpinen Vorgängern folgte, die in ihrer heimischen Langue d'oïl und Langue d'oc gedichtet hatten.

Die Beziehung des Abendlandes zur griechisch-römischen Kultur war ambivalent. Sie war stimulierend, wenn ein klassisches Vorbild »moderne« Künstler anregte, etwas Neues zu schaffen, das der zeitgenössischen Lebensweise entsprach. Sie war entkräftend, wenn sie die »Modernen« verleitete, die »Alten« lediglich nachzuäffen. Filippo Brunelleschi (1377-1446) bereicherte seine Welt, als er seine Domkuppel in Florenz nach der Kuppel des Pantheons in Rom konstruierte. (Er hatte keine Gelegenheit, sich mit seinem osmanischen Zeitgenossen, dem Erbauer der flacheren Kuppel der Grünen Moschee in Bursa, zu verständigen.) Andrea Palladio in Vicenza (1518-1580) befruchtete ebenfalls das Leben der abendländischen Welt, als er einen eigenen klassischen Stil schuf, nachdem er die Ruinen von Rom und das 1414 wiederaufgefundene Werk des Vitruv über die Architektur studiert hatte. Andererseits begingen die Malatesta in Rimini eine Torheit, als sie

Leon Battista Alberti (1440-1472) die Kirche San Francesco mit einer neuen Fassade versehen ließen, die wie die Travestie eines römischen Tempels anmutet (»Tempio Malatestiano«). Dagegen machte Niccolo Machiavelli (1469-1527) schöpferischen Gebrauch von seinem Studium des Livius, wenn er dessen römische Geschichte zur Grundlage eines »Handbuches« für die moderne Politik und Kriegführung machte, und Erasmus benutzte sein klassisches Latein dazu, sich in seinen Schriften über moralische, soziale, politische und geistige Fragen seiner Zeit an einen elitären Kreis von Lateinlesern zu wenden. Aber literarische »Kraftakte« in noch pedantischerem Latein von »Humanisten«, denen das Genie des Erasmus mangelte, waren lächerlich.

Andere abendländische Denker, Theologen und Autoren gingen mit der lateinischen Sprache robuster um. Sie zögerten nicht, notwendige Neologismen zu prägen, wobei sie sich auf Cicero selbst berufen konnten. Der antihumanistsiche religiöse Revolutionär Martin Luther stand unbewußt Dante (und auch Petrarca und Boccaccio) näher als der ciceronianische Humanist Erasmus. Denn Luther wandte sich in der Vulgärsprache an eine breitere Öffentlichkeit, als Erasmus je erreichen konnte. Seine deutsche Bibelübersetzung ist ein ähnliches Denkmal der abendländischen Kultur wie die toskanische *Göttliche Komödie.*

Bis um die Mitte des fünfzehnten Jahrhunderts war Oberitalien das Kernland der Renaissance. Innerhalb dieser Region war es die Toskana und in der Toskana wiederum Florenz. Der Beitrag dieser Stadt zur Blüte des modernen Abendlandes war so überragend wie der Athens nach 480 n. Chr. zur hellenischen Kultur. Dante, Petrarca, Sandro Botticelli (1444/45-1510), der Platoniker Marsilio Ficino (1433-1499), Machiavelli und Lorenzo de Medici (1449-1492) – Bankier, Stadtherr und Förderer der Künstler und Gelehrten – und viele andere waren Florentiner. Boccaccio war halb Florentiner, halb Franzose; Vinci, der Geburtsort Leonardos (1452-1519) lag in Pistoia, das hundert Jahre vor seiner Geburt zu Florenz gekommen war. Arezzo, wo Piero della Francesca (zwischen 1410 und 1420 bis 1492) früh tätig wurde, der Geburtsort des Humanisten und Archäologen Poggio di Bracciolini (1380–1459), war von Florenz annektiert worden. Und Caprese, wo Michelangelo Buonarroti (1475-1564) das Licht der Welt erblickte, gehörte zum Gebiet von Arezzo. Lorenzo berief nach Florenz den Dichter und Philologen Angelo Poliziano (1454-1494) aus Montepulciano in Siena und den Philosophen Giovanni Pico (1463-1493) aus Mirandola zwischen Reggio und Modena. Beide Gebiete gehörten zu Florenz. Einer der wenigen großen Nichtflorentiner in der Renaissancezeit war Raffael Santi (1483-1520) aus Urbino in Umbrien.

Doch weder Florenz noch das übrige Italien besaßen das Monopol auf den neuen Stil der abendländischen Kultur – sie schienen es zu beanspruchen, als sie in der 1494 beginnenden neuen Invasionswelle die Eindringlinge Barbaren schimpften. Flandern und die Niederlande bildeten wirtschaftlich wie kulturell das Gegengewicht zu Oberitalien. Fra Angelicos (1387-1455) von Fiesole gleichwertiger Zeitgenosse war Jan van Eyck (1390-1441) in Gent. Erasmus von Rotterdam konnte sich als Latinist, Schriftsteller und Gelehrter mit jedem italienischen Humanisten messen. Und zwischen der Toskana und den Niederlanden gab es eine Fülle nicht nur wirtschaftlicher, sondern auch kultureller Zwischenstationen.

Die Adriaküste Norditaliens zwischen den Apenninen und den Alpen hat landschaftlich und klimatisch mehr Ähnlichkeit mit den Niederlanden als mit der Toskana oder Umbrien, und dieser Unterschied macht das Besondere der venezianischen Malerei aus, deren Stil in den Werken von Giovanni Bellini (um 1430 bis 1516), Giorgone da Castelfranco (1476/1477-1510), Tintoretto (Jacopo Robusti, 1518-1594) und Paolo Veronese (1528-1588) zum Ausdruck kommt. Im Norden kommt ihnen an Bedeutung (nicht im Stil) Pieter Brueghel d. Ä. (1525-1569) gleich. Halbwegs zwischen der Adria und der Nordsee liegen Nürnberg und Augsburg, deren Söhne Albrecht Dürer (1471-1528) und Hans Holbein d. J. (1493-1543) als Künstler ihren Zeitgenossen in Italien nicht nachstehen – die großen vier vielleicht ausgenommen, die so berühmt sind, daß sie wie Könige bei ihren Vornamen genannt werden. (Der vierte Titan, der noch nicht genannt wurde, ist der Venezianer Tiziano Vecelli, 1487/1488-1576.)

Wie in Norditalien waren auch nördlich der Alpen die Stadtrepubliken die Geburtsstätten der westlichen Kultur, aber im sechzehnten Jahrhundert nahmen in steigendem Maße die Nationalstaaten an der Entwicklung teil. Die Zunahme der Universitäten gibt einen Begriff davon: Zwischen 1350 und 1500 verdoppelte sich ihre Zahl im Abendland; dreiundzwanzig wurden allein in Mitteleuropa gegründet (die erste in Prag 1347).

In der Politik erlebte das Vierteljahrtausend nach 1300 den nachträglichen Triumph Kaiser Friedrichs II. Die Wiederentdeckung von Justinians *Corpus Iuris* und die Erwerbung Siziliens durch seinen Vater Heinrich VI. im Jahre 1194 hatte Friedrichs Ehrgeiz erweckt, sich zum Herrscher nicht nur seines eigenen Königreiches, sondern ganz Italiens und vielleicht auch des transalpinen Teiles des Reiches zu machen. Es gelang ihm nicht, die oberitalienischen Stadtrepubliken zu unterwerfen, aber er rief Nachahmer auf den Plan, die erfolgreicher waren, weil sie das gleiche Ziel in bescheidenerem Maßstab verfolgten. So wurden im Verlauf des vierzehnten und fünfzehnten Jahrhunderts die meisten Stadtrepubliken in Oberitalien durch autokratisch regierte Fürstentümer ersetzt. Einige (wie Mailand) bestanden aus mehreren Städten; und eine Stadt, die Republik blieb (wie Venedig), konnte ebenfalls einen Territorialstaat bilden, indem sie mehrere Städte unter ihrer Herrschaft vereinte.

Auf diese Weise nahm die Zahl der unabhängigen Staaten ab, und die überlebenden wuchsen. Aber auch die größten italienischen Staaten, die sich Ende des fünften Jahrhunderts gebildet hatten (zum Beispiel Mailand, Venedig, Florenz und der Kirchenstaat), waren klein und schwach, verglichen mit der Größe und Stärke der Monarchien außerhalb Italiens. Zu diesen gehörten Frankreich und England, die von 1474 bis 1479 vereinigten Kastilien und Aragonien und die Habsburger Donaumonarchie, die 1526 durch den Zusammenschluß der habsburgischen Erblande mit Böhmen und einem Teil Ungarns entstanden war. Diese europäischen Großmächte, von fähigen Politikern wie Ludwig XI. in Frankreich, Ferdinand und Isabella in Spanien und Heinrich VII. in England geleitet, stellten die italienischen Fürstentümer und Republiken in den Schatten.

Aber auch die letzteren spielten nach wie vor eine Rolle auf der politischen Landkarte Europas. Venedig war noch immer eine unabhängige Seemacht mit Territorien auf dem italienischen Festland und in der Levante, Genua beherrschte noch die italienische Riviera und Korsika, die Schweiz war eine Eidgenossenschaft von Einzelrepubliken, die deutschen Stadtrepubliken waren zwar nicht nominell, aber *de facto* souverän, und zwei von ihnen, Nürnberg und Augsburg, waren internationale Finanz- und Handelszentren. (Die Fugger in Augsburg waren die Bankiers der Habsburger.) Im Abfall der Protestanten von der römischen Kirche spielten zwei deutsche Stadtrepubliken (Augsburg und Straßburg), drei Schweizer (Zürich, Bern und Basel) und die mit der Schweiz verbündete Stadt Genf eine führende Rolle.

Umgekehrt brach die 1397 zum Schutz gegen die Konkurrenz der deutschen Hanse gegründete Kalmarer Union, die Vereinigung der drei skandinavischen Königreiche, im Jahre 1523 auseinander, als Schweden sich aus ihr zurückzog. Und die seit 1386 bestehende Union Litauens mit Polen hatte die beiden Länder nicht zu einer Großmacht machen können. Dennoch war es klargeworden, daß die Zukunft in Europa den Nationalstaaten gehörte, nicht den Stadtrepubliken und auch nicht einer Vereinigung von Städten unter einem Autokraten oder in einer souveränen Republik. Um 1563 waren die Lombardei und Flandern, einst die Hauptregionen der Stadtrepubliken, zu Schlachtfeldern der großen Monarchien geworden.

Die norditalienischen Städte hatten sich durch ihre wechselseitigen Fehden den ausländischen Großmächten ausgeliefert. Nach der Teilung Burgunds zwischen Frankreich und Habsburg nach dem Tode Karls des Kühnen (1477) ging das Spiel um das Gleichgewicht der Kräfte, das die Einigung Italiens durch Mailand verhindert hatte, in einer größeren Arena weiter. Beinahe wäre es Karl V. (1519-1556) gelungen, das ganze christliche Abendland unter Habsburg zu vereinen, nachdem er Franz I. von Frankreich (1515-1547) in der Schlacht bei Pavia besiegt und gefangengenommen hatte. Er scheiterte an der Kraft des französischen Nationalgefühls und an der politisch zerstörerischen Wirkung der Reformation in Deutschland. Im Jahre 1556 dankte Karl enttäuscht ab, obwohl unter seiner und seines Bruders Ferdinand Regierung eine einmalige Vielfalt von Ländern zusammengeschlossen war: die habsburgischen Erblande in Österreich mit den Ländern der böhmischen Krone und einem Teil Ungarns, der größere Teil Burgunds mit den Niederlanden (eines der beiden wirtschaftlichen Energiezentren Europas), Mailand (das Herz des zweiten Energiezentrums), das Königreich Sizilien (mit Neapel) und nicht zuletzt Spanien, das sich über den Atlantischen Ozean hinweg ein Reich geschaffen hatte, in dem »die Sonne nicht unterging«.

Auf die politische Einigung der ganzen westlichen Christenheit bestand also 1563 keine Aussicht. Die Großmächte hielten sich gegenseitig in Schach, so wie es im vierzehnten und fünfzehnten Jahrhundert die italienischen Staaten getan hatten.

Die Päpste residierten von 1309 bis 1378 nicht deshalb in Avignon, weil diese Stadt der Mitte der westlichen Christenheit näher lag als Rom, sondern aus einem politischen Grunde: Die französische Krone wollte den Heiligen Stuhl unter Kontrolle halten. In dem großen Schisma von 1378 bis 1417, das die westliche Christenheit erschütterte, ging es nicht um theologische oder ethische Fragen, sondern darum, ob der Papst eine französische Marionette bleiben oder wieder eine italienische werden sollte. Sowohl die weltlichen Mächte als auch das Papsttum waren auf Steuergelder angewiesen. Seit dem dreizehnten Jahrhundert hatte die Kurie wirksame Besteuerungsmethoden ausgeklügelt. Der Anteil der Landesregierungen an den kirchlichen Einnahmen war in dieser Zeit immer größer geworden – es war die Bedingung, unter der sie der Kurie gestatteten, den Rest einzustecken.

Die Reformkonzilien, die zur Beseitigung des großen Schismas einberufen wurden (1414 bis 1418 in Konstanz, 1431 bis 1449 in Basel), wollten die Regierung des Papstes über die katholische Kirche aus einer absoluten in eine demokratische verwandeln – mit einer parlamentarischen Verfassung, in der die Bischöfe und Prälaten und theologische Vertreter der Universitäten zu entscheiden hätten. Dieser Plan wurde nicht verwirklicht, vor allem deshalb, weil die weltlichen Mächte ihn nicht unterstützten, da seine Folgen wahrscheinlich die Kirche in ihrer Gesamtheit gestärkt hätten. Einige der Nationalstaaten hatten beim Papst so viel durchgesetzt, wie sie wünschten; andere erzwangen jetzt durch Konkordate mehr als Preis dafür, daß der Papst seine »Machtvollkommenheit« in der Führung der Westkirche weiterbehaupten, wenn auch nicht ausführen durfte. Die weltlichen Regenten wußten, daß sie seit 1303 in Wahrheit die Machtvollkommenheit in ihren Ländern besaßen, während sich die des Papstes praktisch auf seine eigenen Territorien beschränkte – eine winzige Enklave um Avignon und einen Teil des italienischen »Dukatus Romanus«, aus dem der Kirchenstaat hervorging. *De facto* war der Papst ein kleiner Lokalfürst geworden.

Die wichtigste politische Veränderung im christlichen Abendland in dem Vierteljahrtausend von 1303 bis 1563 war der Übergang der Macht (und des Rechtes, Steuern zu erheben) vom Papst und von anderen Organen der Kirche (z. B. Klöstern) auf die weltlichen Regierungen. Die ökumenische Institution des Papsttums, das über der ganzen westlichen *Res publica Christiana* präsidierte und sie zusammenhielt, war zum Status einer kleinen Lokalmacht zusammengeschrumpft, und während sie einen aussichtslosen Kampf mit stärkeren Lokal- und Nationalstaaten führte, verlor sie auch die geistige Gefolgschaft der westlichen Christenheit. Ihre kirchliche Autorität war auch in den Ländern geschwächt, die dem katholischen Glauben treu geblieben waren. Im vierzehnten Jahrhundert, als die Päpste in Avignon residierten, erhoben überall strenge Kritiker des Papsttums ihre Stimme: John Wiclif (um 1329 bis 1384) und William of Ockham (um 1303 bis 1349) in England, Marsilius von Padua (um 1290 bis 1343) in Italien, Jan Hus (um 1369 bis 1415) in Böhmen.

Diese Namen und noch mehr die berühmteren von Martin Luther (1483-1546), Ulrich Zwingli (1484-1531) und Johann Calvin (1509-1564) erinnern daran, daß die Förderung und der Schutz der Landesherren nur die äußere Voraussetzung für die Taten der religiösen Umstürzler war. Diese handelten aus eigenem Antrieb und nicht aus politischen Motiven. Ihr Werk aber wäre vergeblich gewesen, wenn sie nur die Hilfe der Mächtigen und nicht auch die des Volkes gehabt hätten. Als Philipp IV. von Frankreich und Heinrich VIII. von England die Päpste herausforderten, hatte jeder als Herrscher eines mächtigen Nationalstaates nicht nur seine Untertanen, sondern auch den Klerus seines Landes hinter sich. Ein einzelner gewöhnlicher Sterblicher brauchte außerordentlichen Mut für ein solches Unterfangen, auch dann noch, als das Papsttum den Höhepunkt seiner Macht überschritten hatte. Deshalb hatte Luthers Entschlossenheit, zuerst in Wittenberg 1517 (als die dortige Universität erst fünfzehn Jahre alt war) und dann auf dem Reichstag in Worms 1521, eine elektrisierende Wirkung, die sie freilich nicht gehabt hätte, wenn die Atmosphäre nicht bereits aufgeladen gewesen wäre. Die böhmischen Landsleute des Johann Hus folgten ihm, weil sie schon antipäpstlich (und überdies antideutsch) eingestellt waren; Luther fand Anhänger in Deutschland, weil auch dort schon in vielen Teilen Deutschlands eine antipäpstliche Stimmung herrschte. Das Luthertum breitete sich wie ein Lauffeuer über Deutschland aus, im Südosten bis nach Tirol und zur Steiermark, bevor sich das Rad der Zeit mit der katholischen Gegenreformation zurückdrehte. Das städtische Nationalbewußtsein von Zürich, Straßburg und Genf gab Zwingli, Martin Bucer (1491-1551) und Calvin ihre Wirkungsmöglichkeiten.

Luther war der Pionier. Wenn er nicht den Weg gewiesen hätte, wären seine Mitstreiter vielleicht nicht so mutig gewesen, ganz und gar mit dem Papst und seiner Kirche zu brechen. Das Luthertum drang jedoch nicht über Deutschland und dessen kulturelle Dependenz Skandinavien hinaus; während der Calvinismus, in seinem Ursprungsland Frankreich nie heimisch geworden und schließlich niedergeschlagen, im Osten in Ungarn und Polen-Litauen Eingang fand und in nordwestlicher Richtung in Teilen Deutschlands, den Niederlanden, in England und Schottland. Er nahm sozusagen dem Luthertum in Deutschland den westlichen Flügel weg und fand in England unter der Regierung Eduards VI. (1547-1553) Anhänger auf Kosten der von dessen Vater Heinrich VIII. begründeten englisch-katholischen Nationalkirche. Der Calvinismus erlag der Gegenreformation in Ungarn teilweise, in Polen-Litauen vollständig, aber er behauptete sich in Nordwestdeutschland, in den Niederlanden und in Schottland.

Die protestantische religiöse Revolution brachte eine Reihe von politischen Umwälzungen mit sich. Sie bestätigte die Souveränität der Landesfürsten und Stadtrepubliken, obwohl diese offiziell Untertanen des »Heiligen Römischen Reiches Deutscher Nation« blieben. Aber es gab keine gleichzeitige soziale Revolution. In der Jahrhunderthälfte nach dem »Schwarzen Tod« waren einzelne Aufstände von Bauern in England und Frankreich und von Arbeitern in flandrischen und rheinischen Städten und in Florenz gescheitert. Eine weitere Bauernrevolte im England um 1450 mißlang ebenfalls, der Bauernkrieg in Deutschland 1524/1525 wurde von den Landesfürsten niedergeschlagen. Auch die militanten Wiedertäufer von 1534/1536 im katholischen Westfalen, die in Münster eine kommunistische Republik ausriefen, fanden ein baldiges Ende. Luther distanzierte sich von all diesen Bewegungen, er ergriff die Partei der Landesfürsten, der katholischen wie protestantischen, und verurteilte aufs entschiedenste diese revolutionären sozialen Bewegungen. Er wollte seine Kirche grundsätzlich der Politik fernhalten, die seiner Meinung nach ausschließlich Sache der weltlichen Autoritäten war. Calvin dagegen verlangte ein Zusammenwirken von Kirche und Staat und setzte dies auch in Genf nach anfänglichen Schwierigkeiten durch.

In Florenz wurde 1494/1495 der Dominikaner Girolamo Savonarola von einer republikanischen Regierung ermächtigt, die Moral des Volkes wiederherzustellen. Aber als er sich gegen den Sittenverfall am päpstlichen Hof wandte, wurde er exkommuniziert und schließlich auf dem Scheiterhaufen hingerichtet. Im fünfzehnten Jahrhundert war Oberitalien seiner Zeit voraus, doch auch dort kam Savonarolas Mission zu früh, und er mußte dafür mit einem grausamen Tode bezahlen. Aber schon vor Luthers Anklagen gegen den Papst versuchte eine Gruppe von italienischen Geistlichen und Laien unter der Führung des Bischofs Gian Pietro Carafa – er wurde später Papst Paul IV. –, die päpstliche Kirche von innen heraus zu reformieren.

Die Gründer des Protestantismus waren revolutionär in ihrer Verurteilung und Bekämpfung des Papstes und in ihrem Abfall von der päpstlichen Kirche, aber wie ihre Vorgänger und Gegner in der katholischen Kirche waren sie autoritär und unduldsam. Obwohl sie selber ihrem eigenen Urteil und Gewissen gefolgt waren, waren sie ebensowenig wie die Katholiken willens, in den Ländern, in denen sie die Monarchen und Regierungen bekehrt hatten, Gewissensfreiheit zuzulassen. Sie stellten die Autorität der Bibel über die Autorität der Päpste und Konzilien. Luther übersetzte die Bibel ins Deutsche, damit jeder den unmittelbaren Zugang zu dieser geschriebenen Quelle der Autorität habe und jeder Christ die Gebote und Verlautbarungen der Heiligen Schrift für sich selber deuten könne. Luther, Zwingli und Calvin machten von diesem Recht Gebrauch, als sie ihre Theologie formulierten, doch gestatteten sie ihren Anhängern nicht die gleiche Freiheit der Interpretation.

Die Regierungen und der Klerus, der protestantische wie der katholische, stimmten darin überein, daß es das Recht der Regierung oder des Landesfürsten sei, die Religion ihrer Untertanen zu bestimmen *(»cuius regio, eius religio«)*. Andersdenkende mußten auswandern oder sie liefen Gefahr, zum Tode verurteilt, im wahrscheinlichsten Fall lebend verbrannt zu werden. Die Wiedertäufer waren die einzige Sekte im sechzehnten Jahrhundert, die aus Prinzip tolerant war. Die einzigen europäischen Staaten, in denen zu dieser Zeit verschiedene Religionen nebeneinander geduldet wurden, waren Venedig und Polen-Litauen (zwei römisch-katholische Staaten, die den Glauben ihrer orthodoxen Untertanen tolerierten), der Teil Ungarns, der unter osmanischer Herrschaft stand, und das autonome Fürstentum Siebenbürgen.

Seit dem Vernichtungskrieg zwischen dem Papst und Kaiser Friedrich II. und seinen Erben im dreizehnten Jahrhundert hatten sich tiefgläubige, empfindsame Christen mehr und mehr von den kirchlichen Würdenträgern abgewandt und suchten Trost in der unmittelbaren Beziehung zu Gott. Der Dominikaner Meister Eckart (um 1260 bis 1327) erfuhr – wie einige Zeitgenossen Buddhas im sechsten Jahrhundert v. Chr. – die Identität seines Ichs mit der letzten geistigen Wahrheit. Dieses mystische Erlebnis ist unvereinbar mit einer Religion, in der die letzte Wahrheit als göttlicher Widerpart zum Menschen betrachtet wird, und so geriet Eckart mit der Kirche in Konflikt. Auch der Hesychasmus auf dem Berge Athos, die gleichzeitige quietistische Bewegung des orthodoxen Christentums, wurde von den Theologen im Westen verurteilt, obwohl sie von der Ostkirche anerkannt worden war.

Die Bruderschaft »Brüder des gemeinsamen Lebens« *(Devotio moderna)*, von dem niederländischen Prediger Gerhard Groote (1340-1383), einem ehemaligen Kartäusermönch, gegründet, waren keine Sozialrevolutionäre und auch keine Ketzer im Sinne der rechtgläubigen Katholiken, obwohl sie die mystische Versenkung in Jesu Leben, darin Meister Eckart nicht unähnlich, übten. Zu ihren zahlreichen Arbeitsgebieten gehörte das Erziehungswesen. Sie pflegten die Wiederaufnahme des klassischen Bildungsgutes und begrüßten die Erfindung des Buchdrucks. Ihre berühmtesten Schüler waren Erasmus von Rotterdam und Thomas von Kempen (1379/1380-1471), der Verfasser der *Nachfolge Christi (De imitatione Christi)*, des einflußreichsten Buches der *Devotio moderna*.

Die Christen des fünfzehnten Jahrhunderts in Europa waren von einer panischen Angst vor dem Tode besessen (dies war die geschichtliche Antithese zu der Seelenruhe, mit der die pharaonischen Ägypter das Leben im Jenseits erwarteten), und sie waren fasziniert von den Leiden Christi am Kreuz. Maler, Kupferstecher und Bildhauer stellten sie mit erschreckendem Realismus dar. Diese Todesatmosphäre eines Endzeitalters brachte Luther – an sich von sanguinischer Gemütsart – dazu, über seine Sündhaftigkeit zu grübeln und daran zu verzweifeln, sie durch eigene Bemühungen zu überwinden. Schließlich suchte er Zuflucht in der Überzeugung, daß er – ausschließlich, doch mit Sicherheit – durch den Glauben an die Erlöserkraft des Opfers Christi gerettet werden könne.

Das war das christliche Gegenstück zu dem mahajanisch-buddhistischen Glauben an die Möglichkeit der Erlösung durch das Vertrauen in die Macht des Bodhisattwa Amitabha, seine Anhänger nach ihrem Tode in sein Paradies des »Reinen Landes« zu führen. Diese Version des Buddhismus, im zehnten Jahrhundert in Japan eingeführt, wurde dort um die Wende des zwölften Jahrhunderts praktiziert. In der japanischen Geschichte war sie eine ebenso leidvolle Epoche des sozialen und psychologischen Übergangs wie die Wende des fünfzehnten Jahrhunderts für die westliche Christenheit. Wenn der Augustinermönch Luther die Verantwortung für die Erlösung des Sünders von diesem auf Christus übertrug, so ähnelte er seinem Gegner, dem Dominikanermönch Tetzel, der sich erbot, die gleiche Last dem Papst aufzubürden. Der Ablaßkrämer Tetzel war abstoßend gewinnsüchtig, Luther nicht – doch lieferten beide einen bequemen Ersatz für die mühevollen Wege der Nachahmung Christi eines heiligen Franz oder Thomas von Kempen.

Für die Buddhisten der Sekte des »Reinen Landes« war der Bodhisattwa Amitabha (in Japan Amida genannt) mitleidig und gütig. Für Luther und auch für Calvin war der Gott der Christen, Juden und Moslems ein unergründlicher und allmächtiger Tyrann, so wie er es für die Stifter dieser Religion gewesen war. Nach Mohammeds Glauben hatte Gott den Menschen wenigstens Warnzeichen gesetzt, die ihnen die Möglichkeit boten, Strafe abzuwenden, wenn sie ihre Lebensweise änderten. Luthers und Calvins Gott jedoch hatte willkürlich einigen seiner menschlichen Geschöpfe Erlösung, anderen Verdammnis vorherbestimmt. Das war des heiligen Augustinus Interpretation der Theologie des Apostels Paulus. Luther war Augustinermönch gewesen, und Paulus war der fast zwangsläufige Schutzpatron für einen Gegner des Papsttums, denn er war der einzige Apostel, der Petrus ebenbürtig war, dem Gründer des Papsttums.

Die Lehre von der Vorherbestimmung scheint unvereinbar mit der Lehre von der Erlösung durch den Glauben, denn der Glaube ist des Menschen, nicht Gottes Sache. Diese beiden grundlegenden Lehrsätze der Gründer des Protestantismus können miteinander nur unter der Voraussetzung in Einklang gebracht werden, daß der Mensch ein willenloser Automat ist und daß sein Glaubensakt, wenn er ihn vollzieht, wie alle seine Taten vorherbestimmt ist. Es ist weniger schwer, die Lehre der Mahajanabuddhisten von der Erlösung durch den Glauben an Amida mit der Therawadischen Karmalehre in Einklang zu bringen; denn wenn auch das Karma Bestimmung ist, so ist es doch eine vom Verhalten des Menschen abhängige Bestimmung und kann von seinen Handlungen in jeder seiner Inkarnationen geändert werden.

Die anderen Abweichungen der Protestanten vom zeitgenössischen papistischen Christentum hatten Vorläufer. In China waren von 842 bis 845 buddhistische Klöster aufgelöst und enteignet und die Mönche zur Rückkehr ins weltliche Leben gezwungen worden. Im Westen hatte Philipp IV. von Frankreich von 1307 bis 1314 das Vermögen des Templerordens beschlagnahmt und seine Mitglieder grausam verfolgt. Und in England tat Eduard II.

ein Gleiches. Im achten und neunten Jahrhundert waren im Bereich der oströmischen Kirche Bilder aus den Kirchen entfernt worden. Das Verbot der Priesterehe in der westlichen Kirche, im elften Jahrhundert auf die nichtmönchischen Geistlichen ausgedehnt, wurde 1439 auf dem Konzil von Florenz, das den (unwirksam gebliebenen) Beschluß faßte, die beiden Kirchen zu vereinen, für die »Unierten« der Ostkirche aufgehoben. Die böhmischen Utraquisten, ein Zweig der Hussiten, hatten das Recht der Laien auf das Abendmahl »unter beiderlei Gestalt« *(»sub utraque specie«)* erneuert. Zwingli bestritt die volle Gegenwart von Christi Leib und Blut im Brot und Wein des Abendmahls. Calvin wollte sie nur im übertragenen Sinne, Luther jedoch wörtlich verstanden wissen. Und Protestanten aller Richtungen setzten den Streit um das *filioque* im Vaterunser fort – ob der Heilige Geist vom Vater allein oder *»und vom Sohne«* ausgehe.

Das Bild des Protestantismus vom jüdisch–christlich–moslemischen Gott und besonders die ihm zugeschriebene erschreckende Praktik der Prädestination entfremdeten ihn humanistisch denkenden Christen wie Erasmus und Thomas More (1478-1515). Diese Gelehrten hatten die Mißstände der päpstlichen Kirche erkannt und mißbilligt, aber für sie waren sie geringere Übel gegenüber Luthers Geist und Lehre. Die protestantische Theologie war in der Tat ein Rückschritt von der Vernunft eines Erasmus und dem Rationalismus eines Thomas von Aquin. Doch mit Ausnahme Luthers waren die Gründer des Protestantismus ebenfalls Humanisten. Zwingli und Calvin waren Kenner des klassischen Altertums, Luthers Freund Philipp Melanchthon (die gräzisierte Form von »Schwarzerd«, 1497-1560) war Professor der griechischen Sprache in Wittenberg. Er teilte einige der Vorbehalte der Humanisten gegenüber Luthers Prädestinationslehre und versuchte nach dessen Tod, diese Doktrin abzumildern (aber Luthers Auffassung behauptete sich). Wenn Luther auch kein Humanist war, so war er doch ein wortgewaltiger Schriftsteller. Durch seine Bibelübersetzung allein wäre er unsterblich geworden, auch wenn er den Papst nicht bekämpft hätte.

Die Initiatoren der Gegenreformation machten sich den Humanismus voll zu eigen. Ignatius von Loyola (1491-1556) bereitete sich mit einem gründlichen Universitätsstudium auf sein Lebenswerk vor. Sein Jesuitenorden (1540 gegründet) nahm die Erziehung und Bildung ebenso ernst wie die »Brüder des gemeinsamen Lebens« hundert Jahre zuvor. Ignatius hatte jedoch als Soldat begonnen; und der oberste Grundsatz seines Ordens war militärische Disziplin, die er in den Dienst des Papstes stellte. So rettete im sechzehnten Jahrhundert wie zuvor im elften und dreizehnten ein großer Mann das Papsttum vor der äußersten Vergeltung für seine früheren Vergehen. Der Geist des heiligen Franz war dem Geist eines Gregor oder eines Ignatius entgegengesetzt, aber das Papsttum profitierte von der Ergebenheit, die allen dreien gemeinsam war. Das Trienter Konzil, das mit Unterbrechungen von 1545 bis 1563 tagte, bestätigte die monarchische Stellung des Papstes in der römisch-katholischen Christenheit, aber es beseitigte auch einige der schlimmsten Mißbräuche der Kirche. Wenn diese Reformen schon zwischen 1414 und 1517 beschlossen und durchgeführt worden wären, hätte Luther keine Veranlassung gehabt, seinen folgenschweren Schritt zu tun.

72

SÜDOSTASIEN
VON 1190 BIS 1511

In die drei Jahrhunderte von 1190 bis 1511 fallen große Ereignisse und Veränderungen in Südostasien: der Fehlschlag der Mongolenangriffe, das Vordringen ostasiatischer Völker der sino-tibetischen Sprachgruppe, vor allem der Thai, die Ausbreitung des therawadinischen (südlichen) Buddhismus und des Islams und die Landung von Seefahrern aus dem christlichen Westen, der Portugiesen.

Den Mongolen gelang es weder auf dem Lande noch zu Wasser, in Südostasien Fuß zu fassen. Ihre Schlagkraft war durch die weite Entfernung von ihrem Stammland beeinträchtigt, und sie stießen überall auf entschlossenen Widerstand. Der Flottenangriff auf Java 1292/1293 mißglückte ebenso wie der auf Japan.

Der Sieger in diesem Krieg gründete 1293 das mahajanisch-buddhistische Reich Madschapahit auf Java, das letzte vorislamische Reich in Indonesien. Das langlebige Reich Schriwidschaja auf Sumatra hatte sich an dem Abwehrkampf gegen die Mongolen nicht zu beteiligen brauchen; doch wurde es geschwächt durch den Druck der Thai auf seine Besitzungen auf der Malaiischen Halbinsel (Malakka), durch die Konkurrenz des Reiches Madschapahit und durch die Einführung des Islams Ende des dreizehnten Jahrhunderts. Dennoch konnte es sich offenbar gegen seinen Nachbarn behaupten.

Madschapahit wurde Anfang des sechzehnten Jahrhunderts von einem Bund javanischer Kleinstaaten unterworfen, die zum Islam übergetreten waren. Im Jahre 1403 hatte Fürst Parameswara von Sumatra, nachdem er eine Prinzessin von Madschapahit geheiratet hatte, Malakka auf der Landseite der Meeresstraße gegründet, die jetzt diesen Namen trägt. 1414 trat er zum Islam über und nahm den Namen Muhammad Iskandar Schah an, und Malakka war fortan die Operationsbasis, von der aus der Islam in Indonesien propagiert wurde. Seit dem achten Jahrhundert hatten Araber und Iraner von den Häfen am Persischen Golf aus die Meere zwischen der islamischen Welt und China befahren, hatten Handelsniederlassungen gegründet und Eingeborene an den Küsten zu ihrem Glauben bekehrt. Zu Beginn des vierzehnten Jahrhunderts wurde Malakka zur Operationsbasis für die Propagierung des Islams, die im Gegensatz zu Vorderasien sowohl auf dem südostasiatischen Kontinent wie in Insulinde nicht mit Waffengewalt, sondern auf friedlichem Wege erfolgte. Sie war allerdings nur oberflächlich. Die Indonesier behielten unter dem dünnen islamischen Firnis die indische Kultur bei, die sie in den vorhergegangenen tausend Jahren erworben hatten. Das indische Nationalepos *Mahabharata* vermochte ihre Seele und Phantasie mehr zu erwärmen als der Koran.

Der therawadinische Buddhismus, der Ende des zwölften Jahrhunderts nach Burma gekommen war, faßte im folgenden Jahrhundert bei den Schan, Thai, Lao und Kambodschanern Fuß. Mit Stammesreligionen verschmolzen, wurde er zur Nationalreligion dieser Völker und verdrängte den mahajanischen Buddhismus und den Hinduismus, die lange vorher aus Vorderindien gekommen, doch nur von einer kleinen Elite aufgenommen worden waren. So blieb der größere Teil Südostasiens innerhalb des indischen Kulturkreises; nur an der Küste Indochinas, wo die Vietnamesen ihren chinesischen Konfuzianismus und den mahajanischen Buddhismus chinesischer Färbung nach Süden trugen, verlor er an Boden.

Die Thai, Schan und Lao waren Thaivölker und sprachen eng verwandte Dialekte der sino-tibetischen Sprachgruppe. Von ihrem Reich Nantschau aus hatten die Thai das Irawadibecken erobert und sich, besonders nachdem die Mongolen in Nantschau eingedrungen waren, südwärts in die Täler des Menam und Mekong und in den Norden Malakkas ausgebreitet, wo sie die ursprüngliche Bevölkerung, die Mon und die Khmer, verdrängten. Hätten sie wie die Vietnamesen die chinesische Kultur mitgebracht, wäre die Grenze zwischen dieser und der indischen Kultur weit südlicher verlaufen. Die Thai bekehrten sich jedoch zum therawadinischen Buddhismus, der Ende des zwölften Jahrhunderts in Burma Eingang gefunden hatte, und so gerieten sie in den Bannkreis der indischen Kultur.

So herrschten zu Beginn des sechzehnten Jahrhunderts, als die christlichen Portugiesen sich in Malakka festsetzten, vier Religionen in Südostasien: der therawadinische Buddhismus auf dem Kontinent mit Ausnahme Vietnams, des Restes von Tschampa und der Südspitze Malakkas; der Mahajanabuddhismus chinesischer Prägung in Vietnam; der Islam in Tschampa und auf dem malaiischen Festland; der Hinduismus unter dem islamischen Firnis in Insulinde. Auf Bali waren die Indonesier Hindus geblieben; in Borneo wurden sie an der Küste Moslems, doch in dem riesigen Innern der Insel blieben sie Heiden.

73

OSTASIEN
VON 1281 BIS 1644

Im Jahre 1279 fiel China – zum erstenmal in seiner Geschichte – vollständig unter die Herrschaft fremder Eroberer. Nirgendwo war eine unabhängige chinesische Regierung übriggeblieben, mit Ausnahme von Nordvietnam. Diese frühere Provinz war schon 939 abgefallen und hatte sich seitdem eigenständig entwickelt. Was China 1279 widerfuhr, erlebte Indien 1565 beim Untergang des Hindureiches Widschajanagar. Aber die Eroberung Chinas durch die Mongolen erfolgte schneller und vollständiger als die allmähliche Unterwerfung Indiens jenseits des Pandschabs durch die Moslems (1202 bis 1565), die über dreihundertfünfzig Jahre gedauert hatte.

Japans Geschicke im dreizehnten Jahrhundert waren gegenteilig verlaufen. 1261 hatte es den zweiten und gefährlicheren mongolischen Seeangriff zurückgeschlagen; aber dieser Erhaltung der Freiheit von fremder Herrschaft, ein Erfolg der Tüchtigkeit der Hojoregentschaft in Kamakura, folgten der Verfall und der Sturz eben dieses Regimes. Die Periode von 1281 bis 1614 war die zügelloseste in Japans Geschichte. Andererseits hatte der Abschluß der Mongoleneroberungen die Einheit Chinas wiederhergestellt, das seit dem Ende der T'angdynastie (874) Stück für Stück auseinandergefallen war. Es war allerdings eine Einheit unter fremder Herrschaft. China blieb bis 1911 vereint, wenn auch nur von 1382 bis 1631 *de facto* unter einem einheimischen Regime.

China wurde der Schwerpunkt des kurzlebigen, aber ausgedehnten Mongolenreiches – hierüber wurde in Kapitel 68 berichtet. Von den Territorien der Mongolen im Westen waren die Ilkhanate in Iran und im Irak am engsten mit China verbunden, denn sie waren von Kubilais, des Gründers der mongolischen Yüandynastie, Bruder Hülegü auf dessen Geheiß gegründet worden. Deshalb hatte China bleibenden Einfluß auf die iranische bildende Kunst und Keramik. Schon vor der mongolischen Zeit hatte sich die chinesische Technik (z. B. die Papierherstellung) über die islamische Welt bis in den christlichen Westen ausgebreitet. In der Mongolenzeit waren es das Schießpulver und die Druckkunst, die vom Westen begierig übernommen wurden.

Die mongolischen Herrscher und ihre chinesischen Untertanen aller Schichten blieben einander fremd. Die Mongolen beschäftigten lieber christliche und moslemische Ausländer in der Verwaltung, und die so unterschiedliche kulturelle Tradition beider Völker verhinderte eine Verschmelzung. Infolgedessen war die mongolische Herrschaft kurzlebig, schon Mitte des vierzehnten Jahrhunderts gab es örtliche Revolten in ganz China. Als Sieger aus den Bürgerkriegen ging Tschu Yüang–tschang hervor, der 1368 als Kaiser Hung–wu die Mingdynastie begründete und bis 1382 nicht nur seine chinesischen Konkurrenten ausschaltete, sondern auch die Mongolen aus dem China innerhalb der Großen Mauer vertrieb.

Hung-wu behielt Nanking (die »südliche Hauptstadt«), das er 1356 besetzt hatte, als Hauptstadt eines wiedervereinten Chinas bei; doch 1421 verlegte sein vierter Sohn und zweiter Nachfolger Yung-lo die Hauptstadt wieder nach Peking. Die mongolische Eroberung und Herrschaft hatte die Chinesen fremdenfeindlich gemacht, und die Übernahme der Hauptstadt ihrer verhaßten barbarischen Herren in der äußersten Nordostecke des ummauerten China zeigt, daß die vordringlichste Sorge Yung-los und seiner Nachfolger die Abwehr der noch immer vorhandenen mongolischen Bedrohung war.

Die Mongolen waren zwar aus China vertrieben worden, aber sie hielten sich in ihrer heimatlichen Steppe, von wo sie eines Tages wieder in China einfallen konnten. Besonders aggressiv waren die Mongolen im äußersten Osten, die Oiroten. Yung-lo führte fünf Feldzüge gegen sie, aber sie entkamen ihm so geschickt, wie die Skythen Darios I. entwichen waren und die Hiungnu dem Hankaiser Wu-ti und seinen Nachfolgern. 1449 besiegte der Oirotenchan Esen den regierenden Mingkaiser, nahm ihn gefangen und belagerte Peking; doch er wurde mit den Mauern der Stadt ebensowenig fertig wie seinerzeit der bulgarische Chan Symeon mit den Mauern Konstantinopels. Die militärische Niederlage hatte für die Ming nicht die katastrophale Folge wie für die Sung im Jahre 1126 oder wie das doppelte Fiasko des Oströmischen Reiches im Jahre 1071.

Die Mingdynastie führte zum zweitenmal das Auswahlsystem für den höheren Staatsdienst durch die Prüfung in den konfuzianischen Klassikern wieder ein. Dieses System festigte sich so, daß es bis zum Ende des chinesischen Kaiserreichs im zwanzigsten Jahrhundert beibehalten wurde. Die Zahl der konfuzianischen Beamten im aktiven Dienst war immer gering im Verhältnis zur Größe des Reiches und zur Zahl der Bevölkerung. Sie führten deshalb ihre Aufgaben mit Hilfe eines nichtkonfuzianischen unteren Beamtenstabes und mit der ehrenamtlichen Unterstützung des konfuzianischen Landadels durch. Ein konfuzianischer Grad war auch ohne Prüfung zu erlangen – man konnte ihn kaufen oder als Ehrentitel verliehen bekommen. In jedem Fall gab er dem Träger hohes öffentliches Ansehen und zugleich die ungeschriebene Verpflichtung, ehrenamtlich oder als Berufsbeamter für das öffentliche Wohl zu arbeiten.

Das neue kaiserliche Regime fühlte sich Chinas kultureller Vergangenheit noch stärker verpflichtet als seine vormongolischen Vorgänger. Kaiser T'scheng-tsu (genannt Yung-lo) förderte von 1403 bis 1407 die Zusammenstellung einer Enzyklopädie, der größten der Welt, die 22 877 Bücher in 11095 Bänden umfaßte, sechzig Bücher Inhaltsverzeichnis nicht gerechnet. Der Koloß blieb Manuskript, die Drucklegung überforderte sogar Chinas technische und finanzielle Möglichkeiten.

Yung-los Enzyklopädie war rückgewandt. Doch zugleich blieben die chinesische Literatur und Philosophie lebendig. Weiterhin wurden viele Romane und Dramen geschrieben, und Tschu His neukonfuzianische Kommentare wurden nach wie vor diskutiert. Als Prüfungsthemen waren sie wegen ihrer Vollständigkeit und Systematik beliebt. Aber die Spaltung in der neukonfuzianischen Lehre – es ging darum, ob der menschliche Geist mit der letzten Wahrheit identisch sei oder nicht – blieb bestehen. Diese metaphysische Frage war vom Buddhismus beeinflußt. Die chinesischen Philosophen, die Taoisten ausgenommen, haben sich immer mehr mit Ethik und Handlungsmaximen beschäftigt als mit Metaphysik und Kontemplation. Der letzte große Philosoph, dessen Lehren frei von westlichen Einflüssen waren, Wang Yang-ming, starb fünfzehn Jahre, nachdem die ersten portugiesischen Seefahrer 1514 in China landeten.

Von Chinas fremden Eroberern waren die Mongolen der konfuzianischen Weltanschauung und Lebensweise am wenigsten zugänglich. Am offensten waren die Mandschu, die sich daher für den gelehrten Staatsdienst weitaus besser eigneten als die Mongolen. Sie waren keine Nomaden aus der Steppe, sondern wie die Begründer der Kindynastie Dschurdschen, Jäger und Sammler aus Bergwäldern der nordöstlichen Mandschurei, die von dem Mingkaiser Yung-lo unter Beibehaltung der Selbstverwaltung seinem Reich eingegliedert worden war.

Die Mandschu hatten freiwillig die chinesische Kultur übernommen, bevor sie chinesisches Territorium besetzten. Im Jahre 1599 übernahm Nurhatsi, der Gründer des Mandschustaates, die mongolische Version des syrischen Alphabets zur Wiedergabe der Dschurdschen- (Mandschu-) Sprache, in die chinesische Klassiker übersetzt wurden. Aber gebildete Mandschu zogen es bald vor, den Originaltext in chinesischer Schrift zu lesen. Nurhatsi schuf eine Dreinationenarmee aus Mandschu, Chinesen und Mongolen. 1618 annektierte er einen Teil der außerhalb der Großen Mauer gelegenen Provinz Liautung. 1626 verlegte er seine Hauptstadt nach Mukden und stellte chinesische Verwaltungsbeamte in seinen Dienst.

Sein Sohn Abahai nahm 1536 den Kaisertitel an und gab seiner Dynastie den Namen Ts'ing. 1644 nahm sich der letzte Mingkaiser in Peking das Leben, als die Stadt von chinesischen Aufständischen besetzt wurde. Im selben Jahr eroberten die Mandschu Peking mit Hilfe eines chinesischen Generals und chinesischer Beamter, die das Mandschuregime einem heimischen Usurpator vorzogen. In anderen Teilen Chinas stießen die neuen Herren auf Widerstand. So wurde Taiwan erst 1683 besetzt. Im ganzen jedoch war die Mandschuinvasion für die meisten Chinesen weniger zerstörerisch und traumatisch als die Mongoleninvasion vier Jahrhunderte zuvor.

In Japan wurde 1331 die Regentschaft der Hojo in Kamakura, obwohl sie sich durch die Abwehr von zwei Mongolenangriffen verdient gemacht hatte, durch Kaiser Godaigo beseitigt; der neue Militärregent (Shogun) aus dem Hause Ashikaga machte Kioto zur Residenz; aber dieses neue Regime verschaffte sich keine Autorität über ganz Japan, so wie sie hundert Jahre lang die Minamato und Hojo in Kamakura bis zur Abwehr des zweiten Mongolenangriffs 1281 ausgeübt hatten.

Das Ashikaga-Shogunat konnte nicht sofort seine Herrschaft über Kioto hinaus ausdehnen. Godaigo, vertrieben und durch einen Marionettenkaiser ersetzt, versuchte, ein unabhängiges Regime in den Bergen südlich der Hauptstadt aufrechtzuerhalten. Diese Spaltung der kaiserlichen Dynastie, die bis 1392 andauerte, machten sich die Fürsten (»Daimyo«) in den Provinzen zunutze; die Autorität der Ashikaga wurde durch einen zehnjährigen Bürgerkrieg (von 1467 bis 1477) zerstört. Neben den Landesfürsten sicherten sich auch die buddhistischen Sekten des Nichiren-shu und Shin-shu territoriale Ansprüche. Diese Gruppen lagen in den dreißiger Jahren des sechzehnten Jahrhunderts mit bewaffneten Anhängern älterer Sekten in Fehde.

Paradoxerweise war diese Zeit der politischen Anarchie, die von 1338 bis 1573 dauerte – ähnlich der Epoche der »streitenden Reiche« in China –, von einer regen wirtschaftlichen und kulturellen Aktivität begleitet. Nach der Abwehr der mongolischen Seeangriffe begannen japanische Kaufleute, an den chinesischen Küsten Handel zu treiben, bis 1404 ein Abkommen zwischen dem Ashikagaregime und der chinesischen kaiserlichen Regierung den Handel zwischen den beiden Ländern beschränkte. In der Praxis hielten sich jedoch die japanischen Kaufleute nicht daran und machten weiterhin auf eigene Faust Geschäfte mit chinesischen Partnern.

In Japan führte das Wirtschaftswachstum zu einem höheren Lebensstandard. Das Machtmonopol der Landesfürsten, das praktisch seit der zweiten Hälfte des zwölften Jahrhunderts bestand, wurde von der wachsenden Bedeutung der Bauernmiliz im japanischen Bürgerkrieg ebenso beeinträchtigt wie von den aufkommenden Handwerkszünften und Handelsgilden und von den freien Städten (besonders Sakai, südlich des heutigen Osaka gelegen). In der gleichen Zeit entstand jedoch auch eine neue Klasse der »Unberührbaren«, der Eta.

Auf kulturellem Gebiet erlebte die Ashikagazeit – offenbar als Reaktion auf die Anarchie dieser Jahre – ein anhaltendes Interesse am Zenbuddhismus (das japanische Wort *zen* entspricht dem indischen *dhjana* = Selbstversenkung). In der bildenden Kunst taten sich Meister der Landschaftsmalerei im chinesischen Sungstil hervor (die Kontemplation des Zenbuddhismus förderte die Tuschmalerei), und zugleich entwickelte sich die Landschaftsgärtnerei, ein typisch japanischer Zweig der angewandten Kunst. Die Entstehung des klassischen Nodramas unter dem Einfluß der Zenlehre fällt in die Zeit von 1350 bis 1450. Die Handlungen dieser Stücke waren überliefert und vertraut, die Schauspieler trugen Masken. Spiel, Rezitation, Gesang und Musik waren festgelegt und hoch stilisiert. Das japanische No ist das ostasiatische Gegenstück zum attischen Drama Griechenlands im fünften Jahrhundert v. Chr.

In der zweiten Hälfte des sechzehnten Jahrhunderts wurde Japan wieder vereint und staatlich gefestigt durch die aufeinanderfolgenden Feldzüge von drei Kriegsherren. Diese Vereiniger Japans und ihre Gegner fochten zum erstenmal mit Feuerwaffen, die in Japan zwanzig Jahre nach ihrer Einführung durch die Portugiesen allgemein verbreitet waren.

Der Daimyo Nobunaga besetzte 1568 Kioto und bereitete dem dortigen Ashikaga-Shogunat ein Ende. Er wurde von einem seiner Generäle umgebracht. Ein anderer General, Hideyoshi, tötete den Meuterer und machte sich zum Herrn ganz Japans. In den neunziger Jahren des sechzehnten Jahrhunderts versuchte er mehrmals vergeblich, Korea zu annektieren – das hätte der Auftakt zur Eroberung Chinas sein sollen –, und sein Tod im Jahre 1598 befreite China, wie es beim Tode Timur-i Längs der Fall gewesen war, von einer großen Gefahr. Als Hideyoshis Nachfolger ließ sich sein General Ieyasu 1603 von dem Schattenkaiser zum Shogun ernennen und beseitigte bei der Eroberung von Osaka seinen letzten Gegner, Hideyoshis Sohn Hideyori.

Ieyasu gelang es ohne Aufsehen und äußere politische Veränderung, sich ein Höchstmaß an Regierungsgewalt zu sichern und sie für seine Familie Tokugawa erblich zu machen. Der Kaiser in Kioto durfte offiziell den Titel des Souveräns behalten, doch Ieyasu regierte *de facto* von Edo aus (dem heutigen Tokio). Die Daimyos wurden nicht abgesetzt, aber untergeordnet und durch geschickte Maßnahmen in Schach gehalten, damit sie sich nicht gegen das Tokugawaregime zusammenschließen und es finanziell ruinieren konnten. Zwischen 1622 und 1641 wurde die Herrschaft dieses Regimes durch eine Politik strenger Abschließung Japans gegen die Außenwelt gefestigt. Das Christentum wurde fast vollständig ausgerottet, die Portugiesen wurden ausgewiesen. Hiervon wird noch in Kapitel 75 die Rede sein.

DIE MITTELAMERIKANISCHE UND DIE ANDENZIVILISATION VON 1427 BIS 1519

Im fünfzehnten Jahrhundert wurden die Völker sowohl Mittelamerikas als auch des Andengebietes fast gleichzeitig in ein Reich einbezogen, das den größeren Teil ihrer Territorien umfaßte. In jedem Fall ging die Reichsbildung von einer Gruppe aus, die verhältnismäßig spät in dieser Region Fuß gefaßt hatte. Die Azteken waren aus der Wüste im Norden in das Innere Mexikos hinabgestiegen. Die Herkunft der Inkas im Andengebiet ist unbekannt, doch zeigen archäologische Funde, daß sie nicht die ersten Bewohner von Cuzco waren. Soviel wir wissen, waren die Azteken die ersten Eroberer, die ein Reich schufen, das fast ganz Mittelamerika umfaßte. In der Andenwelt kann das Inkareich Vorgänger gehabt haben, wenn die Verbreitung des Chavin- und des Tiahuanácostils in der Baukunst von einer politischen Einheit begleitet war, die geographisch ebenso weit reichte. Die Archäologie liefert jedoch keine Zeugnisse für politische Zustände.

Die Gelegenheit, im fünfzehnten Jahrhundert ein Reich zu gründen, war den Azteken durch den Verfall des Toltekenreiches mit der Hauptstadt Tula im zwölften Jahrhundert gegeben worden. Der Seendistrikt am Südende des Hochtals von Mexiko war mindestens seit der Zerstörung der Stadt Teotihuacán im Jahre 600 ein Asyl für Flüchtlinge aus zerstörten Kulturgemeinschaften gewesen. Er erhielt neuen Zustrom an Flüchtlingen nach dem Untergang des Toltekenreiches. Aber die barbarischen Zerstörer folgten den Flüchtlingen auf dem Fuß. So beherbergte der Seendistrikt um die Mitte des dreizehnten Jahrhunderts zahlreiche politisch unabhängige Stadtstaaten verschiedenen ethnischen Ursprungs und unterschiedlicher Kultur. Ihre hauptsächliche Verbindung miteinander stellte die Nahuatasprache her, die von den Barbaren aus dem Norden mitgebracht worden war und von den meisten Bewohnern der Hochebene gesprochen wurde.

Die Azteken, ebenfalls barbarische und unerwünschte Eindringlinge, kamen erst, als der Seendistrikt schon besiedelt war. Sie teilten in hohem Maße – oder übernahmen – die Vorliebe ihrer Vorgänger für den Krieg und für Menschenopfer. Sie ließen sich im zweiten Viertel des vierzehnten Jahrhunderts auf mehreren unbewohnten Inseln im Südwesten des Texocosees nieder und machten deren sumpfige Umgebung urbar. Unter dem Zwange der Not wurden die Azteken geschickte Ackerbauer und Städtegründer, aber sie trieben auch Handel über weite Entfernungen und nutzten ihn zu militärischen Spähdiensten. Sie übernahmen das mittelamerkanische Kalendersystem, verbanden ihre alte Stammesreligion mit Kulten ihrer

Vorgänger und schufen ein Pantheon und ein Ritual von ähnlicher Vielfalt wie das hinduistische. Wie die Hindus betrachteten die Azteken die Zeit als eine Folge von Epochen in riesigen Größenordnungen; sie schufen auch eine aus Bild- und Lautzeichen zusammengesetzte Schrift, die leichter zu handhaben war als die überlieferten mittelamerikanischen Hieroglyphen, und brachten eine feinfühlige, introvertierte Poesie hervor. Doch von Anfang bis Ende hingen sie dem Brauch des Menschenopfers an, verbunden mit rituellem Kannibalismus und der grausigen Sitte, dem lebenden Opfer das Herz herauszuschneiden. Und sie führten Krieg, um die gewaltige Menge von Opfern gefangennehmen zu können, die ihre Religion verlangte.

Die spanischen Eroberer Mittelamerikas erschraken beim Anblick der Menschenopfer. (Dieser Brauch war in Spanien seit dem Ende der karthagischen Herrschaft 206 v. Chr. nicht mehr geübt worden, wenn auch die christlichen Spanier Ketzer auf dem Scheiterhaufen verbrannten.) Christen und Moslems waren in ihren Glaubenskriegen bestrebt, Kriegsgefangene zu machen, doch nicht, um sie ihrem Gott zu opfern, sondern um Lösegelder zu erzielen. In Mittelamerika machte man Gefangene nicht aus materiellen Gründen, sondern in dem Glauben, man müsse die Götter ständig mit Menschenherzen speisen, damit sie nicht die Kraft verlören, das Universum in Gang zu halten.

Die Azteken begannen ihren Weg zu politischer und militärischer Macht als Söldner für den Herrscher des Reiches Tepanec, das an die Stelle von Teotihuacán getreten war und das sie 1428 an sich rissen. Der führende Aztekenstaat war Tenochtitlán, der mit zwei anderen Staaten, Tetzcoco und Tlacopan, ein Bündnis schloß. Daraus entstand ein Reich, das sich im Jahre 1519, als Cortez landete, über einen großen Teil Mittelamerikas von Küste zu Küste erstreckte.

Dieses Reich war ausgedehnt, doch umfaßte es nicht ganz alle Länder Mittelamerikas. Der Stadtstaat Tlaxcala im Osten des Seendistrikts war zum Beispiel den Azteken militärisch nicht gewachsen, aber diese beließen ihm seine Unabhängigkeit und führten nur hin und wieder »Blumenkriege« mit ihm, deren Hauptzweck war, sich gegenseitig mit Gefangenen für ihre Menschenopfer zu versorgen. Es gab noch andere unabhängige Enklaven, die das Tenochtitlánreich vergeblich zu erobern versuchte. Vor allem gelang es nicht, die westlichen Nachbarn, die Tarascaner, zu unterwerfen, die im Gegensatz zu den Azteken Waffen aus Kupfer besaßen.

Die Völker, die unter die aztekische Herrschaft fielen, wurden durch Garnisonen in ihren Ländern und durch Terror niedergehalten. Sie mußten Tribute zahlen, zu denen neben Lebensmitteln, Textilien, Edelsteinen und kostbaren Metallen auch Knaben und Mädchen für die Menschenopfer gehörten. Die Stadtstaaten, die das Reich bildeten, hatten gute Straßen und Wasserleitungen, doch ihre Verwaltung war unentwickelt. Die reisenden Kaufleute dienten auch als Nachrichtenoffiziere, und die Hauptvertreter der Regierung in den unterworfenen Ländern waren die Steuereinnehmer.

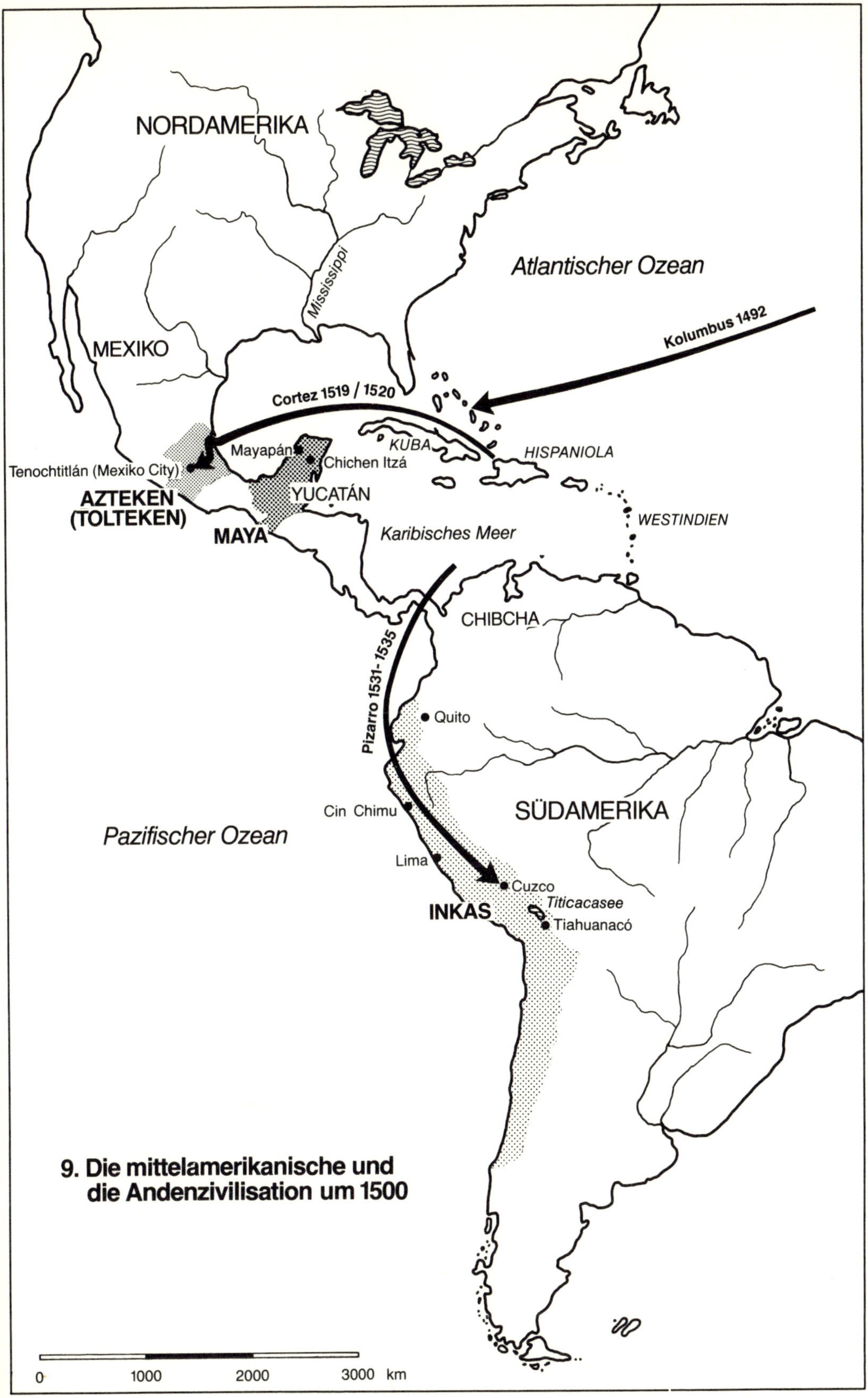

9. Die mittelamerikanische und die Andenzivilisation um 1500

Etwa zehn Jahre nach der Gründung des Aztekenreiches in Mittelamerika 1428 begannen die Inka, in der Andenwelt ihre Herrschaft aufzubauen. Bis zur Regierung des achten Inkaherrschers von Cuzco, Hatun Tupac (besser bekannt als Viracocha, der Name des Schöpfergottes der Inka, den sich Hatun Tupac zulegte), war Cuzco nur einer von mehreren Lokalstaaten im Hochland gewesen. Viracocha dehnte seine Besitzungen südostwärts aus, doch andere Lokalstaaten taten ein Gleiches. Westlich von Cuzco hatten sich die Chanca die nächsten Nachbarn und Stammverwandten der Inka, die Quechua, unterworfen. Um 1438 griffen sie Cuzco an; Viracocha und sein Thronerbe zogen sich in eine Festung zurück, und Cuzco wurde in heftigen Straßenkämpfen von zwei anderen Söhnen Viracochas vor der Eroberung gerettet.

Einer dieser beiden Söhne, Pachacuti, beanspruchte nach diesem entscheidenden Sieg die Inkakrone und schickte sich an, unterstützt von seinem Bruder und seinem Sohn, nicht nur das Territorium der geschlagenen Chanca, sondern auch die ganze übrige Andenwelt zu erobern.

Diese Inkareichsgründer besetzten zuerst das Hochland vom Titicacasee im Südosten bis Quito, der heutigen Hauptstadt Ekuadors, im Nordwesten. Von da stieg Topa Inca, Pachacutis Sohn und Nachfolger, zur Küste von Ekuador hinab, führte einen Seekrieg mit mehreren Inseln und überfiel und eroberte Chimú, den nördlichsten, größten und volksreichsten der drei Küstenstaaten. Der Widerstand war schwach, verglichen mit dem, den die Cañaris und die Quito im Hochland von Ekuador geleistet hatten, und auch die beiden anderen Küstenstaaten unterwarfen sich vermutlich bald nach der Übergabe Chimús.

Nachdem Topa Inca etwa 1471 Herrscher geworden war, unternahm er einen erfolglosen Feldzug gegen die Völker in den tropischen Wäldern der Andenhänge. Von einer Rebellion auf der Hochebene um den Titicacasee zurückgerufen, schlug er den Aufstand nieder und ging an die Eroberung des Hochlandes im heutigen Bolivien und nordwestlichen Argentinien und des ganzen heutigen Chile bis hinunter zum Rio Maule. Topa Incas Nachfolger, sein Sohn Titu Cusi Hualpa (Huayna Capac, 1493-1525/1527), eroberte die nördlichen Hochebenen von Ekuador, doch war hier der Widerstand so stark, daß der Herrscher in seiner abgelegenen Kriegszone bleiben und seine gewaltigen Besitzungen von dort regieren mußte. Er starb, ohne je nach Cuzco zurückgekehrt zu sein, das nicht nur der politische Kern und die Hauptstadt des Landes war, sondern auch der Mittelpunkt seines Verkehrsnetzes.

Das Inkareich stellte an Umfang das Reich der Azteken in den Schatten, wenn auch nicht in der Zahl der Bevölkerung, da ein großer Teil unbewohnt war. In seiner Ausdehnung kann es mit dem ersten persischen, dem Chinesischen und dem Römischen Reich verglichen werden. Aber die Inka besaßen keine Wagen mit Rädern, und obwohl sie mit einem Lasttier, dem Lama, gegenüber den Azteken einen Vorteil hatten, war es doch nicht viel, was ein

Lama, verglichen mit einem Packpferd, tragen konnte. Sie hatten keine Schrift, sondern verständigten sich mit Quipus, Schnüren mit Knoten, verschieden an Farbe und Zahl – jede hatte eine andere Bedeutung, die jedoch von Experten erklärt werden mußte und nicht jedermann ohne weiteres eingängig war wie eine Schrift. Doch mit diesem unvollkommenen Medium konnten die Inka ihr großes Reich regieren und verwalten.

Das Verkehrs- und Transportwesen funktionierte gut trotz der Geländeschwierigkeiten. Im Hochland waren hohe Pässe und tiefe Schluchten zu überwinden, längs der Küste waren die regulierten Flußtäler durch breite Wüstenstreifen getrennt. Die Straßen überwanden die Schluchten mit Hilfe der Hängebrücken, deren Seile aus geflochtenen Pflanzenfasern oder Ranken bestanden. An den Straßen befanden sich in bestimmten Abständen Rasthäuser, in denen der Reiseproviant erneuert werden konnte. Nachrichten und Waren wurden durch Läuferstaffeln übermittelt. Es gab zwei parallele Hauptstraßen – eine über das Hochland, die andere längs der Küste. Sie waren miteinander durch Querwege in den Flußtälern verbunden, die von den Bergen an die Küste führten.

Um den Verwaltungsapparat und den Offiziersstab zu ergänzen, wurde auch hochgestellten Angehörigen eingegliederter Völker der Inkastatus übertragen. Die Armee wurde durch Aushebungen in den besiegten Feindländern verstärkt. Die Inka versuchten, die eroberten Gebiete durch einen umfangreichen Bevölkerungsaustausch unter Kontrolle zu halten: Die Regierung siedelte loyale Untertanen zwischen unzuverlässigen unterworfenen Volksgruppen an, von denen umgekehrt Teile in Bezirke umgesetzt wurden, wo das Volk loyal war. Aber man sorgte dafür, daß diese Umsiedler in Kontakt mit ihrer Heimat blieben und daß sie nicht in Regionen mit einem anderen Klima geschickt wurden. (In den Andengebieten sind die klimatischen Unterschiede zwischen dem Hochgebirge und der Küstenebene außerordentlich kraß.) Ein noch wirkungsvolleres Mittel, das Reich zusammenzufügen, bestand darin, den Stammesgöttern der unterworfenen Völker eine dauernde Residenz in der Hauptstadt Cuzco zu geben, wo sie von ihren Stammespriestern betreut wurden, und dem Sonnengott der Inka in den neuen Ländern Tempel zu errichten.

Der Tribut, den man den besiegten Völkern auferlegte, scheint bei den Inka weniger hart gewesen zu sein als im Aztekenreich. Doch wie bei diesem (wie auch im Osmanischen Reich) gehörten neben Sachabgaben auch Kinder dazu. Die Söhne besiegter Stammeshäuptlinge wurden in Cuzco zusammen mit den Söhnen der Inkaaristokratie erzogen (wie es ähnlich bei den Osmanen üblich war), die Mädchen teils dem Herrscher und seinen Granden als Frauen zugewiesen, teils in klosterähnliche Institutionen eingeliefert, wo das Zölibat die Regel war. Diese »Nonnen« wurden gelegentlich geopfert, doch gab es im Inkareich nicht die ständigen Massenopfer von lebendigen Menschen, wie sie bei den Azteken die Regel waren.

Die Sprache der herrschenden Klasse wie des Volkes war das Ketschua, das auch für die anderssprachigen eingegliederten Völker die Umgangssprache wurde. Eine zweite Sprache war das Aimara im Süden des Reiches. Diese beiden Staatssprachen bildeten zusammen mit dem Straßennetz und der Bevölkerungspolitik der Regierung starke bindende Kräfte; doch war es eine enorme Beanspruchung, ein so ausgedehntes Gebiet und eine so zahlreiche und unterschiedliche Bevölkerung mit derart bescheidenen Mitteln zusammenzuhalten. Der Topa Inca (1471-1493) hatte das Reich bis zu noch überschau- und kontrollierbaren Grenzen erweitert. Sein Sohn und Nachfolger Huayna Capac (1493-1525/1527) jedoch dehnte es zu weit aus. Infolgedessen brach nach seinem vorzeitigen Tod ein Bürgerkrieg aus zwischen der Armee des Nordens, die einen Bastard des toten Herrschers, Atahualpa, unterstützte, und den Granden in der Hauptstadt Cuzco, die hinter dem legitimen Sohn Huascar standen. Die Nordarmee blieb Sieger, besetzte Cuzco und nahm Huascar gefangen. In diesem kritischen Augenblick landete Pizarro zum drittenmal an der pazifischen Küste Südamerikas.

75

DAS ZUSAMMENWACHSEN DER ÖKUMENE VON 1405 BIS 1652

In den anderthalb Jahrhunderten von 1400 bis 1550 änderte sich das traditionelle Bild vom Lebensraum der Menschheit und seiner Stellung im Universum. Für Völker, die die Meere befuhren, hatte sich der Umfang der Ökumene schlagartig erweitert. Gleichzeitig jedoch war für eine kleine, doch wachsende Minderheit, die an die umwälzende Entdeckung des Astronomen Kopernikus glaubte, die Ökumene, gemessen an den Größenordnugnen des Universums, plötzlich sehr klein geworden.

Seit der Entstehung der frühesten Zivilisationen vor ungefähr 4500 Jahren war der Planet Erde für die Mitte des Weltalls gehalten worden, und jedes Volk hatte wiederum seine eigene Vorstellung von der Mitte dieses Planeten. In Ostasien war China das »Reich der Mitte«; für die Inder war die »Mitte« das Gebiet der heutigen Staaten Uttar Pradesch und Bihar; für die Moslems war es Mekka; für die Juden und Christen Jerusalem. Auch die Zivilisationen, die um 1400 längst erloschen waren, hatten jeweils ihre eigenen Zentren der Ökumene gehabt: Im alten Hellas war es Delphi, im pharaonischen Ägypten die Spitze des Nildeltas und bei den Sumerern die Stadt Nippur im unteren Euphrat-Tigris-Becken gewesen.

Regionale Zivilisationen, die aneinander grenzten, standen miteinander in Beziehungen, freundlichen wie feindlichen. Das ausgedehnte, aber kurzlebige Mongolenreich hatte zeitweilig Ostasien mit Europa in Verbindung gebracht; Afrika wurde im siebenten Jahrhundert v. Chr. mindestens einmal von Osten nach Westen umschifft. Um das Jahr 1000 gründeten Normannen eine Niederlassung an der Westküste Grönlands, ohne zu wissen, daß sie an der Schwelle einer ungeheuer weiten »Neuen Welt« standen. Doch hatte, soweit uns bekannt ist, kein Seefahrer vor Kolumbus den Atlantik in einer niederen Breite in dieser oder jener Richtung überquert. Wenn je ein Schiff von Ostasien über den Stillen Ozean zur »Neuen Welt« oder umgekehrt gelangt sein sollte, dann kann es nur unbeabsichtigt geschehen sein. Vasco da Gama war im Jahre 1498, soweit wir wissen, der erste Seefahrer, dem es gelang, Afrika von Westen nach Osten zu umsegeln, ein Unternehmen, das schon im fünften Jahrhundert im Auftrag des persischen Königs Xerxes ohne Erfolg versucht worden war. Und es ist so gut wie gewiß, daß die *Victoria* des Portugiesen Magalhães als erstes Schiff den Erdball umsegelte.

Damit war bewiesen, was der griechische Astronom Eratostenes im dritten Jahrhundert v. Chr. angenommen hatte: Seine Berechnung des Erdumfanges war annähernd richtig, während Kolumbus – und dies gab ihm den Mut, sich auf das Weltmeer zu wagen – ihn grob unterschätzt hatte. (Die Großkreisentfernung zwischen Europa und Japan beträgt 10 600 Seemeilen – Kolumbus hatte sie auf weniger als dreitausend veranschlagt.) Ein anderer griechischer Astronom zur Zeit des Eratostenes, Aristarchos von Samos, hatte geahnt, daß die Erde ein Satellit der Sonne ist und sich sowohl um die Sonne im Laufe eines Jahres als auch in vierundzwanzig Stunden um ihre eigene Achse dreht. Seine Erkenntnisse wurden von seinen griechischen Nachfolgern im zweiten Jahrhundert v. Chr. verworfen. Erst Nikolaus Kopernikus (1473-1543) fand die Wahrheit, und seine Wiederentdeckung wurde 1540 in der *Narratio prima* des Georg Joachim Rheticus und 1543 ausführlicher in seinen sechs Büchern *De revolutionibus orbium coelestium* von ihm selber veröffentlicht.

Des Kopernikus Neuentdeckung der wirklichen Beziehung zwischen den Sternen in unserem Sonnensystem bewirkte zusammen mit der Umsegelung des Planeten Erde, daß der Mensch seine Welt zugleich als größer und kleiner empfand. Im Laufe der dreißig Jahre von 1492 bis 1522 verschmolz die Ökumene, die sich bisher jeweils um Peking, Benares, Mekka, Jerusalem, Tenochtitlán und Cuzco konzentriert hatte, zu einer einzigen Ökumene, die weitaus größer war als jede der »Welten« zuvor. Doch während diese früheren Welten von unentdeckten Ländern und Meeren von unbekannter Ausdehnung umgeben gewesen waren, wußte man nun, daß diese neue vereinte Ökumene in Kugelgestalt endlich war.

Im Jahre 1493 teilte Papst Alexander VI. die »Neue Welt« zwischen Spanien und Portugal durch eine nordsüdliche Demarkationslinie, die 1529 ergänzt wurde, so daß Portugal in der Neuen Welt Brasilien, in das 1500 eine portugiesische Squadron hineingestolpert war, und im Pazifik die Molukkeninseln, Spanien die anderen süd- und mittelamerikanischen Länder und im Pazifik die Philippinen erhielt. Eine globale Ökumene, die zwischen zwei großen Seemächten geteilt werden konnte, war kleiner, als sie früher erschien, von dem Mittelpunkt eines der alten Reiche aus betrachtet. Die vereinte Ökumene hatte klare Horizonte bekommen.

Die Erde war nun zu einem Sonnensatellit degradiert worden, war kein zentraler Fixstern mehr, sondern einer der Planeten (der »Umherschweifenden«), und dieser Name erwies sich als unzutreffend, denn die Planeten wanderten ja, wie man festgestellt hatte, in regelmäßigen und sich wiederholenden Kreisen um die Sonne. Und diese, so hatte sich erwiesen, war einer von vielen Fixsternen, und so weit sie auch von der Erde entfernt war, es gab Myriaden anderer Fixsterne in noch unermeßlich größeren Entfernungen. Die Erde war ein herumwirbelndes Staubkörnchen in einem Sternenkosmos, der sich offenbar in die Unendlichkeit erstreckte, weit über das hinaus, was der Mensch auch durch die stärksten Teleskope, die Galileo Galilei (1564 bis 1642) konstruiert hatte, wahrnehmen konnte. Der Umfang des Staubkorns Erde war endlich; seine kosmische Umgebung hatte keine sichtbaren oder nachweisbaren Grenzen – das war das neue Bild des Universums in dem

Zeitalter, als die verschiedenen Teile der irdischen Heimat des Menschen zu einer vereinten Ökumene verschmolzen.

Diese Verschmelzung kam plötzlich, und sie veränderte die Schicksale der vorher getrennten Bereiche des Menschengeschlechts zum Guten wie zum Bösen. Sie war eine uneingeschränkte Katastrophe für die Azteken und Inka und für die Westafrikaner, die in der Reichweite europäischer Sklavenhändler lebten. Ein Teil der Bevölkerung in Mittelamerika und im Andengebiet begrüßte die Befreiung von der Despotie der Azteken und Inka, um bald zu erkennen, daß sie nicht befreit worden waren, sondern nur die Herren gewechselt hatten. Vielleicht war es dennoch für Mittelamerika das kleinere Übel. Für die Andenvölker aber war der Wechsel von der Inka- zur spanischen Herrschaft sicher eine Veränderung zum Schlechten.

In Westeuropa brachte die Beherrschung der Meere eine Verschiebung in der Verteilung von Macht und Reichtum mit sich zugunsten der Länder, die Häfen an der atlantischen und der Nordseeküste besaßen, und zum Nachteil der an der Ostsee und am Mittelmeer gelegenen. Als die spanischen Eroberer die Goldschätze der Inka raubten, sie einschmelzen und Münzen daraus schlagen ließen, hatte dies die gleiche Wirkung wie Jahrhunderte zuvor die Erbeutung des persischen Königsschatzes durch die makedonischen Griechen: Der Zustrom von Edelmetallen ohne die entsprechende Vermehrung der Warenproduktion führte zu plötzlichen Preissteigerungen. Am stärksten gerieten das Preisgefüge und die Staatsfinanzen in den Ländern ins Wanken, die diesen Zustand herbeigeführt hatten, in Spanien und Portugal. Aber die Inflationswelle breitete sich über ganz Europa aus und beeinträchtigte sogar die Wirtschaftsordnung des Osmanischen Reiches. Ein Beobachter, der Preissteigerungen der gleichen Größenordnung in den siebziger Jahren unseres Jahrhunderts erlebt hat, kann zu der Vermutung kommen, daß die willkürliche Verarmung eines Teils der Gesellschaft und Bereicherung eines anderen Teils und die daraus folgende Zunahme von Unsicherheit, Angst und Haßgefühlen im sechzehnten Jahrhundert in großem Maße die Schuld trugen an den Greueltaten, die in jenem Jahrhundert in Westeuropa im Namen der Religion und der Staatsraison begangen worden sind.

In der Eroberung der Meere waren die Chinesen eines der Pioniervölker. Kaiser Tsch'eng-tsu schickte 1405 seine erste Flotte nach Westen. Tsch'engtsus Admiral, der moslemische Eunuch Tsch'eng Ho aus Jünnan, unternahm zwischen 1405 und 1433 sieben Schiffsexpeditionen nach Westen. Er erreichte mindestens zweimal die Insel Hormus im Persischen Golf und Aden an der Einfahrt zum Roten Meer, und einzelne Schiffe seiner Flotte kamen bis an die Ostküste Afrikas. Die Größe und Anzahl der chinesischen Schiffe und die Stärke ihrer Besatzungen übertrafen bei weitem die der Portugiesen. An der ersten Expedition, die an der Ostküste Indiens landete, nahmen zweiundsechzig Schiffe mit 28000 Mann teil. Sie hatten einen Kompaß (eine chinesische Erfindung) und wasserdichte Kabinen; die größten Schiffe waren etwa einhundertzwanzig Meter lang.

Diese chinesischen Schiffe waren bis hin zu den Neukonstruktionen der portugiesischen Schiffsbauer im späteren fünfzehnten Jahrhundert die besten der Welt. Wo sie anlegten, war man von Ehrfurcht erfüllt. Wenn die Chinesen die Schiffahrt intensiv fortgeführt hätten, wären sie imstande gewesen, aus China das »Reich der Mitte« einer weltumfassenden Ökumene zu machen. Sie wären den Portugiesen in Afrika zuvorgekommen, wenn sie von Hormus aus das Kap der guten Hoffnung umsegelt hätten, und den Spaniern in der Entdeckung und Eroberung Amerikas.

Es ist nicht bekannt, warum die Chinesen nach 1433 ihre Seefahrten einstellten. Die Mingregierung war ökonomisch nicht gezwungen, sich zwischen Land- und Wasserunternehmungen zu entscheiden, auch wenn Tsch'eng-tsus Hauptsorge die Sicherung der Nordgrenze zur eurasischen Steppe war. (Er führte persönlich fünf Feldzüge gegen die Mongolen an.) Aber das geeinte China besaß genügend Mittel, um Operationen an zwei Fronten gleichzeitig durchzuführen. Vielleicht war gerade Chinas Reichtum der Grund, daß seine Herrscher kein Interesse an überseeischen Abenteuern hatten. Noch 1793, als in Großbritannien die industrielle Revolution im Gange war, ließ der chinesische Kaiser Tsch'ien-lung den britischen Gesandten wissen, daß sich sein Reich wirtschaftlich selber versorgen könne und nicht auf fremde Hilfe angewiesen sei. Im fünfzehnten Jahrhundert wurden die Herrscher Westeuropas von der Armut ihrer Länder getrieben, überseeische Unternehmen zu fördern. Die chinesischen Kaufleute waren sicher ebenso tatkräftig und tüchtig wie ihre europäischen Kollegen, aber als Untertanen eines bürokratisch regierten Staates, dessen Herrscher und Beamte kaufmännisches Denken als unter ihrer Würde erachteten, ließ man ihnen weniger Raum, private Initiative zu entfalten. Im neuzeitlichen chinesischen Reich wie im mittelalterlichen Oströmischen wurde ein Volk mit natürlicher Begabung und Neigung für den Handel an dessen Ausübung gehindert, weil seine Regierung keine Sympathie für diese Seite des Volkscharakters hatte.

Die Portugiesen hingegen machten weiter. Nachdem Bartolomeo Diaz 1487 die Südspitze Afrikas umschifft und Vasco da Gama 1498 die Westküste Indiens gesichtet hatte, nahm Affonso d'Albuquerque den Indischen Ozean für Portugal in Beschlag, als er 1510 Goa, 1511 Malakka und 1515 das von den Chinesen aufgegebene Hormus besetzte. Seine strategischen Planungen auf dem Wasser standen in ihrer Weiträumigkeit den Landoperationen der Mongolen im dreizehnten Jahrhundert nicht nach. Ein portugiesisches Schiff landete 1514 in Kanton, ein zweites 1542 oder 1543 auf der japanischen Insel Tanegashima an der Südspitze von Kiushu. Die Erfolge der Portugiesen waren zugleich eine historische Niederlage der moslemischen Mächte im Kampf um die Beherrschung des Indischen Ozeans zwischen 1503 und 1551.

Der umfassende Sieg der Portugiesen war der Lohn für ihren Mut wie für ihre Erfindungsgabe. In der zweiten Hälfte des fünfzehnten Jahrhunderts konstruierten ihre Schiffsbauer Rumpf und Takelwerk eines Schiffes, das bis ins vorige Jahrhundert die Meere beherrschte und während seiner langen Blütezeit schlicht als »das Schiff« bekannt war. Es war ein Dreimaster mit gemischter Takelung (vier Masten hatte es nur zu Beginn und am Ende seiner Geschichte). Fockmast und Großmast trugen rechteckige Segel für den Antrieb, der Kreuzmast ein (dreieckiges) Lateinsegel zum Manövrieren und Segeln gegen den Wind. Diese Segeltechnik wurde Ende des siebzehnten Jahrhunderts von den Holländern weiter verbessert, als sie das Lateinsegel am Kreuzmast durch Stagsegel zwischen Fockmast und Bugspriet und das Klüversegel ersetzten. Zu Beginn des sechzehnten Jahrhunderts wurden Bullaugen an beiden Seiten des Zwischendecks angebracht, damit die Schiffskanonen breitseits feuern konnten. Diese klassischen Segelschiffe vor der Erfindung des Dampfschiffes konnten sich wochen- und monatelang auf den Meeren bewegen, sie brauchten keinen Treibstoff, ihre Schiffsschraube war der unerschöpfliche Wind.

Auch die Spanier blieben Seefahrer. Nach der ersten Landung des Kolumbus in Amerika erreichte Balbao 1513 die pazifische Küste der Landenge von Panama. 1519 wurde die Stadt Panama gegründet, die erste spanische Stadt in der Neuen Welt. Cortez eroberte das Aztekenreich von 1519 bis 1521, Pizarro das Inkareich von 1532 bis 1535. Beiden gelang mit einer Handvoll Soldaten die Unterwerfung eines großen selbstbewußten Kriegervolkes, denn beide hatten einmaliges Glück.

Cortez landete genau an dem Tage, für den im mexikanischen Kalender die versprochene oder angedrohte Rückkehr Quetzalcoatls prophezeit worden war, des Gottes, der sich in einem vertriebenen toltekischen König inkarniert hatte. Wenn nicht Montezuma II. überzeugt gewesen wäre, Cortez sei der heimgekehrte Quetzalcoatl, hätte er sich nie in die Hände eines fremden Aggressors begeben. Und hätte Cortez nicht vorher in Tabasco ein mexikanisches Mädchen aufgegriffen (von den Spaniern Doña Marina genannt), das nicht nur die Nahua-, die Mayasprache und bald auch Spanisch beherrschte, sondern auch ungewöhnlich scharfsinnig und mit der mexikanischen Mentalität vertraut war, dann wäre Cortez stumm, taub und unwissend auf dem fremden Boden umhergetappt. Was Pizarro betrifft, so betrat er das Innere des Inkareiches gerade nach dem Ende eines Bürgerkrieges, dessen Sieger Atahualpa noch nicht ausreichend Zeit gehabt hatte, seine Herrschaft zu befestigen. Wäre Pizarro schon bei seiner ersten Erkundungsfahrt acht Jahre früher einmarschiert, hätte er ein starkes und einiges Reich vorgefunden. Cortez wie Pizarro profitierten von der Unzufriedenheit und Uneinigkeit in den Reichen, die zu unterwerfen sie sich vorgenommen hatten.

Die eigentlichen Trumpfkarten der Spanier jedoch waren ihre bessere Bewaffnung, ihre Kühnheit und Grausamkeit. Nachdem sich ihre Opfer von dem ersten Schock der Überraschungsangriffe der schrecklichen Eindringlinge erholt hatten, leisteten sie heldenhaften Widerstand. Die Azteken kämpften bis zum Tode und wurden fast ausgerottet. Die Inka führten wieder und wieder Gegenangriffe und hielten bis 1572 in den westlichen

Berghängen der Anden stand, wo der tropische Wald natürlichen Schutz bot. Aber auch die tapfersten und bestbewaffneten Söhne der Neuen Welt konnten den Feuerwaffen und den Pferden, die für sie unbekannte Tiere waren, nicht Trotz bieten. Die Spanier sicherten ihre Eroberungen und Garnisonen an strategisch wichtigen Punkten durch die Errichtung von Städten, die sie mit kampferprobten Soldaten und Mestizen besetzten – so wie es die makedonischen Griechen bei der Eroberung des ersten persischen Reiches getan hatten. Die Spanier im sechzehnten Jahrhundert waren wie die Normannen im neunten auf dem Lande wie auf dem Wasser äußerst beweglich. Wenn sie an Land gingen, schwangen sie sich in den Sattel; und die Entfernungen, die sie zu Pferde in Amerika bewältigten, waren kaum geringer als die, welche die Mongolen in der Alten Welt zurückgelegt hatten.

Vor dem Ende des sechzehnten Jahrhunderts vollbrachten die Russen in Nordasien Leistungen, die denen der Spanier in Amerika nicht nachstanden. 1568/1569 versuchten die islamischen Tataren, Astrachan zu erobern und einen Kanal vom Don zur Wolga zu graben. Doch konnten sie die Barriere der Russen zwischen dem Osmanischen Reich und den sunnitischen Moslems im Oxus-Jaxartes-Becken nicht durchbrechen, eine Barriere, die dadurch verstärkt wurde, daß man Kosaken als freie Wehrbauern ansiedelte. (Kosaken oder Kasaken bedeutet im Türkischen »Wurzelsammler«, das heißt Außenseiter vom Standpunkt der Nomaden.) Die Kosaken des sechzehnten Jahrhunderts waren ukrainische Binnenschiffer, die den orthodoxen Glauben angenommen hatten. 1571 ließ sich eine Kosakengemeinschaft am Don nieder und etwa zum gleichen Zeitpunkt eine andere am Jaik (Uralfluß).

Der Kosak Jermak überschritt 1581 das Uralgebirge und eroberte das Chanat Sibirien, dessen türkisch sprechende Bevölkerung sich kurz davor zum Islam bekehrt hatte. Seine Leute hatten wie die spanischen Eroberer Amerikas Feuerwaffen, die ihre westsibirischen Opfer nicht besaßen. Jermaks Nachfolger benutzten die Flußläufe Sibiriens und kamen 1637 oder 1638 an das Ochotskische Meer, ein Randmeer des Stillen Ozeans. Sie drangen in das Amurbecken vor und erreichten 1643 den rechten Nebenfluß des Amur, den Sungari in der Mandschurei. 1651 wurde nach dem Sieg über die Burjäten, ein buddhistisches Mongolenvolk am Baikalsee, Irkutsk gegründet.

Die Mandschu, die sich zu den Herren Chinas gemacht hatten und gleichfalls Feuerwaffen besaßen, boten dem russischen Vormarsch Einhalt. 1689 wurden durch den Vertrag von Nertschinsk die Grenzen festgelegt. Bei diesem Zusammenstoß waren die Mandschu logistisch im Vorteil gewesen, denn sie brauchten nicht wie die Russen fern ihrer Heimat zu operieren. Dieses Zusammentreffen von Russen und Chinesen war ein historisches Ereignis, da zum erstenmal die eurasischen Nomaden von zwei seßhaften Großmächten eingeschlossen wurden.

Die Mandschu hatten die Ostmongolen (1634/1635) unterworfen, ehe sie in das China innerhalb der Mauer eindrangen. Die Burjäten waren die einzigen Ostmongolen, die unter russische Herrschaft fielen. Im Jahrhundert davor hatten sich die Ostmongolen zur tibetanischen Form des Buddhismus bekehrt, und die Westmongolen waren ihnen gefolgt. Diese (Ölöten, Dsungaren und Kalmücken) beherrschten die Niederung zwischen dem Tienschan- und dem Altaigebirge und damit die Verbindung vom östlichen Teil der Steppe zu ihrer Mitte. Um die Wende des sechzehnten Jahrhunderts bahnte sich ein Stamm der Kalmücken seinen Weg westwärts durch die türkisch sprechenden moslemischen Kasaken im Mittelteil der Steppe und überquerte 1613 den Unterlauf der Wolga. Er ließ sich zwischen Wolga und Don nieder und saß nun in einem Niemandsland zwischen dem russischen und dem Osmanischen Reich – ein günstiger Boden für Buddhisten, die weder an das Ostchristentum noch an den sunnitischen Islam gebunden waren.

Schon vor dem Ende des sechzehnten Jahrhunderts sank der Stern Spaniens und Portugals. 1578 gingen Portugals Besitzungen in Marokko verloren; 1580 wurde es mit Spanien unter Philipp II. zwangsvereint; der Versuch Spaniens, England zu erobern, endete 1588 mit dem Untergang seiner Flotte (der »Armada«), eine Katastrophe ähnlichen Ausmaßes wie die Niederlage der Mongolen 1281 in Japan und 1292 in Java. Danach war es sogar den vereinten Seestreitkräften beider Mächte nicht möglich, ihre überseeischen Reiche gegen das Vordringen ihrer Nachbarn in Nordwesteuropa – Frankreich, die Niederlande und England – zu verteidigen.

Diese drei freibeuternden Völker bemächtigten sich zahlreicher Inseln der Karibik, die sie schon vorher angegriffen und geplündert hatten. Englische Siedler landeten 1606 in Virginia und 1620 in Neu-England. Die Franzosen ließen sich 1605 in Acadia (Neuschottland) nieder und gründeten 1608 Quebec. Die Holländer gründeten 1612 Neu-Amsterdam, das heutige New York. Spanien verlor wenig von seinen Besitzungen in Amerika, die Verluste Portugals waren erheblich größer – die Niederlande nahmen den Portugiesen 1641 Malakka und 1658 Ceylon ab und verdrängten sie gegen englische Konkurrenz aus Indonesien. Die zwischen 1621 und 1654 unternommenen Versuche, Brasilien zu erobern, scheiterten an der für dieses gewaltige Unternehmen zu geringen militärischen Stärke der Niederlande.

Verhängnisvoller für Portugal – und auf lange Sicht für alle europäischen Großmächte – war die Vertreibung der Portugiesen durch einheimische Kräfte in Asien und Afrika. Der Schah Abbas von Iran entriß 1622 mit englischer Hilfe den Portugiesen den Hafen Hormus, die Abessinier (Äthiopier) vertrieben 1632 ohne fremde Unterstützung die Portugiesen und mit ihnen die Jesuiten aller Nationalitäten und isolierten sich von der übrigen Ökumene. Fast zur selben Zeit taten dies auch die Japaner: Hideyoshi hatte schon 1587 die Ausweisung der christlichen Missionare angeordnet, und 1614 verbot die Regierung Tokugawa die Ausübung der christlichen Religion in Japan. 1638 wurden portugiesische Kaufleute abgeschoben, nachdem schon zwei Jahre vorher den Japanern verboten worden war, ins Ausland zu reisen.

Eine niederländische Handelsniederlassung, 1603 gegründet, mußte sich auf eine künstliche Insel im Hafen von Nagasaki beschränken.

Abessinier wie Japaner hatten die Anwesenheit der Portugiesen aus ähnlichen Gründen unerträglich gefunden. Diese waren fanatische Katholiken und auf die Propagierung ihrer Religion ebenso erpicht wie auf Handelsgewinne. In Abessinien hatten die Jesuiten den regierenden Kaiser dazu gebracht, die Suprematie des Papstes über die monophysitische Kirche in seinem Lande anzuerkennen. Sie versuchten, auch deren Gottesdienstordnung abzuschaffen, die einige jüdische Bräuche enthielt (das Judentum war vor dem Christentum nach Abessinien gekommen). Obwohl die Abessinier den Portugiesen verpflichtet waren, weil sie das Land im sechzehnten Jahrhundert vor der Eroberung durch die Moslems geschützt hatten, rief deren Bestreben, ihnen das katholische Christentum aufzuzwingen, Empörung hervor.

In Japan hatte es seit der Ankunft des ersten jesuitischen Missionars, Franz Xavier, in Kiushu 1549 zahlreiche freiwillige Übertritte zum katholischen Christentum gegeben, aber die spanische Eroberung der Philippinen 1571 und die neun Jahre darauf folgende Vereinigung Portugals mit Spanien ließen Hideyoshi und seine Nachfolger fürchten, daß die Spanier die Konvertiten als »fünfte Kolonne« zu einem Versuch der Eroberung Japans benutzen würden. Aus diesen vorbeugenden Maßnahmen gegen die Bedrohung aus Westeuropa wurde wie in Abessinien allmählich eine freiwillige Selbstisolierung von der übrigen Ökumene.

Die holländischen Kaufleute durften bleiben, weil sie die japanische Regierung überzeugt hatten, daß sie nur am Handel interessiert waren und nicht die Absicht hatten, auch nur einen Japaner zum Calvinismus zu bekehren. Auch die Engländer nahmen von solchen Bemühungen Abstand, und sogar die katholischen Franzosen waren vorsichtig, wenn sie auch bis zu einem gewißen Grade der provozierenden Praxis der Spanier und Portugiesen folgten, ihre Missionare als politische Agenten zu benutzen.

So bestand ein Unterschied der Formen, in denen die westliche Zivilisation von aufeinanderfolgenden Wellen westlicher Händler und Staatengründer in die überseeischen Länder getragen wurde. Die erste, spanisch-portugiesische Welle wollte die westliche Zivilisation als ein Ganzes exportieren, die Religion eingeschlossen, die überall ein Schlüssel zur Zivilisation ist. Diesem Versuch widerstanden erfolgreich alle nichteuropäischen Völker, die dazu die Kraft hatten. Demgemäß brachte die zweite Welle, die holländisch-französisch-englische, die *in partibus infidelium,* den Ländern der Ungläubigen, operierte, den fremden Völkern nur eine gereinigte Version der westeuropäischen Zivilisation; und holländische und englische Händler und Regierungsstellen runzelten die Stirn über die Tätigkeit der Missionare. Das Hauptelement dieser gereinigten westlichen Zivilisation, die im siebzehnten Jahrhundert die Ökumene zu durchdringen begann, war nicht die Religion, sondern die Technik und vor allem die Kriegstechnik.

In Japan hielt sich der katholische Glauben heimlich auf einigen Inseln vor Kiushu, bis 1873 die Todesstrafe für Kryptochristen aufgehoben wurde. Zu diesem Zeitpunkt war das Christentum in Japan bereits durchsetzt mit volkstümlichen heimischen Bräuchen und Glaubensvorstellungen, ähnlich wie in den spanischen Kolonien, wo die unterworfenen Völker massenhaft durch Zwang und daher nur oberflächlich bekehrt worden waren.

Alle westeuropäischen Nationen glichen sich darin, daß sie ihre Opfer in Übersee ausbeuteten oder sogar ausrotteten. Der Habsucht und Grausamkeit der spanischen Eroberer standen die ihrer Rivalen nicht nach. Aber die Spanier waren die einzigen, die nicht zögerten, den durch ihre Eroberungen hervorgerufenen moralischen Problemen offen ins Auge zu sehen. Schon 1514 fanden die Eingeborenen Westindiens einen Fürsprecher in dem Dominikanermönch Bartolomé de Las Casas, der die spanische Regierung zu einer Reform der Indianergesetzgebung bewegte, allerdings auch die Einführung von Negersklaven anregte. Die Spanier (wie die Portugiesen) ließen auch Mischehen zwischen Indianern und Weißen zu – in ihren Augen war die Bekehrung zu ihrem Glauben ein geistiges Band, das stärker war als die Unterschiede der Rassen.

Die Portugiesen begannen mit der Versklavung der Neger, sobald sie die afrikanische Küste südlich der Sahara erreicht hatten. Alle ihnen nachfolgenden westeuropäischen Nationen führten diese unmenschlichen Praktiken weiter. Sie importierten Negersklaven in ihre Kolonien, weil die Indianer (soweit sie nicht ausgerottet waren) der schweren Zwangsarbeit auf den westindischen Pflanzungen nicht gewachsen waren. Die Sterblichkeit unter den Farbigen auf den Transporten war hoch, die Profite der Sklavenhändler waren immens. Den überlebenden Negersklaven gelang es dank der Vitalität ihrer Rasse, eine Nachkommenschaft zu zeugen, die in der Neuen Welt einen beträchtlichen Bevölkerungsanteil stellt.

Die Wanderung und Mischung verschiedener Menschenrassen war nicht die einzige Wirkung des Zusammenwachsens der Ökumene. Es gab den wohltätigen Austausch von jeweils unabhängig voneinander domestizierten Tieren und kultivierten Pflanzen von einer Hemisphäre zur anderen. Es gab jedoch auch die verderbenbringende Ausbreitung von Bakterien und Viren. Den Entdeckern Amerikas folgten die Pockenviren auf dem Fuße – vielleicht waren sie die unsichtbare Vorhut von Pizarros kleiner Schar und haben das Ende der Bewohner Mittelamerikas beschleunigt. Umgekehrt mag die Syphilis – in Westeuropa zum erstenmal 1495 gemeldet, drei Jahre nach Kolumbus' erster Landung – die Rache der Neuen Welt für das Unrecht, das die Alte Welt ihr zufügte, gewesen sein. Und der beängstigende Anstieg der Preise in Westeuropa im sechzehnten Jahrhundert war sicher die historische Vergeltung für den Raub der Gold- und Silberschätze der Azteken und Inka und die skrupellose Ausbeutung der amerikanischen Minen. So eroberte sich als Folge des Zusammenwachsens der Ökumene jede der drei schrecklichen Heimsuchungen – Pocken, Syphilis und Preisinflation – ein Reich, das an Ausdehnung sogar das Reich Karls V. übertraf.

76

DIE WESTLICHE ZIVILISATION VON 1563 BIS 1763

In den zweihundert Jahren von 1563 bis 1763 erlebte die westliche Kultur eine größere geistige und religiöse Revolution als in irgendeinem anderen Jahrhundert seit ihrer Auferstehung aus den Trümmern des Römischen Reiches. Die europäischen Denker übernahmen nicht mehr ohne weiteres die überlieferten Lehren ihrer Vorgänger, sie wollten selbständig denken und die Erscheinungen selber prüfen. Zugleich verzichteten sie darauf, andersdenkenden Minderheiten Glauben und Bräuche der Mehrheit aufzuzwingen. Sie sollten unbehindert koexistieren dürfen. Keine dieser Veränderungen kam spontan, es gab Verzögerungen und Rückschläge. 1686 vertrat Fontenelle in seinem *Entretiens sur la pluralité des mondes* Lehren, die noch 1600 Giordano Bruno das Leben gekostet hatten; doch Fontenelle wurde fast hundert Jahre alt und starb 1757 friedlich in seinem Bett. 1687 veröffentlichte Isaac Newton (1642-1727) seine *Principia,* ohne von einer kirchlichen Autorität zum Widerruf gezwungen zu werden wie Galilei 1633. Andererseits wurde das 1598 erlassene Edikt von Nantes, das den Protestanten in Frankreich (Hugenotten) Glaubensfreiheit gewährt hatte, 1685 von Ludwig XIV. aufgehoben.

Der Obrigkeitsglaube des Westens, von dem er sich nun befreite, war uralt. Alle nichtchristlichen Religionen waren gegen Ende des fünften Jahrhunderts von der kaiserlichen römischen Regierung gewaltsam unterdrückt worden, und in einigen Nachfolgestaaten – zum Beispiel in Spanien von 1391 bis 1492 und in Portugal 1497 – wurden alle Juden, die nicht im Ausland Asyl fanden, zwangsweise zum Christentum bekehrt. Die Lehrsätze des griechischen Philosophen Aristoteles waren seit dem dreizehnten Jahrhundert Dogmen für alle Theologen und Philosophen der westlichen Christenheit gewesen; und der Stil des ciceronischen und augustinischen Lateins war von modernen Autoren seit dem fünfzehnten Jahrhundert getreu übernommen worden.

Die Machtstellung des Christentums mit der westlichen Interpretation des *filioque* im Glaubensbekenntnis war durch die protestantische Revolte gegen die päpstliche Kirche nicht in Frage gestellt worden. Sie setzte vielmehr die Autorität der Bibel gegen die Herrschaft des Papstes und seiner Kurie. Die protestantischen Fürsten waren nicht duldsamer als die römisch-katholischen, als sie ihren Untertanen ihre Konfession auferlegten. Die Glaubensspaltung hatte beide Parteien noch fanatischer und grausamer gemacht, als es im Mittelalter die alleinherrschende katholische Kirche gewesen war.

Die Nachahmnung des klassischen lateinischen Stils war abgeschmackter als die frühere Unterwürfigkeit der westlich-christlichen Denker unter Aristoteles. Andererseits hatte der Nachdruck der klassisch-griechischen mathematischen und naturwissenschaftlichen Werke das selbständige Denken gefördert, denn die »antiken« Deutungen physikalischer Phänomene konnten in vielen Fällen durch neue Erfindungen und Entdeckungen widerlegt werden. Dadurch wurde der Weg für neue Erkenntnisse frei.

Die Befreiung des abendländischen Denkens aus den Fesseln seiner griechisch-römischen Ahnen wird deutlich in Fontenelles *Une digression sur les anciens et les modernes* (1688) und in William Wottons *Reflection upon Ancient and Modern Learning* (1694). Aber der Angriff war schon von Jean Bodin (1530-1596) eröffnet und von Francis Bacon (1561-1626) und René Descartes (1596-1650) fortgesetzt worden, ehe die entscheidenden Siege errungen wurden. Sie gingen in ihrer Modernität jedoch nicht so weit, zu behaupten, daß die Panegyriker Ludwigs XIV. bessere Dichter seien als Homer, und sie unterstützten nicht den Anspruch der Kirche, eine christliche Kultur sei auf jeden Fall höher entwickelt als eine vorchristliche. Die Gebiete, auf denen diese Vorkämpfer der Moderne sich am stärksten hervortaten, waren die Philosophie, die Physik und die Technik.

Der Ruf des Christentums hatte durch die Religionskriege gelitten, die 1531 mit der Gründung des Schmalkaldischen Bundes begannen und bis zum Westfälischen Frieden 1648 andauerten. Diese Kriege waren fanatisch und zugleich heuchlerisch. Die Motive und Ziele der sich befehdenden Fürsten waren politisch, aber sie verhüllten sie mit religiöser Überzeugung. Die Kirche schürte in ihrem Fanatismus den Haß der Parteien. In England wurde 1550 die »Royal Society« von einigen Naturwissenschaftlern gegründet, die das Christentum nicht bekämpfen, sondern moralisch rehabilitieren wollten. Die Gedanken und Gefühle ihrer Zeitgenossen sollten von den unerfreulichen und zu nichts führenden theologischen Streitigkeiten auf naturwissenschaftliche Fragen gelenkt werden, die leidenschaftslos diskutiert und schlüssig durch Beobachtungen und Experimente beantwortet werden konnten.

Es gab jedoch auch Kritiker der Religionskriege, die den Einfluß des Christentums zu lockern versuchten. Fontenelle flocht in seine *Éloges* auf verstorbene Gelehrte Maximen ein, die kaum mit der christlichen Lehre vereinbar waren. Und in seiner *Histoire des oracles* (1688) verschärfte er diese Position noch. Pierre Bayle (1647-1706), ein französischer Flüchtling in den Niederlanden, ließ in Rotterdam ein *Dictionnaire historique et critique* drucken, das zum Vorbild für Diderots und d'Alemberts *Encyclopédie* wurde, die von 1751 bis 1765 erschien. Bayles Text tut niemandem weh, seine Anmerkungen jedoch, unauffällig in kleiner Type gedruckt, doch manchmal den größeren Teil der Seite einnehmend, sind in vielen Fällen aufsässig – zumindest wenn man diese verschlüsselten Bemerkungen ironisch auslegt.

Edward Gibbon übernahm achtzig Jahre später Bayles Kunstgriff, aber das rettete ihn nicht vor scharfer Kritik der Kapitel in seiner *History of the Decline and Fall of the Roman Empire* (1776 bis 1788), in denen er dem Christentum die Schuld für den Untergang des Römischen Reiches gab.

Unter den westlichen Ländern war England das erste, das religiöse Toleranz übte, aber auch hier kam die großzügigere Einstellung gegenüber antichristlichen Auffassungen und Bewegungen nur langsam voran. Voltaire (1694-1778) und die Enzyklopädisten durften sich ungestraft mehr Freiheiten erlauben. Doch selbst im aufgeklärten achtzehnten Jahrhundert fand es Voltaire klüger, jenseits der französisch-schweizerischen Grenze zu leben.

In Frankreich hatte im siebzehnten Jahrhundert Blaise Pascal (1623 bis 1662) naturwissenschaftliches Denken mit einem inbrünstigen Glauben an das jansenistische Christentum verbunden. Der Bischof Bossuet (1627 bis 1704) hatte in seinem *Discours sur l'histoire universelle* die Geschichte der Menschheit noch immer wie schon Eusebius von Caesarea (264-340) als das Wirken eines einzigen und allmächtigen Gottes, des Gottes der Juden und Christen, dargestellt. Voltaire antwortete darauf mit einer Kultur- und Sozialgeschichte, in der er nicht den Juden oder Christen, sondern den Chinesen den ersten Platz zuerkannte, deren Kultur in Europa durch jesuitische Missionare bekannt geworden war.

In der Geschichte der religiösen Toleranz im Westen sind zwei Werke von John Locke (1632-1704), *A Letter of Toleration* und *Treatises on Civil Government* literarische Meilensteine. Ein großer Fortschritt waren auch die Erlasse des habsburgischen Kaisers Leopold I. zugunsten der Religionsfreiheit und Verwaltungsautonomie völkischer Minderheiten in Südosteuropa. Diese religiöse Toleranz war eine politische Notwendigkeit, um den Einfluß Rußlands auf die Balkanvölker zurückzudrängen, über die das Osmanische Reich die Herrschaft zu verlieren begann, nachdem auch der zweite Angriff der Türken auf Wien (1682/1683) zurückgeschlagen worden war.

Doch religiöse Toleranz wie geistige Unabhängigkeit eroberten den Westen nur langsam. In Frankreich wurde das Edikt von Nantes 1685 widerrufen. In China hatten jesuitische Missionare Fuß gefaßt, indem sie sich mit der konfuzianischen Kultur befaßten, den Chinesen nützliche Kenntnisse in der Astronomie und Kriegstechnik vermittelten und indem sie den zum Christentum Bekehrten gestatteten, weiterhin den traditionellen Ahnenkult zu treiben, mit der Begründung, dies sei ein ziviler, kein religiöser Ritus. Matteo Ricci (1552-1610) verstand es, die christliche Heilslehre mit der chinesischen Denkweise zu verbinden, und wurde von den Konfuzianern in ihren Orden aufgenommen. Er übersetzte das Wort *Deus* in das chinesische *T'ien* (»Himmel«). Die katholische Kirche machte die Arbeit der Jesuiten zunichte. Sie verbot den chinesischen Konvertiten, in ihrem Ahnenkult fortzufahren, und bestand darauf, daß *Deus* mit *T'ien-ti* übersetzt wurde, um zum Ausdruck zu bringen, daß der Gott der Christen kein übernatürliches, sondern ein menschengleiches Wesen sei. Auf diese Weise provozierte sie einen Streit mit der chinesischen Regierung, der nach dreißig Jahren (von

1693 bis 1723) mit dem Verbot und der Unterdrückung des Christentums in China endete. Die römische Kurie hatte also aus dem Geschehen von 1587 bis 1638 in Japan nichts gelernt. In Europa wurden (1731/1732), zweiundvierzig Jahre nach den Toleranzerklärungen Kaiser Leopolds, protestantische Christen aus dem benachbarten Erzbistum Salzburg ausgewiesen.

Obwohl man in Europa im siebzehnten Jahrhundert nicht mehr ernsthaft glaubte, das Erscheinen eines Kometen sei die Ankündigung einer bevorstehenden Züchtigung der Menschheit durch Gott, erregte der Komet von 1680 beträchtliche Bestürzung. Bayle versicherte in seinen *Pensées diverses sur la comète,* daß dieser Komet wie alle anderen eine normale Naturerscheinung sei. Als zwei Jahre später wieder ein Komet erschien, identifizierte ihn der Astronom Edmund Halley mit den Kometen von 1456, 1531 und 1607 (»Halleyscher Komet«) und berechnete seinen Umlauf, seine Geschwindigkeit und seine Periodizität. Das gleiche tat er für den Kometen von 1680. Ein anderer europäischer Aberglauben, der Hexenwahn, war zählebiger. Mehr als zweihundert Jahre vergingen von der ersten öffentlichen Kritik an den Hexenprozessen (1563) bis zur letzten Hexenhinrichtung in Europa (1782). Inzwischen wurden Tausende von unschuldigen Menschen umgebracht.

Die Eindämmung von Autorität, Unduldsamkeit und Aberglauben war ein geistiger und moralischer Sieg, der jedoch Lücken in das kulturelle und soziale Gefüge des Abendlandes riß. Diese Lücken wurden mit unterschiedlichem Erfolg von anderen zivilisatorischen Elementen gefüllt.

Die religiösen Meinungsverschiedenheiten, die zu Grausamkeiten führten wie die der Niedermetzelung der Hugenotten in Paris 1572 (»Bartholomäusnacht«) oder der blutigen Unterdrückung der Iren durch Cromwell 1649 in Drogheda, wurden nach und nach von dem stärker werdenden Interesse an der Mathematik und den Naturwissenschaften ersetzt. Angetrieben wurde dieser Prozeß von der Hoffnung auf wachsenden Wohlstand durch die Anwendung der exakten Naturwissenschaften auf die Technologie. Diese Erwartung, schon von Leonardo ausgesprochen, wurde von Francis Bacon gefördert und inspirierte seine Schüler, die Gründer der Royal Society. William Harvey (1578-1657), der in Padua studiert hatte, veröffentlichte 1628 seine Lehre vom Blutkreislauf in der Schrift *De motu cordis et sanguinis;* Robert Boyle (1627-1691) befreite die wissenschaftliche Chemie aus den Fesseln der Alchimie; Isaac Newton revolutionierte die europäische Physik und Astronomie. Carl von Linné (1707-1778) führte die systematische Klassifizierung der Tier- und Pflanzenwelt ein; er sah die Natur als statisch an und glaubte noch an die Unveränderlichkeit der Arten. Sein Zeitgenosse G. L. Leclerc Graf von Buffon (1707-1788) erkannte, daß die Natur in einem langen Prozeß zu dem geworden war, was sie gegenwärtig ist, und daß dieser Prozeß sich auch in Zukunft fortsetzen würde.

In der Philosophie war die Lücke, die durch die Ablehnung der Autorität des Aristoteles entstanden war, von dem Platonkult der Humanisten nicht befriedigend gefüllt worden. Die Denker des siebzehnten Jahrhunderts versuchten es mit einem klaren Bruch und einem neuen Anfang. Descartes unternahm eine Neuordnung der Erkenntnistheorie. Sein *Discours de la méthode* (1637) blieb ein wissenschaftlicher Wendepunkt auch für die unter seinen Nachfolgern, die seinen Anspruch auf Endgültigkeit bestritten. John Locke führte die empirische Methode in die Erkenntnistheorie ein; Baruch Spinoza (1632-1677) und G. W. Leibniz (1646-1716) schufen neue Grundlagen für die Metaphysik. In der Soziologie untermauerte Thomas Hobbes (1588-1679) seine Hypothese eines Gesellschaftsvertrages durch einen frühen Streifzug in die Psychologie. John Locke, der auf dem gleichen Gebiet arbeitete, drang nicht so tief ein. Giovanni Battista Vico (1688 bis 1744) erschloß in seinen *Principi d'una scienza nuova* der Kulturgeschichte neue Bereiche. Seine Thesen waren so neu, daß ihre Bedeutung von seinen Zeitgenossen nicht erkannt wurde. Er war von der antiken Theorie der zyklischen Wiederkehr inspiriert, aber im Gegensatz zu seinen hellenischen Mentoren konnte er zwei Kulturen, die klassische und die abendländisch-christliche, überblicken, und mit diesen umfassenden Kenntnissen ausgerüstet, war er der erste, der vergleichende Kulturgeschichte betrieb.

Die katholische Christenheit im Mittelalter war durch die Vorherrschaft des Papstes über eine westliche *Res publica Christiana* und durch den Gebrauch der lateinischen Sprache als *lingua franca* der Diplomatie, der Gelehrsamkeit und auch der Dichtung – neben den zahlreichen Landessprachen – zusammengehalten worden. Die kirchliche *Res publica Christiana* wurde nun bis zu einem gewissen Grade durch eine »Gelehrtenrepublik« ersetzt. Ihr Vater war Erasmus, und Bayle gab ihr 1684 eine Zeitschrift, *Nouvelles de la république des lettres*. Der Gedankenaustausch zwischen Literaten und Wissenschaftlern wurde durch die Verbesserung der öffentlichen Postdienste erleichtert – sie standen jetzt auch privaten Korrespondenten zur Verfügung. Daraus entwickelten sich Zirkulare und Nachrichtenblätter und schließlich Zeitungen. Die ersten regelmäßig erscheinenden Zeitungen in Europa gab es seit 1609, die erste Tageszeitung seit 1702.

Im siebzehnten Jahrhundert verloren die meisten Universitäten des Westens – mit Ausnahme der schottischen und der Universität von Padua – die Vitalität und Kreativität, die sie im Mittelalter besessen hatten. Dieser Verlust wurde zum Teil durch Akademien wettgemacht, die Landesfürsten oder -regierungen gründeten oder unterstützten, und im Paris des achtzehnten Jahrhunderts durch die Privatsalons gebildeter Damen.

An die Stelle der untergehenden päpstlichen *Res publica Christiana* trat auch das gesellschaftliche Netzwerk der königlichen Familien und der Aristokratie. Dieser Hochadel war durch Heiraten verknüpft, die über die Landesgrenzen hinausgingen, und durch Sprachkenntnisse, welche die Nationalitätsbarrieren überschritten. Die Solidarität dieser Familien war stärker als die Spaltung der westlichen Christenheit. Glaubenswechsel aus Gründen der Staatsräson wurden akzeptiert. Ein calvinistischer Kleinkönig von Navarra bekehrte sich zur katholischen Konfession, um Heinrich IV. von Frankreich zu werden. Wilhelm von Oranien, der calvinistische Erbstatthalter der Niederlande, und der Lutheraner Georg von Hannover traten zur episkopalischen Kirche von England über, um Könige von England, Schottland und Irland bzw. von Großbritannien zu werden. Da in Schottland der Calvinismus Staatsreligion war, brauchte Wilhelm III. nur eine besondere Form des Protestantismus anzunehmen. Die vier Georges und Wilhelm IV. hingegen mußten in Schottland calvinistische Presbyterier, in England Episkopalen sein, während sie in Hannover Lutheraner blieben.

Die Landessprachen des Westens hatten sich schon im zwölften Jahrhundert in der Dichtkunst neben der neulateinischen Geltung verschafft. Als sie ganz die Oberhand gewannen, konnte sich eine Fülle von Talenten entfalten wie Rabelais (um 1494 bis 1553), der Meister der französischen Prosa, und William Shakespeare (1564-1616), der Meister der englischen dramatischen Dichtung. Das Zeitalter der Religionskriege war zugleich eine Blütezeit der europäischen Literatur.

In der Lyrik war im sechzehnten Jahrhundert der Einfluß der italienischen Renaissancedichter vorherrschend. In Frankreich schrieben Joachim du Bellay (1522-1560), Pierre de Ronsard (1524-1585) und die anderen fünf Mitglieder der »Plejade« Sonette im Stile Petrarcas. Ihnen entsprechen in England Thomas Wyatt (1503-1542) und Henry Howard (um 1517 bis 1547), denen eine glänzende Schar von Dichtern in der elisabethanischen Zeit und danach bis zur Restauration der Monarchie 1660 folgte. Sie alle wurden freilich von Shakespeare und John Milton (1608-1674) überstrahlt. Mit dem Beginn der Aufklärung übernahm die Prosa die Führung; auch die Werke der drei großen Dramatiker Frankreichs im siebzehnten Jahrhundert, Corneille (1606-1684), Molière (1622-1673) und Racine (1639-1699), sind zum Teil in Prosa geschrieben; die zeitgenössischen französischen Prosaschriftsteller – zum Beispiel Pascal – hatten ihnen ein neues Medium in die Hand gegeben.

Der französische Prosastil, der sich damals herausbildete, war einfach, klar und präzise. Er eignete sich besser als irgendein »klassischer« Stil für die indogermanischen Sprachen, die zu diesem Zeitpunkt, wie das Beispiel des Englischen und der romanischen Sprachen zeigt, von der flektierenden Form zu einer analytischen gewechselt hatten, in der abtrennbare Partikel, Präpositionen und Hilfsverben die weniger leicht zu handhabende Methode, Vor- und Nachsilben mit den Stämmen der Verben und Substantive zu verschmelzen, abgelöst hatten. Der neue französische Prosastil verwarf auch die Sitte, die Hauptstütze unter einer Fülle von Nebensätzen zu ersticken (wie im Lateinischen und Türkischen). Die neue Satzstruktur war beiordnend (parataktisch). Der Autor überließ es dem Leser, die logische Beziehung zwischen kurzen Hauptsätzen zu erkennen.

Diese französische Stilrevolution eroberte die englische Literatur im Sturm. Hier war der Wechsel, da er keine heimischen Wurzeln hatte, besonders abrupt, und die bahnbrechenden Autoren waren sehr selbstbewußt. Dryden zum Beispiel war überzeugt, daß sein Stil in Prosa und in Versen eine beachtliche Verbesserung gegenüber Milton darstellte.

Der »Export« des französischen literarischen Stils und die Emigration französischer Protestanten gaben Frankreich eine kulturelle Vormachtstellung auf allen Gebieten der Kultur, die Musik ausgenommen. Hier übernahm Deutschland die Führung vor Italien, und Johann Sebastian Bach (1685-1750) und Georg Friedrich Händel (1685-1759) wurden die größten Deutschen ihrer Generation. In Preußen gelang es Friedrich II. (1740 bis 1786) »dem Großen« nicht nur, sein kleines und armes Königreich in den Rang einer Großmacht zu erheben, er brachte es zugleich fertig, Geld für die Oper in Berlin aufzubringen. Sein größter Ehrgeiz lag auf nichtmilitärischem Gebiet: Er wollte französische Verse schreiben, die in Pariser literarischen Kreisen bestehen konnten. Auch Gibbon schrieb französisch, ehe er sich entschloß, wie Dante seine Muttersprache zum Medium seines Meisterwerkes zu machen.

In den europäischen Kriegen von 1667 bis 1713 hätte Frankreich beinahe seine kulturelle Überlegenheit mit der politischen Vormachtstellung krönen können; doch es wurde mit Mühe von einer Koalition schwächerer Staaten geschlagen, in der die Niederlande die Hauptlast trugen. In der ersten Auseinandersetzung zwischen Frankreich und Burgund-Habsburg (von 1494 bis 1559) war Frankreich die schwächere Partei gewesen, und 1525 wäre es fast bezwungen worden, als Karl V. bei Pavia siegte und Franz I. gefangennahm. Die Kraftprobe zwischen den beiden katholischen Großmächten wurde dann durch Bürgerkriege unterbrochen, die sogenannten Religionskriege, die in den folgenden beiden Jahrhunderten in Deutschland, Frankreich, den Niederlanden und England wüteten. Sie alle boten Anlässe für fremde Interventionen – am wenigsten in England, am meisten in Deutschland. Schon von 1534 bis 1555 hatte Frankreich die protestantischen Fürsten in Deutschland gegen Karl V. unterstützt; im Dreißigjährigen Krieg verbündete es sich mit dem protestantischen Schweden, um Habsburg an der Unterwerfung der protestantischen deutschen Staaten zu hindern. Diese französische Politk betrieben zwei Staatsmänner, die Kardinäle der römischen Kirche waren: Richelieu, der 1624 zur Macht kam, und Mazarin, sein unmittelbarer Nachfolger.

Im Dreißigjährigen Krieg war Frankreich der Hauptgewinner, die habsburgische Donaumonarchie »zweiter Sieger«. Sie eroberte die böhmischen Erblande zurück und konnte sich behaupten. Schweden erschöpfte sich in einem Abenteuer, das über seine Kräfte ging. Spanien brach zusammen; es hatte versäumt, aus der Schwächung Frankreichs durch die Hugenottenkriege von 1562 bis 1598 Nutzen zu ziehen. Die Vereinigung mit Portugal 1580 schien es auf den Gipfel der Macht zu heben, doch seine Kräfte wurden durch den Krieg in den Niederlanden verzehrt, der nicht mehr nur ein Bürgerkrieg zwischen den Protestanten im Norden und den Katholiken im Süden war, sondern ein Volksaufstand gegen die spanische Herrschaft. Portugals Vereinigung mit Spanien setzte sein Überseereich vernichtenden niederländischen Angriffen aus. Der erneute Versuch im Jahre 1621, die nördlichen Niederlande zurückzuerobern, belastete die spanische Staatskasse in hohem Maße. Der Sieg der holländischen Flotte über Spanien (1639) bestätigte, daß Spanien als Herrin der Meere ausgespielt hatte. Auf dem Lande wurde es durch Aufstände in Portugal und Katalonien 1640 politisch gelähmt.

Trotz Spaniens Niedergang als Seemacht blieb das große überseeische Reich so gut wie intakt. Das Silber aus Mexiko und den Anden floß nach wie vor in das Mutterland. Doch der Abstieg war nicht aufzuhalten. Spaniens, Schwedens und Deutschlands Ohnmacht öffnete Frankreich die Gelegenheit, sein Territorium zu erweitern. Schon 1552 hatte es die lothringischen Bistümer Metz, Toul und Verdun an sich gebracht, im Dreißigjährigen Krieg eroberte es das Elsaß hinzu.

Frankreich überstand die Kriege von 1667 bis 1713, wie Habsburg den Dreißigjährigen Krieg überstanden hatte. Es erlitt auch infolge seiner hohen Bevölkerungszahl durch die Abwanderung des größeren Teils der protestantischen Minderheit seit 1685 keinen solchen Schaden, wie ihn die Vertreibung der Juden und Moslems Spanien zugefügt hatte. Andererseits stärkte die Zuwanderung dieser geschickten und fleißigen Hugenotten die Stärke von Frankreichs derzeitigen und zukünftigen Gegnern: die nördlichen Niederlande, England, Brandenburg und Württemberg sowie die holländischen Niederlassungen in Südafrika und die englischen in Südkarolina.

Darüber hinaus verlor Frankreich in den späteren Etappen der Kriege von 1667 bis 1713 (nachdem sich England mit den Niederlanden verbündet hatte) und in den englisch-französischen Kriegen von 1740 bis 1748 und von 1756 bis 1764 den Kampf mit England um die Vormachtstellung in Nordamerika und Indien. Doch unter den Staaten, die noch 1621 zu den europäischen Großmächten gehört hatten, waren Frankreich und Österreich die einzigen, die diesen Status hundert Jahre später noch besaßen. Um 1721 hatte Großbritannien den Platz der Niederlande als Seemacht eingenommen, an die Stelle Schwedens waren Rußland und Preußen getreten, Habsburg hatte das Erbe Spaniens in der Lombardei und in den südlichen Niederlanden angetreten und sich nach der Abwehr der Belagerung Wiens durch die Türken ostwärts auf Kosten des Osmanischen Reiches ausgedehnt.

Die Verwandlung der sogenannten Religionskriege in militärische Auseinandersetzungen, die offen um der politischen Macht und des wirtschaftlichen Vorteils willen ausgefochten wurden, brachte eine Milderung der grausamen Kriegführung mit sich. Die Kriege der europäischen Staaten wurden nicht mehr als Kämpfe bis zum Äußersten zwischen feindlichen Völkern und Konfessionen geführt, sondern als »maßvolle Kontroversen« (wie es Gibbon bezeichnete) zwischen Regierungen, die sich uniformierter und disziplinierter Berufssoldaten bedienten. Leben und Eigentum der Zivilbevölkerung sollten jetzt geschont werden. Die Armeen durften nicht mehr »aus dem Lande« leben, sondern mußten sich selber versorgen, und die Bürger und Bauern eines Landes, das unter eine neue Herrschaft geriet, blieben vor Plünderung, Vertreibung und Massakern bewahrt.

Nicht immer freilich hielt man sich an diese neuen humanen Maßstäbe. Der Krieg an sich ist eine Abscheulichkeit, ihn abzuschaffen wäre das einzige Heilmittel, denn selbst aufrichtige Versuche, ihn zu humanisieren, können nur zu Teilerfolgen führen. Die Franzosen verwüsteten 1674 und 1688 die Rheinpfalz; und wenn eine Stadt eingenommen wurde, nachdem ihre Garnison sich geweigert hatte zu kapitulieren, fühlten sich die siegreichen Truppen zur Plünderung berechtigt. Dennoch ging die Grausamkeit der Kriege in Europa zwischen 1688 und 1792 im großen und ganzen auf einen verhältnismäßig niedrigen Grad an Barbarei zurück.

77

DIE ÖSTLICHE CHRISTENHEIT VON 1556 BIS 1768

Seit der Bekehrung Rußlands im Jahre 989 bestand der Bereich des östlichen Christentums aus zwei Teilen: seinen alten Domänen in Südosteuropa, Kleinasien und dem Kaukasus und einer neuen russischen Domäne, die von der alten durch den westlichen Arm der eurasischen Steppe nördlich des Schwarzen Meeres getrennt war. Trotz dieser geographischen Barriere war Rußland nicht nur mit den Stammländern des östlichen Christentums durch die gemeinsame Religion verbunden, sondern auch empfänglich für die byzantinische Kultur in ihrer griechischen wie in ihrer bulgarischen Ausformung. Es blieb jedoch unabhängig und erweiterte sich gewaltig. Zwischen 1552 und 1637/1638 dehnte es sich bis zur Nordostküste des Stillen Ozeans aus. Diese Expansion konnte weder von den Osmanen aufgehalten noch von den Kalmücken zurückgedrängt werden.

Im Gegensatz dazu stand jetzt der ganze Süden der östlichen Christenheit unter osmanischer oder römisch-katholischer Herrschaft. Das Osmanische Reich gewann Boden auf Kosten der westeuropäischen Besitzungen in der Levante – so entrissen die Türken 1566 den Genuesern die Insel Chios und von 1645 bis 1669 den Venezianern Kreta. Einigen wenigen griechischen Gemeinschaften erlaubten die Osmanen einen gewissen Grad der Selbstverwaltung; im ganzen jedoch gab es auf osmanischem Gebiet nur noch sechs vollautonome ostchristliche Staaten: vier georgische Kleinstaaten im Kaukasus und die zwei rumänischen Fürstentümer Walachei und Moldau.

Die Lage der Griechen war jedoch nicht so schlecht und die der Russen nicht so günstig, wie es scheinen mag. Trotz seiner Ausweitung nach Osten war Rußland immer noch Angriffen und Plünderungszügen der Nomaden ausgesetzt, die über die westliche Steppe kamen. Das Chanat auf der Krim, ein Nachfolgestaat der Goldenen Horde, existierte noch, weil es sich 1475 der osmanischen Herrschaft untergeordnet hatte. Im Jahre 1671 plünderten Krimtataren Moskau. Überdies war das moskowitische russische Reich landumschlossen. Außer Murmansk am nördlichen Eismeer, vom Innern des Landes noch nicht zu erreichen, besaß es als einzige eisfreie Küste nur das Nordufer des Kaspischen Meeres, und dieses »Meer« ist nur ein See, wenn auch ein sehr großer. Die osmanische Festung Asow an der Donmündung sperrte dem moskowitischen Rußland den Zugang zum Asowschen und damit zum Schwarzen Meer, zum Mittelmeer und zum Atlantik.

Auch der Zugang zum Atlantik über die Ost- und die Nordsee war Rußland versperrt. Die Republik Nowgorod, von Moskau 1478 annektiert, besaß ein kurzes Stück der Ostseeküste am Ausgang des Finnischen Meerbusens. Aber von 1558 bis 1583 büßte Iwan der Schreckliche es ein, als er es zu erweitern versuchte. In der »Zeit der Wirren« in Moskau von 1604 bis 1613 besetzten die Schweden 1611 Nowgorod, die Polen Moskau von 1610 bis 1612. Auch nach dem Friedensschluß von 1618 blieb Rußland von der Ostsee abgeschnitten, während die Ostgrenze von Polen-Litauen wieder so nahe an Moskau herangetrieben wurde, wie es im fünfzehnten Jahrhundert der Fall gewesen war.

Von 980 bis 1589 unterstand der ganze russische Teil der östlichen Christenheit der kirchlichen Gerichtshoheit des Patriarchats von Konstantinopel. So lag, obwohl der Patriarch seit 1453 osmanischer Untertan und Staatsbeamter auf osmanischem Boden war, der größere Teil seiner kirchlichen Domäne außerhalb der osmanischen Grenzen. 1589 jedoch wurde das Metropolitat von Moskau in den Status eines selbständigen Patriarchats erhoben. Die polnisch-litauische Krone antwortete darauf damit, daß sie die meisten orthodoxen Christen in ihren Ländern zwang, die römisch-katholische Konfession in der unierten Form (»Ecclesia orientalis«) anzunehmen. Dieser Zwangsbekehrung widersetzten sich mit Erfolg nur die Ukrainer, die von den Dnjeprkosaken beherrscht wurden. Der Patriarch von Konstantinopel verlor aber auch noch diese letzten Angehörigen seiner Kirche im Norden, als sich von 1648 bis 1654 die Dnjeprkosaken nicht mehr Polen-Litauen, sondern Moskau unterstellten.

Die Ostkirche verhielt sich dem Westen gegenüber weiterhin so feindlich wie im fünfzehnten Jahrhundert. Sie wollte keine Verbrüderung mit den Protestanten, obwohl diese der Ostkirche in der Ablehnung der päpstlichen Suprematie gefolgt waren. Hätte der Patriarch von Konstantinopel die polnischen Protestanten in ihrem Widerstand gegen die Gegenreformation in Polen-Litauen unterstützt, wäre die dortige Zwangseinführung des Unitarismus unterblieben. Kyrillos Lukaris, von 1620 bis 1635 und 1637/1638 Patriarch von Konstantinopel, neigte dem Calvinismus zu, doch schlossen sich ihm nur wenige orthodoxe Kleriker an, und er wurde als Ketzer hingerichtet. Im achtzehnten Jahrhundert wurde der griechische Pädagoge Eugenius Vulgaris (1716-1806) von der Ostkirche verfolgt, weil er in Deutschland erzogen worden war und die westliche Philosophie in Griechenland lehrte.

Das Patriarchat von Konstantinopel war ein Sammelplatz für die Griechen – Laien wie Geistliche – unter osmanischer Herrschaft, nachdem das Oströmische Reich 1453 erloschen war. Aber im Laufe der nächsten zwei Jahrhunderte orientierte sich die Laienschaft im Gegensatz zum Klerus zunehmend am Westen. Den im sechzehnten Jahrhundert begonnenen einträglichen Mittelmeerhandel mit dem Westen ergänzte der Landhandel, als sich das habsburgische Reich nach der zweiten erfolglosen Belagerung Wiens durch die Türken nach Südosten ausdehnte.

Die Griechen, die mit dem Westen Handelsbeziehungen pflegten, gerieten auch in den Bannkreis der westlichen Kultur. Osmanische und venezianische Griechen studierten in Padua. Die Kreter unter venezianischer Herrschaft brachten eine Literatur im modernen Umgangsgriechisch und im westlichen Stil hervor. Nach dem Fall Kretas und seiner Besetzung durch die Türken 1669 brachten die kretischen Flüchtlinge ihr literarisches Erbe nach den Ionischen Inseln, die im venezianischen Besitz blieben.

Diese Verbindung mit dem Westen kam den Griechen politisch zugute, als im siebzehnten Jahrhundert sich das Kriegsglück des Osmanischen Reiches zu wenden begann und es notwendig wurde, sich den westeuropäischen Staaten diplomatisch zu nähern. Dafür hatten die im Westem erzogenen osmanischen Griechen die besten Voraussetzungen, und man besetzte mit ihnen ein 1699 neugeschaffenes Außenamt der türkischen »Hohen Pforte«. Ab 1711 wurde die Regierung der zwei rumänischen Fürstentümer Walachei und Moldau osmanischen Griechen (den sogenannten Fanarioten) übertragen, nachdem sich der einheimische Fürst von Moldau beim Einfall Peters des Großen als Verräter erwiesen hatte. Die osmanische Regierung glaubte den Griechen vertrauen zu können, da sie im Osmanischen Reich ansässig waren. Die rumänischen Fürstentümer waren reich, und die Verpachtung der Regierungsämter erwies sich als lukrativ sowohl für die griechischen Pächter als auch für die türkischen Beamten, die sich durch Bestechungsgelder entschädigen ließen.

Die Griechen veranlaßten die osmanische Regierung, 1766 das serbische Patriarchat in Pécs und 1767 das bulgarische Metropolitat in Ochrida aufzuheben und diese beiden nichtgriechischen orthodoxen Kirchen Exarchen zu unterstellen. Zu dieser Zeit war der Einfluß der westlich erzogenen Griechen in der osmanischen Regierung beträchtlich. Einige dieser Griechen träumten sogar davon, gleichberechtigte Partner zu werden oder das Erbe der Türken anzutreten.

Das wichtigste Ereignis in der Geschichte der östlichen Christenheit im siebzehnten und achtzehnten Jahrhundert jedoch war die revolutionäre »Verwestlichung« Rußlands durch Peter den Großen (1682-1725). Schon vorher waren westliche Einflüsse über den Hafen von Archangelsk am Weißen Meer (1585 begründet, nachdem Moskau den Zugang zum Finnischen Meerbusen verloren hatte) nach Rußland gelangt und auch durch die ukrainische Ostkirche, die während der polnisch–litauischen Herrschaft mit dem Westen in Berührung gekommen war. Es gab auch bereits eine Moskauer Ausländervorstadt, auf deren Bewohner sich Peter in seinen Reformplänen stützen konnte. Er hat die »Verwestlichung« Rußlands nicht zu Ende führen können. Um 1700 schaffte er das Patriarchat von Moskau ab, und 1721 ersetzte er es durch eine Synode, die ein staatliches Amt war. Doch er ließ die Religiosität der bäuerlichen Mehrheit des Volkes unangetastet. Er modernisierte den traditionellen byzantinischen Stil der moskowitischen Monarchie nach modernem westlichem Muster, aber Rußland blieb ein autokratisch regierter Staat.

Peter der Große erbte ein unermeßlich großes Reich ohne eisfreie Seehäfen. Schon Iwan der Schreckliche hatte diesem Mangel abzuhelfen versucht, doch ohne Erfolg. Peter jedoch verschaffte sich mit der Gründung der Stadt Sankt Petersburg einen Zugang zur Ostsee und von 1696 bis 1711 mit der Stadt Asow auch einen zum Schwarzen Meer. (Asow wurde vorübergehend wieder den Türken überlassen und 1737 erneut erobert.) Er hatte Erfolg, weil er erkannte, daß selbst ein zweitrangiger europäischer Staat, wie es Schweden jetzt war, nur besiegt werden konnte, wenn man die Kriegs- und Marinetechnik des Westens beherrschte, und daß dieses Ziel nur zu erreichen war, wenn man Rußlands Zivilverwaltung und seine Wirtschaft und Industrie nach westlichen Vorbildern umgestaltete. Peter selbst liebte die moderne Technologie und zeigte eine hohe Begabung in der Lösung technischer Fragen. Er packte gern selber zu – für einen osmanischen Padischah wäre dies eine Selbstverständlichkeit gewesen, denn ein Handwerk zu lernen gehörte in der Türkei zu seiner Erziehung. Aber es lag durchaus nicht in der Tradition eines moskowitischen Autokraten im byzantinischen Stil, dessen Dynastie von einem Patriarchen von Moskau gegründet worden war.

Peters Genie war hochindividuell, und daß es in dem Erben des moskowitischen Zarentums in Erscheinung trat, war ein unvorhersehbarer Zufall ebenso wie die Tatsache, daß Peter in der ersten Generation geboren wurde, in der es für einen Angehörigen der nichtwestlichen Welt möglich war, die Technik des Westens zu übernehmen, ohne gezwungen zu sein, die westliche Zivilisation als Ganzes einschließlich ihrer Religion zu schlucken. Ein Jahrhundert früher hätte der Versuch, Rußland zu »verwestlichen«, leicht so enden können wie in Japan und Abessinien – ohne Erfolg, doch mit dem Resultat einer radikalen antiwestlichen Reaktion. So hatte Peters Persönlichkeit durch den Ort und den Zeitpunkt, an dem sie in Erscheinung trat, eine nachhaltige Wirkung auf die Geschichte der Menschheit.

DIE ISLAMISCHE WELT VON 1555 BIS 1768

Anderthalb Jahrhunderte lang, von 1555 bis 1707, bestand der größere Teil der islamischen Welt aus drei koexistierenden Reichen – dem Osmanischen Reich in Vorderasien, dem Safawidenreich in Iran und dem Timuriden- oder Mogulreich in Vorderindien. Das Osmanische Reich war rund zweihundert Jahre älter als das Mogulreich, es erreichte seinen Höhepunkt im Jahre 1555. Die Blütezeit des Mogulreiches war unter den Großmoguln Akbar (1556 bis 1605) und Dschahangir (1605-1627), die des Safawidenreiches unter Schah Abbas (1588-1629).

Die Ursachen des Niedergangs des Osmanischen Reiches seit der Mitte des sechzehnten Jahrhunderts lagen in der Geldinflation und dem übermäßigen Personalaufwand der Sklavenhofhaltung des Padischahs. Die Geldinflation bewirkte eine Wirtschaftskrise und in ihrer Folge Unzufriedenheit und Aufruhr unter den Staatsbeamten, deren Sold an Kaufkraft verlor. Grund dieser wirtschaftlichen und sozialen Unordnung war der unkontrollierte Zustrom von Silber aus den Minen der spanischen Kolonien in Amerika in die Alte Welt. Die Wirkung im Osmanischen Reich wäre jedoch nicht so unheilvoll gewesen, wenn die Disziplin in der Hofhaltung des Padischahs nicht schon vorher durch die fortschreitende Lockerung der Regel gelitten hätte, daß die Söhne christlicher kaiserlicher Sklaven, als freie Männer und Moslems geboren, die Laufbahn ihrer Väter nicht einschlagen durften.

Die einzige Ausnahme von dieser Regel war ursprünglich die Zulassung der Söhne von Mitgliedern der Leibgarde gewesen. Seit Suleiman I. (1520 bis 1566) wurde dieses Privileg auf die Söhne von Janitscharen ausgedehnt. Infolgedessen stieg von 1566 bis 1598 die Zahl der Janitscharen auf den Soldlisten von etwa 12 000 auf über 100 000 an, ganz zu schweigen von rund 150 000 unbezahlten Anwärtern. Der höhere Verwaltungsdienst wurde immer noch aus eigens dafür ausgebildeten leibeigenen Christenkindern rekrutiert. Im Laufe des siebzehnten Jahrhunderts wurde diese Praxis aufgegeben. Die osmanische Regierung mußte sich der Fähigkeiten ihrer christlichen Untertanen bedienen, ohne sie zum Islam zu bekehren oder zu Leibeigenen zu machen. Inzwischen waren die Janitscharen keine wirksame Streitmacht mehr, sondern zu einem aufrührerischen städtischen Mob entartet.

Immerhin konnte sich die osmanische Militärmacht trotz ihrer Verluste gegen die Safawiden noch etwa hundert Jahre halten. Der Umschwung war eine Folge der zweiten erfolglosen Belagerung Wiens (1682-1683) und des Gegenschlags Habsburgs, das Ungarn und Kroatien eroberte. Außerdem gingen 1699 der Peloponnes an Venedig, 1700 Asow an Rußland verloren. Doch es gelang den Osmanen, 1711 Asow und 1715 den Peloponnes und dazu Tenos zurückzugewinnen. 1768 hielt es noch Bosnien und Belgrad und übte die praktische Oberhoheit über die beiden rumänischen Fürstentümer nördlich der unteren Donau aus. In der Tat stand das Osmanische Reich seinem Vorgänger, dem Oströmischen Reich, nicht nach in der Kraft, sich von Schicksalsschlägen zu erholen, deren Überwindung anfangs hoffnungslos schien.

Der Niedergang des Osmanischen Reiches ging mit einer Blüte der Bautätigkeit einher. Die Sultan-Ahmed-Moschee in Instanbul, von 1609 bis 1618 gebaut, ist ein großartiges Bauwerk und hält jeden Vergleich mit der Hagia Sophia aus. Doch kein Bauwerk der Osmanen, ausgenommen die Grüne Moschee in Bursa, läßt sich mit Schah Abbas' kaiserlicher Moschee (Masdschid-i-Schah) in Isfahan (von 1612 bis 1637 erbaut) oder mit dem Tadsch Mahal des Schahdschahan bei Agra vergleichen. Die Moschee Masdschid-i-Schah harmoniert darüber hinaus auf einmalige Art mit den sie umgebenden älteren Bauten. Auch die von Akbar von 1569 bis 1576 gegründete neue Stadt Fatihpur-Sikri enthält schöne Bauwerke, aber sie sind zusammengewürfelt wie die Tempel der Akropolis in Athen und harmonisieren nicht miteinander wie die in Isfahan.

Das Mogul- und das Safawidenreich allerdings übertrafen das gleichzeitige Osmanische noch in der Baukunst. In Schah Abbas I. und in Akbar brachten sie überdies zwei Herrscher hervor, die an Weitblick alle osmanischen Padischahs jener Zeit weit übertrafen. Akbar erkannte, daß sich ein Moslemregime in Indien nur mit der Zustimmung seiner Hinduuntertanen halten konnte. Deshalb schaffte er 1564 die Kopfsteuer auf Nichtmoslems ab. Er bewies den Radschputen, Nachkommen der Hunnen und Kschatrijas, seine Macht, indem er (1567-1568) Chitor einnahm. Nachdem er sie auf diese Weise eingeschüchtert hatte, bewies er seine politische Klugheit, indem er sich mit ihnen wieder aussöhnte. Das war wichtig, denn sie waren die kriegerischsten Hindus vor dem Auftreten der Marathen und Sikhs, und ihr Land Radschasthan lag von allen Regionen, in denen die Hindus ihre Autonomie bewahrt hatten, Delhi, der Hauptstadt Akbars, am nächsten.

Akbars Versöhnungstaktik seinen Hinduuntertanen gegenüber entsprang nicht nur politischen Erwägungen, sondern war zum Teil auch von dem Wunsch getragen, die alten Schranken zwischen den historischen großen Religionen zu beseitigen. Er veranlaßte eine Reihe von Gesprächen zwischen Vertretern des Islams, Hinduismus, Zoroastrismus und römisch-katholischen Christentums. 1583 verkündete er eine eigene Religion (»Din-ilahi«, die »göttliche Religion«), von der er sich die Verschmelzung aller älteren Religionen erhoffte, besonders jedoch die Vereinigung von Hinduismus und Islam.

Schah Abbas I. war weniger vom Glück begünstigt. Er mußte das Safawidenreich von Grund auf erneuern, wobei er es mit einer Farsi sprechenden, teils städtischen, teils ländlichen Bevölkerung zu tun hatte, die von seinem Vorfahren Schah Ismail gewaltsam zum schiitischen Islam bekehrt worden war, und dazu mit einer aufsässigen turkmenischen Soldateska, überwiegend schiitischen Flüchtlingen aus dem Osmanischen und dem Mameluckenreich. Er schuf sich eine neue Armee nach dem Muster der Sklavenhofhaltung des osmanischen Padischahs, die auch Musketiere und Artilleristen umfaßte. Sie erreichte ihr Vorbild nicht, aber sie war stark genug, das im Niedergang begriffene Osmanische Reich anzugreifen und einen guten Teil des seit 1514 verlorenen Territoriums mit der Kalifenstadt Bagdad wiederzugewinnen. 1622 nahm Abbas den Portugiesen die Insel Hormus ab; ersetzte den Hafen jedoch durch einen neuen, Bender Abbas, an der Festlandküste.

1598 hatte er seine neue Hauptstadt Isfahan gegründet. Sie lag außer Reichweite der osmanischen Truppen, nicht aber der afghanischen Untertanen in der Nordostecke des Safawidenreiches. Wie die Kurden in dem zwischen Safawiden und Osmanen umstrittenen Grenzland waren die Afghanen kriegerische Hochländer, deren Muttersprache eine nichtfarsische iranische Sprache war. Keines der beiden Völker hatte sich zum schiitischen Islam bekehren lassen, keines war dem Safawidenregime freundlich gesinnt. 1722 besetzten afghanische Insurgenten Isfahan, das Reich zerbrach, und Osmanen und Russen teilten sich die westlichen Provinzen. 1729 gelang es dem türkischen Heerführer Nadir aus Chorassan, die Afghanen zu vertreiben, die verlorenen Provinzen zurückzuerobern und sich zum Schah zu machen.

Auch in anderen Richtungen ergriff Nadir die Offensive; er nahm Delhi ein und besetzte Usbekistan bis zum Oxus. Sein Versuch, den Schiismus abzuschaffen und seine Untertanen wieder dem Sunnismus zuzuführen, fand weder Gegenliebe bei den Osmanen, noch waren die Iraner gewillt, ihre Nationalreligion aufzugeben. 1747 wurde Nadir Schah ermordet, und der Iran verfiel in ein politisches Chaos.

Das Mogulreich der Timuriden war bereits zerbrochen. Akbars zweiter Nachfolger, Schahdschahan (1628-1658), der Erbauer des Tadsch Mahal, hatte dessen Versöhnungspolitik mit den Hindus aufgegeben und die unabhängigen moslemischen Staaten im Dekkan angegriffen. Sein Sohn Aurangseb (1658-1707), der ihn gewaltsam beseitigte, ging noch weiter. Er ließ den neunten Guru (»Meister«) der Sikhs umbringen, führte die Kopfsteuer auf Nichtmoslems wieder ein und machte sich die bisher verbündeten Radschputen zu Feinden.

Aurangseb dehnte seine Oberherrschaft bis zur Südspitze des Subkontinents aus. Doch inzwischen hatten sich die Hindus zu einer mächtigen Gegenoffensive zusammengeschlossen. Die Marathen besaßen in den Westghats, dem Felsrand des Hochlandes von Dekkan, natürliche Festungen und Widerstandsnester, und sie fanden einen neuen Führer in Schiwadschi (1627 bis 1680), der sich zum selbständigen Herrscher der Hindus erklärte. Nach Aurangsebs Tod ging es mit dem Mogulreich rasch zu Ende. Die Marathen drangen bis in die Nähe Delhis vor, aber Nadir Schah kam ihnen zuvor und ließ es 1739 plündern. Es wurde 1757 noch einmal von dem afghanischen Emir Ahmed Durrani erobert, der die mit ihm konkurrierenden Marathen aus dem Felde schlug.

Aber die Nachfolger der Moguln in Vorderindien waren nicht die Afghanen, sondern die Briten. Von 1757 bis 1765 wurde die Ostindische Handelskompanie der eigentliche Herrscher von Bengalen, Behar und Orissa. Sie verwaltete diese Länder unter dem Vorwand, sie diene den Statthaltern des Mogulreiches als Steuereinnehmer. Nur zu beiden Seiten des Hindukusch behielt der von Ahmed Durrani gegründete Staat der Afghanen bis heute Territorien, die einst den Moguln und Nadir Schah gehört hatten.

Im äußersten Westen der islamischen Welt konnte Marokko seine Unabhängigkeit sowohl gegen Spanien als auch das Osmanische Reich behaupten. 1579 hatten Marokkaner eine portugiesische Invasorenarmee vernichtet, 1591 die Sahara durchquert und sich eine Kolonie im Westsudan geschaffen – eine noch bemerkenswertere Leistung als die etwa gleichzeitige Überschreitung des Urals durch die Kosaken.

Die Marokkaner waren wie die Kosaken siegreich, weil sie Feuerwaffen besaßen, die ihren Gegnern fehlten. Diese Überlegenheit – sowohl auf dem Gebiet der Handwaffen als auch der Kanonen – war auch der Grund für die Siege der Osmanen über die Safawiden. Die militärischen Erfolge der Marokkaner im Westsudan und die Seesiege der faktisch selbständigen osmanischen Staaten Algerien, Tunis und Tripolitanien beruhen auch großenteils auf der Rekrutierung von Ausländern, die in der Technik des Westens bewandert waren. Sie waren meist moslemische Flüchtlinge aus Spanien, zum Islam bekehrte christliche Kriegsgefangene und Einwanderer aus Westeuropa, die Türken geworden waren, weil sich ihnen dadurch Möglichkeiten eröffneten, die ihnen die Heimat nicht geboten hatte.

Es wurde schon erwähnt, daß Peters des Großen Sieg über die Schweden der Lohn dafür war, daß er Rußland mit der Technik des Westens, besonders der Kriegstechnik, vertraut gemacht hatte. Diese war jedoch noch keineswegs so stark, daß sie ohne weiters weniger gut gerüsteten Gegnern, die vom Gelände begünstigt waren, überlegen gewesen wäre. Die Artillerie der Moguln, obwohl sie zum Teil von Söldnern aus dem Westen bedient wurde, konnte die natürlichen Festungen der Marathen in den Ghats nicht bezwingen. Die Osmanen, die sich immer noch gegen Westeuropäer, Russen und Iraner behaupteten, waren nicht imstande, den Aufstieg der Wahhabiten in Mittelarabien zu verhindern, das von dem Osmanischen Reich durch einen Ring von Wüsten isoliert war. Ihr Führer, Muhammad ibn Abd-al-Wahhab (1703-1792), war ein fanatischer Anhänger der Hanbaliten, einer puritanischen Bewegung innerhalb des sunnitischen Islams. Es gelang ihm, den Herrscher eines kleinen Oasenstaates, Mohammed ibn-Sa'ud, zu bekehren, und 1733 hatten sich die wahhabitischen Sa-udis ganz Mittelarabien unterworfen.

79

OSTASIEN
VON 1644 BIS 1839

Von allen nichteuropäischen Zivilisationen nahm die ostasiatische als letzte den entscheidenden, die eigene zivilisatorische Entwicklung revolutionierenden Anstoß aus dem Westen auf. In den Jahren von 1622 bis 1641 schloß sich Japan fast völlig von der Außenwelt ab. Japanischen Untertanen war es untersagt, ins Ausland zu reisen. Die einzigen Fremden, die in Japan bleiben durften, waren chinesische und holländische Kaufleute, und sie waren auf einen einzigen Hafen beschränkt. In China durften Europäer noch Handelsgeschäfte betreiben, wenn sie in der portugiesischen Kolonie Macao und auf einer kleinen Insel vor Kanton wohnten, doch ab 1760 war ihnen jeder andere chinesische Hafen verwehrt. Nach 1723 wurde den Chinesen bei Strafe verboten, den christlichen Glauben anzunehmen (so wie zuvor den Japanern). Das Christentum wurde nicht so nachhaltig unterdrückt wie im siebzehnten Jahrhundert in Japan, doch brach China die Beziehungen zum Westen ab, wenn auch nicht so rigoros wie Japan und Abessinien.

Obwohl der Handel Chinas mit dem Westen in den zwei Jahrhunderten, von denen dieses Kapitel handelt, umfangreicher war als der Japans – nicht nur absolut, sondern auch im Verhältnis zur Einwohnerzahl –, empfand China in jener Zeit noch weniger Notwendigkeit als Japan, mit dem Westen Handel zu treiben. Es blieb wirtschaftlich weiterhin so gut wie autark. Erst nach der Niederlage im sogenannten Opiumkrieg wurde China 1842 von England gezwungen, seine Häfen dem europäischen Handel zu öffnen. In Japan vermehrte sich während seiner freiwilligen wirtschaftlichen Isolierung von 1641 bis 1853 das Bruttosozialprodukt erheblich.

Auf kulturellem Gebiet blieb China unter der Ts'ing- (Mandschu-) Dynastie so nach innen gekehrt und rückwärtsgewandt wie unter den Ming. Damals war es die Reaktion auf die Eroberung und Beherrschung durch die nomadischen Mongolen gewesen, die Mandschu jedoch waren zwar Barbaren, doch kein Hirtenvolk, und sie übernahmen die chinesische Kultur als Ganzes. Die einzigen Literaturgattungen, die in der Ts'ingzeit florierten, waren der Roman und das Drama – ein Erbe aus der Yüan- (Mongolen-) Zeit, das den archaistischen Trend zur Mingkultur überlebt hatte.

In der Ts'ingzeit trieben konfuzianische Gelehrte den Archaismus einem folgerichtigen Höhepunkt zu. Sie verwarfen die beiden zeitgenössischen Varianten des Neukonfuzianismus, sowohl die offiziell anerkannte Lehre von Tschu Hi als auch die von Wang Yang-ming. Ihr Ziel war, den Konfuzianismus aus des Hankaisers Wu-ti Tagen, als er erstmals zur Staatsreligion erhoben worden war, wiederzubeleben und neu zur Geltung zu bringen. Sie unterzogen die umlaufenden Versionen des konfuzianischen Schrifttums einer strengen Textkritik – eine Tätigkeit, die man mit der gleichzeitigen Interpretation der klassischen griechischen und lateinischen Literatur durch die Humanisten vergleichen kann. Aber die Ts'ingkonfuzianer merkten nicht, wie weit sich schon die Hanversionen ihrer Philosophie von den Originalformen des Konfuzius und des Meng-tse entfernt hatten.

Während in China der Neukonfuzianismus in beiden Varianten verpönt war, wurde in Japan die Lehre von Tschu Hi von Ieyasu und seinen Nachfolgern im Shogunat der Tokugawa gefördert, weil sie sich von der Übertragung der konfuzianischen Ethik auf Japan die Festigung ihres Regimes versprachen. Aus dem gleichen Grunde verwarfen sie die Variante von Wang Yang-ming, die dennoch Anhänger in Japan fand. Es gab zugleich auch japanische Konfuzianer, die gleich ihren chinesischen Kollegen zu dem Konfuzianismus der Hanzeit zurückkehren wollten.

Trotz dieser Begünstigung des Konfuzianismus durch die Tokugawa wurde der Buddhismus nicht unterdrückt. Der Shogun Iemitsu (1623-1651) gebot sogar jedem Untertanen, sich als Laienbruder in einem buddhistischen Tempel registrieren zu lassen zum Beweis, daß er kein Christ war. Die zahlreichen Sekten, in denen der Buddhismus sich kulturell in Japan integriert hatte, erfreuten sich wachsenden Zuspruchs. Zur gleichen Zeit lebte jedoch auch das Interesse für den Schintoismus bei national gesinnten Japanern wieder auf, da er eine eigenständige Religion war, kein chinesischer oder indochinesischer Import.

Die Ts'ingkaiser K'hang-hi (1672-1722) und K'ien-lung (1736-1796) folgten dem Beispiel des Mingkaisers Yung-lo und ließen umfangreiche Sammlungen chinesischer Literatur aller Zeiten anlegen. Die Anthologie K'hang-his umfaßte fünftausend Bände, obwohl sie Kurzfassungen enthielt. Die Sammlung K'ien-lungs war ungekürzt und belief sich auf sechsunddreißigtausend Bände, von denen sieben Abschriften angefertigt wurden. Auf dieses Fundament gestützt, konnte K'ien-lung Bücher, die ihm politisch anfechtbar erschienen, verbieten lassen. Er ließ eine Reihe von Enzyklopädien drucken, in denen er seine Ansichten über die politischen Institutionen Chinas kundtat, nachdem ihm K'hang-hi mit der Veröffentlichung eines Wörterbuches vorausgegangen war.

Auf militärischem Gebiet war die Ts'ingdynastie in drei Unternehmungen erfolgreich: Sie unterdrückte den gegen die Mandschu gerichteten Widerstand im Süden; sie gebot dem russischen Vormarsch im Amurbecken Einhalt (die Grenze von 1658 wurde durch Verträge bestätigt); und sie zerstörte das Reich der Westmongolen (Dsungaren, Ölöten und Kalmükken), das der bedrohlichste Feind der Mandschu gewesen war.

Nachdem sich China von dem Druck der eurasischen Nomaden befreit hatte, dem es mindestens zweitausend Jahre lang ausgesetzt gewesen war, unternahm K'ien-lung Feldzüge in südlicher Richtung – gegen Burma,

Vietnam und Nepal. Aber diese militärischen Expansionen lenkten nur wie die des Mogulherrschers Aurangseb von den sozialen und wirtschaftlichen Schwächen im Innern des Reiches ab.

Am bedenklichsten war die Zunahme der Bevölkerung, der keine ausreichende Steigerung der landwirtschaftlichen Erträge entsprach. Man hatte die Versorgung durch die Einfuhr von Getreidesorten aus Amerika verbessert, die auf Böden, die für Reis ungeeignet waren, angebaut werden konnten. Aber es gab zu viele durch den Raubbau an Wäldern denudierte Flächen.

In Japan vermehrte sich die Bevölkerung im ersten Jahrhundert des Tokugawaregimes um etwa die Hälfte. Um 1721 war sie auf annähernd dreißig Millionen angestiegen, doch von da an bis zur Beendigung der japanischen Selbstisolierung in der Mitte des neunzehnten Jahrhunderts blieb die Einwohnerzahl fast konstant, obwohl die landwirtschaftliche Produktion stetig anstieg und Handel und Industrie sich ausdehnten. Der Grund, weshalb das Wachstum der Bevölkerung nicht mehr mit der Zunahme des Wohlstandes Schritt hielt, war die ungerechte Verteilung des neuen Reichtums. Die Landwirtschaft wurde, um sie ertragfähiger zu machen, kommerzialisiert, und dies machte aus dem größeren Teil der Landbewohner arme Lohnempfänger. Die Feudalherren *(Daimyo)* und ihre Gefolgsleute *(Samurai)* mußten über ihre Verhältnisse leben; sie waren gezwungen, einen Teil des Jahres in der Tokugawahauptstadt Edo (dem heutigen Tokio) zu verbringen, damit die Regierung sie in Schach halten konnte. Das richtete sie finanziell zugrunde.

Die Nutznießer waren die Kaufleute, eine verachtete neue Klasse. Sie wurden reich, weil sie nicht die hohen Steuern zu zahlen brauchten, die auf das Land erhoben wurden. Die Bauern, die verarmt und landflüchtig geworden waren, wurden zu Arbeitern und Angestellten der Unternehmer, die *Daimyo* und *Samurai* deren Schuldner. Das Familienunternehmen Mitsui, noch heute einer der größten Konzerne der Welt, wuchs im Laufe von etwa siebzig Jahren an und wurde 1691 der offizielle Bankier des Tokugawashogunats und des kaiserlichen Hofes.

Als 1793 ein Gesandter König Georgs III. von England K'ien-lung einen Brief seines Souveräns überreichte, verfaßte der Kaiser eine Antwort, aus der hervorging, daß er noch immer China für das autarke, unbezwingbare und beherrschende »Reich der Mitte« hielt. Offensichtlich hatte er die Veränderung im Kräfteverhältnis zugunsten des Westens seit dem ersten Besuch von Europäern vor fünfeinhalb Jahrhunderten nicht wahrgenommen. In Japan gab es zumindest einen, der eine Ahnung davon hatte, Hayashi Shihei (1738-1793), der ein Buch veröffentlichte, in dem er sich mit den »militärischen Problemen eines seefahrenden Landes« befaßte. Veranlaßt hatten ihn dazu die Aktivitäten der Russen im nördlichen Stillen Ozean. Die Russen waren jedoch nur »gelernte Westler« – die britischen, französischen und amerikanischen Verwandten der Holländer waren noch nicht in den Gesichtskreis Japans getreten.

80

DIE BIOSPHÄRE
VON 1763 BIS 1871

In dem ereignisreichen Jahrhundert von 1763 bis 1871 war das weitaus wichtigste Ereignis das plötzliche ungeheure Anwachsen der menschlichen Macht sowohl über andere Menschen als auch über die nichtmenschliche Natur. Es wurde erreicht durch die Verbindung einer sozialen Neuerung mit einer technischen. Man vergrößerte die Leistungsfähigkeit von Soldaten und Industriearbeitern, indem man sie unter eine strenge Disziplin stellte, sie mit Waffen und Maschinen von noch nicht dagewesener Leistungsfähigkeit arbeiten ließ und ihre Arbeit intensiv organisierte. In den letzten Jahrzehnten des achtzehnten Jahrhunderts wurde der auf den Kasernenhöfen erprobte militärische Drill auf die zivilen Fabriken übertragen. Eine Technik, die erfunden worden war, um Kanonenrohre zu gießen, wurde zur Herstellung von Kolben für Dampfmaschinen benutzt. Auf nichtmilitärischem Gebiet rechtfertigt diese plötzliche Zunahme an menschlicher Macht, daß man sie eine Revolution nennt, wenn man auch den Anfang einer technischen und wirtschaftlichen Revolution nicht so genau datieren kann wie den Ausbruch einer politischen Revolution oder eines Krieges.

Die technische und wirtschaftliche, die sogenannte industrielle Revolution, die in Großbritannien im dritten Viertel des achtzehnten Jahrhunderts begann, verwandelte Landwirtschaft und Industrie. Um 1871 hatte diese Revolution auf den europäischen Kontinent übergegriffen und faßte in Nordamerika und Japan Fuß. Noch in unseren Tagen wächst ihre Schwungkraft. Es ist kein Ende abzusehen, doch ist es deutlich geworden, daß die industrielle Revolution das Verhältnis des Menschen zur Biosphäre umgekehrt hat.

Der Mensch hatte selbstverständlich schon vorher der Biosphäre seinen Stempel aufgedrückt. Doch bisher hatte er sich wie alle ihre Bewohner mit dem Platz bescheiden müssen, auf dem er geduldet worden war. Jedes Lebewesen, das die ihm zugewiesenen natürlichen Grenzen überschritt, setzte sich der Gefahr der Vernichtung aus. Tatsächlich hatten alle Arten, der Mensch nicht ausgenommen, bisher von der Gnade der Biosphäre gelebt – erst die industrielle Revolution lieferte sie der Gnade des Menschen aus. Da der Mensch in der Biosphäre wurzelt und außerhalb ihrer nicht leben kann, war die Aneignung der Macht, sie zu vernichten, gleichbedeutend mit einer Bedrohung seines Überlebens durch ihn selber.

Der Zuwachs menschlicher Macht, in Großbritannien begonnen und im Verlauf eines Jahrhunderts auf andere europäische Länder ausgedehnt, gab dem Westen als Ganzes zeitweilig die Vorherrschaft über die übrige Ökumene. Diese Beherrschung der Welt durch den Westen ist das zweite wichtige Ereignis in der Zeitspanne, von der hier die Rede ist. Das dritte ist die Reaktion einiger nichteuropäischer Länder auf den Druck des Westens. Wenn man die Geschehnisse dieser hundert Jahre in die Reihenfolge ihrer Bedeutung bringt, so stehen erst an vierter und letzter Stelle die inneren Angelegenheiten der westlichen Länder. Die industrielle Revolution geht darüber weit hinaus, denn obwohl sie in einem Land des Westens begann, ist sie ein Ereignis von weltumfassender Größe.

Das Ziel der landwirtschaftlichen und industriellen Revolution war ein Höchstmaß an materiellem Reichtum. Das war zeitbegrenzt, denn schon von der unmittelbar folgenden Generation an beschleunigte sich die Vermehrung der Bevölkerung zunehmend, so wie in China seit dem siebzehnten Jahrhundert. Die Absicht der Urheber der Revolution war jedoch nicht, die Bedürfnisse der Allgemeinheit zu befriedigen, sondern sich selber zu bereichern. Sie steigerten auf dramatische Weise das Bruttosozialprodukt, vergrößerten jedoch auch die Ungleichheit, mit der es verteilt wurde, und die Ungleichheit des Eigentums an Land und Produktionsmitteln.

Einige traditionelle, aber leistungsschwache Arbeitsmethoden – zum Beispiel landwirtschaftliche Kleinbetriebe zur Deckung des Eigenbedarfs und damit verbundene Gewerbebetriebe, hauptsächlich Weberei und Spinnerei – starben aus. Sowohl die landwirtschaftliche als auch die industrielle Produktion wurde jetzt in sorgfältig und kostspielig ausgestatteten Großeinheiten zusammengefaßt. Die Folge dieser Veränderung war eine Massenflucht vom Lande in die neuen Industriestädte, welche die meisten Zuwanderer auch des geringen Grades an wirtschaftlicher Unabhängigkeit beraubte, den sie vorher gehabt haben mochten. In der rapide sich vermehrenden Bevölkerung stieg der Prozentsatz der Arbeitnehmer, deren einziges Subsistenzmittel ihre Arbeitskraft war, im Vergleich mit der Zahl der Arbeitgeber und Selbständigen steil an.

Diese Veränderungen in den Lebens- und Arbeitsbedingungen und in der Verteilung von Besitz und Einkommen vergrößerten das Bruttosozialprodukt und brachten Unrecht und Leid mit sich. Es gibt keinen objektiven Maßstab für die gerechte Verteilung des früher von der Allgemeinheit verwalteten Landes, das in Privatbesitz überging. Und über die gerechten Anteile von Unternehmern, Geldgebern und Arbeitnehmern an den Gewinnen der Industrie läßt sich ebenfalls streiten. Aber es steht fest, daß die Privatisierung von Gemeindeland vielen Kleinbauern die Existenz auf dem Lande unmöglich machte und daß sie als Industriearbeiter kaum von ihren Löhnen leben konnten.

Das waren widersinnige und unselige Folgen der Zunahme des materiellen Reichtums. Die Ursache dieser gesellschaftlichen Fehlgeburt waren die Motive der Urheber der industriellen Revolution. Ihr Antrieb war Habgier, und die Habgier hatte sich von ihren traditionellen Beschränkungen durch

Gesetz, Sitte und Gewissen gelöst. In seinem 1776 erschienenen einflußreichen Buch *An inquiry into the Nature and Causes of the Wealth of Nations* (Untersuchung der Natur und der Ursachen des Reichtums der Nationen) erklärte Adam Smith, die besten Ergebnisse für die Gesellschaft würden erzielt, wenn jedermann die Freiheit erhielte, seine eigenen wirtschaftlichen Interessen zu verfolgen. Die Vorbehalte, mit denen Smith seine These einschränkte, wurden ignoriert, aber auch die These selbst war widersinnig. Das Anwachsen der Produktion durch das freie Kräftespiel der Habgier wurde von Verschwendung und ungezügeltem Wettbewerb begleitet, und ein unbegrenzter wirtschaftlicher Wettbewerb fordert viele Opfer und hat wenige Sieger.

Die Industriearbeiter wurden eine neue Klasse, die sich der Gesellschaft entfremdete, die sie ins Leben gerufen, aber ihr keinen gerechten Anteil zuerkannt hatte. Ihre einzige Waffe war der Zusammenschluß, um gemeinsam bessere Löhne durchzusetzen, und die Voraussetzung dafür war unerschütterliche Solidarität. Die Arbeiter unterwarfen sich daher einer eigenen Tyrannei, um die Tyrannei ihrer Arbeitgeber zu bekämpfen. Wer gegen die Gewerkschaftssatzungen verstieß, wurde zur Konformität gezwungen. In Großbritannien wurden die Gewerkschaften 1799 gesetzlich verboten, doch 1824/1825 wieder zugelassen. Der Klassenkampf hatte begonnen und breitete sich mit der industriellen Revolution von England auf andere Länder aus.

Die Gegenspieler der Arbeiter, die Unternehmer, waren skrupellos, aber auch schlau, wagemutig und voller Energie. Richard Arkwright (1732-1792), der ein Vermögen durch Erfindungen erwarb, die vermutlich nicht seine eigenen waren, war für diesen neuen Unternehmertyp bezeichnender als James Watt (1736-1819), der das Glück hatte, Partner zu haben, die ihm einen gewissen Gewinnanteil ließen. Die meisten Schöpfer von Erfindungen, die große Bedeutung für die industrielle Revolution hatten, verloren den Lohn ihrer Arbeit an Unternehmer, die geschäftstüchtiger waren als sie. Watt bildete eine Ausnahme; in ihm verbanden sich eine naturwissenschaftliche und technologische Begabung, und seine Eingebungen kamen seinem Partner, dem Maschinenfabrikanten Matthew Boulton, zugute. Watt hatte keine akademische Bildung, aber er profitierte von seiner Freundschaft mit dem Chemiker Joseph Black (1728-1799). Im neunzehnten Jahrhundert begannen wissenschaftliche Chemiker, besonders in Deutschland, ihre Kenntnisse direkt und systematisch industriellen Fertigungsprozessen dienstbar zu machen.

Watts entscheidende Verbesserungen der Dampfmaschine machte sie sowohl der industriellen Produktion und dem Verkehr als auch Pumpwerken (ihrem ersten Verwendungszweck) nutzbar. Das erste Dampfschiff lief 1807 vom Stapel, die erste Dampflokomotive auf Schienen nahm 1829 ihren Dienst auf.

Der Gebrauch von Maschinen ist das hervorstechendste Merkmal der industriellen Revolution. Die Werkzeuge des Menschen sind so alt wie die Menschheit, aber ein Werkzeug vermehrt nur die menschliche Kraft, ohne sie zu ersetzen. Eine Maschine befreit den Menschen von körperlicher Arbeit; sie tut sie für ihn und mit einer Schnelligkeit und in einem Ausmaß, die über menschliche Kräfte gehen. Wenn der Mensch eine Maschine konstruiert hat, braucht er sie nur in Gang zu setzen, sie zu überwachen und in Betrieb zu halten. Ein Ruderboot wird durch die Kraft menschlicher Arme, verstärkt durch den Gebrauch der Ruder, vorangetrieben, ein Segelboot wird durch den Wind bewegt, der Steuermann benötigt keine eigene Antriebskraft, und so ist bereits ein Segelboot eine Maschine wie ein Gewehr im Gegensatz zum Bogen.

Segelschiffe gab es schon fünftausend Jahre vor der industriellen Revolution, doch bis zu dieser war der Gebrauch von Maschinen zum Unterschied von Werkzeugen und Handwaffen selten. Jetzt wurde er die Norm. Die Formen anorganischer Energie, die für Maschinen nutzbar gemacht wurden, blieben nicht auf Wind, fließendes Wasser, Feuer und Dampf beschränkt. 1844 wurde die erste elektrische Telegraphenlinie (zwischen Baltimore und Washington) geschaffen. Die Erfindung von Metallwerkzeugen hatte einen Beruf, den Schmied, ins Leben gerufen, die Erfindung dampfgetriebener Maschinen schuf den neuen Beruf des Ingenieurs.

Wind- und Wasserkraft haben zwei Vorteile: Sie sind sauber und unerschöpflich. Dampf muß durch Verbrennung erzeugt werden, und der dabei entstehende Rauch verschmutzt die Luft. Das wurde sofort als unangenehm erkannt, doch als nur lokaler Mißstand geduldet. Erst nach einer zweihundertjährigen industriellen Entwicklung erkannte die Menschheit, daß die Folgen der Mechanisierung die Biosphäre für alle Arten des organischen Lebens unwirtlich zu machen drohten, indem sie sie nicht nur lokal, sondern global verunreinigte.

In früheren Jahrhunderten hatte der Mensch Teile der Biosphäre verwüstet, zum Beispiel Berghänge denudiert, als er Bäume fällte, die den Boden vor Erosion geschützt hatten. Der Kahlschlag von Wäldern war schneller betrieben worden, als sie wieder aufgeforstet werden konnten. Unersetzliche Erzvorkommen wurden erschöpft. Aber ehe der Mensch die physikalische Energie der unbelebten Natur in großem Maßstabe in den Dienst der Maschine stellte, lag es nicht in seiner Macht, die Biosphäre unwiederbringlich zu zerstören. Bis dahin waren die Luft und der Ozean unendlich und unerschöpflich, die Vorräte an Holz und Metall größer, als der Mensch sie verbrauchte. Wenn er eine Mine erschöpft oder einen Wald gerodet hatte, gab es genug andere jungfräuliche Minen und Wälder, die er ausbeuten konnte. Erst durch die industrielle Revolution setzte der Mensch die Biosphäre und sich selber einer Bedrohung aus, die eine neue Qualität hatte.

Die Herrschaft Europas über die übrige Menschheit hatte schon vor dem Zeitalter der industriellen Revolution begonnen. Im sechzehnten Jahrhundert hatten die Spanier die Völker Mittelamerikas und des Andengebietes unterjocht und ihre Zivilisationen vernichtet. In den Jahren von 1757 bis 1764 gewann die britische Ostindische Handelskompanie die Macht in Bengalen, Bihar und Orissa; und von 1799 bis 1818 unterwarfen die Briten den Rest des Subkontinents südöstlich des Sutlejflusses. Sie hatten freie Hand, weil sie die Meere beherrschten und 1809 mit Randschit Singh, dem König der Sikhs, einen Vertrag schlossen und die Sutlejlinie als Grenze festsetzten. Erst von 1845 bis 1849 eroberten die Briten auch das Sikhreich. Inzwischen (von 1768 bis 1774) hatte Rußland das Osmanische Reich entscheidend geschlagen, Frankreich hatte (1798) zeitweilig Ägypten besetzt und begann 1830, Algerien zu erobern. 1840 vertrieben drei Westmächte und Rußland den osmanischen Statthalter von Ägypten, Mehmed Ali, aus Syrien und Palästina. Von 1839 bis 1842 schlugen die Briten im sogenannten Opiumkrieg China entscheidend und gewannen Hongkong. 1853 erzwang ein amerikanisches Geschwader die Öffnung der japanischen Häfen und den Abschluß von Handelsverträgen mit dem Westen.

Dem Beispiel Peters des Großen, der schon hundert Jahre vor der industriellen Revolution erkannt hatte, daß ein nichtwestlicher Staat nur dann der Beherrschung durch den Westen entgehen konnte, wenn er dessen Techniken übernahm, folgten zwischen 1757 und 1853 andere Staatsmänner: Randschit Singh, der Gründer des Sikhstaates im indischen Pandschab, der osmanische Padischah Mahmud II., sein Statthalter in Ägypten, Mehmed Ali, König Mongkut von Thailand und eine Gruppe japanischer Staatsmänner, die im Namen des Kaisers das Tokugawaregime liquidierten und 1868 die Regierung übernahmen.

Diese Männer übten eine stärkere Wirkung auf die Geschichte der Ökumene aus als irgendeiner ihrer Zeitgenossen im Westen; sie haben der westlichen Vorherrschaft Schranken gesetzt, indem sie die moderne europäische Lebens- und Wirtschaftsweise in ihren Ländern durchsetzten.

Besonders erfolgreich waren die Männer der Meijirevolution in Japan (Meiji = aufgeklärte Regierung). Sie waren Angehörige der bisher privilegierten, doch verarmten Kriegerklasse der Samurai und als solche Vasallen der Shogune, gegen die sie jetzt rebellierten. Das Shogunat der Tokugawa leistete nur geringen Widerstand und dankte 1867 zugunsten des Kaisers (Meiji-Tenno) ab, der seine alten Rechte zurückerhielt.

Mehmed Ali und Mahmud II. hatten keine so guten Voraussetzungen. Wie Peter der Große fanden sie, daß sie keine moderne Armee aufbauen konnten, ehe sie nicht die alte Soldateska liquidiert hatten. Peter hatte zweitausend Mann seiner Leibwache (Strelitzen = Schützen) hinrichten lassen, als sie rebellierten. Genauso hart gingen Mehmed Ali gegen die ägyptischen Mamelucken und Mahmud II. gegen die osmanischen Janitscharen vor. Der erstere begann um 1820 mit dem Aufbau einer neuen Armee und einer neuen Flotte, mit denen er die Freiheitsbewegung der Griechen niedergeschlagen hätte, wenn diesen nicht Frankreich, Großbritannien und Rußland zu Hilfe ge kommen wären, die 1827 die türkisch-ägyptische Flotte bei Navarino vernichtend schlugen. Mehmed Alis Sohn Ibrahim eroberte 1833 Syrien und wäre nach Istanbul marschiert, hätte nicht Rußland interveniert.

Randschit Singh engagierte wie schon vorher sein Zeitgenosse Mehmed Ali ehemalige Offiziere Napoleons als Instruktoren. Seine nach westlichen Mustern trainierte Armee wurde zwar in den vierziger Jahren des neunzehnten Jahrhunderts geschlagen, aber die Briten kosteten diese Siege größere Verluste als die frühere Eroberung ganz Indiens außerhalb des Pandschab.

Die Herrscher außereuropäischer Länder, die westliche Methoden und Techniken einführen wollten, konnten dies nicht nur mit einigen westlichen Beratern und Instruktoren bewerkstelligen. Sie mußten unter ihren eigenen Untertanen Eliten finden oder schaffen, die imstande waren, mit dem Westen unter mehr oder weniger gleichen Bedingungen zu verhandeln und als Vermittler zwischen diesem und ihren rückständigen Landsleuten zu dienen. Im siebzehnten und achtzehnten Jahrhundert hatte die osmanische Regierung solche Leute unter ihren griechischen Untertanen gefunden, die im Westen erzogen worden waren oder Handelsbeziehungen mit dem Westen unterhielten. Peter der Große in Rußland, Mehmed Ali in Ägypten und die Briten in Indien mußten eine derartige vermittelnde Klasse erst schaffen. In Rußland nannte man sie *Intelligentsia.* Zwischen 1763 und 1871 wurde eine solche Intelligenzschicht in allen Ländern ins Leben gerufen, die entweder unter westliche Herrschaft fielen oder diesem Schicksal entgingen, weil sie genügend »verwestlicht« waren, um ihre Unabhängigkeit zu bewahren.

Die »Intelligentsia«, von Regierungen angeworben oder geschaffen, um deren Zwecken zu dienen, erkannte bald, daß sie eine Schlüsselstellung innehatte, und versuchte, sich ihre Selbständigkeit zu erhalten. 1821 lehrte der Führer der griechischen Freiheitsbewegung, Alexander Ypsilanti, ein ehemaliger osmanischer Untertan, die Hohe Pforte, wie unzuverlässig ihre griechische Intelligentsia war. 1825 wurde die Revolte der von westlichen Reformideen erfüllten Aristokraten und Offiziere in Rußland (Dekabristenaufstand) niedergeschlagen. Der Aufstand war ein Vorbote kommender Entwicklungen nicht nur in Rußland, sondern auch in zahlreichen anderen Ländern.

Zwischen zwei Welten zu leben, Aufgabe und Schicksal einer Intelligentsia, ist eine geistige Qual. Im Rußland des neunzehnten Jahrhunderts brachte sie eine Literatur hervor, die in jener Zeit nirgendwo übertroffen wurde. Die Romane von Turgenjew (1818-1883), Dostojewskij (1821-1881) und Tolstoi (1828-1910) wurden zum kulturellen Gemeinbesitz der ganzen Menschheit.

Verglichen mit der industriellen Revolution in England und dem Einfluß des Westens auf außereuropäische Länder, sind die inneren kulturellen und politischen Geschehnisse des Westens zwischen 1763 und 1871 von sekundärer Bedeutung – so wichtig sie erscheinen, wenn man sie außerhalb ihres globalen Zusammenhanges betrachtet. In diesen hundert Jahren übernahmen Deutsche die kulturelle Führung. Kant (1724-1804) war der größte Philosoph, Goethe (1749-1832) der größte Dichter des Westens in diesem Zeitalter. Mit Mozart (1756-1791) und Beethoven (1770-1827) erreichte die westliche »klassische« Musik ihren Höhepunkt. Es ist bemerkenswert, daß Deutschlands kultureller Vorrang im umgekehrten Verhältnis zu seiner politischen Macht und wirtschaftlichen Prosperität stand – die deutsche Musik blühte auf nach dem Dreißigjährigen Krieg, und sie welkte nach der Gründung des Zweiten Reiches dahin.

Auf dem Gebiet der Wissenschaft bewies 1798 der englische Landarzt Edward Jenner, daß man Menschen durch Schutzimpfung gegen die Pocken immun machen konnte. 1857 erkannte Louis Pasteur die Bedeutung der Bakterien. Solange sie unbekannt geblieben waren, hatten sie von den Menschen und deren Haustieren mehr Opfer gefordert als die Raubtiere, über die der Mensch in der Steinzeit Herr geworden war. Als man die Bakterien identifiziert hatte, konnten sie erfolgreich bekämpft werden; und der Mensch besaß nun keinen todbringenden Feind in der Biosphäre mehr außer sich selber. Die Anwendung der Wissenschaft auf die Technik machte den Menschen stärker und furchtbarer, die Anwendung auf die prophylaktische Medizin bewirkte ein immer steileres Anschwellen der Bevölkerung der Biosphäre, da die Sterblichkeitsziffer schneller reduziert wurde, als die Geburtenziffer durch Verhütungsmittel gesenkt werden konnte. Im selben Jahr, in dem Jenner die Wirksamkeit der Impfung gegen die Pocken nachwies, veröffentlichte Th. R. Malthus in dem *Essay on the Principle of Population* sein Bevölkerungsgesetz, das Charles Darwin die Anregung zu seiner Lehre vom »Kampf ums Dasein« gab, das den Untertitel seines grundlegenden Werkes *On the Origin of Species* (1859) bildete, in dem er die Entstehung der Arten durch natürliche Zuchtwahl nachzuweisen suchte.

Ein Jahrhundert vor Darwin hatte sich Buffon von der Doktrin der monotheistischen Religionen frei gemacht, daß die verschiedenen Arten der Lebewesen auf einmal als bestimmte und unveränderliche Einheiten durch den Machtspruch eines allmächtigen Gottes entstanden seien. Buffons These, die verschiedenen bestehenden Arten seien die Folgen eines Mutationsprozesses, folgte in der Geologie Charles Lyell, dessen *Principles of Geology* (von 1830 bis 1833) auch Darwin gelesen hatte. Darwins Thesen schockierten strenggläubige Christen, doch die Begriffe »Zuchtwahl« und »Erhaltung überlegener Rassen« zeigen, daß sie eine Variante des jüdischen Mythos vom »auserwählten Volk« waren. Und wenn Darwin die Existenz eines Schöpfergottes verneinte, so ersetzte er ihn doch durch die Annahme eines unpersönlichen, auswählenden Waltens der Natur in einer Reihe von Mutationen, die man beobachten, aber nicht erklären kann.

Darwins revolutionierende Leistung beruht nicht auf seiner Erkenntnis der stammesgeschichtlichen Entwicklung, sondern auf seinem Nachweis, daß das Leben in der Biosphäre nicht statisch, sondern dynamisch ist. Er wies in der

Biologie nach, was G.W.F. Hegel (1770-1831) in der Philosophie lehrte, als er das Leben als einen Prozeß ständiger Umschläge in der Dimension der Zeit darstellte und die Denkbegriffe These, Antithese und Synthese aus der geschichtlichen und natürlichen Entwicklung ableitete. Gregor Mendel entdeckte die Gesetze der Genetik und formulierte sie in quantitativen Begriffen; doch seine Veröffentlichungen (von 1864 bis 1866) blieben Darwin unbekannt und wurden bis um 1900 nicht beachtet.

Auf militärischem und politischem Gebiet erlebte dieses Jahrhundert die Unabhängigkeit der Vereinigten Staaten nach dem Revolutionskrieg von 1776 bis 1783, die Wiederherstellung ihrer Einheit nach dem Bürgerkrieg von 1861 bis 1865 und die geographische Ausdehnung über den nordamerikanischen Kontinent von Küste zu Küste (von 1783 bis 1853). Napoleon versuchte von 1797 bis 1815, Europa unter Frankreichs Herrschaft zu vereinen, so wie es Ludwig XIV. in den Kriegen von 1667 bis 1713 versucht hatte. Die indirekten Folgen von Napoleons Fehlschlag waren die Bildung eines italienischen Nationalstaates von 1859 bis 1870 und des neuen Deutschen Reiches von 1866 bis 1871. So machte im Verlauf dieses Jahrhunderts die Entwicklung des westlichen Teils der Welt zu einer Gruppe von unabhängigen Nationalstaaten weiter Fortschritte, und der Versuch, den Westen politisch zu einen, erlitt einen weiteren Rückschlag.

Napoleons zeitweilige Vergrößerung des französischen Machtbereichs war viel umfangreicher als die Ludwigs XIV.; doch zwischen diesen beiden französischen Expansionen hatte sich die westliche Welt mit ihren überseeischen Besitzungen überproportional erweitert. Ludwig kam der Beherrschung der kleineren westlichen Welt von 1700 näher als Napoleon der viel größeren von 1800. Inzwischen waren Rußland, Indien und Nordamerika in den Bereich des Westens gezogen worden. Rußlands geographische Ausdehnung war praktisch endlos, die überseeischen Besitzungen hatten sich zu wirtschaftlich bedeutenden Regionen entwickelt, die während der Napoleonischen Kriege dank der britischen Überlegenheit zur See alle unter die Kontrolle Englands gerieten.

Dessen frühere amerikanische Kolonien hatten sich die politische Unabhängigkeit erkämpft, doch fanden sie es nach wie vor einträglich, mit dem Mutterland Handel zu treiben, so wie es Spanien und Portugals ehemalige Kolonien taten. Die Rohstoffquellen der überseeischen Welt waren Großbritanniens Kraftreserven im Krieg und der Lohn des Sieges über Napoleon. Umgekehrt wurden die neuen selbständigen Staaten in Lateinamerika wie schon die Vereinigten Staaten von Nordamerika zu einem Teil des überseeischen Marktes für die Erzeugnisse der britischen Industrie.

1823 verkündete der nordamerikanische Präsident Monroe seine berühmt gewordene Erklärung, mit der die Vereinigten Staaten die Unabhängigkeit der neuen lateinamerikanischen Staaten garantierten. Die Monroedoktrin kam Großbritannien gelegen, denn seine Interessen in Lateinamerika waren rein wirtschaftlich.

Die zahlreichen Revolutionen in der westlichen Welt zwischen 1763 und 1871 waren in ihrem Wesen sehr unterschiedlich. Die industrielle Revolution in Großbritannien war technologisch, wirtschaftlich und sozial, aber nicht politisch, wenngleich sie eine politische Folge hatte, als 1832 die britische Parlamentsreform das Wahlrecht auf wohlhabende Bürger auszudehnen begann, womit sich die politische Macht von den Großgrundbesitzern auf den städtischen Mittelstand verschob. Die Revolution, die Großbritanniens Kolonien in Nordamerika in die Vereinigten Staaten verwandelte, hatte weder technologischen noch wirtschaftlichen oder sozialen, sondern nur politischen Charakter. Die Französische Revolution von 1789 war eine politische, wirtschaftliche und soziale. Sie übertrug die Staatsgewalt von der Krone auf die städtische Mittelklasse und den Landbesitz in großem Umfange von der Aristokratie auf das Bauerntum. In Großbritannien wurden gleichzeitig die Kleinbauern zu landwirtschaftlichen Tagelöhnern erniedrigt oder zur Landflucht gezwungen, worauf sie Industriearbeiter in den Fabriken der Großstädte wurden. Im Gegensatz dazu hielten sich in den Vereinigten Staaten die freien Farmer und konnten jungfräulichen Boden im Westen erwerben, wohin ihnen landhungrige Auswanderer aus Europa folgten. Die Vereinigten Staaten blieben und Frankreich wurde eine Gemeinschaft selbständiger Staatsbürger mit der Ausnahme der großen Menge der ehemaligen Negersklaven in den amerikanischen Südstaaten und der noch nicht so zahlreichen Schar der städtischen Arbeiter in Frankreich.

Die Versklavung von Afrikanern und ihre Einfuhr nach Amerika war eine ebenso böse Folge der Entdeckung der Neuen Welt, wie es die Ausrottung der vorkolumbischen Bevölkerung beider Amerikas gewesen war. Zwischen 1763 und 1871 wurde in den meisten amerikanischen Ländern die Sklaverei abgeschafft, in Haiti zwischen 1793 und 1803, in Brasilien schrittweise von 1871 bis 1888. Die Aufhebung der Sklaverei kostete Haiti eine zehnjährige Revolution und die Vereinigten Staaten den Bürgerkrieg von 1861 bis 1865. Überall – ob die Befreiung friedlich erfolgte oder gewaltsam – hinterließ die Sklaverei ein Erbe von wirtschaftlichen und sozialen Krankheiten.

In den Vereinigten Staaten und in Frankreich bis 1871 waren die Lohnempfänger in der Industrie noch eine kleine Minderheit. Die Erschließung neuen Bodens in Nordamerika und der Erwerb des größten Teils des Landes durch die Bauernschaft in Frankreich bewahrte diese beiden wichtigen Staaten des Westens vor der Massenwanderung ehemaliger Landarbeiter in die Städte. Aber in den Vereinigten Staaten, Frankreich und Großbritannien gleichermaßen blieben die Industriearbeiter der etablierten Mittelklasse entfremdet, und es gelang ihnen weder auf friedlichem Wege noch mit Gewalt, ihre Lage zu verbessern.

Die bürgerlichen Urheber der Französischen Revolution von 1789 nutzten die Unzufriedenheit des städtischen Proletariats aus; aber sie taten nichts, um seine Misere zu lindern, sondern handelten in dieser Hinsicht wie ihre britischen Gegner. Die französische Mittelklasse beseitigte auch die früheren

Beschränkungen des privaten Unternehmertums, die bisher den wirtschaftlich schwächeren Mitgliedern der Gesellschaft einen gewissen Schutz gewährt hatten. Die Devise des »Manchestertums« *laissez faire, laissez passer* (d.h. »beseitigt die Beschränkung der industriellen Produktion und schafft die Warenzölle ab«), wurde in Frankreich geprägt, und der gewerkschaftliche Zusammenschluß wurde dort 1791 gesetzlich verboten, acht Jahre vor dem Erlaß eines entsprechenden Gesetzes in Großbritannien. Versuche des Pariser Proletariats, die politische Revolution in eine soziale zu verwandeln, wurden 1795, 1848 und 1871 mit Waffengewalt niedergeschlagen. Den französischen Arbeitern in der Stadt trat die gemeinsame Front des Bürgertums und der Bauernschaft entgegen. In Großbritannien setzten die Industriearbeiter ihre Hoffnungen in die Gewerkschaften und auf den Fortschritt der politischen Reform über das Wenige hinaus, das 1832 erreicht worden war. Der Chartismus, die erste sozialistische Arbeiterbewegung in England (1837/1838), hatte ein rein politisches Programm, und obwohl er allmählich versandete, führte Disraeli 1867 eine zweite Parlamentsreform durch, die allen Inhabern einer städtischen Wohnung, darunter vielen Arbeitern, das Wahlrecht gab, allerdings ihre Lebensbedingungen nicht wesentlich verbesserte.

Das traurige Schauspiel der Leiden der Industriearbeiter und die Duldung dieser sozialen Ungerechtigkeit durch die Mittelklasse erregte die Empörung von Karl Marx (1818-1883) und bewegte ihn zur Schaffung einer vierten judäischen Religion. Der Marxismus ist wie der Darwinismus theoretisch atheistisch. Aber jener liefert wie dieser ein Substitut für Jahwe, den Gott der Juden, Christen und Moslems. Bei Darwin ist es die Natur, deren selektive Tätigkeit »auserwählte Rassen« schafft; bei Marx ist es die »historische Notwendigkeit«, und sein »auserwähltes Volk« ist das Industrieproletariat. Marx suchte das Proletariat für seine derzeitige Unterdrückung zu entschädigen, indem er die Unvermeidlichkeit einer schließlichen gerechten Revolution verkündete, die den Kampf zwischen den Besitzlosen und Besitzenden (Proletariat und Bürgertum) mit der Errichtung der klassenlosen Gesellschaft beendet.

Marx erlebte die Beseitigung der sozialen Ungerechtigkeit nicht. Ein zeitgenössischer schweizerischer Philanthrop, Henri Dunant (1828-1910), brachte immerhin eine Erleichterung der Leiden kämpfender Soldaten zustande, indem er 1864 die Genfer Konvention durch die Staaten Europas bestätigen ließ und damit die Gründung des Roten Kreuzes in die Wege leitete.

Zwischen 1763 und 1871 war Großbritannien führend, im Guten wie im Bösen, nicht nur im Westen, sondern in seiner gesamten Einflußsphäre. Es hatte in der vorhergegangenen geschichtlichen Periode Frankreich im Kampf um die Herrschaft über Nordamerika und Indien aus dem Felde geschlagen und mit seinem Siege den eigenen Kolonien den Weg eröffnet, die britische Herrschaft abzuschütteln und sich zu vereinigen und selbständig zu machen.

Großbritannien vereinte ganz Vorderindien zum ersten Male in seiner Geschichte; und es konnte sich auch behaupten, als von 1857 bis 1859 die indischen Truppen der Ostindischen Kompanie meuterten. Es teilte sich mit Rußland, Spanien, Österreich und Preußen den Ruhm, Napoleon geschlagen zu haben. Diese Vereitelung des letzten Versuchs, Europa politisch zu einen, verdammte den Westen, in eine Vielzahl von unabhängigen Lokalstaaten zersplittert zu bleiben – in einem Zeitalter, in dem die industrielle Revolution die Staaten mit Waffen von noch nicht dagewesener Zerstörungskraft versorgte. Als Großbritannien von 1839 bis 1842 China angriff und besiegte, versetzte es einem Regime, das dem gewaltigen chinesischen Teil der Menschheit zweitausend Jahre lang Frieden und Stabilität gegeben hatte, den Todesstoß. Das waren gewaltige Taten, aber Großbritanniens größte Tat in dieser Epoche war es, den Anfangsimpuls für die enorme Entwicklung der industriellen Revolution gegeben zu haben. Damit veränderte es das Kräfteverhältnis zwischen der Biosphäre und dem Menschen zugunsten des letzteren – und dies gab dem Menschen schließlich die Macht, die Biosphäre unbewohnbar zu machen für alle Formen des Lebens, die Menschheit eingeschlossen.

81

DIE BIOSPHÄRE VON 1871 BIS 1973

In den siebziger Jahren unseres Jahrhunderts sieht es so aus, als sei die Biosphäre in Gefahr, von einem ihrer eigenen Geschöpfe und Bewohner total unterworfen, verschmutzt und vielleicht endgültig unbewohnbar gemacht zu werden. Im Rückblick kann man erkennen, wie sich die Macht des Menschen über die Biosphäre potenziert hat. Als aus einem Hominiden der Mensch wurde, war er aller natürlichen Waffen beraubt, doch hatte er Bewußtsein und Verstand entwickelt, konnte denken und planen und besaß zwei Organe, sein Gehirn und seine Hände, als Werkzeuge für sein Denken und Planen und für die Versuche, seine Zwecke durch zielgerichtetes Handeln zu erreichen.

Es wurde schon vermerkt, daß Werkzeuge so alt sind wie das menschliche Bewußtsein. Mit der Fähigkeit, Werkzeuge anzufertigen und zu benutzen, konnte sich der Mensch im Kampf mit den anderen Geschöpfen der Biosphäre in der Altsteinzeit behaupten, die bis jetzt den weitaus größeren Teil der Menschheitsgeschichte einnimmt. Mit dem Beginn des Jungpaläolithikums vor vielleicht siebzig- bis vierzigtausend Jahren hat der Mensch den Kampf gegen die übrige Biosphäre aufgenommen; doch erst seit der industriellen Revolution vor nur zweihundert Jahren hat er das entscheidende Übergewicht erlangt. In den letzten beiden Jahrhunderten vergrößerte der Mensch seine materielle Macht derart, daß er zu einer Bedrohung für das Fortbestehen der Biosphäre würde, doch haben seine geistigen und sittlichen Kräfte nicht zugenommen. Die Kluft zwischen diesen und seiner materiellen Macht ist ständig größer geworden. Diese wachsende Diskrepanz ist beunruhigend. Die Vermehrung der geistigen und sittlichen Kräfte des Menschen wäre jedoch die einzig denkbare Veränderung im Zustand der Biosphäre, die sie und in ihr den Menschen selber vor der Zerstörung aus Habgier schützen könnte, einer Habgier, die jetzt imstande ist, ihre eigenen Absichten zu vereiteln.

In diesen siebziger Jahren wird die verheerende Wirkung der Macht des Menschen über die Biosphäre an zahlreichen Symptomen deutlich. Die Bevölkerung nimmt sprunghaft zu und konzentriert sich in riesigen Städten. Da die Mehrheit der Menschheit arm ist, findet das Wachstum der Großstädte hauptsächlich in Form von Slumvorstädten statt, bewohnt von arbeitslosen Zuwanderern (für die es vielleicht gar keine Arbeit gibt) aus den ländlichen Gebieten, in denen der größte Teil der Menschheit seit der Erfindung des Ackerbaus zu Beginn der Jungsteinzeit gelebt hat. Die Städte strecken wie Fangarme rings um die Erde Schnellstraßen für Motorfahrzeuge und Luftlinien für Flugzeuge aus. Eine Minderheit bringt Rohstoffe, Industrieerzeugnisse und Nahrungsmittel durch immer kompliziertere und hochmechanisierte Prozesse hervor und vergiftet die Luft- und Wasserhülle der Biosphäre mit den Abfällen dieser friedlichen Tätigkeit.

Im Jahre 1871 und vielleicht noch 1944 – vor der praktischen Anwendung der Atomspaltung – wäre es unglaubhaft erschienen, daß der Ozean und die Erdatmosphäre als Ganzes von einem so winzigen Produkt der Biosphäre, wie es der Mensch ist, unwiderruflich verunreinigt werden könnten. Die Fähigkeit des Menschen, die ganze Biosphäre unbewohnbar zu machen, wird an der Ausrottung zahlreicher wilder Tierarten deutlich. Aber auch der Mensch selber und seine domestizierten Tiere sind nicht immun gegen die selbst verursachte Vergiftung und Zerstörung.

Das Wachstum der Städte ist ungeheuerlich für jemanden, der wie der Verfasser dieses Buches im Jahre 1889 geboren wurde. Ich habe gesehen, wie Ankara und Athen sich seit 1922 zu Riesenmetropolen entwickelten und wie seit 1929 die einst liebliche Uferlandschaft an der Straße von Shimonoseki unter Betonpisten und Steinhäusern begraben wurde. Seit dem Zweiten Weltkrieg hat sich der Teil Londons, in dem ich geboren und aufgewachsen bin, bis zur Unkenntlichkeit verändert.

Für einen 1889 in einer bürgerlichen Familie geborenen Londoner war der August 1914 ein traumatischer Bruch in dem Jahrhundert von 1871 bis 1973. Im Gegensatz zur ersten Hälfte bis 1914 war die zweite eine Zeit selbstauferlegter Leiden für die ganze Menschheit. Es gab zwei Weltkriege, in denen der Krieg – selber ein Verbrechen – beispiellos zerstörerisch und todbringend geführt wurde. Völkermord begingen Türken an Armeniern, Deutsche an Juden, Hindus und indische Moslems wechselseitig aneinander. Die palästinensischen Araber, die Tibetaner und die eingeborene Mehrheit der Bevölkerung Südafrikas wurden preisgegeben. Noch immer wütet ein sogenannter Religionskrieg in Nordirland. Die westliche Mittelklasse hat wie die außereuropäischen Zuwanderer vom Land in die Slums der großen Städte eine auffallende Verschlechterung ihres Lebensstandards erfahren. Im Gegensatz zu den unheilvollen Jahren von 1914 bis 1973 mögen die dreiundvierzig Jahre davor dem westeuropäischen Bürger, der 1914 schon erwachsen war und die siebziger Jahre noch erlebte, in der Erinnerung wie ein Goldenes Zeitalter erscheinen. Wenn man jedoch auf das ganze Jahrhundert von 1871 bis 1973 zurückblickt, wird deutlich, daß der in der ersten Hälfte dieses Zeitraums vorherrschende Optimismus ungerechtfertigt war.

Ein 1889 geborener englischer Bürger glaubte – von dem Tage, an dem er sich seiner Umwelt bewußt wurde, bis August 1914 –, das irdische Paradies stehe vor der Tür. Die Industriearbeiter würden ihren gerechten Anteil am Bruttosozialprodukt der Menschheit erhalten; eine dem Parlament verantwortliche Regierung würde in Deutschland vervollkommnet und in Rußland ins Leben gerufen werden; die Christen unter den osmanischen Türken würden ihre politische Befreiung erlangen. Das tausendjährige Reich schien bevorzustehen. In diesem Goldenen Zeitalter würden zwar die nichtchristlichen Untertanen christlicher Länder weiter unter deren Herrschaft bleiben, aber das schien ja auch besser für sie zu sein als die chaotischen Verhältnisse, in denen sie vor dem Verlust ihrer politischen Unabhängigkeit gelebt hatten.

Die Europäer rechneten nicht mit der Abschaffung des Krieges; einige – zum Beispiel in Deutschland und in den Balkanstaaten – erwarteten nicht nur die Wiederkehr des Krieges, sondern erhofften sie sogar. Aber die Kriege, die auch die kampflustigsten Deutschen im Sinne hatten, waren die kurzen Kriege der Bismarckzeit, nicht die ausgedehnten Napoleonischen oder der verheerende Dreißigjährige Krieg oder der jüngst vergangene Bürgerkrieg der Vereinigten Staaten.

Der chinesisch-japanische Krieg von 1894/1895, der spanisch-amerikanische von 1898, der südafrikanische von 1899 bis 1902 waren in der Tat lokal begrenzt und kurz; und sogar der russisch-türkische Krieg von 1877/1878 und der russisch-japanische von 1904/1905 waren nur regionale Konflikte, von denen die übrige Welt nicht berührt wurde. Die ungeheuren Verheerungen, die der Ausbruch und die Niederschlagung des T'ai-p'ingaufstandes (von 1850 bis 1873) und anderer Revolten in China gegen das diskreditierte Mandschuregime angerichtet hatten, wurden von den Europäern als charakteristisch für das elende Leben orientalischer Völker abgetan, denen die Ordnung einer christlichen Herrschaft fehlte. Einem englischen Bürgerkind meiner Generation mußte es im Jahre 1897, dem diamantenen Regierungsjahr der Königin Victoria, so scheinen, als habe die Welt, in die es hineingeboren wurde, die Gesetze der Geschichte überwunden. Die Geschichte der Vergangenheit erschien als ein Zeitalter der Gewalt, der Ungerechtigkeit und des Leidens. Nun hatten es die »zivilisierten« Nationen hinter sich gelassen, und zwar endgültig, wie man naiverweise annahm. Die westliche Zivilisation war Zivilisation schlechthin – sie war einmalig, und ihr Aufstieg und ihre weltweite Herrschaft waren die zwangsläufige und wohlverdiente Folge ihrer Verdienste. Die Zivilisation war Gegenwart geworden, die Geschichte war Vergangenheit.

Die Leistungen, auf die sich dieser Optimismus gründete, waren in der Tat eindrucksvoll. Doch jede im einzelnen war unvollkommen und enthielt schon die Keime späteren Unheils. In unseren siebziger Jahren sind die Fehler offenkundig; zwischen 1871 und 1914 aber waren sie nicht leicht zu erkennen.

Zum Beispiel sahen die Bauernbefreiung in Rußland 1861, die Abschaffung der Sklaverei in den Vereinigten Staaten 1863 und der Anfang dazu in Brasilien 1871 wie glorreiche Meilensteine auf dem Wege zum Goldenen Zeitalter aus. Aber die Befreiung der leibeigenen Bauern in Rußland hatte ihren Hunger nach eigenem Land nicht befriedigen können, und die juristische Befreiung der Negersklaven beseitigte nicht Rassenvorurteile und Diskriminierung. Was die dem Buchstaben nach freien Industriearbeiter betrifft, so hatten sie noch nirgendwo eine marxistische soziale Revolution gewagt, und in den westlichen Ländern verbesserten sich ihre Einkommensverhältnisse und ihre Arbeitsbedingungen. Aber die mechanisierte Arbeit wurde mit jedem neuen technischen Fortschritt seelisch immer unbefriedigender, die Erfindung des Fließbandes hatte die Produktion erhöht und die Kosten gesenkt – der Preis war die Verwandlung von Arbeitern und Arbeiterinnen in wissenschaftlich verplante Maschinenteile. Die Industriearbeiter waren materiell besser gestellt, aber sie blieben der Gesellschaft entfremdet, die sich diese neue Klasse zur Durchsetzung ihrer Interessen geschaffen hatte.

Die neuen Nationalstaaten Deutschland und Italien schienen die politische Struktur der Ökumene gefestigt zu haben. Der unabhängige Nationalstaat wurde jetzt als die normale politische Einheit betrachtet, und zwischen 1871 und 1914 gab es außer dem russisch-japanischen Konflikt keine Kriege, in die eine westliche Großmacht verwickelt wurde. Zwischen 1881 und 1904 kamen fast alle afrikanischen Länder unter die direkte oder indirekte Herrschaft von Großbritannien, Frankreich, Deutschland, Belgien oder Portugal, ohne daß die koloniale Konkurrenz zu einer bewaffneten Auseinandersetzung zwischen diesen westeuropäischen Mächten geführt hätte. Nur Abessinien, das den Namen Äthiopien angenommen hatte (ursprünglich die Bezeichnung für den Ostsudan), nahm als afrikanischer Staat an diesem Gerangel teil und brachte Italien 1886 eine demütigende Niederlage bei. Liberia, die Republik befreiter Negersklaven, blieb dank der Protektion der Vereinigten Staaten bestehen. Alle anderen Staaten und Völker Afrikas verloren ihre Unabhängigkeit. Und nach dem unerwarteten Sieg Japans über China 1894/1895 sicherten sich Großbritannien, Rußland, Deutschland und Frankreich Stützpunkte und hätten wahrscheinlich auch gern das »Reich der Mitte« aufgeteilt, wie sie Afrika untereinander teilten. Und auch in Ostasien verlief diese Entwicklung wie in Afrika ohne Krieg.

Das schienen gute Vorzeichen für die Erhaltung des Friedens und der Ordnung zwischen den Großmächten zu sein. Es gab deren nun acht, und nur drei – Rußland, die Vereinigten Staaten und Japan – lagen außerhalb Europas. Kein Land außer Rumänien und der Türkei verlangte von einem Reisenden einen Paß, und in jedem griechischen Dorf konnte er amerikanische Dollars, britische Pfunde oder deutsche Goldmark in Silber der Landeswährung tauschen. Die politischen Grenzen waren noch nicht zu Zoll- oder Paßschranken geworden.

Dieses Bild hat jedoch einige dunkle Flecken. Frankreich konnte sich mit dem Verlust von Elsaß-Lothringen nicht abfinden; und Bismarcks »Alptraum der Koalitionen« wurde nach seiner Entlassung gerechtfertigt. Frankreich schloß 1892/1893 mit Rußland ein Bündnis, dem 1904 ein Vertrag mit Großbritannien und 1907 eine britisch-russische Entente folgten. 1898 nahm Deutschland mit den ersten Flottenvorlagen im Reichstag den Wettlauf mit Großbritannien um die Seeherrschaft auf. Fünf europäische Mächte und Rußland entwarfen Mobilisierungspläne.

Während sich die westeuropäischen Völker, das zweisprachige Belgien und die viersprachige Schweiz eingeschlossen, nationalstaatlicher Unabhängigkeit erfreuen konnten, blieb diese den Völkern Osteuropas vorenthalten. Die Polen zum Beispiel hatten seit den Teilungen im achtzehnten Jahrhundert keinen eigenen Staat mehr; sie waren russische, preußische oder österreichische Untertanen. Die Griechen, Bulgaren, Serben und Rumänen erhoben Anspruch auf Landesteile, die noch immer unter osmanischer oder habsburgischer Herrschaft standen. Das multinationale Österreich, eine der acht Großmächte, war eine Anomalie in einer Welt, in der Nationalstaaten die Norm geworden waren. Im Russischen Reich war ungefähr ein Drittel der Bevölkerung keine Russen. Das Deutsche Reich schloß unassimilierte polnische, dänische und französische Minderheiten ein, und Italien beanspruchte Territorien jenseits seiner Grenze mit Österreich. Kurzum – das »Prinzip der nationalen Selbstbestimmung«, das Westeuropa nach 1871 politische Stabilität gegeben hatte, war in Osteuropa noch immer politischer Zündstoff.

Aber selbst wenn alle nationalstaatlichen Forderungen erfüllt worden wären, hätte dies nichts an der prekären Lage der Ökumene vor 1914 geändert. Sie wäre politisch in zahllose Nationalstaaten gespalten und der Konflikt zwischen den politischen Wünschen und den ökonomischen Bedürfnissen der Menschheit ungelöst geblieben.

Der Nationalstaat war das politische Ideal des Westens und einer zunehmenden Zahl von anderen Völkern, die sich am Westen orientierten. Die Kraft dieses Nationalgefühls hatte sich bewährt in dem Widerstand gegen die Versuche Karls V., Philipps II., Ludwigs XIV. und Napoleons, der westlichen Christenheit die politische Einheit aufzuzwingen, die sie unter Theodosius I. oder Karl dem Großen gehabt hatte. Aber das politische Ideal des Nationalstaates war schon ein ökonomischer Anachronismus geworden, seit die Ökumene infolge der Beherrschung der Seeschiffahrt durch Chinesen, Spanier und Portugiesen enger zusammengewachsen war. Die wirtschaftliche Einigung der Welt, von den Portugiesen und Spaniern begonnen, hatte sich durch die industrielle Revolution in England stürmisch weiterentwickelt.

Bis dahin waren die meisten Güter des Welthandels Luxusartikel gewesen; als Folge der industriellen Revolution wurden sie mehr und mehr unentbehrliche Gebrauchsgüter. Die kostspieligen Maschinen, die von den britischen Unternehmern angeschafft worden waren, zahlten sich aus und machten Großbritannien zur »Werkstatt der Welt«. Es exportierte Fertigwaren und importierte Rohstoffe und Lebensmittel in globalem Ausmaße; und der Welthandel behielt auch nach 1871 diese Dimensionen, als Deutschland, die Vereinigten Staaten und andere Industrienationen Großbritannien sein Monopol streitig zu machen begannen.

Am Beginn des wirtschaftlichen Zusammenwachsens der Ökumene steht die Erfindung des seetüchtigen Segelschiffes durch die Portugiesen; seine Vollendung wird durch die Gründung der Internationalen Telegraphen-

Union 1864 und des Weltpostvereins 1878 gekennzeichnet. Die Menschheit vertraute der Einigung der Welt auf wirtschaftlichem und technischem Gebiet, aber sie war nicht willens, ihre politische Zersplitterung aufzugeben. Dieses Mißverhältnis blieb trotz der Verheerungen, die es seit 1914 angerichtet hat, bestehen. Die daraus folgende Diskrepanz zwischen der Einheit des Marktes und der politischen Zersplitterung ist so extrem geworden, daß sie die ganze menschliche Gesellschaft zu lähmen droht. Ausgenommen sind nur kleine noch bestehende Minderheiten von Bauern, Jägern und Sammlern überall auf der Erde, die sich ohne Abhängigkeit vom Weltmarkt selber ernähren können.

Kaum hatte das moderne Segelschiff des Westens in der Mitte des neunzehnten Jahrhunderts technisch seinen Höhepunkt erreicht, mußte es schon der Konkurrenz des von der industriellen Revolution geschaffenen Dampfschiffs weichen. Es war zugleich die Spätzeit der »klassischen« Musik, die um die Jahrhundertwende ihren Gipfel in den Werken Beethovens erreicht hatte. Die abendländische Malerei hatte ihren Höhepunkt überschritten, als die Führung von den Italienern und Flamen an die Spanier und Holländer überging. Das »klassische« Segelschiff wurde durch Watts entscheidende Verbesserung der Dampfmaschine wertlos; die naturalistische Malerei verlor durch die Erfindung der Photographie an Bedeutung. Während der äußerlich friedlichen und gedeihlichen dreiundvierzig Jahre von 1871 bis 1914 brachen Maler und Komponisten mit einer langen Tradition und suchten nach radikal neuen Ausdrucksformen. Sie fühlten, daß der »klassische« Stil ihrer Kunst bis zum letzten ausgebeutet war wie ein erschöpftes Bergwerk oder eine entkräftete chinesische Dynastie. Heute kann man rückblickend erkennen, daß die abendländischen Künstler in einer Schönwetterperiode den Sturm gespürt haben, der in der nächsten Generation über die westliche Gesellschaft hereinbrechen würde.

Wenn wir versuchen, eine Bilanz der Erlebnisse und Taten der Menschheit in der Zeit von 1871 bis 1973 zu ziehen, müssen wir zuerst von der Vielzahl und Größe der Entdeckungen und Erfindungen berichten. Der abendländische Mensch hatte auf diesen Gebieten schon in den vorhergehenden drei Jahrhunderten beträchtliche Leistungen vollbracht, aber im letzten Jahrhundert übertraf er sie alle. Sigmund Freud (1855-1939) hob die psychischen Abläufe in den unterbewußten Schichten der menschlichen Seele ins Bewußtsein. Albert Einstein (1879-1955) bewies, daß Newtons Physik der Wirklichkeit nur mit Einschränkungen entspricht. Er erschloß der Physik neue Bereiche, als er erkannte, daß Beobachtung eine Form der Interaktion ist – der Beobachter ist selbst ein Teil des physikalischen Kosmos, dessen Bewegung durch Zeit und Raum er beobachtet. Die Entdeckung der Existenz und Natur der Elektronen durch J.J. Thomson 1897 zeigte, daß das Wort »Atom« als kleinste Einheit ein falscher Begriff war. Das Atom, so stellte sich heraus, war nicht unteilbar, sondern ein Miniatursonnensystem. Seine Struktur wurde 1904 von Ernest Rutherford erahnt, der den Atomkern identifizierte und 1919 die erste Atomspaltung durchführte. Die Zusammensetzung des Atomkerns wurde offenbar durch James Chadwicks Nachweis der Existenz der Neutronen im Jahre 1932 weitgehend geklärt. Inzwischen hatten diese Entdeckungen die Physiker, allen voran Niels Bohr (1885-1962), zu einer neuen erkenntnistheoretischen Feststellung geführt: Ein und dasselbe Ereignis wird auf zweierlei Weisen erfahren, die nicht nur verschieden sind, sondern auch unvereinbar und nicht gleichzeitig erfahrbar; doch können beide gültig und notwendig sein.

Gummi (Kautschuk) wurde in Mittelamerika schon vor Cortez' Landung verarbeitet; und Benzin war ein geheimer Bestandteil des »griechischen Feuers«, der tödlichen Waffe des Oströmischen Reiches, gewesen. Im letzten Jahrhundert wurden diese beiden kostbaren Rohstoffe zur Herstellung von Gummireifen und dem Antrieb von Verbrennungsmotoren dienstbar gemacht, und dies ermöglichte es, Automobile und Flugzeuge zu bauen. Die Luftfahrt erschloß dem Menschen ein Element der Biosphäre, das bisher den Insekten und Vögeln vorbehalten gewesen war.

Die Fortschritte in der geographischen und archäologischen Forschung waren dramatisch. Männer des Westens drangen zu beiden Polen des Planeten vor und landeten auf seinem Satelliten, dem Mond. Sie gruben neun Schichten Trojas aus, entdeckten die minoische, die mykenische und die Induskultur und stellten fest, daß die in der »Linearschrift B« übermittelte Sprache die griechische ist.

Die wichtigsten aller Entdeckungen und Erfindungen jedoch wurden in der Medizin und Chirurgie gemacht. Die Vervollkommnung der in den 1840er Jahren geschaffenen Anästhetika ermöglichte es den Chirurgen, bisher unvorstellbare Operationen auszuführen bis hin zur Verpflanzung von Organen. Man entdeckte die Moskitos als Träger von Gelbfieber und Malaria und konnte diese beiden Krankheiten erfolgreich bekämpfen. Das 1942 entwickelte DDT war eine weitere Waffe gegen die Insekten, des Menschen ernsteste Konkurrenten im Kampf um die Beherrschung der Biosphäre.

Diese und andere Entdeckungen und Erfindungen des Westens waren gewaltige Leistungen des Mutes, der Intelligenz und der Vorstellungskraft; aber sie hatten zwiespältige Auswirkungen auf das Leben der Menschen. Die neue westliche Technik der Luftfahrt zum Beispiel, verbunden mit der älteren chinesischen der Sprengstoffe, brachte die Kriegführenden dazu, Bomben aus der Luft abzuwerfen – und durch diese blinden Waffen wurde der Unterschied zwischen Kombattanten und Zivilisten aufgehoben, um den man sich seit dem Ende des siebzehnten Jahrhunderts bis zum Abschluß der Genfer Konvention bemüht hatte. Kaum ein halbes Jahrhundert nach der Entdeckung der Elektronen und nur dreizehn Jahre nach der Entdeckung der Neutronen wurde die entfesselte Kraft der Kernspaltung in zwei Atombomben auf Hiroshima und Nagasaki geworfen. Das Automobil gab dem Menschen eine beispiellose Beweglichkeit, aber der Preis war die Verstädterung des Landes und die Verstopfung von Straßen und Autobahnen. Die Abgase der Autos und Flugzeuge drohen die Atmosphäre zu vergiften.

Der Rückgang der Sterbeziffer und die Verlängerung der Lebenserwartung durch die triumphalen Fortschritte der Medizin erwiesen sich als zwiespältige Wohltaten – sie beschleunigten die Zunahme der Erdbevölkerung. Die Fähigkeit der Mediziner, das menschliche Leben zu verlängern – ob dies nun erwünscht ist oder nicht –, stellt Ärzte, Patienten und ihre Angehörigen vor moralische Probleme, die früher unvorstellbar waren.

Vor der industriellen Revolution waren die beiden Hauptfunktionen der Regierungen die Aufrechterhaltung von Gesetz und Ordnung im Innern und die Kriegführung mit anderen Staaten gewesen. Die menschenunwürdigen Arbeits- und Lebensbedingungen, die das Industriezeitalter der neuen Klasse der Fabrikarbeiter auferlegte, stellte die Regierungen vor eine dritte Aufgabe: die Sozialgesetzgebung. Die ersten Gesetze zum Schutz der Fabrikarbeiter wurden in Großbritannien 1802 erlassen; in Deutschland führte Bismarck zwischen 1883 und 1889 die Kranken-, Unfall-, Invaliditäts- und Altersversicherung ein. Diese humanitären Maßnahmen wurden vor dem Ersten Weltkrieg von Großbritannien übernommen.

Die Erkenntnis, daß eine Regierung die Pflicht hat, nicht nur Gesetze zu erlassen und Kriege zu führen, sondern auch für die Wohlfahrt ihrer Untertanen zu sorgen, war ein segensreicher Fortschritt auf dem Gebiet der Politik. Der Wohlfahrtsstaat ist jedoch noch immer umstritten. Die öffentlichen Dienstleistungen zum Wohle der bedürftigen Mehrheit der Bevölkerung erfordern zusätzliche Einkünfte zu Lasten der begüterten Minderheit. Ihre Opposition gegen die Wohlfahrtsgesetzgebung ist daher nicht frei von Eigeninteresse. Sie beruft sich auf ethische und psychologische Motive und behauptet, der Wohlfahrtsstaat demoralisiere seine Nutznießer. Tatsächlich hat die Erfahrung gezeigt, daß dieser Einwand nicht ganz unbegründet ist. In einigen Ländern mit einer hochentwickelten Sozialgesetzgebung ist das Gefühl dafür, daß der Mensch verpflichtet ist, seinen Lebensunterhalt zu verdienen, verkümmert, die Arbeitsmoral gesunken, und – was noch bestürzender ist – der Anstieg des Lebensstandards hat zu einem Verfall der Rechtschaffenheit geführt. Dazu gibt es unter der Einwohnerschaft der Industriestaaten eine notleidende Minderheit – zum Teil aus Zuwanderern aus ärmeren Ländern bestehend –, deren Lebensbedingungen noch immer skandalös schlecht sind.

In demokratisch (d.h. parlamentarisch) regierten Ländern, in denen der private Sektor der Wirtschaft noch überwiegt, hat die Wohlfahrtsgesetzgebung zusammen mit der Arbeit der Gewerkschaften die Mehrheit der Industriearbeiter in die Lage versetzt, das Kräfteverhältnis zwischen ihnen und dem Bürgertum zu ihren Gunsten zu verändern. Speziell die Arbeiter im öffentlichen Dienst sind in einer starken Position – zum Beispiel Hafenarbeiter, Bergleute und Arbeiter in den Versorgungsbetrieben (Elektrizitäts- und Wasserwerke, Kanalisation und Müllabfuhr). Hier kann die »Diktatur des

Proletariats« besonders drückend werden. Verglichen damit ist die Verhandlungsposition in den Lehrberufen recht schwach, denn Lehrer, Erzieher und Wissenschaftler können nicht durch einen Streik das öffentliche Leben unmittelbar lahmlegen, wenn auch auf die Dauer ihr Wert in der Gesellschaft mindestens so groß ist wie der von Arbeitern in jedem anderen Beruf.

Während in parlamentarisch regierten Ländern die Gewerkschaften in den Schlüsselindustrien einen starken Machtfaktor bilden, werden in der Sowjetunion Industrie- wie Landarbeiter von einer autoritären Regierung kontrolliert. Die Sowjetregierung hat sich der marxistischen Ideologie verschrieben, aber nicht von der Praxis ihrer zaristischen Vorgänger getrennt. Lenin (Wladimir Iljitsch Uljanow, 1870-1924), einer der großen Männer des Jahrhunderts, ersetzte ein Regime, das auf Gewalt gegründet war, durch ein stärkeres Regime der gleichen Art. Er und seine Nachfolger im Kreml folgten auch dem Beispiel Peters des Großen, die Technik Rußlands mit der höchstmöglichen Schnelligkeit zu modernisieren. Die russische Revolution von 1917 basierte auf einer Zufallsmehrheit des bolschewistischen Flügels der marxistischen Minderheit der russischen Sozialdemokratie und gewann die Unterstützung der Bauernschaft, die sich Hoffnungen auf den Besitz des Landes machte. Die französischen Bauern hatten dies in der Revolution von 1789 bis 1797 erreicht, doch im kommunistischen Rußland wurde das Land rasch verstaatlicht und in großen Einheiten zusammengefaßt. Das Ziel war das gleiche wie seinerzeit bei der Landvertreibung der Bauern in Großbritannien: Die Produktivität sollte erhöht werden. Aber in der Sowjetunion hat bis heute diese Politik unter dem passiven Widerstand der Bauern gelitten.

Auf ihre eigene, sehr autoritäre Weise ist auch die Sowjetunion ein Wohlfahrtsstaat. Das Bruttosozialprodukt ist gleichmäßiger verteilt, das Analphabetentum weitgehend zurückgedrängt. Doch alle Staaten, welcher ideologischen Färbung auch immer, sind kriegführende Institutionen geblieben. Die beiden Weltkriege von 1914 bis 1918 und von 1939 bis 1945 übertrafen alle vorhergehenden in der Zahl der Opfer und im Ausmaß der Zerstörungen. Alle Kriege sind Greueltaten, auch die Bismarckschen Kurzkriege mit begrenzten Zielen waren es, doch die Abscheulichkeit der beiden Weltkriege wurde durch Völkermord verschlimmert, durch die systematische Vernichtung ganzer Bevölkerungsminoritäten. Im Ersten Weltkrieg war es die Ausrottung der Armenier durch die Türken; im Zweiten Weltkrieg die Ausrottung der Juden durch die Deutschen.

Die einzigen Taten in den beiden Kriegen, auf welche die Nachwelt vielleicht zurückblicken kann, ohne sich der menschlichen Dummheit und Niedertracht zu schämen, waren der Widerstand des türkischen Volkes gegen die Sieger des Ersten Weltkrieges und die Unbeugsamkeit des britischen Volkes 1940/1941 gegen ein zeitweilig siegreiches Deutschland. Diese beiden Völker brachten den Mut auf, einer furchtbaren Übermacht bei nur geringer Aussicht standzuhalten, der Niederlage und der Zerstörung zu entgehen. Und beide hatten das Glück, Führer zu finden – Mustafa Kemal

Atatürk und Winston Churchill –, die die Notwendigkeit des Widerstandes erkannten und ihre Entschlossenheit ihrem Volk vermittelten.

Mustafa Kemal führte nicht nur das türkische Volk in einem Krieg um Selbsterhaltung zum Sieg. Er löste auch eine innere Revolution aus, die der Türkei eine westliche Zivilisation bringen sollte – hierin vollendete er das Reformwerk Mahmuds II. Kemal war wie Lenin ein Mitglied der »Intelligentsia«, die das Regime beseitigte, das sie ins Leben gerufen hatte. Er glich Lenin auch darin, daß er bedenkenlos Gewalt anwendete, um seine Ziele durchzusetzen. Auch Mahatma Gandhi (1869-1948) gehörte einer »Intelligentsia« an, die eine politische Revolution vollzog. Aber seine Strategie war die des passiven Widerstandes und der Verweigerung (Non-Cooperation); und sein wirtschaftliches und gesellschaftliches Ziel war nicht die Einbeziehung Indiens in die technisierte westliche Welt, sondern im Gegenteil die Trennung von ihr.

Gandhis Landsleute folgten seiner Aufforderung nicht, zu vorindustriellen Produktionsmethoden zurückzukehren, und sie hielten sich auch nicht an sein Ideal der Gewaltlosigkeit. Als 1947 der Subkontinent unabhängig und in die Indische Union und Pakistan geteilt wurde, ging die Trennung nicht friedlich vonstatten, sondern wurde von völkermörderischen Ausschreitungen zwischen Hindus und Moslems überschattet. Das war der Preis der Liquidierung des westlichen Imperialismus auf dem indischen Subkontinent.

Wie also sieht die Bilanz des westlichen Imperialismus aus, der einer der hervorstechendsten Züge in der Geschichte der Ökumene während dieses Jahrhunderts war?

Die westlichen Herrscher über nichtwestliche Völker haben sich zahlreicher Greueltaten schuldig gemacht – zum Beispiel des Massakers an Indern durch Briten bei Amritsar im Jahre 1919 und der barbarischen Demütigungen, die man den Überlebenden auferlegte. Aber die Auflösung der westlichen Imperien führte auch zu Greueltaten der befreiten Völker. Dem wechselseitigen Abschlachten von Hindus und Moslems 1947 folgte in Bangladesch das Gemetzel von urdu sprechenden und bengalisch sprechenden Moslems, und vor dem Angriff der indischen Armee gegen die pakistanische in Bangladesch hatte es blutige Feindseligkeiten an der Westgrenze zwischen den beiden Nachfolgestaaten des britisch-indischen Reiches gegeben. Das Vakuum, das nach der Liquidierung der westeuropäischen Kolonialreiche entstand, öffnete Bürgerkriegen und Ausschreitungen gegen die Zivilbevölkerung die Tür – in Vietnam, im Südsudan, in Burundi, im Kongo, in Nigeria. Diese blutigen Wirren waren der Preis für die politische Befreiung. Die Herrschaft des Westens war den Völkern mit Gewalt und zu ausbeuterischen Zwecken auferlegt worden; aber es hatte zumindest innerer Frieden geherrscht, solange die Zwangsherrschaft andauerte.

In den siebziger Jahren besteht das westeuropäische Kolonialreich nur noch aus wenigen Inseln und Stützpunkten. In Südafrika jedoch herrschen politisch unabhängige Siedler europäischer Herkunft noch immer über unterworfene afrikanische Mehrheiten; und im Mittleren Osten sind die palästinensischen Araber durch die eingewanderten Israelis heimatlos geworden. Darüber hinaus ist in zahlreichen afrikanischen Ländern die westeuropäische Herrschaft durch die eines anderen afrikanischen Volks über seine schwächeren Nachbarn ersetzt worden. Die Hoheitsgewalt des früheren russischen und des früheren chinesischen Reiches über nichtrussische und nichtchinesische asiatische Völker blieb auch nach Einführung des kommunistischen Regimes in beiden Ländern bestehen. Die Imperien dieser zwei kontinentalen Nationen haben die Überseereiche der westeuropäischen Nationen überlebt.

Der Widerspruch zwischen der politischen Zersplitterung der Ökumene in souveräne Lokalstaaten und ihrer faktischen Verschmelzung durch Technologie und Wirtschaft wurde bereits erwähnt. Diese Diskrepanz ist eins der Hauptprobleme der heutigen Menschheit. Eine Art Weltregierung wäre vonnöten, um den Frieden zwischen den verschiedenen menschlichen Gemeinschaften aufrechtzuerhalten und das Gleichgewicht zwischen dem Menschen und der übrigen Biosphäre wiederherzustellen, nachdem es durch die gewaltige Vermehrung der materiellen Macht des Menschen als Folge der industriellen Revolution gestört worden ist.

Die Zahl und das Ausmaß der Kampfhandlungen auf dem Erdball sind noch immer erschreckend; und die Generation, die für den Fortbestand der Menschenrasse verantwortlich ist, gefährdet ihn, indem sie die Einheit des Lebens in eine immer größere Zahl von immer kleineren Sektoren aufzuspalten sucht.

Die Menschheit steckt in einer Krise, die so schwer ist, wie es die beiden Weltkriege waren, und die Aussichten sind bestürzend. Objektiv besteht die Aussicht, daß die Menschheit weitere zweitausend Millionen Jahre auf der Erde existieren könnte, wenn die menschliche Tätigkeit die Biosphäre nicht schon früher unbewohnbar macht oder eine Katastrophe auslöst, welche die Umwelt und mit ihr die Menschheit und alle anderen Formen des Lebens vernichtet.

Die Zukunft ist dunkel, ihre Möglichkeiten sind unendlich, und deshalb kann sie nicht aus der Vergangenheit extrapoliert werden. Zweifellos kann alles, was in der Vergangenheit geschah, wiederkehren, wenn die Bedingungen die gleichen bleiben. Aber vergangenes Geschehen muß sich nicht wiederholen; dies ist nur eine von zahllosen Möglichkeiten, von denen die meisten unvorhersehbar sind, weil man ihre Präzedenzfälle nicht kennt. Es gibt keinen Präzedenzfall für die Macht, die der Mensch in den letzten zweihundert Jahren über die Biosphäre erlangt hat. Unter diesen verwirrenden Umständen kann nur eine Voraussage mit Gewißheit gemacht werden: Der Mensch, das Kind der Mutter Erde, würde das Verbrechen des Muttermordes nicht überleben.

EIN RÜCKBLICK AUS DEM JAHRE 1973

Die Zukunft liegt im dunkeln, die Vergangenheit ist abgeschlossen. Die überlieferten Ereignisse sind unabänderlich. Diese unwiderrufliche Vergangenheit jedoch bietet nicht immer das gleiche Bild. Sie scheint sich zu wandeln je nach der Zeit und der Perspektive, aus der wir sie betrachten, und jede Vermehrung oder Verminderung unserer Information kann das Bild verändern. Dieselbe Vergangenheit, im selben Land und von derselben Person betrachtet, zuerst 1897 und dann 1973, ergibt zwei sehr unterschiedliche Bilder; und zweifellos sähe dieselbe Vergangenheit noch ganz anders aus, wenn sie 2073 von China, und noch radikaler, wenn sie 2173 von Nigeria aus betrachtet würde.

In diesem Kapitel hat der Autor aus der Vergangenheit einige Grundzüge ausgewählt, die ihm 1973 wichtig und bezeichnend erschienen und von denen er glaubt (eine gewagte Vermutung), daß sie auch später und anderswo ihre Identität bewahren werden.

Seit unsere Vorfahren Menschen wurden, hat die Menschheit fast die ganze Zeit mit Ausnahme des letzten Abschnittes (etwa ein Sechzehntel) in der älteren Altsteinzeit (Altpaläolithikum) gelebt. In dieser Epoche mußte eine Gruppe von Sammlern und Jägern klein an Zahl sein und anderen Gruppen aus dem Wege gehen, denn auf dieser Stufe der Technik und Wirtschaft hätte eine Bevölkerungskonzentration den Hungertod bedeutet. Die Technik (Faustkeilkultur) blieb so gut wie unverändert, und jede Gruppe war so klein, daß sich alle Angehörigen persönlich kannten.

Vor vielleicht vierzigtausend, höchstens siebzigtausend Jahren ereignete sich eine schnelle und verhältnismäßig unvermittelte Entwicklung der Technik – sie ist durch archäologische Funde bezeugt, aber ihr Grund ist unbekannt. In der jüngeren Altsteinzeit (Jungpaläolithikum) werden die Feuersteinwerkzeuge verbessert, neue (organische) Werkstoffe entdeckt, Pfeil und Bogen erfunden, der Hund wird vom Menschen gezähmt. In der Jungsteinzeit (Neolithikum) treten neue und vielfältigere Werkzeuge hinzu, weitere Tierarten und Pflanzen werden genutzt, Spinnerei, Weberei und Töpferei erfunden. Dies waren die ersten beiden »technischen Revolutionen«. Die dritte »Revolution« war die Erfindung des Rades, des Segels, der Metallurgie und der Schrift im fünften Jahrtausend v.Chr.; die vierte die industrielle Revolution, die vor zweihundert Jahren begann und noch andauert. Der technische Fortschritt der Menschheit war nicht kontinuierlich, es gab lange Pausen; aber er war kumulativ. Nur selten ging die Kenntnis einer neuen

Technik wieder verloren. (In der Ägäis war es im zwölften Jahrhundert die Schreibkunst, aber das ist eine Ausnahme.)

Die Technik ist das einzige Feld der menschlichen Tätigkeit, in dem es eine Vervollkommnung gab. Der ungeheuren Entwicklung von der altpaläolithischen Technologie zu der mechanisierten unserer Tage entspricht kein ähnlicher Fortschritt in den Beziehungen der Menschen zueinander, obwohl die sozialen Veränderungen infolge der industriellen Revolution Verbesserungen dringend notwendig machten.

Die wichtigsten in der Reihe der technischen Leistungen des Menschen waren und bleiben die Domestizierung der Tiere und die Erfindung des Ackerbaus im Jungsteinzeitalter. Ackerbau und Viehzucht haben die Grundlage für die weitere technologische Entwicklung einschließlich der noch andauernden industriellen Revolution geschaffen und ebenfalls die Grundlage für das Leben aller Zivilisationen, die bis heute entstanden und vergangen sind.

Die jungsteinzeitliche Dorfgemeinschaft war größer an Zahl als die altsteinzeitliche Gruppe der Sammler und Jäger, aber noch nicht so groß, daß die persönlichen Beziehungen der einzelnen durch unpersönliche Institutionen ergänzt werden mußten. Die Technik war nicht so kompliziert, daß eine nennenswerte Spezialisierung oder Arbeitsteilung über die natürlichen Unterschiede von Mann und Frau hinaus erforderlich gewesen wäre. Zudem waren die Dorfgemeinschaften voneinander durch Wälder getrennt. So hatte sich das soziale Leben trotz der beträchtlichen technischen und wirtschaftlichen Veränderungen seit dem Altpaläolithikum kaum gewandelt; und dies ist mit ein Grund, weshalb viel später, im vierten Jahrhundert v. Chr., taoistische Philosophen in China auf das Neolithikum wie auf ein Goldenes Zeitalter zurückblickten. Ihre Erfahrungen im Zeitalter der »streitenden Reiche« ließen sie den Fortschritt der Technik mit seinen gesellschaftlichen Folgen als Unglück empfinden.

Heute besteht der größere Teil der lebenden Menschheit noch immer aus Bauern, die in Dorfgemeinschaften der neolithischen Kulturstufe leben; aber sie werden in schnell zunehmendem Maße vom Lande in die Slumvorstädte der Großstädte getrieben; während umgekehrt die Mechanisierung, zur Herstellung unbelebter Gegenstände in den Fabriken erfunden, auf Ackerbau und Viehzucht übertragen wird. Die Bauernschaft der Ökumene ist nun seit fünftausend Jahren dazu verpflichtet, den Überbau der Zivilisation, deren Nutznießer sie freilich in der Neuzeit auch ist, zu tragen und zu erhalten.

Diese Entwicklung war möglich geworden, weil seit dem vierten Jahrtausend v.Chr. die fortgeschrittene Technik einen Produktionsüberschuß über das Existenzminimum hinaus erzeugte, während das paläolithische gesellschaftliche Erbe des Menschen sich als moralisch unfähig erwies, den Überschuß vernünftig zu verteilen. Ein Teil davon wurde für Kriege vergeudet, ein anderer von einer Minderheit der Gesellschaft, deren gemeinsame Arbeit ihn hervorbrachte, widerrechtlich in Besitz genommen.

Die technologischen Leistungen des vierten Jahrtausends v.Chr. erforderten Spezialisten – Bergarbeiter und Schmiede und Ingenieure, die größere öffentliche Arbeiten wie Trockenlegung und Bewässerung planen und organisieren konnten. Ihr Beitrag zur Erzeugung des Überschusses war größer als der der Mehrheit der ungelernten Arbeiter, und eine ungleiche Verteilung des Erlöses war daher im Prinzip nicht ungerecht und wahrscheinlich unvermeidlich. Die Unterschiede wurden jedoch häufig unbillig groß, und sie wurden dazu durch Vererbung weitergegeben. Die Folgen waren soziale Ungerechtigkeit und Krieg, zwei Urkrankheiten der Zivilisation, unter denen die Menschheit noch heute leidet.

Seit der Morgendämmerung der Zivilisationen gibt es eine Diskrepanz zwischen dem technologischen Fortschritt des Menschen und seinem gesellschaftlichen Verhalten. Der technologische Fortschritt hat besonders in den letzten zweihundert Jahren Macht und Reichtum des Menschen gewaltig vermehrt, während die Kluft zwischen der physischen Möglichkeit, Böses zu tun, und der geistig-sittlichen Fähigkeit, diese Kräfte zu meistern, so klaffend weit geworden ist wie die mythischen Schlünde der Hölle.

Die sittliche Unzulänglichkeit des Menschen hat seinem sozialen und damit auch seinem technologischen Fortschritt Grenzen gesetzt; denn in dem Maße, in dem die Technologie an Umfang und Vielfalt zugenommen hat, wurde auch die soziale Zusammenarbeit zwischen den Erzeugern und den Nutznießern des Reichtums zu einer dringenden Notwendigkeit. Aber seit dem Beginn der industriellen Revolution hat die Mechanisierung dem technologischen Fortschritt eine zweite Beschränkung auferlegt; die industrielle Arbeit wurde zwar materiell ertragreicher, doch zugleich geistig-seelisch weniger befriedigend, und dies führte zu sozialen Unruhen und beeinträchtigte die Qualität der Arbeit.

Zum erstenmal in der Geschichte der Menschheit erhöhte sich die Produktion wesentlich durch die Kultivierung und Kanalisierung des Zweistromlandes durch die Sumerer und des Niltals durch die Ägypter. Dies erforderte umfangreiche technische Maßnahmen, und diese wiederum bewirkten die Zunahme der Größe und der Zahl von Siedlungen, die über die Grenzen von Gemeinschaften, in denen sich alle persönlich kannten, weit hinausgingen. Als die Bedürfnisse der Technik die Gründer der frühesten Kulturen zwangen, menschliche Arbeitskräfte in größerem Umfang zusammenzuziehen, erfanden sie eine neue soziale Einrichtung: unpersönliche Institutionen. Diese können größere Gemeinschaften verwalten und versorgen, denn sie ermöglichen die Zusammenarbeit von Menschen, die sonst nichts miteinander zu tun haben. Aber institutionalisierte gesellschaftliche Beziehungen sind kühl und zerbrechlich. Der Mensch fühlt sich in ihnen nie so wohl wie im Rahmen persönlicher Beziehungen, und so sind die Institutionen stets in Gefahr, ihre Legitimation zu verlieren und zusammenzubrechen. Die Herrschenden, die diese Institutionen einsetzen, sind daher immer versucht, Zwang an die Stelle der freiwilligen Mitarbeit zu setzen.

Seit den Anfängen der Zivilisation sind die wichtigsten Institutionen des Menschen die Staaten gewesen. Immer bestand eine Vielzahl von Staaten nebeneinander, doch im Gegensatz zu den altsteinzeitlichen Gruppen und den jungsteinzeitlichen Dorfgemeinschaften waren die Staaten des Zeitalters der Zivilisation nicht voneinander isoliert; sie grenzten aneinander, und dies führte zu Kriegen, die zu einer der schlimmsten Krankheiten der zivilisierten Menschheit wurden.

Der häufigste Staatentyp ist der unabhängige Regionalstaat. Es gibt etwa hundertsiebzig davon in der gegenwärtigen Ökumene; und ihre politische Struktur ist dieselbe wie die von Sumer im dritten Jahrtausend v.Chr.

Unabhängige Regionalstaaten sind unbeholfene Gebilde. Sie sind nicht Fisch noch Fleisch – sogar ein Stadtstaat, geschweige denn ein Nationalstaat oder ein Bund von diesen oder jenen ist viel zu groß, um sich gesellschaftlich auf persönliche, von menschlichen Empfindungen erfüllte Beziehungen stützen zu können. Andererseits ist auch der größte Regionalstaat nur einer von mehreren. Er kann Krieg führen, aber er ist nicht in der Lage, den Frieden zu sichern. Wo und wann immer Regionalstaaten nebeneinander bestanden, haben sie Kriege geführt und versucht, sich ihre Nachbarn einzuverleiben. Das Pharaonenreich in Ägypten war einmalig darin, daß es zu Beginn seiner Geschichte zwar mit Gewalt geeint wurde, doch ohne vorherige langwierige Kriege zwischen seinen einzelnen Vorläuferstaaten; und es ist bezeichnend, daß seine Zivilisation die beständigste war, die es je gab.

Die gegenwärtigen unabhängigen Regionalstaaten sind weder imstande, den Frieden zu bewahren noch die Biosphäre vor der Verunreinigung durch den Menschen zu schützen oder ihre unersetzlichen Rohstoffquellen zu erhalten. Diese politische Anarchie darf nicht länger andauern in einer Ökumene, die längst auf technischem und wirtschaftlichem Gebiet eine Einheit geworden ist. Was seit fünftausend Jahren nötig ist – und sich in der Technologie seit hundert Jahren als durchführbar erwiesen hat –, ist eine weltumfassende politische Organisation, bestehend aus einzelnen Zellen von den Ausmaßen der neolithischen Dorfgemeinschaften – so klein und überschaubar, daß jedes Mitglied das andere kennt und doch ein Bürger des Weltstaates ist. Keinesfalls aber kann die Ökumene mit den barbarischen und ruinösen bisherigen Methoden militärischer Eroberung politisch geeint werden. 1945 wurde die Welt von der Erfindung der Atombombe überrascht – ein untaugliches Mittel, sie zu vereinen; die völlige Vernichtung, nicht die Einigung wäre die unausbleibliche Folge eines nuklearen Weltkrieges.

Was wir von der sumerischen, hellenischen, chinesischen und mittelalterlichen italienischen Geschichte wissen, beweist, daß ein Nebeneinander von unabhängigen Regionalstaaten nicht mehr als eine vorübergehende politische Konstellation sein kann. In einem Zeitalter, in dem die Menschheit sich die Beherrschung der Atomkraft angeeignet hat, kann die politische Einigung nur freiwillig erfolgen. Da sie jedoch offenbar nur widerstrebend akzeptiert werden wird, wird sie wahrscheinlich so lange hinausgezögert werden, bis die Menschheit sich weitere Katastrophen zugefügt hat, Katastrophen solchen Ausmaßes, daß sie schließlich in eine globale politische Einheit als kleinerem Übel einwilligen wird.

An diesem Punkt unserer Geschichte könnten wir Menschen versucht sein, die staatenbildenden Insekten zu beneiden. Diese sind von der Natur so ausgestattet, daß sie umfassend zusammenarbeiten können. Die einzelne Biene, Ameise oder Termite unterstellt und opfert sich dem Dienst an ihrer Gemeinschaft; und ihre Selbstaufgabe ist weder freiwillig noch erzwungen, sondern angeboren. Für den ambivalenten Menschen ist es weit schwerer, seine gesellschaftlichen Fähigkeiten von dem Minimum an Gemeinsinn, das ihm im Jungpaläolithikum abgefordert wurde, auszudehnen bis zu einer Loyalität zu einer erweiterten menschlichen Gesellschaft, die die ganze Biosphäre umfaßt; denn der Mensch ist im Gegensatz zu Biene, Ameise und Termite nicht nur von Natur aus ein gesellschaftlicher psychosomatischer Organismus, er hat auch ein Bewußtsein, das zwischen dem Guten und dem Bösen wählen kann und muß.

Zum Glück ist das gesellschaftliche Bewußtsein des Menschen nicht auf den engen Kreis seiner persönlichen Beziehungen beschränkt, wie es vorzivilisatorischen Gemeinschaften angemessen war. Der Mensch empfindet auch ein Gefühl des Mitleids für andere seinesgleichen, die in Not sind, auch wenn sie in der Sprache des Stammes »Fremde« sind. Er hat Mitleid mit Kranken und elternlosen Kindern und hilft den Leidenden. In Reichen wie dem Chinesischen oder dem Römischen, deren Herrscher ihre Besitzungen mit der ganzen Ökumene gleichsetzten, sahen sich die neu unterworfenen Untertanen mit der Zeit nicht als Opfer fremder Eroberer, sondern als Bürger eines weltumfassenden Staates. Die missionarischen Religionen betrachteten es als ihre Aufgabe, die ganze Menschheit zu bekehren; und der chinesische Philosoph Meh Ti lehrte eine allumfassende, unterschiedlose Menschenliebe. Meng-tse, des Konfuzius einflußreichster Interpret, verwarf Meh Tis Lehre als undurchführbar und trat für das konfuzianische Ideal der abgestuften Loyalitäten ein; aber die Erfahrung zeigt, daß die auf eine Person gerichtete Liebe und die Liebe zur Menschheit sich nicht gegenseitig ausschließen müssen. In Indien wurde die Liebe durch Kastenschranken begrenzt, aber auch auf Lebewesen aller Arten ausgedehnt. In der Ökumene des Zeitalters der industriellen Revolution muß sich die Liebe auf alle Elemente der Biosphäre, belebte und unbelebte, erstrecken.

Dieses waren im Jahre 1973 die Überlegungen eines britischen Beobachters, der 1889 geboren wurde. Wie dachten 1973 die Zeitgenossen des Autors? Wieweit waren sie sich der Vergangenheit bewußt? Und wieweit berücksichtigten sie die Lehren, die sie aus dem Rückblick auf die Geschichte zogen?

Offensichtlich sind nur wenige geneigt anzuerkennen, daß das System der unabhängigen Regionalstaaten in den letzten fünftausend Jahren nicht mehr geeignet war, die politischen Ansprüche der Menschheit zu befriedigen, und daß in einer weltumfassenden Gesellschaft dieses System sich immer deutlicher als unzulänglich erweist – und dieses Mal mit mehr Gewißheit als je zuvor. Seit dem Ende des Zweiten Weltkrieges hat sich die Zahl der selbständigen Regional- und Nationalstaaten mehr als verdoppelt – trotz der Tatsache, daß zur gleichen Zeit die politisch getrennten Teile der Menschheit in der Technik und Wirtschaft mehr und mehr voneinander abhängig geworden sind.

Das chinesische Volk, das einst sein Reich mit »allem, was unter dem Himmel ist«, gleichsetzte, hat sich nun damit abgefunden, daß sein Land seine Rolle als einer von mehreren sich befehdenden Staaten in der globalen Arena spielt. Stillschweigend ignorieren die Chinesen das bittere Kapitel ihrer eigenen Geschichte, als ihr Land die Arena einander bekämpfender Lokalstaaten war. Andererseits scheinen sie sich der Geschichte Chinas seit seiner Einigung 221 v.Chr. bewußt zu sein, denn sie bemühen sich heute, eine Wiederkehr der Entfremdung des Beamtentums von der Bauernschaft zu vermeiden, »Chinas Fluch« seit der Regierung des Hankaisers Wu-ti.

Ob die derzeitigen Führer Chinas darin erfolgreicher sein werden als frühere chinesische Reformer, bleibt abzuwarten; doch scheint die Tatkraft, mit der sie es in die Wege leiten, ein gutes Vorzeichen zu sein. Wenn es ihnen gelingt, werden sie nicht nur ihrem Lande, sondern der ganzen Menschheit in einem kritischen Stadium ihrer rätselhaften Entwicklung einen großen Dienst erweisen.

Der Mensch ist ein psychosomatischer Bewohner der Biosphäre, und in dieser Hinsicht ist er nur ein Vertreter der vielen Arten lebender Kreaturen, welche Kinder der Mutter Erde sind. Aber der Mensch ist auch ein geistiges Wesen, und das verbindet ihn – den Mystikern zufolge bis hin zur Identität – mit einer geistigen Realität, die nicht von dieser Welt ist.

Als geistiges Wesen besitzt der Mensch Bewußtsein und vermag zwischen Gut und Böse zu unterscheiden, und in seinen Taten muß er eine Wahl treffen. Auf ethischem Gebiet, wo er sich für Gut oder Böse entscheiden muß, ergibt seine Wahl eine moralische Soll-und-Haben-Rechnung. Wir wissen nicht, ob diese Rechnung beim Tode eines jeden kurzlebigen Menschenwesens abgeschlossen wird oder (wie Hindus und Buddhisten glauben) ob sein Konto durch eine Reihe von potentiell endlosen Wiedergeburten weitergeführt wird. Für das Netz der Beziehungen zwischen den derzeit inkarnierten Menschen, aus denen die heutige Gesellschaft besteht, ist die Rechnung noch offen und wird offenbleiben, solange die Menschheit der Biosphäre gestattet, bewohnbar zu bleiben.

Wird der Mensch die Mutter Erde ermorden oder erlösen? Er kann sie vernichten, wenn er seine technische Macht vergrößert. Auf der anderen Seite könnte er sie erlösen, wenn er die selbstmörderische aggressive Habgier überwindet, die in allen Lebewesen, den Menschen eingeschlossen, der Preis für das große Geschenk des Lebens ist. Dies ist das Rätsel, vor dem der Mensch steht.

REGISTER

Die Namen historischer Personen sind durch *kursive* Schrift gekennzeichnet.

Große Biographien bei claassen

Robin Lane Fox

Alexander der Große

760 Seiten, zahlreiche Abbildungen, gebunden

»Ein sehr persönliches Buch, das manches sonst Unbeachtete zur Sprache bringt und die großen Fragen und vorhandenen Unklarheiten und Unsicherheiten ausführlich und in oft ungewohnten Gedankengängen erörtert.« *Neue Zürcher Zeitung*

Felix Grayeff

Heinrich VIII.

Das Leben eines Königs. Schicksal eines Reiches

368 Seiten, 16 Seiten Abbildungen, gebunden

Karl Heinz Wocker

Königin Victoria

560 Seiten, 22 Abbildungen, davon 4 in Farbe, gebunden

»Wocker macht Victoria spannend, durchdringt die nur nach außen puritanisch-langweilig wirkende Fassade ihrer Herrschaft. Mit bisweilen bewundernswerten Sentenzen werden Geburtswehen des damaligen und heutigen Britanniens zu Kurzformen eingepökelt.« *Welt am Sonntag*

Desmond Stewart

Lawrence von Arabien

448 Seiten, 16 Seiten Bildteil, 6 Karten, gebunden

War es doch kein simpler Motorradunfall, bei dem T. E. Lawrence, der ›Lawrence of Arabia‹, 1935 in England ums Leben kam. War es Mord, und zwar ein politischer? Dies jedenfalls insinuiert der britische Arabist und Autor Desmond Stewart in seiner neuen Lawrence-Biographie . . .« *Der Spiegel*

claassen Verlag, Postfach 9229, 4000 Düsseldorf 1